古代作家传记史料述要

祝鼎民 编著

中国社会科学出版社

图书在版编目（CIP）数据

古代作家传记史料述要 / 祝鼎民编著. —北京：中国社会科学出版社，2020.7

（京师中文学术文库）

ISBN 978-7-5203-3345-0

Ⅰ. ①古… Ⅱ. ①祝… Ⅲ. ①作家—传记—史料—研究—中国—古代 Ⅳ. ①K825.6

中国版本图书馆 CIP 数据核字（2020）第 087063 号

出 版 人	赵剑英
责任编辑	史慕鸿
责任校对	刘 娟
责任印制	戴 宽

出　　版	中国社会科学出版社
社　　址	北京鼓楼西大街甲158号
邮　　编	100720
网　　址	http://www.csspw.cn
发 行 部	010-84083685
门 市 部	010-84029450
经　　销	新华书店及其他书店

印　　刷	北京明恒达印务有限公司
装　　订	廊坊市广阳区广增装订厂
版　　次	2020年7月第1版
印　　次	2020年7月第1次印刷

开　　本	710×1000 1/16
印　　张	34
插　　页	2
字　　数	457千字
定　　价	198.00元

凡购买中国社会科学出版社图书，如有质量问题请与本社营销中心联系调换
电话：010-84083683
版权所有　侵权必究

目　录

第一章　纪传体史书中的作家传记 …………………………… （1）
　第一节　纪传体史书中作家传记的特点 …………………… （1）
　　一　选录的知名性 ………………………………………… （2）
　　二　记载的可靠性 ………………………………………… （4）
　　三　传记的概括性 ………………………………………… （9）
　　四　安排的整体性 ………………………………………… （11）
　　五　写作的模式性 ………………………………………… （13）
　　六　时代的局限性 ………………………………………… （16）
　第二节　二十六史中的作家传记 …………………………… （18）
　第三节　其他纪传体史书中的作家传记 …………………… （53）

第二章　传记体史书中的作家史料 …………………………… （68）
　第一节　总　传 ……………………………………………… （68）
　　一　历代总传的撰集和分类 ……………………………… （68）
　　二　总传中的作家传记 …………………………………… （74）
　第二节　年　谱 ……………………………………………… （97）
　　一　年谱的性质、名称 …………………………………… （97）
　　二　历代年谱编录概况 …………………………………… （100）
　　三　年谱的分类 …………………………………………… （102）

四　年谱的史料价值 …………………………………………（107）
　第三节　族　谱 ……………………………………………………（112）
　　一　族谱的发展概况 ………………………………………（112）
　　二　族谱的内容体例 ………………………………………（117）
　　三　族谱中的作家史料 ……………………………………（118）
　第四节　题名录 ……………………………………………………（123）

第三章　编年史、方志、目录中的作家史料 ………………（133）
　第一节　编年体史书中的作家史料 ……………………………（133）
　　一　编年体史书的分类及要籍 ……………………………（133）
　　二　编年体史书中的人物史料特点 ………………………（147）
　　三　编年体史书中的作家史料 ……………………………（153）
　第二节　地方志中的作家传记 …………………………………（159）
　　一　方志的种类和体例 ……………………………………（160）
　　二　方志中的人物传记资料 ………………………………（163）
　　三　方志的编目与传记的辑录 ……………………………（173）
　第三节　目录中的作家史料 ……………………………………（178）
　　一　解题目录中的作家史料 ………………………………（179）
　　二　目录中传记史料的特点 ………………………………（181）
　　三　有作者简介的目录书 …………………………………（183）

第四章　笔记中的作家史料 ……………………………………（195）
　第一节　笔记的范围 ………………………………………………（195）
　第二节　笔记中人物史料的特点 ………………………………（198）
　　一　真实性 …………………………………………………（198）
　　二　丰富性 …………………………………………………（200）
　　三　生动性 …………………………………………………（201）
　　四　片段性 …………………………………………………（207）
　　五　传闻性 …………………………………………………（209）

六　时代性 …………………………………………………（212）
　第三节　笔记史料与正史 …………………………………（216）
　第四节　历代笔记与作家史料 ……………………………（227）
　　一　记先隋人的笔记 ………………………………………（228）
　　二　记隋唐五代人的笔记 …………………………………（229）
　　三　记宋人的笔记 …………………………………………（238）
　　四　记金元人的笔记 ………………………………………（264）
　　五　记明人的笔记 …………………………………………（267）
　　六　记清人的笔记 …………………………………………（271）

第五章　文集中的作家史料 ……………………………………（285）
　第一节　总集的作家介绍 …………………………………（285）
　　一　总集的作家介绍及其史料价值 ………………………（285）
　　二　重要总集中的作家小传 ………………………………（291）
　第二节　别集中的作家史料 ………………………………（315）
　　一　传状史料 ………………………………………………（316）
　　二　碑志史料 ………………………………………………（330）
　　三　哀祭史料 ………………………………………………（347）
　　四　序跋史料 ………………………………………………（353）
　　五　赠序史料 ………………………………………………（359）
　　六　诏令奏议史料 …………………………………………（362）
　　七　其他文体史料 …………………………………………（367）
　第三节　别集中的作者史料 ………………………………（375）
　　一　别集中作者史料的特点 ………………………………（375）
　　二　各类文体中的作者史料 ………………………………（379）

第六章　作家传记史料的考订 …………………………………（389）
　第一节　姓名考订 …………………………………………（389）
　　一　繁复的古人姓名 ………………………………………（389）

二　常见的姓名错误 …………………………………………（399）
　　三　姓名考订 ………………………………………………（407）
　第二节　籍贯考订 ………………………………………………（413）
　　一　历代政区沿革略说 ……………………………………（413）
　　二　记载籍贯的方式 ………………………………………（416）
　　三　记载籍贯的多变 ………………………………………（421）
　　四　古地注今地之误 ………………………………………（424）
　　五　籍贯的考察 ……………………………………………（427）
　第三节　生卒年考订 ……………………………………………（433）
　　一　古籍记载生卒年的一般情况 …………………………（434）
　　二　生卒年的考订 …………………………………………（439）
　　三　生卒年的换算 …………………………………………（444）
　第四节　作家事迹考订 …………………………………………（448）
　　一　考订的重要性 …………………………………………（448）
　　二　考订的方法 ……………………………………………（452）
　　三　考订需具备的精神 ……………………………………（467）

第七章　人物传记史料索引 ……………………………………（473）
　第一节　综合性人物传记索引 …………………………………（474）
　第二节　史传人名索引 …………………………………………（497）
　　一　综合诸史的通代人物传记索引 ………………………（497）
　　二　专录一史或相关几史的断代人名索引 ………………（501）
　第三节　传记人名索引 …………………………………………（505）
　　一　总传中的人名索引 ……………………………………（505）
　　二　年谱索引 ………………………………………………（506）
　　三　题名录索引 ……………………………………………（511）
　第四节　方志、目录中的人物传记索引 ………………………（512）
　　一　地方志中的人物传记索引 ……………………………（512）
　　二　目录书中的人物史料检索 ……………………………（517）

第五节　笔记的人名索引 …………………………………（518）
第六节　文集中的人物传记史料索引 ……………………（523）
第七节　从异名查本名 ……………………………………（527）

后　记 ………………………………………………………（534）

第一章

纪传体史书中的作家传记

第一节 纪传体史书中作家传记的特点

所谓纪传体史书，主要是指以纪、表、志、传构成的历代"正史"，传统的是指清乾隆四年（1739）所定的以《史记》《汉书》《后汉书》《三国志》《晋书》《宋书》《南齐书》《梁书》《陈书》《魏书》《北齐书》《周书》《隋书》《南史》《北史》《旧唐书》《新唐书》《旧五代史》《新五代史》《宋史》《辽史》《金史》《元史》《明史》二十四种纪传体史书作为"正史"，私家不能擅自增加，这就是我们常说的"二十四史"。其实，早在南朝梁阮孝绪就有《正史削繁》，收入《隋书·经籍志》中。而在《隋志》的史部中，也首列"正史"一类，入收了《史记》《汉书》《后汉书》《三国志》《晋书》《宋书》《齐书》《梁书》《后魏书》《陈书》及其注释的书。不过这时的正史所收范围较广，包括了《东观汉记》和各家《后汉书》及诸家《晋书》等。《后汉书》中收入了谢承、薛莹、司马彪、华峤、谢沈、张莹、袁山松、范晔、刘芳诸家，不过后代除范晔《后汉书》外，其他诸家都已散佚。《晋书》也著录了王隐、虞预、朱凤、何法盛、谢灵运、臧荣绪、萧子云、萧子显、郑忠、沈约、庾铣等家，不过这些《晋书》都已亡佚，现存的是唐代集诸家《晋书》而重修的。《隋志》中"正史"类所收，都是效法司马迁《史记》、班固《汉书》的纪传体史书，它们都以帝王本纪为纲，被称为"正史"。正如《隋志》正史类小序所说："自是世有著述，皆拟班、马，以为正史，作者尤广。"以后，也有人把"正史"范围扩大，如唐·刘知幾把"正史"与"杂述"并举，把"史臣撰录"的那些纪传体、编年体统称为"正史"，且追述到记载一朝大典的如《尚书》《春秋》等。其后，《明史·艺文志》也把编年体的史书列为"正史"。

我们这里说的纪传体史书，不包括那些编年体史书。它除了传统的"正史"——二十四史外，也包括了与《史记》《汉书》等同一体例的清代柯劭忞的《新元史》和民国年间修撰的《清史稿》在内，这些书，合起来可以称为"二十六史"。同时，也包含了其他一切用纪传体编写的史书，其中有官修的《东观汉纪》《明史稿》《清史列传》；私人修撰的《宋史翼》《元史新编》等；也有为地方政权编写的如陆游的《南唐书》，吴任臣的《十国春秋》，徐鼒的《小腆纪传》等。

这种史书，其组成部分包括了纪、表、志、传等内容。它们大致以帝王的纪为纲，编年排列；"表"以时间排列；"志"则分类纪事；"传"以人物为中心。这种史书，最重要的部分就是人物传记。

纪传体史书中的作家传记，包括了列传中的作家和本纪中能文的皇帝。关于本纪中的皇帝，如《汉书》中的《高帝纪》（刘邦）、《武帝纪》（刘彻），《梁书》中的《武帝本纪》（萧衍）、《简文帝本纪》（萧纲）、《元帝本纪》（萧绎）等等，他们都是文学史上谈及的人物，他们的传记都是采用编年的纪事方式，独立成一体，另有其特点，这里存而不论。下面只谈一下列传中作家传记的特色，拟分五点来介绍。

一　选录的知名性

作为为一代王朝立传的史书，实际上是为帝王将相立传的，是帝王的家史，其人物的收录标准，当然着眼于皇室及其重要的臣僚们。所以，能够入录的人物，当然以帝王将相为主体，其他各行各业，也适当选收有代表性的知名人物。它不像散传那样，不管知名与否，愿写谁就写谁；也不像地方志那样，在地区里知名的人物就收入。所以它收录是有标准的，其入传人物，大致包括下列几个方面。

（1）皇帝及其家庭成员。皇帝，是权力的象征，他们是最高统治者，每个皇帝当然要收，而且他们的传记专名"本纪"或"纪"，放在各史的首位。

后妃，是皇帝的妻妾，是"母仪"天下的人物，在妇女中地位最为崇高，一般放在列传之首。

帝族，是指皇帝的叔伯、兄弟、子孙，他们是皇室的成员，地位显赫，史书中也专为他们立传。除了有些专传的以外，不少是合传，如《汉书》中有《高五王传》《文三王传》《景十三王传》《武五子传》《宣元六王传》，就是分别为高帝、文帝、景帝、武帝、宣帝、元帝诸子立传的。不管这些儿子们有无出息，有无名望，甚至早死，都得为他们立传。这是由于他们都是帝室，都被封为王，地位崇高，自然在收录之列。

（2）文武大臣。包括历代开国功臣及历代文武大臣，他们是皇族统治的支持者，自然得为他们立传。

以上这两类人物，由于他们的政治地位，是必收的，也是历代史书的主要收录对象，后人也这么来评价史书收录人物上的得失。如钱大昕批评《元史》收录人物的不全时说："开国功臣首称四杰，而赤老温无传；尚主世胄不过数家，而郓国亦无传，丞相见于表者五十有九人，而立传者不及其半；太祖诸弟止传其一，诸子亦传其一，太宗以后皇子无一人立传者。"（《十驾斋养新录》卷九）

（3）知名的学术文学之士。这些人物，是从事意识形态的，对帝国的统治关系密切，影响也大，同时也是标榜"文治"的旗号。自汉武帝罢黜百家，独尊儒术以后，儒家的思想成为统治思想，故许多史书中立有《儒林传》或称《儒学传》，专为儒林人士立传。这些儒林人物中，包括了不少作家。又自《后汉书》开始，其后的《晋书》《南齐书》《梁书》《陈书》《南史》《魏书》《北齐书》《北史》《隋书》《唐书》《新唐书》《宋史》《辽史》《金史》《新元史》《明史》《清史稿》，都有《文苑传》，或称《文学传》《文艺传》的，它们都选择为当代知名度高的文学家立传。当然，不少杰出的学者、文学家，各史也分别为他们立了专传，而《儒林传》《文苑传》中的学者、文学家，一般比有专传的学者、文学家在知名度上又逊了一筹。虽然如此，能入《儒林传》《文苑传》的，在当代也是不可多得的人才。虽然其中有许多人今天在学术史或文学史上已不再提及，这是用今天新的眼光来评价的缘故，更何况，其中不少人的作品早已散失，今天也无从评价了。当然，收入《文苑传》的文学家中，也有第一流的作家，但因为他们政治地位不高，也就没有为他们立专传，如李白、杜甫的入新旧《唐书》的《文艺传》《文苑传》中就是最显明的例子。

（4）隐逸之士。这些人一般没有官职，因为种种原因隐居起来。虽然隐居，但名声很响，知名度很高，有些史书就为他们立了类传，或称《隐逸传》，或称《逸民传》等。如《后汉书·逸民传》收录了十八人，包括了辞光武帝刘秀特征的严光，咏《五噫歌》的梁鸿等。

（5）其他知名人士。除了上述的名人外，还有不少其他知名人士也在收录之列，如科技家、方士、列女等，他们中的知名度高的人物，也加以选录。

这些知名人士，入收的标准是全国范围内的，至于地域性的许多知名人士，其影响不及全国，收不胜收，史书就不收了。由于这个原因，史书中所收录的文学家，也就是全国性的知名文学家，那些知名度不高的，在纪传体史书中就查不到了。但是，也有些作家知名度很高，但在当时正统的史学家看起来，其创作不登大雅之堂，就不为他们在正史中立传，如《元史》中不收关汉卿、王实甫等。当然，因各朝史书所收人物有限，编纂者又见仁见智，对某人该收某人不该收，就有了出入，这是另外的问题了。

二 记载的可靠性

以正史为代表的纪传体史书人物传记比较可靠，这是一般人所公认的，所以在研究作家生平时，也往往以这些史书中的传记作为基本史料，甚至作为第一手资料。取得这一殊荣的原因，是因为中国史学家有严肃的实录精神，有丰富的比较可靠的史料来源，以及历经时间考验后事实上的证明等。

先说中国史学家有严肃的实录精神，这可说是中国史学的优良传统。为了实录，史学家甚至献出宝贵的生命在所不惜。齐太史冒死直书崔杼弑君，是人所共知的，据《左传》襄公二十五年记载：齐崔杼杀其君，"太史书曰：'崔杼弑其君。'崔子杀之。其弟嗣书而死者二人。其弟又书，乃舍之。南史氏闻太史尽死，执简以往。闻既书矣，乃还"。为了直书其事，史官们不怕牺牲，前赴后继，可歌可泣。历史上这种刚直不阿的直书，常为人称道的还有晋太史董狐大书"赵盾弑其君"（《左传》宣公二年）等，成为后人赞美并作为史家刚直不阿的榜样。又如司马迁，他"与张汤、公孙弘等皆同时人，而直书美恶，不少贬讳"；《封禅书》中"备言武皇迷惑之状"（谢肇淛《五杂组》卷十三），被称为"其文直，其事核，不虚美，不隐恶，故谓之实录"（《汉书·司马迁传赞》）。这种实录，当然也被封建卫道者所非难，后汉王允甚至说："昔武帝不杀司马迁，使作谤书，流于后世。"（《后汉书·蔡邕列传》）所谓"谤书"，就是因为写出了"汉家不善之事"（李贤等注语），这就是指直书其事的实录。这种"不虚美，不隐恶"的实录精神，也为后代史家所继承，如欧阳修的《新五代史》，被称为"褒贬去取，得《春秋》之法，迁、固之流"（王辟之《渑水燕谈录》）。用这种精神所写出的史书，其史实的可靠性就有了基本的保障。

因其实录，故史书中的人物传记，有褒有贬，也为否定人物立传，如《史记》《汉书》等有《佞幸传》，《南史》有《贼臣传》，等等。这正如刘知幾所说的："其恶可以戒世，其善可以示后。"（《史通·人物》）即使同一个人，也会有褒有贬，不作一味肯定或一味否定，照直实录。如《史记》写项羽、刘邦等就是这样。何乔新指出："陈平之谋略，而不讳其盗嫂受金之奸；张汤之荐贤，而不略其文深意忌之酷；其不隐恶可见。"（《何文肃公文集》卷二）这种传记，绝不像行状、碑志、家传等一味颂扬，而是美丑并存。

其次说有丰富的比较可靠的史料来源。以正史为代表的纪传体史书，一般都是史官所修，史官占有丰富而又比较可靠的史料。

在我国古代，殷商时期就有史官的存在。夏有太史令终古，商有内史向挚（见《吕氏春秋·先识》），周代史官已有了分科（见《周礼·春官》），而且诸侯国也有了史官（见《左传》等）。秦统一天下，也设有史官，故李斯有"臣请史官非《秦纪》皆烧之"（《史记·秦始皇本纪》）之说。汉代有太史令司马谈、司马迁父子，兼掌史职。东汉设兰台令史，班固即任此职而撰《汉书》。魏明帝置著作郎以修国史，晋代沿之。宋、齐、梁、陈有修史学士、撰史学士等，均为史官，由北齐起，开始设置史馆，作为修史的机构。从此以后，历代史馆的设置，未曾中断。这就是说，历代都有专人或专职机构来修史，他们积存了丰富的图书资料。如司马迁写《史记》，就可"紬史记石室金匮之书"（《史记·太史公自序》）。这里的"石室金匮"，都是指国家藏书的地方。又如唐代特别重视修史，建有一套征集史料的制度。据《唐会要》卷六十三《诸司应送史馆事例》记载其中有关人物事迹的是："诸色封建，京诸司长官及刺史都督护行军大总管、副总管除授，刺史、县令善政异迹，硕学异能高人逸士义夫节妇，京诸司长官薨卒，刺史都督都护及行军副大总管以下薨，公主百官定谥，诸王来朝，以上事并依本条所由，有即勘报史馆，修入国史。"由于这样重视史料的搜集，为史书的编写创造了基本的条件。

修史所根据的史料，据宋·朱弁《曲洧旧闻》卷九说："凡史官记事，所因者有四：一曰时政纪，则宰相朝夕议政，君臣之间奏对之语也；二曰起居注，则左右史所记言动也；三曰日历，则因时政记、起居注润色而为之者也；四曰臣僚行状，则其家只所上也。"稍后的王明清《挥麈后录》卷一有同样的说法。这些编史的基本史料，因为都是当时人所记，在基本事实上比较可信。故在此基础上所编成的纪传，我们也可作为基本史料来利用。

当然，编写史书，所根据的史料不仅像上面所说的四个方面，而且还有不少现成的书籍可以利用。就以上述的四个方面来说，编写传记，主要还是第四方面，即臣僚行状。关于行状，历代封建统治者很注意搜集，在两汉时已经有了，至魏晋六朝已很兴盛，成为编写史传的主要根据，如吴均想编《齐书》，就求借"群臣行状"（《南史·吴均传》），行状成为史馆立传的依据。因此，达官贵人们在身死之后，其亲属无不请人撰写行状以付史馆。除了行状外，其他碑传也是修史时的重要依据，这就不仅包括了家属所上，而且其他人也可写传记事状进呈史馆以供采择。如柳宗元的名文《段太尉逸事状》，就是详得太尉遗事后，"覆校无疑，或恐尚逸坠，未集太史氏"，故上《逸事状》于史馆。

作为家属所上的行状，往往多所夸饰，但所写生平经历当属可信。史传基本上依据它来写传记，在生平经历等上也当可信。今天，我们也基本上作为信史来看待，这就是对史传的基本态度。当然，其间也不可避免地会有些出入，那也是因史、因人而异，我们在使用中要做必要的鉴别、考订。

最后说时间考验后事实上的证明。经过历史的洗汰，二十四史虽然成就不一，但最终还是站住了脚跟。《史记》被奉为史书的典范，《汉书》被尊为断代史的模式，《后汉书》"简而且周，疏而不漏"（《史通·补注》），《三国志》的简明，等等，都为世人所公认。即使唐代所修的《晋书》，也在流传中战胜了其他十八家晋书而独传，这可说是经历了历史考验的。而且，它们都比较完整地记载了各代的史实，没有一套二十四史，我们将对祖国的历史知之甚少，或者也串联不起来，这还怎能谈得上继承并发扬祖国优秀的历史文化传统！

这些纪传体正史中出现的一些不易明白的地方，或写得过于简略，或间有失误处，历代学者对它们做了许多注释和考订工作可供我们参考。就以注来说，《史记》有三家注，《汉书》有颜师古等注，《后汉书》有李贤等注，《三国志》有裴松之注等。他们或注音释义，或注明史实，或补充史料，或考订错误，为我们阅读这些史书提供了极大的方便。再加上各史的研究专著，更使这些史书汇成洪流，为历代研究工作者提供了不可替代的史料。今天我们研究祖国历史，研究各分体专史，包括研究文学史，研究文学史中的作家传记，无不以正史为代表的纪传体史书为准的，以之考史，以之立论，以之编写传记，才有了今天的研究成果。

对野史杂记中的一些传闻错误，也往往可据史书来正误，如洪迈《容斋四笔》卷十四"梁状元八十二岁"条说：

> 陈正敏《遯斋闲览》："梁灏八十二岁，雍熙二年状元及第。其谢启云：'白首穷经，少伏生之八岁；青云得路，多太公之二年。'后终秘书监，卒年九十余。"此语既著，士大夫亦以为口实。予以国史考之，梁公字太素，雍熙二年，廷试甲科，景德元年，以翰林学士知开封府，暴疾卒，年四十二。子固亦进士甲科，至直史馆，卒年三十三。史臣谓："梁方当委遇，中途夭谢。"又云："梁之秀颖，中道而摧。"明白如此，遯斋之妄不待攻也。

这就是利用宋的国史来纠正传闻之误，因为国史比起笔记来，可靠性较大。我们今天已见不到宋代国史了，但据宋代国史编写的《东都事略》和《宋史·梁灏传》也都这么说，不过《宋史》卒年误作九十二。中华书局版《宋史》"校勘记"说："《东都事略》卷四七本传作'年四十二'。据洪迈《容斋四笔》卷一四'梁状元八十二岁'条、俞正燮《癸巳存稿》卷八《书宋史梁灏传后》条考证，皆以'年九十二'为非。'九'乃'四'字之误。"

作为纪传体史书，其间也难免有误，如《旧唐书·文苑传》误作杜甫卒于永泰二年（766），《新唐书》则谓卒于大历中。经宋·吕大防以来的考证，一般认为杜甫卒于大历五年（770）（详见第六章第三节中"生卒年的考订"）。可见杜甫的卒年，《旧唐书》有误，《新唐书》的记载又不甚明确。又如王安石，《宋史》误作六十八岁，实为六十六岁。钱大昕《十驾斋养新录》卷七"王安石传误"条作了明确的考订。除了生卒年及年岁外，其他错误还有不少，如事迹舛误，传闻失实，张冠李戴等，这里就不再举例了。因之我们在使用史传时，也要注意不能唯传是从。

三　传记的概括性

作为一代史书，其人物传记当然要具有概括性，就是概括人物一生的主要事迹。它不可能细大不捐，面面俱到，超出了史书所能容纳的范围。所以欧阳修说："史家当著其大节，其微时所历官多不书，于体宜然。"（《集古录跋尾·唐李听神道碑》）所谓"大节"，就是人物的主要历程、事迹，而其他地位尚低下时所历官职，往往无关大局，所以多省略了。这是符合史传的著录原则的。

这种概括一生大节，与某些散篇传记的要求有所不同。作为散篇传记，当然也可概括传主一生的主要事迹，但也允许只写作者所见、所闻、所知的片段事迹，甚至可只写逸闻轶事，写起来就自由灵活多了。这是史传与散传要求不同的地方。

但当我们翻阅史书的人物列传时，往往有详有略。详者因其事迹多，功业大，地位高，史料多；略者因其事迹少，功业小，地位低，史料少。但无论详略，都要求概括，这是一个原则。只要我们把史传与有些碑传、行状、年谱等相比，其概括性就显而易见了。

因为史传要求高度概括，自《史记》以后，人物传记中的文学性减弱了，《史记》中那些戏剧性的情节，典型的细节描写，生动的人物形象逐步减退甚至不见了。文史分流的结果，史书成了干巴巴的纯史事记载。而在野史杂记中，却还保存了一些生动的细节记载，可用来丰富史传中人物传记的不足。

由于作者的史才、史学、史识、史德的不同，各史概括的客观性不尽相同，史料的去取也会有出入，这里就有个仁者见仁，智者见智的问题。当然，还有概括不尽合理的问题，如欧阳修批评《唐书·许巡传》"最为疏略",漏其"大小数百战,屡败贼兵"的功绩(《集古录跋尾》);又批评《李听传》"自安州刺史迁神武将军,史不宜略"(同上),等等。

也有因为要用最少的字数来写传,有时时间交待不清,往往容易造成时间模糊,特别是在历官介绍中更是如此。如《梁书·何逊传》介绍何逊的历官时说:

> 天监中,起家奉朝请,迁中卫建安王水曹行参军,兼记室。王爱文学之士,日与游宴,及迁江州,逊犹掌书记。还为安西安成王参军事,兼尚书水部郎,母忧去职。服阕,除仁威庐陵王记室,复随府江州,未几卒。

这里除了"天监中"一个不明确年代的时间交待外,其他都没有写清时间。这种概括,在史书中是常见的写法,却为我们了解何逊带来了很大的麻烦。

因为时间不明确,有时也会造成误解。如《三国志·曹植传》说:"年十余岁,诵读诗、论及辞赋数十万言,善属文。太祖尝视其文,谓植曰:'汝倩人邪?'植跪曰:'言出为论,下笔成章,顾当面试,奈何倩人?'时邺铜爵台新成,太祖悉将诸子登台,使各为赋。植援笔立成,可观,太祖甚异之。"这里因为"年十余岁"下连着记载"太祖尝视其文",故有人认为曹植的《铜雀台赋》写于"十余岁"时。其实,曹植"十余岁"时,邺地尚属袁绍。显然,"太祖尝视其文"因而登台作赋,不是与"十余岁"诵读诗、论、辞赋同一时间。《登台赋》当作于建安十七年春,时曹植二十一岁(详见拙文《曹植〈登台赋〉、〈名都篇〉作年探索》,《北京师范大学学报》1990年"文史论考"专刊)。这种致误,除了读者的粗心外,还与《曹植传》中没有明确的时间交待有关。

因概括而压缩字数,有时必要的交待也给删去了,造成后人的困惑。如《晋书·阮籍传》说,阮籍"作《咏怀诗》八十余篇,为世所重"。可从阮籍现存作品来看，有五言《咏怀》八十二篇，四言《咏怀》十三篇，总数达九十五篇，怎么史传只说八十余篇呢？这是由于唐修《晋书》时删削不当造成的，说见下节《晋书》介绍中。

有些史传文字特别简略，语焉不详，这除了因地位不甚重要而故意简略外，主要还是史料缺乏，或史官草率等原因造成的，这就不完全是概括不当所产生的问题了。

四　安排的整体性

纪传体史书每部都作为一个整体独立存在，有它的整体结构。从整部史书说，有本纪、表、志、列传等的分工合作，系统地反映某个朝代的历史。所以清代赵翼说"司马迁参酌古今，发凡起例，创为全史。本纪以叙帝王，世家以记侯国，十表以系时事，八书以详制度，列传以志人物，然后一代君臣政事，贤否得失，总汇于一编之中。自此例一定，历代作史者遂不能出其范围，信史家之极则也"（《廿二史札记》卷一）。就中以列传来说，同一朝代的人物大都有相互关联，他们或是同僚，或是对立的双方，或是上下级的关系，或是亲属关系，或是友朋，或是同一件事的参加者，等等。因此，在为某一人物作传时，常常要涉及其他有关人物，人与人之间，构成了一个有机组成的社会。在我们读传记时，有关的人物传记常常要互相参考。它不像散传那样，在处理上没有那么多的瓜葛、照应，只要写传主本身的事迹就可以了。

作为整体的史传，在处理人物传记时往往采用互见法，也就是参见法。这就是说，在为某甲写传时，因为某些事件是与某乙共同完成的，倘若这件事对某乙来说是重要的，就把这件事写在某乙的传记中，而在某甲的传记中，只在事件下说明"语在某某事中"等。《史记》就常用这个办法，如《萧相国世家》说："何进言韩信，汉王以信为大将军。语在《淮阴侯》事中。"这种办法，不仅可以避免重复，压缩字数，且能集中地写出人物的性格特点。

但是更多的互见法是并不注明的，包括了同一件事情的互见和相关人物的互见等。前者如《史记·项羽本纪》中详写"鸿门宴",洋洋洒洒一千八百余言,情节紧张,人物传神,是一篇非常有名的文字。但在《高祖本纪》中写同一事件,只作了不到二百字的简单叙述。虽然在《高祖本纪》中没有作互见的交待,但因这是同一事件的对立双方,人们自然知道要不要去参看《项羽本纪》了。后者说的相关人物的互见更是到处都是,如我们在前面"概括性"中所举的《梁书·何逊传》的历官,就提到了建安王、安成王、庐陵王等,我们就要去参考他们的传记。建安王后改封南平郡王,《梁书》有《南平王伟传》《安成王秀传》《庐陵王续传》,我们就可从这些相关的传记中约略推之何逊任职的时间。

作为某史整体性的传记,记载某一人物除了本人的传记外,有些资料出现在别人的传记中。我们要研究某一作家,就除了阅读他本人的传记外,还要参阅有关人物传记中提及他的地方。如《晋书》中除了卷四十九有《阮籍传》作了全面概括介绍外,还有些事迹见于别人的传记中,如卷三十三《何曾传》记载了阮籍居丧无礼,何曾面质于文帝座,文帝加以回护的具体事件,可补充《阮籍传》的"由是礼法之士疾之若仇,而帝每保护之"的具体事例。卷三十五《裴頠传》中载裴頠深患时俗放荡,不尊儒术,何晏、阮籍有高名而口谈浮虚,不尊礼法,仕不事事等,因作《崇有论》。卷三十六《张华传》中载阮籍见了张华的《鹪鹩赋》,叹有"王佐之才"。卷三十九《王沈传》载王沈于正元中与荀颉、阮籍共撰《魏书》。卷四十三《山涛传》载山涛与阮籍等"为竹林之交,著忘言之契"。卷四十三《王戎传》载阮籍与王戎父王浑为友,与王戎相交事;又载与刘昶饮酒及与王戎为竹林之游事,以及王戎在嵇、阮死后的怀念事。卷四十九《阮咸传》载阮咸与叔父阮籍为竹林之游,及阮籍并不称许他的放达。同卷《嵇康传》载嵇康与阮籍、山涛为神交。卷九十四《孙登传》载文帝使阮籍往见孙登事等。这些事例,也都可补充《阮籍传》的内容,是了解阮籍一生的必不可少的史料。这种传记的整体性特点,不是散传可以做到的。

还有的人在史书中没有正式的传记，但他却附见于某人的传记中。这种处理，也是从史书的整体性着眼来安排的。如《三国志》中有《王粲传》，传中附及了建安七子中的徐幹、陈琳、阮瑀、应玚、刘桢的事迹，还提及了邯郸淳、繁钦、路粹、荀纬、应璩、应贞、阮籍、嵇康等人的事迹，把这些作家们都附见在《王粲传》中。还有的人连附见也没有，但他们的简单情况在史书中的"表"或"艺文志"、"经籍志"中可以见到，如《隋书·经籍志》中书名前都冠有时代和官职，《新唐书·艺文志》的书名下有许多作者的简介，这就可补史传不能为他们立传的不足。

这些都是史传作为史的整体安排的结果，是散见传记不能企及的。

五 写作的模式性

自司马迁开创纪传体史书《史记》后，《汉书》继之，后代史书都奉为典式，他们的写作形成了一套模式。

从史的整体模式来说，一般都由本纪、表、志（《史记》称"书"）、列传四部分组成。其中的人物纪传，司马迁《史记》分为本纪、世家、列传三部分，《汉书》则不再单列世家，分纪和传两部分。后代史书仿《汉书》，只分纪（本纪）和传（列传），因而形成了以纪（本纪）和传（列传）为主要体裁的传记模式，被称为纪传体。本纪专记皇帝，按年月编排大事，列传则为人物传记。

从列传的模式来说，又有专传、合传和类传的区别。专传是一人单独成卷立传；合传是二人以上合卷成传；类传则按人物性质分类成卷。其中类传或按职业分排，如儒林、文苑（文学）、货殖等，或按行为品德分排，如循吏、酷吏、佞幸、独行、隐逸、忠义、列女等。各史的分类虽有出入，分类也有多有少，但有类传则基本上一致的，如《汉书》有儒林、循吏、酷吏、货殖、游侠、佞幸等传；《晋书》有孝友、忠义、良史、儒林、文苑、外戚、隐逸、艺术、列女等传；直至《清史稿》，都有类传的存在。这也是写作史传的一个模式。

作为纪传体史书的传记的写法，自《史》《汉》以来，也有一个大致固定的模式：即首列传主姓名、籍贯，其格式是："某某（人名），字某某，某某（籍贯）人也。"如："司马相如，字长卿，蜀郡成都人也。"（《汉书·司马相如传》）"陆游，字务观，越州山阴人。"（《宋史·陆游传》）次写家世，再按年代叙写生平事迹、功业，重点放在任官后的经历，再后写到卒年及年岁，有著作的并载著作，最后记下传主的子孙，末了是作者的述评。今举《隋书·卢思道传》为例，以见其体例。

卢思道，字子行，范阳人也。祖阳乌，魏秘书监。父道亮，隐居不仕。思道聪爽俊辩，通侻不羁。年十六，遇中山刘松，松为人作碑铭，以示思道。思道读之，多所不解，于是感激，闭户读书，师事河间邢子才。后思道复为文，以示刘松，松又不能甚解。思道乃喟然叹曰："学之有益，岂徒然哉！"因就魏收借异书，数年之间，才学兼著。然不持操行，好轻侮人。齐天保中，《魏史》未出，思道先已诵之，由是大被笞辱。前后屡犯，因而不调。其后左仆射杨遵彦荐之于朝，解褐司空行参军，长兼员外散骑侍郎，直中书省。文宣帝崩，当朝文士各作挽歌十首，择其善者而用之。魏收、阳休之、祖孝徵等不过得一二首，唯思道独得八首。故时人称为"八米卢郎"。后漏泄省中语，出为丞相西阁祭酒，历太子舍人、司徒录事参军。每居官，多被谴辱。后以擅用库钱，免归于家。尝于蓟北怅然感慨，为五言诗以见意，人以为工。数年，复为京畿主簿，历主客郎、给事黄门侍郎，待诏文林馆。周武帝平齐，授仪同三司，追赴长安，与同辈阳休之等数人作《听蝉鸣篇》，思道所为，词意清切，为时人所重。新野庾信遍览诸同作者，而深叹美之。未几，以母疾还乡，遇同郡祖英伯及从兄昌期、宋护等举兵作乱，思道预焉。周遣柱国宇文神举讨平之，罪当法，已在死中。神举素闻其名，引出之，令作露布。思道援笔立成，文无加点，神举嘉而宥之。后除掌教上士。

> 高祖为丞相，迁武阳太守，非其好也。为《孤鸿赋》以寄其情曰：……开皇初，以母老，表请解职，优诏许之。思道自恃才地，多所陵轹，由是官途沦滞。既而又著《劳生论》，指切当时，其词曰：……
>
> 岁余，被征，奉诏郊劳陈使。顷之，遭母忧，未几，起为散骑侍郎，奏内史侍郎事。于时议置六卿，将除大理。思道上奏曰："省有驾部，寺留大仆，省有刑部，寺除大理，斯则重畜产而贱刑名，诚为未可。"又陈殿庭非杖罚之所，朝臣犯笞罪，请以赎论，上悉嘉纳之。是岁，卒于京师，时年五十二。上甚惜之，遣使吊祭焉。有集三十卷，行于时。子赤松，大业中，官至河东长史。

从这里，可见到史传写作的一般模式。

至于史传后的作者述评，也是各史传记的组成模式，但名称不一：《史记》称"太史公曰"，《汉书》《后汉书》称"赞曰"，《三国志》称"评曰"，《晋书》称"史臣曰"，《南史》《北史》称"论曰"，等等，而更多的史书则称"史臣曰"。这种固定的格式，也是史传所特有的，散传则不受这程式的限制。

还有一个与此有关的问题是，史传中往往全录作家的一些重要作品，这也是从《史记》开其端的，如《屈原贾生列传》收录了屈原的《怀沙赋》，贾谊的《吊屈原赋》《鹏鸟赋》，《司马相如列传》收录了《子虚赋》《喻巴蜀檄》《难蜀父老》《上书谏猎》《哀秦二世赋》《大人赋》《封禅文》等。这种列传中收录作品，可说是传记与文选相结合的模式。它对了解作者有其方便之处，也为我们保存了不少文献资料。后代史书也继承了这一方法，如《晋书·陶潜传》收《归去来兮辞》，《宋书·谢灵运传》收《撰征赋并序》、《山居赋》并自注、《上书劝伐河北》，《周书·庾信传》收《哀江南赋并序》，以及上引《隋书·卢思道传》所收《孤鸿赋》《劳生论》等，不胜枚举，这也是史传的独特之处。

六 时代的局限性

现存的纪传体史书，都是过去时代的产物，因受时代的限制，它们不可能真实地反映历史发展的本来面貌，这是自然的。我们不能苛求于它。不过在对这些纪传的使用中，也应该注意它们的历史局限，方能正确地利用。

在诸多局限中，首先要明确这些史书是以封建帝王为中心的历史。历代封建统治者大力组织人力来编写，其根本目的就是为了巩固封建政权的统治。倘若写得有些"出格"，就会被指责为"谤书"，就会被毁弃，就会组织人力来重新编写。这种史书，可以供封建帝王作为统治的借鉴，也就是所谓史鉴；同时也借以宣扬帝国的文治武功。

以帝王为中心，反映在史书中突出帝王的地位，为皇帝立本纪，为对他们统治的有功之臣立专传，表扬他们对帝国的忠心和所立的功勋。也反映在对他们的过失曲为回护，掩饰。虽说直书其事是史家的传统，但在帝王的权威下，"御史在前，执法在后"，造成了"有欲书而不得书，有欲书而不敢书"的情况，能直言如司马迁的，究竟是极少数。故唐·刘知幾曾感叹说："若齐史之书崔弑，马迁之述汉非，韦昭仗正于吴朝，崔浩犯讳于魏国，或身膏斧钺，取笑当时；或书填坑窖，无闻后代。夫世事如此，而责史臣不能申其强项之风，励其匪躬之节，盖亦难矣。"（《史通·直书》）当然，现存的史书，绝大多数都是后代编的，对前朝帝王的统治也有所揭露，可作为史鉴，作为反面教材，是允许的，但也多有歪曲事实以迎合新主子的心意，所以刘知幾指出："苟欲取悦当代，遂乃轻侮前朝。"（《史通·编次》）

对帝王、功臣的曲为回护，也就是讳饰，是历代官修书的一个通病，我们且看宋代王辟之《渑水燕谈录》所记的一则故事：

> 胡旦，文辞敏丽，见推一时。晚年病目，闭门闲居。一日，史馆共议作一贵侯传，其人少贱，尝屠豕豵。史官以为讳之即非

实录，书此又难为辞，相与见旦。旦曰："何不曰：'某少尝操刀以割，示有宰天下之志？'"莫不叹服。

连贵侯少时曾做屠户都不敢直书，把他的谋生手段改为"示有宰天下之志"，这种讳饰，真是费尽心机了，但人物的本来面目也在这种讳饰下篡改了。

后朝为前朝修的史书中，对忠于前朝的人也不敢直书，或加以歪曲，或干脆删却，如《明史》中对夏完淳就是这样。夏完淳是抗清志士，失败被俘，痛斥明降将洪承畴，于南京就义。这一事件在富有民族气节的万斯同手订的《明史稿》中，因不能明言，只能含糊地说："生有异禀，七岁能诗文……允彝死后二岁，以子龙狱词连及，亦逮下吏，谈笑自如，作乐府数十阕，临刑神色不变，年甫十八。"万斯同显然对夏完淳的抗清就义作了赞颂，但在清代所修的《明史稿》中，只能这样隐约其辞，已经是很大胆的了。但其后在《明史》中，不仅没有了这段文字，连夏完淳的传记也不复存在了。

这种以帝王为中心的史书，不仅受到皇帝的严密监控，而且受到权门贵族的掣肘。刘知幾《史通·忤时》说：

> 近代史局，皆通籍禁门，深居九重，欲人不见。寻其义者，盖由杜彼颜面，防诸请谒故也。然今馆中作者，多士如林，皆愿长喙，无闻龁舌。倘有五始初成，一字加贬，言未绝口，而朝野具知；笔未栖毫，而搢绅咸诵，夫孙盛实录，取嫉权门；王劭直书，见仇贵族。人之情也，能无畏乎！

明代谢肇淛在《五杂组》中也说到自己的经历："余尝为人作志传矣，一事不备，必请益焉；一字未褒，必祈改焉。不得，则私改之耳。"史官受到权门的种种掣肘，何能据事实录！

这种纪传，也充斥了受命而帝，及命运、因果报应等封建迷信的记载。帝王是上帝安排的，如刘邦是赤帝子；司马炎继相国、晋王位时，有三丈的长人谓"今当太平"；齐高帝萧道成"龙颡钟声，鳞文遍体"；梁武帝萧衍生下时"有文在右手曰'武'"，"所居室常若云气"；陈高祖陈霸先"日角龙颜，垂手过膝"，"夜梦天开数丈，有四人朱衣捧日而至，令高祖开口纳焉，及觉，腹中犹热"；隋高祖杨坚生时"紫气充庭"，"为人龙颜，额上有五柱入顶……有文在手曰'王'"，等等，见各史有关本纪中。

至于封建迷信，也到处皆是。清代阮葵生在《茶馀客话》卷十四"六朝风俗恶劣"条曾对此提出批评，他说："李延寿《南史》称宋主北侵，王玄谟夜遁，就逮将斩，梦有教诵观音经者，因获免。《北史》称卢景裕以败系晋阳狱，诵经而枷锁自脱，临刑刀刃可自折。六朝风俗恶劣至此，左道惑众，延寿修史载此猥鄙无稽之语，岂不令人喷饭。"这种记载，怎能看成信史。

在局限中，还要明确这些史书是以封建道德为评判人物的标准，它们竭力宣扬对帝王的忠诚，也不忘表彰孝子、节妇、义士，等等。对那些出格的行为则加以贬斥，甚至诬为盗贼，给予口诛笔伐，这是人所共知的，连著名的史学家也不能例外。如《后汉书·列女传》中，为蔡琰（董祀妻）立了传，这本是无可非议的，但唐代大史学家刘知幾认为："董祀妻蔡氏载诞胡子，受辱虏廷，文词有馀，节概不足"，是"言行相乖"的人，不当列入《列女传》。而另一位"秦嘉妻徐氏，动合礼仪，言成规矩，毁形不嫁，哀恸伤生"，是"才德兼美"之人，却不为她立传（《史通·人物》）。刘氏的这一批评，完全用封建道德来衡量，也道出了志传选录、衡量人物的时代局限。其实，无论蔡琰或秦嘉妻，都是东汉难得的女子，都当为她们立传。所以评论历史人物，也不能为史传所左右，对作家的评论也是如此。至于这些史书中的其他时代局限，这里也不再详说了。

第二节　二十六史中的作家传记

我们这里首先介绍二十六史，就是指乾隆钦定的二十四史，再加上柯劭忞的《新元史》和民国年间修撰的《清史稿》，凡二十六种。它们标举的时代，自上古至清末，也就是说，我们研究的古代作家，都包括在这一时期中了。这也就是研究古代作家传记的基本史料，所以首先在这里介绍。

这些史书，有合印在一起的，现存最早的为宋人井度辑印的《七史》，包括了《宋书》《南齐书》《梁书》《陈书》《魏书》《北齐书》和《周书》，以后又有《二十一史》《十七史》，等等。比较常用的有《二十四史》，有乾隆四年（1739）武英殿刻本等，较好的有上海商务印书馆影印张元济辑的《百衲本二十四史》。另有《二十五史》，有民国二十四年（1935）上海开明书店出版，它加入了《新元史》。1986年上海古籍出版社和上海书店联合出版的《二十五史》，则加入了《清史稿》。最称方便的是中华书局出版的校点本《二十四史》，同时也出版了校点本《清史稿》。今把这二十六种史籍及所收作家略作介绍如下。

《史记》一百三十卷，汉·司马迁撰。原名《太史公书》，是一部开创性的纪传体通史。司马迁（前145—前87？），字子长，左冯翊夏阳（今陕西韩城）人，西汉著名文史学家。他继承父职，当了太史令，着手搜集史料，编写《史记》。

司马迁编写《史记》不仅有丰富的文献资料，包括了汉兴以来的"百年之间，天下遗文古事，靡不毕集太史公"（《太史公自序》）；同时，他又得读皇家所藏的"石室金匮之书"。还加上他到处游历，实地采访，用来考察印证，这都为他写作《史记》提供了丰富的资料。

《史记》所记，从传说中的黄帝开始，一直写到汉武帝太初年间，记载了我国三千年的历史。包括本纪十二篇，表十篇，书八篇，世家三十篇，列传七十篇，共一百三十篇。全书大约在征和二年（前91）基本上完成。但今本有后人补入或者窜入的文字，如汉元帝、成帝时的博士褚少孙就补写过一些传记，今本中标明"褚先生曰"的就是他的补作。又如《司马相如列传》中引有扬雄的话，《平津侯主父列传》后附有平帝时太皇太后的诏书和班固《汉书·公孙弘卜式兒宽传》赞语等，这些都非司马迁所及见，都是窜入的文字。

《史记》一书，在中国史学和文学上都有崇高的地位，班固在《汉书·司马迁传赞》中称赞它"善序事理，辩而不华，质而不俚，其文直，其事核，不虚美，不隐恶，故谓之实录"，使它成为史学写作的标的。

《史记》对先秦至汉武帝时的重要作家，差不多都写了传记，或提到过，先秦如屈原、孔子、老子、墨子、孟子、庄子、荀子、商鞅、韩非等，秦代如李斯，汉代初期如贾谊、司马相如、东方朔、陆贾、晁错、邹阳、董仲舒等。他们为我们了解这一时期的作家，提供了珍贵的传记资料。

但《史记》是一部通史，不仅记汉代的历史，而且记录了从黄帝开始的人物传记，由于年代久远，史料缺乏，故有些作家的传记不可能翔实，甚至有些扑朔迷离，如《老子传》说：

老子者，楚苦县厉乡曲仁里人也，姓李氏，名耳，字聃，周守藏室之史也。……或曰：老莱子亦楚人也，著书十五篇，言道家之用，与孔子同时云。盖老子百有六十余岁，或言二百余岁，以其修道而养寿也。自孔子死之后百二十九年，而史记周太史儋见秦献公曰……或曰儋即老子，或曰非也，世莫知其然否。

由于对老子其人的传说不一，故司马迁兼记老莱子、太史儋就是老子的或说。所以老子这一人物，真有些神龙见首不见尾，这也是没有办法中的办法。在记载史料充实，特别是在汉代的人物传记中，就不再出现这种情况了。

在作家传记中，兼记著作名称，是传中应有之义，但《史记》除了记录著作名称外，还兼收了不少作品入传。这是因为那时作品书之竹帛，往往单篇流行，容易散失，也不易见到，为了说明问题，也为了保存史料，所以《史记》中把一些重要作品收录在人物传记中，这就使《史记》兼有总集的性质了。这一办法，为后代史书所采用。

这在印刷术尚未发明，书写困难，作品不易流传的古代，还是需要的，它也因此为我们保存了不少有价值的作品。

《史记》最后一篇是《太史公自序》，在序中谈及了自己的家世和编写《史记》的原因，也概述了各篇的内容，是研究司马迁的第一手资料。

《史记》通行的是"三家注"，即南朝宋·裴骃《集解》，唐·司马贞《索引》和张守节《正义》的合印本。今最通行的有中华书局校点本。另外，日人泷川资言有《史记会注考证》，水泽利忠有《史记会注考证校补》，搜罗资料宏富，足资参考。

《汉书》一百二十卷，亦称《前汉书》，东汉班固撰。班固（32—92），字孟坚，扶风安陵（今陕西咸阳市）人。其父班彪专心史籍，有志于续《史记》，作成《后传》六十五篇。彪死，班固有志完成父业。后有人上书明帝，告发他私改国史，被捕下狱。其弟班超上书辩白，明帝见到班固的书稿后，赏识他的才能，让他当了兰台令史，继续修史。和帝永元初，班固以中护军从窦宪出击匈奴，为窦宪刻石勒功于燕然山。后窦宪失势自杀，班固为仇家下狱，死于狱中，时年六十一。班固死时，《汉书》尚有八表和《天文志》没有完成，和帝命班固妹班昭补作，又命同郡马续助班昭完成《天文志》。所以《汉书》是经过班彪、班固、班昭、马续四人之手完成的。其中纪传部分，当为班彪和班固的手笔。

《汉书》师法司马迁《史记》的体例，不过《史记》是通史，《汉书》则是一部只记西汉的断代史。也就是说，纪传体的断代史，就是由《汉书》开创的。

《汉书》记事上起汉高帝刘邦元年（前206），下至王莽地皇四年（23）。全书分为纪十二篇，表八篇，志（相当于《史记》的"书"）十篇，传七十篇，凡一百篇。后因有的篇太长，被人分为上下或上中下卷，就成了一百十五卷。唐颜师古注时又析出五卷，成了现在流行的一百二十卷本。

《汉书》的纪传，在汉武帝太初以前的西汉历史，大致本之于

《史记》,但也有所增补,如增立《惠帝纪》、重写《武帝纪》,其他传记中也有新增的材料,如《贾谊传》,前部分在拜贾谊为梁怀王太傅前,基本上用《史记》的文字而整饬之,在拜梁怀王太傅后,增入了《上疏陈政事》(《治安策》)、《上疏请封建子弟》及其故事,丰富了《史记·贾谊传》的内容。又如《晁错传》补入了《上书言皇太子宜知术数》《上书言兵事》《言守边备塞务农力本为当世急务二事》《复言募民徙塞下》《贤良文学对策》等文及其上疏言事的原因、背景等情况,对了解晁错的生平思想甚有帮助。这些文章,在《史记·晁错传》中是一篇也没有收录的。《汉书》这种在人物传记中大量收入作品,比起《史记》来,有过之而无不及,所以有人批评说:"孟坚所掇拾以成一代之书者,不过历朝之诏令,诸名臣之奏疏尔。"(凌稚隆《汉书评林·汉书总评》引虞舜治语)不过这些作品,对了解人物的政治思想主张是很有用的第一手资料,幸赖《汉书》的入录,我们今天才能见到。从以上比较中,我们可以说,要了解汉武帝太初以前的西汉人物事迹,应该兼谈《史记》《汉书》的记载,这样才比较全面些。

汉武帝太初以后的人物传记,是班彪、班固父子所撰述,是我们今天要了解这一时期人物事迹的最有权威性的原始史料,是无可替代的。

《汉书》虽像《史记》一样有类传,包括了《儒林传》《循吏传》《酷吏传》《货殖传》《游侠传》《佞幸传》《外戚传》七篇,但还没有《文学传》,要查文学家事迹,还得从各自的传记中去寻找。西汉常提的作家如刘向、刘歆、贾谊、晁错、贾山、邹阳、枚乘、枚皋、路温舒、董仲舒、司马相如、司马迁、严助、王褒、东方朔、扬雄等,都有传记可以查阅。

《汉书》的最后一篇是《叙传》,在《叙传》中班固叙述了自己的家世及概述了各篇内容,实际为班固的家传和《汉书》的目录。

《汉书》善用古字古词,在当时就号称难读,因此很早就有人为它作注,如汉灵帝时就有服虔、应劭等人的音义,魏晋南北朝时为它作音注的人更多，到唐·颜师古为它作注时，就征引了二十三家。今存的《汉书》，就是颜师古注本。最为通行的有中华书局校点本。清代王先谦的《汉书补注》，可说是当时集大成的注本，被征引的专注和参订者就有六十七家之多。

《后汉书》一百二十卷。南朝宋·范晔撰。范晔（398—445），字蔚宗，顺阳（今河南淅川）人。他曾做宋武帝儿子彭城王刘义康的参军，累迁至尚书吏部郎。但因一度得罪刘义康，被贬为宣城太守，郁郁不得志，开始撰述《后汉书》。后又几次升迁，官至左卫将军、太子詹事。在刘义康和宋文帝刘义隆争权中，范晔以谋反罪牵连入狱，于元嘉二十二年被杀。

范晔被杀时，《后汉书》只完成了本纪十卷和列传八十卷。还有十志没有完成。今传《后汉书》中的志，是后人取司马彪《续汉书》中的八篇志析为三十卷补入，所以《后汉书》的志是司马彪所作，由南朝梁·刘昭作注。

在范晔以前，有不少人编著纪传体的后汉书，其中《东观汉记》带有官修的性质，私人修撰的据《隋书·经籍志》载，就有三国吴·谢承撰《后汉书》一百三十卷，晋·薛莹撰《后汉记》一百卷，晋·司马彪撰《续汉书》八十三卷，晋·华峤撰《后汉书》九十七卷，晋·谢沈撰《后汉书》一百二十二卷，晋·张莹撰《后汉南记》五十五卷，晋·袁山松撰《后汉书》一百卷。范晔编写《后汉书》时，以《东观汉记》为基本史料，兼采诸家《后汉书》，删繁补略，融各家《后汉书》的长处于一编，所以其他各家《后汉书》逐渐散亡，范书独存，并被列入"正史"，与《史记》《汉书》《三国志》并称为"前四史"。

范晔的《后汉书》不仅保存了东汉一代详细的史料，而且写得"简而且周，疏而不漏"（刘知几《史通·补注》），且能"贵德义，抑势利，进处士，黜奸雄。论儒学则深美康成（郑玄），褒党锢则推崇李（李膺）杜（杜密）。宰相多无述，而特表逸民；公卿不见采，而惟尊独行"（王鸣盛《十七史商榷》卷六十一"范蔚宗以谋反诛"），这是大致不错的。

范晔编写《后汉书》，师法班固《汉书》的体例，专写东汉一代的历史。同时，他也像《汉书》一样，大量采用奏疏和文章入传，如《崔寔传》载其《政论》，《桓谭传》载其《陈时政疏》和《抑谶重赏疏》，《王符传》收其《潜夫论》中的五篇，《仲长统传》收其《乐志论》《述志诗》二篇及《昌言》中的《理乱篇》《损益篇》《法诫篇》等。

《后汉书》的人物传记，偏重在以类相从，不受时间先后的限制。除类传有《党锢》《循吏》《酷吏》《宦者》《儒林》《文苑》《独行》《方术》《逸民》《列女》等外，还有人物专传也是以类相从的，如王充、王符、仲长统三人，时间先后不同，但因他们擅长著述，不重功名利禄，故合为一卷，这正如司马迁把屈原、贾谊合为一卷一样。类传中的《党锢》《宦者》《文苑》《独行》《方术》《逸民》《列女》等传，又是范晔根据当时情况新增设的，有的类传名称也为后代史书所沿用，如《文苑》《列女》等传。特别是《文苑列传》，是为那些不够独立成专传，而又擅长诗赋文章的人物设立的专栏。《后汉书·文苑列传》收录了杜笃等文苑人物二十二人，还不包括附及的人物。在文学史上经常提到的如傅毅、王逸、赵壹、郦炎、祢衡等，都在《文苑列传》中。其他类传中，也不乏文艺人物，如作《五噫歌》的梁鸿，收入《逸民列传》中；助成班固《汉书》的班昭（即曹世叔妻），以《悲愤诗》名世的蔡文姬（董祀妻），都收入《列女传》中。而那些著名的文学家或文史学家，也往往有专传，如桓谭、冯衍、班彪、班固、王充、王符、仲长统、张衡、马融、蔡邕、荀悦、孔融等，有的人也有附传，如王延寿附于《文苑列传》中的《王逸传》等。

《后汉书》中收录作家专著以外的作品以篇计，因那时不像后代那样结集成书，如《傅毅传》说："著诗、赋、诔、颂、祝文、《七激》、连珠凡二十八篇。"又如《赵壹传》中除录其《穷鸟赋》《刺世疾邪赋》《报皇甫规书》及提及的《解摈》外，又在传末说："著赋、颂、箴、诔、书、论及杂文十六篇。"这对我们了解作家的作品是有帮助的。

最先为《后汉书》作注的，是南朝梁·刘昭。《梁书·刘昭传》说他"集《后汉》同异，以注范书"，大概是像裴松之注《三国志》那样，偏重于史实的补充，可惜其中纪、传部分已经散失了。今传《后汉书》的注，是唐代章怀太子李贤的，参与其事的，有张大安、刘纳言等。他们的注，重在文字训诂。今通行的有中华书局版校点本。清代有王先谦的《后汉书集解》，以惠栋的《后汉书补注》为基础，广泛征引诸家之说，在《后汉书》注本中最称详博。

《三国志》六十五卷，包括了《魏书》三十卷，《蜀书》十五卷，《吴书》二十卷。晋·陈寿撰。陈寿（233—297），字承祚，巴西安汉（今四川南充市）人。生于蜀，在蜀汉曾任观阁令史，受到当时专权的宦官黄皓的排斥。入晋，经张华推荐，举孝廉，任佐著作郎，出为平阳侯相，后升为著作郎。《三国志》大约作于此时。官至治书侍御史。

陈寿写《三国志》，魏、吴两国，有现成的史书可供参考，如魏有王沈的《魏书》四十八卷，鱼豢的《魏略》八十九卷；吴有韦昭的《吴书》二十五卷等。唯蜀没有现成的史书可供参考。而陈寿刚好生于蜀，长于蜀，又在蜀汉当官，比较熟悉蜀国。他又是著名史学家谯周的学生，受谯周的教育和熏陶，对历史研究很有兴趣，这为他撰写《蜀书》创造了有利条件。但究竟因为《三国志》是陈寿私人撰述，受到史料缺乏的影响，写得比较简略。虽然陈寿"有良史之才"，但也不能改变这一现实。

陈寿的《三国志》虽较简略，但因他善于叙事，文笔简洁，剪裁得当，所以张华把他比作司马迁、班固，并且对他说："当以《晋书》相付耳。"夏侯湛著《魏书》时，见到陈寿所作，"便坏己书而罢"（见《晋书·陈寿传》）。

《三国志》只有纪、传，没有志、表。原来三国各自成书，后归并为一书。由于陈寿由蜀入晋，而晋又代魏称帝，故即以魏为正统，

《魏书》有纪，蜀、吴无纪，蜀主、吴主都称传。不过在记事上，还是采用纪的编年体写法。也正因这样，《三国志》中对晋代统治者不得不回护，这也是时势使然。

由于《三国志》比较简略，到刘宋时，宋文帝刘义隆命裴松之作注。裴松之（372—451），字世期，河东闻喜（今属山西）人。东晋时历官司州主簿、治中从事史等职。刘宋代晋，深得宋武帝刘裕宠信，认为有"廊庙之才"。历任国子博士、中书侍郎、太中大夫等职。他从宋文帝元嘉三年（426）开始注《三国志》，约三年注成。

裴注《三国志》，针对《三国志》的简略，就大量增补史料，而且比较完整地抄录全文。裴松之注《三国志》的特点，在他的《上三国志注表》中已详述了，大致有四个方面。一是补阙："其寿所不载，事宜存录者，则罔不毕取以补其阙。"二是备异闻："或同说一事而辞有乖杂，或出事本异，疑不能判，并皆抄内以备异闻。"三是纠纰缪："若乃纰缪显然，言不附理，则随违矫正以惩其妄。"四是评得失："其时事当否及寿之小失，颇以愚意有所论辩。"可见，他主要精力用在增补材料上，故所引极丰富，钱大昕《廿二史考异》卷十五中，列举了一百四十多种，并说"与史家无涉者，不在数内"，而赵翼在《廿二史札记》卷六中，则列出了一百五十余种。但据近人统计，裴注引书当在二百种以上。这样一来，裴注的字数，就大大地超过了《三国志》本文。故《三国志》和裴注，都为我们研究三国史提供了极为珍贵的史料，当然也为我们查阅作家生平事迹提供了最重要的传记资料。

三国时期的作家，集中在曹魏，从魏武帝曹操开始，到曹丕、曹植、曹叡等，都有详细的传记资料，其他如王粲、仲长统等都有专传。建安七子中的徐幹、陈琳、阮瑀、应玚、刘桢和名文学家阮籍、嵇康等，都附在《王粲传》中，不过较为简略，幸赖裴注引了《先贤行状》以补徐幹；引《文士传》《典略》《文章志》以辨阮瑀事迹；引《典略》以补陈琳；引华峤《汉书》《续汉书》以补应玚家世；引《文士传》《典略》以补刘桢事迹等。对阮籍，《王粲传》仅云:"瑀子籍,才藻艳逸,而倜傥放荡,行己寡欲,以庄周为模则。官至步兵校尉。"裴注引了《魏氏春秋》以补足。对嵇康,也只说"时又有谯郡嵇康,文辞壮丽,好言老、庄,而尚奇任侠。至景元中,坐事诛"。裴注引了《嵇氏谱》、嵇喜的《嵇康传》、虞预的《晋书》、《魏氏春秋》、《康别传》、《晋阳秋》、《康集目录》、《世语》等以补充或辨析嵇康事迹。由此可见,对三国时的作家事迹,裴注提供了更为广泛的史料,不可因注而忽视。

后代刊印《三国志》,即用裴松之注本,它与《三国志》成了不可分离的整体。今通行的有中华书局标点本。此外,近人卢弼的《三国志集解》,是《三国志》注中的集大成者,资料更为丰富。

《晋书》一百三十卷,唐·房玄龄等撰,或题唐太宗御撰。它是一部官修书,集体编著,参加者前后有二十一人。其中房玄龄、褚遂良、许敬宗三人为监修,其余令狐德棻、敬播、来济等十八人为修撰。又因为《晋书》为唐太宗诏撰,他也为宣帝(司马懿)、武帝(司马炎)两纪和陆机、王羲之两传写了四篇史论,故亦题唐太宗御撰。

在唐代以前,修成的《晋书》有二十多种,除沈约、郑忠、庾统三家的《晋书》在唐初已经亡佚外,其余的均保存着。唐太宗对这些《晋书》都不甚满意,他批评说:"但十有八家(指诸家《晋书》),虽存记注,而才非良史,事亏实录。"(《修晋书诏》)因而在贞观二十年(646)闰三月下诏重修,二十二年(648)成书,历时不到三年。

《晋书》记事,从司马懿开始,到刘裕取代东晋为止,包括了西晋和东晋。并记载了与晋并存的"十六国"割据政权。全书分帝纪十卷,志二十卷,列传七十卷,载记三十卷。帝纪记载了自宣帝司马懿至恭帝司马德文十八人。志有天文、地理、律历、礼、乐、职官、舆服、食货、五行、刑法十志。列传首列《后妃》,类传以《孝友》为首,次列《忠义》《良吏》《儒林》《文苑》《外戚》《隐逸》《艺术》《列女》。载记专记"十六国"政权的人物。

《晋书》是唐代的官修史书，自然要为统治者回护与避忌，也贯彻了唐代提倡的宣扬孝道和宿命论思想。同时，也因成于众手，出现前后矛盾、互不照应等毛病。再有，《晋书》的修撰，以臧荣绪的《晋书》为主要依据，未能充分吸收诸家《晋书》的长处，反而采用了《搜神记》等许多志怪小说中的无稽之谈，使传记中掺入了许多不可信的神怪部分，这也是一个大缺点。

就人物传记而言，两晋的文学家大致都收录了。有的人有专传或附传，如文学史上常提到的石崇、欧阳建、羊祜、杜预、张华、王沈、山涛、傅玄、傅咸、阮籍、嵇康、向秀、刘伶、皇甫谧、挚虞、束皙、陆机、陆云、夏侯湛、潘岳、潘尼、张载、张协、张亢、孙楚、孙绰、刘琨、杨方、郭璞、葛洪、庾亮、祖台之、谢混、王羲之、许询、陈寿、干宝、殷仲文等。有的人入类传，如左芬入《后妃列传》；李密入《孝友列传》；应贞、成公绥、左思、赵至、枣据、张翰、庾阐、曹毗、袁宏、顾恺之、郭澄之等十七人入《文苑列传》；鲁褒、陶潜入《隐逸列传》；谢道韫、苏蕙入《列女列传》等。

《晋书》虽为我们提供了许多文学家传记，但有的传记中同样收入了不少传闻及无稽之谈，如《郭璞传》就是一个典型的例子。某些传记，也有删削不当处，如《阮籍传》说："籍能属文，初不留思。作《咏怀诗》八十余篇，为世所重。"就今存《咏怀诗》来看，除八十二篇五言的外，还有四言的十三篇，合为九十五篇。这究竟是怎么回事呢？其实，在《晋书》的主要依据，即臧荣绪的《晋书》中，原文是"作五言诗《咏怀》八十余篇，为世所重"（见《文选·五君咏》注）。由此可知，为世所重的乃指五言《咏怀》八十余篇，唐修《晋书》删去了"五言"字样，就会引起误解。所以有时我们也可参考已经散佚的其他《晋书》的辑本。

现通行的《晋书》是中华书局版校点本。另有清末吴士鉴、刘承幹的《晋书斠注》一书，广列异说，补充遗漏，订正错误，广泛地吸收了各家的研究成果，是《晋书》的一个比较完整的注本。

宋书一百卷，南朝梁·沈约撰。沈约（441—513），字休文，吴兴武康（今浙江德清县）人。著名的文史学家。他生活在宋、齐、梁三朝。宋时初为奉朝请，累迁至尚书度支郎。入南齐，初为征房记室，累迁太子家令兼著作郎，中书郎，黄门侍郎，吏部郎，出为宁朔将军、东阳太守，征为五兵尚书，迁国子祭酒，南清河太守等职，后与范云等人助梁武帝萧衍成帝业，任尚书仆射，封建昌县侯，历任尚书左仆射，侍中、尚书令等显职。所著除《宋书》外，史学著作还有《晋书》一百十卷，《齐纪》二十卷，《高祖纪》十四卷等，但都已散佚。

《宋书》撰于齐。沈约于南齐武帝永明五年（487）奉敕撰《宋书》，于六年二月成纪传七十卷，但诸志尚未成，从"志"中避梁武帝萧衍的讳看，当在萧衍即位建梁以后才最后完成的。沈约在如此短促的时间中完成七十卷纪传，乃是有所依傍的。他在《上〈宋书〉表》中已说明了。就是原在宋文帝时，何承天就已开始修撰，中经山谦之、苏宝生等参预编撰，至宋孝武帝大明六年（462），徐爰领著作郎，在前人的基础上，编成了《宋书》六十五卷，起自晋义熙之初，到宋孝武帝大明之末，只有废帝永光（465）以来至宋末的十余年内没有记载，所以沈约能很快完成。据后人考证，《宋书》的纪传部分，主要是抄了徐爰等的旧本，清·赵翼在《廿二史札记》卷九中有专论"宋书多徐爰旧本"条。又在"宋书书晋宋革易之际"条中，列举沈约书中有关晋、宋之际的不少史事多为宋讳，显然是用了徐爰的旧书，"沈约急于成书，遂全抄旧文而不暇订正耳"。不过，徐爰等的《宋书》早已亡佚，其他与沈约同时或稍后的有关记载刘宋历史的如南齐时孙严的《宋书》六十五卷，王智深的《宋纪》三十卷，梁代裴子野的《宋略》二十卷，王琰的《宋春秋》二十卷，鲍衡卿的《宋春秋》二十卷，也都散失了。我们今天就只有沈约的这部《宋书》。不过，刘宋王朝先后统治南中国不过六十年，沈约却写成了一部一百卷的大书，可见其保存史料的丰富了。所以刘知幾说："宋氏年唯五纪，地止江淮，书满百篇，号为繁复。"（《史通·书志》）

《宋书》有本纪十卷，志三十卷，列传六十卷。列传的最后一篇是《自序》，历叙自己的祖先，最后略及自己的生平，并殿以《上〈宋书〉表》。

《宋书》虽无《文苑传》，但刘宋时期一般提到的文学家，也大致收录了，如刘骏（孝武帝）、傅亮、刘义庆、鲍照、谢惠连、王微、谢灵运、范晔、袁淑、刘铄、颜延之、王僧达、谢庄等。陶潜因由晋入宋，故《隐逸传》中亦为他立了传。

沈约是当时的高门士族，所以在《宋书》中对那些属于高门士族的人物尽力赞扬，而像在诗中表现了不满门阀士族，并出身寒微的著名诗人鲍照，只能附见于临川王刘义庆的传记中，这是时代与阶级的偏见使然。

《宋书》在人物传记中，还收录了许多奏议、书札和文章，为我们保存了不少文史资料。特别是它的《宋志》，记录了汉魏以来的许多诗歌，为文学史研究提供了可贵的材料。

《宋书》在流传过程中，有不少散失，到北宋时，有漏脱几页或全卷的。后有人采用《南史》中的传记补入。

今通行本是中华书局版校点本，对残缺与补入处都作了说明，便于使用。

《南齐书》六十卷。南朝梁·萧子显撰。萧子显（489—537），字景阳，南兰陵（今江苏常州市）人。他是齐高武帝萧道成之孙，豫章王萧嶷之子。七岁即封宁都县侯，后以王子例拜给事中。入梁，降爵为子。因长于文采，为萧衍父子所器重。历任太子中舍人、建康令、国子祭酒、侍中、吏部尚书等职，终于吴兴太守。其著作有《后汉书》一百卷，《齐书》六十卷，《普通北伐记》五卷，《贵俭传》三十卷，文集二十卷。今仅存《齐书》。

《南齐书》原名《齐书》，见《梁书》本传及《隋志》、两《唐志》。后为了与唐·李百药的《北齐书》相区别，故称《南齐书》。原有六十卷，末卷为《序录》，后亡佚，故传世仅五十九卷。

南齐从齐高帝萧道成建元元年（479）建国，到和帝萧宝融中兴二年（502）亡国，只统治了二十四个年头，实际上仅二十三年，是一个寿命极为短促的王朝。萧子显亲历这一时代，又是皇族，熟悉这段史事，加上还有现成的齐史资料供他采用，见于记载的，齐高武帝建元二年（480），萧道成即命檀超、江淹任史官，编撰国史。檀超卒后，由江淹完成，但并不完备。这就是《隋书·经籍志》所载亡佚的江淹所撰《齐史》十三卷。从《梁书》《南史》的《江淹传》所载看，这《齐史》当就是"十志"。另外，沈约也有《齐纪》二十卷，吴均有《齐春秋》三十卷等，均可供萧子显编撰时采用。所以，《南齐书》所收的史料还是比较丰富的。由于其他史书已经亡佚，今天要了解南齐的史事，就得靠这部《南齐书》了。

但萧子显是南齐的帝裔，不可避免地对他的家事要采取回护和粉饰。如为他的祖父所写的《高帝本纪》，就回避了萧道成逼宋顺帝禅位的历史事实。对他父亲萧嶷，"传中极尽推崇，《论》至以周公比之，《赞》则云'堂堂烈考，德迈前踪'云云。嶷固无甚恶，然《南史》则谓其后房至千余人，苟丕极言其失"（王鸣盛《十七史商榷》卷六二）。这是在使用时要注意的。

《南齐书》分本纪八卷，志八篇十一卷，列传四十卷。查检文学家传记，有《文学列传》，它收了丘灵鞠、檀超、卞彬、丘巨源、王智深、陆厥、崔慰祖、王逡之、祖冲之、贾渊等人。一些在南齐比较有名的作家，也立有专传，如王俭、张融、王融、谢朓、孔稚珪、刘绘等。还有一位虞炎，只在《文学列传》的《陆厥传》后作了极为简单的介绍。

《南齐书》现在最通行的是中华书局版校点本。

《梁书》五十六卷。唐·姚思廉撰。姚思廉（557—637）吴兴武康（今浙江德清县）人。在唐时任著作郎、弘文馆学士，官至散骑常侍。《梁书》的修成，是在其父姚察的基础上完成的。姚察（533—606），字伯审，在陈代曾任秘书监，领大著作，吏部尚书。入隋，官秘书丞。姚察在陈时曾参与梁史的编撰，入隋，于开皇九年（589）又受命编撰梁、陈二朝历史，但没有完成就去世了。姚思廉在隋、唐也两次受命继承其父业，编写梁、陈二朝的历史，终于在唐太宗贞观十年（636）编成了《梁书》和《陈书》，所以今传《梁书》和《陈书》，实为姚察、姚思廉父子共同完成的。《梁书》中二十六篇有"陈吏部尚书姚察曰"的内容，显然是姚察的稿子。

在唐代编修成《梁书》以前，已有一些梁史存在，如梁武帝时，沈约与周兴嗣、鲍行卿、谢吴（新旧《唐书》作谢炅，《史通》作谢昊）等相承撰录，已有百篇，到唐初编《隋书·经籍志》时，尚存四十九卷，陈时许亨撰有《梁史》五十三卷，等等，都为姚思廉编写《梁书》提供了丰富的史料。所以《旧唐书·姚思廉传》说："思廉又采谢炅等诸家梁史，续成父书。"

《梁书》只有本纪六卷，列传五十卷，无表、志。梁代自武帝萧衍建国到敬帝萧方智被陈灭亡，历时不过五十六年（502—557）。本纪所记梁代诸帝——武帝萧衍、简文帝萧纲、元帝萧绎，都爱好文学；而昭明太子萧统，又以编《文选》著称。由于最高统治者的提倡，出现了不少有名的文学家，《梁书》都为他们写了传记，如范云、沈约、江淹、任昉、柳恽、徐悱、裴子野、徐摛、王僧孺、刘孝绰、王筠、萧子显、萧子云、刘潜（刘孝仪）、刘孝威、殷芸、丘迟、庾肩吾、何逊、钟嵘、吴均、刘峻、刘勰、王籍、陶弘景，等等。当然，还有许多人都能文，这里就不一一列举了。其中的《文学列传》，连上面我们提到的从丘迟到王籍八人在内，就收了二十六人。

应该说，就《宋书》《南齐书》《梁书》《陈书》四史来看，《梁书》的内容也较丰富，文笔也较清爽简练。要了解梁代文学家的事迹，在诸家梁史已失传的情况下，这部书的记载是早的了。今通行的有中华书局版校点本。

《陈书》三十六卷，唐·姚思廉撰。和《梁书》一样，《陈书》也是在他父亲姚察的基础上编成的。隋开皇九年（589）姚察受诏撰梁、陈二代史，未及完成，临死前托其子思廉继续编撰。思廉又于隋大业初受诏继续完成。于唐贞观时又承担了完成梁、陈二书的责任。今存《陈书》中的《高祖本纪》《世祖本纪》后的"陈吏部尚书姚察曰"，便可说明《陈书》中有姚察写的部分。

陈代自武帝陈霸先代梁称帝到陈后主陈叔宝被隋所灭，历时不过三十三年（557—589）。在姚思廉前编陈史的，有顾野王，《陈书·顾野王传》说他有"《国史纪传》二百卷，未就而卒"。另有陆琼也奉命撰《陈书》四十二卷，纪事编到陈宣帝时止。这些书稿，姚思廉在撰《陈史》的当时也应该参考过，不过现在也早已见不到了。现存陈代史书，最早的也就是姚思廉的这一部《陈书》了。

《陈书》包括本纪六卷，列传三十卷。陈代享国不永，文学家也每况愈下，除较有名的阴铿外，其他文学史上提到的如周弘正、徐陵、江总、张正见、陈叔宝（陈后主）等均有传。《陈书》也有《文学列传》，所收人物有杜之伟、颜晃、江德藻、庾持、许亨、褚玠、岑之敬、陆琰（附陆瑜、陆玠、陆琛）、何之元、徐伯阳、张正见、蔡凝、阮卓、阴铿。

《陈书》最通行的本子今有中华书局版校点本。

《魏书》一百三十卷，北齐·魏收撰。魏收（506—572），字伯起，小字佛助，巨鹿下曲阳（今河北晋县）人。历经北魏、东魏和北齐三朝。北魏时，历任太学博士、散骑常侍、中书舍人等职。入东魏，任中书侍郎、转秘书监，兼著作郎。入北齐，任中书令兼著作郎，官至尚书右仆射，加位特进。魏收与温子昇、邢邵齐名，人称"北地三才"。魏收在北魏末年，就主持撰写起居注并修国史的工作，到东魏时，继续担任史官。及高洋灭东魏，建立北齐，次年（551），即诏魏收撰写魏史，并派平原王高隆之为总监，房延祐等六人参与其事。高隆之只是挂名，其他六人也不长于史才，所以《魏书》主要成于魏收之手。天保五年（554）三月，完成了本纪、列传一百一十卷，十一月，又完成十志二十卷。

《魏书》以北魏、东魏这一条线为正统。故列东魏孝静帝元善见于本纪，而对西魏，采取不承认政策，而魏文帝元宝炬只附见在列传中，且记载极简略，因而西魏的历史，基本上缺载。书中又显然袒护北魏、北齐统治者，因而《魏书》虽为世家大族立传，但也被某些世家大族所怨恨，加上魏收还以修史来报恩怨，对有宿怨的，不写他们的好处，并放言："何物小子，敢共魏收作色，举之则使上天，按之当使入地。"（《北史·魏收传》）又如他因为太长少卿修国史时得阳休之之助，因对阳休之说："无以谢德，当为卿作佳传。"（同上）所以，连阳休之的父亲阳固，在任北平太守时，因贪虐为中尉李平所弹劾而获罪，但魏收在书中说："固为北平，甚有惠政，坐公事免官。"又说："李平深相敬重。"这样是非不公的写史，引起公愤，先后投诉的有一百多人，被称为"秽史"。

虽然如此，魏收曾历经北魏、东魏，以当时人写当时史，也保存了许多珍贵的史料。又因其他人写的魏史都散亡，故《魏书》也就成为研究北魏最重要的史书了。

北魏的文学并不发达，文学史上提到的一些作家，如高允、郑道昭、郦道元、常景、温子昇等，在《魏书》中都有传。《魏书》也有《文苑列传》，收入了袁跃、裴敬宪、卢观、封肃、邢臧、裴伯茂、邢昕、温子昇等人。

《魏书》在宋初已有残缺，也有后人补入的。全书全缺的有二十六卷，不全的有三卷，今本皆一一注明。最流行的是中华书局版校点本。

《北齐书》 五十卷，唐·李百药撰。李百药（565—648），字重规，博陵安平（今河北深州）人。隋时曾任太子舍人、礼部员外郎、东宫学士等职。由于得罪隋炀帝，受到排斥。一度参加李子通、杜伏威的农民起义军，后投唐，因才学得到重用，历任中书舍人、礼部侍郎、散骑常侍、宗正卿等职。

唐太宗贞观三年（629），李百药受诏撰《齐书》，至贞观十年成书。李百药的《北齐书》，有他父亲李德林所撰《齐史》为基础。李德林在北齐时就参加北齐史的编写，成纪传二十七卷，至隋时增至三十八篇。李百药在此基础上，参考一些其他的北齐史撰写而成。

《北齐书》原名《齐书》，后人为了与南朝的《南齐书》相区别就称为《北齐书》。《北齐书》记载了从公元534年北魏分裂成东、西魏开始，中经550年高洋灭东魏建立齐国，又到577年北周灭北齐为止，实际包括了东魏的历史。

《北齐书》包括帝纪八卷，列传四十二卷。但在唐代中叶以后，就逐渐残缺，也不断有人取《北史》和其他材料补缺。据清·钱大昕考证，现行的《北齐书》中，只有十八卷是李百药的原本，其余都是取《北史》等补入的。中华书局校点本又认为，这十八卷中，又有《恩幸列传》也是后人补入的。这样，李百药所撰的五十卷《北齐书》中，今存者仅十七卷。不过好在《北史》的北齐部分就是取《北齐书》中的文字，虽有所增删改削，但当保存了基本面貌，故我们今天仍可把《北齐书》当作研究东魏、北齐的基本史料。

《北齐书》中收入的文学家传记，包括了人称"北地三才"中的邢劭和魏收（另一温子昇入《魏书》），各有专传。但这两人的原传已散失，今本是据《北史》补入的，但《邢劭传》删节较多，字句也有异同。《魏收传》则较详细。《北齐书》中另有《文苑列传》，收录了祖鸿勋、李广、樊逊、刘逖、荀士逊、颜之推、袁奭、韦道逊、江旴、睦豫、朱才、荀仲举、萧悫、古道子等人。其中，颜之推以《颜氏家训》著名于世，刘逖、萧悫则以诗名。

《北齐书》今通行的本子为中华书局版校点本。

《周书》五十卷，唐·令狐德棻等撰。令狐德棻（583—666），宜州华原（今陕西耀县）人。出身门阀大族。隋末，曾为药城长，因战乱未到任。隋末唐初，参加反隋军。入唐，历官起居舍人、礼部侍郎、秘书少监、弘文馆学士、国子监祭酒等职。

令狐德棻于唐高祖武德五年（622）就向李渊建议编修周、隋等史。当时李渊分派中书令萧瑀等分撰，但未修成。至太宗贞观三年（629），又命房玄龄等监修梁、陈、齐、周、隋等史，令狐德棻承担了《周书》的编写任务，并由岑文本、崔仁师等协助。至贞观十年，《周书》编成。

令狐德棻撰写《周书》，主要依据隋文帝时牛弘所撰而没有完成的《周史》，没有很好地参用与周史有关的其他史籍，所以刘知幾

《史通》记《周书》只凭牛史"重加润色","不能别求他述,用广异闻"(《史通·杂说中》)。中华书局版校点本"出版说明"还指出它"考核修订的工作也是很草率的"。他们曾将庾信为当时官僚贵族所作的碑志和本书有关的列传比对,发现"年月历官常有出入,其中有些可以确定是本传错了的。还有不少记事记年自相矛盾的地方"。赵翼则肯定它"繁简得宜,文笔亦极简劲"(《陔馀丛考》卷七)。

虽然作为史料,《周书》并不完备,且有不少错误,但在今天,还是我们研究这段历史必不可少的基本史料。

《周书》包括本纪八卷,列传四十二卷。记事从西魏文帝大统元年(535)起,中经宇文觉灭西魏,建立周(557),直到隋灭周(581)为止,共四十七年的历史。它包括了西魏的历史,因为西魏和北周,都是宇文氏一手建立起来的,故《周书》中连及西魏。

《周书》没有《文苑列传》,北周著名文学家庾信和诗人王褒等都有专传。

《周书》在宋初已有残缺,后人用《北史》及其他书给予补缺。经历代学者考证,其中卷十八、二十四、二十六、三十一、三十二共五卷全缺,另外还有部分残缺的。今通行本有中华书局版校点本。

《南史》八十卷,唐·李延寿撰。李延寿,字遐龄,相州(今河南安阳市)人。先世为陇西著姓,大约生活于唐高祖、太宗、高宗时期。历任太子典膳丞、崇贤馆学士、御史台主簿、符玺郎兼修国史等。在太宗贞观年间,他曾参与纂修《晋书》《隋书》和《五代史志》,在"编辑之暇,昼夜抄录",积累了大量的资料,为他编纂《南史》《北史》奠定了基础。

李延寿编写《南史》《北史》还受到他父亲李大师的影响,继承其父亲遗志。李大师见南北诸史因南北分隔,互相攻击,"南书谓北为'索虏',北书指南为'岛夷'"。"又各以其本国周悉,书别国并不能备,亦往往失实。"因而想统编南北史,使成一编年的通史。书未成而卒。李延寿继承父志,改编年体为纪传体。根据宋、齐(南齐)、梁、陈、魏、齐(北齐)、周、隋八代史书,"更勘杂史于正史所无者一千余卷,皆以编入"(以上引文均见《北史·序传》),统编成《南史》与《北史》两书。

《南史》起自刘宋武帝永初元年(420),终于陈后主祯明三年(589),记述了南朝宋、齐、梁、陈四朝凡一百七十年的历史,编成本纪十卷,列传七十卷。

《南史》主要是根据南朝《宋书》《南齐书》《梁书》《陈书》及其他杂史删削、增补、统编而成。删削主要删去许多诏、表、奏疏及其他文章,或只用几句话作概括介绍,这就大大压缩了篇幅。所删以《宋书》为最多。增补则主要依据杂史,对南朝四史中未录的史料作了补充,所补以《梁书》为最多。赵翼在《廿二史札记》卷十中有关《南史》诸条都作了一一对照,可参读。经过删削后,人物传记事迹比较集中,删去了许多无用的诏奏,文字紧凑了。又经过增补,包括补入了原南朝四史中无传的人物传记,或虽有传而增加了一些史实。《南史》的这一增补,有得有失,故读《南史》时可以和南朝有关史传参读。宋代司马光在《贻刘道原书》中说:"乃知李延寿之书,亦近世之佳史也。虽于讥祥诙嘲小事,无所不载,然叙事简径,比于南北正史,无烦冗芜秽之辞,窃谓陈寿之后,惟延寿可以亚言之也。"

《南史》对南朝四史的统编,大致按朝代先后序列。如本纪按宋、齐、梁、陈诸帝排列;列传也大致按朝代先后,自宗室诸王及将相名臣,一朝一个段落;类传则按同类归并,同一类的人物按照朝代先后排列,编在一个传内,如《后妃》《孝义》等传。但若四史中不都有的类传,也就有了移易。今以《文学列传》来说,它集中了《南齐书》《梁书》《陈书》中《文学列传》的人物于一传,但也有移动的,如梁代文学家丘迟,因与《齐书》中的文学家丘灵鞠为子父关系,故把丘迟提前,附在丘灵鞠名下。又如《陈书·文学列传》中的阴铿,因与梁代阴子春是子父关系,故把阴铿附在阴子春名下,而移出了《文学列传》。也有增加的,如《檀超传》后所附吴迈远和檀道鸾,这两人在《南齐书》和《宋书》中仅提及而在《南史·文学列传》中有了附见的小传。特别是所记宋明帝说吴迈远"连绝之外，无所复有"，常为后人研究近体诗起源时所引用；而吴迈远的"曹子建何足数哉"的大言，更为士林的口实。但因《宋书》没有《文学列传》，在《南史·文学列传》中没有把刘宋时的文学家适当移入，作为统摄南朝的《文学列传》来说，就显得不完整了。

总的来说，南朝四史中的有关文学家，大致在《南史》中都有传记，如我们在前面四史中所举的文学家，就全部能在《南史》中查到，不过文字有互异，或有一些增删。我们在阅读时，可以对照来看。

《南史》现在通行的版本是中华书局版校点本。

《北史》 一百卷，唐·李延寿撰。延寿事迹及编写情况参见《南史》。

《北史》起自北魏道武帝登国元年（386），终于隋恭帝义宁二年（618），记述了北朝的北魏、东魏、西魏、北齐、北周和隋的二百三十三年的历史。编成本纪十二卷，列传八十八卷。

《北史》主要是根据北朝的《魏书》《北齐书》《周书》《隋书》四史及其他杂史删削、增补、统编而成。其删削、增补、统编情况大致和《南史》相同。所删以《魏书》为最多，增补也主要依据杂史等，如魏收的《魏书》没有为西魏立本纪，《北史》则根据魏澹的《魏书》增补了西魏的三个帝纪，也增补了一些专传。在人物传记中，也增加了一些史料。其移易情况，也同《南史》。如《文苑列传》收录了温子昇、荀济、祖鸿勋、李广、樊逊（附茹瞻）、荀士逊、王褒、庾信、颜之推、颜之仪、虞世基（附虞熙）、柳䛒、许善心、李文博（附侯白）、明克让（附明少遐）、刘臻、诸葛颖、王贞、虞绰（附辛大德）、王胄（附王眘）、虞自直、潘徽（附常得志、尹式、刘善经、孔德绍、刘斌）等人，是从《魏书·文苑列传》《北齐书·文苑列传》《隋书·文学列传》及《周书》专传（《周书》无《文苑列传》）和其他史专传中挑选集录而成。其所收人物事迹，也互有异同，可参用。

《四库全书总目》说李延寿"世居北土，见闻较近。参核同异，于《北史》用力独深，故叙事详密，首尾典赡。……视《南史》之多仍旧本者，迥如两手"。

《北史》今通行本有中华书局版校点本。

《隋书》八十五卷，唐·魏徵等撰。魏徵（580—643），字玄成，馆陶（今属河北）人。隋末参加瓦岗起义军，入唐后为太子洗马。太宗即位，擢为谏议大夫。贞观三年（629）任秘书监，参与朝政，校订秘府书籍。后任侍中，封郑国公。

《隋书》的编写，经历了一个较长的时期，书亦成于众手。先是，唐高祖武德四年（621），令狐德棻建议修梁、陈、齐、周、隋等五代史，其中《隋书》由封德彝、颜师古担任，未能成书。太宗贞观三年（629）开设史馆，又命继续修撰这五朝的历史，参加修撰《隋书》的有魏徵、孔颖达、许敬宗、颜师古等。魏徵与房玄龄并任总监诸史的修撰。其中《隋书》的序论和《梁书》《陈书》《北齐书》的总论，都由魏徵撰写。到贞观十年（636）各史的纪、传部分修撰完毕，其中《隋书》有本纪五卷，列传五十卷。

这五代史都没有志，故在贞观十五年（641），又命于志宁、李淳风、韦安仁、李延寿、令狐德棻等修《五代史志》。到高宗显庆元年（656），修成《五代史志》三十卷，凡十志。当时曾单行。编入《隋书》后，就成为今天具有三十卷志在内的八十五卷的《隋书》了。

隋朝从隋文帝开皇元年（581）建国，到开皇九年（589）统一全国，至隋炀帝大业十四年（618）被唐灭亡，凡三十八年，而其中统一全国的时间仅三十年。《隋书》记载了这一时期的历史。书中对隋朝统治者贪婪残暴从而引起农民大起义的史实，颇多记载。其中的志，更是研究典章制度的重要资料。再加上叙事简洁，在初唐编的几部官修史书中，是较好的一部。

隋代统治时间极短，文学上也没有什么突出的成就，更没有出现重要的作家，但一般常提到的文学家如卢思道、薛道衡、杨素、杨广、李谔等，《隋书》中都有传记。《隋书》中还有《文学列传》，所收刘臻、王頍等十九人，则很少有作品流传下来。

《隋书》通行的本子是中华书局版校点本。

《旧唐书》 二百卷，后晋·刘昫等撰。刘昫（887—946），字耀远，涿州归义（今河北容城）人。后唐时官至中书侍郎、同中书门下平章事，兼判三司。后晋时封为谯国公。早在后唐时，就已对《旧唐书》的修撰做了不少准备，到后晋高祖天福六年（941），才开始正式编修，诏户部侍郎张昭远、起居郎贾纬、秘书少监赵熙、吏部郎中郑受益、左司员外郎李为先等同修，以宰相赵莹监修。赵莹在组织人员、收集史料和确定工作计划等方面出了不少力。书到出帝开运二年（945）修成。这时已由刘昫继任宰相，遂领衔奏上，后世乃题刘昫撰，其实他没有参加编写工作。

《旧唐书》本名《唐书》，后为与欧阳修等所修《唐书》相区别，就称刘昫所修为《旧唐书》，欧阳修等所修为《新唐书》。《旧唐书》包括本纪二十卷，志十一篇三十卷，列传一百五十卷，共二百卷。因本纪、列传中有篇幅较长的，后人刻印时就分成上下卷或上中下卷，这样就有二百一十四卷。

《旧唐书》的编写，主要依据的是唐代的国史和实录等，包括纪传体、编年体写的唐史，资料相当丰富。但自武宗以后，因战乱频仍，缺少实录等的记载，可用的资料较少。这反映在《旧唐书》中，就是代宗以前记事比较具体，叙事也有条理；德宗至武帝时，叙事亦尚称简明；玄宗以后，疏漏谬误就较多了。这是所据史料决定的。《郡斋读书志》说它"因韦述旧史增损以成，繁略不均，校之实录，多所漏阙"。

同时，《旧唐书》编写得也较粗疏，除前详后略外，还有互相脱节或重复处，如注《文选》的李善，既附于《曹宪传》，又附述于其子《李邕传》。又如散文家萧颖士，在《文苑列传下》有传，但在《韦述传》中又有附传，虽内容可互补，但当立一传为宜。

唐代是我国古典诗歌的黄金时期，也是古文的革新期，故文学家辈出。《全唐诗》中就收录了唐代二千二百余人的作品，加上《全唐诗》失收，由《全唐诗逸》《全唐诗补编》所收，人数就更多了。当然，这中间可以称得上是诗人的，人数就要大大缩小。《中国大百科全书·中国文学》卷就收了诗人一百零六人，就这一百零六人中，因为不少人地位不高或没有地位，所以《旧唐书》中没有他们的传记（包括附传），特别是晚唐诗人无传的人更多。他们包括王梵志、刘昚虚、王湾、祖咏、褚光羲、崔国辅、常建、王之涣、岑参、李颀、刘长卿、沈千运、孟云卿、李嘉祐、张继、元结、郎士元、戎昱、司空曙、韩翃、寒山、张谓、韦应物、皎然、刘言史、卢仝、刘叉、贾岛、戴叔伦、王建、杨巨源、薛涛、张祜、许浑、赵嘏、马戴、曹邺、郑嵎、李群玉、方干、陈陶、鱼玄机、于濆、胡曾、曹唐、皮日休、陆龟蒙、聂夷中、罗隐、秦韬玉、郑谷、齐己、吴融、韩偓、杜荀鹤、曹松五十六人。若不算《旧五代史》有传的罗隐、杜荀鹤，则未入传的诗人也占二分之一多。若连那些著名程度不高的诗人算在内，即可说《旧唐书》所收只是部分诗人。但话得说回来，那些著名诗人的传记，《旧唐书》基本上有了。因为《旧唐书》不是专为文学家立传的，这是可以理解的。

《旧唐书》有《文苑列传》，析为上中下三卷，收孔绍安至司空图等一百零五人，所收的文学家也不可谓不多，其中文学史上经常提到的如杜审言、卢照邻、王勃、骆宾王、刘希夷、富嘉谟、吴少微、沈佺期、陈子昂、宋之问、贺知章、张若虚、李华、萧颖士、崔颢、王昌龄、孟浩然、王维、李白、杜甫、李商隐、温庭筠、司空图等都收录在内了。当然，有些人不在《文苑列传》中，如魏徵、上官仪、苏味道、李峤、高适、顾况、李益、李贺、陆贽、杜牧、权德舆、韩愈、张籍、孟郊、李翱、刘禹锡、柳宗元、元稹、白居易、白行简、李绅等，均有专传或附传。

《旧唐书》通行的版本有中华书局版校点本。

《新唐书》二百二十五卷，宋·宋祁、欧阳修等撰。宋祁（998—1061），字子京，安陆（今属湖北）人。天圣进士，曾任翰林学士，史官修撰，工部尚书，翰林学士承旨等官。欧阳修（1007—

1072），字永叔，号醉翁、六一居士，吉水（今属江西）人。天圣进士，曾任枢密副使、参知政事等官。

北宋仁宗时，因对《旧唐书》不满，仁宗庆历年间，采纳贾昌朝创议，开设修史局，调集一批文人重修，但无所成。唯宋祁于天圣晚年着手编修，坚持用二十年左右时间，写成列传一百五十卷。仁宗至和元年（1054），又以欧阳修为编修官，编写纪、志、表。至嘉祐五年（1060）全书告成。其中帝纪为欧阳修所撰，志、表为范镇、王畴、宋敏求、吕夏卿、刘羲叟分修（赵彦卫《云麓漫钞》卷五）。

《新唐书》包括本纪十卷，志十三篇五十卷，表四篇十五卷，列传一百五十卷，共二百二十五卷。其中志、表、列传部分篇幅较长的又分立子卷，合计则有二百四十八卷。

比之《旧唐书》，《新唐书》作了较大的增删。《进新唐书表》概括说："其事则增于前，其文则省于旧。"宋·陈振孙《直斋书录解题》更具体说："凡废传六十一，增传三百三十一，志三，表四。"从今天保存史料来看，"事增于前"是它的优点，《新唐书》不仅增加了许多人的传记，而且对原有的传记也有史实的补充。"文省于旧"则有得有失，有删去了不当删的传记，如玄奘、一行等。有的删削过多，史事的眉目就不甚清楚了。所以，《新唐书》修成以后，《旧唐书》仍然不可废弃，并被并列为正史，可以互相参用。

从文学家的传记来说，《新唐书》也有所增益，如我们在上面《旧唐书》中所举的未收入的诗人中，《新唐书》就增收了元结、韩翃、卢仝、刘叉、贾岛、戴叔伦、陆龟蒙、吴融、韩偓等人，当然，也有极少数删去的，如刘希夷、顾况。

《新唐书》文学家的类传称《文艺列传》，收录了七十九人的传记。与《旧唐书·文苑列传》比，有了较多的调整：有调出的，如员半千、贺知章等；有调入的，如李益、李贺等；有删去的，如孟利贞、董思慕等；有新增的，如吴融、吕向、郑虔等。至于不入《文艺列传》的文学家还有许多，这里就不备列了。

《新唐书》中，有的是人增加了事迹，可与《旧唐书》互相补充，也可纠正记载之误。如《旧唐书·姚崇传》附诗人姚合传仅说："玄孙合，登进士第，授武功尉，迁监察御史，位终给事中。"《新唐书·姚崇传》所附姚合传则说："曾孙合、勖。合，元和中进士及第，调武功尉，善诗，世号姚武功者。迁监察御史，累转给事中。奉先、冯翊二县民诉牛羊使夺其田，诏美原主簿朱俦覆按，猥以田归使，合劾发其私，以地还民。历陕虢观察使，终秘书监。"这不仅增加了事迹，也纠正《旧唐书》"位终给事中"说之误。

《新唐书》的《宰相世系表》和《艺文志》颇多作家史料，也要注意利用。关于《艺文志》的传记史料，将在第三章第三节"目录中的作家史料"中再作介绍。

《新唐书》今通行的本子是中华书局版校点本。

《旧五代史》一百五十卷，北宋·薛居正等撰。薛居正（912—981），字子平，开封浚仪（今河南开封）人。后唐进士，后周时官至刑部侍郎。宋乾德初，任参知政事。太平兴国初，加左仆射、昭文馆大学士。

《旧五代史》原名《五代史》，又称《梁唐晋汉周书》。宋太祖开宝六年（973）四月，诏参知政事薛居正监修后梁、后唐、后晋、后汉、后周五代史。七年（974）闰十月修成，仅用了不足二十个月的时间。参加编修的，有卢多逊、扈蒙、张澹、李昉、刘兼、李穆、李九龄等。

《旧五代史》所以能如此迅速编成，是因为五代各朝均有实录，并且又主要依据了范质的实录简编本《建隆五代通录》。《通录》把共三百六十卷的五代实录简编成一书，起自梁开平，至周显德，共五十三年。赵翼《廿二史札记》有"薛史全采各朝实录"之说。再加上作者们又都熟悉五代事，编写起来就方便多了。

《旧五代史》记载了从后梁朱温称帝（907）中经后唐、后晋、后汉、后周，至北宋建国（960）这一段历史。除中原地区的这些短命的王朝外，中原以外的还有吴、南唐、吴越、楚、闽、南汉、前蜀、后蜀、南平（荆南）、北汉十个独立的割据王朝。这就是"五代十国"战乱时代,《旧五代史》就按代编录了这段历史。

今本《旧五代史》分为《梁书》二十四卷,《唐书》五十卷,《晋书》二十四卷,《汉书》十一卷,《周书》二十二卷,《世袭传》二卷,《僭伪传》三卷,《外国传》二卷,《志》十二卷,共一百五十卷。其中,《世袭传》和《僭伪传》是收录"十国"史事的。

在五代战乱中,文坛落寞,作家寥寥。更没有出现杰出的诗人,诗歌只是晚唐的余响。不过有些作家从晚唐入五代,《旧五代史》中有他们的传记,比较有名的如罗隐、杜荀鹤等。还有像词人和凝,《开元天宝遗事》的作者王仁裕等,都有他们的传记。这时在较为安定的西蜀和南唐,曲子词繁荣起来,那些比较有代表性的词人,除李景(璟)外,《旧五代史》中没有他们的传记。

《旧五代史》原书已经散佚,今传世本是清代从《永乐大典》中辑录出来的。此外,还从《册府元龟》《资治通鉴考异》《太平御览》《五代会要》等书中抄录出《旧五代史》的材料作为补充,大致保存了原著的百分之七八十。今通行的本子有中华书局版校点本。

《新五代史》 七十四卷,北宋·欧阳修撰。欧阳修事迹已见前《新唐书》部分。《新五代史》原名《五代史记》,后世为了与薛居正的《旧五代史》相区别,就改称《新五代史》。

《新五代史》是欧阳修私人撰写的,有别于官修书。从他写给尹师鲁、梅圣俞等人的信来看,大概在景祐三年(1036)前已着手编写,到皇祐五年(1053)基本完成,历时约十八年。

《新五代史》记载了自后梁开平元年(907)至后周显德七年(960)共五十三年的历史。全书改变了《旧五代史》按朝代编排的办法,而是统一编排,即把王朝的本纪、列传综合在一起,按时间先后排列。计有本纪十二卷,列传四十五卷,考三卷,世家及世家年谱十一卷,四夷附录三卷,共七十四卷。

《新五代史》出于一人之手,全书体例严谨,文笔简洁,立意鲜明,有它明显的特点,从史料的角度说,欧书由于过多地删削了薛书,在史料上就不如《旧五代史》丰富。但《新五代史》也增补了不少史实，这正如清代赵翼所说："盖薛史第据各朝实录，故成之易，而记载或有沿袭失实之处。欧史博采群言，旁参互证，则真伪见而是非得其真。故所书事实，所纪月日，多有与旧史不合者，卷帙虽不及薛史之半，而订正之功倍之。文直事核，所以称良史也。"（《廿二史札记》卷二十一"欧史不专据薛史旧本"）所以新旧《五代史》可以用来互相补充。

对文学家的记载，《新五代史》比《旧五代史》也有所删缺和增补，如罗隐、杜荀鹤主要生活在晚唐，故在《新五代史》中删去了。和凝、王仁裕、李景（璟）等传还保留，也增加了词人李煜的传记。

应该说，无论新旧《五代史》，对"十国"的记载都是比较简单的，所以"十国"的不少文学家，在新旧《五代史》中都没有传记，我们需要查检别的史书才能找到他们的一些传记或片段的事迹记录，如《南唐书》《十国春秋》等，这些书将在下一节中介绍。

《新五代史》通行的本子有中华书局版校点本。

《宋史》 四百九十六卷，元·脱脱等撰。脱脱（1314—1355），清乾隆时改译托克托。元大臣，字大用。顺帝至元六年（1340）发动政变，逐专权横暴的伯颜，次年任丞相，主修宋、辽、金三史。后流放云南，被毒死。

元顺帝至正三年（1343），下诏命丞相脱脱等分修辽、宋、金三史。《宋史》自顺帝至正三年三月开局，到至正五年十月告成，仅用了二年半的时间。

在二十四史中最庞大的一部官修史书之所以能用这么短的时间修撰成，是因为宋代的史料比较完备，包括日历、实录、国史等，在宋亡后，这些原在临安的宋史馆的资料尽归元都，贮藏于元国史院。元初，世祖忽必烈就曾诏修宋史，由于元王朝内对修撰宋史的体例主张不同：一派主张以宋为帝纪，辽、金为载记；一派主张以辽、金为北史，北宋为宋史，南宋为南宋史。两派争持不下。虽然书已修撰，但终于未能最后完成。脱脱等有了这个基础，就较快地完成了。

由于《宋史》以宋代的国史等为基础，故史料丰富，是它最大的好处。但因北宋的国史详细，南宋以后缺略，故修成的《宋史》也就前详后略。加上原国史多据各家事状、碑铭等编缀成篇，故多回护。《宋史》又缺乏史料剪裁，疏于史实考订，互相抵牾，因此，在二十四史中被称芜杂。

《宋史》记载了自宋太祖赵匡胤建隆元年（960）建国，至宋帝昺祥兴二年（1279）灭亡为止，包括北宋和南宋的历史。全书分本纪四十七卷，志十五篇一百六十二卷，表二篇三十二卷，列传二百五十五卷，共四百九十六卷。

《宋史》有《文苑列传》七卷，收各类作家九十六人。此外，还有许多文学家收在专传或别的类传中。我们以《中国大百科全书·中国文学》卷中所收诗词为例来看一下，《中国文学》卷中收宋代诗人八十六人，其中《宋史》有传的（包括附传）有五十四人，他们是徐铉、王禹偁、柳开、杨亿、钱惟演、寇准、石延年、晏殊、魏野、张咏、宋祁、林逋、梅尧臣、苏舜钦、欧阳修、石介、李觏、王安石、文同、苏轼、孔平仲、张舜民、张耒、郭祥正、黄庭坚、晁补之、陈师道、贺铸、徐俯、韩驹、唐庚、郑侠、秦观、李纲、朱弁、刘子翚、陈与义、吕本中、曾几、汪藻、李清照、陆游、范成大、杨万里、尤袤、周必大、朱熹、楼钥、叶适、岳珂、洪咨夔、华岳、王迈、文天祥。在《宋史》中无传的共三十二人，他们是惠崇、王令、惠洪、道潜、洪朋、洪刍、洪炎、洪羽、晁冲之、吴可、王庭珪、周紫芝、萧德藻、戴复古、裘万顷、高翥、乐雷发、汪莘、方岳、赵汝鐩、刘克庄、敖陶孙、叶绍翁、严羽、赵师秀、翁卷、徐照、徐玑、林景熙、郑思肖、汪元量、龚开。

所收词人共六十二人，其中有传者仅二十五人，除晏殊、苏轼、秦观、贺铸、李清照、陆游六人与诗中所收重见外，还收范仲淹、李之仪、舒亶、赵令畤、周邦彦、朱敦儒、叶梦得、苏庠、赵鼎、王安中、赵佶、向子諲、岳飞、史浩、张孝祥、辛弃疾、陈亮、吴潜、李曾伯十九人。未收入《宋史》的词人，有三十七人，包括张先、柳永、晏幾道、张元幹、朱淑贞、姜夔、刘过、王沂孙、吴文英、蒋捷、史达祖、张炎、周密、刘辰翁，等等。由此看来，《宋史》中收录的诗词作家，入收者除政治地位这个基本原因外，从诗词看，诗人的传记比词人的收得多；从时间看，南宋中叶以后未收的人更多。这是与《宋史》的前详后略有密切的关系。

由于《宋史》存在不少问题，故后人对它或作改写，或作增补，出现了《宋史新编》《宋史翼》等书，说见下节。

《宋史》今通行的本子有中华书局版校点本。

《辽史》一百十六卷，元·脱脱等修撰，朝廷议修《辽史》，早在《宋史》以前。元中统二年（1261）和至元元年（1264），曾二次议修辽、金二史。至1279年南宋灭亡，又议修辽、金、宋三史，但因"义例"不统一（说见《宋史》），长期不能成书。直到至正三年（1343），才决定辽、金、宋三史各自独立成书，由丞相脱脱负总责，廉惠山海牙、王沂、徐昺、陈绎曾分任《辽史》的修撰。

《辽史》修撰时间从至正三年四月到四年三月，仅用了十一个月就仓促修成，这是因为有耶律俨的《实录》和陈大任的《辽史》为基础，参考了《资治通鉴》《契丹国志》及各史的《契丹传》等修订编排而成。由于修撰匆忙，也缺少认真的搜集和考订，因此史实错误、重复、缺漏、矛盾之处甚多，甚至把一件事当成二件事，一个人当成二个人或三个人的现象也存在。但因所据耶律俨《实录》和陈大任《辽史》均已亡失，《辽史》就成了现存唯一的一部比较系统、完整地记载辽代的历史书了。

《辽史》记载了辽政权二百多年（907—1125）的历史，其中也兼及辽前契丹族和辽末耶律大石建立的西辽的历史。全书本纪三十卷，志三十二卷，表八卷，列传四十五卷，国语解一卷，共一百十六卷。

《辽史》的列传约占全书的四分之一，除了较多地为宗室、外戚立传外，也有《文学列传》二卷，收录了萧韩家奴、李澣、王鼎、耶律昭、刘辉、耶律孟简、耶律谷欲七人。辽代文学作者都为帝王、后妃及朝廷重臣，帝王中比较有名的有耶律倍、耶律隆先、耶律德光、耶律隆绪、耶律宗真、耶律洪基，后妃中有道宗宣懿皇后萧观音、天祚文妃萧瑟瑟等，他们在《辽史》中当然有传，但他们的作品绝大部分已经失传了。

《辽史》今通行的有中华书局版校点本。

宋·叶隆礼的《契丹国志》今亦有上海古籍出版社1985年版贾敬颜、林荣贵点校本。

《金史》一百三十五卷，元·脱脱等修撰。《金史》的修撰情况，与《辽史》《宋史》情况相同，参见前二书的介绍。《金史》于元顺帝至正三年（1343）四月开始修撰，次年十一月成书，历时仅二十个月。

元修《金史》，也是在前人的基础上完成的。金代各朝有实录，保存在元朝史馆中。中统间，王鹗撰有《金史》，有帝纪、列传、志书等，是一部比较完整的著作。此外，又有元好问百万余言的《野史》，刘祁的《归潜志》等，都是修《金史》的重要参考资料。其中金实录、王鹗《金史》、元好问《野史》等，均已散失，故今本《金史》是一部记载比较完整的金代历史。

《金史》分本纪十九卷，志三十九卷，表四卷，列传七十三卷，共一百三十五卷，末附《金国语解》。

《金史》有《文艺列传》上下卷，收录了韩昉、蔡松年、蔡珪、吴激、马定国、任询、赵可、郭长倩、萧永祺、胡砺、王竞、杨伯仁、郑子聃、党怀英、赵渢、周昂、王庭筠、刘昂、李经、刘从益、吕中孚、张建、李纯甫、王郁、宋九嘉、庞铸、李献能、王若虚、王元节、王国纲、麻九畴、李汾、元德明、元好问等人的传记。有些作家，不在《文艺列传》中，有专传可利用，如宇文虚中、赵秉文、辛愿、赵元、杨云翼、完颜璹等。不过也有些作家，在《金史》中无传，如段克己、刘迎、王寂、李俊民、刘仲尹等。其中李俊民传见《元史》。

《金史》的通行本有中华书局版校点本。

《元史》二百一十卷，明·宋濂等撰。宋濂（1310—1381），字景濂,号潜溪,浦江(今属浙江)人。官至学士承旨知制诰。

《元史》的修撰,分为两个阶段。朱元璋在灭亡元朝的当年,即洪武元年(1368),为了巩固他的政权,表明自己是天命归依,也为了史鉴,就下令编修《元史》。第二年,就以李善长为监修,宋濂、王祎为总裁,开局编写。参与编修的有汪克宽、胡翰、赵壎等十六人。这次仅用了一百八十八天,就修成了除元顺帝一朝以外的本纪、表、志、列传共一百五十九卷。由李善长上表进呈,表称"上自太祖,下迄宁宗,据十三朝实录之文,成百余卷粗完之史"。可见他的主要依据是元朝各帝的实录。此外,《经世大典》《功臣列传》等官修典籍也为修撰《元史》所利用。但因自顺帝元统(1333年始)以后,"载籍靡存",所以派人四处搜集。至洪武三年(1370)重开史局,仍以宋濂、王祎为总裁,由赵壎、朱右等十五人参加编写,又用了一百四十三天续修了本纪、志、表、列传共五十三卷。然后把两书合编成二百一十卷的《元史》。

由于《元史》仓促成书,又成于众手,缺略、重出、乖误,为后人所诟病。故也有人试图重修《元史》,并修成好几种(参见下节),但仍然不能取代宋濂《元史》的地位。因为它保存了许多元代的重要史料。

《元史》包括本纪四十七卷,志五十八卷,表八卷,列传九十七卷,比较系统地记载了自太祖至顺帝的元代兴亡史。其中列传部分材料也比较丰富。

《元史》没有文学传,有关能文之士的传记散见各处。所收文学家,也有严重的偏见。今以《中国大百科全书·中国文学》卷中所收的元代作家来看,《中国文学》卷所收录的二十二位诗人大都有传,包括了耶律楚材、刘秉忠、王恽、戴表元、刘因、赵孟頫、袁桷、杨载、虞集、范梈、揭傒斯、许有壬、张翥十三人。无传者为方回、仇远、朱德润、萨都剌、迺贤、顾瑛六人。其他杨维桢、倪瓒、王冕三人传见《明史》。而所收散文家七人中,全部有传。可见作为传统文学的诗文作家,他们往往从政,也由于他们的政治地位被入录。相反，有元一代勃起的戏曲作家，包括散曲和剧曲家，他们大都是一些下层人物，没有政治地位，虽然其中出现了许多伟大的戏剧家，像关汉卿、王实甫等，也没有在《元史》中片言述及。所以《中国文学》卷中所介绍的十七位散曲作家中，只介绍了曾从政的胡祗遹和张养浩，其他就一个也不介绍了。在胡、张二人的传记中，也无片言只语提到他们的散曲。至于元代剧作家，《中国文学》卷介绍的二十四人，没有一个在《元史》中有传记的。其实，不仅在《元史》中没有传记，在其他书中也很少有记载，有也只有片言只语，或语焉不详，给我们研究这些戏曲家造成了相当大的困难，这是中国封建社会的历史使然。

《元史》今最通行的本子是中华书局版校点本。

《新元史》二百五十七卷，柯劭忞编著。柯劭忞（1848—1933），字凤荪，山东胶县（今山东胶州市）人。光绪十二年（1886）进士，历任翰林院侍讲、贵州提学使、学部左丞、国史院纂修等职。入民国，任清史馆总纂。柯氏编《新元史》，广泛利用了中外史料及各家研究《元史》的新成果，熔中外史料于一炉，订正错误，增补缺遗，经过三十多年的努力，于1920年编成。时当北洋政府统治时期，由柯氏友人大总统徐世昌作序推荐，以大总统令将《新元史》与《元史》并列，列入正史，于是就有了"二十五史"之称。

《新元史》包括本纪二十六卷，表七卷，志七十卷，列传一百五十四卷，共二百五十七卷。它对《元史》多有补充，如增加《序纪》，追记成吉思汗先世的历史传说。列传补充了博尔忽、赤老温、哲别等重要将相，特别是增补了元初不肯降元朝的志士和元末农民大起义人物，如《隐逸列传》的郑思肖、谢翱、林景熙、龚开、汪元量等，他们是宋末的遗民，又是重要的文学家，《宋史》也没有他们的传记，《新元史》作了增补。另外，《新元史》对《元史》中重复立传等大错误也作了纠正，不过仍有重复立传等错误。

《新元史》改变了《元史》不列文苑传，立有《文苑列传》二卷，入收了文苑人物九十多人。其中包括了《宋史》未收的宋末元初作家刘辰翁、周密等；《元史》未收的元代作家卢挚、仇远、朱德润、萨都剌、迺贤等；以及元末明初人《明史》已收而《元史》未收的王冕、杨维桢、倪瓒等，在《新元史》中都有了他们的传记或附传，可补《元史》之缺。

《新元史》有开明书店版《二十五史》本。

《明史》三百三十二卷，清·张廷玉等撰。张廷玉（1672—1755），字衡臣，一字砚斋，安徽桐城人。康熙三十九年（1700）进士，累官至保和殿大学士、吏部尚书、军机大臣等。同时兼任翰林院掌院学士，领导修史。

清廷修《明史》，经历了一个漫长的时期。顺治二年（1645），就设立明史馆，命冯铨、洪承畴等主修。但当时江南还未统一，没多久就停止了。到康熙四年（1665），又曾下诏再修，书亦未成。直到康熙十八年（1679），再开明史馆，重修《明史》，并特地举行了一次博学鸿词科的考试，录取了彭孙遹、朱彝尊、吴任臣、毛奇龄、潘耒、李因笃等有名望的学者参加修撰，并以大学士徐文元为监修。以后又以陈廷敬、张玉书、王鸿绪等先后任总裁。至雍正元年（1723），由王鸿绪署名印行了《明史稿》三百一十卷。这部书，主要出于万斯同之手。《明史稿》印行后，因还不尽善，就在次年又诏张廷玉等再加修订，至雍正十三年（1735）定稿，乾隆四年（1739）始刊行。

《明史》在三千多卷《明实录》的基础上，广泛参考了各家明史书、传记、杂史，又经过了许多有名学者长时期的反复斟酌、修订，因而体例比较严谨，文字精练，内容充实，在"二十四史"中是修订得较好的一种。但在清代文字禁网的笼罩下，《明史》就不得不对清廷忌讳多所回避、歪曲。

《明史》记载了明洪武朱元璋建国至明亡近三百年的历史，内分本纪二十四卷，志七十五卷，表十三卷，列传二百二十卷，共三百三十二卷。

作家的传记，主要在列传中。《明史》有《文苑列传》四卷，收录了文苑人物近二百人。与其他封建正统的正史一样，所收以功名人物为主，所以所收以诗文作者的传记较多。而明代文学主要成就在小说、戏曲，但这方面的作者能入《明史》的就很少了。今仍以《中国大百科全书·中国文学》卷为例，它所收的明代诗人三十五人中，除抗清志士张煌言、夏完淳例当为清修《明史》作排斥外，其他三十三人都有传记或附传。《中国文学》卷收明代散文家二十六人中，除王思任、徐霞客、刘侗、张岱四人无传外，其他二十二人都有传记或附传。但在所收小说家十人中，只有李昌祺一人有传。散曲家十三人中，也只有王九思、杨慎、赵南星有传。戏曲家二十三人中，有传的也仅是丘濬、康海、李开先、徐渭、李日华、汪道昆、王世贞、汤显祖、屠隆、阮大铖十人。

《明史》通行本有中华书局版校点本。

《清史稿》 五百三十六卷，赵尔巽等撰。赵尔巽（1844—1927），字公镶，号次珊，又号无补。同治进士，后任翰林院编修，湖南巡抚，户部尚书，湖广总督，四川总督，东三省总督。入民国，1914年北洋军阀袁世凯成立清史馆修清史，以赵尔巽为馆长，以柯劭忞、王树枏、吴廷燮等为总纂，先后参加编修的有一百多人。到民国九年（1920）编成初稿，进行排比整理，到民国十五年（1926）又一次进行修订，次年大致完稿决定刊行。至1928年全书编印完成，历时十五年。

《清史稿》所依据的史料是《清实录》、清代国史列传、《清会典》及一些档案资料。全书分本纪二十五卷，志一百四十二卷，表五十三卷，列传三百一十六卷。

《清史稿》虽编于辛亥革命后，但修史的人多为清室遗老，全书充满了反对民主革命的封建正统思想，同时又编印仓促，问题极多，印出后就受到当时舆论的抨击，如故宫博物院曾指出其悖逆与舛误十九项。虽然如此，"但编者把大量的资料汇集起来，初步作了整理，这就使读者能够得到比校详细系统的有关清代史事的素材。而且有些志和清末人物的传，并非取材于常见的史料，当另有所本。因此，这部书仍有它的参考价值"（中华书局版《清史稿》"出版说明"）。

所收清代文学作家，比较集中在《文苑列传》三卷中。他们有魏禧、侯方域、吴嘉纪、钱谦益、吴伟业、宋琬、施闰章、朱彝尊、尤侗、陈维崧、姚鼐、林纾等三百五十多人。当然，文学家也有不入《文苑列传》而单独有传的，如张煌言、宋荦、方苞、沈德潜、纪昀、洪亮吉、林则徐、陈恩泽、黄爵滋、祁隽藻、曾国藩、薛福成、黎庶昌、黄遵宪、谭嗣同、林旭、沈曾植、康有为等。也有收入《文苑列传》以外的其他类传的，如黄宗羲、王夫之、顾炎武、毛奇龄、全祖望、汪中、张惠言、郑珍、王闿运等入《儒林》；王国维入《忠义》；方以智、钱澄之、陆贞慧、杜濬入《遗逸》；郑燮入《艺术》等。

应该说，《清史稿》编于民国，所收清代文学家的传记还是比较多的。但它也是一部站在封建正统的立场上编的历史，同样轻视清代辉煌的小说戏曲创作，如著名的清代小说家蒲松龄、吴敬梓、曹雪芹都没有传记。戏曲家如号称"南洪北孔"的洪昇和孔尚任，也都没能在《清史稿》中立传。

《清史稿》不属于"二十四史"，今通行本有中华书局版校点本。它所据的底本是关外二次印本，但同关外一次印本、关内印本作了校订，凡三本篇目、内容不同的地方，都作了附记，并录出异文，以资参考。关外二次印本删去了《时宪制》中的《八线对数表》七卷，由于这是普通数学工具书，所以中华书局版也不再录入。这样，中华书局版《清史稿》就成了五百二十九卷了。另外，《清史稿》也收入了上海古籍出版社和上海书店联合出版的《二十五史》中。

第三节　其他纪传体史书中的作家传记

二十六史以外的纪传体史书，见于历代书目著录的也不在少数，但其中许多书籍已经散佚了。散佚的原因是多方面的，但从根本上来说，它们竞争不过官修的正史。一方面，官修的正史受到历代最高统治者的重视，因而不断刊印，其他的史书就没有这方面的优越条件了。另一方面，其他纪传体史书在质量上一般比不上正史，自正史一定，其他的也会纷纷被淘汰了。当然，也不是说这些散佚的史书一无是处，其中不少书还是正史的母胎，正史从中取材，并以之为蓝本，故有其自身的价值，这也就是后人还不断为之辑佚的原因。不过因为它散失了，今天也就无从给予全面的评价，只好存而不论。

另外，还有不少纪传体史书流传了下来。这些书中，有的编成于正史以前，本来也是官修史书，其史料价值较高，我们今天仍可参考，如《东观汉记》《明史稿》《清史列传》等，我们将在下面单作介绍。有的编成于正史以后，这种史书，大致可以分两种情况，一种是对正史的错误有所修正，如《宋史新编》等，或有所补充，如《宋史翼》等，这些书也是我们要介绍的。另一种虽对某种正史有所改编，但只是编排上的改变，对传记史料没有多少增加。如宋代郑樵的《通志》，它的精华在《二十略》，而其本纪、世家、列传，大抵是"删录诸史"，史料价值不大。又如宋·萧常的《续后汉书》四十七卷，元·郝经的《续汉书》九十卷，两书都是改编《三国志》中的材料，改蜀汉为正统，"大旨在书法不在事实"（《四库全书总目》），史料价值不大。又如明·王洙的《宋史质》一百卷，是根据《宋史》重修的，它不承认元代的存在，用明来直接继承宋朝，将辽、金列为外国，削去有元一代的年号，把明太祖的高祖追称德祖元皇帝来继承宋统，这是违背史实的。又如明·钱士升的《南宋书》六十卷，也是因《宋史》繁冗，取南宋事迹删节而成，"所删削者不过奏疏及所历官阶而已，别无事增文省之处"，"所增郑思肖数人列传，亦疏略不详"（《四库全书总目》）。这一类书，下面就不再分别介绍了。

还有一些纪传体史书，是为地方割据政权撰写的。这些割据政权，正史中记载较少，而这些史书记载较详，我们这里也将作有选择的介绍，如马令和陆游的《南唐书》，吴任臣的《十国春秋》等。宋代路振的《九国表》因涉及作家不多，不作介绍了。

还有一些纪传体史书，虽然在史书研究中很有价值，但因涉及作家不多，也不作介绍，如《大金国志》《契丹国志》，及王夫之的

《永历实录》等。

总之，我们这一节选介的其他纪传体史书，着眼的标准是文学家传记的史料价值。所选取的是：在时间上，编写于正史以前的；编于正史以后的，要对史料有所补充、修正的史书。而那些正史所无或很少记载的地方割据政权史书中的作家传记，也是我们本书所要介绍的。

这些纪传体史书，在过去目录的分类上，有的入正史，如《东观汉记》在《隋书·经籍志》《旧唐书·经籍志》《新唐书·艺文志》等书目中都归入正史类；有的书收入别史，如《隆平集》《通志》《东都事略》《宋史新编》等；也有书编入载记，如《南唐书》《十国春秋》等割据政权的史书。因为它们都是纪传体，这里就统一把它们放在二十六史以外的其他纪传体史书来一并介绍。

还要说明一点的是，这里介绍的纪传体史书中，有的只有列传而无本纪，如《隆平集》《清史列传》等，但因为它们本身是国史的一部分，不同于一般的传记集，所以就放在这里了。

下面，我们把有关的史书按照时代略作介绍。

《东观汉记》一百四十三卷，今辑本重编为二十四卷。它是东汉几代史学家相继修成的东汉官修史书。书创始于汉明帝时班固、陈宗等，中经安帝时的刘珍、李尤，桓帝时的边韶、崔寔等，完成于灵帝、献帝时的马日䃅、蔡邕、杨彪等。《东观汉记》当时只称《汉记》，以后改称今名。《东观汉记》成书后，与《史记》《汉书》合称"三史"，得到当时人的重视。以后有关记载东汉一朝的纪传体史书，无不从《东观汉记》取材，故刘勰《文心雕龙·史传》中说："后汉纪传，发源《东观》。"这是确实的。

《东观汉记》至唐开元时，已散失了十六卷；至两宋，散失更多；至元时已无一完篇了。清康熙时，姚之骃辑佚成书八卷。乾隆时修《四库全书》，馆臣又重加辑集，增加了近十分之六的内容，成书二十四卷。今人吴树平又重加辑录，并加校注，成《东观汉记校注》一书，由中州古籍出版社于1987年出版，是目前最为完善的辑注本。

今存辑本中,有些文史学家也有传记的片段,如马融、桓谭、冯衍、班彪、班固、应劭、崔骃、崔寔、蔡邕、孔融、杜笃、梁鸿等。其所记事迹也颇可补《后汉书》的有关传记,如《梁鸿传》的"梁鸿少孤,以童幼诣太学受业,治《礼》《诗》《春秋》,常独坐止,不与人同食。比舍先炊已,呼鸿及热釜炊。鸿曰:'童子鸿不因人热者也。'灭灶更燃火"。此即成语"不因人热"所本。又如:"梁鸿初与京邑萧友善约不为陪臣,及友为郡吏,鸿以书责之而去。"这两件事中都可见到梁鸿的个性,而范书均不载。

此外,比较易见的已散佚的各家《后汉书》辑本还有清·汪文台的《七家后汉书》,它包括了谢承《后汉书》、薛莹《后汉书》、司马彪《续汉书》、华峤《后汉书》、谢沈《后汉书》、袁山松《后汉书》和张璠《汉纪》,并附失名的《后汉书》一卷,有清刊本。今有河北人民出版社版周天游校本。

《南唐书》 两种,一为北宋·马令撰,三十卷;一为南宋·陆游撰,十八卷。马令,阳羡(今江苏宜兴)人。据《直斋书录解题》说:"序言其祖太傅元康,世家金陵,多知南唐故事,未及撰次,今纂先志而成之。时崇宁乙酉。"崇宁乙酉是宋徽宗崇宁四年(1105)。

马令《南唐书》为纪传体史书,首为先主李昪、嗣主李璟、后主李煜书五卷,其次为列传二十四卷,最后为建国谱(实为地理志)、世系谱合一卷。《四库全书总目》说它所记"于诗话小说,不能割爱,亦不免芜杂琐碎",虽不及陆游重修之本,"然椎轮之始,令亦有功,且书法亦谨严不苟"。

陆游(1125—1209),字务观,号放翁,越州山阴(今浙江绍兴)人,宋代著名诗人。官至宝章阁待制致仕。晚年隐居家乡。其重修的《南唐书》有本纪三卷,记李昪、李璟、李煜事。列传十五卷,记宋齐丘等一百十八人。陆书对马书有所增删,文字简洁,所记不少内容为马书所无,而且还增加了一些列传,对马书杂芜荒诞处多所删除,较马书为胜。

南唐的一些著名词人,如李璟、李煜、冯延巳等,在两种《南唐书》中都有传记。次要一些的作家如李建勋、史虚白、孙晟、钟谟、陈贶、韩熙载、徐锴、伍乔、潘佑、刘洞、蒯鼇等，也都有传记可利用。但有些作家，马令《南唐书》收了，而不见于陆书，如孟宾于、徐铉、邵拙、夏宝松、邱旭等。不过这些人除徐铉为著名文字学家，《宋史》有传外，其他人的作品基本上散佚了，或者残存很少。

两种《南唐书》都有《四部丛刊续编》本等。又《嘉业堂丛书》中收有清·周在浚撰《南唐书注》八卷，刘承幹撰《南唐书补注》十八卷。

《十国春秋》一百十四卷，清·吴任臣撰。吴任臣（？—1689），字志伊，号托园，浙江仁和（今杭州市）人。康熙十八年（1679）应博学鸿词试，授检讨，参与修《明史》。

《十国春秋》成书于康熙八年（1669），包括了吴十四卷，南唐二十卷，前蜀十三卷，后蜀十卷，南汉九卷，楚十卷，吴越十三卷，闽十卷，荆南四卷，北汉五卷，还有十国纪元、十国世系、十国地理、十国藩镇、十国百官五表六卷。末附拾遗、备考各一卷。

《十国春秋》的取材，充分利用了马令、陆游二家的《南唐书》，但马、陆二家仅记南唐，《十国春秋》则广泛地记述了十国的史事，远超过南唐一国。从内容看，大致写十国君主事迹及一些大的历史事件，主要依据了《资治通鉴》和新旧《五代史》。写人物列传，则采自五代、两宋时期的各种杂史、野史、地志、笔记、类书、文集等。作者在"凡例"中说："是编所采古今书籍，无虑数百余种。"并一一列举了一百五十七部重要的引用书目，其中包括了《说郛》《津逮秘书》等大型书。

《十国春秋》收集史料的广博，得到一些著名学者的称赞。它除了正文外，还用小注引用了不少史料，或作为正文的补充，或备异闻，或驳旧史之误等。这种把众书史料熔铸于一书，颇便于查阅。当然，它也难免有疏误。其中有误入的，如与李白同时的赵蕤误入前蜀；有一人二传的，如卷五十二的《欧阳迥传》与卷五十六的《欧阳炯传》实为一人等。

《十国春秋》对十国时期的作家大都有传记载，包括那些著名的和不著名的，或者作品到今天已经亡佚殆尽的。今按原书次序略作摘录。吴如杜荀鹤、殷文圭、沈颜；南唐如李璟、李煜、李建勋、张泌（另有《张佖传》，当为一人）、冯延巳、钟谟、潘佑、孙晟、韩熙载、徐铉、徐锴、蒯鳌、邵拙、史虚白、陈贶、伍乔、刘洞、夏宝松、邱旭、吴淑；前蜀如王衍、花蕊夫人、韦庄、毛文锡、卢延让、王仁裕、李珣、尹鹗、牛峤、牛希济、贯休、杜光庭；后蜀如孟昶、欧阳炯、欧阳彬、顾夐、鹿虔扆、阎选、何光远、叩朋；南汉如陈用拙、王定保、张瀛、钟允章；楚如廖匡图、刘昭禹、孟宾于、翁宏、廖融、王元；吴越如罗隐；闽如王延彬、韩偓；荆南如孙光宪、齐己等。

《十国春秋》今有中华书局版徐敏霞、周莹点校本。末附人名索引以供检索。

《隆平集》二十卷，宋·曾巩撰。曾巩（1019—1083），字子固，建昌军南丰（今属江西）人。嘉祐二年进士，历任越州、齐州、福州等地地方官，后任史馆修撰，官至中书舍人。

对《隆平集》，晁公武《郡斋读书志》认为："其间记事多误，如以《太平御览》与《总类》为两书之类，或疑非巩书。"《四库全书总目》也认为出于依托。余嘉锡《四库提要辨证》，则认为是曾巩作，他说："此集纯就《五朝国史》加以删修，故其事不大增于前，其文则极省于旧。……有宋一代正史别史，笔力之高，莫过于此。"

本书卷一至卷三记宋太祖至英宗五朝事，体例似会要，分圣绪、符应、都城、官名等二十六目。卷四起为人物传记，也以官为类，凡收录二百八十四人。其类为宰臣、参知政事、枢密、宣徽使、王后、伪国、侍从、儒学行义、武臣、夷狄、妖寇十一类。有关文学家的传记也分散在各类中，如宰臣类收录文学家赵普、李昉、寇准、丁谓、晏殊、宋庠、宋祁等。又如儒学行义类中收录了尹洙、江休复、孙复、石延年、石介、王回、林逋等。

本书不管是否出自曾巩之手，当为北宋人为当朝人写传，本之国史，所载有《宋史》所不备者，具有重要的史料价值。

《隆平集》有清康熙刊本，台北文海出版社 1967 年影印本，《四库全书》本等。

《东都事略》一百三十卷，宋·王称撰。《四库全书总目》误作王偁，今从《四库提要辨证》考订作王称。王称，字季平，眉州（今属四川）人。淳熙间以承议郎知龙州，特受直秘阁。

本书为宋人修撰的一部纪传体史书，自宋太祖至钦宗。因北宋都城开封旧称东都而得名。书于淳熙十四年（1187）进呈朝廷。全书分本纪十二卷，世家五卷，列传一百零五卷，附录八卷。其中"世家"收皇后及诸皇子；"附录"所收为辽、金、西夏、西蕃。

本书取材于国史实录，旁及野史杂记，成书早于宋《四朝国史》，为元修《宋史》所取资。北宋时期的重要文学家，大都有传记可查，如李煜、李昉、徐铉、柳开、王禹偁、寇准、张咏、杨亿、刘筠、丁谓、晏殊、宋绶、范仲淹、尹洙、宋庠、宋祁、文彦博、富弼、欧阳修、刘敞、郑獬、祖无择、王安石、沈括、司马光、苏颂、孙觉、苏洵、苏轼、苏辙、张舜民、舒亶、孙复、石介、李觏、王回、郑文宝、乐史、石延年、刘潜、苏舜钦、梅尧臣、江休复、王令、文同、郭祥正、黄庭坚、李观、李廌、张耒、晁补之、晁咏之、陈师道、李之仪、李格非、李公麟、贺铸、周邦彦、唐庚、郑侠、魏野、林逋、邵雍等。

本书由眉山程舍人初刻于南宋，现有五峰阁、扬州书局等本。《四库全书》收入《别史》类。

《宋史新编》二百卷，明·柯维骐撰。柯维骐（1497—1574），字奇纯，莆田（今属福建）人。嘉靖进士，授南京户部主事，未任事而归。家居二十多年而编成《宋史新编》。

《宋史新编》本于《宋史》，黄佐序称其"删其繁猥，厘其错乱，复参诸家纪载可传信者，补其阙遗"。全书分本纪十四卷，志四十卷，表四卷，列传一百四十二卷，其中《文苑列传》收录了八十二人（不包括附传）。书中对《宋史》的谬误，颇有考正，但在史料上增补不大，且对原书删节过多。书又以宋为正统，把辽、金作为附庸，也是一偏之见。

《宋史新编》今有明嘉靖三十六年（1557）刻本，1936年大光书局铅印本等。

《宋史翼》四十卷，清·陆心源撰。陆心源（1834—1894），字刚甫，号存斋，晚称潜园老人，浙江归安（今湖州市）人，是清代著名的藏书家。曾任广东南韶兵备道，后调赴闽，总办税厘通商善后诸局及海防事宜，置粮盐道，乞养归里。编有《全唐文补遗》八十卷，续拾十六卷，《宋诗纪事补遗》一百卷，《小传补正》四卷等。

陆氏家富藏书，又爱从事文献的辑遗，他鉴于《宋史》不仅有繁芜之病，而且也多疏漏，就从补遗入手，根据《续资治通鉴长编》、杂史、文集、杂著、年谱、氏族谱、地方志等书中所载的宋人传记资料，增补成《宋史翼》一书，增补列传七百八十一人，附传六十四人。全书分为诸臣、循吏、儒林、文苑、忠义、孝义、遗献、隐逸、方技、宦者、奸臣十一类。其中《诸臣列传》增补了一百二十八人，《循吏列传》增补了一百二十八人，《儒林列传》增补了六十八人，《文苑列传》增补了一百零二人，等等。

所补作家，主要集中在《文苑列传》中，他们有张先、王令、洪朋、洪炎、毛滂、康与之、周紫芝、姚宽、萧德藻、姜夔、赵师秀、徐照、翁卷、徐玑、刘过、敖陶孙、戴复古、刘克庄、赵孟坚等。他如《诸臣列传》中有王庭珪、张元幹、韩元吉；《儒林列传》中有王炎；《忠义列传》中有林景熙、张炎；《遗献列传》中有周密、王炎午、郑思肖、邓光荐、谢翱、刘辰翁、汪元量、龚开；《隐逸列传》中有杨无咎、胡仔、汪莘等。其所补之传，都在传中注明出处，如韩元吉的传记，即根据《直斋书录解题》、《建炎以来系年要录》、《江西通志》、周必大《玉堂类稿》、《双莲塘记》、《送连必达序》、《福建通志》《甲乙藁》、《金史交聘表》、《书朔行日记后》、《贡院记》、《通志》、《极目亭诗序》、《西吴里语》、《花庵词选》、《朱子语类》、《宋史·艺文志》等记载编写而成，可见其用力之勤。当然，一般的传记出处也没有像韩元吉的那么复杂，也只在传末注明出处及参用的书篇名。

《宋史翼》有光绪年间归安陆氏十万卷楼刊本。

《元史类编》 四十二卷，清·邵远平撰。邵远平，字吕璜，号戒山，浙江仁和（今杭州市）人。康熙进士，官至詹事府少詹事兼翰林院侍讲学士。本书为续其祖明代邵经邦的《宏简录》（该书为删取唐宋诸史而成），故又名《续宏简录》。成书于康熙三十二年（1693）。

全书分世纪、天王、宰辅、功臣、侍从、台谏、直谏、庶官、皇后公主、系属、儒学、文翰、旌德、杂行、附载等类。其中世纪、天王为本纪，"世纪"收太祖至宪宗，"天王"收世祖以下诸帝。

本书取材本《元史》，参用了《经世大典》《元典章》《元文类》及诸家文集、说部等书。所补列传人物颇多，若有异同，则加小注考订史实。文学家比较集中在《文翰传》中，收录了一百九十人的传记，另有附传八十多人。所收作家有杨果、陆文圭、姚燧、赵孟頫、戴表元、贯云石、杨载、虞集、张雨、范梈、揭傒斯、黄溍、柳贯、吴莱、欧阳元（玄）、李孝光、卢挚、苏天爵、张翥、刘辰翁、袁易、仇远、萨都剌、王炎午、迺贤、丁鹤年、杨维桢、王冕、陶宗仪、鲜于枢、柯九思、倪瓒、关汉卿等。其传记较为简略，甚至有简到不能再简的，如所记关汉卿，仅云："关汉卿，解州人，工乐府，著北曲六十本。"虽然如此，能把戏曲家入史，也是大胆的创举。

除文翰外，其他类中也有不少作家，这里就不再列举了。

《元史类编》有乾隆六十年（1795）南沙席氏扫叶山房刊本。

《元史新编》 九十五卷，清·魏源撰。魏源（1794—1857），字默深，湖南邵阳人。在考中进士前，曾参与盐政改革、抗英斗争。中进士后，曾先后任东台、兴化知县，高邮州知州等。晚年皈依佛教。

《元史新编》依据《元史》，"采《四库全书》中元代各家著述百余种，并旁搜《元秘史》《元典章》《元文类》各书"（《拟进呈元史自序》）作了增补。本纪自世祖以下全袭用邵远平《元史类编》，而氏族表、艺文志则多本钱大昕《氏族表》和《艺文志》。

《元史新编》记载了元太祖元年至顺帝至正二十八年（1206—1368）间史事，分为本纪十四卷，列传四十二卷，表七卷，志三十二卷。列传将大臣分为开国、世祖、中叶、元末四朝。类传分儒林、文苑、良吏、忠义、孝义、遗逸（有目无传）、列女、艺术、奸臣、群盗（有目无传）等。它比《元史》有所增补，并对旧史矛盾、避讳的地方有所补正。

《元史新编》立有专传的文学家有耶律楚材、刘秉忠、许衡、郝经、王恽、王磐、胡祗遹、虞集、马祖常、郝天挺、张养浩、许有壬、苏天爵等。《文苑列传》收录了二十人，附传十六人，包括了作家姚燧、赵孟頫、黄溍、柳贯、贯云石、戴表元、揭傒斯、欧阳玄、范梈、杨载、张翥、杨维桢、丁鹤年等。《儒林列传》中有文学家金履祥、吴澄、刘因、袁桷、吴师道等。另有方回、谢翱、郑所南等作家有目无传，可知本书没有最后完成。

《元史新编》有清光绪三十一年（1905）邵阳魏氏慎微堂刻本。

《元书》 一百零二卷，清·曾廉撰。曾廉（1857—?），字伯隅，湖南邵阳人。光绪举人，反对变法维新，曾参与修《大清会典》。

曾廉鉴于《元史》芜杂，广泛搜集《元朝秘史》《续资治通鉴》《辽史》《金史》等史书，以及元人文集、碑传等重编元史。记述了元太祖元年至顺帝至正二十八年间的史事。

《元书》有本纪十五卷，志十卷，列传七十七卷。其中列传较旧史有所增益，儒林、隐逸、权幸诸传增补尤详。志书除取钱大昕《元史艺文志》外，皆就《元史》删改而成。其中有专传的作家有耶律楚材、刘秉忠、郝经、许衡、杨果、王磐、赵孟頫、王恽、胡祗遹、郝天挺、刘敏中、张养灏（浩）、虞集、欧阳元（玄）、许有壬、苏天爵、余阙等。《文苑列传》中收录了刘祁、戴表元、仇远、方回、鲜于枢、姚燧、袁桷、黄溍、杨载、揭傒斯、迺贤、柯九思、李孝光、张翥等作家的传记。其他还有麻革、卢挚、柳贯、吴莱、范梈、王沂等作家为附传入收。其他类传中收录的作家有儒林中的金履祥、刘因、吴澄、吴师道等；隐逸传中收录了李俊民、段克己、段成己、谢翱、林景熙、邓牧、赵孟坚、周密、张炎、郑思肖、王炎午、刘辰翁、邓光荐、汪元量、贯云石、萨都剌、杜本、杨维桢、张雨、张昱、顾瑛、倪瓒、王冕、丁鹤年等。

《元书》有宣统三年（1911）邵阳曾氏层漪堂刊本。

《罪惟录》九十卷，若以一卷分有上下或上中下计，则全书有一百零二卷。清·查继佐撰。查继佐（1601—1676），字伊璜，一字敬修，号与斋、山东钓史，浙江海宁人。崇祯举人，于乡里授徒。曾参加抗清斗争，晚年讲学杭州，因庄廷鑨"明史案"牵连入狱，后得释。

《罪惟录》成书于康熙十一年（1672）。书取名于《孟子》"罪我者其惟《春秋》乎"。原名《明书》，纪明代史事，分为帝纪二十二卷，志三十二卷，列传三十六卷。书中把南明诸王都列入本纪，仍用弘光等年号。

本书在万历以前多取材于庄廷鑨《明史辑略》，万历以后得自搜访，所谓"手草易数十次，耳采经数千人"（《自叙》），历二十九年，方成此巨著。虽不及后出的官修《明史》，但自有其特色。所载晚明史事，较他书详核。刘承幹《跋》说："《明史》一书，全据横云旧稿，惩国初文字诸狱，趋避无可讳言。是编遗文逸事，足以补正《明史》者实多。"可见其史料价值。但书中间多空格，显然是待补的未定稿。也间有重出的传记，如杨循吉、邵宝都二见。

本书列传部分作了较大归并，属于类传的性质。它分皇祖祢、皇后、皇太子、诸王、翼运王国、衡运诸国、逸运外臣、启运诸臣、抗运诸臣、理学诸臣、经济诸臣、致命诸臣、谏议诸臣、讽喻诸臣、清介诸臣、乘时诸臣、循谨诸臣、文史诸臣、武略诸臣、荒节诸臣、播匿诸臣、隐逸、侠烈、独行、庸误诸臣、方外、艺术、闺懿、宦寺、奸壬、叛逆、列朝诸臣逸传、外藩、蛮苗、胜国、外国三十六类。

书中有关文学家分在各类中，如启运诸臣中收了刘基、宋濂；抗运诸臣中有方孝孺、瞿式耜、张煌言；理学诸臣中收了薛瑄、陈献章、杨廉、王守仁、邵宝、吕柟、顾宪成、邹元标、高攀龙、赵南星；经济诸臣中收了于谦、王鏊、杨一清、何乔新、李东阳、徐中行；致命诸臣中收了王祎、祁彪佳；谏议诸臣中收了丘濬、吴宽、杨循吉、何景明、李梦阳、沈鍊、申时行；讽喻诸臣中收了康海、沈自征；文史诸臣中收了孙蕡、高启、危素、聂大年、杨循吉、徐祯卿、边贡、王廷陈、唐顺之、李攀龙、徐中行、宗臣、梁有誉、吴国伦、谢榛、汪道昆、徐渭、胡应麟、汤显祖、李贽、袁宗道、袁宏道、袁中道、焦竑、王思任、钟惺、谭元春等，不备列。

书中原为抄本流传，近人张宗祥加以校订，有《四部丛刊》三编影印本，今有浙江古籍出版社1986年校点本。

《明书》 一百七十一卷，目录二卷，清·傅维麟撰。傅维麟（？—1666），原名维桢，字掌雷，号歉斋，灵寿（今属湖北）人。明崇祯举人，清顺治进士，官至工部尚书。他供职于清翰林弘文院编修时，分撰明史。据明代遗书、家乘、文集、碑志等三百多种书籍，凡九千多卷，参以明朝实录，考订同异，撰成本书，为清修第一部明史。

全书包括本纪十九卷，宫闱纪二卷，表十六卷，志四十八卷，记五卷，世家三卷，列传七十六卷，叙传二卷。本书于万历以前记事较《明史》为详，但天启以来三朝史实多阙略，其原因在于"故牒散失，国无藏书。事近人存，野史未出"。作者抱着"真闻真见，乃始濡毫，而恍惚疑似，宁俟来者"（《叙传》）的写作态度，宁缺毋滥。

人物以类相从，计分勋臣、忠节、儒林、名臣、孝义、循良、武臣、隐逸、杂传、文学、权臣、艺术、列女、外戚、佞幸、残酷、奸回、宦官、异教、乱贼、四国二十一类，并在最后附有"补元臣传"。其中文学传收录了四十七人，包括常见的文学家杨维桢、张羽、徐贲、孙蕡、杨基、高启、高棅、李梦阳、何景明、康海、杨慎、王慎中、李攀龙、王世贞、胡应麟、宗臣、梁有誉、徐渭等。其他各类中也有不少文学家，如勋臣中的王守仁，忠节中的方孝孺，儒林中的薛瑄、丘濬、邵宝、唐顺之、高攀龙，名臣中的杨士奇、杨荣、杨溥、何乔新、于谦、李东阳、杨廷和、王鏊、吴宽、杨一清、申时行、赵南星，隐逸中的陶宗仪、倪瓒，杂传中的刘基、宋濂，权臣中的严嵩，艺术中的祝允明、文璧、唐寅、沈周，等等。

《明书》有康熙三十四年（1695）刻本，《畿辅丛书》本。

《明史稿》 三百一十卷，清·王鸿绪撰，实主要出自万斯同之手。王鸿绪（1645—1723），字季友，号俨斋、横云山人，江南娄县（今上海松江）人。康熙进士，曾任《明史》总裁，内阁学士、户部侍郎、左都御史、工部尚书等。万斯同（1638—1702），字季野，鄞县（今浙江宁波）人。清代史学家，坚不仕清。康熙十七年（1678），万斯同力辞博学鸿词科的举荐。次年，赴北京以明史馆馆外人身份参加《明史》的修撰，不受俸，不署名。《明史稿》实际是由博学鸿词科五十余人共同讨论、分类撰写的，最后由万斯同手订成书。王鸿绪则是明史馆总裁之一。万斯同死，王鸿绪于康熙四十八年（1709）罢官，把稿子带回家中，作了加工，以为己作，进呈清廷。书的版心题"横云山人集·史稿"。《明史》就是在这部《明史稿》的基础上修订而成。

《明史稿》包括本纪十九卷，志七十七卷，表九卷，列传二百零五卷，共三百一十卷。《明史稿》中有些传记，被以后的《明史》删去了。如《三王列传》记载南明的福王、唐王、桂王，在《明史》中把三王分别附见于各始封王之后。又如《明史稿》中有抗清志士、文学家夏完淳的事迹，虽不敢明言夏完淳抗清就义事，只含糊地说"以子龙（陈子龙）狱词连及"，就连这一点，在后来的《明史》中也删去了。

《明史稿》有《文苑列传》四卷，收文苑人物七十七人，包括了常提及的文学家杨维桢、王冕、陶宗仪、丁鹤年、袁凯、高启、杨基、张羽、徐贲、孙蕡、高棅、聂大年、程敏政、杨循吉、祝允明、唐寅、李梦阳、何景明、徐祯卿、边贡、王廷陈、杨慎、文徵明、王慎中、高叔嗣、田汝成、茅坤、谢榛、李攀龙、王世贞、归有光、何良俊、徐渭、王穉登、屠隆、唐时升、焦竑、袁宏道、曹学佺、艾南英、张溥等。附见人物七十多人，包括了康海、王九思、李开先、梁有誉、宗臣、徐中行、吴国伦、汪道昆、胡应麟、李流芳、程嘉燧、钟惺、谭元春等。其他类传中也有些文学家。至于那些有地位的人物，如刘基、宋濂、方孝孺、杨士奇、杨荣、杨溥、于谦、丘濬、李东阳、王鏊、何乔新、吴宽、马中锡、王廷相、王守仁、唐顺之、于慎行、赵南星、邹元标、高攀龙、祁彪佳、陈子龙等，都有专传记载。

《明史稿》有雍正元年（1723）敬慎堂刻本，同治十年（1871）补敬慎堂本。

《小腆纪传》 六十五卷，补遗五卷，清·徐鼒撰。徐鼒（1810—1862），字彝舟，号亦才，江苏六合人。道光进士，曾官翰林院检讨，福宁知府。

《小腆纪传》是一部纪传体的南明史。时间从1644年福王朱由崧在南京称帝，到1683年台湾为清所并的这一时期。作者入清史馆后，参考了前人作著六十二种南明史书，以及各省、府、县志和各家诗文集等，著成《小腆纪年附考》一书，是一部编年体的南明史书。在作者晚年，更把这一时期的人物写成《小腆纪传》一书。书没有最后完成，由他儿子承礼整理补订而成，并作了五卷《补遗》。

全书本纪七卷，列传五十八卷，《补遗》五卷都是列传。书中收录的文学家有祁彪佳、夏完淳、方以智、曹学佺、瞿式耜、王思任、陈子龙、张煌言、沈自征、黄淳耀、邝露、顾炎武、黄宗羲、傅山、张奇逢、王夫之、朱鹤龄、艾南英、屈大均、陈恭尹、纪映钟、归庄、陆圻、阮大铖等。补遗中收录的文学家有张岱、魏禧、魏礼、申涵光、柴绍炳、毛先舒、顾景星、杜濬、董说、周筼等。

这是一部比较完整的纪传体南明史，今通行的有中华书局1958年校点排印本。

《清史列传》 八十卷，清国史馆馆臣撰，上海中华书局编辑。

《清史列传》实为清国史馆所修的列传部分，全书分为宗室王公、大臣、忠义、儒林、文苑、循吏、贰臣、逆臣八类。其中大臣传又分正编、次编、续编、后编、新编、已纂未进六部分。全书列入正传的有二千零十九人，附传收录了九百六十余人。（此据吴枫主编《简明中国古籍辞典》说，《中国古代史史料学》则谓收了约一千七百余人的传记。）所收人物，多半出自《国朝耆献类征》，其他的人物，乾隆以前的依据《满汉名臣传》，乾嘉以来的移录清国史馆的《大臣列传》。书中所记人物事迹较详，年月具备，史料价值在《清史稿》的列传之上。也有的文学家，《清史稿》中无传，而在本书中见到他们的传记，如著名戏曲家洪昇等。

清代的文学家，大致集中在《文苑》《儒林》二传中。如《文苑列传》中收列了二百四十八人的传记，附传更多，有四百人。因人多不具列。当然，也有文学家收在别的类中，如吴伟业、钱谦益、龚鼎孳就收入《贰臣列传》中。但是，那些著名的戏曲小说家，如孔尚任、蒲松龄、曹雪芹、吴敬梓、李汝珍等，因为地位不高，就没有他们的传记了。

《清史列传》有上海中华书局1928年铅印本，并附"人名索引"，索引按姓名首字笔画数排列，人名下注明本书的卷页数，使用较为方便。

第二章

传记体史书中的作家史料

古代人物传记,除前章所述的纪传体史书可作为基本史料外,还有一大类称为"传记",它们专为历史人物立传。这些传记,包括了总传和个人专传,也包括了具有总传性质的族谱、题名录和个人专传性质的年谱。我们这里只介绍总传、年谱、族谱和题名录。至于个人专传,是指那些单独成书的个人传记。这些单行的个人传记,在《隋书·经籍志》、两《唐书》的《经籍志》《艺文志》中,与总传一起都收在"杂传"类中,如《东方朔传》《毌丘俭传》《管辂传》等。两《唐书》还有《李固别传》《梁冀传》《何颙传》《曹瞒传》等,这些传记都已散失了。以后这类书虽续有作者,但有关文学家的不多,《四库全书》中除了年谱外,一部也未收。看来为个人写详传,一般精力都集中在编年谱。到了近代,随着作家研究的深入,这种单行的个人传记逐步多起来,《某某传》《某某传论》《某某评传》与日俱增。写这些书的人,是属于专门的研究工作者,他们旁征博引,并用新的观点来编写,在史料上具有线索、考订的功能。但因不是原始的传记,本章就不再单独立节介绍了。

第一节 总 传

一 历代总传的撰集和分类

总传是汇合众人的传记于一书,《四库全书总目》认为源出于

《史记》的《儒林》《游侠》《循吏》《货殖》《刺客》诸传，这是有道理的。《史记》这些列传中的人物，都是按类收录的，这就是后代按人物性质来编录的总传的由来。不过后代总传不仅是按类编录，而且还有不分类的总录，按地区分的分区录，按时代分的断代录，等等，范围更为扩大。同时，《史记》中的类传，只是史书中的一篇，它并不单独成书。而单独成为一书的，当推汉代刘向的《列女传》，所以《四库全书总目》说："其别自为一书，则成于刘向之《列女传》。"

这种总传，在《隋书·经籍志》《旧唐书·经籍志》《新唐书·艺文志》等书目中，都和个人专传合在一起，名为"杂传"，《四库全书总目》则称之为"传记类"。

总传这类史书，在我国古代很发达，历代都有编写。综观历代总传的编写，时代特色、政治倾向非常明显，它往往与当时的时代政治的需要紧密联系在一起。试看魏晋六朝时期，曹丕代汉称帝，实行九品官人法，世族门阀垄断了政权，一直到南北朝都是这样，出现了"上品无寒门，下品无世族"的现象。同时，晋武帝又恢复了周朝的分封制度，大封皇族为国王，又分封异性士族，造成了许多割据势力，自然也造成了许多地方大姓。他们为了扩充自己的势力，就要作吹捧自己的舆论准备。大力宣扬某一地区、某一族姓的先贤耆旧，就出现了许多地域性的先贤传、耆旧传等。记载在《隋书·经籍志》里的，就有《兖州先贤传》《徐州先贤传》《交州先贤传》《益部耆旧传》《鲁国先贤传》《楚国先贤传》《汝南先贤传》《陈留耆旧传》《济北先贤传》《东莱耆旧传》《襄阳耆旧传》《会稽先贤传》等三十多家。同时，那些豪门大族的家传也纷纷编写出来，同样记载在《隋书·经籍志》中的，就有《李氏家传》《桓任家传》《王朗王肃家传》《太原王氏家传》《褚氏家传》等，也近三十家，这是前所未有的。

又自汉代以来，推崇孝道，选拔人才有孝廉一科，因此孝悌的人也为时人所重，各类孝子传也应运而生。记在《隋书·经籍志》中的，就有九种。

魏晋以来，出现了一批名士，如竹林名士、正始名士等，其风尚所趋，影响很大，就有人为这些名士写总传的，记载在《隋书·经籍志》里的，就有《海内名士传》《正始名士传》《江左名士传》《竹林七贤论》《七贤传》《文士传》等。而这一时期战乱频繁，统治者杀戮异己，"名士少有全者"，就出现了一批隐逸人物，为这些隐士们写传的，有《圣贤高士传赞》《高士传》《逸士传》《逸民传》《至人高士传赞》《高隐传》，等等。

佛教传入中国以后，至梁代得到了极大的发展，出现了一些名僧，这就有了《高僧传》的出现。

凡此等等，都构成了魏晋六朝总传写作的时代特色。

到了唐、宋，除了继承这一传统外，又有了新的发展，如唐代实行科举考试，就出现了"登科记"一类的书。见于《新唐书·艺文志》的，就有崔氏《唐显庆登科记》、姚康《科第录》、李奕《唐登科记》等。

宋代一方面外患频仍，提倡忠义、忠节的总传多了起来，见于《郡斋读书志》《附志》、《直斋书录解题》的有《忠臣逆臣传》（杨尧臣）、《嘉祐名臣传》（张唐英）、《百将传》（张预）、《四将传》（章颖）、《中兴忠义录》（龚颐正）等。另一方面，宋代道学兴起，出现了一些收录道学家的传记、言行录。它始于朱熹的《伊洛渊源录》《名臣言行录》，以后就出现了一系列名儒、名臣言行录。宋代又由于印刷条件的发展，又有了辑录碑传文的书籍出现，这是由杜大珪的《名臣碑传琬琰录》创其始，以后这一系列又汇为大国。

到了明清，除了继承前代一些总传的编写外，又新出现了一种学术史性质的人物传记，特别是清代更为发展，这是由黄宗羲肇其始，写了《明儒学案》，以后又追写并由全祖望等人完成的《宋元学案》，江藩的《国朝汉学师承记》等系列学案书。这类书的出现，与清代统治者的高压政策和当时学术发展紧密联系的，它具备了发展的历史条件。

历代编写总传的大致情形就是这样。在这么多的总传中，将如何来分类呢？我们可从不同的角度加以分类，大致说来，可从时代、地区、特点等不同的角度来区分。

从时代来说，有历代人物都收的，如魏明帝时的《海内先贤传》，晋·皇甫谧的《高士传》，宋·王枢的《廉吏传》等。这种传记，大致录自前代史书杂记，一般史料价值不高。

有专收断代的。这种传记较多，如袁敬仲的《正始名士传》，宋·王当的《春秋列国诸臣传》，元·辛文房的《唐才子传》，元·苏天爵的《元朝名臣事略》等。

有专收某一时代某一集团的，如晋·戴逵的《竹林七贤论》，清·陈鼎的《东林列传》等。

从地区来说，有全国都收的，如《四海耆旧传》，明·程敏政的《宋遗民录》，明·焦竑的《献征录》等。

有专收某一地区的，这在魏晋六朝特别发达，以后为乡邦先贤立传的也很多，如三国吴·谢承的《会稽先贤传》，晋·习凿齿的《襄阳耆旧传》，佚名的《京口耆旧传》等。

有专收某一家族的，如《隋书·经籍志》著录有二十九家，包括《李氏家传》、《太原王氏家传》、裴松之的《裴氏家传》等。以后这些家传成为谱牒中的族谱类图书。

从人物的特点来区分，分类就更多了，这是从《史记》类传发展而来的。专收女性人物的，自刘向《列女传》始，《隋志》就著录有十二种。以后各代都陆续有所撰。

专为名臣写传的，宋·朱熹有《宋名臣言行录》，明·王世贞有《嘉靖以来首辅传》等。

专为忠臣写传的，梁元帝有《忠臣传》，佚名有《昭忠录》，清代有《钦定胜朝殉节诸臣录》等。

专为儒林立传的，《隋志》的那些先贤、耆旧等传，当主要是儒林人物，标明的如《孔子弟子先儒传》。其后如朱熹的《伊洛渊源录》，明·冯从吾的《元儒考略》，清·沈佳的《明儒言行录》。

为文艺家写传的，除了像《隋书·经籍志》著录的张隐《文士传》等已失传者外，也有分科作传的，如为诗人写传的有辛文房的《唐才子传》，清·郑方坤的《国朝名家诗钞小传》，清·张维屏的《国朝诗人征略》，后两种专为清代诗人立传。施淑仪的《清代闺阁诗人征略》则专为清代女诗人作传。

专为僧人立传的，有南朝梁·慧皎的《高僧传》，唐·道宣的《续高僧传》，宋·赞宁的《宋高僧传》等。

专为隐逸人物立传的，有皇甫谧的《高士传》，南朝梁·阮孝绪的《高隐传》，明·皇甫涍的《逸民传》等。

也有专为循吏、孝子等立传的，这里就不一一举例了。

从这些总传的写作方式来说，也有种种不同，大致来说，有史传式的，有言行录式的，有集录式的，有学术史式的等。

史传式的总传。指这些总传中的人物传记，大致模仿史传的形式，从姓名、字号、里贯、家世、生平事迹、功业以及著作，能知道的都一一著录。当然，所记也详略不等，有的较为详细，有的较为简略，详者几千字，简者几十字，前者如《高僧传》《文献征存录》，后者如《国朝名人略传》等。这种传记，有的只是史传、碑传等的删录，没有多少史料价值。有的却是综录诸书中的记载编写而成，更有的不知其史料来源，或所写的是作者友人，或实地采访而得，这种传记，史料价值较高。特别是那些史传中没有传记的人，其传记就弥足珍贵了。

言行录式的总传。这种传记，往往先为传主作一简略小传，再从诸书中摘录其言行，并一一说明出处，这像后代所说的史料汇编。这种传记，最早的为朱熹的《五朝名臣言行录》《三朝名臣言行录》，以后李幼武仿之编成《续集》《别集》《外集》，后汇刻成《宋名臣言行录》一书。元代有苏天爵的《元朝名臣事略》，明代有清人沈佳编的《明儒言行录》等，成为一套专记言行录的系列书。这些书中所记的人物，汇集了不少书中的史料，使用起来较为方便。同时，所汇集的书籍、碑传等，有的已经散佚，赖此以保存。今天我们还能见到一个大概，其功亦不可没。

集录式的总传。这些书，只是人物碑传史料的原样汇编，编辑者不另写传记，只把散见在各书中的行状、碑传等全文照录，以人为目，收录在一起。这种书，创始于宋人杜大珪的《名臣碑传琬琰集》，继起效仿者，明代有徐纮编的《明名臣琬琰录》、焦竑的《国朝献征录》，清代则有钱仪吉的《碑传集》、缪荃孙的《续碑传集》、闵尔昌的《碑传集补》、汪兆镛的《碑传录三编》、李桓的《国朝耆献类征初编》等。它又构成了一个以碑传为主，兼及国史传记、地方志传记以及其他传记等的碑传集系列。当然，各书所收碑传也有选录，并不是把某人所有的碑传文都加收录。这种把碑传文史料汇集在一起，并不加删节，对使用者甚为方便。同时，也由于它的集录，使不少碑传文得以保存下来，为我们今天提供了有价值的史料。

学术史式的总传。这种传记，集中在清代，自黄宗羲编《明儒学案》以后，黄宗羲、全祖望等完成了《宋元学案》，江藩先后撰写了《国朝汉学师承记》《国朝宋学渊源记》，唐鉴撰写了《国朝学案小识》，徐世昌等又完成了《清儒学案》。这就构成了自宋至清的学案系列。这些书籍，以学案为纲目来编写有关人物传记，并扼要介绍他们的见解，所写人物传记较详。宋元以来，差不多的学者在这些书中有了他们的传记。而且，其中清代的学者传记，写在《清史稿》以前，可与《清史稿》参用。

以上这些总传，不少具有史料价值，而且事迹较为可信。这是因为传记的作者离传主的时代近，或是同时代人，其中包括亲属、师友、门人等。如那些被集录的碑传文，基本上是如此。其他一些同时代人写的总传中也有这种情况，如钱谦益《列朝诗集小传》中写的不少诗人是他的友人。又如《国朝汉学师承记》中特别标作先生的，像余古农先生（余萧客）、江艮庭先生（江声）、王兰泉先生（王昶）、朱笥河先生（朱筠），就都是作者江藩的老师。书中还有些人是他的同门或友人。其记述史料当然可贵。

也有的总传中的传记来自官方文书，如实录、国史等。像杜大珪的《名臣碑传琬琰集》中采自宋实录的就有二十七篇,焦竑《国朝献征录》有采自明实录的等。这种传记,所记生平履历等较为可信。

也有的总传中的传记经过作者综合采录各种记载,加以排比考证后写成的,如清·李元度《国朝先正事略》在"凡例"中自称"有合数十篇为一篇者"。

这些总传中,许多人的传记比正史传记为详,或互有出入,可以用来参补考订。更有不少人是在正史中没有传记的,就可补正史之缺。有许多文学家传记,就有赖于这些总传的记载,才使我们得知其生平事迹,这就更为可贵了。

二 总传中的作家传记

人物总传的书籍,历代书目中都有不少记载,但其中许多书籍已经散失了。如《隋志》所记,已所存无几。且有些书籍,史料价值也不高;还有些总传与我们所谈的文学家传记关系不大,我们都不在这里介绍。我们介绍的总传,着眼在文学家的传记资料比较集中的书。但也有几种例外,如《列女传》《高僧传》等,它们因时代较早,史料比较珍贵,虽涉及文学家不多,我们也一并作介绍。下面,就按时代先后,把有关总传及其作家作一鸟瞰式的简介。

《列女传》八卷,一名《古列女传》。汉·刘向撰。刘向(约前77—前6),字子政,本名更生,沛(今江苏沛县)人。汉宗室。年二十,为谏大夫,历宣帝、元帝,曾两次下狱,至成帝即位,迁光禄大夫,领校宫廷藏书,终于中垒校尉。

本书为有感于成帝后宫之事而作,《汉书·刘向传》说:"向睹俗弥奢淫,而赵、卫之属起微贱,逾礼制。向以为王教由内及外,自近者始。故采取《诗》《书》所载贤妃贞妇,兴国显家可法则,及孽嬖乱亡者,序次为《列女传》,凡八篇,以戒天子。"

《列女传》原为《传》七篇,《颂》一篇,后汉班昭为之作注,析为十四篇,故《隋书·经籍志》著录十五卷。"七篇"就是把所收人物分为七类,这七类是母仪、贤明、仁智、贞慎、节义、辩通、孽嬖。全书共收录了一百零五篇古代妇女的传记。后人又续了二十人。

本书主要记载古代有奇迹异行的妇女事迹。这些妇女，常见于篇咏，被用作典故，或被写成戏剧小说。不仅如此，这里还有我国第一位女诗人许穆夫人的传记，续篇中还有女作家班婕妤的故事等。

《列女传》把古代妇女的事迹汇为一书，在古籍中是不经见的，对后世影响也较大。今有《四部丛刊》本《古列女传》，《四部备要》本为清代梁端的校注本，《龙溪精舍丛书》本为清代王照圆的补注本。

《高僧传》十四卷，一名《梁高僧传》，南朝梁·释慧皎撰。慧皎（497—554），会稽上虞（今属浙江）人，佛教史学家。出家后居会稽嘉祥寺。慧皎因见诸家僧传叙载各异，就搜讨群书，直至孤文片记，"删聚一处"而成此书，于梁天监十八年（519）成书。

《高僧传》收录东汉明帝永平至南朝梁武帝天监年间的中外僧人二百五十七人，附见者二百三十九人。全书分为译经、义解、神异、习禅、明律、亡身、诵经、兴福、经师、唱导十类，各类的最后，仿史书作有论赞。

僧人中有许多能文之士，书中收录的有支谦、竺法护、竺佛念、鸠摩罗什、释法显、释宝云、支遁、释道安、帛道猷、慧远、释道融、僧叡、僧肇，等等。

本书撰写于佛教盛行的梁代，是我国第一部僧人专传，保存了许多佛教的珍贵史料。所写传记也较详，时代又早，是研究佛教文学家传记的基本史料。

《高僧传》今有《海山仙馆丛书》本、金陵刻经处本等。

《续高僧传》三十卷，或作四十卷，也称《唐高僧传》《高僧传二集》。唐·释道宣撰。道宣（596—667），俗姓钱，丹徒（今江苏镇江）人。十五岁出家，曾参加玄奘译经道场，后居终南山白泉寺，从事佛学撰述。《续高僧传》初成书于贞观十九年（645），以后续有所作，直至麟德二年（665）。

本书记载了梁天监初年至唐麟德二年的僧人四百八十五人，附见二百一十九人。体例仿《高僧传》，分为译经、义解、习禅、明律、护法、感通、遗身、读诵、兴福、杂科十类。是一部研究中国佛教史的重要资料集。书中记述了能文僧人有真谛（拘那罗陀）、玄奘、释慧皎、释洪偃等。

《续高僧传》有高丽、频伽藏三十卷本，嘉兴藏本及扬州本四十卷本。

其后，宋释赞宁有《宋高僧传》三十卷，为续道宣《续高僧传》之作，记载了自唐高宗至宋初高僧五百三十二人，附见一百二十五人，也分十类排列。今有中华书局版范祥雍点校本，书后附有陈雅《宋高僧传人名索引》。明代沙门如惺辑录有《明高僧传》，记载了北宋末至晚明一百八十位僧人的传记。明僧明河撰，清道开续成的《补续高僧传》，记载了唐至明万历末的六百二十四为高僧事迹。近人喻谦编的《新编高僧传》，记载了宋初至清末的一千三百八十八位高僧的事迹。这些书，可用来查历代僧人中的文学家。

《唐才子传》 十卷，元·辛文房撰。辛文房，字良史，西域人。元代前期与王执谦、杨载齐名，曾于泰定元年（1324）前入朝为省郎。《唐才子传》成书于大德八年（1304），是他早年的著作。

《唐才子传》是一部唐代诗人简要传记汇集，全书为二百七十八位唐代诗人写了传略，其中附带连及的有一百二十人，共计三百九十八人。在这些人中，见于《旧唐书》《新唐书》的只有百人，其余都是辛氏从传记、说部等书中采录史料编写而成。因不少原始史料已经失传，故《唐才子传》所保存的史料就极其珍贵了。

本书所收唐、五代人物，都以诗名，否则不收。所写传记，不详记生平事迹（唯对科第记载特为注意），偏重在逸事和对诗作的品评，而评论中又多存唐人旧说。如祖咏传说："咏，洛阳人。开元十二年杜绾榜进士。有文名。殷璠评其诗：'剪刻省静，用思尤苦，气虽不高，调颇凌俗，足称为才子也。'少与王维为吟侣，维在济州，寓官舍，赠祖三诗，有云：'结交二十载，不得一日展。贫病子既深，契阔余不浅。'盖亦流落不偶，极可伤也。后移家归汝坟间别业，以渔樵自终。有诗一卷，传于世。"书中对中、晚唐诗人所记事迹较详，编排按诗人登第先后为序。

《唐才子传》虽然是我国第一部诗人专传，但因编于元代，编者又是西域人，编写的着眼点又在因人而评诗，对作者的行踪考察着力也不够，因而失误处颇多，也是毋庸讳言的。

今传《唐才子传》有十卷本和八卷本。八卷本是清代从《永乐大典》中辑佚的，不全。十卷本为足本，较好的有黎庶昌珂罗版影元刊本，通行的有 1957 年古典文学出版社标点本。又有傅璇琮主编，中华书局 1987—1995 年陆续出版的《唐才子传校笺》五册，最具文献价值，它对全书作了校勘，并作了细密的笺证。笺证大致包括了探索材料出处，纠正史料错误，补考原书未备的重要事迹。经过校笺，使本书成为唐代诗人事迹的资料库，为研究唐诗作者提供了丰富的史料。本书第四册末附有前四册的人名索引和笺证引用书目，第五册为前四册的补正。

《唐代墓志汇编》，今人周绍良、赵超主编。

在 20 世纪初，洛阳邙山等地曾有数以千计的唐代墓志出土，由此引起了文士们收集的热情。新中国成立以后，新的墓志又陆续出土，但因分藏各地，阅读不便，本书就汇收了这些出土的僧人墓志。凡在唐以前及唐代出生卒于唐代者均予收录，而卒于唐以后者则不收。其中个别志文已见于唐人别集或总集，但文集所收录的文字与出土墓志间有出入的，也予以收入。故本书主要辑录了一些《全唐文》中不收的墓志，所收墓志达三千六百余件。

全书依照志主落葬日期先后为序排列，并以年号为界，各自编号，以便查检。在每篇志文之后，均注明移录所据。书后附有李方编制的"人名索引"，包括了除志主远祖及用典以外的志文中出现的所有人名。

本书收录的作家墓志有极为罕见的，如人所共知的王之涣，过去对他的生平事迹知之甚少，书中所收靳能所撰的《唐故文安郡文安县尉太原王府君墓志铭并序》中勾勒了他的家世，说他"名之涣，字季凌，本家晋阳，宦徙绛郡"。也介绍了他的为官及个性、文名。并说到他的卒年，"以天宝元年二月十四日遘疾，终于宦舍，春秋五十又五"。以后的研究者都据此立说。

全书二巨册，上海古籍出版社1992年出版。

《唐代墓志汇编续集》，周绍良、赵超主编，上海古籍出版社2001年出版。

本书为前书的续编，收录了1984—1996年间新出土的墓志，这些墓志散见于有关考古简报中。书中汇收了唐代墓志一千五百六十四件。其编写体例、格式一仍前书。书后附有陈雅编的"人物姓名索引"可供检索。

《宋名臣言行录》前集十卷，后集十四卷，续集八卷，别集二十六卷，外集十七卷。其中前集、后集为宋·朱熹辑，续集、别集、外集为李幼武续辑。朱熹（1130—1200），字元晦，号晦庵，婺源（今属江西）人。南宋理学家。年十八，登进士第，历任枢密院编修官，知南康军，提点江西刑狱公事，秘阁修撰等职。李幼武字士英，庐陵（江西吉安）人。生平事迹不详，南宋理宗时人。

《前集》原名《五朝名臣言行录》，收北宋太祖、太宗、真宗、仁宗、英宗五朝的名臣言行。编者在序中说他有鉴于宋代名臣的言行散而无统，"既莫究其终始表里之全，而又汩于虚浮怪诞之说，予常病之，于是掇拾其要，聚为此录，以便记览"。书中凡收五朝名臣五十五人，附录三人。其中包括了文学家李昉、张齐贤、张咏、寇准、杨亿、王曙、吕夷简、晏殊、宋庠、范仲淹、王禹偁、尹洙、孙复、石介、苏洵等。所附文学家有魏野、林逋。在每人之前，有简略小传，再辑录碑传、行状、笔记、杂史等书中有关记载。每条各自提行，并注明出处。如石介简传后收录的材料有八条，分别录自《倦游录》《渑水燕谈》、欧阳公撰《墓志》《吕氏家塾记》《东轩笔录》《苏氏谈训》等书文中。末附欧阳修所作铭文。

本书因本朝人所辑，且去其"虚浮怪诞"，故事迹较为可信。有

《四部丛刊》本等。

《后集》原名《三朝名臣言行录》，收录了神宗、哲宗、徽宗三朝的名臣言行。其体例一本《前集》，收录名臣四十二人，其中包括文学家富弼、欧阳修、文彦博、刘敞、王安石、司马光、曾巩、苏轼、苏辙、范纯仁、范祖禹、邵雍、陈师道等。有《四部丛刊》本等。

《续集》原名《皇朝名臣言行续录》，收北宋末的名臣二十六人，包括了文学家黄庭坚等。《别集》原名《四朝名臣言行录》，收南宋高宗、孝宗、光宗、宁宗四朝名臣六十五人，包括了文学家叶梦得、汪藻、吕本中、向子諲、李纲、赵鼎、岳飞、胡铨等。《外集》专收南宋理学人物三十八人。

全书均为宋朝人辑录宋朝人事，时代较近，故所录事迹可供参考，而其编写体例，也对后代的人物集传有较大的影响，后代并仿朱氏体例辑录为名臣言行录系列。

《宋名臣言行录》有明、清刊本，《四库全书》亦收入。

《名臣碑传琬琰集》 一百零七卷，宋·杜大珪编。杜大珪，眉山（今属四川）人，第进士。南宋光宗时人。书成于光宗绍熙五年（1194）。

本书从二百五十四种别集、公私文献中辑录了从北宋建隆到南宋绍兴年间的名臣二百二十一人的碑铭、传状等资料。全书分为三集：上集二十七卷，大多收神道碑；中集五十五卷，大多是墓志铭、行状；下集二十五卷，以别传为多，兼及实录等书，其中采自实录的二十七篇，采自曾巩《隆平集》的四十多篇。

本书因基本上按文体分，故所收文学家的碑传散见于各卷中，如司马光上中下三卷都有，范仲淹分收在上、中卷中等。其他作家如上卷还有寇准、晏殊、富弼、宋庠、宋祁、张咏、欧阳修；中卷还有收宋敏求、苏轼、苏颂、梅尧臣、刘敞、晁补之、邵雍、孙复、石介、石延年、尹洙、苏舜钦、刘恕、林逋、苏洵等。下卷就实录说，就收有作家文彦博、王安石、郑獬、吕大防、范祖禹、曾肇等传。其所辑碑传文,大都出自名家之手,如王禹偁、宋祁、富弼、欧阳修、曾巩、司马光、王安石、苏轼、苏辙、范祖禹等,并保存了宋代实录中的一些传记,这是考察作家生平事迹的重要资料,本书把它们辑录在一起,颇方便读者。同时,本书又是历代《碑传集》的创始之作,后代颇有效仿者,成为集录碑传文的一个系列。

《名臣碑传琬琰集》的宋本及影宋本已很难见,《四库全书》中收录了本书。

《宋遗民录》十五卷,明·程敏政撰。敏政,字克勤,休宁(今属安徽)人。成化二年(1466)进士,官终礼部右侍郎。

本书专辑宋代遗民的资料。前七卷为正编,辑录了宋代遗民王炎午、谢翱、唐珏三人的事迹及其遗文,第七卷后为附录,收录了张弘毅、方凤、吴思齐、龚开、汪元量、梁栋、郑思肖、林景熙八人的事迹及遗文。这些人都是忠于宋室的遗民,又大都能文,其中较有成就的如谢翱、龚开、汪元量、郑思肖、林景熙等人,常在文学史中提到。所辑事迹包括了传记、行状、碑铭、序跋、遗事、哀吊、唱和等各类文体。各人辑录资料的多少,也因人、因史料多少而异。

《宋遗民录》有《知不足斋丛书》本、《笔记小说大观》本等。

《宋元学案》一百卷,清·黄宗羲、全祖望等撰。黄宗羲(1610—1695),字太冲,号南雷,学者称梨洲先生,浙江余姚人。明末参加复社,清兵南下,在浙东集义兵抗清,鲁王授予左副都御史。南明亡,隐居不仕。全祖望(1705—1755),字绍良,号谢山,鄞县(今浙江宁波)人。乾隆进士,选翰林院庶吉士,后辞官,专事治学。

本书原由黄宗羲依《明儒学案》例,仅成十七卷,其子百家续作八卷,全祖望续成九十一学案,后由黄氏裔孙平黼补充为八十六卷。至道光间,王梓材等又为整理校补,始成百卷全书,历时一百六十余年。

《宋元学案》共收录了九十一个学案,其中绝大多数是一案一卷。每案前先列一表,详记这一学案的案主师友、弟子及其师承,再立案主小传，述其生平事迹及学术宗旨，并列学侣、同调、家学、门人、私淑、续传为附案。另外还有附录，记诸人遗文逸事和后人评论。全书主要篇幅是介绍宋儒，元代学派较简略。涉及的宋元学者二千多人，都是宋元时期在学术、思想、政治、社会诸方面比较有影响的人物。全书条理井然，为中国学术思想史的重要著作。其中有些传记较详，可用以参补《宋史》。

作为学术思想史，自然也涉及不少文学家，其中以文学家为案主的，有孙复（泰山学案）、范仲淹（高平学案）、欧阳修（庐陵学案）、司马光（涑水学案）、邵雍（百源学案）、周敦颐（濂溪学案）、程颢（明道学案）、程颐（伊川学案）、张载（横渠学案）、范祖禹（华阳学案）、晁说之（景迂学案）、杨时（龟山学案）、吕本中（紫微学案）、胡寅（衡麓学案）、朱熹（晦翁学案）、吕祖谦（东莱学案）、叶适（水心学案）、陈亮（龙川学案）、陆九渊（象山学案）、魏了翁（鹤山学案）、真德秀（西山真氏学案）、王应麟（深宁学案）、刘因（静修学案）、吴澄（草庐学案）、王安石（荆公新学略）、苏洵（苏氏蜀学略），等等。案主以下，收录的作家就更多了，如"苏氏蜀学略"除苏洵外，有苏轼、苏辙、苏过、晁补之、秦观、张耒、李廌、王巩等。当然，这书因是出自后代人之手，故不少传记是参用了史传的文字。

《宋元学案》有何绍基道光二十六年（1846）刊本，通行的有《四部备要》本、《四朝学案》本、《国学基本丛书》本等。邓元鼎、王默君有《宋元学案人名索引》可供检索。

《元朝名臣事略》 十五卷，原名《国朝名臣事略》。元·苏天爵撰。苏天爵（1294—1352），字伯修，真定（今河北正定）人。国子生出身，历任应奉翰林文字、江南行台监察御史，官至江浙行省参知政事。书成于天历二年（1329）。

本书收录元代名臣史事，从穆呼哩到刘因，凡四十七人，包括了当时知名的政治家、军事家和学者。体例仿朱熹《宋名臣言行录》和杜大珪《名臣碑传琬琰集》例，先写小传，再从诸家文集所载的墓碑、墓志、行状、家传等中按传主时间先后摘录材料，其他杂记中有可信的史料，也作了采掇，并一一注明出处。其所收事迹，较朱书为详，保存了散佚的元代碑传资料颇多。《四库全书总目》说："后苏霖作有《官龟鉴》，于当代事迹，皆采是书。《元史》列传，亦皆与是书相出入，足知其不失为信史矣。"

因本书所收为"名臣"，人物也较少，故能被本书入录的文学家也较少，所收有耶律楚材、刘秉忠、许衡、杨果、王磐、郝经、刘因等。每人收录事迹多少不等，如刘秉忠收有事迹十条，这十条分别注明来自"王文忠公撰《神道碑》"、"韦轩李公撰文集序"、"张忠宣公撰《行状》"。又引了"图克坦公履所撰《墓志》"及《鲁斋文集》中的记载作为小注补充。

《元朝名臣事略》今有1962年中华书局影印元建安余氏勤有堂本。又有《四库全书》《武英殿聚珍版书》《畿辅丛书》《丛书集成初编》等收录。

《殿阁词林记》 二十二卷，明·廖道南撰。廖道南，字鸣吾，蒲圻（今属湖北）人。正德中进士，曾任翰林侍讲学士，修大礼书，直经筵。后弃官归里。

《殿阁词林记》卷九以下，采用黄佐《翰林记》之文，故署作与黄佐同撰。廖道南因官侍讲学士的时间较长，对这方面有较多的了解，因而集录了词林殿阁宫坊台省的诸臣旧事写成此书。他在《自序》中说："列华盖、武英诸殿名曰殿学，文渊、东阁名曰阁学，其兼六馆者名曰馆学，晋詹事者名曰宫学，长春坊者名曰坊学，属弘文者名曰馆学，典成均者名曰廱学，䌷寺署者名曰卿学，死节义者名曰赠学，擅翰书者名曰艺学，而终始本院者则名之曰院学。"书中也大致以此为类。每类下仿列传例，撰写有关人物传记。

书中所收文学家，殿学中有杨士奇、杨荣、杨溥、丘濬、李东阳、王鏊、杨一清，阁学中有解缙、胡广、谢瑱，院学中有陶安、朱升、宋濂，部学中有吴宽，馆学中有刘基、危素，宫学中有程敏政，廱学中有李时勉，赠学中有王祎、方孝孺，史馆中附有高启等。从第九卷起，是分条纪事，不再是人物传记。

《殿阁词林记》有《四库全书》本、《湖北先正遗书》本。

《明名臣琬琰录》二十四卷，续录二十二卷。明·徐纮编。徐纮，字朝文，武进（今属江苏）人。弘治进士，以刑部郎中出为广东按察司佥事，分巡岭东。官至云南按察司副史。

本书仿宋·杜大珪《名臣碑传琬琰集》例，辑录了自明洪武至弘治九朝的著名历史人物的碑铭志传及地方志、言行录等史料，言行录并注明出处。前录收一百十七人，续录收九十五人。所收以朝臣为主，兼及文人学者。其中有数十人，都是史传所不详的，尤多参考价值。

书中所记文学家有刘基、宋濂、陶安、王祎、杨溥、杨士奇、李时勉、于谦、薛瑄、叶盛、陈献章等。

至嘉靖四十年（1561），又有王元编《皇明名臣琬琰录续集》八卷，收录了嘉靖以前的六十九人，其中也包括文学家，如吴宽、王鏊、李东阳、杨一清、邵宝、王守仁、李梦阳、何景明、高叔嗣、吕柟、何乔新、唐顺之等。

两书有明嘉靖王氏合刊本、《常州先哲遗书后编》本、台北文海出版社1970年影印本。《四库全书》本只收徐纮的正续集。

《今献备遗》四十二卷，明·项笃寿撰。项笃寿，字子长，嘉兴（今属浙江）人。嘉靖进士，官至兵部郎中。

本书专采明代名臣事迹编成列传，起自洪武，迄于弘治，凡二百零四人。所以叫"备遗"，是姑备遗忘的谦称。本书是以袁褧《皇明献实》为基础，稍作增损而成，即《自序》所说的"稍加芟剪，漫附臆揣，姑备遗忘"。《四库全书总目》认为"此书颇简明有法"，"叙述详赡，凡年月先后，事迹异同，皆可为博考参稽之助"。

书中所及文学家有刘基、宋濂、陶安、王祎、杨士奇、杨荣、杨溥、解缙、胡广、于谦、李时勉、薛瑄、叶盛、何乔新、陈献章、丘濬、吴宽、王鏊、邵宝、杨廉、吕柟、王守仁、李东阳、杨一清、李梦阳、何景明、徐祯卿等。

《今献备遗》有《四库全书》本等。

《国朝献征录》一百二十卷，又名《献征录》。明·焦竑撰。焦竑（1540—1620），字弱侯，号漪园，又号澹园，江宁（今江苏南京）人。万历进士，授翰林院修撰，历国子监司业等职。

本书专辑明代洪武至嘉靖二百年的朝野人物的传记资料，分为宗室、戚畹、驸马都尉、公、侯、伯、中书省、内阁、詹事府、翰林院、吏部、户部、礼部、兵部、刑部、工部、都察院、道御史、通政司、大理寺、太常寺、光禄寺、太仆寺、国子监、顺天府、应天府、鸿胪寺、尚宝司、太医院、钦天监、六科、中书科、行人司、督府幕、锦衣幕、北直隶、南直隶、浙江、江西、湖广、福建、河南、陕西、山东、山西、四川、广东、广西、云南、贵州、行太仆寺、苑马寺、监运司、藩府僚、左右都督、都督周知、都督佥事、锦衣卫、都司、各卫、孝子、义人、儒林、艺苑、隐佚、寺人、释道、胜国群雄、四夷，等等。

书中入收的嘉靖以前的明代文学家，有官职的中央官吏按官职分类，如内阁中收有解缙、杨荣、杨士奇、杨溥、薛瑄、丘濬、李东阳、王鏊、杨一清、严嵩、申时行、于慎行等。又如翰林院收宋濂、朱升、方孝孺、康海、杨慎、高启、陈献章、王元思、高棅、文徵明、何良俊等。地方官吏按行省分类，行省中又分有布政使、参政、参议、按察使、副使、佥事、知事、知府、同知、通判、推官、知州、知县、县丞、教授、教谕、训导等类，如江西省布政使中收徐中行，副使中收李梦阳等作家。无官的入儒林、艺苑、隐佚等类中，如艺苑中收有文学家孙蕡、陶宗仪、杨维桢、高启、倪瓒、唐寅、沈周、徐渭等人。也有一人两见的，如高启、李志光撰的《编修高公启传》收入翰林院编修官名下，而另有《高季迪传》则入艺苑中。

本书保存了明人的不少传记史料，可补《明史》之阙。今有明万历刊本，上海书店1987年据之影印，题名《献征录》，分四巨册。上海本末附有四角号码"人名索引"，查检甚便。

《东林列传》二十四卷，清·陈鼎撰。陈鼎，字定九，江苏江阴人。一生留心史事，从事著述。

东林书院位于无锡，宋代政和年间，杨时（龟山）曾在此讲学。到明代正德、嘉靖间，邵宝休居在乡，别建东林书院，并在其中讲学。万历中，顾宪成、高攀龙、亦讲学其中，并议论朝政，后遭魏忠贤打击、迫害。陈鼎仿龚颐正《元祐党籍传》例，本《东林党人榜》及沈漼、温体仁等的《雷平》《蝇蚋》诸录所列著名人物，搜集他们的遗事，"按其姓氏，稽其仕籍，或趋其里居，叩其父老，询其子孙，或考之记闻，核之志述，采之史传国册诸书而为编次"（《凡例》），起自万历，止于崇祯，作《东林列传》一书。

本书卷一首列宋代杨时诸人，其传记本之《宋史》。卷二起则以明代邵宝为首，选列了一百八十多人的传记，并"以节义炳著者汇载于前，余亦分传并列，胪叙事迹颇详"（《四库全书总目》），亦可补《明史》之阙。

书中收明代文学家有邵宝、顾宪成、高攀龙、卢象昇、倪元璐、刘宗周、祁彪佳、黄淳耀、邹元标、赵南星等。

《东林列传》有康熙间刊本、文海堂刊本及《四库全书》本等。

《明儒学案》六十二卷，清·黄宗羲撰。黄宗羲事迹见《宋元学案》。

《明儒学案》成书于康熙十五年（1676），是一部学术史专著。它根据明代学者文集、谱录，划分诸家学术思想与流派，立为十九学案，并为学案人物立传，凡记二百零八人。

书中以程朱学为主，陆学为次的明代前期，立崇仁、白沙、河东、三原四学案；中期专述阳明之学，首列姚江学案，再分王学的浙中、江右、南中、楚中、北方、闽粤六学案，并别立止修、泰州、甘泉三学案，又单叙诸派以外的诸儒学案。本朝记王学修正派，立了东林、蕺山二学案。每案先有小序，述其学术源流与要旨，再立小传，介绍生平经历及著作、师承。然后是摘录其文集、语录中的代表性言论，也有加案语述抒己见。

明儒大都能文，如书中所收的陈献章、薛瑄、吕柟、王守仁、王宗沐、邹元标、黄省曾、薛应旂、唐顺之、罗汝芳、耿定向、焦竑、方孝孺、罗伦、王廷相、吕坤、孙奇逢、顾宪成、高攀龙、刘宗周等，都是如此。当然，这些人的文学成就并不高，也是人所共知的。

《明儒学案》有乾隆四年（1739）慈溪郑性刻本等。也收入《四库全书》《四部备要》《四朝学案》《国学基本丛书》等诸丛书中。

《明儒言行录》 十卷，续录三卷，清·沈佳撰。沈佳，字昭嗣，号复斋，仁和（今浙江杭州）人。康熙中进士，官安化县知县。

本书仿朱熹《五朝名臣言行录》例，编述了明朝一代的儒者言行。上自洪武，迄于崇祯，主要征引各书来记述人物行事，并摘其语录，以明其学。沈佳宗朱熹，故以薛瑄为明儒之宗。《四库全书总目》说它"持论颇为谨严"，可与黄宗羲《明儒学案》相参证。

前录收录的人物，自叶仪至金铉，凡七十五人，附见的七十四人。续录所收人物，自宋濂至黄淳耀，凡五十九人，附见者九人。

书中收录的明儒中能文之士，包括了薛瑄、陈献章、吕柟、何乔新、罗伦、邵宝、杨廉、王守仁、顾宪成、高攀龙、吕坤等；续录收宋濂、方孝孺、王袆、朱升、魏骥、黄潜、王廷相、柯维骐、邹元标、黄淳耀等人。

《明儒言行录》今有《四库全书》本。

《列朝诗集小传》，清·钱谦益撰。本书是钱谦益《列朝诗集》中的作家传记的单行本。详见第五章第一节有关《列朝诗集》的介绍。

《国朝名家诗钞小传》 四卷，又名《本朝名家诗钞小传》《本朝诗钞小传》，清·郑方坤撰。郑方坤，字则厚，号荔乡，福建建安（今福建建瓯）人。雍正元年（1723）进士，知直隶邯郸县，擢知景州，历官武定知府，以病免。

郑方坤博学能诗，本书收录了清初至乾隆年间的诗人小传，受到后人重视，被人称为"不胫而走天下"。全书收有施闰章、朱彝尊、吴伟业、龚鼎孳、孙枝蔚、尤侗、毛奇龄、陈维崧、宋琬、王士正、汪琬、邵长蘅、宋荦、潘耒、赵执信、吴嘉纪、姜宸英、查慎行、厉鹗、沈德潜、郑燮等一百零三人的小传。这些传记,写得也较为详细,其中不少小传为钱仪吉《碑传集》所收录。书中除了上述有名的诗人可查到他们的小传外,更有那些不甚知名的诗人事迹在本书中也有小传可供利用,这里就不再列名了。

《国朝名家诗钞小传》今有《龙威秘书》三集本、光绪十二年(1886)万山草堂重刊本。

《国朝汉学师承记》八卷,简称《汉学师承记》。清·江藩撰。江藩(1761—1830),字子屏,号郑堂,甘泉(今江苏扬州)人。监生出身,无心仕途,漫游于南北各省。《汉学师承记》约成书于嘉庆十六年(1811)。

江藩推崇汉学,本书为清代初期至嘉庆年间的汉学学者立传,介绍了他们的生平、师承、著作,并扼要摘录其见解。所叙生平事迹较详。所谓"汉学",是因为他们反对宋明理学,主张恢复两汉经术而得名。清代汉学家有吴派、皖派之分,本书重吴派而轻皖派。全书为四十位汉学家立传,附传的有十七人。这些人都是经学家,以解经训诂著名于世。其中也不乏兼长文学之士,如阎若璩、惠周惕、王鸣盛、钱大昕、王昶、洪亮吉、戴震、卢文弨、纪昀、邵晋涵、任大椿、孔广森、程晋芳、汪中、凌廷堪、黄宗羲、顾炎武等。附传中也有这方面的人物,如顾祖禹、张惠言、李文藻、桂馥等。

本书初刊于嘉庆二十三年(1818),今通行的有1983年中华书局版钟哲整理校点本。

江藩另有**《国朝宋学渊源记》**二卷,简称《宋学渊源记》。成书于道光二年(1822)。著者从扬汉抑宋的门户之见出发,专记清代宗宋学者。卷上载北方学者十人,卷下载南方学者二十一人,附载者八人。不过这些人都不是台辅卿贰重臣,或国史有传的人。也就是说,这些人是"或处下位,或伏田间"的不很著名的人物,所以记载也较简略。其中兼长文学的有孙奇逢、刁包、李因笃、张履祥、谢文洊、应㧑谦等人。

今有《粤雅堂丛书》本、《丛书集成初编》本等。又1983年中华书局版钟哲整理校点本《国朝汉学师承记》中附有本书，使用更方便。

有关清儒学案的，还有《**国朝学案小识**》十五卷，清唐鉴撰。专取程朱理学派，列入学案的一百七十余人，列入待访录的八十余人，内容较简略。

另有《**清儒学案**》二百零八卷，署徐世昌撰，实出门客吴廷燮等人之手。列入正案者一百七十九人，附案者九百二十二人，诸儒案六十八人，凡一千一百六十九人。网罗材料较广。

《**文献征存录**》十卷，清·钱林撰。钱林（1762—1828），字东生，一字志枚，号金粟，浙江仁和（今浙江杭州）人。嘉庆进士，曾任翰林院庶吉士、侍读学士等。本书于作者生前未刊，而后其门人王藻整理刊行。

本书所辑，都是清代名流纪事，题称"征存"，也就是"汇存"的意思。所写传记较详，因是纪事，故汇存了不少逸事，很方便读者。如朱彝尊的传记就长达四千五百字。

本书所收人物，着眼点在文人学士，其立为传记的有一百九十三人，有附传的二百六十五人，共四百五十八人。其中许多人是清代有名的文学家，如孙奇逢、毛奇龄、顾炎武、吴伟业、尤侗、黄宗羲、朱彝尊、宋琬、施闰章、查慎行、姜宸英、潘耒、方苞、邵长蘅、洪亮吉、胡天游、全祖望、厉鹗、郑燮、沈德潜、魏禧、袁枚、蒋士铨、赵翼、汪中、焦循、邵晋涵、纪昀、张惠言、归庄、龚鼎孳、吴兆骞、陈维崧、汪琬、彭孙遹、屈大均、陈恭尹、杜濬、吴嘉纪、黄景仁，等等。同时，有不少文学家列入附传，介绍也较详。因人数较多，这里不备引。

《文献征存录》有咸丰八年（1858）嘉树堂刊本。

《**畴人传**》四十六卷，续编六卷，合编为五十二卷。正编清·阮元撰。阮元（1764—1849）字伯元，号芸台，江苏仪征人。乾隆进士，选翰林院庶吉士、编修，后任浙江巡抚，湖广、两广、云贵总督。续编罗士琳撰。罗士琳（1789—1853），字次璆，号茗香，安徽歙县人，寄居扬州。师从阮元，一生不仕，是清代的数学家。

《畴人传》是一部严肃的有关我国古代天文历算学家的传记汇编。起自上古，迄于清代，并附有西洋人。正编收录二百八十人，其中包括本国人二百四十三人，西洋人三十七人。续编又补四十三人（包括附见人物）。

本书所撰传记，颇具特色。它不是泛抄史传，而是广采群书，除了姓名、爵里、生卒年月及简单经历外，重点放在有关天文、数学领域的事迹及议论，并在传末注明史料来源。

在所收科学家中，不少人兼善文学，有些人且是著名文学家。这些传记因与史料等不同，对了解文学家在科技上的成就颇有帮助。书中涉及的文学家，汉代有司马迁、刘向、刘歆、扬雄、王充、张衡、蔡邕、郑玄，晋代有杜预、束晳、葛洪，南朝有何承天、祖冲之，北朝有高允，宋代又沈括、苏颂，金代有杨云翼，元代有耶律楚材、刘秉忠、许衡，明代有刘基、王祎、唐顺之，清代有潘耒、黄宗羲、梅文鼎、李光地、阎若璩、戴震等。续编补收了元好问、孔广森、钱大昕、凌廷堪、程瑶田、焦循等人。

嗣后，诸可宝编成了《畴人传三编》七卷，收录了清代人及西洋人凡一百二十八人。体例一本阮书。它收录的文学家有胡天游、周济、程恩泽、顾广圻、阮元、李兆洛、钱仪吉、冯桂芬等。

《畴人传》今通行的有商务印书馆1955年据《国学基本丛书》本校改重印，内容除了上述三种外，还收录了华士芳撰的《近代畴人著述记》。

《国朝诗人征略》六十卷，二编六十四卷，清·张维屏撰。张维屏（1780—1859），字子树，一字南山，号松心子，广东番禺（今广州）人。道光进士，历任湖北黄梅知县、江西南康知府。

作者在《自序》中说："暇日则喜诵古人诗，诵其诗，欲知其人，而其人生平事迹大都散见于诸家文集及志乘说部诸书，爰即浏览所及，随意录之，篇幅稍繁者节录之。"这是撰述的缘起与体例的说明。

正编收录清代诗人九百三十一人。人名下先系简传，再辑录诸书述说，末为"标题"、"摘句"。"标题"收篇名，不一定每人都有；"摘句"收好的句子，是张氏有"会心"的地方。如卷十二朱彝尊名下，先简传，再摘录《四库全书总目提要》《两浙輶轩录》《国朝名家小传》《梅里诗辑》《曝书亭集》《松心日录》《松轩随笔》中的有关记载，包括了事迹与评论等。

两编包括了正编的补和续。虽名为六十四卷，但其间空卷颇多，如十二、十四、十六、十七、十八、二十四、二十六、三十二、四十二等卷就是。有的卷也仅有一人，其他有不少待补的。同时，目录与正文亦有不符，有有传无目等情况，可见是未完之作。

本书虽提供的诗人小传极简略，但所收诗人的面较宽广，可参阅。有道光番禺张氏刊本。

《碑传集》 一百六十卷，清·钱仪吉撰。钱仪吉（1783—1850），浙江嘉兴人。嘉庆十三年（1808）进士，历任户部主事，河南道御史，刑科给事中，会典馆总纂。

本书的编录，是仿照南宋杜大珪的《名臣碑传琬琰集》、明代焦竑的《国朝献征录》例，"采集诸先正碑版状记之文，旁及地志杂传"编成。碑传按宗室、功臣、宰辅、部院大臣、内阁九卿、翰詹、科道、曹司、督抚、河臣、监司、守令、校官、佐贰杂职、武臣、忠节、逸民、理学、经学、文学、孝友、义行、方术、藩臣、列女二十五类排列，每类又略依时代先后为序。全书收录了自清太祖努尔哈赤至嘉庆朝（间有卒于道光年间的）凡二百年间的二千零二十余人的碑传文。这些碑传文，采自五百六十多家的作品，以及十三种地方志。书中也不限于一个碑传主只收一种碑传，故所收极丰富。

书中文学类六卷，收录了八十九人（不计附传），其中包括了常提到的文学家侯方域、申涵光、魏禧、吴兆骞、纳兰性德、邵长蘅、孙枝蔚、屈复、胡天游、厉鹗、黄景仁、姚鼐等。当然，许多有功名的文学家，都放在有关的类别中，如方苞、沈德潜在部院大臣中，纪昀在宰辅中，施闰章、吴伟业、赵执信、汪琬、朱彝尊、陈维崧、尤侗、姜宸英、查慎行、何焯、蒋士铨、邵晋涵、洪亮吉、张惠言等在翰詹中，宋荦在督抚中，宋琬在监司中，郑燮、袁枚在守令中等，这在查检时要知道的。若用《清代碑传全集》本，则书后有"人名字号索引"可用。

本书辑录的碑传，都是当时人的记述，所以事迹较真实可靠，且不少碑传可补史传的不足。

《碑传集》有光绪十九年（1893）江苏书局校刊本、1987年上海古籍出版社版《清代碑传全集》本。

《续碑传集》八十六卷，清·缪荃孙编。缪荃孙（1844—1919），江苏江阴人。曾任国史馆纂修，清史馆总纂等职。

本书为续钱仪吉《碑传集》而作，收录了道光至光绪四朝约九十年间的人物碑传，所收人物达一千一百零七人。分为宰辅、部院大臣、内阁九卿、翰詹、科道、曹属、督抚、河臣、监司、守令、校官、佐贰杂职、武臣、忠节、藩臣、客将、儒学、文学、孝友、义行、艺术、列女二十二类。与《碑传集》分类略有不同。

本书采录了三百五十家著述及十六种地方志中的碑传文，其中也收录了缪氏自撰的二十余人的传记。文学类收录了一百一十九人，包括了常提及的文学家彭兆荪、孙原湘、管同、周济、张际亮、姚椿、包世臣、张维屏、鲁一同、莫友芝、吴敏树、蒋春霖、范当世、吴汝纶、姚燮等人。其他各类中，也有常提及的文学家，如宰辅中的阮元、祁寯藻、曾国藩，部院大臣中的程恩泽、黄爵滋，翰詹中的何绍基、刘熙载、冯桂芬，监司中的姚莹等，不备举。

本书碑传同样可补史传的不足，所记事迹也较真实可靠。今有宣统二年（1910）江楚编译书局本、1987年上海古籍出版社版《清代碑传全集》本。

《碑传集补》六十卷，卷末一卷。闵尔昌编。闵尔昌，江苏江都人。民国时曾任袁世凯的秘书。

本书专为补钱仪吉的《碑传录》、缪荃孙的《续碑传录》而作，故所收人物的碑传从清初至民国年间都有，凡收八百十四人。分为宰辅、部院大臣、内阁九卿、翰詹、科道、曹司、使臣、督抚、河臣、监司、守令、校官、佐贰杂职、武臣、忠节、逸民、理学、经学、畴人、文学、孝友、义行、艺术、党人、释道、列女二十六类。根据人物碑传的实际情况，删去了宗室、功臣、藩臣等类，增加了使臣、畴人、党人、释道等类。

全书采录了三百三十三家的著述及十五部地方志。文学类有十卷，收录自钱谦益至叶德辉等文学家凡一百五十六人，所占分量较大，包括了常提到的钱谦益、金人瑞、龚鼎孳、吴骞、王昙、梅曾亮、项鸿祚、龚自珍、金和、张裕钊、谭献、郑文焯、李详、王国维等。其他类目中也有不少文学家，如宰辅中的张之洞，翰詹中的戴名世、陈沆、何绍基、文廷式，曹司中的谭嗣同、林旭，使臣中的薛福成、黄遵宪，督抚中的冯煦，守令中的魏源，党人中的邹容、秋瑾，集外文中的刘师培、严复等。

本书中的不少人物，是《清史稿》所未收的，可用以补《清史稿》的不足。今有1932年北平燕京大学国学研究所铅印本、1987年上海古籍出版社版《清代碑传全集》本。

《碑传集三编》 五十卷，汪兆镛编。汪兆镛（1861—1939），字伯序，号憬吾，广东番禺人。民国后旅居澳门。

本书为续钱仪吉的《碑传集》，缪荃孙的《续碑传集》而作，故名《三编》。《自序》说："爰本两家宗旨，续为《三编》。网罗放失，期于光宣以来数十年，政治之迁流，人才学术隆替，可以考镜。往昔名流，有为钱、缪所遗者，亦补辑一二。"可知他重点放在辑录光绪、宣统朝以来数十年中的碑传资料。

全书收录了五百多人，分为宰辅、部院、卿寺、翰詹、科道、部属、督抚、河臣、使臣、监使、守令、校官、佐贰杂职、武臣、忠节、儒林、文苑、算学、孝友、义行、独行、列女二十二类。文苑传中收录的常见文学家如翁方纲、舒位、王昙、孙原湘、黎简、吴汝纶、严复、林纾、郑文焯、易顺鼎等人。其他类中，也有不少文学家，如宰辅中的阮元、曾国藩、张之洞，部院中的程恩泽、沈曾植、朱祖谋，科道中的李慈铭、王鹏运，使臣中的黄遵宪，忠节中的王国维等。

本书所收碑传，有与《碑传集补》重复的。今有1978年香港大东图书公司据稿本影印本、1987年上海古籍出版社版《清代碑传全集》本。上海古籍版删去了与《碑传集补》重复的碑传文而存其目。

《清代碑传全集》，上海师范大学图书馆汇编整理。

本书即将上述《碑传集》《续碑传集》《碑传集补》《碑传集三编》四种书籍汇辑而成，共收录了清代五千五百余人的七千三百多篇碑传文献，使它成为一部比较完整的清代碑传文资料汇集。在汇编中，把《碑传集三编》中与《碑传集补》中重出的六十六篇文字删去。同时，在书末附有人名字号索引，对查检四部书中的碑传文颇为方便。

《清代碑传全集》有上海古籍出版社1987年影印本。

《国朝耆献类征初编》七百二十卷，总目二十卷。简称《国朝耆献类征》或《耆献类征》。清·李桓撰。李桓（1827—1891），字叔虎，号黼堂，湖南湘阴人。官至布政使。

《耆献类征》成书于光绪十六年（1890）。全书包括《述意》一卷，《总目》二十卷，《通检》十卷，附《满汉同姓名录》一卷，《钦定宗室王公功绩表传》《钦定外藩蒙古、回部王公表传》及《续修各表传》二百零四卷，类传四百八十四卷。其中类传又分宰辅、卿贰、词臣、谏臣、郎署、疆臣、监司、守令、僚佐、将帅、材武、忠义、孝友、儒行、经学、文艺、卓行、隐逸、方技十九类。又附有《国朝贤媛类征初编》十二卷。

书中收录了后金天命元年至清道光三十年（1616—1850）间的满汉朝野人物达万人以上。它根据了清史馆传记、碑传、墓志、文集、丛抄数百种辑录而成，所收文字，无论长短，均录全文，内容丰富。如分入守令中的叶燮，就录了国史馆本传和沈德潜所撰的《传》。

本书收录文学家的传记资料很丰富，所收文学家也很多，如词臣内收录了唐梦赉、彭定求、赵执信、倪灿、陈维崧、李因笃、朱彝尊、潘耒、施闰章、徐釚、尤侗、毛奇龄、汪琬、梁佩兰、姜宸英、查慎行、何焯、顾嗣立、全祖望、姚范、杭世骏、卢文弨、钱大昕、朱筠、蒋士铨、孔广森、邵晋涵、程晋芳、戴震、吴锡麒、秦恩复、洪亮吉、张惠言、朱珔等，文艺类收录了文学家侯方域、纪映钟、王猷定、陈恭尹、沈谦、魏际瑞、魏禧、魏礼、孙枝蔚、顾景星、李渔、吴兆骞、黄虞稷、吴嘉纪、钟渊映、冯班、屈大均、吴雯、邵长蘅、洪昇、储欣、蒲松龄、厉鹗、吴敬梓、胡天游、彭绍升、黄景仁、舒位、黎简、王昙、郭麐、鲍廷博、管同、张际亮等。

《耆献类征》有光绪年湘阴李氏刊本，并附有按姓名末字的韵部编排的《通检》，名字下注明见某类卷几。

《国朝先正事略》 六十卷，清·李元度撰。李元度（1821—1887），字次青、笏庭，号天岳山樵，湖南平江人。道光时举人，官至布政使。他于罢官后，选择了封建社会的表率人物编成此书，故以"先正"为名。书成于同治五年（1866）。

全书收录了清初至咸丰时的知名历史人物，凡为正传者五百人，附见者六百零八人。分为名臣、名儒、经学、文苑、遗逸、循良、孝义七类。其传均称"某某事略"。《凡例》称："各事迹皆采自私家传志、郡邑志乘，间及说部，仍正以国史列传。有合数十篇为一篇者。"可见收录史料颇为丰富。当然也难免有遗漏、失考等情况。虽自称"无一字无来历"，但可惜没有注明出处。

书中收录的文学家也很多，并专立"文苑"一类，撰有正传的文学家有侯方域、魏禧、宋琬、汪琬、叶燮、陈恭尹、赵执信、孙枝蔚、邵长蘅、彭孙遹、尤侗、朱彝尊、陈维崧、姜宸英、查慎行、刘大櫆、胡天游、袁枚、翁方纲、蒋士铨、赵翼、姚鼐、恽敬、舒位、张问陶、黄景仁、黎简等六十八人。附见的文学家更多，这里就不再列名了。

当然，其他门类中也有文学家的传记，如王士禛、方苞、沈德潜、纪昀、林则徐等入名臣，孙奇逢、黄宗羲、顾炎武、王夫之、施闰章等入名儒，毛奇龄、朱鹤龄、全祖望、焦循、洪亮吉、张惠言、汪中等入经学，等等。

《国朝先正事略》有清同治间循陔草堂本、《四部备要》本等。

《昭代名人尺牍小传》 二十四卷，清·吴修撰。吴修（1765—1828），字子修，号思亭，海盐人。贡生，布政使经历，工诗古文。

吴修善收集名人简牍，含清代六百余家共七百三十余札为《昭代名人尺牍》，前列小传。小传单刻成书，又名《国朝名人传略》，收录了自顾炎武、黄宗羲至张惠言、吴鼒，六百一十多人的小传。其中文学家颇多，只是传较简略，正如书名所说的"小传"，不过因为收录的人物较多，故仍可参用。

本书有光绪七年（1881）杭州刻本、光绪十年（1884）上海王氏刊印本。也收入《述古丛钞》《藏修堂丛书》《芋园丛书》等丛书中。

《清代闺阁诗人征略》 十卷，补遗一卷，近人施淑仪撰。施淑仪，字学诗，崇明人。清代知府徐雅桐的长女，蔡南平妻，曾执教于尚志女学，后任校长、学监。

本书专收清代自顺治至光绪三百年间的闺阁人物，所收偏重在文艺，"凡诗文词赋书画考证之属，有一艺之长，足当闺秀之目者"（《例言》）都收录。所收人物略以时代为序，从沈云英、刘淑英起，直至秋瑾止，计一千一百六十多人，又有补遗一百多人。共计一千二百七十多人。

本书体例仿厉鹗《玉台书史》和张维屏《国朝诗人征略》例而变通之。先详姓氏、里居、著述，再列事迹，并注明出处，间附编者按语。如凌祉媛，先列姓名里居等说："祉媛，字芷沅，钱塘人。知县丁丙室，有《翠螺阁诗词稿》。"再引庄仲方《芷沅传》、于克襄《翠螺阁诗词稿序》及《冷庐杂识》之说，最后是"淑仪案"语作结。

本书收辑清代女子诗人略备，有1922年崇明女子师范讲习所排印本。

最后，还要介绍两种大型的人物传记资料汇编，它们是：

《宋元明清传记资料丛刊系列》。本丛刊系列包括了20世纪燕京大学引得编纂处编印的《四十七种宋代传记综合引得》《辽金元传记三十种综合引得》《八十九种明代传记综合引得》《三十三种清代传记综合引得》四种传记引得引用的众多传记资料的原本影印本。它收录了自宋至清将近一千年的人物传记八万余人。这四种引得共用书一百九十九种，其中不少典籍流传很少，极为珍稀。读者虽然能用四种引得查知人物传记出处，但书却不易见到，编者有鉴于此，故有此系列丛刊的编印。而其中《宋史》《辽史》《金史》《元史》《明史》《清史稿》流传较广，故本丛刊不再收录。为了方便查阅，四种引得仍与资料丛刊一并刊印。引得用中国字庋撷法排列，其法流传不广，故另加四角号码人名索引以便查检。这套丛刊的书名是：

《宋代传记资料丛刊》（全49册），北京图书馆古籍整理影印编辑室辑，北京图书馆出版社2006年版。

《辽金元传记资料丛刊》（全22册），出版同上。

《明代传记资料丛刊·第一辑》（全40册），编辑同前，北京图书馆出版社2008年版。

另外，《明代传记资料丛刊·第二辑》至《清代传记资料丛刊》尚待出版。

《中国古代地方人物传记汇编》（正文117册，人名索引一册）。国家图书馆古籍馆编，北京燕山出版社2008年出版。

本书汇编了广东、广西、福建、安徽、湖南、湖北、江西、江苏、上海、浙江、云南、河南、河北、甘肃、山东等十余省的历史人物传记著作凡一百三十部，如广东收录了《粤东名儒言行录》（清·邓淳）、《百越先贤志》（明·欧大任）、《岭南道学录》（清·杨世勋）、《明季东莞五忠传》（陈伯陶）、《广州人物传》（明·黄佐）、《胜朝粤东遗民录》（陈伯陶）、《宋东莞遗民录》（陈伯陶）、《元广东遗民录》（汪兆镛）八种。其中尤以江、浙两省收录为多。全书依省市地区排列，涉及人物三万两千余个（列女未计在内）。始于先秦，止于民国。所及以名宦、名儒为主，同时对孝义、忠烈、技艺、僧道、列女等也有一定的反映。它系统地把地方性的人物传记资料汇录于一书，且一律采用原版扫描复印，既丰富又不失其真。全书编有人名索引以便查检。

第二节 年 谱

年谱，是了解作家经历、思想的重要传记，研究作家最详尽的历史，无过于年谱。今略作介绍如下。

一 年谱的性质、名称

在我国古代的史书中，有一类为编年体，是按年月来编排史事的史书。最早的编年体如《春秋》《左氏传》等，是按年代来记载春秋各国的史事，而且专记国家大事。以后编著渐广，把这一史体运用到个人身上，就成了年谱。因此，年谱属于传记体史书，是按年月编写的个人编年体传记。

属于年谱的这一范畴的传记，名目繁多，一般称为"年谱"或"年表"。

"年谱"是常用的称谓，因此也用来统称这一类传记。直接称为年谱的，在古代，往往用官称或字号称呼，如《杜工部年谱》《杜少陵年谱》；在今天，往往直称其姓名，如《杜甫年谱》《刘禹锡年谱》等。但因所写年谱有种种不同情况，故虽冠于"年谱"之名，但还有种种称呼，有"年谱初编"，如徐景贤为徐光启编的《明贤徐文定公年谱初编》；有"年谱初稿"，如孙克宽为厉鹗编的《厉樊榭年谱初稿》。这里所谓"初编"、"初稿"，是相对于"定本"而言，表示尚待修订。相对来说，就有了"年谱定本"，如杨椿为汤斌编的《汤子年谱定本》等。或只称"稿"，也含有自谦的意思，表示尚不成熟，如钱大昕为钱曾编的《钱遵王年谱稿》。也有年谱表明是简略性的，往往要加"节要"、"纪略"、"略"、"简编"、"简谱"等名称。如高邮后学为秦瀛编的秦观《淮海先生年谱》重编节要为《重编淮海先生年谱节要》，胡元琢为胡天游编的《先考稚威府君年谱纪略》，虞集为元好问编的《遗山先生年谱略》，龙榆生为黄庭坚编的《山谷先生年谱简编》，卞孝萱为张籍编的《张籍简谱》等。其中"节要"是对已有年谱的删节。还有标明考证性的称"考略"、"考证"等。如蔡上翔为王安石编的《王荆公年谱考略》，刘大杰为李商隐编的《李义山年谱考证》等。此外，也有只称"谱"的，如王质为陶潜编的《栗里谱》等。

至于"年表"，虽然也常用，但往往只用"年表"这一名称，除个别外，一般不再用其他称谓，如方崧卿为韩愈编的《韩文公年表》，郭沫若为李白、杜甫编的《李白杜甫年表》等。但也有称"年表略编"、"简表"等的，如陈葆真编有《管道升年表略编》，吴毓江编有《墨子简表》等，但究属少数。"年表"比起"年谱"来，一般篇幅较少。

除了上述的"年谱"、"年表"的名称外，还有一些别的名称，今分别作些介绍。

有以"纪年"为名的，如朱骏声有《孔孟纪年》，陈鳣为郑玄编的《郑君纪年》等。或称"纪年录"，如傅藻为苏轼编的《东坡纪年录》，文天祥自编的《文山先生纪年录》等。或称"纪年备要"，如周鸣翥编的《孔子纪年备要》《孟子纪年备要》等。

有以"编年"为名的，如胡仔有《孔子编年》，狄子奇有《孟子编年》，岳珂有为岳飞编的《岳忠武王行实编年》，臧庸有《孟子编年略》等。用"编年"一名，大概谱主是受到人们特别尊敬的缘故。

有以"系年"为名的，如朱活编有《孔子系年》，夏承焘为温庭筠编的《温飞卿系年》等。或称"事迹系年"、"生平系年"，如陈郁文为李清照等编的《李易安夫妇事迹系年》，叶德均编的《凌濛初事迹系年》，容肇祖编的《冯梦龙的生平系年》等。或称"系年录"、"系年要录"，如岑仲勉编的《独孤及系年录》，王焕镳为万斯同编的《万季野先生系年要录》等。或带有考证性的"系年考证"，如傅璇琮编的《韦应物系年考证》等。

有以"行年"为名的，或称"行年录"，如蒋士铨自编的《清容居士行年录》。或称"行年事迹"，如刘永济为屈原编的《屈子行年事迹》。或称"行年考"，如王国维为司马迁编的《太史公行年考》，缪钺编的《王粲行年考》等。

有以"行实"为名的，如朱钦爵为朱熹编的《紫阳朱夫子行实》，李林为徐光启编的《徐文定公行实》。或称"行实录"，如张尊五为苏轼编的《东坡行实录》。或称"行实考"，如胡水波为陈著编的《陈著行实考》。或兼称"行实编年"，如上举《岳忠武王行实编年》等。

有以"疑年"为名的，如孙海波为屈原编的《屈子疑年》。或称"疑年录"，如诸可宝为许慎编的《许君疑年录》。或称"疑年考"，如张惟骧为司马迁编的《太史公疑年考》等。

此外，还有称"年略"、"年状"、"年历"、"年纪"的，如蒋逸雪为刘鹗编的《刘鹗年略》，杨同开等为杨泗孙编的《滨石府君年状》，汤用彤为道安编的《道安年历》，霍韬的《霍文敏公年纪》等。

也有称"历年"、"事迹"、"记事"等的，如蔡复赏的《孔子历年事迹》，徐震的《太史公历年考》，王拾遗的《白居易生平事迹考略》，陈乃乾的《宋长兴施氏父子事迹考》，刘因的《先君记事》等。

更有因弟子为师尊编的"弟子记"，如张鉴等为阮元编的《雷塘庵主弟子记》；儿子为父亲编的"闻见录"，如张绍蕃为其父张世英编的《祖庭闻见录》。

以上种种称谓，名目繁多，有些一看名字就知道是年谱，有些单从名字上看，很难确定就是年谱。不仅如此，许多个人自编的年谱名称更为繁复，不看内容，根本不知道就是年谱，如殷迈的《幻迹自警》，叶向高的《蘧编》，耿定向的《观生记》，朱廙的《茶史》，黄文隽的《冬录》，汪辉祖的《病榻梦痕录》，等等。

相反，有的书名为年谱，但实非个人编年体的年谱，如吴荣光的《历代名人年谱》，实为以史表形式列出的名人生卒年表。这是在使用时要注意的。

二　历代年谱编录概况

年谱既然是按年月编写的个人编年体传记，它当肇始于古代谱牒。司马迁作《史记》，就曾取"谱牒旧闻"作《三代世表》等。桓谭并说《三代世表》"旁行邪上，并效周谱"。这种古代谱牒，是专记帝王及诸侯世系的书籍。后来发展到利用这方法来编年记载个人大事，如考古发现的湖北云梦睡虎地出土的为秦代名叫喜的人写的编年纪事就是。把这种对个人编年纪事运用到纪传体史书中则成了专为皇帝写的"本纪"。因此，我们不妨认为，《史记》一书的编年体本纪，也可视为年谱的前身。

年谱一名，在汉代已开始使用。据《隋书·经籍志》谱系类小序中提到"汉又有《帝王年谱》"，这《帝王年谱》或即是《隋志》中著录的《汉氏帝王谱》三卷。这样，所说的"年谱"也就是"谱系"类的"谱"，属于谱牒的性质。

年谱的正式编写，当始于宋代。不过清人袁翼在《钱辛楣先生年谱序》中说："唐香山居士白文公，自编长庆前后各集，弁以年谱。今集中所刻，出于陈伯玉、李德劭之手，则公自编之谱，久已散佚。"袁氏所云，不知何据。考之白氏《文集后记》及有关书目等，均未见有白氏自编年谱之说，此或袁翼匆匆误读《直斋书录解题》卷十六所记《白氏年谱》一卷所说"知忠州汉嘉何友谅，以居易旧治既刊其文集，又作年谱刊之集首"，读成了"居易旧治既刊其文集，又作年谱刊之集首"，就把何友谅所著错误地当作白居易自编了。但这只是冒着厚诬古人的一个推想，结论还需证实。因此，我们仍然认为唐代还没有出现过正式的年谱，书目中也未见有记载。

宋人编的年谱，大致有七八十种，现存的尚有五六十种。从年谱的谱主看，大致着眼在文人学士和达官贵人。谱主也主要是宋人。宋代以前的谱主，只有孔子、陶潜、颜真卿、杜甫、韩愈、白居易、柳宗元、元稹及吴越国主钱镠等几家，为数较少。为宋人编的，也把重点放在文人学士和社会名流，其中自然也包括了不少文学家，如范仲淹、欧阳修、周敦颐、文同、王安石、苏轼、苏辙、黄庭坚、陈师道、杨时、李纲、陈与义、岳飞、周必大、朱熹、陆九渊、文天祥等。并且，有些文学家被同时编成几种年谱。三种或三种以上的，就有孔子六种（包括已亡失的，下同），陶潜三种，杜甫八种，韩愈五种，白居易三种，欧阳修三种，苏轼五种，朱熹三种，陆九渊三种。由此可见其编写的倾向。

宋代不仅为人编写年谱很发达，而且也出现了自编年谱，如文天祥的《纪年录》，就是现存的第一种自编年谱。

释家简谱也在宋代出现了，如释祖咏为宗杲编的《大慧普觉禅师年谱》。合谱也当出现了，如《郡斋读书志附志》著录了何棆编的《三苏先生年谱》一卷，今有上海古籍出版社版《宋人所撰三苏年谱汇刊》本，它是为苏洵、苏轼、苏辙编的合谱。年谱的汇编本也在宋代出现了，如《直斋书录解题》卷十七著录有孙汝听撰的《三苏年表》三卷。从三卷看，当为人各一卷，证之《四库全书总目》史部传记类存目中有《三苏年表》，即是从《永乐大典》中辑出的孙汝听所撰的苏洵、苏辙年谱各一卷，苏轼的已佚失。今尚存《苏颖滨年表》，见上海古籍出版社《宋人所撰三苏年谱汇刊》本等。可知《三苏年表》为三苏的年表汇编。由此可知，年谱在宋代已奠定了坚实的基础。

元明两代的年谱，谱主基本上还是达官贵人和文人学士，但元代已有为道家编的年谱了。如李道谦编有《七真年谱》，是为王嚞（王重阳）、马钰、谭处端、郝大通、王处一、刘处玄、丘处机编的年谱。至明代，不仅年谱数量增加，而且自编年谱也逐渐增多起来，不少名人为自己编了年谱，包括了文学家徐渭、王思任等。

清代编写年谱有了进一步发展，不仅数量多，而且谱主的面更广；不仅为当代人编年谱，而且为古代人编年谱。那些过去没有年谱的经学家、文字学家，如郑玄、许慎等都出现了不止一种年谱，为郑玄编年谱的就有王鸣盛、沈可培、陈鳣、孙星衍、林春溥、侯登岸、丁晏、郑珍等家；为许慎编年谱的也有严可均、陶方琦、诸可宝等家。对遥远的先秦诸子也编起年谱来，如汪中为荀子编年表，孙诒让为墨子编年表等。至于文学家，新编和重编的年谱都不在少数，如为杜甫编的，自钱谦益始，包括朱鹤龄、仇兆鳌、杨伦、朱骏声等，不下二十来种。

至近现代，年谱的范围更为扩大，连过去被认为反叛人物如钟相、杨幺、洪秀全、洪仁玕等农民起义领袖人物都有了详细不等的年谱。在文学家中，包括大文学家屈原、司马迁在内的历代许多诗人、散文家，如司马相如、王充、张衡、马融、孔融、曹操、王粲、曹丕、阮籍、嵇康、张华、潘岳、陆机、颜延之、谢灵运、鲍照、沈约、江淹、谢朓、刘勰、何逊、徐陵、卢照邻、骆宾王、王勃、杨炯、陈子昂、李颀、高适、王昌龄、岑参、元结、戎昱、韦应物、卢纶、李益、孟郊、张籍、薛涛、李翱、刘禹锡、李绅、贾岛、李贺、杜牧、温庭筠、罗隐、韦庄、冯延巳、李璟、李煜等（宋及宋后从略），过去都没有年谱，现在也都有了或详或略的年谱、年表。

不仅诗文作家如此，就是那些过去被认为不登大雅之堂的戏曲家、小说家，近现代都有人为他们编了年谱。戏曲家如白朴、冯惟敏、汤显祖、李渔、洪昇、孔尚任等；小说家如吴承恩、冯梦龙、凌濛初、蒲松龄、吴敬梓、曹雪芹、纪昀、刘鹗等。可见近现代研究的面开阔多了。

据不完全统计，现有的年谱有六千多种，而且还在不断地增加。这为我们研究作家生平事迹提供了丰富的史料。

三 年谱的分类

六千多种年谱，因分类的角度不同，又可以有多种不同的分法。

以谱主来分，可以大别为独谱和合谱。独谱，是专为一人作的年谱，就是该人的编年体传记，年谱中绝大多数属于这一类。合谱，即把二人或二人以上的谱主合在一起编写。我们现在见到的合谱的最早记载，是上面已提及的宋代何棆编的《三苏先生年谱》。至于现存的最早合谱，当推元代李道谦编的《七真年谱》了。

编写合谱，所写的谱主们在时间上必须有交叉衔接的地方，否则各自独立，也就不成其为合谱了。同时，谱主之间必定要有密切的关系，否则也就没有多大意义了。

合谱中，有父子关系的，如管效先、夏承焘都编有《南唐二主年谱》，宛敏灏、夏承焘都为晏殊、晏幾道父子编的《二晏年谱》。也有父子兄弟合编在一起的，如上举《三苏先生年谱》；又如张可礼编的《三曹年谱》，是为曹操、曹丕、曹植编的合谱。更有甚者，有一家沿续编写的年谱，如钱仪吉编、钱骏祥续编的，起自元代元统年间，至清宣统三年的《庐江钱氏年谱》，有五百余年之久。

有夫妇关系的，如黄盛璋编的《赵明诚李清照夫妇年谱》，陈郁文编的《李易安夫妇事迹系年》，叶德均编的《再生缘续作者许宗彦梁德绳夫妇年谱》等。

有友人关系的，如郭沫若编的《李白杜甫年表》，苏仲翔编的《元白简谱》。

也有为学派编的年谱，如郑爱君编的《西昆酬唱集诸诗人年谱合编》，即以杨亿为主，附有刘筠、钱惟演、李宗谔等十六人合编而成。

若以作者来分，又可分为自编年谱和他人编年谱两大类。自编年谱起自宋末文天祥的《文山先生纪年录》。以后不断出现，明清两代更多起来。自编年谱往往不完整，因为作者不太可能把自己的年谱记载到去世。如章太炎《自订年谱》编至1922年，而章氏于1936年才去世，最后十四年就成为空白。因此，有的自编年谱也要经其子孙或亲属、门人等续补完整。如清代王士祯自编有《渔洋山人自撰年谱》一卷，编至清顺治十二年（1655），后由他的小门生惠栋作补，成《渔洋山人年谱补》一卷，自顺治十三年补至康熙四十一年（1702），实际也没有补完，因王士祯至1711年去世。又如陈子龙有《自述年谱》，尔后清代王澐续补成《陈忠裕公年谱》三卷。这种自编年谱，因属作者自编，史料可靠，价值较大。

他人编写的年谱，又可分为几种情况，一是亲属所编，一是门生故友所编，一是后代研究者所编等。

亲属所编的，包括了直系和旁系亲属。有子为父编的，这类年谱较多，宋代就有阳少箕为其父阳枋编的《纪年录》一卷。有孙子为祖编的，如宋代黄䌹为其祖父所编的《山谷先生年谱》三十卷。也有后世祖孙为其祖先编的，如清代宋瀛为宋之韩编的《先太高祖别驾公年谱》一卷。

也有弟为兄编的，子为母编的，夫为妻编的，侄为伯父编的等，这里不备举。

门生故友所编的，包括了门生和故友。门生为老师编的，宋代也已有了，如李方子为老师朱熹编的《朱文公年谱》一卷就是。后代如董秉纯为其师全祖望编的《全谢山先生年谱》一卷，段玉裁为其师戴震编的《戴东原先生年谱》一卷等。故友所编的年谱，限于年齿相近，这类年谱相对较少，如柳亚子编的《苏曼殊年谱》等。

后代研究者所编的年谱，在年谱中占大多数。这些年谱的谱主都是文人学士。因为学术研究的需要，后人为他们编写了不少年谱。如宋代著名词人辛弃疾，从清代辛启泰开始，为了研究需要，才为他编写了年谱，以后梁启超、陈思、熊光周、梁启勋、郑骞、杜呈祥、邓广铭、唐圭璋、刘乃昌等都为他编了年谱。他们都是研究专家。

从以上年谱的编著者来看，包括了谱主自己、亲属、门生故旧，这些人编写谱主事迹当然可信。若再细说，其中自己编的可信性居首，但也不排除个别误记或避讳。亲属编的居次，居第三位的当是门生故旧所编的了。当然，这也不是绝对如此，只是大致如此而已。至于后代研究者所编的年谱，其中不少是经过详尽地占有史料，周密地考证，审慎地去取，得出了许多可信的结论，其年谱当然也可信。但即使在这种年谱中，也不排斥少量的疏漏。至于那些编得粗疏草率的年谱，其参考价值不大。

年谱若按内容来分，又大致可以分为简谱、详谱和专谱。

简谱所记谱主事迹较简，或在题目上标明为简谱，或标明为年表，也有只标为年谱的。简谱往往只是按年代排列一些谱主的简略大事，但也有的简谱兼及国家大事或重要作品的，也有略作系年考证的。今录郭沫若《李白杜甫年谱》中天宝四载（745）李白、杜甫栏的记事为例以见一斑（其中尚有"史事札记"栏未录）。

表 2-1

李白	杜甫
四十五岁。春夏在任城。秋初至鲁郡（兖州）与杜甫相晤，同游甚密。秋末赴江东，取道邳州、扬州，再入越中。冬末北赴苏州。	三十四岁。再游齐鲁。李之芳为齐州司马，甫往访之。李邕自北海郡来会。秋初到鲁郡（兖州），李白自任城来会。西归，与李白分手后，二人从此无再见期。

比起史传来，这简谱可说是详细的了，李杜事迹斑斑可考。

详谱比简谱，更为详细。它包括了谱主的家世，按年月编排的谱主一生的经历遭遇及其考订，而且广泛征录谱主所历的时代背景、社会风尚，谱主的事业成就、思想变迁、家庭情况、交游事迹、著作编年及其影响等，凡编著者能找到的有关谱主的史料，都尽量系年编入。这种详尽的人生传记，不仅史传，而且连散传中的行状等也不能与之比肩。简谱与之相比，也只是小巫见大巫了。今亦举一例以见一斑。如邓广铭编的《辛稼轩年谱》在"淳熙六年己亥（1179），稼轩四十岁。在湖北转运副使任"记载了下列几件事："春三月，改湖南转运副使。""奏进《论盗贼札子》。""改知潭州，兼湖南安抚使（本传）。""奉孝宗手诏，谕惩治盗贼旨意。"每条都详细地论述了系年根据和有关事迹的考订，我们这是因文繁不能备录，只节录第一条"春三月，改湖南转运副使"条的系年根据略见梗概：

《稼轩词集·水调歌头》题云："淳熙己亥，自湖北漕移湖南，周总领、王漕、赵守置酒南楼，席上留别。"起句云："折尽武昌柳，挂席上潇湘。"后章首句云："序兰亭，歌赤壁，绣衣香。"

又，《摸鱼儿》题云："淳熙己亥，自湖北漕移湖南，同官王正之置酒小山亭，为赋。"起句云："更能消几番风雨，匆匆春又归去。"

按：据上引二词，知稼轩移漕湖南必在本年暮春。

《辛稼轩年谱》还不算最详尽的，但由此也可见一斑了。

当然，这里所说的简谱与详谱，也只是相对而言的，在字数上没有一个绝对的标准，主要看它著录内容上的详略与否。同时，对有些谱主来说，更多地受到史料多少的制约，不完全出于编写者的主观愿望如何而定。举例来说，大文学家屈原的事迹极少，作品的篇数也不很多，所以迄今为屈原编年谱的，还限于简谱，只能勾勒他一生的一个大致情形，倘若要写详谱，那就困难了。而且可以说，写得越详，纰漏可能越多，因为其间推想的成分将会更多。相反，有些人的史料很多，作品也极丰富，为他编起年谱来，就可以详，也可以略，这就在于编写者的主观愿望如何了。而那些史料不甚多，作品也不甚多的人，虽然想为他编一详细的年谱，在字数上也不会有很大突破的。另外，谱主年寿的长短，也影响着字数的多少。这就是说，编写者在编写上要受到主客观条件的制约，不完全属于编写者的主观愿望而已。

还有一种介于简谱和详谱之间的年谱，它主要是叙述谱主的生平，对必要的时事及交游也加以记叙与考证。这类年谱在数量上也不在少数。

现在再说专谱，这在年谱中是比较特殊的一种。一般的年谱，从籍贯、家世到生卒年月，从科第、履历、师友、事业到著作，都包举在内。但有些人，他一生活动有其显著的特点，如有的人一生仕途历经坎坷，有的人在文学上有特出成就，有的人擅长书画，有的人……这就有了就其中一生某一特点为主所编的年谱，则成了专谱。如宋代程俱编有《韩文公历官记》，主要记载韩愈的为官经历，而他的文学事业则略记。

在这些专谱中，以文学家为谱主的占多数，主要就在把他们的诗文作系年编排。就以杜甫的专谱来说，宋代就有鲁訔的《杜工部草堂诗年谱》、赵子栎的《杜工部诗年谱》、黄鹤的《杜工部诗年谱》，明代单复的《重定杜子年谱诗史》，清代张溍的《杜工部编年诗史谱目》、浦起龙的《少陵编年诗目谱》，近人梁造今的《杜工部草堂诗年表》、巩固的《杜诗年表》等。文学家中有这种专谱的，还有张衡、陶渊明、高适、李白、岑参、卢纶、戎昱、孟郊、韩愈、李商隐、韩偓、李煜、苏轼、范成大、姜夔、王世贞、顾炎武、王夫之、方苞、姚鼐、魏源、林纾等。甚至连不以文学名世的清代袁守定，也自己编有《作诗年谱》一卷，由此可见这方面编写的风气。至于其他方面的专谱，这里就略而不说了。

四 年谱的史料价值

年谱有它特殊的史料价值，不是一般史传所能替代的。下面，我们从详尽、系统、可信性三个方面来略作说明。

先说详尽。从史料包容方面说，年谱的编写，融汇了史传、碑传、作品（包括谱主本人的和友人、同时人的）、笔记、杂史、方志等有关记录于一书。凡是编者能见到的史料，都加以利用，取其可信部分，扬弃其传闻不可信部分。这样编成的年谱，可说是集史料的大成。这正如蔡上翔《王荆公年谱考略序》所说，为编王安石年谱，"所阅正史及百家杂说不下数千卷"。

年谱的详尽，我们可以分几个部分来看。

对谱主的家世，年谱中大部分作了追述。如辛启泰为辛弃疾编的年谱前，有辛氏的"世系"，这一"世系"，也为邓广铭编的辛谱所沿用，它们所列为：

> 始祖维叶（大理评事，由狄道迁济南）——高祖师古（儒林郎）——曾祖寂（宾州司户参军）——祖赞（朝散大夫，陇西郡开国男，亳州谯县令，知开封府，赠朝请大夫）——父文郁（赠中散大夫）

这一世系所根据的是《济南辛氏族谱》，该谱今已不知去向，只在这儿保存了这一世系。这一世系还是比较简单的，有些人的年谱中的世系更为繁复详尽。

对谱主的生卒年月日，也尽可能考订出来。仍以辛弃疾为例，《宋史》本传没有明确记载他的生卒年月日，但年谱中却为他考订了出来。邓广铭《辛稼轩年谱》谓其生于宋高宗赵构绍兴十年，也就是金熙宗完颜亶天眷三年（庚申，1140）的五月十一日（公历5月28日）卯时，生于山东历城的四风闸。其生日所据是辛启泰编《稼轩先生年谱》所云："先生生于是年五月十一日卯时。按先生归宋时年二十三，为绍兴之三十二年，则生年为绍兴十年庚申。又按先生甲辰《寿韩南涧词》，有'对桐阴满庭清昼'之语，其为夏月审矣。先生生日与南涧相去祇一日，见于《生日次前韵和南涧词》自注。"辛启泰并说生日据《铅山辛氏族谱》。邓氏又引韩玉《东浦词·水调歌头》题为"上辛幼安生日"，起句"重午日过六，灵岳再生申"，"重午"为五月五日，"过六"亦即五月十一日，与《族谱》所记相合。则辛弃疾的生日当无可疑。至于生地，邓谱引田雯《古欢堂诗集》中《济南分题》中的《四风闸访辛稼轩旧居》首及《道光济南府志》所载故居。关于辛弃疾的卒年月日，辛谱、邓谱均谓开禧三年丁卯（1207）年九月初十。对谱主的生卒年月日这样详细的记载并考证，是年谱所特有的。

对谱主的家庭成员，年谱中的记载与考证也最详尽。仍以辛弃疾为例，他南归后娶妻范氏，为邢台范邦彦（子美）之女，如山（南伯）之女弟。有子九人，即辛稹、辛秬、辛稏、辛穮、辛穰、辛䅩、辛秸、辛褎、辛䆉，其中辛䆉早夭。有女可考者二人，一适范黄中（炎），一适陈汝玉（成父）。可考知的侍妾六人，他们是整整、钱钱、田田、香香、卿卿、飞卿。

对谱主的履历，也是按年记载，最称详尽。今仍以辛弃疾为例，他在绍兴三十二年（1162）二十三岁奉耿京命南归后，正月十八日至建康，召见，授右承务郎。闰二月，耿京为张安国等所杀，稼轩缚安国献俘行在，改差江阴签判。二十五岁时，江阴签判任满，去职。二十六岁奏进《美芹十论》。二十九岁时，通判建康府。三十一岁时，召对延和殿，迁司农寺主簿。三十三岁时，春，出知滁州。三十五岁时，辟江东安抚司参议官，因叶衡荐，迁仓部郎官。三十六岁时，六月十二日，出为江西提点刑狱，节制诸军，进击茶商军。七月初离临安赴提刑任。闰九月，诱赖文政杀之，茶商军平，加秘阁修撰。三十七岁时，调京西转运判官。三十八岁时，差知江陵府，兼湖北安抚。冬，坐江陵统制官率逢原纵部曲殴百姓事，迁知隆兴府兼江西安抚。三十九岁时，召为大理少卿，出为湖北转运副使。四十岁时，三月，改授湖南转运副使。改知潭州，兼湖南安抚使。上面，我们把邓广铭《辛稼轩年谱》中二十三岁至四十岁的历官作了摘录介绍，这么按年记载，细大不捐，也是其他传记所不具备的。

对谱主的交游，在年谱中，凡与谱主有关的人物，其历年与谱主的交往，能考知的都作了记载。这也是年谱所特详的。

对谱主的作品，在某些年谱中，能考知的都按年列目。而且还有诗文编年的专谱，这对了解作品的时代及其背景很有帮助。

对谱主的功业，在年谱中也能排在相关年代中作具体介绍。

凡此等等，都可看到年谱的详尽特色及其史料价值。

再说系统。年谱是个人的编年传记，因为它按年代编排，所以特别显示出它完整的系统性。

一部年谱，从谱主的世系开始，从他呱呱坠地的一岁起，按着岁月二岁、三岁、四岁……一直写到他的去世止，按着年月编写着谱主的历史，记载着他的双亲，他的兄弟姊妹，他的叔伯兄弟，他的师长，他的同窗，他的好友，他的子女，他的游历，他的仕宦，他的学习，他的工作，他的创作，他的喜怒哀乐，他的或顺遂、或曲折的经历。读者循着谱主的编年史，系统而又完整地知道了他的人生历程。这种系统性，是编写者从零星的、散见的史料中，经过辛苦的搜索、研究考证、呕心沥血排比勾勒而成的，这就绝不是史传或者散传所能达到的，也就有了不可替代的史料的完整性和系统性。

而那些自编的年谱，也是沿着年谱这一特殊体裁、特殊要求来编写的，虽然不似后人为前人编写起来那么困难，但他也忠实地、系统地记下了自己一生或大半生的经历，也是完整而系统的。

只编谱主某一时段的年谱，虽然没有像编写谱主一生那么完整，但就某一时段来说，它也是作了系统、完整的记录。还有那些专谱，虽然也不是记载谱主一生的全貌，但就所编的那个方面说，也是系统、完整的。所以系统性、完整性，也就成了年谱史料价值之所在。

三说可信性较大。年谱是由谱主本人、亲属、门生故旧、专门研究者所编，故一般来说，它的可信性较大。可信性的大小，决定了年谱的价值。我们上面说过，年谱可信性大小，一般来说，要看编写者是谁。所以我们下面就从编写者来略作分析。

谱主自编的年谱，其可信程度当然居首位。因为作者自己写自己，写自己一生的经历，写自己的亲朋好友，写自己的喜怒哀乐，读者一般也无须去怀疑它的真实性。当然，其间也可能有误记，或者怕触及政治禁网，或因某种原因而不记的，但这种究竟是少量的，个别的，并不能因此而否定它整体的可信性。

谱主亲属编的年谱，其史料基本上也是可信的。它的史料来源：部分是编写者的身历亲见，部分是家中人及亲属的叙说，部分采访于师友门生，更为重要的是谱主自己保存下来的第一手文献，包括谱主已发表未发表的作品及各类手稿，等等。从史料的来源来说，亲属们在编写年谱中具有得天独厚的优势，所以这种年谱是可信的。但同时也会出现夸饰，过分夸大谱主的功业、道德、学问。也有了更多的避讳，"为尊者讳"的传统，是根深蒂固的。所以我们在利用这种年谱时也要注意这一点。

门生故旧所编的年谱，编者们也是与谱主有密切接触的人，他们了解谱主的经历、为人、功业、成就、交游等，再加上易于搜集到谱主的许多第一手文献资料，故所编年谱在史料上也是可信的。但他们也有不少为尊者讳，为朋友讳，也不免有对谱主的偏爱与过分的夸奖等。

后代研究者编的年谱，情况就比较复杂一些。严肃的编写者，抱着严肃的态度，尽量搜集谱主的史料，包括第一手的文献和第二手的记载、评述，再加上运用科学的态度与方法，对史料详加排比、考核、甄别，唯事实是从。这正如邓广铭在《辛稼轩年谱》"编例"中说的:"是谱搜考所及,凡现尚可征之南宋一代重要文献:史籍、文集、方志、笔乘之属,均旁蒐博采,以资参证发明。不分主辅,唯是是从。"又说:"是谱对材料之收辑,以细大不捐为原则:披览所及,其中凡有涉及辛氏之单词只字,均加以钩稽而分别甄录,期能集枝节为轮廓,积破碎为整体,辛氏行实之一般,庶可概见。"这样严肃认真地编年谱,年谱所载事事有据,当然可信。这种后人编的年谱,还无所避忌,不必为尊者讳,为贤者讳,是较为客观的。

话也得说回来,在严肃的年谱中,也会出现一些失误,恐怕也是难以完全避免的。如《三曹年谱》一书中,于建安二十三年(218)曹植名下载:"邯郸淳受命离曹植。植饯淳,并赠诗。淳作《赠答诗》。"其根据是:"《全三国诗》卷三载邯郸淳《答赠诗》曰:'我受上命,来随临淄。与君子处,曾未盈期。见召本朝,驾言趣期。群子重离,首命于时。饯我路隅,赠我嘉辞。既受德音,敢不答之。余惟薄德,既局且鄙。见养贤侯,于今四祀。'据'赠我嘉辞'句,知植有赠诗,诗今佚。淳建安十九年诣植,至是年凡'四祀',故系于此。"其实,这是一个误解,误在所据史料不确。丁福保《全三国诗》所收邯郸淳《答赠诗》,见《艺文类聚》卷三十一。但据《文选》卷二十七谢朓《晚登三山还望京邑》诗李善注引本诗作"邯郸湛《赠伍处玄诗》",可知此诗实为邯郸淳答伍处玄的赠诗,"湛"当即为"淳"。从《答赠诗》的内容看,首云"我受上命,来随临淄。与君子处,曾未盈期","临淄"指临淄侯曹植,"君子"指所答诗的对象伍处玄,他们共随曹植。诗意甚明,明是两人。故邯郸淳的诗实为答赠伍处玄之作,与曹植无关。《三曹年谱》所云,实为失考。

当然,也有些后人编写的年谱,是一种急就章,既没有详尽地占有史料,也没有仔细地排比考证,就匆忙下笔,错误百出。这种年谱,其史料价值不大,我们更不可轻易信据。

至于历代有哪些年谱,这些年谱见于何处,我们将在最后的"人物传记史料索引"章的有关部分再作介绍,请参阅。

进一步把年谱汇编成专书的,最重要的是下列一种。

《北京图书馆藏珍本年谱丛刊》（共200册），北京图书馆编，周和平主编，北京图书馆出版社1999年出版。

北京图书馆（今称国家图书馆）收藏我国历代所编的年谱最为丰富，且多珍本。本丛刊专收线装年谱，以单行本为主，旁及丛书所载及文集、杂著所附，包括了刻本、稿本、抄本、石印本、铅印本等，只要是线装的，均予入收。并在每种年谱之前，简要注明谱名、卷数、撰者和版本。共收历代年谱一千二百一十二种，谱主一千零一十八人。所收年谱谱主生卒年大体以1911年为下限，但个别卒于民国及其以后的传统文化人士的年谱也酌情收入。有的谱主年谱很丰富，如杜甫就收录了自宋代吕大防至民国李春坪编的年谱共十二种。

本丛刊首册附有三种索引，即"谱名（含异名）索引"、"谱主索引"和"撰者索引"，均按笔画笔形顺序排列，分别注明相应的册次和页码，使用甚便。

第三节 族 谱

族谱是以家族为单位，记载一个家族的历史，其中也集录了本家族重要成员的传记，也是我们查找作家传记史料的一个方面。这里也略作介绍。

一 族谱的发展概况

在我国漫长的封建社会中，宗族制度是巩固封建统治的重要环节。与之相适应，出现了记载封建宗族历史的"谱牒"，也出现了"谱牒之学"。这种谱牒，成为我国民族文化中的重要遗产。清代章学诚曾说："年谱，一人之书也；族谱，一家之书也；方志，一州之书也；地理，天下之书也。四部之书治，而天下之纪载各有统率矣。"（《章氏遗书》外编卷十七《和州志》）。又说："夫家有谱，州县有志，国有史，其义一也。然家谱有征，则县志取焉；县志有征，则国史取焉。"（《章氏遗书》外编卷十四《为张吉甫司马撰大名县志序》）由此可见，族谱，是记载一个家族的历史书籍，它是史学的组成部分。

族谱，有种种不同的名称，如宗谱、世谱、总谱、支谱、房谱、世牒、家乘、家谱，等等。虽然名称不同，格式也有差异，但记载某一家族的历史则是相同的。

作为封建家族的历史书，是封建国家文化中的有机组成部分，是为宣扬和维护封建统治的长治久安服务的。但从所记史料来看，也是我们研究历史的重要组成部分，研究文学史也不例外，它常为我们研究作家提供史料。

早期的族谱，一般称为"谱牒"，是专记帝王诸侯世系的史籍。这种书籍出现很早，司马迁写《史记》时就经常利用。他在《史记·太史公自序》中说："维三代尚矣，年纪不可考，盖取之谱牒旧闻。本于兹，于是略推，作《三代世表》第一。"桓谭《新论》中也说："太史公《三代世表》，旁行邪上，并效周谱。"司马迁还多次提到"余读谍记"，"稽其历谱谍"（《三代世表》）；"读春秋历谱谍"（《十二诸侯年表》）等。司马迁所见到的古代谱牒，我们今天是看不到了。

西汉时，谱牒也有了些发展，编谱牒之风颇盛。到了魏文帝曹丕实行九品中正制后，魏晋南北朝一直特别重视门第。有司的选举，男女的婚嫁，必须依据谱牒，因此谱学大兴，它成了维护门阀统治的工具。故清人赵翼说："魏九品中正法行，于是权归右姓，州大中正、主簿，郡中正、功曹，皆取著姓士族为之。有司选举必稽谱牒，故官有世胄，谱有世官，于是贾氏、王氏谱学出焉。"（《陔余丛考》卷十七《谱学》）这贾氏、王氏就是指贾弼之和王僧孺家族。《南齐书·贾渊传》说："（贾渊）世传谱学……先是，谱学未有名家，渊祖弼之广集百氏谱记，专心治业。晋太元中，朝廷给弼之令史书吏，撰定缮写，藏秘阁及左民曹。渊父及渊三世传学，凡十八州士族谱，合百帙七百余卷，该究精悉，当世莫比。"《南史·王僧孺传》说："诏僧孺改定《百家谱》。"与之同时或稍后精于谱学的还有王弘、王俭、姚察、陆琼等。王弘能"日对千客，不犯一人之讳"(《南史·王僧孺传》)。姚察"既博极坟素，尤善人物，至于姓氏所起，枝叶所分，官职姻娶，兴衰高下，举而论之，无所遗失"(《陈书·姚察传》)。

魏晋南北朝大量出现的谱牒，早已散失殆尽，不过它们的残文，还保存在一些古书的引用和古注的引用中。如《水经》《三国志》《世说新语》《文选》等注中，就有大量的引用。仅以谱、录、世纪为名，可确认为谱牒的书，就有《王氏家谱》《王氏谱》《太原郭氏录》《孔氏谱》《司马氏谱》《羊氏谱》《吴氏谱》《周氏谱》《祖氏谱》《胡氏谱》《范氏谱》《索氏谱》《郝氏谱》《袁氏谱》《孙氏谱》《孙氏世录》《许氏谱》《郭氏谱》《琅琊王氏谱》《曹氏谱》《崔氏谱》《张氏谱》《陆氏谱》《陈氏谱》《温氏谱》《庾氏谱》《嵇氏谱》《傅氏谱》《阳氏谱叙》《贾氏谱》《杨氏谱》《诸葛氏谱》《蔡氏谱》《刘氏谱》《谢氏谱》《戴氏谱》《韩氏谱》《魏氏谱》《顾氏家谱》《顾氏谱》，等等。在魏晋南北朝时期，还有大量的"家传"。清代纪昀认为，唐以前谱、传各自单独成书，不像后代族谱中有传、谱、传合一。他说：

> 古有家谱，有家传，谱以纪世系，传以述先德。唐以前率各自为书，史家著录亦以谱入牒谱，传入传记，其体例各不相侔。(《汾阳曹氏族谱序》)

从这一时期一些谱牒的残文中，我们还能看到一些人物的世系及所任职务，如《三国志·陈群传》的裴注说：

> 案《陈氏谱》：群之后，名位遂微。湛孙佐，官至青州刺史。佐弟坦，廷尉。佐子准，太尉，封广陵郡公。准弟戴、徵及从弟堪，并至大位。准孙逵，字林道，有誉江左，为西中郎将。追赠卫将军。

这是裴松之对《陈氏谱》中所载世系的概括介绍。再举一例，《三国志·王粲传》附嵇康事迹，裴注说："康字叔夜。案《嵇氏谱》：康父昭，字子远，督军粮治书侍御史。兄喜，字公穆，晋扬州刺史、宗正。"这大致就是当时族谱中的记载情况。

到了唐代，虽然随着九品中正制的废除，在政治上也一定程度限制了门阀士族势力的发展，但谱牒之学仍然兴盛不衰。唐太宗就命高士廉等人修《大唐氏族志》一百卷，许敬宗等修《姓氏谱》二百卷，路敬淳《衣冠谱》六十卷，柳冲《大唐姓族系录》二百卷，韦述《开元谱》二十卷，林宝《元和姓纂》十卷等，均见于《旧唐书·经籍志》《新唐书·艺文志》。宋代黄裳说："唐自太宗命高士廉等撰《氏族志》，本恶山东人士崔、卢、李、郑，自矜地望，乃更以皇族为首，是亦自矜陇西著姓也。然魏徵、房玄龄家皆盛，与山东诸族为婚，由是旧望不减。至显庆中，许敬宗等又升后族为第一等，于是益高门阀，谄谀之徒不称人以官，而呼之为郎，犹奴之事主。盖当时门地高者，以此名为贵重。"（《梁谿漫志》卷九）

除了一些官修的全国性的谱牒大书以外，还有不少家谱，它们的目录还保存在《唐志》中，特别是《新唐书·艺文志》中。至元代陆友还说："唐人尚氏族，至今谱牒具存，故虽断碑阙文，尤可以考知其人，以此知学者不可不明谱系。"（《研北杂志》卷上）

今传世的唐代谱牒类著作，最有名的是唐·林宝所撰的《元和姓纂》一书，林宝为济南人，曾任太常博士。他奉宰相李吉甫之命纂修，于宪宗元和间成书，故以"元和"为名。书首列皇族李氏，其他姓依唐韵以声类集。每韵之内，以大姓居首，林宝自序称成书十卷，原书已佚，今有辑本十卷。书中所及姓氏之源，多本于《世本》《风俗通》等书。"其载列唐人世系，元元本本，尤为详核。《唐艺文志》谱牒类十七家三十九部一千六百一十七卷，今均散佚。汉晋以来，谱系一家之学，系而不坠，实赖此书之存。"（洪莹《校补元和姓纂辑本后序》）

因《元和姓纂》对唐人姓氏世系记载颇为详核，故有些唐代诗人的传记史料仅见于此书,如畅诸,在卷九"畅"姓下说:"诗人畅诸,汝州人,许昌尉。"虽仅一鳞半爪,自有其重要的史料价值。故岑仲勉从中考订了唐代许多诗人作者的姓名简历,收获颇丰(见岑著《读全唐诗札记》《读全唐文札记》等文)。本书今有《四库全书》本、嘉庆七年(1802)刊本等。

时至五代,谱牒之学逐渐式微。宋·郑樵《通志·氏族略序》说:

> 自隋唐而上,官有簿状,家有谱系,官之选举必由于簿状,家之婚姻必由于谱系。历代并有图谱局,置郎令史以掌之,仍用博古通今之儒知撰谱事。凡百官族姓之有家状者则上之官,为考定详实,藏于秘阁,副在左户。若私书有滥,则纠之以官籍,官籍不及,则稽之以私书,此近古之制,以绳天下,使贵有常尊,贱有等威者也。所以人尚谱系之学,家藏谱系之书。自五季以来,取士不问家世,婚姻不问阀阅,故其书散佚,而其学不传。

由于唐末的黄巢大起义,旧谱多亡失。宋·苏洵在《谱例》中说:"自唐衰,谱牒废绝,士大夫不讲,而世人不载,于是乎由贱而贵者耻言其先,由贫而富者不录其祖,而谱遂大废。"(《嘉祐集》卷十三)于是他就写了《苏氏族谱》。欧阳修也撰有《欧阳氏谱图》。这两种族谱,为宋代及以后的族谱著作开创了道路。宋·王得臣《麈史》说:"在唐时尚多姓谱之学,今或罕言之。欧阳文忠公、苏洵明允各为世谱,文忠依《汉年表》,明允仿《礼》,以大宗、小宗为次,虽例不同,皆是以考究其世次也。"后代的族谱,往往仿欧、苏的族谱写法而加以变通,或加以融会贯通,欧苏之谱就成了后世族谱之祖。

同时,自宋代以来,封建官府不再组织族谱的修撰,而私家的族谱也不再要求送至官府。虽然这样,地方大姓修谱之风仍然很兴盛,而士大夫们仍然重视谱牒。

元明清时期,封建地主们仍然不断编写族谱,其中尤以清代最盛。现存的族谱，除了少量明代的以外，绝大多数是清代所编撰的。

二 族谱的内容体例

据上引《麈史》所说，宋时欧阳修、苏洵各为世谱，欧谱依《汉年表》，苏洵仿《礼》大小宗为次。这种谱式，为后代所效法。冯尔康在《清史史料学初稿》中说："清人的谱牒就是融合欧苏二体成一完整体例。"虽然如此，"人自为书，家自为记"的族谱，其内容和形式自然不可能像官修的正史那么统一（其实，官修的正史也并不完全统一），你写你的，我写我的，各自为政。但话又得说回来，虽然族谱形式多样，内容详略不同，但它们究竟仍是族谱，仍得围绕着一个家族来写，这也就有了基本的内容范围。我们这里就采用冯尔康的研究归纳，把它们大致分为十七种。

（1）谱序。包括序言、凡例、修谱职名和捐资人名及跋等。

（2）恩纶录。收录封建国家对该族及其成员的表彰文献。

（3）像赞。包括画像及赞词、遗墨等。

（4）宗规家训。记述该族各种规章和对族人的要求，内容广泛。

（5）世系。以图表形式，反映宗族成员间的血缘关系。

（6）世系录。亦称世序、世系考，记载族人的履历，包括他自身的及妻室子女的简况，也就是用来简单交待男性或成员的历史。

（7）派语。登载族人的排行字语。

（8）宦绩考。记载做官的先人的历史，包括自古以来可考知的该族有名人物的传记。

（9）传记。反映族人中有一善一行的成员的历史，形式多样，有辑录正史、方志的列传，有墓志铭、祭文、行述、年谱、寿序等。

（10）祠堂。记述宗祠情况及其历史。

（11）坊墓。有坟墓图，墓地及其形制，各房分墓地的说明。

（12）祠产。记载宗族经济。

（13）先世考辨。叙述宗族的历史，包括得姓始末，支派分流，迁移居地，同姓考订（考订某些同姓者是否有血缘关系）。

（14）著述。辑录和说明族人的著作，有的辑录原文，有的开列目录。

　　（15）余庆录。多在谱末书"余庆录"字样，下面几页空白纸，表示子孙绵延不绝，留有余庆。

　　（16）五服图。

　　（17）领谱字号。为印刷的宗谱编号，书写某人领某号谱书。

　　清代人这一族谱的内容体例，代表了现存族谱的基本内容。但这些内容，并不是每一族谱所必备的，它可以合并。也有的族谱较简单，最简单的仅有世系。

　　在这些内容中，有些是基本的，是大多数族谱所具有的，包括序例、规约、世系（或世系录）、传记、祠堂、祠产、祠墓等项。不过，它们的排列也没有固定不变的次序。我们要查阅的文学家的传记史料，就在族谱的世系、传记等项目中。

三　族谱中的作家史料

　　族谱记载了中国长期封建国家统治的基本细胞——家族的历史，它所反映的历史内容极为广泛，无论是研究历史科学、文化科学、社会学、民俗学、遗传学、人口学等，都可以从中得到珍贵的资料。这些方面，都不是本书所要研究的问题，故存而不论。这里只就族谱中的作家传记资料作一些介绍。

　　在历史上，不仅仅凭借族谱来决定官员的选举，婚姻的婚配，宗族的团结，而且有了族谱，有了族谱中的世系、传记，就有学者利用它来作为研究考证著录之用。我们在上面说过，远在汉代的史学家司马迁，就已利用谱牒来写《史记》。在《水经》《三国志》《世说新语》《文选》等古注中，还引了大量的谱牒资料来说明世系、介绍人物。这说明古代人已充分认识了谱牒的史料价值。又如《新唐书·宰相世系表》等重要内容，也是利用了唐代谱牒史料来编写的，至今具有文献价值。

　　后人研究历史人物（包括文学家），为他们写传，编年谱，了解他们的世系，生平活动情况，族谱也就成为一种原始的重要资料，或者是主要依据。如我们在前一节年谱中已说到过的清代人辛启泰在《辛稼轩年谱》中所列辛弃疾的世系，就是根据《济南辛氏族谱》。列在世系中的人物，据邓广铭考订："五世之中，唯辛赞仕宦较显，而遍查济南、开封及亳州等志，其《人物》《选举》《职官》各志中，均不著其名氏。其他诸人更无可考。……辛稼轩作品中从未道及其父，疑已早卒。至稼轩有无兄弟，则旧谱（按：指辛启泰谱）不著，作品中亦无可考见。凡此均须待《济南辛氏族谱》之发现而决。"（《辛稼轩年谱》）辛弃疾是著名人物，尚有许多问题要待《济南辛氏族谱》的发现而决，则其他不知名或不甚知名的文学家，要了解他们的世系、生平等，更有待于他们族谱的发现了。当然，那些过去被人认为不登大雅之堂的戏曲、小说家，他们的传记资料更为寥寥，更有待于他们族谱的发现了。

中华人民共和国成立以来，不少研究者更重视发掘、利用族谱来研究作家，并陆续发现了些有关文学家的族谱，使研究工作取得了不少可喜的成绩。如据1992年第2期《文献》中刊载陈星的《兰溪发现明写本黄庭坚族谱》中说，这一族谱记载了黄庭坚的嫡派子孙迁徙兰溪发族的经过。在《世系表》中黄庭坚名下记云："字鲁直，中治平丁未科三甲三十名，官居太史，屡忤宰相赵正夫。后作《承天塔记》，正夫中摘数语，以为幸灾谤国，遂贬宜州。后崇宁四年九月三十日卒于贬所，年始六十一。大观三年，苏伯获丧归葬祖茔之西。娶莘氏，封兰溪县君。继谢氏，封介休县君，一女睦姑，适将仕郎李文伯。公生一子名相。"其中所记科甲名次及所卒月日与归葬首尾，为《宋史》本传所不载。此外，谱中收有胡璞所撰《宋先太史山谷公行状》一文，为目前国内所仅见，对研究黄庭坚事迹相当珍贵。

又据《文献》1988年第4期官桂铨《词人张元幹世系》一文，根据他见到的《永泰张氏宗谱》，确认张元幹为福建永福（今永泰）人，纠正了福建长乐人之说。又据《宗谱》，知张元幹父名动，所载《龙图阁英显公传》说："公讳动，字幾道，以恩奏出身。政和间，出知建州，范汝为反，剑南骚动，公以州兵保建城，民皆安堵。后募兵剿寇，恢复数邑。疏上，当叙功，而公没。剑民立祠以祀，敕赐英显庙。"这又解决了不为人知的张元幹的父亲问题。而谱中对张元幹的世系，也有明确的交待。《宗谱》在《张氏题名录》中介绍张元幹说："元幹，朝议大夫将作少监，充抚谕使，宋□（原空缺，当为'钦'字）宗赐金牌书云：'虽无銮驾，如朕亲行。'"谱中其他地方也记有张元幹事迹，而其中记张元幹得到钦宗的御赐金牌，则是一条重要的新史料。

又据《光明日报》1982年6月27日报道，江西吉安县发现了文天祥家族的《富田文氏族谱》，其中保存了文天祥的祖父、父亲和他的儿子、侄子的史料。

至于小说家罗贯中，我们对他知之甚少。而据《人民日报》海外版1993年3月5日介绍说：1986年6月，在太原市清徐县清源镇大北村，找到了这个家族珍藏的《罗氏家谱》一部五册。据《罗氏家谱》提供的资料，罗贯中原名罗才本，后略名为"本"，字贯中，是罗氏家族第一支第六代后裔罗锦的次子。他的生平约在元仁宗延祐七年（1320）前后，罗锦曾任元代河东山西道肃政廉访司（或清源县录事司）"司吏"，共生子六人，分别名才聚、才本、才增、才森、才宝、才仓。罗贯中居二。由于《罗氏家谱》的发现，为我们揭开了罗贯中的故乡及家族之谜。

当然，现存族谱不少是手抄本，真伪问题常是学者们争议的一个焦点。如1981年江苏大丰县发现的《施氏长门谱》，谱内在施彦端名下加注"字耐庵"，他是否就是《水浒传》的作者施耐庵，引起了学术界的争议。大多数学者认为这施彦端并不就是《水浒传》作者施耐庵。这就引起我们需要说明的另一个问题，即一般族谱的可信性问题。

作为为封建家族表功立德，制定家族行为规范的族谱，其所记内容是否可信，常常引起人们的怀疑。平心而论，谱牒所记，有不少是可信的，也有不少部分是不可信的。就人物传记史料来说，那些始迁祖以后的世系，是可信的，因为它是确实的记载。但始迁祖以前的，许多世系就大成问题了。其中最大的问题是冒认祖先，为自己的宗族张目。不少宗谱中往往把自己的祖先远推到古代帝王、显贵、名人，这就会闹到错误百出，贻笑大方，其间也有不是故意冒认，而是世远难追，史料缺乏造成的错误。还有一种是和世族联宗，借以猎取望族的地位，这种趋炎附势的世系，当然不可信据。谱牒中的这种世系错误，前人不断指出。如宋·洪迈《容斋随笔》卷一"史记世次"条说："《史记》所纪帝王世次，最为不可考信。"并举出稷、契世系为例作了说明。在《容斋三笔》卷二"魏收作史"条中，举出魏收在《自序》中说他自己的世系："汉初，魏无知封高良侯，子均，均子恢，恢子彦，彦子歆，歆子悦，悦子子建，子建子收。"洪迈指出，"无知于收，为七代祖，而世之相去七百余年。其妄如是，则其述他人世系与夫事业，可知矣！"又在《随笔》卷六"唐书世系表"条说："《新唐·宰相世系表》皆承用逐家谱牒，故多有谬误，内沈氏者最可笑。"这里所批评的，都是追述远祖。追述远祖出现错误，虽名家在所不免，纪昀讥"《白居易集》自叙家世，以白乙丙为祖，而云出自白公胜。颠倒时代，悖谬显然"（《四库全书总目·元和姓纂》）。又如宋代周密在《齐东野语》卷十一"谱牒难考"条说：

> 欧公著族谱，号为精密。其言询生通，自通三世生琮，为吉州刺史，当唐末，黄巢陷州县，率州民捍贼，乡里赖以保全，琮以下谱亡。自琮八世生万，为安福令，公为安福九世孙。
>
> 以是考之，询在唐初，至黄巢时，几三百年，仅得五世。琮在唐末，至宋仁宗才百四十五年，乃为十六世，恐无是理。后世谱牒散亡，其难考如此。欧阳氏无他族，其源流甚明，尚尔，矧他姓邪！

可见这种追逐名人为远祖的说法，或出于冒认，或出于史料缺乏，或出于联宗等，往往经不起推敲，是不可轻易信据的。

就族谱中的传记资料而言，其履历应当是基本可信的。我们说基本可信，是因为这些传记基本上是传主的后代子孙所写，或请传主的亲朋好友门生故旧所写，以熟悉传主的人来撰写传记，传主的履历当属可信，但其间也可能有记忆之误，或因资料缺乏而出现某些不确的地方，这也是难以完全避免的。另一方面，作者不可避免地要为尊者讳，为亲者讳，会把传主的一些劣迹隐而不书。在隐恶的同时，就会对传主过分地褒美，言过其实。在这方面，比起史传来，其缺陷更为显著。所以章学诚说："家谱之类，人自为书，家自为说，其难言者多矣。"（《章氏遗书》卷十三《与冯秋山论修谱书》）又说："私门谱牒，往往附会名贤，侈陈德业，其失则诬。"（同上外编卷七《永清县志》《士族表》第三）。所以，族谱传记所载的颂扬赞美之词、之事，是不完全可信的。

不过，就总的方面说，族谱中的史料还是基本可信的，在文学研究中是一宗宝贵的财富，这正如严迪昌所说："家乘宗谱这一支重要史料，也尚未被我们充分运用到文学史研究中来。此中不仅有大量被删除于诸家别集中的志传文学，极可宝贵，即以世系的翔实可信，就大有助于纠正许多紊错的记载。如前人编总集、选本，每以科第或官阶作为序列，不考其生卒或家世，结果其弊端常是父子倒列、师弟后先，极有碍于知人论世。"（《文史知识》1990年第8期《筏上戋语》）同时，有些作家史书无传记，文集无碑志，载籍很少记载，倘若能查到他们的族谱，那他的生平世系也就清楚了，或者至少能为我们提供一些生平史料。

可惜的是，族谱虽有刊刻，但往往印刷不多，而且许多族谱并未刊印，只有抄本流传，或者只是珍藏在他们的家族中，更有大量的族谱已荡然无存，这就为我们从族谱中查找传记资料造成了不少困难。虽然这样，倘若我们有线索可利用，仍然应当尽量找到有关族谱，并从中找到有关作家史料。好在许多大图书馆藏有不少族谱，这为我们利用族谱创造了一定条件。现在又有下列资料可供我们利用，就更为方便了。它们是：

《中国家谱综合目录》，国家档案局二处、南开大学历史系、中国社会科学院历史所图书馆合编，1997年中华书局出版。

本目录收录了我国大陆及台湾、香港、澳门地区现存家谱（包括未刊稿本、抄本、单行刊本以及丛书、文集本）目录一万四千七百一十九条。收藏单位涵盖了我国大陆四百余家图书馆、文化馆、文管会、博物馆、纪念馆、档案馆（室）、文物商店等藏书单位，也包括了调查所得的个人收藏，及《全国善本书总目》《台湾地区家谱目录》《家谱之研究（资料篇）》《美国家谱协会收藏中国家谱目录》中的部分目录。

《上海图书馆馆藏家谱提要》，上海图书馆编，王鹤鸣等主编，2000年上海古籍出版社出版。

本书收录上海图书馆馆藏线装家谱，兼及部分其他装订形式的旧修家谱。所收家谱以其有家族世系的谱牒为主，并酌情著录家谱考订之作和有关家族历史的著述。

条目基本著录了书名、纂修者、版本、载体形态、附注、装订形式、内容提要、馆藏信息等。其中内容提要书写格式为：始祖、始迁祖、迁徙路线、卷次内容、有价值之资料等。

《中国家谱总目》（全10册），上海图书馆编，王鹤鸣主编，上海古籍出版社2008年出版。

本书收录了中外藏书机构收藏的和散见于民间用汉字记载的中国家谱七万多部，所收姓氏达六百零八个。它是2000年6月全球中文文献资源共建共享合作会议上确立的项目，并于2001年5月初审定批准为"十五"国家社会科学基金项目。它将全世界公、私所藏的中国家谱，编成了一部带有内容提要的联合目录。著录内容包括谱籍、书名、纂修者与纂修方式、版本、载体形态、装订形式、附注、内容提要及收藏单位。为了查检的方便，全书附有谱名索引、谱籍索引、纂修者索引、堂号索引、先祖索引、名人索引。

第四节 题名录

题名录，是我国古代科举考试时同榜中式的名单。这种名单如为进士而又刻在石碑上的,称为"进士题名碑",刊成本的即称"进士题名录"。"题名录"在唐代称"登科记",宋代以后也称"登科录"。因为同科登第的称"同年",故也有编为"同年录"的。倘若把"同年录"按中式者的年岁来编排,就称为"同年齿录"了。

在这些名录中,对人物的记载有详略的不同,其中登录比较简单的为"题名录",只记同榜中式者名次、姓名、籍贯,如明清诸榜的题名录就是。详者如"同年录"、"同年齿录",并记姓名、籍贯、字号、生日、三代或历代仕履、本族成员、妻室子女、居住地,等等。

科举考试是我国封建时代选拔人才的主要途径,它发端于隋,炀帝于大业年间始设进士科,以文学取士。到唐,逐步走向制度化。除了进士一科外,还增设秀才、明经、明法、明算、明书等许多科目。其中尤特别重视进士科。唐代科举考试每年进行一次,其中许多人后来成为显要,或者是学者、诗人。所以《唐国史补》卷下说:"位极人臣常十有二三,登显列十有六七。"

宋代基本上沿袭唐制,但有所发展。王安石变法,把各科合并为进士一科,考试内容也侧重经义。宋英宗后,固定为三年一次,名额则相应扩大。

元代于仁宗皇庆二年(1313)始推行科举,顺帝至元间曾一度停止。至明清,科举考试更为严密,三年一次成为定制。分为乡试、会试、殿试三级。唐宋时乡试在府州一级举行;至明清,始改在省一级政区进行。乡试及格的称为举人,取得了参加会试的资格。会试,就是会天下举人试于京都尚书省礼部,所以也称省试,或称礼部试,考试中式者成为贡士,取得了参加殿试的资格。殿试,就是试之于殿廷,所以也称廷试,取得进士的资格。

明清考试内容以八股为主,故所取者不一定是有真才实学的人才,但不少较有名的人物仍然大都是进士出身,包括不少作家在内。房兆楹说:"有清一代之卿相督抚半由甲科出身,而学者亦辈出其间。国家治乱,学术盛衰,实深系之。"(《增校清朝进士题名碑录·序》)所以科举考试的题名录,仍然是查检作家事迹的一部分内容,特别是那些没有传记资料的作家,更显得珍贵。

题名录始见于唐代,大概早在唐初就出现了进士题名录。以后有人把这些原始的题名录加以汇总、扩充、整理,成为记载科第的专书,即《登科记》。这种《登科记》原先是私家汇总,到唐宣宗大中十年(856)郑颢奉敕编进《诸家科目记》十三卷(起自武德元年,至大中朝)后,宣宗便命所司逐年编次。

唐五代的《登科记》,见于《新唐书·艺文志》杂传类的,有崔氏《唐显庆登科记》五卷,姚康《科第录》十六卷,李奕《唐登科记》二卷。《唐会要》载有郑颢所进《诸家科目记》十三卷等。到宋代,这些唐代登科记或已失传,或已残缺,宋代乐史补作《登科记》三十卷,《郡斋读书志》谓其"记进士及诸科登第者,起唐武德迄天祐末"。《宋史·艺文志》又载有徐锴《登科记》十五卷,当亦记唐代科第。《直斋书录解题》有洪适编的《唐登科记》十五卷等。

唐代登科记登录的内容,全貌已不得而知,据《玉海》引《中兴书目》说:"《讳行录》一卷,以四声编进士族系、名字、行第、官秩及父祖之讳、主司名氏。起兴元元年,尽大中七年。"又"文场盛世"一卷,"所载皆唐人世取科第及父子、兄弟、门生、座主同时者"。这两种书,所记内容较详,但不是登科记本身。《玉海》所载二种《登科记》,内容就较简略。一为《崔氏登科记》一卷,云"载进士诸科姓名"。一为《五代登科记》一卷,云"起梁开平二年至周显德六年姓名及试题"。可见《登科记》所录,主要是登科者的姓名而已。今存者有《说郛》本宋·韩思《五代登科记》一卷,则连登科者的姓名也没有记载下来,只有一个总数,如:"梁太祖开平二年进士十八人,诸科五人。"《说郛》多删节,不当是该书的原貌。

上述的一些《登科记》都已见不到了,只有《文献通考》卷二九《选举》二中相当完整地保存了一份唐代登科记总目。这份总目中兼载诸科,但可惜只有年代及进士、诸科数字,没有人名。如:

玄宗先天元年诸科二十七人

开元元年进士七十一人，重奏六人

二年进士十七人，诸科十二人

三年进士二十一人

四年进士十六人，上书及第一人

徐松认为，这总目"进士之外统曰诸科。按《读书志》云：'乐史《登科记》记进士及诸科登名者。'是《通考》用乐史本也"。这推断可备一说。徐松就根据这总目编成《登科记考》一书。

《登科记考》，清·徐松撰。徐松（1781—1848），字星伯，直隶大兴（今属北京市）人。嘉庆进士，曾任全唐文馆提调兼总纂、湖南提督学政、内阁中书等职，是清代颇有成就的史地学家。

《登科记考》以《文献通考》中的"总目"为纲，从史籍、宋元方志、类书、总集、别集、笔记小说、碑志石刻等大量文献中选录有关唐代科举的资料汇辑而成。全书三十卷，卷一至卷二十四为唐代部分，卷二十五、卷二十六为五代部分，卷二十七为登第年代不详的人物，卷二十八至卷三十为唐代有关贡举的散见史料，它不仅是一部唐代的《登科记》，而且也成为一部相当详备的唐五代科举史料编年。如我们上面说到"总目"中所引开元二年，仅记录"进士十七人，诸科十二人"。徐松则详为考订，在"开元二年"下，首先从新旧《唐书》本纪、《册府元龟》、《唐大诏令集》、《唐摭言》、《文苑英华》等书中辑出本年有关科举的诏制、记事等文字。在"进士十七人"下，据《唐才子传》《玉芝堂谈荟》中考知李昂、孙逖二人为本年进士。在"明经科"（"总目"所无，由本书增补）中，据《权文公集·权自挹墓志铭》中考知本年明经科有权自挹。在"诸科十二人"下，考知本年诸科中"贤良方正，能直言极谏科"有梁昇卿、袁楚客、王翰、席豫四人；"哲人奇士，隐沦屠钓科"有孙逖、李玄成、沈谅三人；"手笔俊拔科"有孙逖、王翰、张秀明三人；"怀能抱器科"有冯万石；"良才异等科"有邵润之、崔翘二人。本年的知贡举（以礼部侍郎任主考官）为王邱。对这些考知的人名，也一一注明根据。其"凡例"说："于登科人族系、宦秩、琐事、遗文皆载之。"当然，并不是细大不捐，而是选取与科举有关的和能够说明登第者身世的部分。

本书考订精详，但也免不了有误，岑仲勉作有《登科记考订补》一文，可资参用。今有中华书局1984年版赵守俨点校本，并收岑氏的《订补》。本书并附"人名索引"，利用索引查人物资料颇为方便。

宋代的登科记，《郡斋读书志》著录有失名的《宋登科记》三卷。《宋史·艺文志》中著录有《登科记》二卷，上起宋太祖建隆，下至徽宗宣和四年。又有洪适《宋登科记》二十一卷，《直斋书录解题》著录为三十二卷，并说："适始仿姚康录制举词科，自建隆庚申迄绍兴庚辰，二万三千六百人有奇，为二十一卷。自后皆续书之。"则二十二卷为后人所续。《书录解题》又著录有李椿《中兴登科小录》三卷、《姓类》一卷，这书节取了登科者名字、乡贯及三代名讳，按韵编排，凡收一万五千八百人。辽代也有佚名的《辽登科记》一卷，见《宋史·艺文志》。这些《登科记》，现在也都见不到了。

虽然如此，但还有两年的宋代"登科录"保存了下来，即《绍兴十八年同年小录》和《宝祐四年登科录》。

《绍兴十八年同年小录》 一卷，是记载南宋高宗绍兴十八年（1148）王佐榜进士的题名录，是宋室南渡后的第七科，记载了这一科的三百三十人的名单，又有特奏名四百五十七人，不过本书中只保存了一人，其他四百五十六人的名字都已散失了。

书中首载先一年的"御笔手诏"，再载策问及执事官姓名，然后是这科的进士榜名单，名单下也记载了进士们的字号、年龄、生日、外家姓氏、三代仕履、乡贯等。如朱熹中了这一年的五甲九十名，其名录如下：

第九十人	朱熹，字元晦，小名沈郎，小字季延 年十九，九月十五日生，外氏祝 偏侍下。第五十。兄弟无人，一举。 　　娶刘氏 曾祖绚，故不仕。祖森，故赠承事郎。 父松，故任左承议郎 本贯建州建阳县群玉乡三桂里，父为户

与朱熹同榜的，还有著名文学家尤袤，他也是三甲三十七名，"字延之，小名盘郎，小字季长。年二十二，二月十四日生，外氏耿"。他有兄弟四人，娶妻唐氏。"本贯常州无锡县开化乡白石里。"

《宝祐四年登科录》，宝祐为南宋理宗第六个年号，宝祐四年为公元1256年，书前为"御试策题"及执事官姓名，然后是这科进士名单及该人的字号、年岁、生日、外家姓氏、三代名讳及乡贯等。这科录取一甲二十一人，文天祥为状元；二甲四十人，二甲第一名为谢枋得，第二十七名为陆秀夫；三甲七十九人；四甲二百四十八人；五甲二百一十三人，今本脱落二十四人，其中第一百二十一名为注《资治通鉴》名世的胡三省。

本书著录内容基本上与《绍兴十八年同年小录》同，这里不再举例。

这两年的"登科录"所以能单独保存下来，前者大概因为有朱熹，后者因为有文天祥、谢枋得、陆秀夫等人，故得到后人的重视，所以在明代还加以刊刻，清代被收入《四库全书》，被刊入《粤雅堂丛书》，民国年间刊为《宋元科举三录》及收入《丛书集成初编》中。

元代的题名录，今存者有《元统元年进士录》，元统为元顺帝年号，元年为公元1333年。因元代是蒙古人、色目人和汉人、南人分开考试，进士名录也就分别刊载。人名下也著录了乡贯、字号、年龄、生日、三代仕履、乡试会试名次、授官等内容。

明清的历次《进士题名录》今天还保存着。明清科举考试每三年举行一次，乡试在省进行，中式者称为举人，有以省为单位的"乡试同年录"、"乡试同年齿录"的编印。会试在京师礼部举行，中式者也有"会试录"、"会试同年齿录"的编印。会试中式后接着进行殿试，殿试分为三甲，一甲三名，"赐进士及第"，第一名为状元，第二名为榜眼，第三名为探花。二、三甲人数无定，二甲为"赐进士出身"，三甲为"赐同进士出身"，通称进士。每科进士的名单，在国子监大成门外树碑刻石，称为进士题名碑，刊印成书的则称进士题名录。

题名碑录所记内容较为简单，包括了姓名、籍贯与甲第名次，如光绪己丑（十五年）科三甲九十六名为丘逢甲，其名下只记"福建台湾府彰化县"。

这些题名碑录，于康熙五十九年（1720）由祭酒李周望统一把清代各科题名碑刻印，取名《国朝历科题名碑录初集》，并且把元、明两代的旧碑附刊。这书在雍正十年（1732）续刻，到乾隆十一年（1746）再续，并补刊了旧缺明代诸科，及康熙己未、乾隆丙辰博学鸿词两科，始成定本。以后新刊题名录时就在这书的后面补刻，前面的仍用旧版。这种增补，到房兆楹的《增校清朝进士题名碑录附引得》时，才把光绪朝十三科补足，不过房书所录限于清代。

除"题名录"外，还有"登科录"，它所记比"题名录"为详。如上引丘逢甲，在《光绪十五年己丑科登科录》中记载："贯福建台湾府彰化县，民籍，廪生。曾祖仕俊，祖学详，父龙章。戊子科乡试第三十一名，己丑科会试第八十一名。"在殿试以前的会试也有题名录，这名录只按名次排列，所载较简，仍以丘逢甲为例，在《光绪十五年己丑科会试录》中仅说："第八十一名，丘逢甲，福建台湾府彰化县廪生。"

在那些"同年录"中，记载转详。它分为上下两栏，除姓名、字号、排行、生日、籍贯、选任、历科中式情况外，还载三代、胞伯叔、胞兄弟、妻室、胞侄、子女、现住地等内容。而那些按年龄排列的"同年齿录"中,记载更为详尽,它亦分上下两栏,上栏列世系、受业师、历科考试中式情况;下栏为字号、排行、生日、籍贯、户籍、本族历代成员、妻室、子女、居住地。其中增加得更为详细的,世系从始祖开始,本族成员亦加追溯。今仍以丘逢甲为例,《光绪十五年己丑科会试同年齿录》中,上栏说:"丘逢甲,曾祖仕俊,由广东嘉应州镇平县迁居台湾;妣氏许。祖学详,乡饮介宾;妣氏龙古罗。父龙章,字诰臣,增生,现乡试;前母氏胡,母陈氏,太学生梅公女,继母杨氏,同知衔于荣公女。严侍、慈侍下。乡试中式第三十一名,保和殿覆试一等七十四名,会试中式第八十一名,殿试第三甲第九十六名,朝考第二等第四十二名。钦点主事,签分工部。"下栏说:"字仙根,号台海,行二,同治丙寅年十一月二十八日吉时生。台湾府彰化县廪膳生,民籍。"以下记载其胞伯叔祖、胞伯叔、胞兄弟、胞侄。所记胞兄弟为"先甲、树甲(字崧甫,廪生)、瑞甲、兆甲、同甲、崇甲"。再记其妻室及子女:"原聘林氏,同知衔文采公女;娶廖氏,军功六品衔芳霖公女,子钧材,女一。"最后是"世居彰化县,现改设台湾县捒上堡文宰社"。

这种"题名录"、"登科录"、"同年录"、"同年齿录"所记内容有一定范围,大致"同年齿录"最为详尽,包括乡试"同年齿录"在内。

这种详细的记载,对我们了解作家的生平、家世颇有帮助。如《光绪六年庚辰科会试同年齿录》中记载了近代的三位作家:李慈铭、沈曾植、梁鼎芬。就其字号、生日、籍贯、居住地来讲,登录得就很详细,今略引如下:

  李慈铭:原名模,字㤅伯,号越缦,又号霞川,小字莼客,行一,道光己丑年十二月二十七日辰时生,浙江绍兴府会稽员廪贡生,世居西郭门外横河,今居城内光明桥坿籍朝东坊。
  沈曾植:字子培,号薏盦,行四,又行二。咸丰壬子年二月二十九日吉时生。浙江嘉兴府嘉兴县俊秀监生。

  梁鼎芬：字节盦，号星海，一号琴庄。咸丰十一年六月初六日吉时生。系广东广州府番禺县监生。世居省城小北门内榨粉街。

除了这些名号、生日等外，对他们的世系、族人等都有记载，这在一般传记中是没有的，从史料的角度讲，自有其价值。

  还有一种按地区为单位编录的"科名录"、"科名表"，如《国朝两浙科名录》（清·黄延绶撰）、《吴兴科第表》（清·戴璐辑）等。它们按科第年代编录该地历科中式人名，或注明籍贯所在的县名，或兼注官职等，一般较为简略。

  还有一种"同官录"，如《中州同官录》《光绪庚辰年江苏同官录》等，以政区为单位，辑录某一年在该地区任职的所有大小地方官吏，详细著录其姓名、字号、排行、生日、籍贯、科第、历任官职，并列出曾祖以下世系名讳，胞伯叔、胞兄弟、胞侄、妻室、子女、居住地等内容，记载也较详细。

  还有一种大型的科举人物家传资料汇编，题作《清代科举人物家传资料汇编》（全书100册，附索引一册），国家清史编纂委员会出版委员会编，来新夏主编，学苑出版社2006年出版。

  这是一部从清代刊印的硃卷中摘录的清代科举人物家族背景资料编成的大型资料书。清代风气，考取功名者，要按照规定版式、内容填写一份资料，并各自刻印成册，用以分送师长、亲友。其内容通常包含三部分：考生履历及师承传授、科份页、考生文章。考生履历备录考生简历、本族谱系（包含母系妻系）；科份页载本科科份、中式名次、考官姓氏官阶与批语、该房原荐批语。就考生履历而言，所记比较详细，犹如家谱的缩写。本书汇编仅选取履历、家族资料部分，所收清代科举人物约万人，若包括中举本人及其家族主要成员在内，合计约数十万人的简要传记资料。

  全书以中举本人为条目单独编辑。为便于查检，另编有《人名四角号码索引》一册，作为附册以供查检。

这些记载人物科第的名录，在记载人物史料中有它本身的特点，今略述如下。

第一，入录的人物有明确的登科年代。某年某科的题名录、登科录、同年录、同年齿录，只收该年该科中式的人物，无论是乡试、会试、殿试的名录都是如此，概莫能外。即使对登科者的曾祖、祖父、父亲及老师等的介绍，也只有围绕登第者的名字才出现，这些人不是被介绍的主体。

第二，所介绍的人物只是入仕前的基本情况。其中最简单的只介绍一下中式名次及籍贯，详者也只是介绍中式前的姓名、字号、生日、籍贯、家世、妻子儿女及居住地等。至于中式以后的历仕、经历，那是未来的事，不可能预先知道就在登科录中记载下来，故记载的只是登科以前的情况。至于"同官录"，也只能记载到收入同官录以前的情况，以后的也只付阙如。

第三，介绍重在家世。科举考试看重家世，不仅规定了出身"卑贱"的娼妓、戏子、奴仆的子孙不得参与考试，而且遇有父母之丧，在二十七个月内也不得参加考试。这是封建地主阶级为了维护本阶级的利益所采取的措施。所以在名录中详载三代仕履，更详细的还要远推到始祖，以后按世排列，犹如他们的简单家谱，而且对世系中的这些人物的仕履也作扼要介绍。对本族中的人物，也一一介绍姓名、仕履，这在一般的传记中是没有的。

第四，所登载的事项比较可靠，因为其中所载诸项是登第者自己填写的。参加科举考试者在报名时就要填写姓名、年龄、籍贯、三代履历等项，这些内容一般没有隐匿或者作伪的必要，同时，这是参加全国选士的考试，不敢冒欺君之罪，故一般说是可信的。当然，也不能排斥少数特殊情况，如冒名顶替、更改年龄、匿丧等。

第五，所登载的诸项是有一定格式的，因为参加科举考试，报名者要按项填写，无者空缺，故我们在这种名录中常见到没有填写的空项，就是从这里来的。

第三章

编年史、方志、目录中的作家史料

第一节 编年体史书中的作家史料

我国古代史书中，除了上述以正史为代表的纪传体外，还有重要的一类是编年体。所谓编年体，就是按年月日来编排史事的史书，它比纪传体史书还早出现。早在东周时期，各诸侯国就都设置史官来编写本国的编年史。这种编年史，一般叫《春秋》。如《墨子·明鬼》中说到的有周之《春秋》，燕之《春秋》，宋之《春秋》，齐之《春秋》。除了叫《春秋》外，还有别的名称，《孟子·离娄下》说："晋之《乘》，楚之《梼杌》，鲁之《春秋》，一也。"从今存鲁国的《春秋》是编年体来看，其他的也就是编年体史书了。至于纪传体，则要到汉代司马迁才开创。这种编年体史书中，也有着一些作家的史料，不过这类书中的人物史料，有着自己的特色，我们在这里略作介绍。

一 编年体史书的分类及要籍

按编年体方法编排的史书，大致说来，可分为三类，即编年史、起居注、实录。

先说记载国家大事的编年史。这种编年史，以年月日为经，以史实为纬编写而成。它出现最早，上面我们说的《春秋》就是。

《春秋》记载了上自鲁隐公元年（前722），下至鲁哀公十四年

（前481）二百四十二年的历史。它不仅记载鲁国本身发生的事，而且连鲁国以外的事也作了广泛的记载。不过《春秋》记事极为简略，史事仅记结果，省略了事件发生的经过。以后又出现了以《春秋》为纲的编年史《左传》，它叙事详备，文笔生动，被儒家尊为经典之一，为后代广泛传诵。

后代根据这一体裁，撰写了不少编年史。《隋书·经籍志》中也把这些书分入了史部古史类。因为编写这些书的学者，"以为《春秋》则古史记之正法，有所著述，多依《春秋》之体"。《隋志》中著录了自《竹书纪年》、荀悦《汉纪》、袁宏《后汉纪》至王劭《齐志》凡三十四部。至《旧唐书·经籍志》始，这些书就改称为"编年史"了。当然，同是编年类，其包容的书籍范围也有所不同。宽广些的收录了起居注、实录等书。

历代按照编年史性质编撰的史书很多，内容也有详略，今存著名的编年史除《左传》外，还有以下这些。

《汉纪》 三十卷，亦称《前汉纪》，汉·荀悦撰。荀悦（148—209），字仲豫，颖阴（今河南许昌）人。汉末被曹操征召，曾为黄门侍郎，迁秘书监、侍中等职。《汉纪》是奉汉献帝诏而作，主要是根据班固《汉书》改编为编年体，被称"辞约事详，论辨多美"（《后汉书·荀悦传》）。在记述人物活动时，也根据需要作了些前后的补述，融入了纪传体的方法，部分克服了编年史中记载人物不完整的缺点。今有《四部丛刊》影印本等。

《后汉纪》 三十卷，晋·袁宏撰。袁宏（328—376），字彦伯，阳夏（今河南太康）人，官至东阳太守。《后汉纪》体例全仿荀悦《汉纪》，取材以张璠《后汉纪》为主，兼采谢承以下各家。《四库全书简明目录》称其"剪裁点窜，具有史才"。因所采诸书已亡，故史料价值比《汉纪》为高。今有《四部丛刊》影印本等。

《资治通鉴》 二百九十四卷，宋·司马光撰。司马光（1019—1086），字君实，陕州夏县（今属山西）人，宝元进士。初任地方官，后入京，为反对王安石新法的首领。参加《资治通鉴》编写工作的，还有著名的史学家刘攽、刘恕和范祖禹等。

《资治通鉴》记载了从周威烈王二十三年至五代周世宗显德六年（前403—959）的一千三百六十二年的历史，编成了这部按时代顺序、以年月为经的巨著。自英宗治平三年（1066）受诏编修，至神宗元丰七年（1084）始编著完成，前后历经十九年。

司马光编《通鉴》，史料采撷范围极广，举凡正史、杂史、笔记、小说等，无不参用。所采除正史外，杂史多至三百三十二种。自称"遍阅旧史，旁采小说，简牍盈积，浩如烟海，抉摘幽隐，校计毫厘"（《上资治通鉴表》）。由于参考的资料极博，往往一件事有用三四处材料综合写成。对于史事有不同记载的，取其证据分明、情理近实的入正文，异说则另撰成《通鉴考异》三十卷。《通鉴》所参用的书，不少已经散佚，故史料更显珍贵。今通行的有1956年中华书局版"校点资治通鉴小组"校点本。

《续资治通鉴长编》九百八十卷，举要目录六十八卷，宋·李焘撰。李焘（1115—1184），字仁甫，号巽岩，眉州丹棱（今属四川）人。绍兴进士，曾任秘书少监、秘阁修撰、礼部侍郎等职，以敷文阁学士致仕。李焘立志编写北宋的历史，前后用了四十年的时间。他写本书，"宁失之繁，勿失之略"，搜集了非常广泛的史料，包括实录、会要、国史及文集、笔记等，所以本书所记史料极为丰富、详细，特别是北宋前期五朝的史事更为完备，故本书是一部重要的史料书。宋代周必大认为："《长编》考证异同，罕见其比。"《四库全书简明目录》认为："考北宋遗闻者，以此书为渊海焉。"

但本书已残缺。清代修《四库全书》时，用《永乐大典》校补，缺了徽宗、钦宗二朝及熙宁、绍圣间七年的历史。后由清代谭钟麟、黄以周等据杨仲良《续资治通鉴长编纪事本末》编成《续资治通鉴长编拾补》六十卷，可以参用。《续资治通鉴长编》今有中华书局陆续出版的上海师范大学、华东师范大学古籍整理研究所点校本。

《建炎以来系年要录》二百卷，宋·李心传撰。李心传（1167—1244），字微之，隆州井研（今属四川）人。曾修《中兴四朝帝纪》

等书，官至工部侍郎。

本书专记南宋高宗一朝三十六年的历史，从建炎元年正月至绍兴三十二年十二月。仿《资治通鉴》体例，上接李焘的《续资治通鉴长编》，按年月日编成的编年体史书，是记南宋初年历史最为详尽的史书。书中引用了丰富的珍贵史料，以国史、日历为主，参考了稗官野史、家乘志状、案牍奏议、百司题名等资料。对一些互有出入的史料，以附注形式收录，注明来源，指出差异，并加辨证。在史料处理上，"可信者取之，可削者辨之，可疑者阙之，集众说之长，酌繁简之中"。它较《续资治通鉴长编》在内容上更为充实。元代修《宋史》时，未见本书，故可用来纠正《宋史》中的不少错误。《四库全书总目》称赞它："文虽繁而不病其冗，论虽歧而不病其杂，在宋人诸野史中最足以资考证。"今通行的有1956年中华书局据商务印书馆"国学基本丛书"本原版重印本。

《续资治通鉴》 二百二十卷，清·毕沅撰。毕沅（1730—1797），字秋帆，号灵岩山人，镇洋（今江苏太仓）人。乾隆状元，官至兵部尚书、湖广总督。

在司马光写成《资治通鉴》以后，后人继起续作，如明代陈桱有《通鉴续编》，王宗沐、薛应旂有《宋元资治通鉴》，但都疏舛过甚。清代徐乾学为此邀请万斯同、阎若璩、胡渭等撰写成《资治通鉴后编》一百八十四卷，但也存在不少缺点，故毕沅又约人重加修订，于乾隆末年完成本书。毕沅有机会看到了徐乾学等没有看到的《建炎以来系年要录》等书，又以元代脱脱等的《宋史》《辽史》《金史》和明代宋濂等的《元史》为主要依据，又参以李焘《续资治通鉴长编》、李心传《建炎以来系年要录》及叶隆礼的《契丹国志》等书，还参考了百十余种文集，对有异文的，也写成"考异"，分注于正文之下。编成了一部上起宋太祖建隆元年（960），下迄元至正二十八年（1368）七月，凡四百零八年史事的编年体史书。它囊括了宋、辽、金、元的历史。本书上继《资治通鉴》，在诸多续书中，可说是后来居上。从全书看，北宋部分写得较好，元代部分则较简略。今通行的有1957年中华书局版"标点续资治通鉴小组"校点本。

《国榷》一百卷。明·谈迁撰。谈迁（1594—1657），原名以训，字儒木，明亡后改名迁。浙江海宁人。明末诸生，清初史学家。所著《国榷》是一部明代的编年史，记载了元天历元年至明弘光元年（1328—1645）间的史事。

谈迁鉴于《明实录》记事多避讳失真，而陈建的《皇明通纪》等史书又多错讹，故他广泛地搜集史料，主要依据了明代历朝实录，崇祯朝政府邸报，并参考了明代一百多家名人学者的著述，更实地采访了明朝的降官、故吏，甚至太监和皇亲国戚，把采访所得用来核实、订正和充实《国榷》的内容。

由于谈迁是明末清初人，离明代近，加上他具有严肃的写作态度，秉笔直书的精神，故书中保存了不少真实可信的史实。也因此，本书在清代未能刊印，直到1958年才有古籍出版社排印了张宗祥校点本，正文重新分为一百零四卷，卷首四卷。

《明纪》六十卷，清·陈鹤撰。陈鹤，字鹤龄，号稽亭，江苏元和（今苏州市）人。嘉庆进士，官至工部候补主事。

本书用编年体的形式记载了自元至正十一年（1351）至南明桂王永历十五年（1661），即清顺治十八年间明朝一代（包括南明政权）的历史。陈鹤写到崇祯元年就病故了，最后部分是由其孙陈克家补完的。全书体例仍仿荀悦《汉纪》，取材于《明史》《明史稿》《明实录》和一些野史、说部。叙事扼要，但内容太简略。有同治十年（1871）江苏书局刊印本等。

《明通鉴》一百卷，清·夏燮撰。夏燮（1800—1875），字嗛父、季里，别号江上蹇叟，安徽当涂人。道光举人，曾任永宁知县等职。

全书分前编、正编、附编三部分。前编用元朝纪年编年，记元顺帝至正十二年郭子兴起兵濠州至二十七年（1352—1367）明太祖建号以前的史事。正编九十卷，用明朝纪年编年，记载洪武元年至崇祯十七年（1368—1644）明朝史事。附编用清朝纪元编年，记清世祖顺治元年至圣祖康熙三年（1644—1664）南明时史事，直至清兵攻下台湾为止。

本书体例仿《资治通鉴》及胡三省注《通鉴》例,对异说写成《考异》,分条列注在正文之下。其史料主要依据《明史》《明实录》(其中所据全者为永乐、正德、嘉靖三帝实录)、《清实录》《御批通鉴纲目》和《御批通览辑览》等官书,并参考了野史、说部和诸家文集及奏议等,不下数百种。书较《明纪》为详明,且有《考异》,为人所重视。今通行的有1959年中华书局排印沈仲九校点本。

再说起居注。所谓起居注,是按年月日记载皇帝的言行录。《隋书·经籍志》史部起居注类小序说:"起居注者,录纪人君言行动止之事。……汉武帝有禁中《起居注》,后汉明德马后撰《明帝起居注》。然则汉时起居似在宫中,为女史之职。然皆零落,不可复知。今之存者,有汉献帝及晋代已来《起居注》,皆近侍之臣所录。"《隋志》著录了《穆天子传》《汉献帝起居注》《晋泰始起居注》等四十四部,又附载了已亡佚的起居注十二部。

撰写起居注,最早大概是内宫女史之职,以后有了专职官,如魏晋及南朝多以著作郎兼修起居注,后魏开始设立专职的记注官员起居令史。隋代于内史省设起居舍人,唐宋又于门下省设起居郎,和起居舍人分掌其事。元代则以给事中兼修起居注。明初曾专设起居注。清代以翰林、詹事等日讲官兼充,称为日讲起居注。

起居注以唐宋时所记为最详,甚至连皇帝也不得阅览。如《旧唐书·郑朗传》中就记下了朱子奢、郑朗等人拒绝唐太宗、唐文宗欲观起居注的要求。又如《新唐书·褚遂良传》也记载唐太宗问褚遂良能否看记他的起居注,褚遂良回答说:"今之起居,古左右史也,善恶必记,戒人主不为非法,未闻天子自观史也。"这时的起居注,或为修史的重要依据。元明以来,虽仍有起居注,但内容一般渐趋简单,史料价值就不如从前了。当然,起居注所记的次序、内容、详略,不是起居注官自己所能随意决定的,它都有规定,如光绪朝《钦定大清会典事例》卷一千零五十五规定:"凡记注,先载起居,次谕旨,次题奏,次官员引见。"这就规定了记载的次序。又说:"所有谕旨及官员引见除授，皆全载；奉旨依议及该部议奏报闻者俱不载。""凡选授文武各官，如教职、千把之类，不引见者俱不载，如奉特旨拣选则俱载；凡吏部、兵部推补、推升及奉旨出具考语送部引见者不载，俟该员引见之日，方行载入。"这就是规定了什么该记，什么不该记等。今举《康熙起居注》十九年四月十一日为例，以见一斑：

> 十一日庚午。早，上御乾清门，听部院各衙门官员面奏政事毕，部院官员出。大学士、学士随捧折本面奏请旨：为九卿等会推湖广巡抚员缺事，正拟江西布政使王新命，陪拟大理寺卿刘如汉。上曰："王新命如何？"大学士索额图奏曰："昔为兵部员外郎时，曾见其人才品原优。"上曰："刘如汉为人亦优，但稍文弱。"着将王新命升补。又刑部题守明陵太监杨国桢擅伐陵树一百一十五株，拆毁房屋四间，议责四十板，徒三年。上曰："此事殊为可恶，所议尚轻，着再从重议处具奏。"辰时，上御懋勤殿，讲官库勒纳、叶方蔼、张玉书进讲乾元亨利贞一节，初九潜龙勿用一节。巳时，上率皇太子同诣太皇太后、皇太后宫问安。本日起居注官格尔古德、蒋弘道。

自汉至清将近二千年，编写起居注虽然曾有中断，但大致还是连续下来了。它在书目中，自《隋书·经籍志》以来，往往设有起居注类，与编年类并列，如《旧唐书·经籍志》《新唐书·艺文志》《通志·艺文略》《文献通考·经籍考》《直斋书录解题》等。也有把它并入编年类的，如《郡斋读书志》《宋史·艺文志》《四库全书总目》等。

不过现存的起居注已经很少了，书目中虽有著录，但也仅是几种，充其量，不过是《穆天子传》《大唐创业起居注》而已。《穆天子传》本是小说家言，《四库全书》已改隶小说家类，则仅剩《大唐创业起居注》一种了。此书是唐代温大雅撰，记唐高祖初起至即位的三百五十七日中的史事。其他如晋至南北朝的一些起居注，均已亡佚，今仅有一些辑本，收入《汉学堂丛书》《黄氏逸书考》《玉函山房辑佚书补编》等丛书中。只有清代的起居注，还比较完整地保存着。目前已发现的清代起居注册，起于康熙十年九月，至宣统二年十二月，中间也有缺佚，共有一万二千余册，分藏在北京和台北两处。如今已整理出版的，有《康熙起居注》三册，中国第一历史档案馆整理，中华书局 1984 年出版。它收录了第一历史档案馆所收藏的康熙起居注汉文册三百零二册，时间是康熙十年九月至康熙二十八年十二月，又康熙四十五年，又康熙五十三年正月至五十七年三月，也还不是现存康熙朝起居注的全部。

三说实录。实录是我国古代所修的每个皇帝统治时期的编年大事记。它以帝王为中心，围绕着某一皇帝，按年月编入有关政治、军事、经济、文教、社会、自然，以及帝王家的婚丧喜庆、祭祀、营造及诏令、奏议、大臣生平事迹等史事，故实录也就是一朝的史料总汇。

我们现在能知道的最早实录，是记载在《隋书·经籍志》里的《梁皇帝实录》，凡二种。一为三卷本，梁·周兴嗣撰，记梁武帝事；一为五卷本，梁·谢吴撰，记梁元帝事。另有一种是分在霸史里的《敦煌实录》十卷，刘京撰。这三种书都已散佚，我们今天已无从知道它的体制。自唐设史馆开始，当新君即位时，就要命令史臣根据前一皇帝的起居注、时政记、日录等书，加以汇总损益，纂修前一皇帝的编年史，这就称为"实录"。自此以后，历朝编写实录就成为定制，直至清末光绪朝止。据统计，历代实录共有一百十六部，但因实录收藏官府，卷帙浩繁，不易保存，故历代实录亡佚、残缺者不可胜计。除明、清两代外，保存下来的极为稀少。

"实录"在过去的书目中，著录在"史部"，《隋书·经籍志》因仅二部，故著录在"杂史"里。《旧唐书·经籍志》《新唐书·艺文志》均归入起居注类。《旧志》增录了唐代的《高祖实录》、《太宗实录》、《高宗实录》（许敬宗）、《述圣记》（武后）、《中宗实录》、《圣母神皇实录》等；《新志》更增加了《则天皇后实录》、《高宗后修实录》、《高宗实录》（韦述）、《太上皇实录》、《睿宗实录》、《今上实录》（记玄宗开元初事）、《开元实录》、《玄宗实录》、《肃宗实录》、《代宗实录》、《建中实录》、《德宗实录》、《顺宗实录》、《宪宗实录》、《穆宗实录》、《敬宗实录》、《文宗实录》、《武宗实录》等。《直斋书录解题》也把实录归入起居注类，但所收基本是实录。由于起居注所存无几，而实录则增多，故有的书目干脆把实录单独成类，如《崇文总目》《郡斋读书志》等。其后又因实录大量散失，故也有书目把它放入编年类的，如《宋史·艺文志》《中国丛书综录》等。更有放入正史类的，如《明史·艺文志》就是。

明清以前的各朝实录，基本亡佚了，今存者仅唐代的《顺宗实录》，宋代的《太宗实录》残本。另有一种唐人写的《建康实录》，因部分是实录体，姑且也在这里介绍一下。

《建康实录》二十卷，唐·许嵩撰。许嵩，高阳（今属河北）人，大致生活于肃宗时代，生平事迹不详。

本书所记，上起吴大帝孙权，下迄陈后主，凡四百年，皆建都建康（今南京），因以名书。此书在刘宋以前用实录体编年纪事，刘宋以下则改用纪传体，在体例上并不统一。但在内容上，"此书取材赡富，征引广博，常出正史之外。……盖因作者距六朝时代未远，能据亲自所见，多方查考验证，因而所载的内容，根据充分，具有很高的史料价值。唐宋以来，凡考证六朝史事、遗迹的学者，无不据以为证"（上海古籍版《点校说明》）。这是确实的。

本书所说作家传记，刘宋以前为实录体，分散在各有关年代中，如卷七显宗成皇帝咸康二年载："三月，散骑常侍干宝卒。"接着就是干宝的传记。虽然传记是《晋书·干宝传》的简化，但现在我们能考知干宝的卒年，仅此可见。刘宋以后，因改为纪传体，有关作家的事迹可直接查找纪传。今通行的有1987年上海古籍出版社版孟昭庚等校点本。

《顺宗实录》五卷，唐·韩愈等撰。韩愈（768—824），字退之，河内河阳（今河南孟县）人。著名文学家，曾任监察御史、刑部侍郎，贬潮州刺史，历国子祭酒、京兆尹、兵部侍郎、吏部侍郎等职。

在韩愈之前，有韦处厚修撰的《顺宗实录》三卷，当时宰相李吉甫以为"未周悉"，便命韩愈重修。韩愈即与沈传师、宇文籍等人重加修订，成书五卷。起自德宗贞元二十一年（805）正月，止永贞元年（805）八月禅位于宪宗，并顺叙到次年（元和元年）正月顺宗死。顺宗在位仅八月，故其实录篇幅不大。但正当"永贞革新"，王伾、王叔文当政时期，又是名文学家韩愈所撰，故自有其重要性。书中对宫市等弊政颇有揭发鞭斥，"说禁中事颇切直"，遭到太监们反对，"内官恶之，往往于上前言其不实"，这就有了文宗时的删改。《顺宗实录》今保存在《韩昌黎全集》中，亦收入《海山仙馆丛书》《丛书集成初编》中。

《宋太宗实录》残卷，宋·钱若水撰。钱若水（960—1003），字澹成，一字长卿，河南新安人。雍熙进士，真宗时加工部侍郎，改充集贤院学士，知开封府，后拜邓州观察使、并代经略史，知并州事。所著《太宗实录》，《郡斋读书志》著录为八十卷，并说："至道三年（997），命若水监修，不隶史局。若水即引柴成务、宋度、吴淑、杨亿为佐。咸平元年（998）书成，上于朝。起即位，至至道三年丁酉（997）三月，凡二十年。"今残存第二十六至三十五、四十一至四十五、七十六至八十卷，凡二十卷。有《四部丛刊》影印本，1957年古籍出版社重印傅氏藏园据宋馆阁写本及旧抄本校刊本。

《明实录》二千九百二十八卷，明历代史官撰修。明代定制，凡新帝即位，即诏修前一代实录，并派定总裁、副总裁及纂修诸官。实录修成后，誊写两本，正本收藏宫内，至嘉靖时建成皇史宬，即移置宫内藏本于此。副本藏于内阁。有明一代的实录，有下列十四朝十六帝，其中建文朝（惠帝）附于《太祖实录》，景泰朝（景帝）附于《英宗实录》。另有一种《睿宗实录》，所记为宪宗儿子被封为兴献王，后因他儿子朱厚熜继武宗位，被追尊为"献皇帝"，庙号"睿宗"，实际上是不存在的一位皇帝，其实录也就没有多少史料价值，因此不在此数内。今把十四朝实录开列于下：

（1）《太祖实录》二百五十七卷，凡三次修撰。建文元年（1399）董伦等初修，永乐元年（1403）命李景隆、解缙等重修，九年（1411）又改命姚广孝、胡广等复修，至十六年（1418）成书。书成后，一、二稿均被焚毁。万历时，附建文帝事迹于后。

（2）《成祖实录》一百三十卷，洪熙元年（1425）命张辅、杨士奇等修撰，至宣德五年（1430）成书。

（3）《仁宗实录》十卷，洪熙元年（1425）命张辅、蹇义、杨士奇等修撰，宣德五年（1430）成书。

（4）《宣宗实录》一百十五卷，宣德十年（1435）命张辅、杨士奇等修撰，至正统三年（1438）成书。

（5）《英宗实录》三百六十一卷，天顺八年（1464）命孙继宗、李贤、陈文等修撰，至成化三年（1467）成书。附景帝事迹于后。

（6）《宪宗实录》二百九十三卷，弘治元年（1488），命张懋、刘吉等修撰，至弘治四年（1491）成书。

（7）《孝宗实录》二百二十四卷，正德元年（1506）命张懋、刘健、谢迁等修撰。因健、迁不久去位，再命李东阳、焦芳等续修，至正德四年成书。

（8）《武宗实录》一百九十七卷，正德十六年（1521），命杨廷和、费宏等修撰。未几，因廷和等去位，再命徐光祚、费宏等续修，至嘉靖四年（1525）成书。

（9）《世宗实录》五百六十六卷，隆庆元年（1567）命朱希忠、徐阶等修撰。穆宗死，神宗立，改命张溶、张居正等纂修，至万历五年（1577）成书。

（10）《穆宗实录》七十卷，隆庆六年（1572）命朱希忠、张居正等修撰，至万历二年（1574）成书。

（11）《神宗实录》五百九十六卷，天启元年（1621）命张维贤、叶向高等修撰。三年，叶等相继去位，改命顾秉谦等纂修，至崇祯初始完成。

（12）《光宗实录》八卷，天启元年（1621）命张维贤、叶向高等修撰，至天启三年成书。天启末，魏忠贤秉政，命霍维华等改修。

（13）《熹宗实录》八十四卷，崇祯元年（1628）命朱纯臣、温体仁等修撰，至崇祯末始成。

（14）《崇祯实录》十七卷，清代补修。

《明实录》中史料丰富，像一朝的诏敕令旨、政务活动、财政赋役、政治制度、典章制度、官吏任免、重大史事、民族关系、人物传记等，都按编年的形式记载了下来，是研究明史的原始资料。

明代历朝实录原无印本，且深藏宫中和内阁，一般人员不得阅览。万历以后，仅有些抄本流传，且讹误脱漏很多。现在传世的《明实录》，以北京图书馆所藏原内阁副本为最完善，但仍缺天启四年十二卷及七年六月一卷。至1940年，梁鸿志根据江苏国学图书馆传抄本影印，凡五百册，二千九百二十五卷，但错、讹字极多。抗战期间，中央研究院历史语言研究所曾组织王崇武等人校勘，后一度中断。1962年，台北"中央研究院"历史语言研究所黄彰健等继续校勘，并影印出版，全书附有《崇祯实录》和《崇祯长编》等资料，是今见《明实录》中最全的本子。凡正文一百三十三册，校勘记二十九册，附录二十一册。

《清实录》，又称《大清历朝实录》，觉罗勒德洪等修撰。清代，每当皇帝死后，就设立"实录馆"专修实录，完成后即撤销。清代实录，每部要抄写四份，每部还包括汉、满、蒙三种文本，分藏在北京皇史宬、乾清宫、内阁实录库和沈阳的崇谟阁。

有清一代的实录，计有十二种，它们是：

（1）《满洲实录》八卷，它是根据明末入关前的太祖、太宗两朝实录修撰而成，有图，用汉、满、蒙文字合书。

（2）《太祖实录》十卷，觉罗勒德洪等修撰，崇德元年（1636）初修，康熙年重修，雍正十二年至乾隆四年（1734—1739）校订完成。

（3）《太宗实录》六十五卷，图海等修撰，顺治九年（1652）初修，康熙间重修，雍正十二年至乾隆四年校订完成。

(4)《世祖实录》一百四十四卷,康熙六年(1667)命巴泰等修撰,雍正十二年至乾隆四年校订完成。

(5)《圣祖实录》三百卷,雍正元年(1723)命马齐等修撰,至雍正九年(1731)成书。

(6)《世宗实录》一百五十九卷,雍正十三年(1735)命鄂尔泰等修撰,至乾隆六年(1741)成书。

(7)《高宗实录》一千五百卷,嘉庆四年(1799)命庆桂等修撰,十二年成书。

(8)《仁宗实录》三百七十四卷,嘉庆二十五年(1820)命曹振镛等修撰,道光四年(1824)成书。

(9)《宣宗实录》四百七十六卷,咸丰五年(1855)命文庆等修撰,六年成书。

(10)《文宗实录》三百五十六卷,同治元年(1862)命贾桢等修撰,五年成书。

(11)《穆宗实录》三百七十四卷,光绪元年(1875)命宝鋆等修撰,五年成书。

(12)《德宗实录》五百九十七卷,宣统间命世续等修撰,1927年成书。

另有《宣统政纪》四十三卷,是入民国以后编修,因清已亡,虽仿实录体,但不敢用"实录"名。后来伪满重编为七十卷。

清代的实录原来也只是写本,清朝覆灭后,始有少量实录的影印本。以后伪满时,全部影印了从《满洲实录》到《宣统政纪》的十三朝《大清历朝实录》,分装一千二百二十册。它是以沈阳清故宫崇谟阁所藏的实录为底本,并作了些挖改,有的改变了原意,故非善本。1964年,台北华文书局影印《清实录》,精装一百八十册,《宣统政纪》精装二册,并有总目一册。近来,中华书局为恢复《清实录》原貌,用北京藏本重加影印,于1986—1987年出版。

《东华录》,是清代的编年体资料书,因清代国史馆设在东华门内,书的内容录自国史馆的实录等史料,故名。清代以《东华录》

命名的书，作者先后有蒋良骐、王先谦、潘颐福、朱寿明等人。

蒋良骐（1723—1789），字千之，一字赢川，广西全州人。乾隆进士，官编修，充国史馆纂修官。官至通政使。在他任史官时，阅览了历史实录及其他官私资料，摘抄成《东华录》三十二卷。起自清太祖天命，迄于世宗雍正十三年去世，包括了五帝六个年号（天命、天聪、崇德、顺治、康熙、雍正），故俗称《六朝东华录》。本书除从实录取资外，兼采了其他文献中的史料，如顺治元年史可法答多尔衮书等，是实录及后来王先谦《东华录》都未载的内容。而且在史料考订上也做了不少工作，包括了按语和夹注。故本书虽简略，但在补充史事，考订史实上，也自有其价值。今有1980年中华书局版林树惠、傅贵元校点本。

王先谦（1842—1917），字益吾，号葵园，湖南长沙人。同治进士，授编修，历官中允、日讲起居注官、国子监祭酒、江苏学政等。他也是在国史馆工作时，辑录资料撰写成《东华录》。其中自天命至雍正朝部分，因病蒋录的简略，他特为加详，编成《东华录》一百九十四卷。又续写了乾隆、嘉庆、道光三朝，与前六朝合称《九朝东华录》。嗣后又陆续写成咸丰、同治两朝，又与前九朝合称《十一朝东华录》。这些乾隆以下的《东华录》，也称为《东华续录》。王先谦的《东华录》也是以实录为主，但也不限实录。他在《东华续录跋》中说："凡登载谕旨，恭辑圣训、方略，编次日月，稽合本纪、实录；制度沿革纂会典，军务奏折取方略，兼载御制诗文，旁稽大臣列传。"因此，本书比蒋录为详，史料丰富。全书达六百二十四卷。有长沙王氏陆续刊印本、光绪间上海广百宋斋校印本等。

潘颐福有《咸丰朝东华续录》六十九卷，起自道光三十年（1850）正月，至咸丰十一年（1861）七月。《十一朝东华录》中用此本刊入。

朱寿朋的《光绪朝东华续录》二百二十卷，按《东华录》体例，补辑了光绪一朝的《东华录》，它成书在《德宗实录》以前，取材于邸抄、报刊等，许多内容为《德宗实录》所无。有宣统元年（1909）

上海集成图书公司铅印本。1963年台北文海出版社把王录与朱录合印为《十二朝东华录》。

编年体史书还有其他一些类别，如日历等，但因没有流传下来，我们也无从利用，这里就不再谈及了。

二 编年体史书中的人物史料特点

编年体史书按年月为经，史实为纬，这样，书中所记载的人物事迹，自有其特殊的地方。约略言之，可从四个方面来谈。

第一，在时代环境中来记载人物活动，有助于知人论世。编年体史书按年月来记载政治事件、军事活动、经济措施、文化教育、自然现象，等等，而人物的言语、活动，往往紧密地联系着这些事件来记载，就能充分地反映人物对这些事件的政治态度、思想立场、感情趋势、喜怒哀乐。也就是说，人物能在这一历史的大舞台中作出他应有的表演，而这种表演是符合他的地位、身份、思想、感情的，因而也是真实的。而那些纪传体史书及一般碑传，一般只记人物的一生事迹，也就是人物自己的纵向事件，缺乏环境的横向联系，对了解人物活动的环境、舞台，是一个欠缺。编年体史书中的人物活动，则为我们了解人物活动中的背景提供了切实的记录。如《资治通鉴》中的"赤壁之战"、"淝水之战"、"李愬雪夜入蔡州"等，就为我们在历史大环境中塑造了许多栩栩如生的人物形象。

第二，人物活动史料具体，真实可靠，但亦多避时忌。按年月日来撰写的编年体史书，特别注意人物活动的时间，它不像传记有时含糊其辞。如人物官职的升迁任命，某件事发生的年月日，以及人物的生卒年月日，往往都有具体的记载。同时，所记事件，有时也往往很具体。如《资治通鉴》贞观十七年正月载魏徵的死说：

> 郑文贞公魏徵寝疾，上遣使者问讯，赐以药饵，相望于道。又遣中郎将李安俨宿其第，动静以闻。上复与太子同至其第，指衡山公主欲以妻其子叔玉。戊辰，徵薨，命百官九品以上皆赴

丧，给羽葆鼓吹，陪葬昭陵。其妻裴氏曰："徵平生俭素，今葬以一品羽仪，非亡者之志。"悉辞不受，以布车载柩而葬。上登苑西楼，望哭尽哀。上自制碑文，并为书石。上思徵不已，谓侍臣："人以铜为镜，可以正衣冠，以古为镜，可以见兴替，以人为镜，可以知得失；魏徵没，朕亡一镜矣！"

由此而知，魏徵卒于贞观十七年正月戊辰，即正月十七日，也就是公元643年2月11日。在他病时，唐太宗不仅不断遣使问药、赐药，派官员守护，而且亲自带太子探视、约婚。魏徵死后，隆重赐丧，魏妻不受赐，最后记下了唐太宗的赐碑书石及怀念等，可说是足够具体，也极真实可信。它与新、旧《唐书》中的记载互相补足。这里所记的日期、中郎将为李安俨等，都是《唐书》中没有记载的。

又如苏轼的"乌台诗案"，在《宋史·苏轼转》中仅说："徙知湖州，上表以谢，又以事不便民者，不敢言，以诗托讽，庶有补于国。御史李定、舒亶、何正臣摭其表语，并媒蘖所为诗以为讪谤，逮赴台狱，欲置之死。锻炼久之不决。神宗独怜之，以黄州团练副使安置。"而在宋·李焘的《续资治通鉴长编》神宗元丰二年（1079）七月及十二月有详细的记载。清·毕沅也在《续资治通鉴》中作了节录，为了节省文字，今引毕沅所记如下：

（秋七月）御史中丞李定言："知湖州苏轼，本无学术，偶中异科，初腾沮毁之论，陛下犹置之不问。轼怙终不悔，狂悖之语日闻。轼读史传，非不知事君有礼，讪上有诛，而敢肆其愤心，公为诋訾；而又应试举对，即已有厌弊更法之意。及陛下修明政事，怨不用己，遂一切毁之，以为非是。伤教乱俗，莫甚于此。伏望断自天衷，特行典宪。"御史舒亶言："轼近上谢表，颇有讥切时政之言，流俗翕然争相传诵。陛下发钱以本业贫民，则曰'赢得儿童语音好，一年强半在城中'。陛下明法以课试群吏，则曰'读书万卷不读律，致君尧舜知无术'。陛下兴水利，则曰

'东海若知明主意，应教斥卤变桑田'。陛下谨盐禁，则曰'岂是闻韶解忘味，尔来三月食无盐'。其它触物即事，应口所言，无一不以诋谤为主。小则镂板，大则刻石，传播中外，自以为能。"并上轼印行诗三卷。御史何正臣亦言轼愚弄朝廷，妄自尊大。诏知谏院张璪、御史中丞李定推治以闻。时定乞选官参治，及罢轼湖州，差职员追摄。既而帝批令御史台选牒朝臣一员乘驿马追摄，又责不管别致疏虞状；其罢湖州朝旨，令差去官赍往。

（十二月）庚申，祠部员外郎、直史馆苏轼，责授检校水部员外郎、黄州团练副使、本州安置。

初，御史台既以轼具狱上法寺，当徒二年，会赦当原。于是中丞李定言："轼之奸慝，今已具服，不屏之远方则乱俗，载之从政则坏法，伏乞特行废绝。"

御史舒亶又言："驸马都尉王诜，收受轼讥讽朝政文字及遗轼钱物，并与王巩往还，漏泄禁中语。窃以轼之怨望、诋讪君父，盖虽行路犹所讳闻，而诜恬闻轼言，不以上报，既乃阴通货赂，密与燕游。至若巩者，向连逆党，已坐废停；诜于此时同里议论，而不自省惧，尚相关通。按诜受国厚恩，列在近戚，而朋比匪人，志趣如此，原情议罪，实不容诛。乞不以赦论。"又言："收受轼讥讽朝政文字人，除王诜、王巩、李清臣外，张方平而下凡二十二人，如盛侨、周班（邠）辈固无足论，乃若方平与司马光、范镇、钱藻、陈襄、曾巩、孙觉、李常、刘攽、刘挚等，盖皆略能诵说先王之言，辱在公卿士大夫之列，所当以君臣之义望之者，所怀如此，顾可置而不诛乎？"疏奏，诜等皆特责。狱事起，诜尝属辙密报轼，而辙不以告官，亦降黜焉。

轼初下狱，方平及镇皆上书救之，不报。……

轼既下狱，众莫敢正言者。直舍人院王安礼乘间进曰："自古大度之君，不以语言谪人。轼本以才自奋，今一旦致于法，恐后世谓不能容才。愿陛下无庸竟其狱。"帝曰："朕固不深谴，特欲申言者路耳，行为卿贳之。"既而戒安礼曰："第去，勿泄言。

轼前贾怨于众，恐言者缘轼以害卿也。"始，安礼在殿庐，见李定，问轼安否状，定曰："轼与金陵丞相论事不合，公幸毋营解，人将以为党。"至是归舍人院，遇谏官张璪忿然作色曰："公果救苏轼邪？何为诏趣其狱？"安礼不答。其后狱果缓，卒薄其罪。

受"乌台诗案"牵连的人物，也受到了轻重不同的处分，这在《续资治通鉴长编》中也有记载。这段文字在苏轼"责授检校水部员外郎、黄州团练副史、本州安置"后接着说："不得签书公事，令御史台差人转押前去。绛州团练使、驸马都尉王诜追两官勒停。著作佐郎、签书应天府判官苏辙监筠州盐酒税务。正字王巩监宾州盐酒务，令开封府差人押出门，趣赴任。太子少师致仕张方平、知制诰李清臣罚铜三十斤。端明殿学士司马光、户部侍郎致仕范镇、知开封府钱藻、知审官东院陈襄、京东转运使刘攽、淮南西路提点刑狱李常、知福州孙觉、知亳州曾巩、知河中府王汾、知宗正丞刘挚、著作佐郎黄庭坚、卫尉寺丞戚秉道、正字吴琯、知考城县盛侨、知滕县王安上、乐清县令周邠、监仁和县盐税杜子方、监澶州酒税颜复、选人陈珪、钱世雄各罚铜二十斤。"

记"乌台诗案"是这么的具体、真实，在史传中是不能这么详细的。这种具体真实，也源于当时人记当时事，或根据的史料是当时人记当时事。如"起居注"，就是当时人当日所记，日子不可能有错；如"日历"，是史官按日记载朝政事务的册子，它以事系日，以日系月，以月系时，以时系年。以上两种，都是修实录的准备史料。实录，则又是新君即位后为前一君主所修的编年史，这些都是当时人记当时事，在时间上是可信的。但实录中所记年月日，往往据奏至之日，所以与传记中多有不合，这一点也应该清楚的。夏燮在《明通鉴·义例》中说："《明史》本纪，多据《实录》，故其月日干支最详，然稽之传、志则多不合，盖实录所记攻战剿抚及克复郡邑等事，多据奏至京师之月日，而传中记事，本之原奏者，多据交绥月日，故有近者数十日、远者数月不等。然准系月、系日之例，则原奏中如有事系确凿之月日，俱宜考证书之，方为纪实，若但据奏至月日，则叙事参错，而先后主次第不明。"又说："宰辅七卿，有莅任之月日，有超召之月日；其卒也，有在朝赴告之月日，有里居奏报之月日，故往往与传、状不合。"遇到这种情况，我们还要用一番考索功夫。

至于编年体的史书，有撰于当代的，有撰于后代的，但编写的基本史料就是实录、日历、起居注等，再加上其他一些当时人的文集、杂录等，所记当然也较真实可信。倘若记载中有不同的，也加以考订，如《资治通鉴》记事，若有异说的，往往在《考异》中说明，而且大都依据实录来确定。如玄宗天宝十载记："八月，丙辰，武库火，烧兵器三十七万。"《考异》说："《唐历》云四十七万事，今从《实录》。"又如天宝十一载记："二月，庚午，命有司出粟帛及库钱数十万缗于两市易恶钱。"《考异》说："《旧纪》《唐历》皆作'癸酉'，今从《实录》。"当然，《实录》也可能有错误，因为它究竟不是当时所记的原始资料了。如《通鉴》玄宗天宝十三载记："春，正月，己亥，安禄山入朝。"《考异》说："《肃宗实录》：'十二载，杨国忠屡言禄山潜图悖逆。五月，玄宗使辅璆琳伺之，禄山厚赂璆琳，盛言禄山忠于国。国忠又言："禄山自此不复见矣。"玄宗手诏追禄山，禄山来朝。'《旧传》亦同。按《玄宗实录》并《禄山事迹》，遣璆琳送甘子于范阳，觇禄山反状，在十四载五月，而《肃宗实录》及《旧传》云十二载，误也。今从《唐历》。"

正因为当时人记当时事，自然受到皇帝的左右，大臣的影响，也就产生了多避时忌的毛病。避忌的办法是多方面的：一是对某些时间不做记录，让历史留下了空白。如清初修《实录》，就对清朝统治者的祖先——建州女真族的历史情况讳莫如深，并竭力掩盖曾向明朝称臣及接受建州卫指挥官职的史实等。

二是书而不说原因，只记事件的结果。如《明实录》讳言朱元璋大肆杀戮功臣，而只说某人某年某月死，不言死因。如在洪武二十七年十一月乙丑，记颖国公傅友德之死仅是"颖国公傅友德卒"七个字，不说如何死，给人以病死的印象。而谈迁的《国榷》，因是私人著述，故大胆地记下了傅友德被迫自杀的经过：洪武二十七年十一月乙丑，"太子太师颍国公傅友德自杀。友德……骁勇绝人，累立大功。以蓝玉诛，内惧。定远侯王弼谓上春秋高，行旦夕尽，我辈宜自图"；"上闻之，会冬宴，彻馔未尽，友德起，上责友德不敬，且曰：'召尔二子来。'友德出，卫士传语以首入。顷之，友德提二首至，上惊曰：'何忍也。'友德出匕首袖中曰：'不过欲吾父子头耳。'遂自刎。上怒，分徙其家属于辽东、云南。"

三是歪曲事件的真相。如明代《太祖实录》，在永乐年间，曾经重修过两次，修订的目的在把燕王朱棣改成"嫡出"，按次当立为帝，并预示明太祖朱元璋原打算传位给他，而不是传位给孙子建文帝。为此，朱棣也强认马皇后为他的生母，否认了他的亲生母亲。故夏燮说："《洪武实录》再改而其失也诬。"（《明通鉴·义例》）

第三，人物事迹记载不完整。因为按年月纪事，只取人物在某年某月某日的言行，这就看不到整个人物完整的生平行事。如上举《资治通鉴》载魏徵的死，就死这一事件来说，写得很具体，但魏徵一生的事迹如何，就不是在这里所能见到的了。凡编年体史书的记载，都是这样。虽然有时也略作前因后果的追叙、交待，但仍不是完整的人物传记。

不过，在实录中，却附有人物传记。这些附传，有的较为详细，事迹记载也较为完整，可看作较为完整的传记，如《顺宗实录》中的"陆贽传"，《明实录》中的"刘基传"、"宋濂传"，等等。但另有一些却极简略，如《明实录·神宗实录》万历二十九年正月中记袁宗道说："辛酉，阁臣以掌右春坊事右庶子袁宗道病卒。"接下来介绍袁宗道说："宗道，湖广公安人。万历丙戌进士，改庶吉士，至今官。修洁有文行，时东宫未立，讲官不补，仅得三人。宗道力疾日讲，不忍言去，竟以瘵卒。天启初年，赠少詹事，赐祭荫如例。"但实录中对履历年月较为注意记载，如《武宗实录》卷一百三十九对李东阳的历仕年月记载甚详："四岁能作径尺大书……六岁、八岁两召见……年十六举乡试，十八登进士，改翰林庶吉士，授编修。秩满，迁侍讲；秩再满，迁侍讲学士。寻侍东宫讲读，丁内艰。弘治二年服阕，以从龙恩，迁春坊左庶子，仍兼侍讲学士。四年，宪庙实录成，迁太常寺少卿，兼官如故。七年，大学士徐溥等奏文臣诰敕当如旧，专官撰拟，遂擢礼部右侍郎兼侍读学士，以领其事。寻被命兼文渊阁大学士，参与机务。十一年，进太子少保、礼部尚书。十六年，进太子太保、户部尚书，改谨身殿大学士。武宗即位，进少傅兼太子太傅，寻加少师兼太子太师、吏部尚书、华盖殿大学士。正德七年，累疏恳辞致仕。至是（指正德十一年秋七月己亥）卒。"在《明史》的《李东阳传》中，就没有这么详细记载其历仕年月。

第四，所记多显要人物。作为编年体的史书，所叙及的人物一般都是历史上有地位的显要人物，与国计民生发生密切关系的人物。那些没有地位，或没有什么贡献的人物，跟其他纪传体史书一样，是没有他们存在的余地的，而且可以说，它更为重视地位的选择。一般编年体史书都是这样。但其间也有一些差异，如起居注，它所记的是皇帝的"起居"，则所叙及的人物得与皇帝发生直接间接的关系才行，否则就上不了起居注册。以《康熙起居注》十六年九月初十日载，康熙于是日，"驻跸三河县南。……三河县防守卫尉纳楞额、防御汉楮翰、知县任塾、守备韩红弘廰、把总刘应科来朝"。这些地位不高的官员所以能上起居注，就因为康熙到了三河县，地方官得以朝见，就上了册子。就他们的地位来说，是上不了康熙朝实录，也不会在《清史稿》中立传的，除非他们以后成了显贵。可见《实录》中的人物，比起起居注更重地位的选择，而作为一朝历史的编年体史书，就更注意人物地位的选择了。正如《国榷·义例》所说："除官自将相、卿贰、词林、台省等则书，从其重也，庶职不尽述。诸王、公主、勋戚、文武三品以上薨卒，例得书。其贤士大夫，虽庶贱，德业流闻者，不敢遗也。"可见其选人是很严格掌握地位的。

三　编年体史书中的作家史料

根据上面所说的编年体史书的特点，其中所记的作家也得具备这方面的特点。也就是说，能上编年史书的作家，必须是在政治上、军事上有地位的人物，它选录的标准基本在政治而不在文学，这一点是和纪传体的正史有异趣的地方。比如，在《资治通鉴》中，没有唐代大文豪李白、杜甫的事迹，就是最为显明的一例，而在纪传体的新旧《唐书》中，他们两人的传记是不可或缺的。

编年体中的作家史料，在那些"起居注"、"编年史"，以及"实录"中按年月日记事部分，同样是不完整的片段，而所记的活动时间同样是具体的，真实可靠的，有时也是描绘得相当生动、详尽的。如谈迁在《国榷》中写方孝孺的死说："国亡，孝孺衰绖日夜哭。上数召之，不至。镇抚伍云縶以入，上曰'吾欲效周公辅成王何如？'对曰：'成王安在？'曰：'渠自焚死。'曰：'有成王之子在！'上少之。曰：'有成王之弟在。'上语塞，曰：'先生休矣！'促草诏，孝孺掷笔哭骂不已。上曰：'吾能赤人九族。'对曰：'即死安能加族我乎！行见后之叛俑今日也。'下狱，逮其宗戚相踵，示之，哭骂如故。上怒，命抉其吻，剔其舌，孝孺犹喋血犯御座，磔之，至死乃已……僇（戮）宗戚八百七十三人，远戍不可胜计。"这事在《明通鉴》中，虽然没有《国榷》那样描写得惨烈，但也很具体，可作为补充，这里就不再引录。

对一些重要的有地位的文学家，我们还可从不同的年代中辑录出他一生的编年史料，今举曹植为例，他在三国时，不仅政治地位重要，而且还是最有成就的文学家，我们可从《资治通鉴》的编年中看到他的一些事迹，今摘录如下：

（建安十九年）秋，七月，魏公操击孙权，留少子临菑侯植守邺。操为诸子高选官属，以邢颙为植家丞；颙防闲以礼，无所屈挠，由是不合。庶子刘桢美文辞，植亲爱之。桢以书谏植曰："君侯采庶子之春华，忘家丞之秋实，为上招谤，其罪不小，愚实惧焉。"

（建安二十二年冬十月）魏以五官中郎将丕为太子。

初，魏王曹操娶丁夫人，无子；妾刘氏，生子昂；卞氏生四子，丕、彰、植、熊。王使丁夫人母养昂；昂死于穰，丁夫人哭泣无节，操怒而出之，以卞氏为继室。植性机警、多艺能，才藻敏赡，操爱之。操欲以女妻丁仪，丕以仪目眇，谏止之。仪由是怨丕，与弟黄门侍郎廙，及丞相主簿杨修，数称临菑侯植之才，劝操立以为嗣。修，彪之子也。操以函密访于外，尚书崔琰露版答曰："《春秋》之义，立子以长。加五官将仁孝聪明，宜承正统，琰以死守之。"植，琰之兄女婿也。尚书仆射毛玠曰："近者袁绍以嫡庶不分，覆宗灭国。废立大事，非所宜闻。"东曹掾邢颙曰："以庶代宗，先世之戒也，愿殿下深察之。"丕使人问太中大夫贾诩以自固之术。诩曰："愿将军恢崇德度，躬素士之业，朝夕孜孜，不违子道，如此而已。"丕从之，深自砥砺。他日，操屏人问诩，诩嘿然不对。操曰："与卿言，而不答，何也？"诩曰："属有所思，故不即对耳。"操曰："何思？"诩曰："思袁本初、刘景升父子也。"操大笑。

操尝出征，丕、植并送路侧，植称述功德，发言有章，左右属目，操亦悦焉。丕怅然自失，济阴吴质耳语曰："王当行，流涕可也。"及辞，丕涕泣而拜，操及左右咸歔欷，于是皆以植多华辞而诚心不及也。植既任性而行，不自雕饰，五官将御之以术，矫情自饰，宫人左右并为之称说，故遂定为太子。……

久之，临菑侯植乘车行驰道中，开司马门出。操大怒，公车令坐死。由是重诸侯科禁，而植宠日衰。植妻衣绣，操登台见之，以违制命，还家赐死。

（建安二十四年）初，丞相主簿杨修与丁仪兄弟谋立曹植为魏嗣，五官将丕患之，以车载废簏内朝歌长吴质，与之谋。修以白魏王操，操未及推验。丕惧，告质，质曰："无害也。"明日，复以簏载绢以入，修复白之，推验，无人；操由是疑焉。其后植以骄纵见疏，而植故连缀修不止，修亦不敢自绝。每当就植，虑事有阙，忖度操意，豫作答教十余条，敕门下，"教出，随所问答之"，于是教裁出，答已入；操怪其捷，推问，始泄。操亦以修袁术之甥，恶之，乃发修前后漏泄言教，交关诸侯，收杀之。

（黄初元年）王弟鄢陵侯彰等皆就国。临菑监国谒者灌均，希指奏"临菑侯植醉酒悖慢，劫胁使者。"王贬植为安乡侯，诛右刺奸掾沛国丁仪及弟黄门侍郎廙并其男口，皆植之党也。

（黄初二年）皇弟鄢陵侯彰、宛侯据……皆进爵为公；安乡侯植改封甄城侯。

（黄初三年）夏，四月，戊申，立鄄城侯植为鄄城王。是时，诸侯王皆寄地空名而无其实；王国各有老兵百余人以为守卫，隔绝千里之外，不听朝聘，为设防辅监国之官以伺察之；虽有王侯之号而侪于匹夫，皆思为布衣而不能得。

（太和三年）十二月，雍丘王植徙封东阿。

（太和五年）黄初以来，诸侯王法禁严切，至于亲姻皆不敢相通问。东阿王植上疏曰：……诏报曰："盖教化所由，各有隆敝，非皆善始而恶终也，事使之然。今令诸国兄弟情礼简怠，妃妾之家膏沐疏略，本无禁锢诸国通问之诏也；矫枉过正，下吏惧谴，以至于此耳。已敕有司，如王所诉。"

植复上疏曰："昔汉文发代，疑朝有变……如是则臣愿足矣。"帝但以优文答报而已。

（太和六年）二月，诏改封诸侯王，皆以郡为国。

十一月，庚寅，陈思王植卒。

以上这些事迹，在《三国志·陈思王植传》中有些是没有记载的，可与纪传体互相补充。当然，因为这编年是后代所编，也有的记载是可以研究的，如上举"操为诸子高选官属，以邢颙为家丞"云云，《通鉴》系于建安十九年七月。按事见《三国志·魏书·邢颙传》，传中说："太祖诸子高选官属，令曰：'侯家吏，宜得渊深法度如邢颙辈。'遂以为平原侯植家丞。颙防闲以礼，无所屈挠，由是不合。庶子刘桢书谏植曰：'家丞邢颙，北土之彦，少秉高节，玄静澹泊,言少理多,真雅士也。桢诚不足同贯斯人,并列左右。而桢礼遇殊特,颙反疏简。……'"按曹操为诸子高选官属,当为诸子初为侯时,而且《邢颙传》中明说邢为"平原侯家丞",非"临菑侯"家丞,则事当在建安十六年植初封平原侯时,而到十九年时,植已为临淄侯了。所以这件事当系于建安十六年。若说《通鉴》采用的是史书追叙的方法,则"操为诸子高选官属"前应加一"初"字,则成为所记为以前的事,也就可以了。

我们这里仅举了曹植的例子,当然,若要知号称"三祖"的曹操、曹丕、曹叡的事迹,他们贵为皇帝,在《资治通鉴》中记得更为详细了。因为这类书是以帝王为中心来编写的,"三祖"事迹当然更为详细了。

编年体史书中只有"实录"附有人物传记,能够在实录中有传记的作家,为数不是很多的,这是因为有机会与皇帝接触的作家才有可能在实录中附有传记,这就势必要在当时具有显要的政治地位。而我国古代具有这种地位的作家并不多,这是一。另外,现在保存下来的"实录"主要是明清部分,而这一时期最著名的作品是小说、戏曲,这些作品的作家往往没有什么地位,也没有与皇帝接触的机会,就不可能入"实录"。所能入"实录"的只是一些有与皇帝接触机会的诗文作者。明清以前有些作家有与皇帝接触的机会,或颇有政治地位,但那时或没有"实录",或虽有而已散失,我们今天就见不到了。所以总的说,"实录"中所能见到的作家传记并不很多。不过有些已散失的"实录"中的传记还被某些书采用而流传下来,如宋代杜大珪编的《名臣碑传琬琰录》,就从宋代实录中抄出了文彦博、王安石、吕大防、范祖禹等人的传记,这也是可以利用的。

"实录"中所收作家传记较少,我们可以以《明实录》为例。在《明实录》中,前七子仅有边贡有传,其他李梦阳、何景明、徐祯卿、康海、王九思、王廷相均无传。又如后七子,包括李攀龙、王世贞、谢榛、宗臣、梁有誉、徐中行、吴国伦七人,一个也没有传记。公安派三袁中只有袁宗道、唐宋派中只有唐顺之有传,其他都付阙如。

　　从上面所收作家情况，我们还可看出：谁附传谁不附传。"实录"不像纪传体史书那样有完密的计划。"实录"因为新帝为上一代皇帝所撰写，只一代一代写，当然也就不可能像纪传体史书那样从整体历史来统观全局、衡量轻重、平衡挑选，作家的少有传记也就是自然的了。

　　"实录"中的作家传记，因为是当时人为当代人立传，又是政府的官书，故所记里居、年月、历仕等均比较可信。当然，在人物评价上那就不一定可靠了。

　　"实录"中的人物传记，包括作家传记，一般放在作家的卒年，这是大多数，因为正好作家活动告一结束。此外，也有放在致仕年的，因为辞官以后，在"实录"中没有机会再提到他了。这也可以说是他在"实录"中出现的终结的地方了。还有放在皇帝赐祭年的，赐祭年有可能就是他的卒年，与放卒年一致；还有可能是他身后若干年的赐祭，这就带有平反、追祭的性质了。此外，也有放在任官年的。因此，"实录"中的人物传记，所收地方并不完全统一，但一般说，当是人物在"实录"中出现的最后地方。这种情况，对我们寻检"实录"中的作家传记带来了困难。同时，加上"实录"的巨大篇幅，查检就更增加了困难。因此，有些该利用的史料，就没有被人利用上了。

　　为此，就有人把"实录"中的人物传记辑录成书，如已出版的有：

　　《明实录类纂·人物传记卷》，李国祥主编，庞子朝等编，1990年武汉出版社出版。

　　本书是从二千九百六十五卷的《明实录》（包括《崇祯长编》）中辑出的二千三百五十人的人物传记资料。人物按《明实录》中出现的时间顺序排列，包括了上至帝王将相，下至庶民百姓，凡有传记的，不管完整与否都收录。其中属于文学家及能文之士的，有王冕、王祎、危素、刘基、宋濂、杨荣、杨士奇、薛瑄、于谦、程敏政、何乔新、吴宽、李东阳、马中锡、邵宝、杨一清、边贡、吕柟、唐顺之、赵贞吉、袁宗道、于慎行、申时行、高攀龙等。明代作家颇多，但限于"实录"的收录标准及体例，许多重要作家在《明实录》中没有传记，本书也就阙如了。书后附有人名索引，按人物姓氏笔画排列，查检甚便。

第二节　地方志中的作家传记

地方志简称"方志"，是以某一地区为单位，记载其疆域、沿革、山川、古迹、物产、风俗、人情、人物等内容的书籍。它包括了该地区的天文、地理、政治、经济、文化、自然资源等方面的历史性资料。

我国地方志起源很早，早在春秋战国时期，就有了《禹贡》，记载了全国的疆域、土壤、物产、赋税和风俗等。至东汉班固的《汉书》，就有了更为完整的《地理志》。东汉但望又有《巴郡图经》的编撰。晋代挚虞有《畿服经》一百七十卷。隋代有《隋区域图志》一百二十九卷。唐代出现了《元和郡县图志》等。同时，一些山志、水志、人物志、风俗志等都纷纷出现。到了宋元时期，地方志编写趋于成熟，由过去单纯的地理书扩充到人文历史方面，为地方志的编写开创了新局面。到明清，地方志编写进入全盛期，尤其是在清代更为兴盛。

地方志的编写，有官家和私人的区别，但应该说，以各级地方官负责的官修的地方志为主，私人修撰只是一个配角。

地方志数量很大，《中国地方志联合目录》就收录了我国历代地方志八千二百多种，其中以明清为最多，尤其集中在清代。这些地方志收藏在全国各地各单位，其中北京图书馆最多，约有六千部；上海图书馆次之，有五千四百余部；南京市图书馆、天津市图书馆各有四千部以上。其他单位也有大量的收藏，如北京大学、南京大学、北京师范大学，有三千余种。地方志也有散在国外的，如日本、美国、英国、法国等都有大量的收藏。

这些地方志,内容丰富,被誉为地方的百科全书。无论从政治、经济、文化、科技等方面,都有可供我们开采的宝藏。研究文学,里面就有许多不见于史传的作家传记,不见于历代总集、别集中的作品,以及许多民间创作等。它可以起到"补史之阙,参史之错,详史之略,续史之无"的功效。

一 方志的种类和体例

先说方志的种类。方志以地区为单位来划分种类,大致可分为下列几种。

（1）一统志。是全国性的舆地总志,它综录全国的郡县志书编成,今存者如唐代的《元和郡县图志》,原有图,宋时已亡。它叙事以唐宪宗元和八年（813）为限,故标称"元和"。它把唐代全国十道所属的各府州县的户口、沿革、道里、山川、贡赋、古迹等,都依次作了介绍。这书对后代地理总志及地方志的编写影响很大。宋代的《太平寰宇记》,始撰于宋太宗太平兴国四年（979）,故标以"太平"字样。它承袭了《元和郡县图志》的体例,以当时所分十三道为准,又增加了风俗、姓氏、人物、土产等门,丰富了我国地志的著录内容,为后来的地理总志所沿用。真正把"一统志"用作书名的,始于元代的《大元大一统志》,嗣后的《大明一统志》《大清一统志》,就沿用了这一名称。

（2）省志。也称通志、总志、大志、全志、省图经等。省的建制,始于元代的行中书省。编写以省为单位的通志,大约始于明代,如明代成化、嘉靖、万历三朝都编有《山西通志》,嘉靖、万历都编有《陕西通志》等。至清代,编写"通志"的工作更为普及,遍及各省。省志为巡抚或布政使所修,而执笔者大都为学政。

（3）府志。或称郡志,是以府为单位编写的地方志,一般由府一级官吏主修。府下辖有州县,故其内容包括它所辖的州县。现存有南宋《乾道临安志》《景定建康志》等,明清时大量出现。

（4）州志。元、明、清时，以邑之大者为州，小者为县。州隶属于府，也有隶于道或省。州有领县的，也有不领县的。州志就是以州为单位，一般由知州所修，明清盛行，如《通州志》《滁州志》等。

（5）厅志。清代于新开发区域设厅，与州县同为地方基层行政机构，设同知或通判。厅志就是以厅为单位，一般以地方长官主修，如《光绪孝义（今柞水县）厅志》等。厅志也有合志，如《口北三厅志》就收了张家口、独石口、多伦诺尔三厅，今分别改称为张北、沽源、多伦三县。

（6）县志。县是地方基层行政单位，县志就是以县为单位，一般由县的行政长官主修。县志在方志中是基础，一般记载较详，为省志、府志所取材。今存地方志中绝大多数是县志。查检作家传记，一般多重视县志。县志也有私人修撰的。

（7）乡镇志。县以下有乡、镇，乡、镇等亦有志，有乡志、镇志、村志、里志、场志、团志、坊志等的名目。

（8）关镇志、道志、卫所志。这几种志，都是由武臣关镇守将、兵备道、卫所主官所修，记载他们的守地。所记重在疆场、城寨、兵马、粮秣，也兼及其成地之风格、物产、古迹、祠庙、人物、艺文等。

除上述以外，还有土司司所志、盐井盐场志、乡土志等，这里不备说。

再说方志的体例。

地方志的体例，呈现多种多样，这是因为因时、因地、因编者而异。因时，指地方志有一个时代的发展，由雏形而渐趋完善；因地，指其分类体例因各地方具有的地方特色而呈现的不同；因编者，指编撰者见解不同、编写的详略不同而呈现的差异。

虽然如此，在地方志体例的多样中也可见到它的基本一致性，这就是无论标明与否，它大致有志、传、表、图四大部分，其中志、传又是主体。

志中包括地方行政、职官、赋役、武备、教育、食货、地理、风俗等；传是分类编排各种类型的人物传记；表是用表格形式表明建制沿革、历任职官、科举等；图用图形表示，如疆域图等。

地方志中有的并不标明志、传、表、图的分类，只按门类编排，代表性的如清代顺治年间贾汉复修的《河南通志》，它分为三十门，即：图考、建置沿革、星野、疆域、山川、风俗、城池、河防、封建、户口、田赋、物产、职官、公署、学校、选举、祠祀、陵墓、古迹、帝王、名宦、人物、孝义、列女、流寓、隐逸、仙释、方伎、艺文、杂辨。这种分类，是在总结前人编写地方志分类的基础上定下来的，也就为后代编写者奉为法式，康熙年间，就诏直省修志以此志为式，许多地方志，包括省志、府志、县志就用这一体例，不过所分门类也有多少的不同。分类更为详细的如清代洪亮吉总修的《泾县志》，其分类如下：

图。

沿革：星野、疆域、形胜、风俗。

城池：故城、街巷、坊表、乡都、市镇、桥梁、津渡。

山水：山、水、陂泽、湖池、井泉。

食货：蠲赈、恩赉、田赋、杂税、户口、徭役、积贮、盐法、马政、屯田、囤田、物产、兵防。

学校：学署、学田。

书院、书院田。

坛庙。

官署：仓库、公馆。

古迹、冢墓。

金石。

职官表。

选举表：荐辟、例仕、吏仕、武选举、武职、赠封、荫袭、戚畹、乡宾。

名宦。

人物：名臣、宦业、忠节、孝友、儒林、文苑、武功、懿行、尚义、五世同堂、百岁、隐逸、艺术、寓贤。

列女：烈妇、贞女、旌表节妇、孝妇、寿妇。

寺观、仙释。

艺文。

杂识：纪事、灾祥、轶事、异闻。

辨证。

旧志源流。

词赋：宦寓与本县诸贤赋、宦寓诸贤诗、本县诸贤诗。

也有的地方志先标明分类，再分细目的，如张之洞、缪荃孙等所纂的《光绪顺天府志》先分京师志、地理志、河渠志、食货志、经政志、故事志、官师志、人物志、艺文志、金石志，各志再分细目，如人物志又分先贤、杂人、鉴诫、方技、列女、释道、侨寓、选举表、爵封表、昭忠表、乡贤表。前七类收本府及与本府有关的历代各类人物传记，后四表也列出各类人物的简历。

当然，在具体编法上，也有许多不同，如清代的省志，就有两种不同的编排，一是以府、直隶州为单位，分述各项制度和人物传记；二是以志传为纲，再分述各府州县的情况。这种不同，我们在使用时是要注意的。

二　方志中的人物传记资料

（一）方志中传记资料的归属

地方志中最重要的内容是志、传，传就是收录人物传记，作家自然也收在传记中。不过传记在地方志中，也再分类编录，如上举《河南通志》就分为帝王、名宦、人物、孝义、列女、流寓、隐逸、仙释、方伎。《泾县志》中就分为名宦、人物、列女。这些都是收录人物的专传。在这些人物传记中，从地区来说，又可分为外地人和本地人两类。其中名宦是在本地做官而有业绩的人，流寓、侨寓或寓贤是指曾在本地居住过的外地人。谪官、罪放是指因罪被谪至本地的官宦。这些都指外地人。其他如名臣、先贤（名贤）、乡贤、忠义（忠烈）、儒林、文苑、德行、义行、孝友、列女、节妇、隐逸、方伎、方外、仙释、方士、高僧、淄流等名目，一般都收录本地人。作为作家，既有名宦，也有流寓、罪放；既有名臣、先贤、乡贤、忠义、儒林、文苑等，也有隐逸、高僧等。我们在查检时就要根据需要而定，如光绪《乌程县志》人物门不细分，其所收较有名的作家传记有丘渊之、丘迟、张先、叶梦得、周密、凌迪知、董说、陈忱、凌濛初、严可均等。其中除叶梦得、周密曾流寓于此外，其他均为乌程人。

　　除了人物门外，还有职官、选举等门中，都会出现一些作家的名字。如上述光绪《乌程县志》"职官"中收了曾当乌程县主的作家如晋·张亢（字季阳，安平人。中兴初乌程令，入为散骑常侍）、唐·喻凫（字坦之，毘陵人，开成五年进士，卒于乌程令）等。

　　还有古迹、冢墓类，也有作家的古迹和冢墓的记载。如清·管竭忠修、张沐等纂的《开封府志》载：尉氏县北有阮村，"阮咸与籍居道南，诸阮居道北，北阮富而南阮贫，即此"。东南三十里处有阮籍墓（新安亦有墓），四十里处有七贤庙，县东有啸台，据云为阮籍长啸处。又如清·刘原滋等修、王观潮纂辑的《尉氏县志》谓旧志"籍与咸居道南，诸阮居道北，南阮贫北阮富，不详所在"。阮籍墓"在县东南三十里段庄"，啸台在"跨县之东城上"，等等。

　　艺文志则记载了有关作家的著作。正如《泾县志》"词赋类"序所说："方志艺文，只载一方士大夫所著书名，或间及序例，此定法也。"它所收录的著作较备，如光绪《乌程县志》"著述"门卷三十一载明代小说家凌濛初的著作有《圣门传诗嫡冢》十六卷、《言诗翼》六卷、《诗逆》四卷、《诗经人物考》、《左传合鲭》、《倪思史汉异同补评》三十二卷、《后汉书纂评》、《删定宋史补遗》、《嬴滕三札》、《剿寇十策》、《荡栉后录》、《国门集》一卷、《国门乙集》一卷、《鸡讲斋诗文》、《已编盍涎》、《燕筑讴》、《南音三籁》、《东坡山谷禅喜集评》十四卷、《合评选诗》七卷、《陶韦合集》十八卷。

　　其他如"杂录"、"拾遗"诸门，也间有传记可查检，这里就不备说了。把这些传记、事迹综合起来，我们就可以了解某一作家的生平事迹。

(二) 方志传记资料的特点

方志中的传记资料，概括起来说，大致有下列四个特点。

第一是它的地方性。方志中收录的人物，不像正史中收录全国性的知名人物那样，它只收与该地有关的人物，主要是该地的人物，这是不言而喻的。另外，与该地发生过密切关系的人物也收录，如"名宦"收录在该地当官的，就包括了外地人。"流寓"、"罪放"等则专收外地人久居该地的，这当然与该地曾发生过密切的关系。除此之外，其他无关人物均不收。这是收录人物的地区标准，作家也不例外。由此我们要找某一作家的传记资料，可从他的籍贯入手。如明代散曲作家薛论道，《明史》无传，他是定兴人，属保定府，我们可在《定兴县志》和《保定府志》中见到他的小传：

> 薛论道，定兴人。少婴沉疾，跛一足。八岁能属文，试有司辄第一。亲没，家贫，诸弟弱，辍博士业。读兵书，自负智囊，说剑都下，公卿间呼为刖先生。许襄毅建牙檀水，辟为参谋。神堂谷有警，论道倡议利用寡不利用众，襄毅用其策，却敌十万众。捷闻制臣，晋阶荫子，陟论道指挥佥事。万历初，戚继光镇蓟，建议弃黑谷关。论道驰白制臣，力谏不可，状事竟寝，以是失戚帅意，移疾罢。久之，守大水谷，筑圈城于关外，寻以制敌，擢官三级。以参将请老，加副帅归。

又如《水浒后传》的作者陈忱，正史无传，他是乌程南浔镇人，南浔镇有志，可查《南浔镇志》，有他的简传。也可查《乌程县志》，可见到他的简传。乌程明代属湖州，也可利用同治《湖州府志》卷五十九中见到有关的记载。

倘若作家在外地做过官，或曾被流放到某地，也可查该地的地方志"名宦"、"流寓"、"罪放"等名目中去寻找，还可查"职官"等目。如冯梦龙是吴县人，我们可从《苏州府志》中找到他的简历。又因他当过广东新兴县和福建寿宁县知县，则又可查《新兴县志》和《寿宁县志》，《寿宁县志》是这样记载的：

> 江南吴县人。由岁贡崇祯七年知县事，政简刑清，首尚文学。遇民以恩，待士有礼。所著有《四书指月》《春秋指月》《智囊补》等书，为世脍炙。

第二是它收录人物的广泛性。广泛性表现在它不像正史一样只收录全国著名人物，它除了收录历代全国著名人物外，只要在当地有一定地位、名声的人物，都在它的收录范围。因此，它所收的人物，大大超过了正史的选择。

广泛性还表现在它兼收各阶层人物，包括地方官僚、科名人物、名儒学者、文艺名流、忠孝节义，直至僧道妇女，都在收录范围之内。明永乐十六年（1418）颁降《纂修志书凡例》中规定所收人物："俱自前代至今。本朝贤人、烈士、忠臣、名将、仕宦、孝子、顺孙、义夫、节妇、隐逸、儒士、方技及有能保障乡闾者并录。"康熙二十九年（1690）《河南巡抚通饬修志牌照》中特别指出："其节烈务在阐发幽光，勿专载世家而遗寒素。"这种各阶层人物都收的办法也显示了它收录人物的广泛性。所以明清时代许多小说戏曲家不被人重视而不能入正史，却被地方志所收录，如上述的陈忱，他"读书晦藏，以卖卜自给"，"老贫以终，诗文杂著，俱散佚不传"（咸丰《南浔镇志》），这样一位深隐的作家，史传不可能收录，而地方志则为我们保存了宝贵的资料。

广泛性还不仅表现在收录本地人，而且还兼收与本地有关的外地人，这在"名宦"、"流寓"等目中充分显示了出来。

广泛性还表现在所收人物事迹的广泛，除了人物的传记外，还包括了人物的古迹、冢墓等一般史传不收的内容，如上举阮籍事迹在《开封府志》《尉氏县志》中记载的就是。

第三是所记人物事迹的可信性。我们说人物事迹的可靠信，大致是从帝王到地方官的重视、学者的参与、本地人写本地事、史料的核实并注明来源等几个方面来说的。

帝王到地方官的重视，是指上自帝王，下至主编的地方官的重视。在封建时代，帝王有无尚的权威，他的意旨，臣仆门不敢不遵。如明代永乐十六年（1418），曾颁降《纂修志书凡例》，对地方志的编写，详细订出了各类目的凡例，这具有特殊的指导意义，如对"宦迹"的编写条说："自前代开创政绩相传者，有题名者备录之。至本朝某人有政绩悉录之，见任者止书事迹，不可谀颂。"这里对现任地方官的限制，当有针对性。雍正六年（1728）十一月上谕中更明确指出，登载一代名宦人物，"必详细调查，慎重采录"。皇帝如此重视地方志的编写，大臣们也发出指示，如康熙二十九年（1690）河南巡抚通饬修志牌照中也提出修职官"须考正"，修流寓、孝义等要"考实详核"（以上引自赵庚奇编《修志文献选辑》，北京燕山出版社1990年版）。在主修的地方官，为了维护他的声誉，当然更要求考核，这是自不待言的。

学者的参与，这也是地方志中人物事迹较为可靠的保证。地方志一般由地方官吏主修，为了提高地方志的知名度，也聘请文人学者参与其事，或主修者就是著名的学者。如明代的徐一夔、方孝孺、程敏政、王九思、康海、吕柟、冯惟讷、徐渭、于慎行、孙奇逢，清代的陆陇其、黄宗羲、顾炎武、施闰章、毛际可、万斯同、于成龙、孔尚任、陈梦雷、查慎行、方苞、杭世骏、刘大櫆、齐召南、戴震、蒋士铨、钱大昕、姚鼐、谢启昆、章学诚、邵晋涵、汪中、洪亮吉、孙星衍、江藩、严可均、焦循、阮元、刘文淇、刘宝楠、钱泰吉、鲁一同、郑珍、陈澧、郭嵩焘、李元度、俞樾、张裕钊、李慈铭、王闿运、丁丙、史梦兰、陆心源、吴汝纶、姚振宗、缪荃孙、樊增祥、沈曾植、陈衍、李详、吴廷燮，等等，都参与或主持了地方志的编修。文人学者一般都比较严肃认真，用这种态度来编写地方志中的人物传记，也就保证了传记的真实性。

本地人写本地事，就有许多方便的条件。章学诚在《文史通义外篇·修志十议》中开宗明义地说："修志有二便，地近则易核，时近则迹真。"就是这个道理。大概修志的资料来源有三，一是文献记载，二是当地的档案资料，三是实地调查。以当地人修当地志，为当地人立传，一方面是熟悉，就在自己的身边，或不远的地方，另一方面也是易于调查核实。

重视史料核实，这是我国修史的传统，也是修方志的传统。雍正六年（1728）上谕说："将各省所有名宦、乡贤、孝子、节妇一应事实，即详查确实。"章学诚在《修志十议》中论征信时说："邑志尤重人物取舍，贵辨真伪。凡旧志人物列传，例应有改无削。新志人物，一凭本家子孙，列状投柜，核实无虚，送馆立传。"而且他要求："所送行状，务有可记之实，详悉开列"，若"全无实征"，抽象空洞地说些"清廉、勤慎、慈惠、严明"，则概不收受。由于这样，方志所收的人物，史事就比较可靠。同时，不少方志注明史料来源，包括了一些实地调查所得的采访册等，这更能为人信从。当然，旧方志掌握在封建地方官僚的手中，又主要为封建官僚地主立传，故阿谀奉迎，也是一种通病。如章学诚在《答甄秀才论修志第一书》中指出："闻近世纂修，往往贿赂公行，请托作传，全无征实。"且评价人物，也是封建地主阶级的标准。即使有些主修者想写得公正些，也会遇到许多干扰。明·谢肇淛在《五杂组》中说到了他的亲身经历：

> 余……尝预修郡志矣，达官之祖父，不入名贤不已也；达官之子孙，不尽传其祖父不已也。至于广纳苞苴，田连阡陌，生负秽名，死污齿颊者，犹娓娓相聒不置。或远布置以延誉，或强姻戚以祈求，或挟以必从之势，或示以必得之术，哀丐不已，请托行之。争辩不得，怒詈继焉。强者明掣其肘，弱者暗败其事。及夫成书之日，本来面目十不得其一二矣！

这种外界的干扰，谢氏写得极为真实。这种情况，破坏了方志的真实性，我们在使用中也要注意甄别的。

第四是人物传记史料具有补阙性。方志中的人物传记，能详史之略，补史之阙。正史有传的人物，方志往往依据正史传记，但有可能的话，它还要参照其他资料加以综合补阙。如光绪《乌程县志》卷十三所载宋·叶梦得传，就综合了《宋史·文苑传》《吴兴志》《东南纪闻》《直斋书录解题》《四库全书提要》《湖录》等书而成，全传有一千六百三十多字（不计标点）。又如康海，《明史·康海传》说：

> 康海，字德涵，武功人。弘治十五年殿试第一，授修撰。与梦阳辈相倡和，訾议诸先达，忌者颇众。正德初，刘瑾乱政。以海同乡，慕其才，欲招致之，海不肯往。会梦阳下狱，书片纸招海曰："对山救我。"对山者，海别号也。海乃谒瑾，瑾大喜，为倒屣迎。海因设诡辞说之，瑾意解，明日释梦阳。逾年，瑾败，海坐党，落职。

对康海的传记，《雍正陕西通志》记载更为详细，它说：

> 康海，字德涵，弘治壬午进士及第第一人，授翰林修撰。风禀灵秀，不事章句，掇采旨奥，融通大义而已。尝曰："经籍古人之魄也，有魂焉，吾得其魂尔矣。"论道则以无定为真，论学则以适用为是，论义则以达质为良。
>
> 刘瑾用事，以海乡人，欲致之，海常自疏阔。其后李梦阳下狱，瑾几杀之矣。梦阳妻弟曰左国玉者，为书通海，乞请刘坐之。海谢国玉曰："我固自远于刘太监，乃何惜生李子。"上马驰至瑾门，门者阻止。海曰："我康状元，乃公里人。"瑾闻即摄衣出迎，坐海上坐，留海饮。海谈笑睨瑾曰："自古三秦豪杰有几？"瑾愕然曰："惟先生教之。"海曰："昔桓温问王猛：'三秦豪杰何以不至？'猛扪虱而谈世务。三秦豪杰舍猛其谁，温闇若

此哉！"瑾面发赤，疑其讥己，因问曰："于今则几？"海默然，屈指曰："三人尔。昔王三原秉铨衡，进贤退不肖；今则有密勿亲信在帝左右。"瑾意指己，转发喜色，因复问曰："尚有一人，其先生乎？无谓王猛在前吾不识。"海曰："公何谬称，其一人者，今李白也。海卑卑耳。"瑾固问，则曰："昔曹操憎祢衡，假手黄祖，此奸雄小智。李白辞使高力士脱靴，可谓轻傲力士，力士脱而不辞，容物大度也。"瑾俯首思曰："先生岂谓李梦阳耶？此人罪当诛。"海即起辞，瑾谢曰："我知，我知。"明日入奏，出梦阳。瑾讽海，欲以为吏部侍郎，海固辞。自是，时时有匡正，而亦自是盖亲。瑾败，坐瑾党，夺官为民。（《名山藏》）

德涵既罢免，以山水、声伎自娱，间作乐府、小令，使青衣被之管弦，歌以侑觞。杨侍郎廷仪过浒西，留饮甚欢，自起弹琵琶劝酒……

这里详细地把《明史·康海传》中说康海为救李梦阳，"设诡辞"说刘瑾的具体内容披露出来了。同时也把康海"落职"以后的情况写了出来，以补明史未写部分。

又如在《嘉庆武功县志》中，表明了康海事见《明史》，不再引录，只载逸事。它说：

康海，字德涵，号对山。事详《明史》本传，不具论，论其轶事。

海数岁与群儿嬉，父镛授之业，辄退而嬉，怒欲箠之，课所业，无可箠，乃已。于书览而不诵，尝曰："上士恒逸，下士恒劳。诚虚吾衷，以友博学，则博不在友而在我。"为诸生时，什九在外，日与朋友论说，挟册者笑之。既而同试，笑者方构思，海已投卷逝。凡撰著，中烦而外疲，弗为也。惟静而坐，虚而意生，滔滔乎来，夫然后操觚而挥，虽众咻弗闻，未及乎匮也，止焉。盖养其锋而善之，恒若新发硎。

及第状元，授编撰，充经筵讲官。凡著作必宗经，而子史以宋为俚，唐为巧，秦汉为伯仲而未醇。故同进者忌海。海遭母丧归，经沙河遇盗。邑令偿失金，海受之。及刘瑾败，忌者劾海交瑾，令惧瑾，故偿金，遂罢官。

海爱人之心长，而自好短。尝援李梦阳于死，后顾谤其交瑾，故废不复起，然海未尝仇梦阳也。

海之废也，以文为身累，遂倦于修辞，曰："辞章小技耳，壮夫不为。吾咏歌、舞蹈泉石间已矣。"乃制乐府，谐以声容，自撰琵琶倚歌。别居浒西庄，自号浒西山人，又号沜东渔父。宾至，弹琵琶娱宾。或劝其仕，则怒，举琵琶提客。然海事亲孝，睭族党厚，教育子弟咸党，皆成名。嘉靖十九年，年六十六卒。命以山人巾服殓。遗鼓三百副。所著有《对山文集》《沜东乐府》《康氏族谱》《孙氏族谱》《武功县志》行世。

子栗，字子宽，庠生，早卒。著有《子宽集》。

这确实做到了详史之略，补史之阙。

正史无传的，方志也综合诸书加以补传。如光绪《乌程县志》的《张先传》，就综合了《吴兴志》《后山谈丛》《石林诗话》《直斋书录解题》《古今诗话》《过庭录》、张询《六客堂诗序》《临川集·张常胜墓志》而成，所用资料极宽，为了解人物事迹提供了丰富的史料。即使大量的传记并非综合诸书而成，但它的传记来源也是多渠道的，除了文献资料外，还有家传、采访册等。故许多正史中查不到的人物，可在地方志中找到传记。如我们在第一章中说到《明史》收录的《中国大百科全书·中国文学》卷中的明代戏曲作家二十三人中，仅十人有传，其他十三人无传。这十三人中，方志中有传的有朱有燉（见《祥符县志》《甘肃通志稿》等）、邵灿（见《宜兴县志》等）、徐霖（见《上元县志》《江宁府志》《苏州府志》等）、高濂（见《新建县志》等）、梁辰鱼（见《苏州府志》《青浦县志》《昆山新阳合志》等）、周朝俊（见《鄞县志》)、沈璟（见《吴江县志》

等)、王骥德(见《绍兴府志》《会稽县志》)、冯梦龙(见《苏州府志》《新兴县志》《寿宁县志》等)九人。都有或详或简的传记事迹。如梁辰鱼在乾隆《苏州府志》的记载：

> 字伯龙。以例贡为太学生。好轻侠，善度曲，啭喉发响，声出金石。昆有魏良辅者，造曲律，世所谓昆山腔者，自良辅始，而伯龙独得其传。著《浣纱传奇》，梨园弟子喜歌之。傥荡好游，足迹遍吴楚间。欲北走边塞，南极滇云，尽览天下名胜，不果而卒。同里王伯稠赠诗云："达人贵愉生，焉顾一世讥。伯龙慕伯舆，徇情良似痴。彩亮吐艳曲，烨若春葩开。斗酒清夜歌，白头拥吴姬。家无儋石储，出多年少随。元晖爱雅奖，此道今所稀。"

在乾隆《昆山新阳合志》中，又从另一角度作了介绍：

> 字伯龙。长八尺有奇，疏眉虬髯。曾祖纨，父介世，以文行显。而辰鱼好任侠，不屑就诸生试，作《归隐赋》，以例贡太学。嘉靖间，七子皆折节与交。性好游，足迹遍吴楚间。喜酒，尽一石弗醉。著有《江东白苎词》二卷。

对梁辰鱼，在《青浦县志》《光绪昆新两县续修合志》中还有一些其他生动的记载，这里不再备引。由此看来，地方志在查检作家事迹时的可贵。当然，因为所据材料不同，不同的地方志在记载同一个人的事迹时重点会有不同，也可能还会有出入，故我们还必须尽量找来各方志的传记加以汇总考订，才能更好地勾勒出该人的大致活动情况。

由于地方志有以上一些特点，人们也常用来考订人物事迹。如《全宋词》的编纂中，就利用方志来编写或考订人物小传，据《全宋诗·编纂说明》中举例说：

> 齐唐无专传，其事仅见《宋史》卷三〇一其兄廓传，只云

"吉州司理参军"。今据《宝庆会稽续志》卷五考知其为仁宗天圣八年进士，曾知杭州富阳县，为南雄州签判，以职方员外郎致仕，熙宁七年卒，年八十七，由此即可推知其生年。又如王初，《直斋书录解题》卷二十曾著录其诗一卷，但云"未详何人"，今据嘉靖《建宁府志》卷十五考知其为福建建瓯人，仁宗天圣二年进士。

由以上二例，也可知地方志在查考人物传记中的珍贵了。

三　方志的编目与传记的辑录

（一）方志的编目

我国现存有八千多种方志，而且还陆续有新的发现，更不要说新编写的了，总数极为可观。要从这么众多的方志中寻找作家史料，首先要知道的就是有些什么方志，这就要求助于方志的书目了。

方志的书目，在过去综合性的目录中，也有一些记载，但所载数量不大。方志的专题书目，见于记载的，有清初徐氏传是楼藏的明抄本《天下志书目录》，有乾隆时周广业编的《两浙地志录》。至1913年，缪荃孙编有《清学部图书馆方志目》，记载了清皇宫内阁移交给京师图书馆的地方志目一千六百七十六部。其后，各大图书馆都续有所编，如1931年的《故宫志目》，1933年谭其骧编的《国立北平图书馆方志目录》，同年张允亮编的《国立北京大学方志目》，1936年的《国立武汉大学方志目》等。中华人民共和国成立以后，各大图书馆大都编有方志目。

这些按馆藏编的方志目，只能反映一馆所藏，不能反映全国藏书，故朱士嘉于1935年出版了《中国地方志综录》，至1958年出版增订本，大大地方便了读者。1985年，中华书局又出版了《中国地方志联合目录》，可谓集方志目录之大成。

方志目也有以地区来编著的，如1934年北平大北印书局印有张维编的《陇右方志录》，收甘肃、宁夏、青海的地方志二百五十六部并加以考释。1935年出版了萨士武的《福建方志考略》，用表格形式考录了福建古方志。1984年浙江人民出版社出版了洪焕椿的《浙江方志考》，它以1958年出版的《浙江方志考录》为基础，订正、增补、重写，收录了浙江方志一千八百多种。1984年辽宁人民出版社出版了郝遥甫的《东北地方志考略》，考释了现存的东北地方志二百六十七种。特别是由吉林省图书馆学会编辑，吉林省地方志编纂委员会、吉林省图书馆学会出版的"中国地方志评论丛书"，陆续出版了各省的地方志考，对我们了解各省的方志是有用的资料。这些方志目，是考释性的，但还是区域性的。

属于全国性的地方志考释、提要书目，最早应为1930年北平天春书社所印瞿宗颖的《方志考稿甲集》，所收以存者为限，仿《经义考》例加以考释，但全书未成。嗣后1935—1936年的《禹贡》，连续刊登了张国淦的《中国地方志考》，到1962年，中华书局又出版了张氏增订的《中国古方志考》，1987年齐鲁书社又出版了陈光贻的《稀见地方志提要》，把地方志的考释提要工作推进了一大步。至于私人藏方志目和国外藏方志目，这里就不再涉及了。今把重要的有代表性的地方志书目略作介绍。

作为馆藏书目，有代表性的当为谭其骧的《国立北平图书馆方志目录》和中华人民共和国成立后的上海图书馆编的《上海图书馆地方志目录》。

《国立北平图书馆方志目录》，谭其骧等编，1933年北平图书馆刊行。它收录了北京图书馆所藏的各省、府、州、县志有五千二百多部，除重复者外，计有三千八百余种，包括了从清宫内阁大库移出来的，以及来自范氏天一阁、毛氏汲古阁和陈氏稽瑞楼等的藏书。书末并附索引。但本目录编成于1933年，目前，北京图书馆所藏方志，远非本目所能包容的了。

《上海图书馆地方志目录》，上海图书馆1979年编印。它收录了上海图书馆馆藏的各类地方志（包括缩微胶卷）五千四百余种。全书按1976年《中华人民共和国行政区划简册》顺序排列，著录了书名、卷数、纂修者、版本、册数、索书号、附注等内容。末附四角号码编排的"书名索引"。本目录不仅便于查找上海图书馆所藏方志，而且因收录数量极多，也借此可知现存方志的大致情形。

作为联合方志目录，现在有《中国地方志综录》（增订本）和《中国地方志联合目录》最称方便。

《中国地方志综录》（增订本），朱士嘉编，1958年商务印书馆出版。本书于1934年由商务印书馆初版，初版收全国各地方志五千八百三十二种，后又辑成补编七百三十二种，发表于《史学年报》上，没有合并付印。中华人民共和国成立后，著者作了修订，改正了有些著录错误，充实了内容，修订了收藏地，出版了增订本。增订本著录了全国四十一个图书馆现存方志七千四百一十三种，凡十万九千一百四十三卷。全书按《清一统志》次序排列，不过行省次序则根据《中华人民共和国行政区划简册》排列。全书用表格形式，分书名、卷数、纂修人、版本、藏书者、备注等栏。末附按笔画多少排列的"书名索引"和"人名索引"。本书不仅可查知全国有些什么地方志，且可从中查知藏于哪个图书馆，使用甚便。

《中国地方志联合目录》，中国科学院北京天文台主编，1985年中华书局出版。本目录是在朱士嘉《中国地方志综录》修订稿的基础上增补查实而成，由庄威风、朱士嘉、冯宝琳任总编，收录了全国三十个省、市、自治区的一百九十个公共、科研、大专院校图书馆、博物馆、文史馆、档案馆等收藏的历代地方志八千二百余种。收录范围包括通志、府志、州志、厅志、县志、乡土志、里镇志、卫志、所志、关志、岛屿志等，也包括了具有方志初稿性质的志料、采访册、调查记等。那些山、水、寺庙、名胜等志则不收，所收时间的下限为1949年。所收地方志按省、府、州、县、乡为序排列，每种方志又按书名、卷数、纂修者、版本、藏书单位和备注几个项目著录。藏书单位采用简称，书前冠有"藏书单位简称表"。倘若该单位收藏的是残本、胶卷、抄本等，也一一注明。书后附有四角号码编排的"书名索引"，以供检索。本书是目前收录现存地方志最为完备的方志目录，一编在手，查检甚为方便。

有时我们要了解某种地方志的编写情况、内容及其价值等，可查考释提要书目，这里仅介绍《中国古方志考》和《稀见地方志提要》。

《中国古方志考》，张国淦辑录，1962年中华书局出版。本书初稿连载于1935—1936年的《禹贡》杂志，以后屡经修订，直到中华人民共和国成立以后，重加整理，编辑成书，于1962年出版。这是一部古代方志书的综合书录，体例略仿朱彝尊的《经义考》，收录了自秦汉至元代的方志书二千一百七十八部，不论存佚，都加收录。存者录其序跋，佚者辑其佚文，并记出处。所辑旧文，有删无改。其分析论断，多出前人；所抒己见，则附在按语之中。

由于现存方志最多的是属于明清时期，宋元及以前的方志大多失传，而本书专辑元及元以前的，存、亡并录，从中可以全面地了解古代方志的概貌，与专辑现存方志的上述《中国地方志综录》《中国地方志联合目录》融为一个方志目录的整体。不过因它主要收的是一些散佚的方志，对查找方志中的人物资料的使用价值，就不能与现存方志目同日而语了。

《稀见地方志提要》，陈光贻著，1987年齐鲁书社出版。本书内容丰富，著录地方志一千一百二十余种，大多属于上海图书馆所藏的稀见之本，包括了"版本稀见，与定例笔墨之优异，或取材之独到，为方志之重要者"（《例言》）。同时，也照顾到各类方志，包括了一统志、通志、府志、州志、厅志、县志、关镇军志、道志、卫所志、土司司所志、盐井盐场志、乡镇志、乡土志、侨立志等，都加选录。同时，也照顾到各种体裁的方志，包括了纪传体、编年体、纪事本末体、杂记体、传记体、辑录体、术数体、赋体、骈俪文体、诗体等。

本书所收方志，也照顾到方志稀少的省份，对这些省份的方志，不论传本的多少，体例的优劣与否，选录从宽。

在本书著录上，首行著录书名、卷数，下注版本、收藏处等。从第二行起低一字排列提要。朱士嘉称赞说："《提要》内容丰富，体例完整，读者不但可以摸清各书书名、卷数、著者和版本的基本情况，也可以了解各书著者的简历、有关行政单位的地理沿革、前志源流、土特产、名胜古迹、著名人物的活动及其著作等。"(朱《序》)卷末附有"纂修人姓名索引"和"古今图书集成方志辑目",后者辑自东汉至清康熙时的方志有一千四百三十余种,虽多数已散佚,仍可参用。

(二)方志的传记辑录

地方志中的作家传记,常为研究作家生平事迹所采用,但把他们单独辑录成书的也不多见。仅据笔者所知,赵景深于1943年写有《方志著录明清曲家考略》,后收入1957年古典文学出版社出版的《明清曲谈》一书中。该文从一千多卷的方志中辑录了明清两代一百位(明代五十二家、清代四十八家)戏曲家较为珍贵的传记资料。以后又根据《安徽通志稿》写成《安徽曲家考略》,收在《读曲小记》中。辑录较为广泛的,有《方志著录元明清曲家传略》一书。

《方志著录元明清曲家传略》,赵景深、张增元编,1987年中华书局出版。

从1963年开始,张增元在赵景深指导下,从一千零四种地方志中辑出了元明清曲家六百五十八人的传记资料,全书分为五个部分:(1)元代戏曲作家,自关汉卿至丁野夫,凡二十人;(2)明代戏曲作家,自邾经至傅占衡,凡一百五十五人;(1)清代戏曲作家,自查继佐至由云龙及佚名者,凡二百五十八人;(4)元明清散曲家,自杜仁杰至赵起治,凡一百四十人;(5)元明清戏曲理论家及其他,自曾元隐至女优,凡八十五人。过去不被封建史学家所重视的戏曲家,他们的生平事迹往往湮没无闻,幸好地方志中为他们保存了许多珍贵的史料。据赵景深《序》所说,这次辑出了"过去未见著录的戏曲家共一百二十四人",并"从这些新发现的戏曲家小传中,还发现了罕见曲目一百多种。此外,戏曲家名字已见著录,但曲目还不为人所知的约有五十多种"。"对戏曲家生平、籍贯、里居、名号的考证,也提供了相当多的新材料。如许潮、桑绍良等人的材料,前人都不知道,这次发现的约有二十多人,一些前人已知的曲家事迹,也有不同程度的填补,如冯梦龙、盛于斯等。"这种辑录,大大地方便了我们了解作家的事迹。当然，因为所辑的书籍还不是方志的全部，一定还会有不少曲家或曲家事迹还没有辑录出来，这也是很自然的。

从地方志中辑录、汇编作家事迹，看来还仅是一个开始。除了辑录外，还有一个重要的方法是编地方志中的人物传记索引，这方面也已有人做了不少工作，并已有成果出版，我们将在最后一章人物传记索引中再作介绍。

第三节　目录中的作家史料

我国古代传统目录中，包含有丰富的传记史料。

所谓"目录"，包括了"目"和"录"。"目"指书目或篇目，也就是书名和篇名。"录"指叙录，就是对书籍或篇目作介绍性的说明，包括了作者、内容、评价、版本等的介绍文字。

目录又有一书目录和群书目录两种。一书目录，今存者如《史记·太史公自序》《汉书·叙传》等，它们包含了介绍每篇的要旨和篇名。一书目录也有独立成书的，如东汉郑玄有《三礼目录》，梁代陶弘景曾为之作注，已佚，见《隋书·经籍志》。现在我们介绍有传记资料的目录，是指群书目录而言。

群书目录的体例，目录学家有不同的看法。汪辟疆在《目录学研究》中分为"纲纪群籍，簿属甲乙""辨章学术，剖析源流""鉴别旧椠，雠校异同""提要钩元，治学涉径"四类。余嘉锡《目录学发微》中则分为三类："一曰部类之后有小序，书名之下有解题者；二曰有小序而无解题者；三曰小序解题并无，只有书名者。"

这种分类，是目录学家的事，从作家史料的角度来说，各类书目，对我们都有用，但利用的角度不同，提供史料的详略不同而已。就以最简单的簿录式的目录来看，它只记书名、卷数、作者，或者更为简略，连卷数等均无，但我们也可从中知道某一作家曾有些什么著作，这就是著作史料。有些目录下对作者有小注，这对作者又是作了进一步的介绍，这是一种重要史料。而最称详细的当为有解题的书目，解题中一般会有作者介绍，这种书目最为重要，这里主要就是介绍这种目录，兼及有小注的书目。

一 解题目录中的作家史料

解题式书目，也就是提要书目，它也称叙录、录、书录、志等。如《直斋书录解题》以"解题"称；刘向《别录》以"录"称，其每篇又称"叙录"；《古今书录》以"书录"称；王俭《七志》、晁公武《郡斋读书志》以"志"称；纪昀《四库全书总目提要》以"提要"称；等等。

解题书目主要在揭示图书主旨，为读者提供读书的门径。《四库全书总目提要》在《直斋书录解题》中解释"解题"说："各详其卷帙多少，撰人名氏而品题其得失，故曰'解题'。……然古书之不传于今者，得藉是以求其崖略；其传于今者，得藉是以辨其真伪，核其异同，亦考证之所必资。"这里提到的"撰人名氏"就是解题书目的有机组成部分。因为古代书目编成于古代，有许多作者史料都已经散失了，所以我们也可这样说："然作者事迹之不传于今者，得藉是以求其崖略；其传于今者，得藉是以核其异同，亦考证之所必资。"

"解题"的名称，始见于宋·陈振孙的《直斋书录解题》，但汉代刘向的《别录》的叙录，实际上已是"解题"。《汉书·艺文志序》说，刘向等校书，"每一部已，向辄条其篇目，撮其指意，录而奏之"。"撮其指意"就是解题。

解题目录按取材内容和编写方法的不同，一般又可分为三种类型。

（1）叙录体。这是解题目录的最早体例，以刘向《别录》为始创，至清代《四库全书总目提要》最称完备。从现存刘向《别录》中各篇的内容来看，包括了介绍作者的时代和作者的生平事迹，叙说该书的学术源流，记录校雠时所用异本的情况，分析评论图书的内容，指出该书的"资治"意义等。其中介绍作者的生平事迹是一个重要内容，如刘向《晏子叙录》中介绍晏婴：

> 晏子名婴，谥平仲，莱人。莱者今东莱地也。晏子博闻强记，通于古今，事齐灵公、庄公、景公，以节俭力行尽忠极谏道齐国，君得以正行，百姓得以附亲，不用则退耕于野，用则必不诎义，不可胁以邪，白刃虽交胸，终不受崔杼之劫，谏齐君，悬而至，顺而刻。及使诸侯，莫能诎其辞，其博通如此。盖次管仲，内能亲亲，外能厚贤，居相国之位，受万钟之禄，故亲戚待其禄而衣食五百余家，处士待而举火者亦甚众。晏子衣苴布之衣，麋鹿之裘，驾敝车疲马，尽以禄给亲戚朋友，齐人以此重之。晏子盖短，其书六篇，皆忠谏其君，文章可观，义理可法，皆合六经之义。

以后叙录体的介绍作者，倾向于简短。属于这类的书目，重要的有《郡斋读书志》《直斋书录解题》《四库全书总目提要》等。

（2）传录体。据《隋书·经籍志》说王俭的《七志》"不述作者之意，但于书名之下每立一传"。所以一般把这种在书名下只介绍作者的生平事迹的书目称为"传录体"。王俭《七志》已散佚，但我们从《文选》李善注中有几处引了《七志》原文可见一斑。如卷二十九枣道彦（枣据）《杂诗》注引"《今书七志》曰：'枣据，字道彦，颍川人。弱冠，辟大将军府，迁尚书郎。太尉贾充为伐吴都督，请为从事中郎，迁中庶子，卒。'"以后释僧祐、道宣、智昇等人为佛经作书目，都为译著之人作传记，就是继承了《七志》的传统。直到明代王圻的《续文献通考经籍考》，也基本上用传录体，如"《诗解》二十卷，吴骏著。骏字希远，浦城人。元丰中登第，官至饶州通判"。这种传录体书目，在古籍目录中数量较少，不占重要地位。

（2）辑录体。它是辑录一书有关资料和评论于书名之下的一种书目，对了解读书及各家的看法较为方便，其代表作如元·马端临的《文献通考·经籍考》等。此后，对目录书作辑佚、考证、拾补的，也大致采用这一体例，如《隋书经籍志考证》等。更推而为专科目录，如朱彝尊的《经义考》，谢启昆的《小学考》等就是。不过这些书目因辑录他书，虽方便读者，但从资料上说，已是第二手的了，我们在使用中，就要注意核实原书。

除了上述三类解题目录有作家事迹介绍外，有些目录中的小注，为我们了解作家也提供了可贵的史料，如《汉书·艺文志》《新唐书·艺文志》等，我们将在后面介绍。即使有些书目没有作者事迹，也可为我们了解作家提供一鳞半爪的信息。如晋代作家湛方生，在《艺文类聚》《初学记》等书中摘录了他的一些诗文，王夫之并把他的《还都》诗选入《古诗评选》中，赞其"纯净无枝叶。杜审言'独有宦游人'一律脱胎于此"。但湛方生的事迹，却一无所见，只有在《隋书·经籍志》中记载有这么一条："晋卫军谘议湛方生集十卷，录一卷。"是则我们从中知道湛方生是晋人，因排在东晋人中，可知他是东晋人，曾官至卫军谘议。再加上他作品中反映的事迹，我们就可以知道他的一些大概情况了。

这就是目录中记载作家事迹的大致情况。

二　目录中传记史料的特点

在目录中的作家事迹史料，因为它作为解题的一小部分，或甚至只是以小注面目出现，所以就决定了下列的特点。

第一，是它的简短性。目录中的作家史料，绝不能像史传那样详尽，因为它仅是目录中解题的一个内容，也仅是目录的一个组成部分，不可能作详尽的介绍，否则就不成其为目录书了。如《郡斋读书志》中《阮籍集》的提要，基本上是对阮籍的介绍：

> 右魏阮籍嗣宗也。尉氏人。籍志气宏放，博览群籍，尤好庄老，属文不留思，嗜酒能啸。善弹琴。当其得意，忽忘形骸。虽不拘礼教，而发言玄远。晋帝辅政，为从事中郎，后求为步兵校尉。

又如《四库全书总目》为高启《大全集》提要中介绍作者说：

> 明高启撰。启字季迪，长洲人。元末避张士诚之乱，遁居松江之青邱，自号青邱子。洪武初，召修《元史》，授翰林院国史编修，官至户部侍郎。后坐撰魏观上梁文被诛，年仅三十九。

以上两人都有传可据。若无传可据而经作者稽考而得，写得也较简略，不作详细考订。

第二，是它的互见性。作为书目，若对作者详为介绍，不仅篇幅过长，而且有喧宾夺主之嫌，但又要尽可能给人提供材料，所以就使用了互见法。这方法早在《汉书·艺文志》中就采用了。像"儒家类"的晏子、孟子、荀子、鲁仲连等下都注"有列传"，这说明要见晏子、孟子等的详细事迹，可参看《史记》中的列传。为什么班固的《汉书·艺文志》所注的"有列传"不是《汉书》而是《史记》呢？因为这些人的列传不见于《汉书》，从这也可知道班固这注也是采用了《七略》的原注而非出于班固的自注，故可知互见法已肇始于《七略》了。以后晁公武的《郡斋读书志》等仍然采用可这一办法，凡正史有传的，只略载简历，不过晁公武没有在各有关书下标明"有列传"，只在《蔡邕集》的提要中作了统一的交待。到清代，在《四库全书总目提要》中，集部类图书的作者正史有传的，或不再介绍，只说"事迹具某某书本传"，如《次山集》下只说："唐元结撰，结事迹具《新唐书》本传。"或略作姓氏里贯爵位的介绍后，再说明传记所在，如《欧阳行周集》下说："唐欧阳詹撰。詹字行周，泉州人，举进士，官至四门助教。事迹具《新唐书·文艺传》。"这些是与史传的互见。

另一种互见是在书目中的互见，如《四库全书总目》的《罗昭谏集》下说："唐罗隐撰，隐有《两同书》，已著录。"则罗隐事迹已在《两同书》下介绍了，这里不再重复。在《两同书》下说："隐字昭谏，新城人，本名横。以十举不中第，乃更名。朱温篡唐，以谏议大夫召，不应。后仕钱镠为钱塘令。寻为镇海军掌书记节度判官，盐铁发运副使。授著作佐郎，司勋郎中。历迁谏议大夫，给事中。"

第三，是它的补阙性。《郡斋读书志·蔡邕集》后对正史有传的处理办法后接着说："若史逸其行事者，则杂取他书详载焉，庶后有考。"这就是为作者传记补阙。应该说，这是史料价值最高的一种，因为取自正史者，正史的传记都保存着，足可查阅，无烦第二手资料。而杂取他书的传记，一则不好搜集，二则时代一久，好多原来所根据的书散佚了，只有在书目的解题中保存了些内容，就弥足珍贵了。后人介绍这些作者，也只有从书目中取材。如《全唐诗》收录卢士衡诗七首，对卢的介绍说："士衡，后唐天成二年进士，集一卷。"卢士衡无史传资料可查，《全唐诗》所根据的就是《直斋书录解题》卷十九载："卢士衡集一卷，后唐卢士衡撰，天成二年进士。"又如崔国辅，《唐书》无传，事迹略具《新唐书·艺文志》《崔国辅集》下注："卷亡。应县令，举授许昌令，集贤直学士，礼部员外郎。坐王鉷近亲，贬竟陵郡司马。"以上两人的事迹在唐代的笔记中也无史料可查，只有《唐摭言》卷十一中收了崔国辅《上何都督履光书》，也没有提及生平。

三 有作者简介的目录书

查检有作者简介而又有史料价值的目录书，当然指编成于古代的解题式目录及对作者有小注的目录书，这里我们只介绍现存的有代表性的并有史料价值的目录中的作者史料，其他不在这里涉及。

《汉书·艺文志》，是东汉班固撰写的《汉书》中的一卷，是我国古籍目录中的一个重要系统——史志书目的创始之作。不过它是根据刘歆的《七略》"删其要"。它的分类仍本《七略》，分为六类。

班固在《汉书·艺文志》的书名下，加了一些小注，这些小注，大致也是节取《七略》的文字。小注的内容很广泛，包括了署作者，选时代，注书名，阐内容，明师承，辨真伪等。这里仅就与作者有关的署作者来看，注明作者本来是目录中必不可少的内容，不过当时的目录还没有定型化，班固在一见书名就知道作者是谁的情况下就不再注，实际上作者也就包括在书名中了。那些需要注的，注解的方式也多种多样：有注作者名的，如《凡将》篇注说："司马相如作。"《蒯子》五篇注："名通。"（按：当名"彻"，因汉代避刘彻讳改）有介绍作者略历的如《晏子》八篇注："名婴，谥平仲，相齐景公，孔子称善与人交。有列传。"《韩子》五十五篇注："名非，韩诸公子，使秦，李斯害而杀之。"有注明职官的，如《张苍》十六篇注："丞相北平侯。"有不注作者而仅注籍贯的，其作者当已佚名，如《徐子》四十二篇注："宋外黄人。"有注明不知作者的，如《内业》十五篇注："不知作书者。"有不知作者而根据内容作推断的，如《景子》三篇说："说宓子语，似其弟子。"这些都为我们提供了文献资料。

在编写《汉书·艺文志》时，作家的专门文集还没有出现，作品也仅是单篇流传，故《汉书·艺文志》没有集部书，有关诗文放在"诗赋略"中。它也对一些作者作了小注，也具有文献价值，如"屈原赋二十五篇"注："楚怀王大夫，有列传。""宋玉赋十六篇"注："楚人，与唐勒并时，在屈原后也。""庄夫子赋二十四篇"注："名忌，吴人。""河内太守徐明赋三篇"注："字长君，东海人。元、成世历五郡太守，有能名。"等等。这些记载虽然简略，但我们今天研究东汉以前的赋及其作者，没有不以此文献记载为依据的。

《新唐书·艺文志》。《新唐书》是宋仁宗赵祯命欧阳修、宋祁等重新修订的。欧阳修负责纪、表、志部分；宋祁负责列传部分。欧阳修在编写《崇文总目》中，积累了丰富的经验，再来编《新唐书·艺文志》，自然能弥补《旧唐书·经籍志》中收唐代著作十分不全的缺点。

《旧唐书·经籍志》的根据是开元年间毋煚编的《古今书录》，它只反映开元年间的藏书，而开元以后的唐人的许多著作，就被排斥在外。作为一代书目，是极不完整的。欧阳修主要根据反映宋代实际藏书的《崇文总目》来增补唐人著作二万八千四百六十九卷。其中以集部来看，包括了楚辞、别集、总集在内，增加了四百零八家，五千八百二十五卷。在欧阳修这样大力增补下，《新唐书·艺文志》才真正成了一部完整的唐代书目。

不仅如此，《新唐书·艺文志》还继承了《汉书·艺文志》的优良传统，加了不少小注，为读者了解书籍的作者、注释者、内容、性质、存亡等，提供了更多的信息，具有更高的文献价值。

其中就以集部别集来看，它新增的唐人著作凡四百多家中，在小注中或多或少提供作者事迹的近一百三十家，这还不包括仅注作者名、编者名、注者名的。这些小注，虽然有的较简，或只注时代，或只注字，或只注官职，或只注籍贯等，但也有不少具有小传性质，如《刘长卿集》下注：

> 字文房。至德监察御史。以检校祠部员外郎为转运使判官。知淮西鄂岳转运留后，鄂岳观察使吴仲孺诬奏，贬潘州南巴尉，会有为辨之者，除睦州司马。终随州刺史。

这些有小注的作家中，包括了我们熟知的一些人物，如崔国辅、刘长卿、戎昱、丘为、刘蜕、孙樵、秦韬玉、崔颢、綦毋潜、李颀、包融、皇甫冉、张继、李嘉祐、郎士元、苏涣、朱湾、吉中孚、常建、韦渠牟、刘商、王建、杨巨源、殷尧藩、张祜、许浑、雍陶、朱庆馀、喻凫、马戴、李群玉、姚鹄、项斯、顾非熊、赵嘏、曹邺、于濆、聂夷中、曹松、皎然等。这里提到的作家中，除崔颢、韦渠牟在新旧《唐书》中有传外，包融、顾非熊在《旧唐书》中提及，皇甫冉、吉中孚在《新唐书》中附及外，其他人在两《唐书》中都没有传记。由此可见这些小传的珍贵。此外，在其他部类的书名下，还有不少有关作家的传记小注。这些传记资料，常为后代研究者所乐于引用。

不仅作者事迹对我们有用，而且在注中还有作家的综合介绍，如《包融诗》下的注中介绍了殷璠所编《丹阳集》中当时东南地区的十八位作者，具有史料文献价值。

《郡斋读书志》，宋·晁公武撰。晁公武（约1105—1180），世居汴京昭德坊，是北方的世族，家富藏书。靖康末，其父晁冲之带领全家逃入四川，定居嘉定（今四川乐山）。以后又得到了四川转运使井度的大量赠书，在此基础上编成了《郡斋读书志》，是今存最早的有解题的私人藏书目。

《郡斋读书志》收书一千四百六十多部，除极少数外，都有解题。其解题继承了《七略》以来解题书目的优良传统，有很高的学术水平。解题中包括了作者略历，如《秦韬玉投知小录》三卷的解题：

> 右唐秦韬玉，字中明，京兆人。有词藻，工歌吟。险而好进，为田令孜所善。僖宗幸蜀，令孜引为工部侍郎。中和二年赐进士第，编入春榜。

秦韬玉，史书无传，事迹略见于五代王定保的《唐摭言》卷九"敕赐及第"和"芳林十哲"二条中，后又见《新唐书·艺文志》的小注等书中。这里的小传就是综合诸书而成，而且尚有上述二书中没有提到过的材料。

有的作家事迹，因引书的散佚，其事迹可能首见于此书的，其资料价值更为可贵。如曹唐，《新唐书·艺文志》《曹唐诗三卷》下仅注"字尧宾"三字，本书在《曹唐诗一卷》下的解题就比较详细了：

> 右唐曹唐，字尧宾，桂州人。初为道士，咸通中为府从事，卒。作《游仙诗》百余篇。或靳之曰："尧宾尝作鬼诗。"唐曰："何也？""'井底有天春寂寂，人间无路月茫茫。'非鬼诗而何？"唐乃大哂。今集中不见，然他诗及神仙者尚多。

对这些作者传记的编写，晁公武有一个原则，见于集部别集类第一部《蔡邕集》解题后的小序中，他说："凡文集，其人正史自有传者，止掇论其文学之辞及略载乡里、所终爵位，或死非其理亦附见，余历官与其善恶率不录。若史逸其行事者，则杂取他书详载焉，庶后有考。"从史料角度说，这些杂取他书编成的传记事迹更有文献价值。

《直斋书录解题》，宋·陈振孙撰。陈振孙（约1183—1249后），字伯玉，号直斋，浙江安吉人。他在出版业发达的江西、福建、浙江做了二十多年的地方官，称为南宋的藏书大家。其《直斋书录解题》与晁公武的《郡斋读书志》在宋代解题书目中堪称双璧。

《直斋书录解题》收书五万一千一百八十卷，超过了南宋国家藏书目《中兴馆阁书目》的收书量四万四千四百八十六卷的卷数，可见它保存了大量的文献资料。

《直斋书录解题》继承了《郡斋读书志》的传统，对各书作有解题，内容丰富，但也比较灵活，有话即长，无话即短，甚至有的书没有解题。其解题中作者介绍更为简略，今仍以上举《郡斋读书志》中对秦韬玉、曹唐的介绍为例，对《投知小录》介绍说："唐神策判官郃阳秦韬玉中明撰。田令孜客，中和二年特赐及第。"对《曹唐集》的介绍是："唐桂林曹唐尧宾撰，有大小《游仙诗》。"文字虽简略，却也为我们提供了一些新的资料可供研究。如秦韬玉，《郡斋读书志》据《唐摭言》说是"京兆人"，而本书说是"郃阳人"。"郃阳"即今之合阳，在陕西省中部，京兆则指唐代的京兆府，其辖区相当于今陕西秦岭以北，乾县以东，铜川以南，渭南以西之地。郃阳在唐属关内道同州，不属京兆府。则《直斋书录解题》所说的郃阳，似为秦韬玉的原籍，其父任左军军将，居长安，故《唐摭言》说他是京兆人。

《直斋书录解题》在介绍作者时，其次序一般是"朝代加官爵、加籍贯、加姓名、加字"，最后是科第。如上举二人的介绍就是。当代人则不加朝代名，在必要时加上一些介绍，如《苏东坡集》的介绍："端明殿学士文忠公苏轼子瞻撰，一字仲和，自谪黄州，始号东坡居士。"当然，有的作家介绍也较详细，不尽简略。如《石林总集》一百卷下说：

> 尚书左丞吴郡叶梦得少蕴撰。绍圣四年进士。崇观间骤贵显，三十一岁掌外制，次年遂入翰林。中废，至建炎乃执政，然

才数日而罢。平生所历州镇，皆有能声。胡文定安国尝以其蔡、颍、南京之政荐于朝，谓不当以宿累废。晚两帅金陵，当乌珠临江，移三山平群寇，其功不可没也。秦桧秉政，欲令帅蜀，辞不行，忤桧意，以崇庆节度使致仕。其居在卞山，奇石森列，藏书数万卷。既没，守者不谨，屋与书俱烬于火。"石林"二字，本出《楚辞·天问》。

《直斋书录解题》比《郡斋读书志》后出，故介绍宋代诗人文集较多，仅就诗文别集、诗集、歌词、章奏四小类看，就收了五百六十多种，而《郡斋读书志》的别集类收上述四类书的宋人诗文集仅约一百四十种，可见《直斋书录解题》在保存宋代文献资料上的贡献。

《文献通考·经籍考》和《续文献通考·经籍考》。元·马端临（1254—1323）的《文献通考》中的《经籍考》，是一部辑录体的提要书目。马端临自述其《经籍考》的编写体例是："所录诸书，先以四代史志列其目，其存于近世而可考者，则采诸家书目所评，并旁搜史传、文集、杂记、诗话。凡议论所及，可以记其著作之本末，考其流传之真伪，订其文理之纯驳者，则具载焉。"由此可见，本书收录的根据是"四代史志"，即指《汉书·艺文志》《隋书·经籍志》《新唐书·艺文志》。时《宋史·艺文志》尚未编修，宋代图书当据宋代的三朝、两朝、四朝、中兴四朝国史艺文志编录，其重点在"存于近世而可考者"，也就是指宋代的存书。各书的解题，则采用辑录体，主要辑自《郡斋读书志》和《直斋书录解题》。这种汇录诸家材料于一书，颇便读者。其解题中的作者事迹，也从诸书辑录而来，因为主要辑自《郡斋读书志》和《直斋书录解题》，这两书今俱在，故其史料价值不及原著。

嗣后，明·王圻编了部《续文献通考》，其书上接《文献通考》（宋宁宗时），下至明万历初年，书中卷一百七十三至一百八十三为《经籍考》，收宋至明代著作。在书名下，一般有著者的简略介绍，如金·吴激《东山集》十卷下注：

激字彦高，建州人，宋米芾婿也。将宋命至金，以知名留不遣，为翰林学士。皇统二年出知深州卒。集名《东山》，因其号也。

也间有对作品的评论，如金·赵秉文《滏水集》后评说："为文长于辨析，极所欲言，不以绳墨拘。七言古诗笔势纵放，律诗壮丽，小诗精绝，五言古诗沉郁顿挫。夏人恒问秉文及王庭筠起居状，为四方所重如此。"

王圻的《续文献通考》在清乾隆年间编修《四库全书》时，认为其中有违碍清朝统治的记载，因而被列入禁书，并命臣下重修，编成了一部《钦定续文献通考》。它以王圻本为蓝本，又参考了宋元以来的史书、史评等作了修订。起自宋宁宗嘉定年间，至明崇祯末。其中卷一百四十一至一百九十八为《经籍考》。不过它所依据的是《四库全书总目》，其中作者介绍更为简化，史料价值不大。

《录鬼簿》 二卷，元·钟嗣成撰。钟嗣成（约1279—约1360），字继光，号丑斋，大梁（今河南开封）人，自幼寓居杭州，曾在江浙行省任掾史。是一位戏曲家，所著除《录鬼簿》外，还有杂剧、散曲等作品。

《录鬼簿》是一部曲目性的戏曲史料著作。它以作家为目，著录了四百多种剧目。上卷分"前辈已死名公，有乐府传于世者"、"方今名公"和"前辈已死名公才人，有所编传奇行于世者"三类。前两类多为散曲作家，仅开列了一个名单，后者收录了关汉卿等五十六位杂剧作家及其杂剧名目，并对他们的籍贯、事迹作了极为简略的介绍，如："关汉卿，大都人。太医院尹，号已斋。""马致远，大都人，号东篱老，江浙省务提举。"这种介绍，是钟嗣成的朋友陆仲良从吴克斋处得来的。下卷包括"方今已亡名公才人，余相知者，为之作传，以《凌波曲》吊之"、"已死才人不相知者"、"方今才人相知者，纪其姓名行实并所编"和"方今才人，闻名而不相知者"四类。

其中"相知者"所记事迹稍为详细些，如对宫天挺的著录：

> 天挺，字大用，大名开州人。历学官，除钓台书院山长。为权豪所中，事获辨明，亦不见用。卒于常州。先君与之莫逆交，故余常得侍坐，见其吟咏，文章笔力，人莫能敌。乐章歌曲，特馀事耳。

小传以后并有《凌波曲》吊词，亦有史料价值。全书记述了一百五十二位杂剧及散曲作家，是研究元曲的珍贵文献。至明初，贾仲明又为一些钟嗣成未写的作家增补了吊词，如关汉卿的吊词为：

> 珠玑语唾自然流，金玉词源即便有，玲珑肺腑天生就。风月情，忒惯熟，姓名香，四大神物。驱梨园领袖，总编修师首，捻杂剧班头。

这也为我们提供了一些史料。

《录鬼簿》成书于至顺元年（1330），以后作者又作了修改增补。今流传的有明《说集》本、孟称舜本、曹楝亭本、《暖红室汇刻传奇》本、贾仲明增补过的天一阁蓝格抄本等。校注的有王国维校注本、马廉《录鬼簿新校注》本、《中国古典戏曲论著集成》本等。

另有《录鬼簿续编》一卷，附抄于天一阁蓝格抄本后。书成于明，体例仿《录鬼簿》，著录了作家七十一人的杂剧名目七十八种，其中对罗贯中、贾仲明的记载仅见此书，尤为珍贵。

《徐氏红雨楼书目》，明·徐𤊹（1570—1646）在万历三十年（1602）根据家藏书籍编成，以后续有增附，收书三千多种，七万多卷，按经史子集四部分类。

这部书目在收录上颇具特色，它著录地方志较多。总志和各省县志凡三百四十八种；它著录文艺方面的图书也较多，如子部小说类书达五百五十九种；传奇类收元明杂剧和传奇一百四十种。特别是明代集目收录较多，其"明诗选姓氏"部分注明了明代作家二百七十一人的简历（还有方孝孺、夏完淳等四十四人仅存名，无简历，不计在内），如：

> 李梦阳：献吉，庆阳人。弘治癸丑进士，官提学副使，为一代诗人之冠，有《空同集》。

> 何景明：仲默，信阳人，弘治壬戌进士，官提学副使，有《大复集》。与李梦阳齐名。

这是明末人为当代人编写的简历，是研究明代文学的宝贵史料。

《四库全书总目》，清乾隆敕修，永瑢、纪昀等编修的《四库全书》，收书三千四百六十一种，七万九千三百零九卷，每部书都写有提要，放在各书卷首。把这些提要合编在一起，就是《四库全书总目提要》，也称《四库全书总目》。此外，还选收了没有收入《四库全书》的六千七百九十三种九万三千五百五十一卷图书，也编写了提要，一并放入《四库全书总目》中，称为"存目书"。因此，《四库全书总目》为一万零二百五十四种古籍写了提要。可以这样说，《四库全书总目提要》中包括了乾隆以前中国古代的重要著作，是一部重要的古籍文献。

《四库全书总目》的"提要"，是总结了刘向以来编写解题书目的重要成果，是一部集大成的提要书目。它在"凡例"中说："每书先列作者之爵里，以论世知人；次考本书之得失，权众说之异同，以及文字增删、篇帙分合，皆详为订辨，巨细不遗；而人品学术之醇疵，国纪朝章之法戒，亦未尝不各昭彰瘅，用著劝惩。"这就是说，各书的提要先介绍作者，但也有例外，如"凡例"又说：

> 历代敕撰官书如《周易正义》之类，承诏纂修，不出一手，一一详其爵里，则末大于本，转病繁冗，故但记其成书年月、任

事姓名，而不缕陈其爵里。又如汉之贾、董，唐之李、杜、韩、柳，宋之欧、苏、曾、王，以及韩、范、司马诸名臣，周、程、张、朱诸道学，其书并家弦户诵，虽村塾童竖，皆能知其为人，其爵里亦不复赘。至一人而著数书，分见于各部中者，其爵里惟见于第一部，后但云某人有某书，已著录，以省重复。如二书在一卷之中，或数页之内，易于省记者，则第二部但著其名。

这条说明，考虑是很周到的。

至于《四库全书》的提要中如何记叙作者的爵里，也有它的特色，这可从两个方面来说。一方面，所叙爵里，一般都注明根据，如果是正史有传的名人，只注"事迹具某某书"，以供查检，如《颜鲁公集》下说：

唐颜真卿撰。真卿事迹具《唐书》本传。

如果不是特别有名，则略摘取其爵里，再注明出处，如《张司业集》说：

唐张籍撰。籍字文昌，和州人。贞元十五年进士，官至国子司业。事迹附载《唐书·韩愈传》中。

若别人撰有重要的传记性文章，也兼为注出，如《李元宾文编》说：

唐李观撰。观字元宾，赵州赞皇人。李华之从子也。贞元八年登进士第，九年复中博学宏词科，官至太子校书郎。年二十九卒。事迹具《新唐书·文艺传·李华传》内。韩愈为志其墓，文载《昌黎集》中。

若正史无传,而另有传记的,也为注明,如《韦苏州集》说:

新旧《唐书》俱无传。宋姚宽《西溪丛话》载吴兴沈作喆为作补传,称应物少游太学……年九十余,不知其所终。

又如《云台编》于介绍郑谷的爵里后说:

史不立传,其事迹颇见计有功《唐诗纪事》中。

若正史于另外传记均无,则加以辑录,并注明出处,如《咏史诗》下说:

唐胡曾撰。曾,邵阳人。《文苑英华》载其二启,皆干谒方镇之作。陈振孙《书录解题》称其咸通末为江南从事。何光远《鉴戒录》"判木夹"一条,载高骈镇蜀,曾为记室,有草檄谕西山八国事。盖终于幕府也。

但有些小传也没有注明出处,如《刘随州集》说:

唐刘长卿撰。长卿字文房,河间人。姚合《极玄集》作宣城人,莫能详也。开元二十一年登进士第,官终随州刺史,故至今称曰刘随州。

另一方面,对所叙爵里,若诸书有出入的,也尽可能作了考索,而不是照抄就算完了,如《鲍参军集》下说:

宋鲍照撰。照字明远,东海人。晁公武《读书志》作上党人,盖误读虞炎序中"本上党人"之语。"照"或作"昭",盖唐人避武后讳所改。韦庄诗有"欲将张翰松江雨,画作屏风寄鲍昭"句，押入平声，殊失其实。沈约《宋书》、李延寿《南北史》作于武后称制前者，实皆作"照"，不作"昭"也。

这里考证了鲍照的籍贯与名字。这种考证，对我们了解作者是有帮助的。不过在考证中也不免有疏误或武断处，如这条中说晁公武"误读虞炎序中'本上党人'之语"，其实，鲍照的祖籍是上党，以后迁至东海，则说他是"上党人"也不能说是"误读"。

《四库全书总目》在提要中这样有根有据地介绍作者或对事迹所作的考证，在解题书目中的成就是空前的，为我们了解作者事迹提供了史料依据，也纠正了一些记载错误，特别是对那些史传无记载的作者的稽考，更为我们提供了一些难得的线索，为研究者所乐于采用。如谭正璧的《中国文学家大辞典》中，对许多作家的介绍就采用了《四库全书总目》中的考证。

其他还有些解题书目，也为我们提供了一些珍贵的作家史料，在此就不备述了。

第四章

笔记中的作家史料

第一节 笔记的范围

"笔记"二字,从字面意义上讲,是指执笔记叙。如《南齐书·丘巨源传》所载《与尚书令袁粲书》中说:"议者必云笔记贱伎,非杀活所待。"大致就是这个意思。南北朝时崇尚骈俪,就有"文""笔"之分,梁·刘勰《文心雕龙·总术》中说:"今之常言,有'文'有'笔',以为无韵者'笔'也,有韵者'文'也。"这里说的"笔"是和有韵的"文"相对而言,就是指散文。"笔记"一词,也就泛指用散体记叙的散文了,故《文心雕龙·才略》称以散体见长的"路粹杨修,颇怀笔记之工"。梁·王僧孺《太常敬子任府君传》中也说:"辞赋极其清深,笔记尤尽典实。"以后,人们又把那些用散体文随笔记录见闻的短文称为"笔记"。至于把"笔记"用作书名的,最早当为宋代宋祁的《笔记》(《宋景文公笔记》),以后有龚颐正的《芥隐笔记》,陆游的《老学庵笔记》等。

由此看来,笔记的范围较为广泛,内容也极为庞杂。我们这里所取的,是从文学史史料之一的人物史料着眼,没有史料价值或虽有史料价值而没有作家传记史料价值的笔记,都不在我们介绍的范围以内。

这些笔记,在过去和今天的目录书中,都没有单独立为一类。从过去的目录分类来说，以《四库全书总目》为例，它收在子部书的"杂家"类和"小说家"类，也有些收在史部书的"杂史"类。

在"杂家"类的图书中，又分为"杂学"、"杂考"、"杂说"、"杂品"、"杂纂"、"杂编"六小类，我们所用的笔记，主要收在"杂说"中，如《春明退朝录》《文昌杂录》《麈史》《梦溪笔谈》《仇池笔记》《东坡志林》《曲洧旧闻》《春渚纪闻》《石林燕语》《避暑录话》《云麓漫钞》《梁谿漫志》《老学庵笔记》《贵耳集》《齐东野语》，等等。但因笔记的内容庞杂，故其他类中也有一些可用，如"杂考"中的《能改斋漫录》《云谷杂记》，"杂纂"中的《事实类苑》，等等。

在《四库全书总目》"小说家"类的图书中，又分为"杂事"、"异闻"、"琐语"三小类。其中"异闻"属于志怪，谈不上信史；"琐语"收《博物志》等，亦无人物史料可言。故我们所用的笔记，就集中在"杂事"一类，它著录了自《西京杂记》《世说新语》至《何氏语林》凡八十六部，五百八十一卷，都是重要的或比较重要的笔记资料。

此外，正如《四库全书总目》所说："纪录杂事之书，'小说'与'杂史'最易相淆，诸家著录，亦往往牵混。今以述朝政军国者入'杂史'，其参以里巷闲谈、词章细故者则均隶此门（即'小说'——引者注）。"所以，在史部杂史类中，也有些书可作笔记来谈，如《燕翼诒谋录》《钱塘遗事》等。

新中国成立以来新编的《中国丛书综录》，笔记类的书大致仍在子部"杂学类"的"杂说之属"和"小说类"的"杂录之属"。另外，小说类的"杂考之属"也有些书涉及这方面的内容。在史部"杂史类"的"琐记之属"中，也收入了不少笔记。

这些笔记，在《中国图书馆图书分类法》中，也没有统一的类，如原"杂家类"的"杂说"中的笔记，归入"Z4 论文集、杂著"中；原"小说类"的"杂事"归入"I242 古代作品"中；原"杂史类"的归入"K204．5 杂史"中。

这些笔记，在记叙上是随笔式的，没有什么统一的规格，但在记载人物事件上，也大致有下列几种方式。

（1）以记载人物片段事迹、言行为主，也就是主要在记人物活动的片段故事。许多笔记大致采用了这一办法，代表作为刘义庆的《世说新语》及效仿它的一类著作，如刘肃《大唐新语》，何良俊《何氏语林》，王晫《今世说》等。今举《世说新语》中的一条：

> 魏武将见匈奴使，自以形陋，不足雄远国，使崔季珪代，帝自捉刀立床头。既毕，令间谍问曰："魏王何如？"匈奴使答曰："魏王雅望非常，然床头捉刀人，此乃英雄也。"魏武闻之，追杀此使。（《容止》）

这类笔记对了解人物言行还是很有用的。

（2）以记载事件为主，在事件的叙述中出现人物活动。这里边的人物事迹往往更为简略，甚至只出现一个名字，但所记事件则较明晰。如唐·郑处诲《明皇杂录》卷下说：

> 安禄山之陷两京，王维、郑虔、张通皆处于贼庭。洎克服，俱囚于杨国忠旧宅。崔相国圆因召于私第令画，各画数壁。当时皆以圆勋贵莫二，望其救解，故运思精深，颇极能事，故皆获宽典，至于贬降，必获善地。

又如宋·王明清《挥麈前录》卷二说：

> 本朝名公，多厄于六十六。韩忠献、欧阳文忠、王荆公、苏翰林，而秦师垣复获预其数，吕正惠、吕文穆亦然。

（3）以人物传记为主，这对我们查检人物史料更为有用。代表作如金·刘祁的《归潜志》十四卷，它的前六卷全是金人的传记，包括了金代的重要文学家。又如清·吴德旋的《初月楼闻见录》，专记清代吴越江淮间的非达官显贵人物。不过这种著作在笔记中较少见。

（4）在作品的评说、介绍中涉及作者事迹，类似诗文评中所用的评介法。这种介绍，在笔记中常见。如元·陶宗仪《南村辍耕录》卷二十三"检田吏"条抄录了袁介的《踏灾行》后说："此袁介《踏灾行》也，足可以为民牧不恤民瘼者之劝。介字可潜，尝掾松江，盖能以儒术饰吏事者，因载之。"《踏灾行》一诗，描写了元代灾民的困顿，继承了白居易《新乐府》的创作传统，但其作者袁介，却不见史传，在此书中为我们提供了个大致情形。

第二节　笔记中人物史料的特点

笔记中的人物史料，既不同于史传，也不同于碑传，有它自己的特色。大致说来，有下列几点。

一　真实性

第一，笔记记事的真实性表现在作者们重视真实性的记事传统，这在许多笔记中都有所说明。如唐·李肇《国史补序》中说，《国史补》所记的是："纪事实，探物理，辨疑惑，示劝戒，采风俗，助谈笑。"他把"纪事实"放在首位，这是这类笔记的一个优良传统。宋·欧阳修也在《归田录》中重申了李肇的记事法。这种重视事实，是这类笔记具备真实性的思想保证。

第二，真实性还表现在所记大致是作者们的目见耳闻之事，这也是笔记是随笔记录所见所闻的这一特点决定了的，有的甚至作为书名标出，如《四朝闻见录》等。有的作者也在自序中强调目见耳闻，如欧阳修在《归田录》的《自序》中说："《归田录》者，朝廷之遗事，史官之所不记，与夫士大夫笑谈之馀而可录者，录之以备闲居之览也。"王辟之在《渑水燕谈录序》中也说："闲接贤士大夫谈议，有可取者，辄记之。"

除了在序中说明外，还有一些著作在条末或条头表明这条材料"闻之某某云"，"某某说"等字样。也有详细交待的，如宋·费衮《梁谿漫志》卷四"东坡西湖了官事"条说："有老僧，绍兴末年九十余，幼在院为苍头，能言之。"这都说明了它们的来源。

这种目见耳闻的材料，从目见来说，当为第一手史料，其史料价值较可贵；从耳闻来说，有来自上辈父祖，有来自亲属，有来自同僚，有来自友朋，有来自同时人，等等，材料也较可贵，但比起目见来说，就逊了一筹。所以有人在笔记中把目见与耳闻分开编录，如明·李清在《三垣笔记》中把自己亲眼所见的作为《笔记》的本文，把那些听来的另外收在《附识》中，这是笔记特别重视真实性的一个显著例子。笔记的真实性，也得到了当时人或后代人的肯定，如明·郑晓在《今言》中说："近记时事小说书数十种，大抵可信者多。"当然，失实处也不在少数，我们将在下面传闻中再说。

第三，真实性还表现在作者们注意了记录的客观性，并且较少避讳，如宋·邵伯温的《邵氏闻见录》，是站在反对王安石变法的立场上来说话的，对王安石多所攻击，但他也并不完全掩盖王安石身上的一些优点，如好学深思、廉洁奉公、不好女色，等等。又如清·昭梿《啸亭杂录》，对一些达官贵人、文人学士的揭发也不容情，如说王鸣盛贪财（续录卷三"王西庄之贪"）；高士奇逢迎，"遇事先意承志"（卷八"高江村"）；纪昀好色，"今年已八十，犹好色不衰"（卷十"纪晓岚"）；等等。当然，由于时代和阶级等的局限，这种客观性、较少避讳也只是相对而言的。正如欧阳修在《归田录》书后说的，他的《归田录》"不书人之过恶"，理由是"职非史官，而掩恶扬善者，君子之志也"。有不少作者就抱着这种态度，这也构成了笔记中记事的局限。

第四，真实性还表现在许多记载被采入正史等史书中。因为笔记所记，往往是当时人记当时事，或稍前的事，时代既早，又多第一手资料，后代在编修史书时，必然从中采撷史料。这种采撷，也就是承认了书中所记的真实性。这种例子很多，如《晋书》之从《世说新语》,《新唐书》之从《大唐新语》《国史补》,《金史》之从《归潜志》,《元史》之从《辍耕录》等书中采摘史料,这是人所共知的。又如袁桷在《修辽金宋史搜访遗书条例事状》中开列的一系列采择书目中,就包括了《涑水记闻》《邵氏闻见录》《春明退朝录》《梦溪笔谈》《归田录》《续归田录》《可谈》《谈丛》《师友杂志》《晁氏客语》《师友谈记》《闻见录》《桐阴旧话》《王沂公笔录》《旧闻证误》《文昌杂录》《杨文公谈苑》《麈史》《能改斋漫录》《石林燕语》《嘉祐杂志》《东斋记事》《谈甫》《渑水燕谈》《避暑录》《王巩杂录》《秀水闲居录》《却扫编》《挥麈录》等笔记。又如司马光的《资治通鉴》是一部严肃的史学名著,其中就采用了笔记小说中的史料,他自己曾说:"遍阅旧史,旁采小说。"(《进资治通鉴表》)这小说中就有刘悚的《隋唐嘉话》,张鷟的《朝野佥载》等。

第五,真实性还表现在有些笔记类书被目录学家们编入史部"杂史类",如上举《四库全书》就把《燕翼诒谋录》《钱塘遗事》等编入"杂史"中。

当然,所谓真实性,除了因时间太久记忆不确而误记外,还受到作者们的时代、阶级立场的制约,同时还受到认识上的表象与本质、局部与全体的限制,因而有些记载在作者看来是真实的,其实它并不反映真实情况。对于这方面的问题,在这里就不再详述。

二 丰富性

第一,笔记中人物资料的丰富性表现在历代笔记资料的丰富。如《四库全书》中集中收录笔记的子部小说家"杂事"一类,就收入了笔记八十六部五百八十一卷。还有未收入《四库全书》而收入《四库全书总目》的"存目"中"杂事"类的,有一百零一部四百七十五卷(内七部无卷数)。二者合计有一百八十七部。这还不算杂家的"杂说"等类中收录的大量笔记。又如《中国丛书综录》的子部小说类"杂录之属"中所收的就有六百三十多部之多,这还不包括其他类中所收的笔记。这些笔记还仅为收入丛书中的统计,未收入丛书中的就无法计算了。可见笔记书籍之多，是不容置疑的了。

第二，丰富性还表现在记载各人事迹的文字多。一般来讲，正史中的人物传记只能记个大概，甚至有的连大概也没有，往往语焉不详。而笔记中的人物史料，虽然大都是一些零星的记载，但若把这些零星记载汇录在一起，就大大超出正史记载的字数了。如王安石，《宋史》本传约有五千五百字，而丁传靖辑录的《宋人轶事汇编》中的王安石逸事约有二万三千字。又如《宋史·苏轼传》，不算所录作品，全文约六千八百字，而在《宋人轶事汇编》中，所辑苏轼轶事约有三万一千字。沈宗元编，上海商务印书馆出版的单行本《东坡逸事》，其字数也在二万九千（不计标点），与丁辑字数不相上下。当然，他们所辑，还不是笔记中的全部史料。由此看来，笔记中的人物史料，其字数大大超过了正史中的传记。虽然笔记中的记载是随笔式的，其中有许多芜杂处，若删去了这些，其字数仍然大大超过正史。

第三，丰富性还表现在记载人物事迹内容的广泛。正史中的人物传记只记人物的主干，甚至有的只可看成宦海升沉录，内容单调。而笔记则不然，它就所见所闻，什么都记，从命名、外貌、居处、性格、爱好、语言、事迹、世系戚属，到交游、影响等，无所不录，这就极大地丰富了人物传记。关于这一方面，我们将在下面再谈。

第四，丰富性还表现在正史无传记的人物，也可在笔记中找到一些线索，特别是一些戏曲小说家更是如此。有关这方面的具体介绍，我们也在下面再说。

三 生动性

比起一般的正史来，笔记中的人物形象较为生动、具体，个性鲜明，它注意人物形象的描绘。我们这里谈的是作家，故只从描写作家来看这一问题。

先说作家的肖像。人物传记一般不注意人物的肖像，因此我们读后也不知这作家长相如何。但在现实生活中，认识一个人首先见到的是他的外形，也就是肖像。笔记中的人物肖像描写弥补了正史的缺憾。如嵇康，《晋书》本传记他"身长七尺八寸……有风仪"，而在《世说新语·容止》说他"风姿特秀"，山涛赞美他"岩岩若孤松之独立，其醉也，傀俄若玉山之将崩"，作为美丈夫的嵇康形象就更突出了。笔记中对人物肖像的描写很多，下面再随手举些例子。如何晏"美姿仪，面至白"，潘岳"妙有姿容，好神情"，左思"绝丑"（《世说新语·容止》）；张九龄"风仪整秀，有异于众"，唐玄宗见了"精神顿生"（《唐语林》）；方干长得"姿态山野，且更兔缺"（《唐摭言》）；皮日休只有一目，杜牧唇厚，温庭筠号称温钟馗（《北梦琐言》）；杨亿"美须髯"（《独醒杂志》）；梅尧臣"长身，秀眉，大耳，红额"（《研北杂志》）；欧阳修"耳白于面"（《东坡志林》），"目眊瘦弱"（《默记》），"近视"（《石林燕语》）；司马光"枯瘦"（《后山谈丛》）；王安石"面黧黑"（《梦溪笔谈》），"目睛如龙"（《老学庵笔记》），"终日目不停转"（《道山清话》），"性不喜缘饰，经岁不洗沐，衣服虽弊，亦不浣濯"（《石林燕语》）；周必大"长身瘦面，状若野鸡"（《鹤林玉露》）；贺铸"状貌奇丑，色青黑而有英气"（《老学庵笔记》）；张耒貌似弥勒，"身矮而腹皤"（《鸡肋编》）；顾炎武"貌极丑怪，性复严峻"（《觚賸》）；陈维崧"短而髯，不修边幅"（《不下带编》）；等等。

　　再看作家性格。正史传记中往往没有或缺少性格的描写，即使有也只是概括地略为介绍。但在笔记中，不仅有对作家性格的概括介绍，如萧颖士"赋性躁忿浮戾，举无其比。常使一仆杜亮，每一决责，皆由非义"（《朝野佥载》），又如"李峤有三庆：性好荣迁，憎人升进；性好文学，憎人才华；性好贪浊，憎人受赂"（《南部新书》），而且也有具体的细节描写。如叶梦得《石林燕语》卷四载：

　　　　王荆公押石字，初横一画，左引脚，中为一圈。公性急，作圈多不圆，往往窝匾，而收横画又多带过。常有密议公押"歹"字者，公知之，加意作圈。一日书《杨蟠差遣敕》，作圈复不圆，乃以浓墨涂去，旁别作一圈，盖欲矫言者。杨氏至今藏此敕。

这里写王安石的签字细节，颇为生动。又如曾敏行《独醒杂志》卷二载：

> 王荆公在相位，子妇之亲萧氏子至京师，因谒公，公约之饭。翌日，萧氏子盛服而往，意为公必盛馔。日过午，觉饥甚而不敢去。又久之，方命坐，果蔬皆不具，其人已心怪之。酒三行，初供胡饼两枚，次供猪臠数四，顷即供饭，傍置菜羹而已。萧氏子颇骄纵，不复下箸，惟啖胡饼中间少许，留其四傍。公顾取自食之，其人愧甚而退。人言公在相位，自奉类不过如此。

从王安石待客食饼细节中，显示了王安石的简朴生活。

又如在昭梿《啸亭杂录·续录》卷三中，生动地描写了王鸣盛贪财的细节：

> 王西庄未第时，尝馆富室家，每入宅时必双手作搂物状。人问之，曰："欲将其财旺气搂入己怀也。"及仕宦后，秦诿楚諈，多所干没。人问之曰："先生学问富有，而乃贪吝不已，不畏后世之名节乎？"公曰："贪鄙不过一时之嘲，学问乃千古之业。余自信文名可以传世，至百年后，口碑已没而著作常存，吾之道德文章犹自在也。"故所著书多慷慨激昂语，盖自掩贪陋也。

对作家的描写，有的是通过人物自己的行为，如《唐语林》卷五载：

> 宋璟劾张昌宗等反状，武后不应。李邕立阶下大言曰："璟所陈社稷大计，陛下当听。"后色解，即可璟奏。邕出，或让曰："子位卑，一忤旨，祸不测。"邕曰："不如是，名亦不传。"

李邕看来说得义正词严，岂知也包含着为了自己立身扬名、流芳百世的心态。又如《玉壶清话》卷四载：

> 张乖崖（咏）性刚多躁，蜀中盛暑食馄饨，项巾之带屡垂于碗，手约之，颇烦急，取巾投器中曰："但请吃。"因舍匕而起。

这里，张咏用自己的行动，活画出他性格的躁急，这可与《世说新语》中的王述（蓝田）吃鸡蛋交相辉映。又如《啸亭杂录》卷八载：

> 江村性趫巧，遇事先意承旨，皆惬圣怀。一日，上猎中马蹶，上不怿。江村闻之，乃故以潴泥污其衣，趋入侍侧。上怪问之，江村曰："臣适落马堕积潴中，衣未及浣也。"上大笑曰："汝辈南人，故懦弱乃尔。适朕马屡蹶，竟未坠骑也。"意乃释然。又上登金山，欲题额，濡毫久之，江村乃拟"江天一览"四字于掌中，趋前磨墨，微露其迹，上如其所拟书之。其迎合皆若此也。

这里活画出一个阿谀奉承的人物面貌，这又比《大唐新语》《隋唐嘉话》等书中所载的宇文士及谀唐太宗有过之而无不及了。

也有通过人物自己的语言，表达出特有的个性，如《隋唐嘉话》卷上载：

> 郑公尝拜扫还，谓太宗："人言陛下欲幸山南，在外悉装了，而竟不行，因何有此消息？"帝笑曰："时实有此心，畏卿嗔，遂停耳。"

魏徵简短的问话，表达了他对唐太宗行动的特有的关心，他对唐太宗忠心耿耿，生怕他做出不利于唐代统治的事；又怕这事是别人的胡猜，本来没这回事。唐太宗的回答，更体现出李世民的魅力，他对臣下坦诚，并不摆出君主的威权；同时，也反衬出魏徵平时的直言敢谏对李世民造成的影响。这种君臣同心，才出现了历史上的贞观之治。又如《铁围山丛谈》卷三载：

> 东坡公元祐时既登禁林，以高才狎侮诸公卿，率有标目殆遍也。独于司马温公不敢有所重轻。一日相与共论免役差役利害，偶不合同。及归舍，方卸巾弛带，乃连呼曰："司马牛！司马牛！"

"司马牛"三字，不仅表达了苏轼对司马光忿激的复杂心境，而且也恰到好处地表达了司马光坚持己见的牛劲儿。

生动性也表现在某些故事富有戏剧性。如《南部新书》卷丁所载陆龟蒙戏驿使：

> 陆龟蒙居震泽之南巨积庄，产有斗鸭一栏，颇极驯养。一旦有驿使过，挟弹毙其尤者。于是龟蒙谐而骇之曰："此鸭能人语。"复归家，少顷，手一表本云："见待附苏州上进，使者毙之何也！"使人恐，尽与橐中金，以糊其口。龟蒙始焚其章，接以酒食。使者俟其稍悦，方请其人语之由。曰："能自呼其名。"使者愤且笑，拂袖上马。复召之，尽还其金，曰："吾戏之耳。"

又如《续湘山野录》所载潘阆装神戏柳开事：

> 如京使柳开与处士潘阆为莫逆之交，而尚气自任，潘常嗤之。端拱中，典全州，途出维扬，潘先世卜居于彼，迎谒江涘，因偕往传舍，止于厅事。见中堂扃镝甚秘，怒而问吏，吏曰："凡宿者多不自安，向无人居，已十稔矣。"柳曰："吾文章可以惊鬼神，胆气可以詟夷夏，何畏哉！"即启户扫除，处中而坐。阆潜思曰："岂有人不畏鬼神乎？"乃托事告归，请公独宿。阆出门密谓驿吏曰："柳公，我之故人，常轻言自炫。今作戏怖渠，

无致讶也。"阆薄暮以黛染身，衣豹文犊鼻，吐兽牙，被发执巨篁，由外垣而入，据厅脊俯视堂庑。是夕，月色倍霁，洞鉴毛发，柳曳剑循阶而行。阆忽变声呵之，柳悚然举目。再呵之，似觉惶惧，遽云："某假道赴任，暂憩此馆，非意干忤，幸赐恕之。"阆遂疏柳生平幽隐不法之事，厉声曰："阴府以汝积戾如此，俾吾持符追摄，便须急行。"柳忙然设拜，曰："事诚有之，其如官序未达，家事未了，倘垂恩庇，诚有厚报。"言讫再拜，继之以泣。阆徐曰："汝识吾否？"柳曰："尘土下士，不识圣者。"阆曰："只我便是潘阆也！"柳乃速呼阆下。阆素知公性躁暴，是夕潜遁。柳以惭恚，诘朝解舟。

这是多么生动而富有戏剧意味的故事啊！

生动性还表现在不少笔记的文字，写得相当传神。如《梁谿漫志》中"侍儿对东坡语"条说：

东坡一日退朝，食罢，扪腹徐行，顾谓侍儿曰："汝辈且道，是中有何物？"一婢遽曰："都是文章。"坡不以为然。又一人曰："满腹都是识见。"坡亦未以为当。至朝云，乃曰："学士一肚皮不入时宜。"坡捧腹大笑。

又如《啸亭杂录》卷十"方灵皋之直"条记载了方苞耿直的一面：

方灵皋先生受世宗知，以罪累而致卿贰。性刚戆，遇事辄争。尝与履恭王同判礼部事，王有所过当，公辄怒，拂袖而争。王曰："秃老子敢若尔？"公曰："王言如马勃味。"王大怒，入奏，上两罢之。公往谒查相国，其仆恃相公势，不时禀。公大怒曰："狗子敢尔！"以杖叩其头，血涔涔下。其仆狂走告相公，相公迎见，公云："君为天子辅臣，理宜谦冲恭敬，款待下僚，岂可纵豪仆以忤天子卿贰，公误多矣。"卒拂然去，查长揖谢之乃已。后复至查邸,其仆望之走曰:"舞杖老翁又来矣!"其悍公若此。……而世人皆以文士待公,初不知其直鲠,故表出之。

这二条中,所写苏轼、方苞的言行,都非常生动传神,让我们如见其人。

四 片段性

从笔记的特点来说,它不是为人物立传,只是随笔记载所见所闻的人事,而其所见所闻的人物活动,也大多是人物的一鳞半爪,不是全貌,这就构成了笔记片段性的特点。

片段性有时只记人物的一言,但这一言往往体现了人物的思想、性格、爱好、才能等,并非是无足轻重的闲话。如《世说新语·言语》载:

> 何平叔(晏)云:"服五石散,非唯治病,亦觉神明开朗。"

又如同书说:

> 顾长康(恺之)从会稽还,人问山川之美,顾云:"千岩竞秀,万壑争流,草木蒙笼其上,若云兴霞蔚。"

这一言也可能是对别人的评价,如《隋唐嘉话》卷上载:

> 太宗谓群臣曰:"始人皆言当今不可行帝王道,唯魏徵劝我,今遂得功业如此,恨不得使封德彝等见之。"

这一言既写了魏徵,也反映了唐太宗的无穷感慨。更多的是人物的对话,如《唐语林·赏誉》一条说:

玄宗燕诸学士于便殿，顾谓李白曰："朕与天后任人如何？"白曰："天后任人，如小儿市瓜，不择香味，唯取其肥大；陛下任人，如淘沙取金，剖石采玉，皆得其精粹。"上大笑。

片段性有时只记人物的一个行动，这行动往往体现了人物的内心活动、个性习惯等，具有典型性。如《唐语林·文学》载：

褚遂良为太宗哀册文，自朝还，马误入人家而不觉。

又如：

王勃凡欲作文，先令磨墨数升，饮酒数杯，以被覆面而寝，既寤，援笔而成，文不加点，时人谓为腹稿也。

片段性有时只记生活的一个断片，这断片是了解人物的切入点。如《隋唐嘉话》卷上载：

太宗得鹞绝俊异，私自臂之，望见郑公，乃藏于怀。公知之，遂前白事，因语古帝王逸豫，微以讽谏。语久，帝惜鹞死，而素严敬徵，欲尽其言。徵语不时尽，鹞死怀中。

又如《邵氏闻见录》卷十一载：

安国者字平甫，尤正直有文。一日，荆公与吕惠卿论新法，平甫吹笛于内，荆公遣人谕曰："请学士放郑声。"平甫即应曰："愿相公远佞人。"惠卿深衔之。

有时所记片段也构成很有意义的故事，如《隋唐嘉话》卷上载：

太宗曾罢朝，怒曰："会杀此田舍汉！"文德后问："谁触忤陛下？"帝曰："岂过魏徵，每廷争辱我，使我常不自得。"后退而具朝服立于庭，帝惊曰："皇后何为若是？"对曰："妾闻主圣臣忠。今陛下圣明，故魏徵得直言。妾幸备数后宫，安敢不贺！"

片段性也指仅对人物作不完整的姓氏、籍贯或任职等的介绍。如上举陶宗仪《南村辍耕录》卷五"坐右铭"条介绍卢挚：

翰林学士卢疏斋先生挚，字处道，涿郡人。

这些介绍虽简略，但对没有传记资料的作家更为有用。

当然，说笔记中传记的片段性，也不排斥少量较为详细的传记，如金·刘祁的《归潜志》中，就包括了金代一些重要文学家的传记资料，详见后面该书介绍。在其他笔记中，也能见到一些作家的传记，如《宾退录》卷九保存了沈作喆的《韦应物传》。韦应物《唐书》无传，沈作颇为详备。又如《玉堂嘉话》有《辛殿撰小传》等。更有甚者，如《南村辍耕录》卷十六收了宋代王质编的陶渊明、陶弘景二人的年谱，但这在浩瀚的笔记中，只是少量的。

五 传闻性

把听来的事情记入笔记，这在一般笔记中占有较大的篇幅，有的笔记更是以记所闻为主，就有了以"闻"为书名的书，如《南楚新闻》《春渚纪闻》《耆旧续闻》《游宦纪闻》等。这听来的事情中，当然有许多是实有其事的，但也包括了很多有意无意地经过加工改造了的故事，这就有了传闻性，就有了并不十分贴近事实，甚至有了不少误传。笔记把这些误传也当作事实记下来，就有了不可靠性。这种传闻，大致有几种情况。

第一，基本事实没有变，但因传闻异辞，记下来就有了些出入，如关于顾况对白居易说长安居大不易的故事，在唐·张固的《幽闲鼓吹》这么说：

> 白尚书应举，初至京，以诗谒顾著作。顾睹姓名，熟视白公曰："米价方贵，居亦弗易。"乃披卷，首篇曰："咸阳原上草，一岁一枯荣。野火烧不尽，春风吹又生。"即嗟赏曰："道得个语，居即易矣。"因为之延誉，声名大振。

而在五代·王定保的《唐摭言》中，文字就有了出入：

> 白乐天初举，名未振，以歌诗谒顾况。况谑之曰："长安百物贵，居大不易。"及读至《赋得原上草送友人》诗曰："野火烧不尽，春风吹又生。"况叹之曰："有句如此，居天下有甚难！老夫前言戏之耳。"

以后《唐语林》采用了《幽闲鼓吹》的文字，只是个别字作了变动。《幽闲鼓吹》和《唐摭言》的出入，是传闻在流传过程中语言上的出入，记下来自然有了差异。

第二，还是那件事情，但内容上有了较大的出入，如王辟之《渑水燕谈录》卷十载：

> 欧阳文忠公不喜释氏，士有谈佛书者，必正色视之。而公之幼子小字和尚。或问："公既不喜佛，排浮屠，而以和尚名子何也？"公曰："所以贱之也，如今人家以牛驴名小儿耳。"问者大笑，且伏公之辨也。

而在《道山清话》中，"和尚"成了"僧哥"：

> 一长老在欧阳公座上，见公家小儿有名僧哥者，戏谓公曰："公不重佛，安得此名？"公笑曰："人家小儿要易长育，往往以

贱名为小名，如狗、羊、犬、马之类是也。"

两者的出入就较大。又如《唐国史补》卷上载：

> 陆长源以旧德为宣武军行军司马，韩愈为巡官，同在使幕，或讥其年辈相辽。愈闻而答曰："大虫老鼠，俱为十二相属，何怪之有？"旬日传布于长安。

对这件事，《唐语林》卷一所载，说"大虫老鼠"者是周愿，与《唐国史补》所说的韩愈所云不同，这是流传中的异说。

第三，同一件事，有时在传闻中换了主人公，如《世说新语·赏誉》载：

> 王太尉曰："见裴令公精明朗然，笼盖人上，非凡识也。若死而可作，当与之同归。"或云王戎语。

这几句话是谁说的，或曰王衍（王太尉），或曰王戎，疑不能明，故刘义庆并载两说。又如《排调》载：

> 王文度、范荣期俱为简文所要，范年大而位小，王年小而位大。将前，更相推在前，既移久，王遂在范后。王因谓曰："簸之扬之，糠秕在前。"范曰："洮之汰之，沙砾在后。"

这件事刘义庆记的是王坦之（文度）、范启（荣期）的事。梁·刘孝标加注说："一说是孙绰、习凿齿言。"以后，《晋书·孙绰传》就采用了孙、习二人语之说。《孙绰传》说："绰性通率，好讥调。尝与习凿齿共行，绰在前，顾谓凿齿曰：'沙之汰之，瓦石在后。'凿齿曰：'簸之扬之，糠秕在前。'"这是在传闻中连主人公都改变了。

第四，既然是传闻，就可能有误传误记，就会出现事实上的错误。如唐·赵璘《因话录》卷一载：

> 宪宗初，征柳宗元、刘禹锡至京，俄而以柳为柳州刺史，刘为播州刺史。柳以刘须侍亲，播州最为恶处，请以柳州换。上不许。宰相对曰："禹锡有老亲。"上曰："但要与恶郡，岂系母在？"裴晋公进曰："陛下方侍太后，不合发此言。"上有愧色。既而语左右曰："裴度终爱我切。"刘遂改授连州。

对于这一条，《四库全书总目·因话录提要》说："记刘禹锡徙播州刺史一条，称柳宗元请以柳易播，上不许，宰相裴度为言之，始改连州。司马光《通鉴考异》以为宗元墓志乃将拜疏而未上，非已上而不许。又禹锡除播州时，裴度未尝入相，所记皆失事实。"又如宋·文莹《玉壶清话》卷七载：

> 祥符中，契丹使至，因言本国喜诵魏野诗，但得上帙，愿求全部。真宗始知其名，将召之，死已数年，搜其诗，果得《草堂集》十卷，诏赐之。

清·张宗泰《鲁岩所学集》卷十一跋僧文莹《玉壶清话》曰："《宋诗纪事》：'魏野居陕州东郊，真宗西祀，闻其名，遣中使召之，野闭户逾垣而遁。'又《渑水燕谈》：'上闻野居有幽致，遣人图之，故野有句云："幽居帝昼看。"'是则魏野姓名早达天听，乃云'魏野身后，契丹遣使至，求野诗全部，真宗始知其名'，则非事实矣。"

这种传闻之误，笔记中亦不在少数，正如洪迈在《容斋随笔》卷四中说："野史杂记，多有得之传闻及好事者缘饰，故类多失实。"这是我们在使用时要注意考订的。

六　时代性

笔记是随笔记下见闻，所以它的时代性特强。它既反映时代的特色，重大的事件，也反映具有时代性的琐细小事；既反映时代的长处，也反映时代的短处。从反映时代特色来看，如南朝宋刘义庆的《世说新语》，基本上记载的是东汉末年到晋宋间名士的言行逸事，就很好地反映了这一时期的名士风度，具有鲜明的时代特色。又如唐·刘𫗧《隋唐嘉话》，对唐初君臣的一些嘉言懿行颇有生动的记述，具有"贞观之治"的时代面貌。又如张𪩘的《朝野佥载》，主要记载武周一朝的事迹，对当时吏治的黑暗腐败，酷吏的阴狠残暴等都有很好的反映，这就是反映了时代的特色。

时代的特色也包括受到时代的局限，包括了认识水平的局限，阶级偏见的局限，派系的局限，以及充斥的封建迷信等。

认识水平的局限，是时代使然，在科学技术不发达的古代，一些社会的、自然的现象得不到科学的解释，往往就归之于上帝的安排。如张𪩘《朝野佥载》卷六载：

> 永徽中，张𪩘筑马槽厂宅，正北掘一坑丈余。时阴阳书云子地穿，必有堕井死。𪩘有奴名永进，淘井土崩压而死。又𪩘故宅有一桑，高四五丈，无故枯死，寻而祖亡殁。后有明阴阳云："乔木先枯，众子必孤。"此其验也。

这是张𪩘记自己家事，把不相关的事联系在一起，这可说是认识水平的局限，也是用迷信来看待事物的结果。

阶级偏见的局限，在封建时代的文人笔下特别明显，这是人所共有的。唐宋人笔记中，都把黄巢的农民起义诬为盗寇，如《北梦琐言》卷十六有一条说：

> 黄巢自长安遁归，与其众屯于陈蔡间潡河，下寨连络，号八山营。于时蔡州秦宗权惧巢，以城降之。时既饥乏，野无所掠，唯捕人为食。肉尽继之以骨，或碓捣，或磴磨，咸用充饥。天军四合，巢军不利，其党骇散，频为雷电大雨淹浸其营，乃与妻孥

> 昆弟奔于太山狼虎谷，为外甥林言斩首送徐州。……

这里把黄巢诬蔑为天怒人怨的吃人魔王了。又如《南部新书》甲有一则说：

> 黄巢入青门，坊市聚观，尚让慰晓市人曰："黄王为生灵，不似李家。"其悖也如此。

前面本来是记实，但非要加上一句"其悖也如此"来否定。相反的，对最高统治者则极力颂扬，不管事实真相如何，都要顺着帝王的意旨说话，如清代戴名世因《南山集》案掀起了文字狱，故当朝阮葵生在《茶余客话》中记方苞坐戴名世案时说："方灵皋苞，初为逆贼戴名世之党。"这就是顺着皇帝的意旨给戴名世定罪戴帽了。

派系的局限，也影响了看问题的全面与真实，对自己一派的人，就极尽歌颂或曲为回护，如宋·周煇在《清波杂志》卷三中说："石林为蔡京客，故《避暑录》所书政宣间事，尊京曰鲁公，凡及蔡氏，每委曲回互。"而对敌对的一方，则常常戴着有色眼镜来记载。这正如刘叶秋在《历代笔记概述》中论述宋代笔记时所指出的：

> 在宋人笔记中，还有一些作品，叙事、论人，存有党派门户之见或个人恩怨之私，为读者所讥评。如《东轩笔录》为魏泰在元祐年间所作。由于他科举不得志，所以常常诋诃时人以泄愤。如《萍洲可谈》乃朱彧追述其父朱服见闻之书。因为朱服与苏辙不合，故此书于苏轼兄弟有贬词，而偏袒吕惠卿。如《孙公谈圃》为刘延世在绍圣初年记录孙升之语而成。孙升虽为元祐党人，而别有见解，对苏轼、程颐等不满。如《避暑录话》为蔡京的门客叶梦得所撰，故论元祐诸人，语多偏激。如《铁围山丛谈》出于蔡京之子蔡絛之手，故记蔡京事，即多粉饰之辞。

至于封建迷信，因果报应，在不少笔记中，更是比比皆是。其中有轮回之说，如《春渚纪闻》所记与文学家有关的：

> 边镐为谢灵运后身，故小字康乐。范纯夫为邓仲华后身，故名祖禹。张平子后身为蔡伯喈。邹阳后身为东坡居士。即其习气，似皆不诬也。

又说黄庭坚前身是一女子，苏轼前身为五祖戒和尚等，不一而足。

有记长生不老的神仙，如《大唐传载》说：

> 萧功曹颖士尝出灞桥，道左逢一老人，眉发皓白，状骨甚奇古。萧甚异之。老人瞻颜，萧因问之。老人云："公似吾亡友耳。"萧固请言之。老人曰："吾与鄱阳王恢善，君甚类之。"乃颖士六代祖。萧问其所来，不应而去。

有记因果报应，如同上书载贾至毁佛而死。

> 贾至常侍平生毁佛，尝假寐厅事，忽见一牛首人，长不满尺，携小锅而燃薪于床前。公惊起而讯之。对曰："所谓镬汤者，罪其毁佛人。"公曰："小鬼何足畏耶？"遂伸足床下，其汤沸，忽染于足，涌然而上。未几，烘烂而卒。

也有写邪不胜正。如《枣林杂俎》载王安石夜坐遇女妖谈《易》，司马光适来访，妖因司马光是"正人"，"不敢相见"。这当然是王安石政敌的捏造。

更有不少是诗谶。如《青箱杂记》卷七所载一则：

> 寇莱公少时作诗曰："去海止十里，过山应万重。"及贬至雷

州,吏呈州图,问州去海几里?对曰:"十里。"则南迁之祸,前诗已预谶也。

凡此等等,都反映了时代的局限,因人所共知,这里不再详说。

第三节　笔记史料与正史

笔记中的人物史料比之正史传记,可以这样说:正史纪传是主干,笔记史料是枝叶。这是因为正史传记一般记载的是人物的主要事迹,是人物的主体;笔记则不同,除一些主要事迹的片段记述外,还有许多枝叶,它记事细大不捐,兼收并蓄。对我们研究工作来说,光有主干还不够,还要知道许多枝叶,这样才能构成人物的全体。所以,笔记史料是一种不可或缺的补充。

从另一角度说,笔记史料和其他史料是构成人物传记的原料,编写人物传记时从中提取主要的史实编写成传记,其他的舍而不用。在那些不同的原料中,仍有许多丰富的内容,因限于传记的体裁,或者别的什么原因,如避讳等,就摒弃不用了。而对研究工作者来说,这些一鳞半爪、吉光片羽,却仍是了解人物的重要史料。我们试看《宋史·陈亮传》是怎样汲取笔记中的人物史料的。《宋史·陈亮传》说:

先是,亮尝圜视钱塘,喟然叹曰:"城可灌耳!"盖以地下于西湖也。至是,当淳熙五年,孝宗即位盖十七年矣。亮更名同,诣阙上书曰:……书奏,孝宗赫然震动,欲榜朝堂以励群臣,用种放故事,召令上殿,将擢用之。

宋·叶绍翁《四朝闻见录》乙集"钱唐"条曰:

龙川陈氏亮,字同甫,天下士也。尝圜视钱唐,喟然而叹曰："城可灌耳。"盖以城中地势下于西湖也。亮奏书孝宗，谓：……力请孝宗移都建邺，且建行宫于武昌，以用荆襄，以制中原。上韪其议，使宰臣王淮召至都省问下手处。陈与考亭先生（朱熹）游，王素不喜考亭，故并陈而嫉之。陈至都省，不肯尽言，度纵言亦未必尽复于上。翌日，上问以亮所欲言者，王对上曰："秀才说话耳。"上方鄙远俗儒，遂不复召见。

《宋史·陈亮传》上孝宗皇帝书中有云：

> 始悟今世之儒士，自以为得正心诚意之学者，皆风痹不知痛痒之人也。

其所指为朱熹。据宋·岳珂《桯史》卷十二"吕东莱祭文"条说：

> 吕东莱祖谦居于婺，以讲学唱诸儒，四方翕然归之。陈同父盖同郡，负才颉颃，亦游其门，以兄事之。尝于丈席间，时发警论，东莱不以为然。既而东莱死，同父以文祭之曰："呜呼！孔氏之家法，儒者世守之……尚既往之有灵。"朱晦翁见之，大不契意，遗婺人书曰："诸君子聚头磕额，理会何事，乃至有此等怪论！"同父闻之不乐。它日，上书孝宗，其略曰："今世之儒士，自谓得正心诚意之学者，皆风痹不知痛痒之人也。举一世安于君父之大雠，而方且扬眉拱手以谈性命，不知何者谓之性命乎？陛下接之而不任以事也，臣以是服陛下之仁。"意盖以微风晦翁，而使之闻之，晦翁亦不讶也。此说得之蔡元思念成。

《宋史》又说：

> 日落魄醉酒，与邑之狂士饮，醉中戏为大言，言涉犯上。一士欲中亮，以其事首刑部。侍郎何澹尝为考试官，黜亮，亮不

平,语数侵澹,澹闻而嗛之,即缴状以闻。事下大理,笞掠亮无完肤,诬服为不轨。事闻,孝宗知为亮,尝阴遣左右廉知其事。及奏入取旨,帝曰:"秀才醉后妄言,何罪之有!"划其牍于地,亮遂得免。

其"大言"者何？本传语焉不详而在《四朝闻见录》甲集"天子諕"条记载得明明白白,它说:

> 龙川陈亮既以书御孝宗,为大臣所沮,报罢居里,落魄醉酒,与邑之狂士甲命妓饮于萧寺,目妓为妃。旁有客曰乙,欲陷陈罪,则谓甲曰:"既册妃矣,孰为相？"甲谓乙曰:"陈亮为左。"乙又谓甲曰:"何以处我？"曰:"尔为右。吾用二相,大事其济矣。"乙遂请甲位于僧之高座。二相奏事讫,降阶拜甲,甲穆然端委而受。妃遂捧觞,歌《降黄龙》为寿。妃与二相俱以次呼"万岁",盖戏也。先是,亮试南宫,何澹校其文而黜之。亮不能平,遍语朝之故旧曰:"亮老矣,反为小子所辱。"澹闻而衔亮,未有间。时澹已为刑部侍郎。乙探知其事,遂不复告之县若州,亟走刑部上首状。澹即缴状以奏,事下廷尉。廷尉,刑部属也,笞亮无全肤,诬服为不轨。案具,闻于孝宗,上固知为亮,又尝阴遣左右往永康,廉知其事。大臣奏入取旨,上曰:"秀才醉了胡说乱道,何罪之有？"以御笔画其牍于地。亮与甲俱掉臂出狱。

《宋史》本传又说:

> 居无何,亮家僮杀人于境,适被杀者尝辱亮父次尹,其家疑事由亮。闻于官,笞榜僮,死而复苏者数,不服。又囚亮父于州狱。而属台官论亮情重,下大理。时丞相淮知帝欲生亮,而辛弃疾、罗点素高亮才,援之尤力,复得不死。

这事在《四朝闻见录》中记得更为详细具体,它说:

> 居无几,亮又以家僮杀人于境外,适被杀者尝辱亮父,其家以为亮实以威力用僮。有司笞搒,僮气绝复苏者屡矣,不服。仇家置亮父于州圄,又嘱中执法论亮情,重下廷尉。时王丞相淮知上欲活亮,以亮款所供尝讼僮于县而杖之矣。仇家以此尤亮之素计,持之愈急,王亦不能决。稼轩辛公与相婿素善,亮将就逮,亟走书告辛,辛公北客也,故不以在亡为解,援之甚至,亮遂得不死。

以下又记罗枢密点云:"陈同父狱事急,吾未尝识之,怜其才援之吏手,箧内皆白金也。"故《宋史》中亦提到罗点。

《宋史》本传又说:

> 光宗策进士,问以礼乐刑政之要,亮以君道师道应对,且曰:"臣窃叹陛下之于寿皇莅政二十有八年之间,宁有一政一事之不在圣怀?而问安视寝之余,所以察辞而观色,因此而得彼者其端甚众,亦既得其机要面见诸施行矣。岂徒一月四朝而以为京邑之美观也哉!"时光宗不朝重华宫,群臣更进迭谏,皆不听,得亮策乃大喜,以为善处父子之间。奏名第三,御笔擢第一。既知为亮,则大喜曰:"朕擢果不谬。"

这件事在《四朝闻见录》乙集"光皇策士"条也有扼要介绍,它说:

> 龙川陈亮奏书阜陵,几至大用,厄于卿相,流泊有年。光皇赐对,问以礼乐刑政之要,亮举君道、师道以为对。时诸贤以光皇久阙问安,更进迭谏。亮独于末篇有"岂在一月四朝为礼"之说,光皇以为善处父子之间,故亲擢为第一。及发卷,首得亮,

上大喜曰："天下英才，为朕所得。"

从这一对比中，我们不难看到笔记史料与正史传记的密切关系。也从中看到正史传记是如何汲取笔记中的记载的。

当然，笔记与正史的关系，对我们使用者来说，有更为密切的联系，下面我们从正史有传和无传两方面来看笔记史料的重要性。

（一）正史有传的

正史有传的，笔记可以丰富人物的传记史料。上面我们在第二节中谈到笔记史料的丰富性时，就曾说到笔记中什么都记，从人物的命名、外貌、居处、性格、爱好、语言、事迹、世系戚属到交游、影响等，无所不录，我们再在这里分别举些例子来说明。

从人物的姓名、字号来说，笔记中为我们提供了不少资料。如唐代诗人元结，据《唐语林》卷四《栖逸》门说："结，天宝中称中行子，始在商馀山，自称元子。逃难入猗玗洍，始称猗玗子，或称浪士，渔者呼为聱叟，酒徒呼为漫郎。"这则中介绍了元结的不少异名。又如《挥麈录》卷四记载司马光家族的得名："温公之父天章公生于秋浦，故名池；从子校理公生于乡中，名里。天章长子以三月一日生，名旦；后守宛陵，生仲子，名宣；晚守浮光，得温公，名光。"按宛陵即宣城，以生地命名。又如《麈史》载宋庠的改名："元宪宋公始名郊，字伯庠，文价振天下。既入翰林，有懑于上者，以姓名于朝廷非便，神文乃间谕元宪，令易之，遂名'庠'字。"

从人物的外貌特征来说，正史传记中虽然也有叙述，但笔记中有不少可补充传记所没有记载的。这在前面笔记的生动性中已举了不少例子，这里从略。

从人物居处来说，笔记中也有详细描述的，如宋·马永卿《懒真子》记司马光的住宅：

温公私第，在县宇之西北数十里，质朴而严洁，去市不远，如在山林中。厅事前有棣华斋，乃诸弟子肄业之所也。转斋而东，有柳坞，水四环之，待月亭及竹阁西，东水亭也。巫咸榭，乃附县城为之，正对巫咸山。后有赐书阁，贮三朝所赐之书籍。诸处榜额，皆公染指书。……园圃在宅之东，温公尝宿于阁下东畔小阁。侍吏唯一老仆，一更二点，即令老仆先睡，看书至夜分，乃自篝火灭烛而睡。

又如《齐东野语》卷十记范成大晚年的居处：

文穆范公成大，晚岁卜筑于吴江盘门外十里。盖因阖闾所筑越来溪故城之基，随地势高下而为亭榭。所植多名花，而梅尤多。别筑农圃堂对楞伽山，临石湖，盖太湖之一派，范蠡所从入五湖者也，所谓姑苏前后台，相距亦止半里耳，寿皇尝御书石湖二大字以赐之。……又有北山堂、千岩观、天镜阁、寿乐堂，他亭宇尤多。一时名人胜士，篇章赋咏，莫不极铺张之美。

从人物性格来讲，正史传记一般作概括介绍的较多，而笔记中则有性格的具体描写。参见本章第二节"生动性"部分。

从人物的爱好来讲，无论衣食住行及生活习惯，笔记中或多或少有所记载。如《唐国史补》卷下说："韦应物立性高洁，鲜食寡欲，所坐焚香扫地而坐。"《邵氏闻见录》卷十载司马光"素不喜酒"；卷七载寇准"居家俭素，所卧青帷二十年不易"。卷九说王安石"每读书至达旦，略假寐，日已高，急上府，多不及盥漱"。又如《避暑录话》卷上说王安石"不耐静坐，非卧即行。晚卜居钟山谢公墩，自山距州城适相半，谓之半山。畜一驴，每食罢，必日一至钟山，纵步山间，倦则即定林而睡，往往至日昃乃归"。甚者对用纸习惯也有记载，如《邵氏闻见后录》卷二十八载："司马文正（司马光）平生随用所居之邑纸；王荆公（王安石）平生只用小竹纸一种。"

从人物语言来说，笔记中有不少充满个性的人物口语保存了下来，使我们如闻其声。如前举《隋唐嘉话》中记唐太宗李世民说的

"会杀此田舍汉"等话就很典型。又如《大唐传载》载：

> 李希烈跋扈蔡州时，卢杞为相，奏颜鲁公往宣谕之，而谓颜曰："十三丈此行出自圣意。"颜曰："公先中丞面上血，某亲舌舐之，乃忍以垂死之年饵于虎口。"杞闻之，踣焉。卢即是御史中丞奕之子。

这里写的卢杞与颜真卿的对话，使人物声口如见。在史传中，往往追求典雅，对活泼泼的语言进行加工。当然，史传中也有入口语的，如《史记》中就不少，后代史传也有，但应该说史传越来越追求语言的整饬，这正如宋·蔡绦《铁围山丛谈》卷三所记王铚的论述：

> 宋景文公作《唐书》尚才语，遂多易前人之言，非不佳也。至若《张汉阳传》，前史载武后问狄仁杰："朕欲得一好汉。"顾是语虽勿文，宁不见当时吐辞有英气耶！景文则易之曰："安得一奇士用之。"此固雅驯矣，然失其所谓英气者。

能见到"当时吐辞"的，在笔记中更多一些。

从人物事迹来说，史传中记载的有时较为简略，可用笔记中的记述来补足，如前引《宋史·陈亮传》中载陈亮"与邑之狂士饮，醉中戏为大言，言涉犯上"的具体内容，就可在叶绍翁《四朝闻见录》"天子狱"条中见到。又如《旧唐书·玄奘传》载玄奘取经返长安为"贞观十九年"，而《大唐新语》《南部新书》均点明为贞观十九年二月十五日，就有了具体的日子。

人物有不少事迹史传中没有记载，也可用笔记来补足。如《南部新书》甲集说："牛僧孺三贬至循州，本传不言。漏略也。"史传的这种"漏略"，有些是限于体例，不得不略；有些是史料搜录不全，因而漏载。这在史传中是正常现象。但我们在研究时，就要尽量占有材料，可用笔记等书中的记载来参考补充。如何薳《春渚纪闻》卷

六 "东坡事实"载苏轼的死:

> 冰华居士钱济明丈,尝跋施纯叟藏先生帖后云:"建中靖国元年,先生以玉局还自岭海,四月自当涂寄十一诗,且约同程德孺至金山相候,既往迓之,遂决议为毗陵之居。六月自仪真避疾渡江,再见于奔牛埭,先生独卧榻上,徐起谓某曰:'万里生还,乃以后事相托也。惟吾子由,自再贬及归,不复一见而决,此痛难堪。'馀无言者。久之复曰:'某前在海外,了得《易》《书》《论语》三书,今尽以付子,愿勿以示人。三十年后,会有知者。'因取藏箧,欲开而钥失匙。某曰:'某获侍言,方自此始,何遽及是也。'即迁寓孙氏馆,日往造见,见必移时,慨然追论往事,且及人间,出岭海诗文相示,时发一笑,觉眉宇间秀爽之气照映坐人。七月十二日,疾少间,曰:'今日有意喜近笔研,试为济明戏书数纸。'遂书《惠州江月》五诗。明日又得《跋桂酒颂》。自尔疾稍增,至十五日而终。"

这一记载,对我们了解苏轼的临终情况是大有裨益的。

从世系戚属来说,史传中虽有世系等的交待,但涉及面有限,笔记则涉及面更为广泛。如据《唐摭言》卷十五载,白居易夫人杨氏,是户部杨侍郎汝士的妹妹。据《唐语林》载,韩愈"有二妾,一曰绛桃,一曰柳枝,皆能歌舞","柳枝后逾垣遁去,家人追获","自是,专宠绛桃矣"。又如《南部新书》载唐代传奇作家沈既济的后代:

> 沈既济生传师,传师生询,询生丹,丹生牢。牢,巢寇前为钱唐监使,生藻。后移刺鄱阳,巢寇乱,不知其终。时藻与家人不随之任,藻后仕吴越钱氏,为永嘉令。藻生承谅,为定海丞。谅咸平三年进士及第,今为都官员外郎,知处州。

从交游来说，史传中不可能也没有必要把人物的交游都记载下来。笔记则是随笔记见闻，没有一定的体例限制，不论对人物重要与否，只要作者愿意，就可以记下来。如《唐摭言》卷七载："颜真卿与陆据、柳芳善。"凡九字，没有记下任何事迹。又如同卷又载了梁肃、李观、韩愈、李绛、崔群的关系：

> 贞元中，李元宾、韩愈、李绛、崔群同年进士。先是四君子定交久矣，共游梁补阙之门，居三岁，肃未之面，而四贤造肃多矣，靡不偕行。肃异之，一日延接，观等俱以文学为肃所称，复奖以交游之道。然肃素有人伦之鉴。观、愈等既去，复止绛、群，曰："公等文行相契，他日皆振大名；然二君子位极人臣，勉旃！勉旃！"后二贤果如所卜。

这条又一连说了五位文学家的不寻常的友谊。

从影响来说，笔记中有更多的记载。其中有人品道德的影响，如张端义《贵耳集》卷上记载了司马光对独乐园园丁吕直的影响："夏月游人入园，微有所得，持十千白公，公麾之使去。后几日，自建一井亭。公问之直，以十千为对。复曰：'端明要作好人，在直如何不作好人！'"

有群众影响的记载。如《南部新书》庚集说，白居易葬龙门山，"洛阳士庶及四方游人过其墓者，奠以卮酒，冢前常成泥泞"。更有甚者，如张淏《云谷杂记》补编卷一载司马光得人心：

> 司马温公元丰末来京师，都人奔趋竞观，即以相公目之。左右拥塞，马至不能行。及谒时相于私第，市人登树骑屋窥瞰之。隶卒或止之，曰："吾非望而君，愿一识司马公耳。"至于呵叱不退，而屋瓦为之碎，树枝为之折。及薨，京师之民罢市而往吊，鬻衣以致奠，巷哭以过车者，盖以千万数。上命户部侍郎赵瞻、内侍省押班冯宗道护其丧归葬。瞻等还言：民哭公哀甚，如哭其

私亲，四方来会葬者，盖数万人。而岭南封州父老相率致祭，且作佛事以荐公者，其词尤哀；炷香以首顶以送公葬者，九百余人。京师民画其像，刻印鬻之，家置一本，饮食必祀焉。四方皆遣人购之京师，时画工有致富者。……儿童询君实，走卒知司司，如温公者，盖千载一人而已。

又如那位"凡有井水饮处，即能歌柳词"的柳永，死后竟形成了"吊柳会"。曾敏行《独醒杂志》卷四载：

柳耆卿风流俊迈，闻于一时。既死，葬于枣阳县花山。远近之人，每遇清明日，多载酒肴饮于耆卿墓侧，谓之"吊柳会"。

有有关文学影响的记载。如钱易《南部新书》辛卷说："大历来，自丞相以下，出使作牧，无钱起、郎士元诗祖送者，时论鄙之。"可见钱、郎二人在当时的诗名。又如陆游《老学庵笔记》卷八载：

建炎以来，尚苏氏文章，学者翕然从之，而蜀士尤盛。亦有语曰："苏文熟，吃羊肉；苏文生，吃菜羹。"

凡此等等，都可见笔记可以丰富史料记载。尤其是那些正史中只有简传的人，笔记更可供史料来补充，如刘希夷，《旧唐书·文苑传》中只说：

时又有汝州人刘希夷，善为从军闺情之诗，词调哀苦，为时所重。志行不修，为奸人所杀。

而在《大唐新语》卷八中则较为详细：

刘希夷，一名挺之，汝州人。少有文华，好为宫体，词旨悲苦，不为时所重。善掬琵琶。尝为《白头翁咏》曰："今年花落颜色改，明年花开复谁在？"既而自悔曰："我此诗似谶，与石崇'白首同所归'何异也！"乃更作一句云："年年岁岁花相似，岁岁年年人不同。"既而叹曰："此句复似向谶矣！然死生有命，岂复由此。"乃两存之。诗成未周岁，为奸所杀，或云宋之问害之。后孙翌撰《正声集》，以希夷为集中之最，由是稍为时人所称。

其他唐人笔记中也有提到刘希夷的，如《隋唐嘉话》《明皇杂录》等，但以此为详。别的也可作为补充。

（二）正史无传的

正史无传的，有人在笔记中有小传，这就更为珍贵。如唐诗人罗邺，新、旧《唐书》均无传，而在《唐摭言》卷十中有简略的小传：

罗邺，余杭人也，家富于财。父则，为盐铁小吏，有子二人，俱以文学干进，邺尤长七言诗。时宗人隐，亦以律韵著称，然隐才雄而粗疏，邺才清而绵致。咸通中，崔安潜侍郎廉问江西，志在弓旌，竟为幕吏所沮。既而俯就督邮，因兹举事阑珊，无成而卒。

又如宋末郑思肖，《宋史》无传，陶宗仪《南村辍耕录》卷二十有较详细的记载；再如元代方回，《元史》无传，而周密的《癸辛杂识》别集上"方回"条，约有一千六百字的记载。这种情况，为研究者提供了很可贵的史料。

有些人正史无传，笔记等书中也仅有一鳞半爪，就这一鳞半爪，也为我们了解作家事迹提供了珍贵的史料，也可借此勾勒出作家的大致轮廓。如宋代著名词人柳永，《宋史》无传，但在宋人笔记中，有不少片段事迹。这些书包括了《能改斋漫录》《渑水燕谈录》《画墁录》《青泥莲花记》《鹤林玉露》《避暑录话》《独醒杂志》《却扫编》等，再加上其他一些书的记载，就可勾勒出柳永大致的生平事迹。如唐圭璋《全宋词》就这样综合成一个小传：

> 永字耆卿，初名三变，崇安（今福建省）人。景祐元年（1034）进士，授睦州团练使推官。官至屯田员外郎。以乐章擅名，有《乐章集》。

龙渝生在《唐宋名家词选》综合得更为详细些，并标明了材料根据。不仅柳永如此，许多无传可据的古代作家小传，后人就是这么勾勒出来的。

第四节　历代笔记与作家史料

历代笔记极为丰富，内容极为复杂，我们在这里择要介绍的笔记，是专从文学家传记史料的角度挑选出来的。那些历史上的著名笔记，有的因为涉及文学家的传记史料不多，或重在考证等原因，就没有全部在这里介绍。所介绍的笔记，大致具备下列三个条件：一是所记作家的传记资料比较丰富；二是这些传记资料较为可靠；三是基本上取当代人记当代事。其实，这三个条件也是互相联系的，如从作家传记资料比较丰富来说，那些虽然丰富而迹近小说的就不取，因为它所记的事迹并不可靠，或者往往出自后人的传闻、加工。至于说到当代人记当代事，也是因为时近则易真，取其较为可靠而已。其间也包括了部分跨时代的笔记，即指两个相衔接的朝代的下一代人所记，如宋代钱易专记唐五代掌故和遗闻轶事的《南部新书》；也指后代人辑录该代人所写的笔记而成的书，如宋代王谠辑的《唐语林》，近人丁传靖辑的《宋人轶事汇编》，或者是该代没有或很少有其他笔记可利用，如刘义庆的《世说新语》所记的汉、魏、晋、宋间人事迹等。今略按时代介绍一些有关的笔记，并举例性地列出书中所收主要作家的姓名。其姓名一般就按在书中首次出现的顺序排列，不再按生卒年的早晚重新编排，目的在方便读者的查检。当然，它也绝不是人名索引，因为它不具备索引的功能。至于笔记中有人名索引的，我们将放在本书最后的索引章统一介绍，这也是需要说明的。

一　记先隋人的笔记

《**西京杂记**》六卷，或作二卷，旧题汉·刘歆撰，或题晋·葛洪（284—364）撰。本书书末葛洪的跋说，他家传有刘歆的《汉书》一百卷，班固几乎全取此书作《汉书》，不取的不过二万言左右，今抄出其中二卷，以补《汉书》之缺，名为《西京杂记》。据考证，本书即葛洪所作，伪托刘歆之名。

全书记述了西汉统治者及士大夫的遗闻轶事，凡一百三十八则。因其事都发生在西汉都城长安，东汉人称长安为西京，故称《西京杂记》。其中所记颇有传闻，且杂有一些怪诞的传说，不能完全当作信史，但也具有重要的史料价值。其中涉及的作家有刘邦、戚夫人、贾谊、枚乘、邹阳、刘安、司马相如、董仲舒、刘彻、东方朔、枚皋、卓文君、司马迁、扬雄等。其中不少事迹为后人引用，如司马相如论赋家之心，他与卓文君的故事，卓文君赋《白头吟》，司马迁写《史记》，等等。

今通行的有中华书局1985年版校点本，与《燕丹子》合印一册。又有上海古籍出版社版，向新阳、刘克任的《西京杂记校注》本。

《**世说新语**》三卷，一作六卷，南朝宋·刘义庆撰，南朝梁·刘孝标注。刘义庆（403—444），京口（今江苏镇江）人，刘宋宗室，袭封临川王，曾任侍中、中书令、荆州刺史等要职。

《世说新语》原本八卷，书中记载了汉至晋宋间一些名士的言行逸事。所记人物都是历史上实有的，但言行未必尽实，有些是出于传闻，有些是杂采前人的著作，内容极为丰富，人物众多。全书分为德行、言语、政事、文学、方正、雅重、识鉴、赏誉等三十六类。许多历史人物的某些故事出自本书，而且一直流传到今天，为人们所乐道。

书中涉及的文学家也很多，因所记时代较长，故略以时代先后为序，举例如下。汉代有司马相如、东方朔、班婕妤、马融、郑玄、蔡邕、祢衡；三国有孔融、曹操、杨修、王粲、刘桢、诸葛亮、甄后、桓范、丰诞、刘劭、缪袭、曹丕、何晏、曹植、曹叡、夏侯玄、阮籍、嵇康、吕安、钟会、王弼；西晋有嵇喜、山涛、皇甫谧、孙楚、羊祜、向秀、刘伶、阮咸、杜预、张华、王戎、夏侯湛、潘岳、石崇、左思、潘尼、嵇绍、陆机、陆云、欧阳建、挚虞、张翰、刘琨；东晋有陶侃、郭璞、庾亮、庾阐、干宝、李充、谢尚、支遁、孙绰、许询、谢安、谢万、王羲之、孙盛、慧远、习凿齿、顾恺之、王凝之、王献之、谢道韫、殷仲堪、殷仲文、谢混；刘宋有傅亮、谢灵运、陆凯、王微，等等。所记人物言行，或一则，或数十则，往往能写出人物的精神面貌，为这一时期轶事小说的集大成著作，对后代的影响很大，我们也可从书中看到许多作家的一言一行，一颦一笑。

刘孝标的注，又以增补史料为主，大大丰富了《世说新语》本文的内容，为许多作家保存了珍贵的传记资料。它和《世说新语》一样，具有很高的文献价值。

今通行的有《四部备要》本、《诸子集成》本等。另有中华书局1983年版余嘉锡《世说新语笺疏》本，1984年版徐震堮《世说新语校笺》本，该本附有《世说新语词语简释》和《世说新语人名索引》，使用更为方便。

二　记隋唐五代人的笔记

《**朝野佥载**》六卷，唐·张鷟撰。张鷟，字文成，自号浮休子，深州陆泽（今河北深州）人。高宗上元二年（675）登进士第，授岐王府参军。后调长安县尉，迁鸿胪丞。武周时任御史，玄宗开元初贬岭南。后召回，卒于司门员外郎（一说卒于龚州刺史）。

张鷟有才名，《朝野佥载》主要记述武则天时的朝野事迹，对当时朝政黑暗、吏治狠戾多所揭露。但书中也记载了许多神鬼怪异的无稽之谈。原书二十卷，已佚失，今本是后人从《太平广记》中辑出。《太平广记》喜收神仙鬼怪，故多选录神怪部分，今辑本《朝野佥载》也就更多具有神怪色彩了。

今存书中也有一些当时作家及张鷟本人的片段事迹,包括魏徵、李世民、卢照邻、骆宾王、杨炯、宋之问、崔融、上官婉儿、张说、苏颋、萧颖士等人。有的记载颇具认识意义,如宋之问为张易之捧溺器,萧颖士的躁忿浮戾等。

今通行的有中华书局1979年版赵守俨点校本,并作了较多的补辑,颇便使用。

《隋唐嘉话》 三卷,唐·刘𫗧撰。刘𫗧,字鼎卿,彭城(今江苏徐州)人,名史学家刘知幾次子。天宝初,历集贤院学士,终右补阙。著作多种,今仅存《隋唐嘉话》流传。

《隋唐嘉话》收录了隋炀帝至唐玄宗时期的一些遗闻轶事,兼及南北朝的一些事迹。所记名字均极简短,但也可补史之缺。《大唐新语》《唐语林》均从中引用材料。《新唐书》《资治通鉴》等书亦引及本书。

书中涉及南北朝的作家有王羲之、谢灵运、吴均、徐陵、魏收等;涉及隋代的作家有卢思道、薛道衡、牛弘、杨素、杨广;涉及唐代的作家有欧阳询、虞世南、李百药、魏徵、李世民、上官仪、李义府、宋之问、沈佺期、崔融、张说等。虽所记都是一鳞半爪,但记述唐太宗李世民与魏徵的关系却很生动。

今通行本有古典文学出版社1957年本和中华书局1979年程毅中点校本。

《封氏闻见记》 十卷,唐·封演撰。封演在天宝末进士第,曾任屯田郎中,权知邢州刺史,德宗时官至御史中丞。

《四库全书总目》称此书"语必征实","前六卷多陈掌故,七八两卷多记古迹及杂论,均足以资考证。末二卷则全载当时士大夫轶事,嘉言善行居多,惟末附谐语数条而已"。

本书在述及掌故中,往往多及文学家,如"铨曹"条说:"旧良酝署丞、门下典仪、太乐署丞,皆流外之任。国初,东皋子王绩始为良酝丞。太宗朝,李义甫始为典仪府。中宗时,余从叔希颜始为太乐丞。三官从此并为清流所处。"记文人轶事的如"讽切"条记贺知章讽张九龄事，等等。除此外，书中涉及的文学家如李世民、王昌龄、颜真卿、李隆基、卢藏用、王翰、张说、李邕、苏颋、王勃、魏徵、严武、宋之问、王维、陆羽、沈佺期、岑参、郑虔等，都或多或少有事迹记载下来，可供研究者参用。

今通行的有中华书局1958年版赵贞信校注本。

《唐国史补》三卷，唐·李肇撰。李肇在贞元中曾任华州参军，元和十三年（818）自监察御史充翰林学士，长庆初自司勋员外郎贬澧州刺史，太和初为中书舍人。

《唐国史补》原名《国史补》，是李肇为续刘悚《传记》而作（据程毅中考证，《传记》即今之《隋唐嘉话》）。刘书记事自南北朝至唐开元年间，《国史补》记事自开元至长庆年间，凡三百零八条。内容包括了"纪事实，探物理，辨疑惑，示劝戒，采风俗，助谈笑"（《唐国史补自序》），既包括了唐代的一些典制和社会风俗史料，也记述了唐代不少文学家的遗闻轶事，涉及的作家有崔颢、李邕、李隆基、张说、张九龄、李白、王维、张旭、颜真卿、高适、李华、萧颖士、李峤、元结、李端、钱起、韩翃、严武、杜甫、柳浑、陆贽、张建封、韩愈、戎昱、陆羽、张志和、顾况、韦应物、武元衡、李德裕、李益、元稹、王维、王昌龄、梁肃、皎然、沈既济、李公佐、薛涛、刘长卿、李观、欧阳詹、樊宗师、张籍、孟郊、白居易、贺知章、祖咏，等等。不仅如此，书中对唐代的文学情况，也有概括的介绍，如说："元和已后，为文笔则学奇诡于韩愈，学苦涩于樊宗师。歌行则学流荡于张籍。诗章则学矫激于孟郊，学浅切于白居易，学淫靡于元稹。"（卷下）

《唐国史补》的体制，也为后代欧阳修《归田录》所取法。今通行本有古典文学出版社1957年校点本，1979年上海古籍出版社重印本。

《大唐新语》十三卷，唐·刘肃撰。据《新唐书·艺文志》，刘肃元和中曾任江都主簿，本书序作"登仕郎前守江州浔阳县主簿"，其他事迹不可考。

本书初见于《新唐书·艺文志》，题作《大唐新语》，《宋史·艺文志》改作《唐新语》，明人刻本又改名《大唐世说新语》或《唐世说新语》。书仿《世说新语》体例，分匡赞、规谏、极谏、刚正、公直、清廉、持法等三十类，记载了唐初至大历年间的人物言行，大多取材于唐代国史旧闻。主要收录有关政治和道德教化的内容。所记人物中，亦颇多作家事迹，如魏徵、苏颋、张说、张九龄、杜审言、岑文本、李百药、杨炯、苏味道、李峤、刘希夷、张鷟、卢藏用、贺知章、李义府、玄奘、李世民等，都有事迹记载。这些事迹中，有的已为正史所采用，如所载杜审言子杜并年十三刺死司马季重事，被采入《旧唐书·杜审言传》。那些没有被正史参用的，更可用来丰富人物传记史料。

今通行本有中华书局1984年版许德楠、李鼎霞点校本。

《明皇杂录》 三卷，唐·郑处诲撰。郑处诲，字延美（一作廷美），荥阳（今属河南）人。大和八年（834）进士，官至宣武军节度使。书成于大中九年（855）为校书郎时。

本书记玄宗一代的遗闻轶事，偶尔也兼及肃宗、代宗两朝史实，颇具史料价值。其中涉及的作家，除玄宗李隆基外，还有苏颋、萧颖士、姚崇、张说、李适之、宋璟、张九龄、杜甫、王维、郑虔、韦嗣立、崔曙、李峤等。其中补遗一则说："天宝中，刘希夷、王昌龄、祖咏、张若虚、孟浩然、常建、李白、杜甫，虽有文名，俱流落不偶，恃才浮诞而然也。"一句话把这些作家的"流落不偶"归结为"恃才浮诞"，未免太不加分析了。书中所记，也有出自传闻，与事实有出入，《四库全书总目》已有辨析，可参阅。

今通行的有上海古籍出版社1985年版《开元天宝遗事十种》本，除正文三卷外，另有补遗、佚文等可供参阅。

《因话录》 六卷，唐·赵璘撰。赵璘，字泽章，平原（今属山东）人。开成三年（838）进士，大中七年（853）任左补阙，历祠部员外郎、衢州刺史等职。璘为唐德宗时宰相赵宗儒的侄孙，关中望族柳氏的外孙，家世显赫，故多识朝廷典故。

《四库全书总目》说《因话录》"虽体近小说，而往往足与史传相参"。更有些资料可用作研究文学史时参考，如卷三所记唐代元和以来文坛情况等。有些故事被后人改编成戏曲，如《打金枝》就取材于书中郭暧与昇平公主的故事。书中颇记作家轶事，或某些事实中涉及一些作家，他们是李隆基、柳宗元、刘禹锡、裴度、权德舆、陈子昂、李德裕、李益、杨巨源、韩愈、孟郊、李翱、皇甫湜、张籍、李贺、白居易、张仲素、令狐楚、陆羽、皎然、颜真卿等。当然，其中也有失实处，如记刘禹锡徙播州刺史一条，《四库全书总目》已辨其误，这大概也是笔记的通病。

今通行的有古典文学出版社1957年标点本、上海古籍出版社1979年重印本。

《云溪友议》三卷，唐·范摅撰。范摅，吴人，寓居越，自号五云溪人，生活于唐僖宗时。全书或作三卷，或作十二卷，凡六十五条，主要记中晚唐杂事，其中诗话居十之七八，保存了不少诗歌史料。《四库全书总目》说："大抵为孟棨《本事诗》所未载，逸篇琐事，颇赖以传。"为研究者所重视。其中涉及的作家如颜真卿、白居易、戎昱、雍陶、李绅、房千里、许浑、刘长卿、卢纶、严武、杜甫、李翱、舒元舆、韩愈、郑虔、灵辙上人、张祜、李群玉、钱起、杜牧、贾岛、温庭筠、刘禹锡、柳宗元、吴武陵、李涉、薛涛、王建、顾况、卢渥、贺知章、朱庆馀等，都有片段记载，特别是那些无史传的作家，为我们提供了一些生平史料，如雍陶、房千里、李涉、卢渥等就是。当然，对早一些作家的记载，因时代较远，也有传闻之误，不可完全信据。请参阅《四库全书总目》和余嘉锡的《四库提要辨证》。

今通行的有古典文学出版社1957年排印本。

《玉泉子》一卷，唐·佚名撰。书中所记皆中晚唐杂事，凡八十二条，对封建统治集团的丑恶腐朽颇有揭露。其中有些内容是从别的书中集录来的，如开头"裴晋公度为门下侍郎"条，就取自赵璘的

《因话录》，不过也有他书未见的资料。

书中所载故事，相对较为完整，其中涉及文学家的遗闻轶事，有裴度、李德裕、刘禹锡、皮日休、温庭筠、刘蕡、段文昌、牛僧孺、杜牧等的片段事迹。全书在叙述中，也颇有因果报应之词。

今通行的有中华书局1958年校点本，与《金华子》合印一册。

《唐摭言》十五卷，五代·王定保撰。王定保（870—?），南昌（今属江西）人。唐昭宗光化三年（900）进士，后仕南汉，官至宁远军节度使、中书侍郎同平章事。

王定保根据陆扆、吴融等所述，比较详细地记载了唐代的科举制度，文士风习和诗人墨客的遗闻轶事，并保存了不少唐代诗文。作为文学家史料，更可宝贵的是它涉及了唐代一百多位文学家的生活片段，其中绝大部分是中晚唐诗人，并且不少人的事迹首见此书。也有不少脍炙人口的传闻出自王定保的记载。如记李世民"天下英雄，入吾彀中"的喜悦；王勃写《滕王阁序》的有趣经过；孟浩然因吟"不才明主弃"而被放归南山；李白被贺知章赞为"太白星精"；杜甫醉登严武床；唐宣宗诗吊白居易；等等。书中涉及的作家还有卢藏用、李邕、崔国辅、崔颢、颜真卿、李华、萧颖士、元结、顾况、戴叔伦、朱湾、孟郊、梁肃、欧阳詹、韩愈、张籍、李翱、白居易、皇甫湜、柳公权、贾岛、张祜、沈亚之、吴武陵、殷尧藩、施肩吾、李德裕、李贺、顾非熊、皇甫松、杜牧、刘蕡、马戴、赵嘏、方干、李商隐、温庭筠、曹邺、刘蜕、李群玉、来鹄、刘驾、曹松、罗隐、皮日休、陆龟蒙、章碣、罗邺、罗虬、秦韬玉、韩偓、杜荀鹤、张曙、殷文圭、吴融、卢廷让等，可见所收人物，在笔记中极为丰富。其中许多事迹也被后代如计有功的《唐诗纪事》所吸取，对我们了解唐代作家颇有参考价值。

原书据宋代晁公武《郡斋读书志》说分为六十三门，但现存的书中却有一百零三门，可见非原本之旧。今通行的有古典文学出版社1957年版、上海古籍出版社1978年新版。

《金华子》二卷，又称《金华子杂编》，南唐·刘崇远撰。崇远自号金华子，家本河南，唐末南徙，仕南唐为文林郎，大理司直。

本书主要记录晚唐的朝野故事，"其中以将相之贤否，藩镇之强弱，以及文章吟咏，神奇鬼怪之事，靡所不载，多足与正史相参证"（《四库全书总目》）。书中涉及的诗文作者，也包括了一些中唐人物，他们有段成式、温庭筠、李德裕、杜牧、张祜、朱庆馀、张籍、黄巢、马戴等。

今通行的有中华书局1958年标点本，与《玉泉子》合印一册。

《北梦琐言》二十卷，逸文四卷，宋·孙光宪撰。孙光宪（？—968），字孟文，自号葆光子，陵州贵平（今四川仁寿）人。唐末官陵州判官，后事荆南刘氏，累官至荆南节度副使、检校秘书少监。入宋后做过黄州刺史。《北梦琐言》写于荆南时。

本书原当有三十卷，今有残缺。正文二十卷凡三百二十六条，若连逸文，则共四百一十四条。它记述了唐、五代时期士大夫们的遗闻轶事、风俗人情。所记主要在唐末，兼及后梁、后唐、石晋时事。内容主要得自杨玼、元澄等人，同时也采录了刘山甫的《金溪闲谈》（此书已佚）等书。作者所记比较严肃认真，自序说："每聆一事，未敢孤信，三复参校，然始濡毫。"且在条目说明故事来源，因此较为可信。但也限于时代的局限，书中有不少神鬼怪异、因果报应，作者都当成信史记载了下来，这是应该扬弃的。

全书涉及了唐、五代许多文学家的轶事，如李德裕、白居易、刘禹锡、牛僧孺、皮日休、郑愚、聂夷中、司空图、刘蜕、薛能、杜光庭、吴融、温庭筠、李商隐、张曙、杜荀鹤、曹唐、陈陶、李端、李绅、罗隐、符载、裴休、王勣（绩）、李群玉、韦庄、和凝、陆龟蒙、方干、元稹、顾云、孟浩然、李白、赵嘏、郑棨、来鹏、卢廷让、齐己、顾况、高蟾、李贺、贾岛、鱼玄机、郑谷、杜牧、唐彦谦、戴叔伦、黄巢、贯休、牛希济、王衍等几十人，甚为丰富，并且有些作家的史料首见于此，更具史料价值。不过因为是笔记，故所记也较零碎。

今通行的有中华书局1960年校点本、上海古籍出版社1981年重印本。

《南部新书》 十卷，宋·钱易撰。钱易（968—1026），字希白，杭州临安人，为吴越国主钱俶之侄，十余岁时随钱俶归宋。真宗时举进士，官至翰林学士。钱易以才藻知名，著作甚丰，今仅存《南部新书》。

《南部新书》成书于真宗大中祥符年间，记载了唐、五代的朝野掌故和遗闻轶事。因为是宋人记唐、五代事，不可避免地采用了不少其他书中的记载，所记也极简括。其中涉及了唐、五代中不少文学家的事迹，如贺知章、施肩吾、赵嘏、鱼玄机、李白、司空图、黄巢、柳浑、韩偓、李邕、牛僧孺、李复言、白居易、祖咏、李隆基、李商隐、王维、顾况、令狐楚、玄奘、裴度、李贺、张九龄、李群玉、李肇、欧阳询、李德裕、李观、罗隐、韦渠牟、李峤、李翱、梁肃、陆龟蒙、温庭筠、皮日休、张祜、张说、李绅、杜牧、沈既济、陆贽、刘蕡、魏徵、刘禹锡、韩翃、钱起、韩愈、杨炯、虞世南、罗邺、罗虬、段成式、上官婉儿、萧颖士、郎士元、吕温、杜荀鹤、沈千运、卢仝、张志和、杜甫、柳宗元、孙光宪，等等。不过这些人物中，有的人有独立的片段事迹，有的人仅是提及。

《南部新书》原来是分类的，包括了"事实千，成编五，列卷十"。不过现在留存下来的只有八百余条，排列也较杂乱，不分门类，虽然仍分十卷，但已不是原本了。今通行的有中华书局1958年版点校本。

《唐语林》 八卷，宋·王谠撰。王谠，字正甫，长安（今陕西西安）人。曾于元祐四年（1089）任国子监丞，后改少府监丞。本书约成于宋徽宗崇宁、大观间。

《唐语林》取材于《国史补》《补国史》《因话录》《谈宾录》《幽闲鼓吹》《尚书故实》《松窗录》《庐陵官下记》《次柳氏旧闻》等五十种唐、五代人小说（其中包括了政书《唐会要》），仿《世说新语》例，分五十二门辑录了唐代政治、宫廷轶事，士大夫言行，民俗风情等。但它"虽仿《世说》，而所记典章故实、嘉言懿行，多与正史相发明，视刘义庆专尚清谈者不同"（《四库全书总目》）。书中涉及了百多位唐代作家的轶闻断片，可供研究作家事迹者所采撷。这些作家如刘禹锡、姚崇、李世民、魏徵、韩愈、岑文本、颜真卿、张九龄、裴度、李德裕、苏颋、李峤、武元衡、王勃、骆宾王、李白、郑虔、苏源明、张说、王维、韦应物、权德舆、白居易、杨巨源、孟郊、柳宗元、李翱、皇甫湜、张籍、李贺、吕温、杜牧、段成式、温庭筠、李郢、马戴、李华、萧颖士、虞世南、褚遂良、沈佺期、皮日休、韦述、皎然、李益、沈既济、罗虬、李邕、崔颢、陈子昂、张建封、陆贽、韦渠牟、李义府、元稹、钱起、张祜、上官仪、上官婉儿、杜甫、殷尧藩、柳公权、秦韬玉、欧阳詹、刘长卿、陆龟蒙、元结、陆羽、苏味道、刘希夷、宋之问、崔湜、王缙、顾况、郎士元、施肩吾、薛涛、牛僧孺、韦楚老、罗隐、方干、贺知章、祖咏等。但因为它是从唐人说部中采撷而来，又未注明出处，这就影响了它的史料价值。但也因为所采之书有的已经失传，故它不仅有收集之功，也有保存史料之功。

今存《唐语林》，是四库馆臣据明刻残本和《永乐大典》参互校订而成，故虽仍分八卷，已非原刻之归。前四卷收德行至贤媛十八门，是据残本分卷而成；后四卷因《永乐大典》所辑条目无法分类，故略以时代先后为次。今通行的有上海古典文学出版社1957年校点本、上海古籍出版社1978年新一版。至1987年，中华书局又出版了周勋初的《唐语林校证》本，不但对全书加以校证，而且注明了每条的出处，不知者也注明"不知原出何书"，这就弥补了原书不注出处的缺憾，可据以查实使用。《校证》本书末并有"唐语林人名索引"等可供利用。

《唐人轶事汇编》 四十卷，今人周勋初主编，严杰、武秀成、姚松编录。

本书仿丁传靖辑《宋人轶事汇编》例，辑录了唐五代人物近二千七百人的轶事资料。所收人物，上起唐初，下至五代十国入宋而主要事迹在入宋以前的。它不取正史中的史料，而以唐宋人撰杂史、传记、故事、小说为主。若与正史记载有类同的，凡成书在正史以前的录入，以见正史的来源；其成书在正史以后，而显系采自正史的则不收。至于明清以来的资料，除真实可信、未见更早记载的外，一般不入收。类书中的资料则从严选取。全书辑录了二百六十三种古籍中的唐五代的人物轶事，可说是一部集大成的资料书。

本书资料繁富，体例精严。它改变了丁书引书不标卷数，书名每用省称，文字随便删节，以及引书有误等的缺点。全书以人为目，把有关资料汇录在相关的人名之下，并都加上顺序号，且标明出处，包括书名、卷数。对同一条有多种出处的，就选录首见文字或记述较完备的文字，其他则将书名卷次附后。对那些一条中涉及数人的文字，放在主要人名下边，其他有关人名下列则酌情用参见法提示，即见某某人的第几条。

每一人物所收轶事，从一条至二百数十条不等，视资料本身的多少而定，有的人仅有一条，而唐太宗李世民就达一百四十六条，唐玄宗李隆基竟达二百二十五条。全书所收各类人物都有，其中文学家不在少数。试以《中国大百科全书·中国文学》卷中所收唐五代诗人一百一十人来看，本书收录了九十五人的轶事，只有张若虚、刘昚虚、储光羲、崔国辅、常建、岑参、沈千运、孟云卿、李嘉祐、张继、司空曙、刘叉、郑嵎、于濆和唐彦谦十五人，因缺轶事资料而未收。

本书把众多的轶事资料汇辑在一起，又一一注明出处，为我们查检唐五代人物轶事提供了丰富的史料。

全书四册，由上海古籍出版社1995年出版。书后附有"引用书目"及"人名四角号码索引"。查检甚为方便。

三 记宋人的笔记

《儒林公议》 二卷，宋·田况撰。田况（1005—1063），字元均，开封（今属河南）人。天圣进士，累官至枢密使。

《儒林公议》记载了宋太祖建隆至仁宗庆历年间的朝廷政事及士

大夫言行，也间及五代十国时事。《四库全书简明目录》称其"持论平允，不以恩怨亲疏为是非，公议之名，卓然不泯"。

本书重在记事，所记甚详。这一时期的作家也颇多述及，也收录了他们的一些议论性的文章。但作家往往在叙事中出现，不专作介绍。书中涉及五代的作家有李煜、徐铉、欧阳炯等；宋代的作家有范仲淹、石介、王禹偁、尹洙、寇准、丁谓、陈彭年、孙复、张咏、杨亿、晁迥、李宗谔、晏殊、欧阳修、宋庠、宋祁、钱惟演、李昉、刘筠、余靖等。

本书因属当时人记当时事，所记又较详，虽不专叙作家事迹，但也可供研究中考订。

今通行的有《笔记小说大观》本等。

《江邻几杂志》三卷，又名《嘉祐杂志》，宋·江休复撰。江休复（1005—1060），字邻几，开封陈留（今河南开封）人。举进士，曾为集贤校理，累官至刑部郎中。

本书所记皆杂事，晁公武极为推崇，其《郡斋读书志》说："休复，欧阳永叔之执友，其所记精博，绝人远甚。"《四库全书总目》也说："休复所与交游，率皆胜流，耳濡目染，具有端绪，究非委巷俗谈可比也。"

所记文字较简短，或仅是片言只语，如："欧阳永叔修《唐书》，求罢三班院，乞一闲慢差遣。俄除太常礼院，因巡厅，言朝廷将太常礼院作闲慢差遣耶！"书中涉及的宋代作家有晏殊、惠崇、丁谓、杨亿、梅尧臣、宋庠、石延年、林逋、蔡襄、张咏、王安石、欧阳修、范仲淹、司马光、李昉、李宗谔、苏轼、钱惟演、晁迥、寇准等。

本书原为三卷，《四库全书》本二卷，《稗海》《笔记小说大观》等本不分卷。

《东斋记事》五卷，宋·范镇撰。范镇（1009—1088），字景仁，成都华阳（今成都）人。仁宗宝元元年（1038）进士，历仕仁宗、英宗、神宗、哲宗四朝，历知谏院，翰林学士兼侍读等职，与司马光极友善。

《东斋记事》是"追忆馆阁中及在侍从时交游语言,与夫里俗传说"(《自序》),使后人有所考正。故所记为北宋故事、典制、士人逸事,以及蜀地的风土人情等。原书已佚,今传本为清修《四库全书》时从《永乐大典》中辑录而成。书在叙事中涉及了一些北宋时代的作家,如寇准、杨亿、魏野、张咏、石介、田况、欧阳修、王安石、蔡襄、宋祁、司马光、丁谓、范仲淹、文彦博、梅尧臣、钱若水、刘攽等人,不过材料都较零散。

今通行的有中华书局1980年版汝沛点校本,与《春明退朝录》合为一册,并附有补遗、辑遗等内容。

《归田录》 二卷,宋·欧阳修撰。欧阳修事迹见前《新唐书》介绍。

《归田录》记载了北宋前期的人物事迹、职官制度和官场轶闻等,所记多系作者见闻,其自序说:"《归田录》者,朝廷之遗事,史官之所不记,与夫士大夫笑谈之余而可录者,录之以备闲居之览也。"又在跋语中说他所录大抵以唐李肇《国史补》为法,即:"言报应,叙鬼神,述梦卜,近帷箔,悉去之;纪事实,探物理,辨疑惑,示劝戒,采风俗,助谈笑,则书之。"这大致表明了此书的编写宗旨。

欧阳修本身是一位大文学家,其《归田录》所记,也颇多文学家的轶事,如杨亿、宋祁、寇准、丁谓、晏殊、宋庠、李昉、林逋、梅尧臣、石延年等。甚至也涉及了五代的和凝。其所记轶事,可丰富《宋史》的有关传记,如宋祁初为孙奭所知,后宋祁为礼官,孙奭死后,宋祁为他谥为"宣",这是孙生前所希望的。又如所记梅尧臣名闻宫禁、梅尧臣受敕修《唐书》称为"猢狲入布袋"、梅尧臣与欧阳修等唱和等。当然,也有的记载为后来《宋史》所采用,如记诗人石延年与刘潜对饮终日不醉,被传为酒仙的故事等。

今通行的有中华书局1981年版李伟国点校本,书后辑录了佚文四十条,所收较为完备。与《渑水燕谈录》合印成一册。

《涑水记闻》 十六卷,宋·司马光撰。司马光事迹见前《资治通鉴》。

《涑水记闻》所记多为太祖至神宗时的宋代旧事，条下都说明何人所说，故名《记闻》。所记以国家大事据多，也间涉琐事，为后来的《神宗实录》所取材。本书史料主要取自别人所说，但也有取自书面材料，如石介的《三朝圣政录》，宋次道的《王禹偁神道碑》等。若所书资料偶忘传者姓名，则说"不记所传"。司马光为著名史学家，所记较可信，但对王安石等的记述，也有其守旧派的立场，这是自不待言的。

书中所记涉及的文学家有赵普、徐铉、寇准、王禹偁、丁谓、张洎、晏殊、晁迥、范仲淹、文彦博、刘攽、张咏、杨亿、李宗谔、张齐贤、余靖、欧阳修、蔡襄、宋庠、石介、尹洙、王安石、曾巩、舒亶、王安国、王安礼、郑侠、沈括等。

本书今有《学海类编》本、武英殿《聚珍版丛书》本、《学津讨原》本、《丛书集成初编》本等。

《春明退朝录》 三卷，宋·宋敏求撰。宋敏求（1019—1079），字次道，赵州平棘（今河北赵县）人。宋仁宗宝元二年（1039）进士，历知太常礼院、官告院、知制诰、右谏议大夫、龙图阁直学士兼修国史等职。

本书作于熙宁三年（1070），自序说："予以谏议大夫奉朝请，每退食，观唐人洎本朝名辈撰著以补史遗者，因纂所闻见继之。先庐在春明里，题为《春明退朝录》云。"由于作者长期在朝廷任职，又掌史职，家富藏书，目的又在补史之遗，故其史料价值较高，受到历史学家的重视。不过本书主要在记述宋代典制，包括了官诰礼仪、仕宦进拟、差除制度等，约占全书的三分之二，故有关文学家的姓名往往在叙述中出现，如首条说："国朝宰相：赵令、卢相、文潞公四十三登庸，寇莱公四十四，王沂公四十五，贾魏公四十八。"这里就提到了文彦博、寇准等的为相之年。书中也有少数文学家事迹的记载，如记魏野："魏野居于陕郊，其地颇有水竹之胜。客至，必留连饮酒。真宗时，聘召不起。天禧中卒，赠秘书省著作郎。"书中涉及的文学家还有晏殊、苏易简、杨亿、丁谓、宋祁、李昉、徐铉、范镇、柳开、陈彭年、梅尧臣、苏舜钦、范仲淹等。

今通行的有中华书局1980年版诚刚点校本，与《东斋记事》合为一册。

《渑水燕谈录》 十卷，宋·王辟之撰。王辟之（1031—?），字圣涂，山东临淄人。治平四年（1067）进士，历任县官、州官，绍圣四年（1097）以忠州太守致仕。《宋史·艺文志》误作王关之，《郡斋读书志》误作王辟，《直斋书录解题》则署作王辟之。以上书目中均著录为"渑水燕谈十卷"。渑水，齐水名。作者在绍圣二年（1095）写的自序中说："今且老矣，仕不出乎州县，身不脱乎饥寒，不得与闻朝廷之论、史官所书。闲接贤士大夫谈议，有可取者，辄记之，久而得三百六十余事，私编之为十卷。"书中所记大多是当时士大夫的一些谈议，颇有史料价值。

全书分帝德、谠论、名臣、知人、奇节、忠孝、才识、高逸、官制、贡举、文儒（书籍附）、先兆、歌咏、书画、事志、杂录、谈谑十七类，其中记载了不少文学家的轶事，如司马光、杨亿、范仲淹、欧阳修、柳开、石介、寇准、王安石、梅尧臣、苏舜钦、石延年、苏洵、苏轼、苏辙、魏野、晏殊、乐史、刘敞、王禹偁、柳永，等等。其中柳永在《宋史》中无传，本书记载了他景祐末登进士第，尤精乐章，后以疾更名永，字耆卿。皇祐中，因史某荐，制《醉蓬莱慢》，得罪仁宗，稿被掷于地，自此不复进用。研究柳永时可参用。

《渑水燕谈录》今存本均不是三百六十余事，其中《稗海》《四库全书》本所缺尤甚。较好的有中华书局1981年版吕友仁点校本，与《归田录》合印一册，收三百五十二事，并辑有佚文十七事，合计有三百六十余事。

《梦溪笔谈》 二十六卷，《补笔谈》三卷，《续笔谈》一卷，宋·沈括撰。沈括（1031—1095），字存中，钱塘（今浙江杭州）人。嘉祐进士，曾参与王安石变法，出使辽国，历任翰林学士、鄜延路经略安抚使等职。晚年著有《梦溪笔谈》。

沈括是我国北宋时代的科学家，所著《梦溪笔谈》中涉及了天文、数学、矿业、医药、生物、物理等内容，也有北宋社会状况和农民起义的记载，同时也有一些文学家的轶事。书分故事、辩证、乐律、象数、人事、官政、权智、艺文、书画、技艺、器用、神奇、异事、谬误、讥谑、杂志、药议十七类。其中涉及的宋代文学家有苏易简、杨亿、欧阳修、王安石、文彦博、石延年、寇准、郑獬、司马光、钱惟演、丁谓、晏殊、苏轼、柳开、苏舜钦、林逋、范仲淹、刘筠、穆修、魏野、徐铉、蔡襄、曾巩、尹洙、陈彭年、潘阆、钱易、张咏、宋祁、苏洵、王禹偁、王安礼等。当然，其中有些人也只是提及。

今通行的有中华书局1957年版胡道静《新校正梦溪笔谈》本等。

《东坡志林》五卷，宋·苏轼撰。苏轼（1036—1101），字子瞻，号东坡居士，四川眉山人。苏轼是我国古代杰出的文学家，《东坡志林》主要记录了元丰至元符二十年间苏轼所身历之事，"其间或名臣勋业，或治朝政教，或地里方域，或梦幻幽怪，或神仙伎术，片语单词，谐谑纵浪，无不毕具"（赵用贤《刻东坡先生志林小序》）。这很好地概括了《志林》一书的内容，对研究宋代文学不无裨益。

《东坡志林》所记主要是苏轼自己的所历所感，书中对苏轼自己"生平迁谪流离之苦，颠危困厄之状，亦既略备"（同上）。所以研究苏轼本身的生平事迹，是不得不读的一部重要著作。不过书中涉及其他作家的事迹较少，只是在记载中连带提及。

《东坡志林》有一卷本、五卷本、十二卷本。一卷本非全貌，十二卷本较芜杂，颇有伪窜。五卷本较为精审，今有中华书局1981年王松龄点校本较通行。

《龙川别志》二卷，宋·苏辙撰。苏辙（1039—1112），字子由，晚号颍滨遗老，眉山（今属四川）人。与兄苏轼同登进士第，历任御史中丞、尚书右丞、门下侍郎，徽宗时以太中大夫致仕。

苏辙在晚年隐居循州龙川时，追忆自己所参与的政治活动，写成《龙川略志》十卷，又把自己所闻前贤及时贤的轶事，撰成《龙川别志》二卷。《别志》涉及的作家较多，如寇准、王旦、丁谓、杨亿、李淑、刘筠、钱惟演、王洙、宋祁、范仲淹、晏殊、欧阳修、司马光、苏轼、钱若水、张咏等。所记或自己亲身经历，或闻之旁人，虽然没有系统的作家事迹记载，但仍可供稽考。

今通行的有中华书局1982年俞宗宪点校本，系把《龙川略志》和《龙川别志》合印成一册。

《青箱杂记》 十卷，宋·吴处厚撰。吴处厚，字伯固，邵武（今属福建省）人。宋仁宗皇祐五年（1053）进士，授临汀狱掾，后迁将作丞，王珪用为大理丞。后因诬蔡确讥谤朝廷，蔡等被贬逐，处厚得知卫州，不久死去。

《青箱杂记》成书于宋哲宗元祐二年（1087），多记北宋及五代朝野杂事、诗话及掌故。吴处厚能诗善赋，故书中对文士亦多所记述，所及作家如王禹偁、魏野、李昉、王旦、杨亿、丁谓、潘阆、王洙、晏殊、范仲淹、寇准、林逋、李璟、徐铉、李觏、宋庠、张咏、司马光、王安国、欧阳修、惠崇、石延年、柳永等，或记事迹，或述诗词。"书中引到的魏野、李淑、王禹偁、王安国、陈尧佐、曹翰、陈亚、夏竦、韩琦等人诗词，多为他书所未载"（李裕民《点校说明》），可作为文学史研究的参考。但书中所记不尽可信，且多迷信记载。

今通行的有中华书局1985年版李裕民点校本。

《孔氏谈苑》 五卷，宋·孔平仲撰。孔平仲，字义甫，或作毅夫，临江新喻（今江西新余）人。登进士，曾为秘书丞集贤校理。绍圣中削校理，知衡州，官终主管兖州景灵宫。

今传本《孔氏谈苑》，《四库全书总目》认为"是书多录当时琐事而颇病丛杂"，疑非孔氏真本，而书中所载，又往往与他书相出入，故疑其"或在平仲前，或与平仲同时，似亦摭拾成编"。

本书虽疑非孔氏真本，但尚出自北宋人之手，所及文学家也较多，故仍可供我们参考。书中所记文学家有专条，有连及，他们有吕公著、范仲淹、丁谓、杨亿、苏轼、苏辙、宋庠、宋祁、张咏、寇准、王安石、王安礼、李之仪、欧阳修、刘攽、孙觉、晏殊、钱惟演、余靖、宋白、苏易简、李昉、石介、赵普、王禹偁、黄庭坚、张耒、秦观、李宗谔、徐铉等。

今有《丛书集成初编》等本流传。

《后山谈丛》六卷，宋·陈师道撰。陈师道（1053—1101），字履常，一字无己，号后山，彭城（今江苏徐州）人。师事曾巩，无意仕进，后曾任颍州教授等，官至秘书省正字。是江西诗派代表性的诗人之一。

《后山谈丛》涉及内容广泛，尤多北宋史事，间可补史书之缺。此外，对书法绘画、笔墨纸砚、农事水利，以及奇闻异物等，均有涉及。其中提到的宋代文学家有寇准、杨亿、司马光、王安石、宋祁、苏轼、黄庭坚、欧阳修、秦观、丁谓、苏洵、曾巩、苏舜钦、张咏、刘敞、范仲淹、李昉、刘筠、晁补之等，但一般都很简略，片言只语较多，且其中颇有根据传闻而失误处，如洪迈《容斋随笔》卷八曾指出了它失实的四条，其中涉及张咏的就有二条。

今通行的有上海古籍出版社1989年版李伟国校点本，与《萍洲可谈》合印一册。末附"后山谈丛人名书名索引"，颇便读者。

《邵氏闻见录》二十卷，又名《河南邵氏闻见录》，又因其子撰有《后录》，故又称《闻见前录》。宋·邵伯温撰。邵伯温（1057—1134），字子文，洛阳（今属河南）人。荐授大名府助教，调潞州长子县尉，绍圣初移监永兴军铸钱监。徽宗时，擢提点成都路刑狱，迁利州路转运副使。邵伯温是北宋理学家邵雍之子，雍与当时著名人物程颐、程颢、司马光、韩维、吕公著、富弼等过从甚密。"伯温入闻父教，出则事司马光等，而光等亦屈名位辈行，与伯温为再世交，故所闻日博，而尤熟当世之务。"（《宋史·邵伯温传》）

《闻见录》完成于宋高宗绍兴二年（1132），记载北宋故事，尤详于熙宁变法。邵伯温站在反对王安石变法的立场，记载了变法时的人和事。虽对王安石多所攻击，但也较客观地记下了王安石身上的一些优点，如好学深思、廉洁奉公、不好女色等。而王安石的"天命不足畏，祖宗不足法，人言不足恤"的"三不畏"主张，就见于此书。

书中所记变法之事，也颇具始末，为研究宋史的重要史料。书中涉及的文学家，除王安石、司马光以外，还有寇准、王禹偁、柳开、范仲淹、欧阳修、尹洙、苏轼、王安国等人的轶闻琐事可供参考。当然，书中也有失实附会处，不能完全信据。

今通行的有中华书局1983年版李剑雄、刘德权点校本。

《邵氏闻见后录》 三十卷，宋·邵博撰。邵博，字公济，河南洛阳人，生平事迹不详。邵博继其父邵伯温的《闻见录》作《闻见后录》，成书于宋高宗绍兴二十七年（1157）。

《闻见后录》所记内容更为广泛，时间上及先秦，涉及经史子集、诗文评论等，而所记北宋遗事，颇有可采。书中全载司马光的《疑孟》，雷简夫分别致韩琦、张方平、欧阳修推荐苏洵的三封书信等，赖本书得以保存。对北宋一代的作家，除上述外，还有曾巩、欧阳修、苏轼、晏殊、王禹偁、梅尧臣、杨亿、林逋、黄庭坚、范仲淹、沈括、秦观等人，均有轶事琐闻的记载，可为研究作家作品时参考。

今通行的有中华书局1983年版刘德权、李剑雄点校本。

《师友谈记》 一卷，又名《济南先生师友谈记》，宋·李廌撰。李廌（1059—1109），字方叔，华州（今陕西华县）人。少年时文章即为苏轼所知，为"苏门六君子"之一。中年应举落第，绝意仕进，寓居长社而终。

《师友谈记》记载了苏轼、范祖禹、黄庭坚、秦观、晁补之、张耒等的谈论，故名《师友谈记》。所谈多治学为文的内容，虽篇幅不大，但所及人物较集中，特别是记载苏轼的特多，又是作者亲闻，故具有可贵的史料价值。《四库全书总目》说："其人皆元祐胜流，而廌之学问文章亦足与相亚，能解诸人之所谈。所载多名言格论，非小说琐录之比。"书中涉及的文学家还有欧阳修、苏辙、司马光、苏过、沈括、刘攽、孙觉、王安石、李之仪等。

今有《百川学海》本、《学津讨原》本、《丛书集成初编》本等。

《湘山野录》 三卷，《续录》一卷，宋·释文莹撰。文莹，字道温，钱塘人，生卒年及生平事迹均不详，生活于北宋仁宗、英宗、神宗时期。他与苏舜钦为师友，苏又曾介绍他到滁州谒欧阳修，又曾游丁谓门下，"交游尽馆殿名臣"，又喜藏书，这为他的《湘山野录》和另一部笔记《玉壶清话》的写作提供了真实的资料。

《湘山野录》撰于神宗熙宁中，主要记载了北宋前期的一些见闻杂事，包括了五代十国以来的一些作家轶事和片言只语，他们是王旦、杨亿、张咏、寇准、丁谓、范仲淹、欧阳修、苏舜钦、宋庠、晏殊、石延年、徐铉、石介、魏野、惠崇、李煜、王禹偁、柳开、李璟、潘阆、杜光庭、韩熙载、苏易简、冯延巳、王安国、花蕊夫人等。

又有《玉壶清话》十卷，成书于神宗元丰元年（1078），所记为五代后期的南方政权和北宋的传闻轶事，也记载了一些作家事迹，他们有丁谓、苏易简、杨亿、钱惟演、刘筠、李昉、徐铉、李煜、和凝、王禹偁、欧阳修、柳开、张咏、王旦、韩熙载、陈彭年、寇准、魏野、李璟、冯延巳等。

以上二书今有中华书局1984年郑世刚、杨立扬点校合印本。

《东轩笔录》十五卷，宋·魏泰撰。魏泰字道辅，晚号临汉隐居，襄阳（今属湖北）人。他是曾布的妻弟，与当时名人王安石、王安国、王雱、黄庭坚、黄大临、徐禧、章惇等都有交往。因恃才豪纵，一时气愤打了主考官，未能考上进士，以后一直隐居不仕。徽宗时，章惇推荐他做官，他拂衣还家。

魏泰博及群书，又工诗文。《东轩笔录》是他在宋哲宗元祐九年（1094），"思少时力学尚友，游于公卿间，其绪言余论有补于聪明者，虽老矣，尚班班可记，因丛撷成书"（自序）。书中所记，涉及了宋太祖至神宗六朝旧事，尤以仁宗、神宗两朝事居多。由于魏泰与上层人物颇有交往，熟悉内情，故所记具有史料价值。当然，也免不了有失实处，前人也多有指出。

魏泰在书中对王安石及其变法的记载最多，次则如范仲淹、欧阳修、王安国等，也颇多事迹。他如王禹偁、寇准、丁谓、苏舜钦、梅尧臣等，也屡见记载。其他文学家如徐铉、苏易简、钱惟演、穆修、石介、宋庠、杨亿、苏轼、王雱、孙觉、宋祁、沈括、苏辙、晏殊等，也都有涉及。所载文学家的生平事迹较为丰富。

今通行的有中华书局1983年版李裕民点校本。

《孙公谈圃》三卷，宋·刘延世录孙升说。孙升，字君孚，高邮（今属江苏）人。元祐中官中书舍人，绍圣初谪汀州，时延世父知长汀，得从升游，"闻公言皆可以为后世法，亦足以见公平生所存大节"（刘延世序），因录本书，时建中靖国元年（1101）正月。

孙升曾入元祐党籍，本书所记孙升见闻，也颇涉及当时文学家的行事，如记梅尧臣作诗的情况："寝食游观，未尝不吟讽思索也。时时于坐上忽引去，奋笔书一小纸，纳箧袋中，同舟窃取而观，皆诗句，或半联，或一字，他日作诗有可用者入之。有云'作诗无古今，惟造平淡难'，乃箧袋中所书也。"但其中也有不可信的因果迷信成分。书中涉及的文学家还有范仲淹、晏殊、司马光、苏轼、王安石、郑獬、欧阳修、苏洵、吕公著、孙觉、王安国、范祖禹、杨亿、王洙、丁谓、苏辙、黄庭坚、张舜民、梅尧臣等。

今有《百川学海》本、《稗海》本、《四库全书》本、《学津讨原》本等。

《侯鲭录》八卷，宋·赵令畤撰。赵令畤（1061—1134），字德麟，宋太祖次子燕王德昭的玄孙。哲宗元祐中，签书颍州公事，与苏轼等往来甚密，后坐与苏轼交通，罚金，入党籍。南宋绍兴初，袭封安定郡王，同知行在大宗正事。

《侯鲭录》除了记叙时人及品评诗文外，还涉及了名物、习俗、典实等内容。因作者与元祐群臣交往颇密，书中所记虽然只是采录一些故事及诗话，也间有传闻不确处，但大致因是耳闻目睹，故宋代部分的史料价值较高。尤其是苏轼的事迹，所占比重较大。如苏轼说："世言柳耆卿（柳永）曲俗，非也。如《八声甘州》云：'霜风凄紧，关河冷落，残照当楼。'此语于诗句，不减唐人高处。"又如王居卿说林逋的"疏影横斜水清浅，暗香浮动月黄昏"句，咏杏花、桃李都可用，苏轼反驳说："可则可，恐杏花与桃花，不敢承当。"生动地表达了苏轼的文学识见。同时，书中也保存了一些重要作品，如作者自己写张生、莺莺恋爱故事的《商调蝶恋花》，苏轼的韩幹画马诗等，即见于本书。

书中涉及的文学家很多，就宋代而言，除苏轼外，还有宋祁、苏洵、仲殊、张耒、王令、王安石、欧阳修、黄庭坚、秦观、张舜民、刘攽、王安国、张先、晁补之、司马光、刘敞、杨亿、郑侠、晏殊、曾巩、梅尧臣、沈括、孙觉、米芾、贺铸、张咏等，或多或少录下了些事迹。

本书有《稗海》本、《知不足斋丛书》本、《笔记小说大观》本等。

《泊宅编》 十卷，宋·方勺撰。方勺（1066—?），字仁声，婺州金华（今属浙江）人，一说严濑（今浙江桐庐）人。后寓居乌程泊宅村。他曾于元丰六年（1083）入太学，曾任虔州管勾常平，因应试不举，遂无意仕进。

方勺和当时名士苏轼等有交往，颇知当代事及人物轶事，《泊宅编》就是记载北宋末南宋初的朝野旧事的一部笔记。《四库全书总目》称"其间遗文轶事，撦拾甚多，亦考古者所不废"。特别是所记方腊起义的始末及神宗熙宁、元丰间的财政情况等，是研究历史的重要资料。书中涉及的文学家有苏轼、王安石、范仲淹、欧阳修、曾几、苏洵、司马光等。但所记对王安石颇有微词，表现了作者对时政的态度。

《泊宅编》有十卷本行世，但明商濬所辑《稗海》仅三卷，各有异同。今有中华书局1983年许沛藻、杨立扬点校本并收二本，并附二本互见条目和独有条目表以资参阅。

《道山清话》 一卷，撰人未详。据书后跋，是一位名叫暐的祖父所写。《说郛》本题作王暐，非是。从书的内容看，作者"记苏、黄、晁、张交际议论特详"（《四库全书总目》），则所记当为亲身见闻，颇为可信。

本书篇幅不大，但所记文人学士的轶闻琐事较多，也可说主要是这方面的记载。如记苏轼读杜牧《阿房宫赋》，"凡数遍，每读彻一遍，即再三咨嗟叹息，至夜分犹不寐"。又说他爱杜牧《华清宫诗》，"自言凡为人写了三四十本"。其他涉及的宋代作家还有王安石、司马光、秦观、黄庭坚、刘攽、程颐、吕大防、张耒、苏洵、范镇、晏殊、张先、欧阳修、石延年、杨亿、蔡襄、张舜民、吕公著、文彦博、苏辙、陈彭年、曾巩、李觏等。

今有《百川学海》本、《学津讨原》本、《丛书集成初编》本等。

《墨客挥犀》 十卷，宋·彭乘撰。彭乘，筠州高安（今属江西）人，生卒年及事迹均不详，宋哲宗时人，尝为中书检正，又曾赴任至邕州。

据陈振孙《直斋书录解题》载，本书还有续集十卷，已佚。今存十卷本，也有与惠洪《冷斋夜话》全同的条目，故《四库全书总目》疑其有残缺，后人有所窜入。此外，本书采用《梦溪笔谈》的条目颇多，如韩熙载像误为韩愈像，林逋畜两鹤报客，石曼卿居蔡河下曲遇豪客，孙之翰不受砚，王荆公患喘不受赠药等，除个别字外，文字相同。虽然如此，书中所载"宋代遗闻轶事以及诗话文评，征引详洽"（《四库全书总目》），足资考证。

书中涉及的文学家有寇准、潘阆、欧阳修、司马光、王安石、穆修、文彦博、魏野、范仲淹、苏舜钦、石介、林逋、王安国、柳开、苏轼、蔡襄、丁谓、陈彭年、黄庭坚、杨亿、石延年、李格非、谢逸、潘大临、吕公著、晏殊等。因为时人记近事，颇有史料价值。如记王安石嗜书，虽寝食间也手不释卷。知常州时，对客语未尝有笑容。一日宴会宾佐，因悟到《易经》中咸、常二卦的微旨，不觉大笑。颇为生动地写出了王安石的个性。

今有《笔记小说大观》本等。

《枫窗小牍》 二卷，不题撰人。作者姓袁，或题袁褧。其自序说："余迫猝渡江，侨寓临安山中。父书手定，都为乌有。第日对窗西乌桕，省念旧闻，得数十事，录之以备遗忘。"《四库全书总目》说："所记多汴京故事，如艮岳、京城、河渠、宫阙、户口之类，多可与史传相参,其是非亦皆平允。"

书中涉及的宋代作家,有徐铉、李昉、杨亿、王禹偁、寇准、王安石、钱惟演、洪刍、范仲淹、欧阳修、余靖、蔡襄、石介、晏殊、丁谓、司马光、苏轼、岳飞、李格非、吕大防、苏颂、苏辙等。

今有《宝颜堂秘笈》本、《丛书集成初编》本等。

《避暑录话》二卷,宋·叶梦得撰。叶梦得(1077—1148),字少蕴,号石林,苏州吴人。绍圣四年(1097)进士,徽宗时累迁至翰林学士。绍兴初,为江东安抚大使,拜崇信军节度使。叶氏著述甚丰,《避暑录话》作于绍兴五年(1135),时叶氏五十九岁。

叶氏家富藏书,自称三万余卷,并通悉古今。《避暑录话》叙说了自古至宋代事,足资考证。其中记述宋代作家遗闻轶事也较多,特别是记欧阳修、苏轼事。有的人虽则一条,也较详细,如下卷所记柳永事迹及"凡有井水饮处,皆能歌柳词"之说,就常为后人所引用。涉及的宋代文学家还有丁谓、苏迈、苏过、王安石、刘敞、刘攽、范仲淹、苏洵、杨亿、范镇、司马光、文彦博、孙觉、宋祁、晏殊、黄庭坚、曾巩、石介、秦观、张舜民、苏辙、米芾、张耒、晁补之、张齐贤、梅尧臣、道潜、惠洪等,他们或有轶事记载,或曾在叙述中提及。

今有《稗海》本、《津逮秘书》本、《学津讨原》本、《丛书集成初编》本等。

《春渚纪闻》十卷,宋·何薳撰。何薳(1077—1145),字子远,号韩青老农,人称东都遗老,浦城(今属福建)人。生活在宋哲宗、徽宗、钦宗、高宗时期。何薳博学多闻,工诗,喜鼓琴。因当章惇、蔡京用事,国事日非,遂隐居不仕。

《春渚纪闻》是一部记述宋代遗闻轶事的随笔,分为《杂记》五卷,《东坡事实》一卷,《诗词事略》一卷,《杂书琴事》附墨说一卷,《记砚》《记丹药》各一卷。其中《东坡事实》集中记载了苏轼的遗闻轶事及与秦观、黄庭坚、陈师道等作家的交往,保存了他们的一些轶事,为研究者提供了一些珍贵的史料。这大致是因为何薳的父亲何去非得到苏轼的举荐得官，故所记特详。此外，书中也涉及其他一些作家的事迹，如杨亿、王安石、徐俯、米芾、张咏、王禹偁、晁补之、丁谓等。

本书最大的问题是充斥了仙鬼报应的封建迷信思想，削弱了它的史料价值。今通行的有中华书局1983年版张明华点校本。

《中吴纪闻》六卷，宋·龚明之撰。龚明之（1091—1182），字希仲，号五休居士，昆山（今属江苏）人。绍兴二十年（1150）乡贡，年已六十，官至宣教郎致仕。《中吴纪闻》是作者九十二岁的作品，写于淳熙九年（1182），由作者口授，次子龚昱记录编次。

《中吴纪闻》专记吴中故老的嘉言懿行及风土人文，自序谓所收"皆新旧图经及夫地志所不载者"，故一般书目均放在史部地理类。其体例则仿范镇《东斋记事》和苏轼《东坡志林》例。全书凡二百二十五则，其中记下了不少吴中的文学家，包括了吴中人物及曾在吴中生活过的作家。就宋代而言，所记范仲淹最多，次则苏舜钦等。有的人即使只有一则，也有参考价值，如记贺铸、仲殊等的事迹就是。书中所及作家较多，除上面已提到的外，还有如许洞、欧阳修、潘阆、钱易、梅尧臣、丁谓、黄庭坚、李宗谔、王禹偁、张先、王安石、苏轼、杨亿、宋祁、晏殊、范成大、蔡襄、石延年、郑獬、叶梦得等。至于所及前代作家，如张翰、白居易、陆龟蒙、皮日休等，就不备录了。

今有《知不足斋丛书》本、《丛书集成初编》本、《笔记小说大观》本等。

《却扫编》三卷，宋·徐度撰。徐度，字敦立，榖熟（今河南商丘）人。约宋高宗绍兴前后在世，官至吏部侍郎。《却扫编》自序说："予闲居吴兴卞山之阳，曰吕家步，地僻且陋，旁无士子之庐，杜门终日，莫与晤言。间思平日闻见可纪者，辄书之。未几盈编，不忍弃去，则离为三卷。时方杜门却扫，因题曰《却扫编》。"陆游《渭南文集》有本书跋，称"此书之作，敦立犹少年，故大抵无绍兴以后事"。

徐度父亲处仁，靖康中曾知政事，故家遗俗，俱有传闻，所以本书所记，"皆国家典章，前贤遗事"，较为可信。书中涉及的文学家，有在叙述典制中提及，也有专记逸事的，他们有张齐贤、文彦博、王安石、范仲淹、司马光、吕公著、欧阳修、刘敞、杨亿、晏殊、寇准、王安礼、苏辙、米芾、黄庭坚、蔡襄、曾巩、陈师道、叶梦得、苏轼、梅尧臣、刘攽、宋祁、汪藻、钱惟演、赵令畤、柳永、唐庚等。其中如刘季高诋柳永词，被老宦者当场请他写出好的来，刘窘极，说明了柳词在宋代的影响。又如记陈师道"引被自覆"，"矍然而兴"的创作和写完后"揭之壁间，坐卧吟哦"的严格修改，具体描述了他们"闭门觅句"的创作神态。

今有《津逮秘书》本、《学津讨原》本、《丛书集成初编》本等。

《墨庄漫录》 十卷，宋·张邦基撰。张邦基，字子贤，高邮（今属江苏）人，生卒年及生平事迹皆不详，从本书所记看，当是北宋末南宋初人。自序中说："性喜藏书，随所寓，榜曰墨庄，故题其首曰《墨庄漫录》。"

全书多记宋代杂事，兼及评诗论文，也及考证，颇有史料价值。《四库全书总目》称它是"宋人说部之可观者也"。从作家的传记资料来说，因它近似诗话、文话，只是片言只语，缺少较多的介绍，但涉及的作家较多，如苏轼、范纯仁、王安石、黄庭坚、张耒、秦观、王巩、苏辙、舒亶、王令、米芾、魏泰、苏颂、欧阳修、晁补之、陈师道、苏洵、李廌、孙觌、李格非、文彦博、王洙、晁迥、贺铸、蔡襄、王安中、周邦彦、王禹偁、晁说之等。其中提到较多的是苏轼、王安石、欧阳修、黄庭坚等人。所记虽较零散，但也可供勾勒考证之助。不过有些出自传闻，颇涉迷信，不可信据。

今通行的有《笔记小说大观》本等。

《过庭录》 一卷，宋·范公偁撰。范公偁为范仲淹玄孙，生卒年及生平事迹均不详。约宋高宗绍兴前后在世。《四库全书总目》说："其书多述祖德，皆绍兴丁卯、戊辰间闻之其父，故命曰'过庭'。语不溢美，犹有淳实之遗风。"

书中也间及诗文杂事，涉及宋代作家的有寇准、苏轼、邵伯温、黄庭坚、司马光、范仲淹、米芾、欧阳修、王安石、刘敞、晁咏之、张先、刘攽、宋祁等，其中颇有些具有史料价值，如所记张先的《一丛花词》，得到"一时盛传，欧阳永叔尤爱之"。以至张先到京城谒见欧阳修时，"永叔倒屣迎之曰：'此乃桃杏嫁东风郎中。'"

今有《笔记小说大观》本等。

《萍洲可谈》三卷，宋·朱彧撰。朱彧，字无惑，乌程（今浙江湖州）人。北宋时随父朱服为官至开封及莱、润等州，后又至广州，晚年定居湖北黄冈，自号萍洲老圃。

本书所记，多为朱彧随父游宦时的见闻，其中所记广州市舶司尤详，有关宋代朝章国典，土风民俗的记载，也十分可贵。李慈铭《越缦堂读书记》谓"所言宋制，多史所未及"。书中记载苏轼较多，并记下了他晚年的风貌："余在南海，逢东坡北归，气貌不衰，笑语滑稽无穷，视面多土色，靥耳不润泽。别去数月，仅及阳羡而卒。"其他涉及的文学家还有吕公著、司马光、吕大防、文彦博、王安石、舒亶、王安礼、苏辙、晏殊、郑侠、吴处厚、苏过、张咏、黄庭坚、米芾、沈括等。

今通行的有上海古籍出版社1989年版李伟国校点本，与《后山谈丛》合为一册，书末并附"《萍洲可谈》人名书名索引"可供检索。

《默记》三卷，宋·王铚撰。王铚，字性之，汝阴（今安徽阜阳）人。绍兴初，官迪功郎，权枢密院编修官，后罢为右承事郎，主管台州崇道观。晚年受秦桧排斥。

王铚家富藏书，博闻强记。陆游《老学庵笔记》中推其"记闻该洽，尤长于国朝故事，莫不能记"。本书就是主要记载北宋时期的朝野遗闻，保存了这一时期的一些遗闻轶事。《四库全书总目》说："铚熟于掌故，所言可据者居多。"末条为考证曹植《感甄赋》事，当是附录的意思。

本书有些事件记载颇详，如徐铉奉命见李煜等。书中涉及的北宋作家颇多，如晏殊、文彦博、王禹偁、吕公著、晁迥、丁谓、钱惟演、王安石、尹洙、范仲淹、郑侠、王安国、李之仪、司马光、欧阳修、刘敞、石介、徐锴、杨亿、张咏、苏轼、钱若水、郑獬、曾巩、刘敞、梅尧臣、贺铸、晏幾道、秦观、石延年、刘潜、宋祁等，虽详略不一，都可供参考。

今通行的有中华书局1981年版朱杰人点校本，与《燕翼诒谋录》合为一册。

《曲洧旧闻》十卷，宋·朱弁撰。朱弁（？—1154），字少章，徽州婺源（今属江西）人。晁说之奇其诗，与归新郑，妻以兄女，因多闻故家遗俗。建炎初，曾为通问副使使金，被留十七年，和议成，归，为奉议郎卒。

《曲洧旧闻》成书于南宋初，所记多为"当时祖宗盛德及诸名臣言行"，"意在申明北宋一代兴衰治乱之由"（《四库全书总目》），但也杂有诗话文评及考证之类，保存了不少史料，如《四库全书总目》中《归田录》提要所引王明清《挥麈录》等所说欧阳修《归田录》的删削情况，最早实见于本书。

本书所及文学家颇多，以欧阳修、苏轼为首，其记欧阳修推崇苏轼一条说："东坡诗文落笔，辄为人传诵，每一篇到，欧阳公为终日喜，前辈类如此。一日与裴论文及坡，公叹曰：'汝记吾言，三十年后，世上人更不道著我也。'"可见欧阳修深爱苏轼的才能。书中涉及其他文学家还有曾巩、晁迥、丁谓、宋祁、蔡襄、晏殊、文彦博、王安石、刘敞、司马光、晁说之、范仲淹、杨亿、黄庭坚、梅尧臣、吕公著、穆修、秦观、张耒、苏过、李廌、苏辙、王安国、沈括、刘敞、王禹偁、寇准、王安中、孔平仲、晁补之、舒亶等，他们的事迹或多或少，但一般都是片言只语。

今有《知不足斋丛书》本、《学津讨原》本、《笔记小说大观》本等。

《宋朝事实类苑》七十八卷，原名《皇宋事实类苑》，简称《皇朝类苑》《事实类苑》，宋·江少虞撰。江少虞，字虞仲，常山（今属浙江）人。宋徽宗政和中进士，调天台学官，历任建州、饶州、吉州太守，有治绩。《宋朝事实类苑》成书于宋绍兴十五年（1145）的吉州任上。其他著作有百余卷，均已散失。

本书记载了自宋太祖至宋神宗一百二十余年间的朝野事迹，是辑录性的史料书。它从五十种左右的宋人笔记、诗话等书中辑录有关史料，分为二十八门，即祖宗圣训、君臣知遇、名臣事迹、德量智识、顾问奏对、忠言谠论、典礼音律、官政治绩、衣冠盛事、官职仪制、词翰书籍、典故沿革、诗赋歌咏、文章四六、旷达隐逸、仙释僧道、休祥梦兆、占相医药、书画伎艺、忠孝节义、将相才略、知人荐举、广知博识、风俗杂志、谈谐戏谑、神异幽怪、诈妄谬误、安边御寇。《四库全书》收录的为六十三卷本，仅二十四门，因而题要认为："自序作二十八门，盖传录之讹也。"实则《四库全书》本缺了"谈谐戏谑"以下四门，其论断有误。

《宋朝事实类苑》集中记载作家事迹的，分在"名臣事迹"中，它辑录了司马光、王安石、梅尧臣、范仲淹、欧阳修、宋庠、杨亿、孙奭、寇准等的轶事。其他门类中，也有不少有关作家事迹的记载，如"君臣知遇"中的李昉、寇准、王禹偁、柳开、晏殊、晁迥；"德量智识"中的寇准、欧阳修、范仲淹；"顾问奏对"中的范仲淹、寇准、司马光；"忠言谠论"中的王禹偁、司马光、范仲淹、王安国等，不备引。而其中"诗赋歌咏"和"文章四六"两门，更直接以诗文为内容，记载了不少宋代作家及其作品的故事，著名的如王禹偁、杨亿、苏轼、李昉、范仲淹、惠崇、石延年、林逋、欧阳修、梅尧臣、苏舜钦、晏殊、王安石、王安国、潘阆、寇准、魏野、徐铉、钱惟演、刘筠等，当然也涉及前代诗人如陶渊明、李白、杜甫、韩愈、李商隐、王建、花蕊夫人等，颇可参用。

《宋朝事实类苑》的内容虽是从前人书中辑录得来，但所辑之书，半数以上现已失传或残缺，赖此书保存了部分内容。即使是现存的书，在流传中文字也会有变动，而江氏所据以辑录的，都是当时的版本，而且又是照录原文，不加删节，并注明了出处（虽然有些出处有误），也可据以参校。故本书虽为辑录，仍有它的史料价值。同时，它把"畔散不属，难于稽考"（《四库全书总目》）的许多著作分类汇录，也颇便查考。

今通行而又最全的本子是上海古籍出版社1981年整理本。

《独醒杂志》 十卷，宋·曾敏行撰。曾敏行（1118—1175），字达臣，自号浮云居士，又号独醒道人、归愚老人，吉水（今属江西）人。自幼刻意学问，年二十，因病不能参加举子考试，遂绝意仕进，发愤治学。死后其子三聘编为《独醒杂志》一书。另有《应验方》三卷。

《独醒杂志》记载了自五代末至南宋绍兴中的遗闻轶事，尤多各类著名人物的片段事迹，涉及苏轼的记述就近二十条，它如宋代诗文作者杨亿、丁谓、刘弇、王安石、梅尧臣、陈师道、黄庭坚、范纯仁、欧阳修、寇准、吕大防、蔡絛、徐俯、米芾、秦观、贺铸、苏洵、岳飞、陈与义、孔文仲、柳永、洪刍、司马光、苏辙、晁冲之、晏幾道、胡铨、曾巩、李若水、向子諲、王安中等，或记载事迹，或述其创作，都有助于宋代文学的研究。

书中所记除一些失实失考者外，大体上可补史传之不足。杨万里为本书所写的序中肯定了它记事的真实性："盖有予之所见闻者矣，亦有予之所不知者矣。以予所见闻者无不信，知予之所不知者当无不信也。"未免有些过誉之嫌，《四库全书总目》等书中曾经指出了一些失实失考处，可参阅。

今通行的有上海古籍出版社1986年朱杰人标校本，并为每条拟定了标题，颇为醒目。

《老学庵笔记》 十卷，续笔记一卷，宋·陆游撰。陆游事迹见《南唐书》介绍。《老学庵笔记》写于淳熙、绍熙间。

陆游的这部笔记，所记大致是他的来历、亲见、亲闻，内容比较丰富。陈振孙《直斋书录解题》说："生识前辈，年登耄期，所记见闻，殊可观也。"李慈铭《越缦堂读书记》说它"杂述掌故，间考旧文，俱为谨严，所论时事人物，亦多平允"。书中也涉及了不少宋代文学家的点滴史料，如记晁以道与苏轼别汴上，苏轼"酒酣自歌《古阳关》"，批驳了"东坡不能歌，故所作乐府词多不协"的传世说法，指出"公非不能歌，但豪放不喜裁剪以就声律"。又如范成大在成都拟筑亭，请陆游起名，陆用"思鲈"二字，范"大以为佳"等等。除了这种轶事外，作为诗人的陆游，在笔记中也不免评文论诗，涉及了一些作家作品的评说，也是诗话性的评论史料。书中涉及的宋代作家还有赵鼎、岳飞、王安石、汪藻、张孝祥、黄庭坚、李清照、徐俯、洪刍、欧阳修、张耒、曾巩、孙觉、苏辙、司马光、赵令畤、潘阆、米芾、贺铸、丁谓、晏殊、陈师道、吴处厚、文同、仲殊、胡铨、刘敞、石介、宋祁、文彦博、梅尧臣、寇准、沈括、许顗、宋庠、范仲淹、郑侠、赵佶、朱熹、周必大、李廌、杨亿、范祖禹、苏洵等，可资参考。

今通行的有中华书局 1979 年版李剑雄、刘德权点校本，末附"各家著录与论跋"等。

《清波杂志》十二卷，别志三卷，宋·周煇撰。周煇（1126—？），字昭礼，淮海人，曾试宏词奏名，又曾至金国。晚年隐居杭州清波门，因以名其书。

本书所记是宋代人的遗闻轶事。其友人张贵谟序说："纪前言往行及耳目所接，虽寻常细事……可补野史所阙遗。"书中记述了不少文学家的事迹，记载较多的是苏轼、王安石、欧阳修等。此外，涉及的作家还有朱弁、吕大防、赵佶、叶梦得、洪迈、梅尧臣、晏殊、司马光、范仲淹、陈东、曾巩、沈括、徐俯、寇准、丁谓、黄庭坚、张耒、李清照、晏幾道、贺铸、柳永、张齐贤、石延年、石介、洪刍、秦观、晁补之、刘敞、米芾、舒亶、惠崇等九僧、郑侠、张洎、胡铨、尹洙、王安中、苏舜钦、宋庠、辛弃疾等。有些人物虽只提及一事一文，但极有史料价值。如李清照在建康，大雪天披蓑寻诗及其和张文潜诗、辛弃疾的佚词《好事近》及其本事等，都首见于此。

今有《知不足斋丛书》本、《丛书集成初编》本、《笔记小说大观》本等。

《**挥麈录**》二十卷，包括了《前录》四卷，《后录》十一卷，《第三录》三卷，《馀话》二卷。宋·王明清撰。王明清（1127—?），字仲言，汝阴（今安徽阜阳）人。曾官泰州通判、朝请大夫，主管台州崇道观。他于四十岁时写《挥麈录》，六十八岁成《挥麈后录》，六十九岁时作《挥麈第三录》，七十或七十一岁时作《挥麈余话》，前后历时三十余年。前三录记宋代朝廷故事，多国史中未见事，史料价值极高。《余话》兼及诗文碑铭，补前三录所未备。《四库全书总目》说："明清为中原旧族，多识旧闻，要其所载，较委巷流传之小说，终有依据也。"书中称引唐宋典籍一百八十九种，又引述一百零二人所讲述的旧事，因而自称"无一事一字无所从来"（《后录》跋）。当然，书中也自然有些不可信的传闻。

书中涉及的两宋作家有欧阳修、王安石、苏轼、宋庠、文彦博、丁谓、司马光、钱惟演、晏殊、宋祁、叶梦得、蔡襄、曾巩、黄庭坚、秦观、晁补之、张耒、范仲淹、苏舜钦、梅尧臣、曹组、王安中、舒亶、范镇、尤袤、苏洵、苏辙、沈括、王安国、李之仪、徐俯、陈师道、米芾、汪藻、苏过、赵鼎、胡铨、朱敦儒、岳飞、赵令畤、周邦彦、洪迈等。

前三录原本各自成书，今通行的中华书局1961年版，是由中华书局上海编辑所编辑的合印本，使用较为方便。

王明清另有笔记《玉照新志》一书，加载了一些作家的事迹，有上海古籍出版社1991年新版，亦可参用。

《**梁谿漫志**》十卷，宋·费衮撰。费衮，字补之。无锡（今属江苏）人。国子监免解进士，其生平事迹不详。书成于南宋光宗绍熙三年十二月（1193），首刊于宁宗嘉泰元年（1201），开禧二年（1206）为国史实录院收录，以备修高、孝、光三朝正史参用。可见其得到重视。

本书在辨述一些朝廷典制上，叙事颇详；在考定一些史实上，颇纠前人误说；在品评诗画文章上，亦颇有启迪借鉴处；对前人遗闻轶事记载上，亦时有不见他书的。"如苏舜钦《与欧阳修辨谤书》，为本集所不收；陈东《茶录跋》为今本所未载；苏轼《乞校正陆贽奏议上进札子》《获鬼章告裕陵文》，具录其涂注增删之稿，尤论苏文者所未及，皆足以广异闻。"(《四库全书总目》)本书对苏轼的记载尤为详细，除卷四的二十二条专记苏轼外，其他卷中也有记载苏轼处，可为苏轼研究者参用。其他涉及的宋代作家还有司马光、苏洵、王令、林逋、王安中等。

今通行的有上海古籍出版社 1985 年版金圆校点本。

《桯史》 十五卷，宋·岳珂撰。岳珂（1183—1240），字肃之，号亦斋，又号倦翁，祖籍相州汤阴（今属河南），寓居嘉兴（今属浙江）。他是岳飞之孙，岳霖之子。主要生活在光宗、宁宗、理宗三朝，历任管内劝农使、嘉兴知府、户部侍郎、淮东总领兼制置使等职。勤于著述，兼工经学、词章。

《桯史》是专载两宋时代朝野见闻的史料随笔，凡一百四十余条。岳家在南宋受到投降派的迫害，在《桯史》中通过南宋各阶层人物的言行，热情歌颂了抗金志士的凛凛气节，揭露、鞭挞了投降派祸国殃民的罪行。全书所记遗闻轶事，大多翔实可信，如"秦桧死报"、"开禧北伐"等条，比正史详备。其中涉及文学家的，如"乾道受书礼"记范成大出使金国，大义凛然的气节；"一言悟主"记范成大沉着应对，一言悟主的机敏，都是《宋史·范成大传》所不详载，可丰富对范成大的认识。

书中对文学家的活动多所记载，并移录了不少诗文作品，可供文学史研究者参考，如徐铉入聘、东坡属对、贤己图（苏轼、黄庭坚）、王荆公、富翁五贼（陈亮）、刘改之诗词（刘过）、稼轩论词、晦庵感兴诗等。其他涉及的文学家还有欧阳修、司马光、杨万里、胡铨、楼钥、张孝祥、敖陶孙、宇文虚中等。书中也有误记处，如"宣和御画"条记康与之为御画题诗，其诗实乃曾觌奉旨进《祐陵林檎鹦鹉画扇诗》，见张端义《贵耳集》和李慈铭《越缦堂读书记》说。

今通行的有中华书局 1981 年版吴企明点校本。

《四朝闻见录》 五卷，宋·叶绍翁撰。叶绍翁，字嗣宗，号靖逸，处州龙泉（今属浙江）人。尝为朝官，生平事迹不详。

《四朝闻见录》记载了南宋高宗、孝宗、光宗、宁宗四朝事迹，对韩侂胄事迹记载更为详细具体，为《宋史》所采。全书分甲乙丙丁戊五卷，凡二百零九条，每条各有标题。有关文学家的有"潘阆不与先贤祠"、"天子狱"（陈亮）、"钱唐"（陈亮）、"光皇策士"（陈亮）、"华子西"（华岳）、"请斩秦桧"（胡铨）、"考亭"（朱熹）、"陆放翁"、"攻媿楼公"（楼钥）、"张于湖"（张孝祥）、"吕成公编《文鉴》"（吕祖谦）、"洪景卢编唐绝句"（洪迈）、"悼赵忠定诗"（敖陶孙）、"岳侯追封"（岳飞），等等。此外，文中涉及的文学家还有刘克庄、叶适、辛弃疾等。本书可为研究南宋高、孝、光、宁四朝的文学史提供一定的史料。

今通行的有中华书局1989年版沈锡麟、冯惠民点校本。

《鹤林玉露》 十八卷，宋·罗大经撰。罗大经，字景纶，庐陵（今江西吉水）人。约生于宋宁宗庆元初，卒于理宗淳祐以后。宝庆二年（1226）登进士第，曾任容州法曹掾，抚州军事推官，后被劾罢官。

《鹤林玉露》分甲乙丙三编，每编各六卷。甲编成书于理宗淳祐八年（1248），乙编自序于淳祐十一年，丙编成书于淳祐十二年。本书在宋代笔记中颇具特色，"其体例在诗话、语录、小说之间"，"大抵详于议论而略于考证"（《四库全书简明目录》），所以论诗谈文较多，论述的面也较广：上自先秦，下及作者生活的当代。在议论中，表现了他的爱国之心和宋儒的思想特色。他把王安石与秦桧并列为宋代的"二罪人"，"国家一统之业，其合而遂裂者，王安石之罪也；其裂而不复合者，秦桧之罪也"。

在叙事上，所记宋代史事颇具史料价值。就文学史料而言，它涉及的作家很多，较有史料价值的是宋代作家，特别如周必大、杨万里、朱熹、王安石、苏轼、黄庭坚、真德秀、胡铨等人有较多记载，其中如"二老相访"条，记周必大与杨万里晚年还乡后的交往，颇可补史传记周必大在孝宗面前对杨万里没说"善语"的不甚相得的一面。其他宋代作家涉及的也很多，如范成大、范仲淹、辛弃疾、欧阳修、陆游、周敦颐、徐俯、晁补之、陈与义、洪迈、赵令畤、秦观、贺铸、楼钥、叶适、张咏、向子諲、岳飞、姜夔、尤袤等。此外，论及的宋代以前的作家也很多，这里不备录。

今通行的有中华书局1983年版王瑞来点校本。

《游宦纪闻》 十卷，宋·张世南撰。张世南，字光叔，鄱阳（今江西波阳）人，约南宋宁宗、理宗间人。曾随其父宦于蜀，后又历游浙、闽等地，本书就是他游宦中的纪闻。

全书一百零八条，内容广泛，包括了当代掌故、遗闻轶事、风土人情、文物鉴赏等，但"无一语及时政"（《四库全书总目》）。其中有些记载，也颇具史料价值，如卷十记五代文学家杨凝式事，包括了年谱、家谱、传、赞等。又如卷七记词人姜夔学书等事。《四库全书总目》称本书为"宋末说部之佳本也"。

书中涉及的一些文学家，不少人仅是在叙事及鉴赏书画等中提及，这些作家有范仲淹、刘过、秦观、黄庭坚、张耒、晁补之、洪迈、苏轼、文同、张孝祥、范成大、汪藻、欧阳修、杨万里、周必大、王十朋、辛弃疾、文彦博、苏辙、魏了翁、朱熹、梅尧臣、蔡襄等。

今通行的有中华书局1981年版张茂鹏点校本，与《旧闻证误》合印一册。

《齐东野语》 二十卷，宋·周密撰。周密（1232—1298），字公瑾，号草窗，又号萧斋。本济南人，曾祖随宋高宗过江，因家吴兴（今属浙江）。以祖荫出任临安府幕职，监和剂局，官至义乌令。为元兵所逼，解甲归里。后移居杭州，入元不仕，主要从事文献整理。所著甚丰，《齐东野语》即其中之一。

《齐东野语》的价值，主要在保存了不少南宋的史料。《四库全书总目》称它"足以补史传之阙"，《越缦堂读书记》也认为"宋末说部可考见史实者，莫如此书"。就是对古史的探讨，考核也颇详悉。

书中记载的一些文人轶事琐闻,也常为研究者所采用。如"放翁钟情前室"条,就写陆游与唐氏的故事;"张功甫豪侈"条,写张镃的豪侈生活,为《中国大百科全书·中国文学》卷"张镃"条所引用等。他如"方巨山争体统"写方岳;"配盐幽菽"写杨万里;"范公石湖"、"三高亭记改本"写范成大;"洪景卢自矜"写洪迈;"姜尧章自叙"、"白石禊帖偏旁考"写姜夔;"岳武穆逸事"、"岳武穆御军"写岳飞;"谏笋谏果"写黄庭坚;"张氏十咏图"写张先;"温公重望"写司马光影响;"台妓严蕊"写朱熹系严蕊事。写陆游的还有"蜀娼词"、"陆务观得罪"、"周陆小词"诸条可供参考。

今通行的有中华书局1983年版张茂鹏点校本。

《宋人轶事汇编》二十卷,近人丁传靖辑。本书从宋、元、明、清五百余种著述中辑录了宋代六百多人的史料。所辑书籍,以宋人著作为最多,主要是笔记,也包括了诗话、文集、方志、杂史等。所辑人物,包括了政治家、哲学家、军事家、诗人、词人、书画家等名人,人物排列大致以时代先后为次。所辑史料颇为丰富,因为辑自正史以外的轶事,故内容也颇生动,有助于对人物作各个方面的了解。同时,每条材料都注明出处,也可作为查检原始资料的线索。但因本书在辑录时文字有删节,也有漏误,甚至误植,故引用时必须查实原书,以免沿误。

书中辑录的文学家很多,我们不能在这里一一罗列,仅就《中国大百科全书·中国文学》卷汇总收录的宋代作家(包括部分金元作家)来看,就有徽宗赵佶、徐铉、苏舜钦、王禹偁、魏野、穆修、寇准、钱惟演、张咏、晁补之、晁冲之、杨亿、晏殊、晏幾道、宋祁、林逋、范仲淹、欧阳修、尹洙、梅尧臣、李觏、刘敞、郑侠、石介、张先、柳永、王安石、石延年、沈括、徐俯、司马光、苏洵、苏轼、苏辙、黄庭坚、李观、张耒、陈师道、洪刍、文同、唐庚、苏庠、郭祥正、李廌、张舜民、曾巩、舒亶、王安中、贺铸、周邦彦、李纲、朱弁、赵鼎、岳飞、张镃、康与之、宇文虚中、吴淑、叶梦得、汪藻、胡铨、王庭珪、张孝祥、朱敦儒、姜夔、史达祖、周必大、辛弃疾、刘过、陈亮、叶适、范成大、杨万里、尤袤、陆游、楼钥、朱熹、吕祖谦、刘克庄、敖陶孙、洪咨夔、王迈、史浩、吴潜、方岳、张炎、袁桷、文天祥、谢枋得、方回、赵孟頫、谢翱、邓剡、郑思肖、汪元量、龚开等。所辑史料，从一条至几十条不等，可说是集录了宋人轶事大成的著作。

今通行的有中华书局1981年版重加标点本，书末附有"人名索引"和"引用书目"，使用较为方便。

四 记金元人的笔记

《归潜志》十四卷，金·刘祁撰。刘祁（1203—1250），字京叔，号神川遯士，浑源（今属山西）人。他从八岁起就随祖父、父亲游宦于南京（今河南开封），结识了许多名宦显达和文人学士，为他以后写《归潜志》积累了资料。金末，历尽艰辛，于壬辰岁（1232）回到了故乡，因追述平昔交游的人物事迹著成《归潜志》一书。入元后，选充山西东路考试官，后又入征南行台粘合幕，七年后去世。刘祁善诗文，其集已散佚。

《归潜志》是一部重要的金代史料书，为元代修《金史》时所采用；它也是一部重要的金代文学史料书，常为研究金代文学者所参用。全书凡十四卷，前六卷全是金人的传记，包括了重要的金代文学家完颜璹、赵秉文、李纯甫、雷渊、辛愿、麻知幾、李汾、刘仲尹、杨云翼、冯璧等。不仅如此，作者在绝大多数人物传记中，特别着眼在记载他们的能诗善文，这无疑为我们提供了丰富的金代文学传记史料。卷七至卷十记金代遗事，也涉及了金代一些文学家如王庭筠、宇文虚中、吴激、党怀英、元好问、蔡松年、周昂、赵可、蔡珪等的事迹。卷十一至卷十二是《录大梁事》和《录崔立碑事》的专载。卷十三为杂记，卷十四为附收有关作者和本书的一些重要资料。

《归潜志》流传有八卷本和十四卷本两种，八卷本不全，十四卷本今通行的有中华书局1983年版崔文印点校本。

《研北杂志》二卷，元·陆友撰。陆友，字友仁，亦字宅之，平江（今江苏苏州）人。自号研北生，因以名书。尝至京，柯九思、虞集荐于朝，未及用，会柯、虞皆去职，遂归吴。

本书所录，"皆轶文琐事，友颇精赏鉴，亦工篆隶，故关于书画古器者为多，中亦颇有考证"（《四库全书总目》），所述多有参考价值。其自序称："余生好游，足迹所至，喜从长老问前言往行，必谨识之。元统元年冬，还自京师，索居吴下，终日无与晤语，因追忆所欲言者，命小子录藏焉。"则所记为亲自闻见。

书中述及的历代作家很多，宋代如刘敞、秦观、赵令畤、贺铸、晁说之、晏几道、苏轼、黄庭坚、叶梦得、韩元吉、刘攽、葛立方、米芾、梅尧臣、朱敦儒、姜夔、蔡襄、楼钥、司马光、苏辙、周紫芝、苏庠、徐铉、苏舜钦、王安石、陈师道、陈亮、王禹偁、王明清、周邦彦等；元代如张雨、赵孟頫、袁桷、萨都剌、张养浩、辛文房、杨载、鲜于枢、倪瓒、朱德润、耶律楚材、刘致等。宋前也涉及了不少作家。不过书中所及作家也往往只是提到，许多人事迹不成片段，仅见一名而已。

今有《宝颜堂秘笈》本、《笔记小说大观》本等。

《遂昌杂录》一卷，元·郑元祐撰。郑元祐（1292—1364），字明德，本遂昌（今属浙江）人，后徙钱塘。至正间，除平江路儒学教授，后擢为浙江儒学提举，卒于官。

《四库全书总目》谓其"上犹及见宋诸遗老，下及见泰哈布哈、倪瓒、杜本，并见杜本之卒。多记宋末轶闻及元代高士名臣轶事"。其中所及作家，除元人外，所记宋末遗民作家事迹颇珍贵，其中涉及林景熙、郑思肖、谢翱、邓光荐、邓牧、汪元量等。如所记郑思肖："宋亡，矢不与北人交接。于友朋座间，见语音异者，辄引起。"又如林景熙收高宗、孝宗遗骨等事。

今有《稗海》本、《四库全书》本、《笔记小说大观》本等。

《南村辍耕录》三十卷，元·陶宗仪撰。宗仪，字九成，号南村，黄岩（今属浙江）人。元末举进士不第，遂弃去。元末兵起，避乱居松江，亲耕园圃。入明，曾任教官。

《辍耕录》作于元代避居松江时，他在耕作之暇，经常作笔记，积十年，由门人整理而成。书中记载了许多元代社会的掌故、典章、文物，兼及书画、戏曲、小说、诗词本事等。

书中述及的作家，范围较广，不仅包括了传统的诗文作家，如宋末的谢枋得、戴复古、文天祥、邓光荐、汪元量、刘辰翁、姜夔、刘克庄、周密、郑思肖，元代的耶律楚材、姚燧、虞集、赵孟頫、杨载、揭傒斯、范椁、倪瓒、杨维桢等人，而且也涉及不少有名的元曲作家，如卢挚、乔吉、高明、王和卿、关汉卿、贯云石等。其中有些具有珍贵的史料价值，如卷二十三"嗓"条记录王和卿与关汉卿互相讥谑；又如卷二"不食死"、卷二十"狷法"条记载谢枋得和郑思肖事迹等。

不仅如此，本书还保存了不少文学史料，如卷二十五"院本名目"条，卷二十七"杂剧曲名"条，"燕南芝菴先生唱论"条等，都为戏曲研究提供了重要史料。此外，如"检田吏"、"醉太平小令"等条，都为文学史研究保存了一些有价值的作品。

《南村辍耕录》今通行的有中华书局1959年版校点本。

《何氏语林》三十卷，明·何良俊撰。何良俊（1506—1573），字元朗，号柘湖，华亭（今属上海市奉贤县）人。少笃学，嘉靖中，以岁贡生入国学，特授南京翰林院孔目。后弃官归，移居苏州，与文徵明等人交游。年七十，始返故里。

《何氏语林》是沿袭了晋·裴启《语林》的名称和刘义庆《世说新语》的体例编写的一部专记人事的笔记小说。全书分为德行、言语、政事、文学、言志、方正、雅重等三十八类。比起今本三十六类的《世说新语》来，增加了言志、博识二类。所收条目，上起两汉，下迄宋元，根据群籍，广征博收，《世说新语》已有的不再重出。并仿刘孝标注《世说新语》例，援引公私史乘，稗官杂著三百余种以为注文，因此资料很是丰富。"虽未能抗驾临川（指刘义庆《世说新语》），并驱千古，要其语有根柢，终非明人小说所可比也。"（《四库全书总目》）

书中收录的自汉至元的文学家极多，仅就"文学"一门看，比较常见的如汉代的刘安、董仲舒、王充、蔡邕、郑玄；三国的曹丕、何晏、王弼、潘勖、邯郸淳、曹植、曹操、阮瑀、陈琳；晋代的皇甫谧、张华、陆机、王羲之、殷仲堪、陆云、葛洪、左思、成公绥、陶潜；南北朝的颜延之、张融、孔稚珪、梁武帝、萧统、陶弘景、徐陵、周弘正、谢灵运、谢惠连、谢庄、鲍照、刘义庆、谢朓、江淹、丘迟、何逊、任昉、谢朓、沈约、王融、王筠、王籍、萧子显、刘孝标、徐摛、邢劭、魏收、温子昇、萧悫、裴子野；隋代的卢思道、薛道衡、虞世南、杨素；唐五代的王绩、魏徵、李隆基、张九龄、李邕、李峤、陆龟蒙、上官仪、王勃、骆宾王、宋之问、沈佺期、崔融、刘知幾、苏味道、苏颋、徐坚、孟浩然、李白、权德舆、韦应物、李端、刘长卿、裴度、元稹、刘梦得、白居易、顾况、李绅、段成式；宋代的杨亿、曾巩、欧阳修、王安石、司马光、苏轼、黄庭坚、苏舜钦、苏辙、徐俯；元代的吴澄、袁桷、张雨、虞集；等等。

当然，其他门类中还有许多文学家的言行，这里就不能一一罗列了。这些作家史料显然有更早的典籍可据，但本书把它们汇印在一起，查找起来总是方便一些。不过它没有注明史料来源，是其缺陷。

何良俊尚有笔记《四友斋丛说》，在后面明代部分另作介绍。

《何氏语林》今通行的有上海古籍出版社1983年影印的《四库全书》本，题名《语林》。

五　记明人的笔记

《**治世馀闻**》八卷，明·陈洪谟撰。陈洪谟（1474—1555），字宗禹，别号高吾，湖广武陵（今湖南常德市）人。弘治进士，历官刑、户二部部曹，漳州知府，江西参政，贵州、云南按察使，江西左布政、巡抚等职，官至兵部左侍郎，后罢职家居。

《治世馀闻》成书于正德十六年（1521），专记弘治一朝见闻。"上篇事关庙朝，下篇则臣下事也"（跋）。在记中涉及的文学家，以李东阳为多，其他有程敏政、李梦阳、丘濬、何孟春、王守仁等。特别是丘濬的二条，一说丘"学博貌古，然心术不可知"；一说丘以所作"阁老饼"托中官进献皇上而密其方，都为《明史》所不载。

陈洪谟另有《继世纪闻》六卷，成书于嘉靖初年，专记正德一朝见闻。其中涉及的作家有李东阳、李梦阳、何景明、王守仁、马中锡等。

两书都是以当时人记当时事，内容大多翔实可靠，有较高的史料价值。今通行的有中华书局1985年版盛冬玲点校本，与张瀚的《松窗梦语》合印为一册。

《四友斋丛记》三十八卷，明·何良俊撰。何良俊事迹见《何氏语林》介绍中。

何氏家富藏书，博学多闻。《四友斋丛说》内容丰富，内分经、史、杂记、子、释道、文、诗、书、画、求志、崇训、尊生、娱老、正俗、考文、词曲、续史等类。涉及上下古今，特别是包含了很多明代史料和苏松等处地方掌故。有关明代文学家的史料，大致集中在史、杂记、文、诗、词曲等类中，涉及的明代作家有王守仁、于谦、解缙、杨士奇、薛瑄、丘濬、陈献章、李东阳、王世贞、杨循吉、文徵明、沈周、海瑞、邵宝、王鏊、康海、李梦阳、马中锡、王九思、何景明、钱福、徐祯卿、唐寅、杨慎、唐顺之、李开先、祝枝山、袁凯、边贡、高叔嗣、都穆、徐霖、金銮等。在这些作家中，对吴中人物记载更为具体些，这与作者的生活交游密切相关。

《四友斋丛说》的隆庆三年（1569）初刻本三十卷，万历七年（1579）重刻本增补至三十八卷。今通行的有中华书局1959年标点排印本。

《松窗梦语》八卷，明·张瀚撰。张瀚（1511—1593）字子文，号元洲，浙江仁和（今杭州市）人。嘉靖进士，历任工部、刑部部曹，庐州、大名知府，后任陕西、四川、福建、广东、山西等省的藩臬要员，官至吏部尚书。因得罪张居正致仕。

《松窗梦语》成书于晚年，是他追忆一生经历见闻之作，是明代一部重要的史料笔记。全书分宦游、南游、北游、东游、西游等三十三纪。这样分类记事，条例清楚，内容也比较丰富，史料也常为研究者所引用。其中的"士人纪"专门记载浙江籍的士大夫事迹，包括了重要的文学家刘基、宋濂、方孝孺、于谦、王守仁等的传记。在其他"纪"中，提到或记载的明代作家还有王廷相、杨溥、李东阳、康海、杨士奇等。

《松窗梦语》今通行的有中华书局 1985 年版盛冬铃点校本，与陈洪谟的《治世馀闻》《继世纪闻》合印一册。

《玉堂丛语》八卷，明·焦竑撰。焦竑（1541—1620），字弱侯，号澹园，江宁（今江苏南京）人。万历十七年（1589）状元，授修撰。曾主考顺天乡试。由于他性情疏直，为权贵所恶，被谪福宁州同知。不久，又被降级，遂家居。他是明代有名的学者，史学家。《玉堂丛语》写成于晚年。

本书仿《世说新语》例，分类记录了明代万历以前翰林人物的言行。其中许多是作者耳闻目睹的，也有些采自有关人物的传状、碑铭、文集、笔记和杂著等，并注明出处。他在自序中说："余自束发，好览观国朝名公卿事迹。迨滥竽词林，尤欲综核其行事，以待异日之参考。以为史职，非第如欧阳公所云夸于田夫野老而已者。顾衙门前辈，体势辽阔，虽隔一资，即不肯降颜以相梯接。苦无从咨问，每就简册中求之。"而其所引简册，有不少亦已遗佚，故书中也保存了不少文献史料。

全书分行谊、文学、言语、政事、铨选、筹策等五十四类，记述了不少文人学士的言行，不乏参考的史料。就"文学"一门说，所记作家较为集中，如申屠衡、高启、张羽、朱允升、张以宁、高棅、宋讷、王祎、唐之淳、王恭、詹同、王褒、王洪、王汝玉、陈济、高士奇、曾棨、陈继、刘文安、张元桢、陈献章、罗玘、丘濬、王恕、周洪谟、李东阳、傅瀚、吴宽、倪谦、杨守阯、王韦、江晖、杨慎、吴子孝、王廷相、蔡羽等。而在叙述中连及的能文之士亦复不少，这里不再一一列名。除"文学"一门外，其他门中记载的作家也很多，著名者如宋濂、方孝孺、文徵明、杨基、徐贲、解缙、都穆、唐顺之、吕柟、刘基、马中锡、王鏊、程敏政、薛瑄、王守仁、王九思、康海、李梦阳、何乔新、严嵩、于谦、张居正、聂大年、邵宝、何景明、田汝成、何良俊、王廷陈、孙蕡等，其中也不乏生动的有价值的史料。

今通行的有中华书局1981年版顾思点校本。

《涌幢小品》 三十二卷，明·朱国桢撰。朱国桢（1558—1632），字文宁，乌程（今浙江湖州）人。万历进士，累管国子监祭酒，谢病归。天启三年（1623）拜礼部尚书兼东阁大学士，后为阉党排斥，称病归里。

本书作于1609—1621年。因作者造了个像石幢一样的六角形木亭，可随意舒卷，择地安置，如同地中涌出。作者就在这亭子里写这部书，故名为《涌幢小品》。

全书凡三十二卷，四十多万字。书中独多明代朝野掌故、史实的记载，兼及风俗人物、逸闻琐事、诗文艺术等。其中也不乏对明代作家的记载，如徐渭、李梦阳、徐祯卿、唐寅、陈献章、王守仁、李贽、唐顺之、黄省曾、归有光、于谦、海瑞等，都有专条论及。其他涉及的作者还较多，包括了对明前的一些作家的记载与评述。

今通行的有中华书局1959年排印本。

《万历野获编》 三十卷，补遗四卷，明·沈德符撰。沈德符（1578—1642），字景倩，秀水（今浙江嘉兴）人。万历间举人，其祖与父都以进士官京师，得闻朝廷故事。中年南返，把从祖父、父亲及别处听来的一些朝章典故，直至里巷琐语，仿欧阳修《归田录》例，写成《万历野获编》及《续编》数十卷。清代钱枋又把它分类编排成三十卷，按列朝、宫闱、宗藩、公主、内监、内阁、词林、吏部等四十八门排列。

本书在笔记中篇幅较大，有五十六万多字，材料很丰富。但因主要在叙事，对作家的记述相对较少，往往只是在叙事中涉及。比较集中的在"词曲"类中，除前代作家外，涉及的明代作家有朱有燉、沈仕、陈铎、康海、王九思、李开先、冯惟敏、唐寅、祝枝山、梁辰鱼、张凤翼、徐霖、丘濬、何良俊、沈璟、陆采、郑若庸、梅鼎祚、汤显祖、杨慎、王衡、屠隆、王世贞、李梦阳、何景明、汪道昆、徐渭、袁宏道、冯梦龙等，或记载他们的片段事迹，或评述他们的作品及影响。又如"士人"类仅四条，而"唐伯虎"、"徐文长"就占了二条；另外二条中也分别记载了张凤翼、胡应麟、王世贞、汪道昆等作家。其他类中所记作家虽然少些，但也有专条或提及的，除了上面已提到的作家外，还有如薛瑄、海瑞、刘基、于谦、王鏊、严嵩、李东阳、宋濂、焦竑、唐顺之、田汝成、茅坤、杨循吉、高启、杨基、张羽、徐贲、徐祯卿等。

今通行的有中华书局 1959 年版谢兴尧校点本。

《三垣笔记》三卷附识三卷，明·李清撰。李清（1602—1683），字映碧，一字心水，南直隶兴化（今属江苏）人。崇祯辛未进士。经崇祯、弘光两朝，历仕刑、吏、工科给事中，大理寺丞等。明亡不仕，从事著述。

《三垣笔记》大都是记载他任三科给事中时所见所闻的有关朝章典故和朝廷官员们的言行，故取名《三垣笔记》。它为我们提供了崇祯、弘光两朝的不少真实史料，是研究这两朝史事的重要笔记。它特别注意史料的真实性，把自己亲眼所见的作为《笔记》本文，而把那些听来的言行另外放在《附识》中。

《三垣笔记》中对当时的文学家也多所记述，尤以阮大铖、龚鼎孳、钱谦益为最多，其他如吴伟业、祁彪佳、张溥、侯方域、瞿式耜等，都有涉及。明代稍前的一些作家，也偶有提到，如海瑞、王守仁、赵南星、王世贞、于谦等。但一般来说，本书以记事为主，作家也主要在记事中提及。

今通行的有中华书局 1982 年版顾思点校本。

六　记清人的笔记

《池北偶谈》二十六卷，清·王士禛撰。王士禛（1634—1711），字子真，号阮亭，又号渔洋山人。因避胤禛讳，被改作士正，或作士祯。山东新城（今桓台县）人。出身官僚世家，二十五岁中进士，曾任扬州府推官，后历任礼部、户部主事，郎中，翰林院侍讲学士，国子监祭酒等职，官至刑部尚书。王士禛博览群书，在诗歌上，又是神韵派的倡导人，主持诗坛近五十年。一生著述很多，《池北偶谈》就是他的一部笔记。全书近三十万字，凡一千二百九十二条，分为四类，"谈故"四卷，主要记叙清代典章制度等；"谈献"六卷，主要记述明代中叶以后及清初的人物等；"谈艺"九卷，专评诗文，兼采佳句；"谈异"七卷，记述神怪传闻故事。

因王士禛为当时诗坛领袖，又喜交游，故在《池北偶谈》中自然涉及了许多作家作品。但从作家的生平事迹看，都比较零碎，有的也只是提到姓名而已，不过对研究者仍有参考价值。书中提到的清代作家有施闰章、李因笃、姜宸英、朱彝尊、彭孙遹、潘耒、魏禧、申涵光、吴兆骞、钱谦益、傅山、屈大均、陈恭尹、梁佩兰、宋琬、吴伟业、宋荦、汪琬、孙枝蔚、杜濬、陈维崧、顾炎武、阎尔梅、尤侗、冒襄、黄宗羲、冯班等。当然，它涉及的作家也包括了前代的，如介绍明末的邝露："邝露，字湛若，南海人，狂生也。负才不羁，常敝衣跂履，行歌市上，旁若无人。顺治初，王师入粤，生抱其所宝古琴，不食死。其诗名《峤雅》……露少客金陵，游阮大铖之门，尝为阮序其集。"

今通行的版本有中华书局1982年版靳斯仁点校本。

《香祖笔记》 十二卷，清·王士禛撰。王士禛事迹已见《池北偶谈》介绍中。

这是王士禛的又一部笔记，主要记载康熙四十二年、四十三年（1703—1704）王士禛居京师时，"偶有见闻，笔之简策"。于康熙四十四年刊印，是其晚年所作。宋荦序中称本书"或辩驳议论得失，或阐发名物源流，或直书时事，或旁及怪异"，内容大致如此。

书中涉及的作家大致和《池北偶谈》差不多，包括了万斯同、汪琬、朱彝尊、钱谦益、施闰章、田雯、查慎行、何焯、吴伟业、尤侗、潘耒、徐釚、宋荦、陈恭尹、汤斌、宋琬、龚鼎孳、冒襄、陈维崧、杜濬、姜宸英、袁于令、彭定求、黄宗羲、周亮工、陆圻、洪昇、吴雯等。

今通行的版本有上海古籍出版社1982年湛之点校本。

《今世说》八卷，清·王晫撰。王晫（1636—?），初名棐，号木庵，一号丹麓，浙江仁和（今属杭州）人。诸生，好学，喜藏书，又喜宾客，多与当时名士交。《今世说》就是记载清代顺治、康熙朝的文人学士的言行逸事。鲁迅曾因它记载了当时的"名士习气"而把它介绍给青年学子。作者自称："是集事实，俱从刻本中，择其言尤雅者，然后收录。若未见刻本，虽有见闻，不敢妄列。昭其信也。"

全书仿《世说新语》例，分为德行、言语、政事、文学、方正、雅量、识鉴等三十类，只是没有收录自新、黜免、俭啬、谗险、纰漏、仇隙六类，这是为了避免得罪时人，故"不敢漫列"。条目下仿刘孝标注《世说新语》例，对涉及人物加注了爵里、生平大略，可供读者参看。

书中记载或提及的文学家很多，虽大都是片言只语，但有些记载颇为传神，可供治清代文学史者参考。所记文学家，不仅"文学"一门，且遍及各类，今略举人名如下：孙奇逢、周亮工、毛奇龄、沈谦、王士禛、施闰章、汪琬、宋琬、王士禄、毛际可、袁于令、杜濬、申涵光、魏禧、林嗣环、毛先舒、龚鼎孳、林云铭、曹溶、李因笃、汪楫、吴百朋、顾祖禹、钱谦益、吴兆骞、纪映钟、恽寿平、黄宗羲、吴嘉纪、柴绍炳、孙枝蔚、丁澎、吴绮、尤侗、储欣、朱鹤龄、徐釚、陈维崧、屈大均、冒襄、黄虞稷、顾景星、宋荦、侯方域、丁耀元、徐乾学、彭孙遹、吴伟业、朱彝尊等。此外，作者连自己的言行也多所采录，可供我们了解作者，但所记多标榜，如说自己"博学擅才藻，一时名声满江左……四方士大夫过武林者，必先造其庐，问字纳交，停轭不忍去"（《文学》）。又借别人的话说："王丹麓精鉴朗识，如冰壶映物，无不澄澈。"（《赏誉》）等等。这些虽为"同人"节取"强列"，但仍不免为《四库全书总目》所讥。

今通行的版本有古典文学出版社1957年排印本。

《不下带编》七卷，清·金埴撰。金埴（1663—1740），字苑孙、小郯，号鳏鳏子，浙江山阴（今属绍兴）人。父曾任职山东郯县令。金埴屡考不第，以教馆当幕僚为生。善诗，仇兆鳌曾请他校订过《杜诗详注》中的文字声韵。

金埴自称《不下带编》是"杂缀兼诗话"，书中一方面记下了作者的种种见闻，包括文士们的遗闻轶事、社会习俗、科举考试等，另一方面是属于诗话性质。书中记载和涉及的作家不在少数，就清代来说，就有赵执信、洪昇、徐乾学、王士禛、宋荦、杜濬、毛奇龄、陈维崧、王晫、陈元龙、朱彝尊、钱谦益、曹寅、魏象枢、王士禄、潘耒、厉鹗、曹溶、陆圻、柴绍炳、毛先舒、孔尚任、田雯、周亮工、黄宗羲、查慎行、汪琬、毛际可、屈复、冒襄、姜宸英、彭孙遹等。

《不下带编》所及清代作家，不少人是与作者有来往的，事迹来自亲见亲闻，而且有的人还是作者的知己，如戏剧家洪昇、孔尚任等，故所记较多，也可信。如有关洪昇的事迹，就有七条涉及。其中记下了洪昇于康熙二十七年（1688）带《长生殿》游京城，首先为徐乾学所赏识，命勾栏部精习演观，时国服未除，嫉者借以搆难，造成一时流言罢官。康熙四十三年（1704）春末，云间提帅张云翼延洪昇为上客，演《长生殿》为娱。曹寅亦迎洪昇，南北名流悉预，并与洪昇边听边校雠，"以合节奏"，竟演了三昼夜。书中还记下了洪昇的一些诗歌和言论，均有史料价值。

本书一直未见刊印，今有王湜华据手稿本点校，由中华书局于1982年出版，并与作者另一种笔记《巾箱说》合成一册。《巾箱说》篇幅较少，且与上书有许多重出条目，但所记也互有详略，如上举洪昇的条目，就可参补。

《柳南随笔》六卷，《续笔》四卷，清·王应奎撰。王应奎（1684—1757），字东溆，号柳南，江苏常熟人。诸生，少即以诗名，未中式，退隐山居，埋头于书斋中。

《柳南随笔》仿洪迈《容斋随笔》例，内容主要有二个方面：一是读书随札，即考证经史、论说诗文；二是记文人轶事，社会习俗，

"体例在语林、诗话之间"（黄廷鉴语）。因作者家居常熟，故所记以吴事为多，特别对常熟的作家有较多的记载，著名的如钱谦益、柳如是、冯舒、冯班、徐复祚等。戏剧家徐复祚，还是他建议收入邑志《文苑传》中的。对顾祖禹，作者也考其为常熟人，居常熟县的苑山顾家廊，与无锡接壤。此外，记载或涉及的清代作家还有赵执信、王士禛、沈德潜、邵长蘅、吴伟业、徐乾学、朱彝尊、金圣叹、归庄、陆陇其、龚鼎孳、何焯、尤侗、姜宸英、钟渊映、周篔、恽寿平、李良年、顾炎武、魏禧、陈维崧、施闰章、汪琬、洪昇、查慎行、方苞、黄宗羲、万斯同、李渔等。

《柳南随笔》初刊于乾隆五年（1740），《续笔》初刊于乾隆二十二年（1757）。今通行本为中华书局1983年版王彬、严英俊点校本。

《觚賸》正编八卷，续编四卷，清·钮琇撰。钮琇（？—1704），字玉樵，江苏吴江人。康熙十一年（1672）拔贡生，历任河南项城县、陕西白水县知县，后卒于广东高明县知县任所。为官清廉，博雅工诗文。《觚賸》作于高明知县任所，正编作于康熙二十九年（1700），续编成于四十一年（1702）。正编分《吴觚》《燕觚》《豫觚》《秦觚》《粤觚》；续编分《言觚》《人觚》《事觚》《物觚》。记述了作者在各地的见闻，包括了明末清初的一些政治状况、社会风物、文学艺术、科学技术等。对明末清初的一些作家作品，也多有记述，并保存了不少作家的诗文，为研究者提供了史料。其中也不乏详细地记述明末清初一些作家的言行及轶事，如柳如是和钱谦益的故事等。书中所记作家不在少数，明代的如黄淳耀、程嘉燧、陈子龙、叶绍袁、叶小鸾、阎尔梅、冯梦龙、董说等；清代的更多，如潘柽章、黄子鸿、吴伟业、汤斌、陆陇其、孙偳、黄周星、冒襄、陈维崧、杜濬、潘耒、姜宸英、王士禛、朱彝尊、徐乾学、高咏、李因笃、叶映榴、顾炎武、李颙、屈大均、陈恭尹、傅山、归庄、彭定求、汪琬等，不备举。

今通行的版本有上海古籍出版社1982年南炳文、傅贵久点校本。

《茶余客话》二十二卷，清·阮葵生撰。阮葵生（1727—1789），字宝诚，号厝山，江苏山阳人，乾隆进士，官至刑部侍郎。

《茶余客话》约写成于1771年以前，是他平生读书论学与记述见闻的笔记，内容极为广泛，从政治制度、史地、科技、文艺，直至饮食起居、花木鸟兽等，都兼收并蓄。全书虽没有标明分类，但大致是按类编排。其中许多材料，得之于亲身见闻或文籍记载，较为可信。书中对于戏曲、小说等的记载，也常为后人参用。对于作家的记述，虽然不少人只是在记叙中提及，但也不乏一些作家特点的记载。如记汪琬的六急，"不容人过，议论大声，颊发赤，目光炯炯。诗文小得失，必面批折人。"记尤侗晚年，"筑生圹于官山，自为之志。搆丙舍于两旁。年八十，时时偕老友二三人，往来觞咏于其中"。除上述外，它述及的作家还有孔尚任、毛奇龄、李因笃、施闰章、朱彝尊、陈维崧、潘耒、阎若璩、姜宸英、沈德潜、彭定求、胡天游、齐召南、宋琬、卢文弨、查慎行、何焯、邵晋涵、任大椿、徐乾学、方苞、汤斌、王士禛、钱谦益、纳兰性德、吴伟业、顾炎武、冯班、高士奇、陆陇其、万斯同、田雯、李光地、戴名世、赵执信、洪昇、张鹏翮、黄宗羲、方以智、周亮工、申涵光、李渔、顾嗣立等。

《茶余客话》有戴璐选印的十二卷本，有王锡祺印的二十二卷本，今通行的有中华书局1959年版校点本，并对每条都加了标题，又对人物的字号等异称选择重要的补上了名字，使人易于查找。

《**扬州画舫录**》十八卷，清·李斗撰。李斗，字北有，号艾塘，江苏仪征人。诸生。博学工诗，兼通数学、音律。自谓："斗幼失学，疏于经史，而好游山水，尝三至粤西，七游闽浙，一往楚豫，两上京师。"（《扬州画舫录·自序》）与当时著名文人阮元、焦循、汪中等都有来往。著有《永报堂诗集》等。

《扬州画舫录》一书，作者集三十年精力，比较全面地记载了扬州的名胜、园亭、寺观、风土、人物等。它"以地为经，以人物记事为纬"，按地区分为草河录、新城北录、城北录、城南录、城西录、小秦淮录、虹桥录、桥东录、桥西录、冈东录、冈西录、蜀冈录，并附有工段营造录、舫匾录。所记当时清代的扬州繁华情况较为详备。

同时，它随着地理记载，为有关的清代人物撰写了小传，所记人物颇为丰富，包括了许多清代的文学家、艺术家等。如卷十介绍到"虹桥修禊"时，就把参与王士禛修禊的人物及王士禛在扬州交往的人物一一作了简介，包括了王士禛本人及杜濬、陈维崧、孙枝蔚、吴伟业、冒襄、徐釚、宋荦、刘体仁、王士禄等三十人。又过几十年，又有卢见曾的修禊，参与修禊及其宾客有戴震、惠栋、严长明、郑燮、高凤翰等三十一人，也都列了小传。其他文学家在《扬州画舫录》中有介绍的有谢启昆、金农、曹寅、姚鼐、任大椿、段玉裁、汪中、洪亮吉、孙星衍、厉鹗、全祖望、杭世骏、凌廷堪、曾燠、江藩、黄文旸、朱彝尊、朱筠、钱大昕、王昶、袁枚、王鸣盛、卢文弨、邵晋涵、阮元、焦循、齐召南、程瑶田、程晋芳等。当然，涉及的作家还有不少，这里就不罗列了。

《扬州画舫录》对当时的戏曲也多有介绍，如卷五保存了黄文旸的《曲海》序及目，以及对不少演员的介绍等，都是珍贵的戏曲史料。

今通行的版本有中华书局 1960 年版汪北平、涂雨公校点本。

《初月楼闻见录》十卷，《续录》十卷，清·吴德旋撰。吴德旋（1767—1840），字仲伦，江苏宜兴人。诸生，以古文名天下。所著除诗文集外，《初月楼闻见录》是他的一部笔记。

本书在笔记中有它的特色，它专记人物事迹，带有人物传记的性质。他自己在序中说："余吴人也，闻见不逮于远，所录皆吴越江淮间事耳。"这是说它具有地区性。作者又说："是编意在阐扬幽隐，显达之士不录焉。即间有牵涉，亦不及政事。"可见书中不收达官显贵，这也是本书的特点。

书中所收的人物中，许多是能文工诗之士，如恽寿平、董以宁、沈进、周篔、李良年、陆圻、吴嘉纪、纪映钟、曾灿、宁都三魏、邵长蘅、储欣、徐世溥、汪缙、黄景仁、吴骞、吴兆骞、计东、张岱、陈洪绶、毛先舒、沈谦、刘献廷、金农、厉鹗、汪中、江声等。此外，不少知名的文学家也在有关人物的叙述中提及，也可供我们参考。这就为我们研究清代文学提供了丰富的史料。

本书较易见到的版本是江苏广陵古籍刻印社1983年版《笔记小说大观》第二十三册。

《啸亭杂录》十卷，《续录》五卷，清·昭梿撰。昭梿（1776—1829），清代宗室，清太祖努尔哈赤次子代善之后，自号汲修主人，又号檀樽主人。嘉庆七年（1802）授散秩大臣，十年袭爵礼亲王。后因凌辱大臣，对庄头滥用非刑等事，削去王爵，被圈禁。获释后，于道光二年（1822），任宗人府候补主事。由于昭梿的特殊身份，熟悉清代官场，故其所著《啸亭杂录》，是一部内容很丰富的清代史料笔记。它包括了道光初年以前的朝野政治、军事战争、典章制度、社会习俗和大量的清代官员的遗闻轶事。由于所记是亲身的经历和见闻，加上作者敢于直书官场的种种众生相，故极富史料价值，且许多史事不见他书记载，故也为后代著作所取材。

在众多的遗闻轶事中，也包括了部分清代的作家，其中有专条记载的，如刘大櫆被排挤，洪亮吉的狂介，钱大昕的博学，王士禛见帝战栗不成一字，高士奇先意承志，法式善家筑诗龛，程晋芳的遭际，纳兰性德爱才，姚鼐遵古礼，何焯裸体避帝，毕沅性懦而好儒雅，纪昀博雅而好色，方苞耿直，袁枚才捷，查慎行免罪，王鸣盛书多慷慨而贪财、晚年双目复明，等等。此外，没有专条而涉及的作家也复不少，如"本朝文人多寿"条，介绍了王士禛、朱彝尊、尤侗、沈德潜、宋荦、查慎行、方苞、袁枚、钱大昕、纪昀、彭元瑞、姚鼐、翁方纲、梁同书、赵翼等的年寿，而且说明最后四人尚活着。

书中除了记载作家的轶事外，也有对一些作家的评价考索，包括了诗文及汤显祖的"四梦"，著名小说《水浒传》《金瓶梅》《封神演义》等。

今较为完整而通行的版本有中华书局1980年版何英芳点校本。

《两般秋雨盦随笔》八卷，清·梁绍壬撰。梁绍壬（1792—？），字应来，号晋竹，钱塘（今浙江杭州）人。道光举人，官内阁中书。能诗工文，往来南北各地，见闻较广，交游也多，这为他写《两般秋雨盦随笔》打下了生活基础。其表弟汪适孙序说:"综其全旨,约有四端:一曰稽古,则《经典释文》之遗也;一曰述今,则《朝野佥载》之体也;一曰选胜,则模山范水卧游之图也;一曰微辞,则砭愚订顽徇路之铎也。"这大致包括了本书的内容。

书中对文学艺术家的事迹颇注意搜集记载,而对诗文作品的记录、评述、考证,也占了相当的篇幅,为我们提供了不少作家及作品的史料。同时,对小说戏曲材料也颇注意。就作家史料来说,书中涉及的或有专条记载的就很多,包括知名的、不甚知名的和不知名的。就清代来说,就有张问陶、赵翼、袁枚、顾炎武、傅山、朱彝尊、梁同书、宋荦、徐乾学、阮元、吴锡麒、洪亮吉、袁于令、金农、赵执信、赵庆熺、沈谦、查慎行、张维屏、毛奇龄、刘嗣绾、王士禛、蒋士铨、孙原湘、张云璈、吴文博、翁方纲、王昙、王昶、汤斌、钱大昕、洪昇、沈德潜、舒位、徐镕庆、姜宸英、郭麐、李渔、陈维崧、毕沅、纪昀、厉鹗、孙奇逢、孙枝蔚、杭世骏、吴绮、恽敬、吴兰修、申涵光、冒襄、陈彭年、邝露、屈大均、魏禧、陈沆、邵晋涵、郑燮、卢文弨、阎若璩、汪琬、林则徐、高士奇、周亮工、孙星衍等。其中有些对作家遗闻轶事的记载也颇生动,且有助于从多角度来了解作家的生活及其作品。如"汀茫"条记傅山与顾炎武用古音开玩笑,"伯夷叔齐"条记张问陶题俳语,"毛西河"条记毛奇龄与夫人的关系等,读来都能让人忍俊不止。

《两般秋雨盦随笔》刊本较多,今通行的有上海古籍出版社1982年版庄葳点校本。

《冷庐杂识》 八卷,清·陆以湉撰。陆以湉(1801—1865),字敬安,号定甫,浙江桐乡人。道光十六年(1836)进士,曾任台郡、杭州教授,李鸿章聘为忠义局董事,终于杭州紫阳书院讲席。

《冷庐杂识》记载了作者读书所得及平昔见闻,故名"杂识"。书中包括了清及清代以前文人学士的学行、经历和交游,评论其为人及作品,可作为人物传记的补充资料。书在品评作品时,摘录了不少诗词,也保存了不少作品史料。

书中记载和涉及的文学家很多，以清代来说，就有翁方纲、杭世骏、姚鼐、金农、袁枚、郑燮、阮元、魏禧、胡天游、吴绮、林则徐、彭元瑞、黄任、恽敬、朱彝尊、郑麐、纪昀、方苞、吴兰修、钱仪吉、顾炎武、舒位、姚莹、姜宸英、孙原湘、吴伟业、钱大昕、卢文弨、毕沅、王昙、法式善、赵翼、周亮工、杜濬、汤斌、王衍梅、沈德潜、梁同书、万斯同、陆陇其、章学诚、梁玉绳、王士禛、全祖望、李渔、彭定求、黄宗羲、毛奇龄、姚鼐、王鸣盛、戴震、吴锡麒、彭孙遹、齐召南、蒲松龄、谢启昆、陈沆、汪师韩、李绂、冯舒、姚椿、龚鼎孳、潘耒、严可均、姚鼐等，不再详列。清代以前的作家，也不乏有史料价值的记载，如卷五"邝湛若"条，综合诸书介绍了明代作家邝露的一生事迹。

本书今通行的有中华书局 1984 年版崔凡芝点校本。

《听雨丛谈》 十二卷，清·福格撰。福格生平事迹不详，只知姓冯，字申之，内务府汉军镶黄旗人，曾任山东莒州知州，同治六年（1867）以前还在世。

本书多记清代典章制度，涉及的人物事迹不多。只有卷四的"己未宏词科征士题名"和"丙辰宏词科征士录"二条中记下了不少文学家的籍贯、科名、现任职务等。如："施闰章，江南宣城人，顺治己丑进士，原江西湖西道参议。今候补，取二等二名，用侍读。""己未"是康熙十八年（1679），"题名"中涉及的文学家除施闰章外，还有汪琬、陈维崧、尤侗、倪灿、田雯、朱彝尊、汤斌、傅山、徐釚、彭孙遹、黄宗羲、毛际可、黄虞稷、陆陇其、吴雯、汪楫、毛奇龄、阎若璩、魏禧、李颙、顾景星、潘耒、李因笃、孙枝蔚、惠周惕、曹溶等。"丙辰"是乾隆元年（1736），"征士录"中涉及的文学家有胡天游、全祖望、屈复、刘大櫆、沈德潜、厉鹗、杭世骏、齐召南、翁照、袁枚等。这两科是康、乾时代著名的博学鸿词科考试，再加上乾隆十七年（1752）的举经学之士考试，这三次被称为"得人最盛，本朝著作之家，多出于此"（《听雨丛谈》卷四）。名单中还记下了已考未考等内容，可供了解人物之助。

本书初无印本，今有中华书局 1959 年版汪北平点校本，1984 年重印。

《郎潜纪闻》 初笔十四卷，六百九十六条，二笔又名《燕下乡脞录》十六卷，六百一十条，三笔又名《壬癸藏札记》十二卷，四百一十五条，四笔又名《判牍余沈》十一卷，二百七十条。清·陈康祺撰。陈康祺（1840—?），字钧堂，浙江鄞县人。同治十年（1871）进士，官至刑部员外郎。在京十年，郁郁不得志，祈求外任，获准任江苏昭文县（今常熟）知县，罢官后侨居苏州。

《郎潜纪闻》是一部专记清代史事，内容丰富，材料广泛的史料笔记，包括了士林轶事、官场吏治、典章制度、社会生活及奇闻趣事等。当然，也免不了对清王朝的吹捧。《郎潜纪闻》主要在记人物点滴事迹，所以涉及的清代作家也比较广泛。就以初笔来说，已包括了曾国藩、祁寯藻、黄爵滋、全祖望、王士禛、孙星衍、洪亮吉、蒋士铨、张问陶、翁方纲、纪昀、钱大昕、查慎行、俞樾、杜濬、顾炎武、宋荦、徐乾学、阮元、龚自珍、朱彝尊、毛奇龄、黄宗羲、申涵光、李兆洛、高士奇、潘耒、施闰章、汪中、邵晋涵、戴震、毕沅、汪琬、归庄、孙奇逢、惠周惕、毛际可、陈维崧、钱谦益、吴兆骞、方苞、屈大均、朱鹤龄、李因笃、洪昇、尤侗、何焯、万斯同、冯班、吴伟业、龚鼎孳、沈德潜、厉鹗、郑燮、周亮工、姜宸英、魏禧、林则徐等。其他三笔中也有许多文学人物，由此可见它收录范围之广。

《郎潜纪闻》前三笔今通行的本子有中华书局 1984 年版晋石点校本，名为《郎潜纪闻初笔二笔三笔》。《郎潜纪闻四笔》原无印本，今有中华书局 1990 年褚家伟、张文玲整理本。

《蕉廊脞录》 八卷，清·吴庆坻撰。吴庆坻（1848—1924），字子修，一字敬疆，浙江钱塘（今杭州市）人。生于仕宦世家，光绪十二年（1886）进士，历任翰林院庶吉士、编修、四川学政、湖南提学使等职。辛亥革命后，移居上海，成为清代的遗老。

吴氏留心典制，网罗旧闻，曾参与修撰《杭州府志》，主持《浙江通志》的编撰。《蕉廊脞录》在生前尚未定稿，死后由其长子吴士鉴整理分类，刘承幹校阅刊印。刘序说，全书分为国闻、里乘、忠义、经籍、金石、书画、嘉言、杂记八类。"国闻"记同治至清末的政事为主；"里乘"专记浙江一省的人物逸事与名胜古迹；"忠义"记所谓忠孝节义人物，包括了抗拒辛亥革命而死的人。

书中涉及或记载的作家也很多，有的只是提及，有的有详细记载，如卷五全录萧穆所记"章学诚事略及遗书本末"即是。此外，记载或涉及的清代、近代作家有曾国藩、李鸿章、李慈铭、林则徐、张之洞、王先谦、梁鼎芬、丁澎、梁同书、梁玉绳、钱大昕、厉鹗、陆圻、柴绍炳、陈廷会、孙治、张丹、沈谦、李绂、张问陶、缪荃孙、阮元、姚椿、焦循、项鸿祚、舒位、杭世骏、黄宗羲、王夫之、陈洪绶、顾炎武、吴衡照、翁方纲、钱泰吉、左宗棠、袁昶、施闰章等。

今通行的本子有中华书局1990年版张文其、刘德麟点校本。

《南亭笔记》 十六卷，清·李伯元撰。李伯元（1867—1906），名宝嘉，字伯元，别号南亭亭长，江苏武进（今属常州市）人。晚清小说家。三岁丧父，随堂伯宦居山东，后到上海办报，曾主编《绣像小说》。自己写有《官场现形记》《文明小史》等。

《南亭笔记》是一部笔记，主要记述清代一些著名人物的遗闻轶事。和他的谴责小说一样，对清代官场的黑暗腐败以及官僚们的昏庸贪鄙多所揭露。内容的编排大致也以人物为主，把同一人物的遗闻轶事放在一起，不像有些笔记那样杂乱。轶事的来源有见于前人的记载，也有李伯元的亲见亲闻。书中记述了清代不少作家的事迹，特别是晚清的，更具史料价值。当然，其中也有来自传闻，李伯元又好于此道，未必完全可信。书中对不少作家都有专条记载，有些人物非常集中，如曾国藩、张之洞等。特别是张之洞，第十六卷全卷四十二条都是有关他的轶事。相反，也有些作家只是在文中连带提及。

书中涉及的清代作家除上述外，还有袁枚、纳兰性德、徐乾学、洪昇、赵执信、纪昀、金圣叹、归庄、朱彝尊、郭麐、龚自珍、方苞、姜宸英、王昙、郑应观、阮元、毕沅、汤斌、孙星衍、程晋芳、郭嵩焘、冯桂芬、黎庶昌、魏源、林则徐、梁启超、王闿运、汪中、谭嗣同、赵尔巽、翁同龢、郑孝胥、易顺鼎、吴挚甫、文廷式、康有为、沈曾植、叶德辉、王鹏运、梁鼎芬等，不一一列举。

《南亭笔记》有1919年大东书局版胡寄尘校订的石印本，1983年上海古籍书店据之影印。但书中有几条记事发生在李伯元身后，显然是他人记载的误入。

《新世说》八卷，易宗夔撰。易宗夔，字蔚儒，湖南湘潭人。自序称"长游东瀛，归为议士，益广交海内贤豪，习闻掌故，辄笔之于册，以备遗忘"。民国后滞留北京，因仿刘义庆《世说新语》例，分类编写成《新世说》一书。书成于1918年。

本书"重实事而屏虚谈"（《自序》），参考了一百几十种书籍，如从王晫的《今世说》中就采用了几十条材料。蔡元培《跋》说它"几乎无一字无来历"，可惜除了个别条目外，均未注明采自何书。同时，对有些原文也作了剪裁和修饰，不再完全是原始史料了。

全书记载了清代初期至民国初年的一些人物事迹，仍用《世说新语》分类法分类，分为德行、言语、政事、文学、方正、雅量等三十六类。在每人的记事之下，用小注注明了该人的姓名、里居、官爵、事略，再见时不再重出，这就为我们了解该人的生平提供了一些方便。

书中记载或涉及的清代及近代作家很多。诗人如清代的钱谦益、陈贞慧、吴伟业、杜濬、顾炎武、屈大均、冯班、宋琬、施闰章、尤侗、叶燮、梁佩兰、吴兆骞、彭孙遹、陈恭尹、王士禛、宋荦、查慎行、赵执信、沈德潜、郑燮、胡天游、袁枚、赵翼、姚鼐、翁方纲、洪亮吉、黎简、黄景仁、吴锡麒、张问陶、彭兆荪；近代的林则徐、龚自珍、魏源、何绍基、莫友芝、曾国藩、李慈铭、王闿运、张之洞、樊增祥、沈曾植、陈三立、严复、范当世、陈衍、易顺鼎、康有为、郑孝胥、谭嗣同、章炳麟、梁启超、林旭、秋瑾、夏敬观、宁调元、柳亚子等。词人如清代王夫之、孙枝蔚、毛奇龄、陈维崧、朱彝尊、徐釚、纳兰性德、张惠言；近代文廷式等。散文家（包括骈文家）如清代黄宗羲、冒襄、周亮工、侯方域、魏禧、汪琬、姜宸英、方苞、刘大櫆、全祖望、汪中、阮元、章学诚、李兆洛；近代梅曾亮、吴敏树、张裕钊、王韬、黎庶昌、林纾。戏曲家如清代李渔、洪昇、蒋士铨；近代汪笑侬等。小说家如清代蒲松龄、吴敬梓、曹雪芹、纪昀；近代吴沃尧等。理论家除了上面已提到的叶燮、陈衍、梁启超等外，还有金圣叹等人。以上所列的近百人，也只是就《中国大百科全书·中国文学》卷所收录的人物为依据，《中国文学》卷未入收而本书涉及的还有很多作家，这里就不备录了。由此可见本书收录人物的丰富。

《新世说》今通行的版本有上海古籍书店1982年影印1918年排印本。

《世载堂杂忆》，刘禺生著。刘禺生，湖北武昌人，是老同盟会会员，曾参加辛亥革命和对北洋军阀的斗争，以近三百首《洪宪纪事诗》闻名于世。

《世载堂杂忆》是作者七十岁以后回忆他从前耳闻目睹的事，所记大多是近代中国的政事，其中包括了许多能文之士的遗闻轶事。它所述及的作家，主要集中在近代，如李慈铭、张之洞、曾国藩、张裕钊、吴汝纶、祁寯藻、沈曾植、魏源、王闿运、何绍基、程恩泽、樊增祥、梁鼎芬、陈三立、章炳麟、冯煦、易顺鼎、缪荃孙、郑孝胥、文廷式、黎庶昌、莫友芝、郭嵩焘、马君武、康有为、梁启超、谭嗣同、梅曾亮、俞樾、王先谦、刘师培、王鹏运、邹容、苏曼殊等。因所记是作者亲见亲历，极具史料价值。其中也涉及了一些近代以前的人物，如清代的徐乾学、孙星衍、洪亮吉、毕沅、阮元、黎简等。更早的如先秦的孔子，宋末的谢翱，明代的陈献章等，都有专条论及。

今通行的有中华书局1960年版钱实甫整理本，书前有董必武题词。

第五章

文集中的作家史料

第一节 总集的作家介绍

一 总集的作家介绍及其史料价值

汇录多人作品于一书的总集，其中一部分有作者小传。总集中作者小传的有无，大致是由编排方式决定的。

总集中作品的编排，主要有二种基本方式，其一是分体编排，也就是按文体分类排列，如《文选》《文苑英华》等；其二是按人编排，也就是以作者来排列，人名下集中收录他的作品，如《全唐诗》《全唐文》等。在这二种编排中，分体编排一般不介绍作者，这大致是因为一人的作品分散在各体中的缘故，如历代著名的总集《文选》《文苑英华》《唐文粹》《宋文鉴》《元文类》《明文衡》等都是这样。当然，其间也有介绍作者的，不过它往往集中在一起介绍，一般放卷首，如《唐诗品汇》《南宋文苑》等就是；也有放在每代之前的，如康熙《御选宋金元明四朝诗》等；也有个别随文放在首见的文体中介绍的，如李雯等的《明诗选》就是。

按人编排的一般有作者介绍，作为知人论世之助。我们这里说"一般"，因为现在见到的最早按人物编排的总集不介绍作者，后代也有许多按人编排的总集不作介绍。现存总集中最早介绍作者的，当推唐代姚合编的《极玄集》，以后很多这样的总集效仿它的做法，逐渐成了一个不成文的定则——例作介绍。介绍作者一般就放在作者名下，但也有少数集中在一起介绍，如《天启崇祯两朝遗诗》就集中在卷末。

总集的编排，除了上述两种基本方式外，还有以题分编的，如《西昆酬唱集》；有以曲调分编的，如《乐府诗集》《历代诗余》；有以作品出处分编的，如《古谣谚》；有以内容分类编录的，如《清诗铎》等。这些编法的书一般也不介绍作者，若作介绍，也采取集中的方式，如《历代诗余》集中在卷末，《清诗铎》集中在卷首等。

总集的作者介绍，详略不一。有的作者因限于资料，仅介绍所知的部分，如《全唐诗》介绍"崔和"，仅说"官御史"；介绍"郭澹"，仅说"天宝大历间人"。前者只介绍了曾任职，后者只介绍了生活的时期，其他的都阙如。

有的作者写成简略小传，总集的介绍，以此居多，也比较合适，如《全唐诗》介绍刘长卿：

> 刘长卿，字文房，河间人。开元二十一年进士，至德中为监察御史，以检校祠部员外郎为转运使判官，知淮南、鄂岳转运留后。鄂岳观察使吴仲孺诬奏，贬潘州南邑尉。会有为之辩者，除睦州司马，终随州刺史。以诗驰声上元、宝应间。权德舆常谓为"五言长城"；皇甫湜亦云："诗未有刘长卿一句，已呼宋玉为老兵。"其见重如此。集十卷，内诗九卷。今编诗五卷。

有写得更为详细的，如金·元好问《中州集》中的有些传记就是，今举辛愿传为例：

> 愿字敬之，福昌人。其大父自凤翔来居县西南女几山下，以力田为业。敬之自号女几野人，年二十五，始知读书，取《白氏讽谏集》自试，一日便能背诵。乃聚书环堵中读之。《书》至《伊训》，《诗》至《河广》，颇若有所省，欲罢不能，因更致力

焉。音义有不通者，搜访百至，必通而后已。有一事阙十年者，由是博极群书，于《三传》为尤精。至于内典，亦称该洽。杜诗韩笔，未常一日去其手。作文有纲目不乱，诗律深严而有自得之趣。性野逸，不修威仪，贵人延客，敬之麻衣草屦，足胫赤露，坦然于其间剧谈豪饮，旁若无人。

高献臣为河南治中，闻其名，引为上客。及献臣为府尹所诬，敬之亦被讯掠，几预一网之祸。自是人以敬之之名为讳，绝不与交。不二三年，日事大狼狈，田五六十亩，岁入不足，一牛屡为追胥所夺，竟卖之以为食。众雏嗷嗷，张口待哺。雅负高气，不能从俗俯仰；迫以饥冻，又不得不与世接。其枯槁憔悴，流离顿踣，往往见之于诗。

元光初，予与李钦叔在孟津，敬之自女几来，为之留数日。其行也，钦叔为设馔，备极丰腆。敬之放箸而叹曰："平生饱食有数，每见吾二弟，必得美食，明日道路中又当与老饥相抗去矣！会有一日，辛老子僵仆柳泉、韩城之间，以天地为棺椁，日月为含襚，狐狸亦可，蝼蚁亦可耳。"予二人为之恻然。

…………

这篇传记很长，我们录其前半部分。《金史·辛愿传》，就以此传为基础写成。

有的总集除小传外，还附有轶事，以补小传的不足。如王昶《湖海诗传》为朱孝纯写的小传极简略，仅说："字子颖，汉军正红旗人。乾隆二十七年举人，官至两淮盐运使，有《海愚诗钞》。"可他附在传后的以"蒲褐山房诗话"名目所写的轶事却较详细：

子颖为都统龙翰（伦翰）之子，承其家学，能画，尤长于孤松怪石，擅逸气。须髯不多，有两茎缘唇而下，长二尺许，风吹飘然，撚之颇自意也。作令四川，独游峨眉，经旬乃返。后以回避，当量移他省，时大兵方讨金川，子颖单骑赴营观战斗，久而去之,其葰傥奇伟如此!爱友朋,凡知名士如姚郎中姬传,王太守梦楼,皆所最契者。晚为扬州盐运使,方欲招致大江南北诸贤,为文酒之会,而遽以风痹解职。姬传谓其不可一世之气,勃然动于纸上。梦楼谓其豪宕感激之意,屡见于诗者,信也。

这段文字,生动地刻画了朱孝纯的个性特征。王昶这种附轶事的办法,既有了符合总集要求的简略小传,又有了重要的逸事记载,可说是对元好问《中州集》所作稍嫌繁琐的传记的改进。

当然,在同一书中介绍作者,因限于资料,或任务的重要与否,就有相对详略的不同,甚至有的人因没有资料而付阙如。

总集中的小传,也有后出转优的。可能有的人物小传在前出版的总集中介绍很简单,或没有作介绍,但以后对人物事迹有了新的发现,写的传记也就有了增加。如明代高棅的《唐诗品汇》中,对厉玄的介绍是:"官至侍御,周贺有赠厉玄侍御诗是也。"到《全唐诗》中,介绍较为详细些,它说:"厉玄,登太和二年进士第,官终侍御史。姚合同时人。"这就有了进步。到今天,对厉玄的生平事迹有了更多的稽考,如《唐诗大辞典》吴在庆写的"厉玄"条介绍说:

生卒年、籍贯皆不详。文宗太和二年(828)登进士第,历监察御史、员外郎。宣宗大中六年(852)出为睦州刺史。事迹散见《云溪友议》卷中、《唐诗纪事》卷五一、《严州图经》卷一。玄与当时著名诗人姚合、顾非熊、贾岛、马戴诸人均有唱和。所作《从军行》尤为人所称诵,张为《诗人主客图》标举此诗,并列厉玄为"清奇雅正主"之升堂者。《全唐诗》存诗6首。

这样介绍就详细多了,自然为我们以后编写的总集中厉玄的较详细介绍奠定了基础。

至于收集在总集中的作品,有不少是牵涉作家生平事迹的,如传状、碑志等，可视同别集中的作家史料，我们将在下节介绍。

再说总集中作家介绍的史料价值。史料价值的高低，要看具体的书籍而定，有的总集小传极有价值，有的则聊备一项，没有多少史料价值；有的则部分有价值，部分没有价值。今就前者略作说明。

具备史料价值的总集小传，它应该是时代近、收录全、考订精。或具备其中的一二条。

先说时代近，这"近"指距离作者生活时代近，包括了同时人，或同一朝人，或下一朝人。时代近，作者就是编总集写小传的人的前辈，或同时代人，甚至就是友人。如唐·姚合《极玄集》中收录"大历十才子"等人，就是姚的前辈。金·元好问《中州集》中所收的就是"前辈及交游诸人之诗"（《序》），甚至是他的密友，如辛愿、李汾、李献甫，就特别标明为"三知己"。为这些人写小传，其可信度当然就高。即使是没有目见的本朝人为本朝人写小传，因相距的时间近，可以用作参考的史料也较多，到今天，小传所据史料许多已经散失，这些小传也就成了最早的记载。如元·杜本编的宋、金遗民诗人作品集《谷音》中的作家，正史中都没有传记，恐怕较难找到小传所用资料的出处，如元吉小传说：

> 吉，太原大侠人也。报仇市上，吏来捕，更杀吏，走太行谷中。会以赦归，乃绝尝与游者。三年通《左氏》《史记》，家益贫。至元甲子，从戍开平，道卒。

有关元吉，连近现代编的《中国人名大辞典》《中国文学家大辞典》等书中都没有收录，可见其史料的珍贵。

这些小传因离作者时代近而珍贵，是人所共识。小传写在正史以前的，或为正史所采用，或为正史所参考，特别是较为详细的传记，更为被正史所采用，如上举《中州集》中有些作家小传与元修《金史》中的有关传记相比，《金史》采用《中州集》中的小传是极为明显的了。

又因为有些总集的编撰离作者的时代近，其所记载的事迹比较可信，倘若后代出现一些异说，我们往往相信前者。如关于唐代的"大历十才子"，最早的记载见于姚合的《极玄集》，它在李端名下说："与卢纶、吉中孚、韩翃、钱起、司空曙、苗发、崔洞、耿湋、夏侯审唱和，号十才子。"《新唐书·卢纶传》也从此说。但在南宋计有功的《唐诗纪事》等书中就有了异说，至清代，究竟哪十位称"大历十才子"，异说就更多。这种后代人的异说，当然不如也产生于大历稍后的姚合说为可靠。

次说收录全。这是指总集收录的作家比较齐全或极多。也就是说，除了那些知名的作家被收录外，许多不知名的作家也被收录并写有小传介绍。这些不知名或知名度不高的作者，一般无史传可据，而编总集的人往往旁搜博引，从各类书籍中去稽考事迹，写成小传，这对我们今天利用就比较方便了。故《四库全书总目·宋元诗会》一百卷提要说："凡九百余家。每家名氏之后，仿元好问《中州集》例，详其里居出处。正史之外，旁取志乘稗说，以补订阙漏，其用心可谓勤矣。"编者的勤于搜集，为后人提供了不少可能会湮没的人物小传，这是一大功绩。又如《全唐诗》一书，收录了唐、五代二千八百多人的诗歌，且在每一作者名下有详略不等的小传。虽然编者在"凡例"中说："诗前小传，但略序其人历官始末，至于生平大节，自有史传，不必冗录。"其实，《全唐诗》所收作家中，许多人是在史传中见不到的，我们要找这些人的材料，有时还不得不用《全唐诗》中的介绍。对那些无史传的作者介绍，《全唐文》在"凡例"中说得更明确，它说："其人事迹不经见，则搜访遗佚，间采琐事，以备掌故。"这些不经见的事迹，一般颇费搜讨，就显示了它的史料价值。

最后说考订精。对同一作者，历代记载往往会有异说，对这些异说，究竟哪些是对的，哪些是讹传或臆说，因时代久远，史料缺乏，让后代读者去取颇费斟酌，这就需要精密的考订。另外，有些作者史料奇缺，对他们的姓名、字号、里贯、事迹一无所知或所知甚少，这就需要多方稽索，使我们能略知其梗概。在考订和稽索上，有些总集的编者作了大量的工作，为读者留下了可贵的作者小传，如严可均《全上古三代秦汉三国六朝文》中的作者，许多人不见于史传记载，而严可均一一加以考订，被称为"皆有援据，无一字无来历"。又如唐圭璋《全宋词》中的作者小传，"钩稽丛脞，正误补阙"，颇费心血。傅璇琮等的《全宋诗》中的作者小传，"旧说有误者正之……异说可参者并存之"，"言出有据，无征不信"。这样写成的小传，虽然可能会有见仁见智处，但排斥显明的讹说，使其尽量近真，对读者有较高的参考价值。这些总集的编写，虽然可能离作者的时代已经很远，但仍不失其价值，这就是我们重视考订精的总集小传的原因。

二　重要总集中的作家小传

历代总集很多，编法不一。从收录的时间说，有通代和断代。在许多总集中，没有作者介绍，就不在我们叙说的范围以内。在有作者介绍的总集中，有的小传缺少史料价值，有的收录作家较少，我们也不在这里多费笔墨。我们只挑选了一些比较有史料价值的总集小传，按通代和断代分别略作介绍。

（一）通代总集的作家小传

通代总集的编者一般都是距离入选作者的时代较远，他们的作者介绍都是根据文献资料，但因所据原始资料不少已经散失，或者不易搜录，故对我们了解作者仍然不失其参考价值。今按诗文总集、词总集、地方诗文总集为序略作介绍。

《文选》李注六十卷，南朝梁·萧统编，唐·李善注。

《文选》收录了周代子夏至南朝梁的一百三十多人和少数佚名作者的各体作品七百多篇。萧统原编无作者小传，唐代李善作注时在首见的作者人名下加了小传，并说明资料来源。所引除现存的《史记》、《汉书》、《后汉书》、《三国志》（分别称《魏志》《蜀志》《吴志》）、《宋书》（沈约）、《齐书》（萧子显）、《华阳国志》等外，还有许多是已经散佚了的古籍，史书如《典略》、《魏氏春秋》、臧荣绪

《晋书》、王隐《晋书》、孙盛《晋阳秋》、何法盛《晋中兴书》、徐广《晋纪》、檀道鸾《晋阳秋》、孙严《宋书》、刘璠《梁典》、何之元《梁典》等，书目如《今书七志》、《文章志》等，集部书如《虞羲集》序、《傅咸集》、《集林》、《古今诗英华》等，都是一些因原书散失而更显珍贵的史料。有些小传，还不是取自一书，如宋玉、缪袭、木华等就是。如《海赋》木华名下注：

>《今书七志》曰："木华，字玄虚。"《华集》曰："为杨骏府主簿。"傅亮《文章志》曰："广川木玄虚为《海赋》，文甚隽丽，足继前良。"

木华的《海赋》闻名于世，可木华不见史传记载，仅靠李善这注知道他是西晋人，字玄虚，广川（今河北枣强）人，曾任太傅杨骏府主簿。由此可见李善注《文选》中的作家，为我们留下了不少珍贵的史料。

今通行的有中华书局 1977 年缩印胡克家本，又上海古籍出版社 1986 年据胡克家本点校本。

《全上古三代秦汉三国六朝文》 七百四十六卷。清·严可均校辑。

本书辑录了唐代以前现存的所有单篇文章及一些文论、子书等的轶文，是一部极有文献价值的总集。据严氏《总叙》中说，作者有三千四百九十七人。因此，凡先唐时期有单篇文章存世的作者，大致收录在内了。不仅如此，还为三千四百余家作者写了简略的小传。他在《凡例》中说："是编三千四百余家，皆为之小传。里系察举，迁除封拜，赠谥者述，略具始末。或其人不见于史传，则参考群书，略著爵里；如又不得，则云爵里未详。"他的这些小传，"多有不见于史"，"但皆有援据，无一字无来历"（姚振宗《隋书经籍志考证后序》）。小传若仅据史传，今天史传具在，文献价值不大。而那些"参考群书"写成的小传，虽没有表明根据，且是第二手材料，但他明言"参考群书"，并被评为"无一字无来历"，其可靠性较大，也就省却了我们大量的翻检之劳。当然，这么巨大的工程，也难免出现些错误，正如中华书局在本书《出版说明》中指出的，如《全陈文》卷十七收录杨辇《奏流拘那罗陀》，《全周文》卷二十二收录释宗猷《遗琼法师书》，这杨辇、宗猷根本不是人名，因而也就没有这二位作者了。

今通行的有中华书局1958年据王毓藻刊本断句影印本。

《宋元诗会》一百卷，清·陈焯编。

本书专辑宋、元人诗，凡九百余家。搜集颇费功夫，自谓"散录零钞，或得诸山水图经，或得诸厓碑摩揭，以及市坊村塾，道院禅宫，敝簏残蹄，穷极搜求"。因其搜罗之富，颇多遗佚之作。而所收作者，亦仿《中州集》例，"详其里居出处，正史之外，旁取志乘稗说，以补订阙漏，其用心可谓勤矣"（《四库全书总目》）。据王士禛《香祖笔记》卷三载，当王士禛于康熙二十三年（1684）冬奉使祭南海之神，于岁末至桐城时，陈焯曾让二从者背负此书数十大册，亲至王士禛客署，请王士禛指正，并说："此吾二十年来所辑《宋元诗会》若干卷，闻公奉使当过此，喜甚，将待公决择之，然后出问世耳。"这时陈焯亦当为一老翁了，还如此审慎地对待自己的辑录，可见其用力之勤，非草率编纂者可比。

书中所撰作者小传颇详。即使事迹不详者，有时也有所说明或考订，如宋代的唐异下说："《文鉴》载诗而履历莫考，但其警句在宋中叶时已盛传，自是前辈胜流，未可与茫无籍里者同论也。"又如李昂英下说："进士，番禺人，未详何官，仕在南宋孝、光间，谥忠简。《宋史》不载，其诗见于石仓选中。"（这两人在《中国文学家大辞典·宋代卷》已有考订，可参阅）除了作者小传外，也间有评说，可参用。

今有《四库全书》本。

《御选宋金元明四朝诗》三百十二卷，作者姓名爵里十三卷。简称《御选四朝诗》。清·张豫章等奉敕编，康熙帝御定。

本书收录宋、金、元、明四代诗，各按帝制、四言、乐府歌行、古体、律诗、绝句、六言、杂言编排。凡收宋诗七十八卷，作者八百八十二人；金诗二十五卷，作者三百二十一人；元诗八十一卷，作者一千一百九十七人；明诗一百二十八卷，作者三千四百人。

本书因分体编排，同一作者的作品分散在各体中，故在每代以前，各叙作者之爵里。其中宋诗姓名爵里二卷，金诗姓名爵里一卷，元诗姓名爵里二卷，明诗姓名爵里八卷。其介绍较为简略，也有只有姓名而缺简介的。但因收录人数较多，无史传者可参用。

今有《四库全书》本。

《词综》三十六卷，清·朱彝尊、汪森编。其中朱彝尊编成二十六卷，汪森增补成三十六卷。

全书选录了唐、五代、宋、金元词人六百五十九家（不包括无名氏）的作品二千二百五十余首，选录面较广，影响较大。它在编排上以人系词，并依作者时代先后为序。各家词人下一般附有几十字的小传，也间收前人评语，如秦观名下说："字少游，高邮人。登第后，苏轼荐于朝，除太学博士，迁正字，兼国史院编修官，坐党籍徙。徽宗立，放还，至藤州卒。有《淮海词》三卷。"下面并选录了晁无咎、蔡伯世、张綖、释觉范、叶少蕴的评论。在小传中，间有异说的，也加以注明。《四库全书总目》说："其词名句读为他选所淆舛，及姓氏爵里之误，皆详考而订正之，其去取亦具有鉴别。"

当然，在那么众多的作者中，也有失考的，如称字而不知其名失考的，像田不伐不知其名为田为，林少瞻不知其名为林仰，因而缺载事迹。而田为、林仰都有事迹可查知。又因文字的错误造成不知事迹的，如卷十收波子山《剔银灯》"一夜隋河风劲"首，注作者为"宿州狱掾"。其实，这首词源于《能改斋漫录》卷十七"吊二姬温卿宜哥诗"条，署曰"沈子山"。沈子山即沈邈，字子山，《宋史》卷三百零二有传，则"波"字为"沈"字之误。

今有康熙三十年（1691）裘抒楼刊本，中华书局1975年版即据以影印。又上海古籍出版社1978年版李庆甲校点本。

《历代诗余》一百二十卷，又名《御定历代诗余》。清康熙帝御定，沈辰垣、王奕清等编集，成书于康熙四十六年（1707）。

本书收录了自唐至明的词，凡一千五百四十调，按调的字数长短为序来排列，共九千零九首，分为一百卷，选录较为广泛。自一百零一卷至一百十卷为词人姓氏，一百十一卷至一百二十卷为词话。其中十卷词人姓氏，是词作者的小传，按唐五代十国、宋、南宋、金、元、明时代编次，收录自唐昭宗、沈佺期至明杨宛、马琼琼等词作者凡九百五十七人。其中介绍有较详细的，如：

> 吕本中，字居仁，其先河南人。父好问，从高宗南渡，卜居金华，遂为金华人。以恩授承务郎，迁祠部员外。绍兴六年召试，赐进士。累迁中书舍人兼侍读，权直学士院，以草赵鼎制，忤秦桧，意讽御史劾之，罢职。提举太平观，卒，谥文清。所著有《江西诗派图》及《紫微诗话》行于世。

但一般较简略，有些人只有里贯，或只有字号，更有只具姓名，其他都付阙如的，这也是根据具体史料而定。有些小传也只是因袭《词综》或稍作增补。但因为它介绍的词人多，今天往往还被引用，如龙渝生《唐宋名家词选》中的皇甫松、李珣、张先、晁冲之、王观等人的传记，就首引了《历代诗余》的小传。这十卷词人姓氏，相当于按时代编排的词人小辞典。不过因为没有索引，查检不似辞典方便。

今有康熙四十六年（1707）原刻本，上海书店1985年版即据以影印。

《唐宋名家词选》，龙渝生编选。本书所收唐宋名家，是指"能卓然自树或别开生面者"（《编辑凡例》）。凡选唐五代词二十五家一百四十三首，宋代词六十九家五百六十五首，每家在选词后附有"传记"和"集评"。

本书所选作家不算多，是名家则其传记照例易见，但也不尽如此；而本书的词人传记又较详，除正史有传者加以节录外，还综合了各家的有关记载编写而成，并一一表明资料来源。这不仅使读者知道了词人的生平事迹，而且也为进一步查考提供了丰富的史料。如韦庄，正史无传，本书就根据《北梦琐言》《唐才子传》《浣花集》、韦霭《浣花集序》、夏承焘《韦端己年谱》等，写成了一篇约四百五十字的传记，并随文标明出处，这对读者了解作者事迹是很有价值的。

有上海古典文学出版社1956年版，中华书局上海编辑所1962年再版，上海古籍出版社1980年又版。

《全金元词》，唐圭璋编。本书继《全宋词》后编录，体例仍依《全宋词》，共收录了金代七十人的三千五百七十二首词，元代二百一十二人的三千七百二十一首词。对这些词的作者，一一附有简略小传可供参考。其小传体例亦一本《全宋词》。

本书有中华书局1979年版。

除了上述全国各地作家作品都收的通代总集外，还有专收集一地区的地方性作品总集。其中也不乏作者的介绍，今略举数种如下。

《新安文献志》 一百卷，明·程敏政撰。本书专收南北朝以后有关新安地区的诗文事迹。新安为郡名，汉为丹阳郡地，三国吴分置新都郡，晋太康元年改名新安郡，宋宣和三年改称徽州，今属安徽。

本书前六十卷收诗文，分类辑录；六十一卷以后的行实，分为神迹、道原、忠孝、儒硕、勋贤、风节、才望、吏治、遗逸、世德、寓公、文苑、材武、列女、方技十五类。行实中所收的传状碑铭，不必都出自新安人之手。对其中需要考订的，编者加有附注。书前又有二卷"先贤事略"，按时代略叙新安人简历，有传状碑铭的并说明。《四库全书总目》称其"征引繁博，条理淹贯，凡徽州一郡之典故，汇萃极为赅备。遗文轶事，咸得籍以考见大凡。故自明以来，推为巨制"。

今有《四库全书》本。

《甬上耆旧诗》 三十卷，清·胡文学编，李邺嗣传。先是，李邺嗣曾撰有《甬上耆旧传》。"甬上"，是指浙江的甬江流域，即古代的明州，明代改称宁波府，清因之，今为宁波市。《甬上耆旧传》专记其乡先哲行事,始自周之文种,直到明代杨德遴,凡四百三十人,包括了常提到的文学家贺知章、楼钥、袁桷、屠隆、余寅、周朝俊等。其传一般较为详细,所收绝大多数是明人,也有作者交游所及的,故具有一定的史料价值。如记周朝俊《红梅记》的流传情况:"先伯父玉海府君为蜀中营山令,县在万山中,地最僻。初至县中,士大夫具酒延令君奏乐,伶人呈剧目,所列三本,复前白云:'唯《红梅记》可登场。'后先公官岭外,每宴客,诸伶人无不唱《红梅记》者,其为世盛传若此。"

胡文学即依《甬上耆旧传》的人物搜录遗诗,得诗三千余首,分别录在各家传记之下。

《甬上耆旧诗》原本四十卷,先刊印了三十卷行世。今有康熙敬义堂刻本、《四库全书》本等。

《槜李诗系》四十二卷,清·沈季友撰。本书专收槜李(嘉兴郡)一郡之诗。收录了汉至元诗六卷,明诗十六卷,清诗七卷,余为方外、闺秀、仙鬼、题咏、谣谚十三卷。所收明诗最多,其次则清诗。收录颇称详博,"残章剩句,蒐访靡遗,捃撫之勤,殊为不苟"(《四库全书总目》)。

本书在每人姓名下,各有小传,记其一生梗概,为研究嘉兴郡的作者提供了方便。

(二) 断代总集的作家小传

以某一朝代的作者为对象编次的总集,为数甚多。今亦以作家小传着眼,按唐、宋、金、元、明、清为序略作介绍。

编录有唐一代的总集,始于唐,迄于今。其中较早而有作者介绍的,或较晚而收录作者较多或较全的,选介下列几种。

《极玄集》二卷,唐·姚合编。本书收录了王维、祖咏、李端、耿湋、卢纶、司空曙、钱起、郎士元、畅当、韩翃、皇甫曾、李嘉祐、皇甫冉、朱放、严维、刘长卿、灵一、法振、皎然、清江、戴叔伦等二十一人的诗,凡百首,今本实有九十九首。对这些作家除灵一至清江四人未作片语介绍外,其他都有字、里贯、登科年、仕历等的介绍，是唐人选唐诗中第一部有作者介绍的总集。如钱起的介绍是："字仲文，吴兴人。天宝十载进士。历校书郎，终尚书郎，太清宫史。"这恐怕是钱起最早的传记资料了，所以常为后人所引用。不仅钱起的小传如此，其他的诗人小传也是如此。它们不仅为后人所依据，且有他书所不载或有所不同的记载，也可藉以考证，如李端"字正己"，就不见于两《唐书》等记载，这是它的价值所在。

今通行的有上海古籍出版社 1978 年版《唐人选唐诗》本。

唐人编的唐诗选中，除了《极玄集》有作者介绍外，另有芮挺章《国秀集》的目录，在作者上加有官名或进士，对有些作者没有其他事迹可查的也可借以知其一二。又如殷璠《河岳英灵集》、高仲武《中兴间气集》，在作者名下都有评论，间有透露些作者的生平信息，亦可参考。

《唐诗品汇》九十卷，《拾遗》十卷，明·高棅编选。书成于明洪武二十六年（1393），分体编录了唐代作者六百二十人的五千七百六十九首诗作。又于洪武三十一年（1398）补得作者六十一人，诗九百五十四首，作为《唐诗拾遗》附在书后。这是一部影响较为广泛的大型唐诗选本。

卷前有"诗人爵里详节"，凡收六百零二人。其中帝王八人；公卿名士四百四十六人；有姓氏无字里世次者六十八人；无姓氏五人；道士四人；衲子三十三人；女冠三人；宫闱三十四人；外夷一人。而在公卿名士中又分初唐（自武德至开元初）一百二十五人；盛唐（自开元至大历初）八十六人；中唐（自大历至元和末）一百五十四人；晚唐（自开成至五代）八十一人。所谓"爵里详节"，实在也不过是个小传，大致节自史书传记。若没有史传等资料可据的，只注一下知道的事情，如闾丘晓下说"官至刺史"；于逖下说"沈千运同时人"。若查考不得的，就只列名字。这些小传中，有些人我们今天还能看到更多的事迹，如上举闾丘晓、于逖就是。闾丘晓在肃宗至德元载任濠州刺史，因不救宋州之围，被河南节度使张镐杖杀，事见新、旧《唐书·张镐传》；他又杀了诗人王昌龄，见《新唐书·文艺传》。

于逖为汴州浚仪（今河南开封）人，穷老山野，终身未仕，与萧颖士、独孤及、李白皆有交往，见萧颖士《莲蕊散赋序》《唐诗纪事》卷二七。虽然这样，它究竟还为我们了解作者的事迹提供了些资料。

今通行的有上海古籍出版社1982年据明汪宗尼校订本影印。

《全唐诗》九百卷，清·彭定求等奉康熙帝命编修，收唐五代作者二千八百七十三人的四万九千四百零三首诗及一些佚句，是唐五代的诗歌全集。

《全唐诗》在每一作家下，都有简略的小传。这些小传长短不一，从几十字到三四百字，视具体情况而定。其《凡例》中说："诗前小传，但略序其人历官始末，至于生平大节，自有史传，不必冗录。"这就是说，这些作者小传，主要是根据史传节略而成。这些人的史传具在，且清代编《全唐诗》时，离唐代已远，故有史传记载的作者小传，没有多少史料价值。但《全唐诗》中所收众多作家中，许多人的事迹不见于史传，编者能从各方搜求辑录成传，也是方便了读者。同时，所撰小传，也比《唐诗品汇》详细，如上举闾丘晓、于逖两人的传记：

> 闾丘晓，为濠州刺史，禄山之乱，张镐檄之救宋州张巡围，以后期杖死。

> 于逖，开元时人。李白、独孤及皆有诗赠之，亦与元结友善。

显然，它提供的资料较多。但它的小传中也有不少错误，岑仲勉有《读〈全唐诗〉札记》（收入《唐人行第录》中），就主要是订正《全唐诗》中的作家小传和篇章之误的，可参阅。

《全唐诗》有康熙四十六年（1707）内府刊本，扬州诗局刻本，今通行的有中华书局1960年排印本等。

《全唐文》一千卷，清·董诰等奉敕编。成书于嘉庆十九年

(1814)。

　　《全唐文》是一部唐五代文章总汇，是唐文的渊海。它收录了唐五代作家三千零四十二人，文一万八千四百八十八篇。其编排以人系作品，人名下系有作者小传。《凡例》说："小传无取繁冗，载里居、科第后，略序历官始末。其事迹见史传及习见之书者，概不叙入，惟其人事迹不经见，则搜访遗佚，间采琐事以备掌故。"小传的史料价值，就在于从"搜访遗佚"中得来的那一部分。因此，许多唐代不甚知名的作者，史书又无传记，我们就可借此书以见其生平大略。但它不注出处，查考为难。同时，本书搜求浩博，又成于众手，不能无误，小传也不例外，故清人劳格，和今人岑仲勉都有《读全唐文札记》（上海古籍出版社版《全唐文》附收），对包括小传在内的错误有所订正，可参用。

　　《全唐文》有内府刊本，今通行的有中华书局1983年影印本、上海古籍出版社1990年缩印本。

　　唐代总集中有作家小传而且篇幅较大的，还有清代徐倬的《全唐诗录》一百卷，席启寓的《唐诗百名家全集》，今人张璋、黄畲编的《全唐五代词》等，并可参用。

　　宋代总集小传，编成较早的有《谷音》等，文献价值较高。收录多的有《全宋词》《全宋诗》等，今略作介绍如下。

　　《谷音》二卷，元·杜本编。本书选录宋、金遗民诗一百零一首，作者凡三十人。王士禛《香祖笔记》说："其诗慷慨激烈，古澹萧寥，非宋末作者所及。是时谢皋羽、林霁山辈皆以文章节义著于东南，而又有此三十人者与之遥为应和，亦奇矣。"《四库全书总目》也说："是集所录，乃皆古直悲凉，风格遒上，无宋末江湖龌龊之习，其人又皆仗节守义之士，足为诗重。"不仅如此，编者还为这些名不见史传的作者写有小传，如对安如山的介绍：

　　　　广汉安如山汝止二首
　　　　如山善击剑，左右射，读经史百氏之书。端平甲午，安抚曹友闻辟掌书记,不起。友闻战死三泉,如山往收其骨,藏诸其先之侧,乃东下,老于会稽。

据张渠跋说:"诸人小录,皆其(指杜本)自述,言简而备。"这些作者介绍,均有籍贯、字及生平简略。我们今天能知道他们,幸赖本书的保存。

今通行的有《四部丛刊》影印旧抄本、《丛书集成初编》本、中华书局上海编辑所 1958 年排印本等。

《宋诗钞》,清·吴之振、吕留良、吴自牧编选,收宋人诗立目一百家,其中十六家有目无书,实收八十四家。以后管庭芬、蒋光煦有**《宋诗钞补》**,补足了原缺的十六家,又补选了其他各家的诗。

《宋诗钞》在每集之前,有较为详细的作者小传,并加品评或考证。这八十四家中,绝大部分《宋史》有传,但也有王令、晁冲之、陈造、王炎、孙觌、张元幹、范浚、朱松年、吴儆、赵师秀、翁卷、徐照、徐玑、黄公度、刘克庄、王庭珪、戴敏才、戴复古、戴昺、方岳、郑震、谢翱、许月卿、林景熙、真山民、汪元量、梁栋、何梦桂、僧道潜、僧惠洪、费氏三十一人《宋史》无传或仅出现过名字,本书作了详略不等的介绍。如对汪元量的介绍和评述是:

汪元量,字大有,号水云,钱唐人。以善琴事谢后、王昭仪。宋亡,随三宫留燕,后为黄冠师。南归,幼主平原公及从降驸马右丞杨镇、丞相吴坚、留梦炎、参政家铉翁、文及翁、提刑陈杰与王昭仪清惠以下廿有九人赋诗饯之。后往来匡庐、彭蠡间,世莫测其去留。危太史素谓其长身玉立,修髯广颡,而音若洪钟,江右人以为神仙,多画其像祀之。诗多纪国亡北徙事,与文丞相狱中倡和作,周详恻怆,人谓之诗史。郑明德、陶九成、瞿宗吉所载仅数首。虞山钱牧斋得之云间钞书旧册,录为《水云集》。

他综合了各书的介绍，为我们了解汪元量提供了一个轮廓。至于《宋诗钞补》的作者介绍，较为简略些，这里就不再引录了。

《宋诗钞》和《宋诗钞补》有中华书局1986年合印本，统称《宋诗钞》，最为通行。

《宋百家诗存》，清·曹庭栋编选。本书为补《宋诗钞》的缺漏而作，凡《宋诗钞》已有的不收。收录了北宋魏野、贺铸等十多家，南宋吕本中、僧斯植等八十余家。每家一集，凡选百家。所录在当时都是僻书，抄本居多，对其讹误有所订正。

在每集之前，亦仿《宋诗钞》旧例，冠以作家小传，如《沧州集》的罗公升小传：

> 罗公升，字时翁，吉州永丰人。大父开礼为武冈教授，德祐间，文丞相开督府于闽广，号召天下勤王兵，辟开礼知县事，授安抚使。后兵败被执，不食死。公升少有才略，以军功为本邑尉，伤大父死节，倾资北游燕赵，与宋宗室赵孟荣诸公图复宋祚。知势不可为，经钱塘江，作《吊胥涛赋》以自寓。《沧州集》五卷，须溪刘辰翁为序。诗抑郁委折，情辞凄怆，亦难言之意多焉，其弟宗仁，亦不仕元。父死，于寇庐墓哀泣，不御酒肉者七年，盖孝义萃一门云。

比起《宋诗钞》来，作者不见于史传者更多一些，它为我们提供了许多作者事迹。但小传也不标出处，不易查实。同时，也偶有误处，也正如编者在《例言》中说的："但有事迹罕著，或散见他书，殊费稽考。余性褊急，速于完书，以一人心力成之，终恐见闻未广，捃摭或漏。"这确是在所难免。如柴望，本书谓南宋高宗时人，实为南宋末年人，其生卒年为1212—1280年，直到元至元十七年才卒。

本书有乾隆五至六年（1740—1741）嘉善曹氏二六书堂刊本、《四库全书》本。

《南宋文范》七十卷，清·庄仲方编选。此书上继吕祖谦《宋文鉴》，分类编次南宋诗文。卷首有"南宋作者考"上下卷，所列作者自杨时至翁森共三百多人。其"体例"说："知人论世，读书之要。今于所选之人，各记其里居出处，以备考镜……不知者阙之。"所写小传颇为简要，如乐雷发小传：

> 乐雷发，字声远，号雪矶，宁远人。累举不第，理宗宝祐元年，其门人姚勉登科，上疏请让雷发。诏试，赐特科第一人，授馆职，以病归。诗突兀自放，有杜牧遗意，能自拔《江湖集》之外。有《雪矶丛稿》。

本书有光绪十四年（1888）江苏书局刊本。

《全宋词》，唐圭璋编。本书是目前最为全备的宋词总集，新版收录词人一千三百三十余家的词作一万九千九百余首，另有残篇五百三十余首。编者对每一作者，尽可能"钩稽丛脞，正误补阙，撮为小传，著于词人姓氏之下"（《凡例》）。虽然如此，但还有三百人左右无行实可考，只好空缺。即使如此，本书对词人生平事迹的记载，其数量也是空前的。对过去如《词综》《历代诗余》等书中某些不知行实的作者，有些也考出了他们的生平事迹。如上举《词综》《历代诗余》汇总的田不伐、林少瞻，本书考知田不伐即田为，林少瞻即林仰，他们的生平事迹分别是：

> 田为：为字不伐。善琵琶，无行。政和末，充大晟府典乐。宣和元年（1119），罢典乐，为大晟府乐令。有《洋呕集》，赵万里辑本。

> 林仰：仰字少瞻，福州长溪（在今福建省霞浦县）人。绍兴十五年（1145）进士，曾为袁州宜春县尉。绍兴三十二年（1162），监登闻鼓院。

这种词人行实的查实，是极有价值的。可惜限于体例，一般过于简略，也没有注明出处，是美中不足的地方。

本书初版由商务印书馆于1940年印行于长沙，至1965年中华书局初版增补改编本。

《全宋诗》，北京大学古文献研究所编，傅璇琮等主编。本书汇集宋代诗歌于一编，"长篇短制，细大不捐，断章残句，在所必录"，旨在保存一代文献。全书所收作者，将近万人，而对每一作者，均撰有小传。《凡例》说："诗人小传，写明生卒年代、字号、籍里、科第、主要仕履、封赠、著述。凡正史有传者约略言之，无传者依据有关史料撮述其要，注明出处。旧说有误者正之，文献不足者阙之，异说可参者并存之。要必言出有据，无征不信。"这条凡例，可说是总结了过去撰写总集小传的成功经验与不足之处。特别是"注明出处"这一点，既可明"言出有据"，也便于读者查检原始资料，以补足限于"小传"而不能充分吸收史料的局限。今举正史有传与无传两例以见一斑。

李昉（925—996），字明远，深州饶阳（今属河北）人。后汉乾祐中进士。仕后周，为翰林学士。入宋，加中书舍人。太祖建隆三年（962），罢为给事中。四年，知衡州。开宝二年（969），复拜中书舍人、直学士院。三年，知贡举。四年，拜翰林学士。太宗即位，加户部侍郎、工部尚书兼承旨。太平兴国八年（983），改文明殿学士，除参知政事，拜同中书门下平章事（《东都事略》卷三二）。端拱元年（988），罢为右仆射（《续资治通鉴长编》卷二九）。淳化二年（991），复拜平章事。四年，罢守本官。五年，以特进司空致仕。至道二年卒，年七十二。谥文正。《宋史》卷二六五有传。（以下讲版本删）

李昉在《宋史》中有传，但编者们不以从中删节为满足，还引了《东都事略》和《续资治通鉴长编》来补足。又如潘若冲的小传：

潘若冲，早年事楚马氏（《沅湘耆旧集》卷一七）。宋太宗太平兴国初，官于桂林（《诗话总龟》前集卷二六引《雅言杂载》）。六年（981），以右赞善大夫授维扬通理（《骑省集》卷二六《崇道宫碑铭》）。雍熙初，知零陵（清嘉庆《零陵县志》卷一四）。今录诗五首。

潘若冲，《宋史》卷二百零六《艺文志》中仅见其著有《郡阁雅言》一书，臧励和的《中国人名大辞典》、谭正璧的《中国文学家大辞典》均未收录，而本书广为搜讨，勾勒出了他的一个大致轮廓。由此可知，本书在总集的小传撰写上，达到了更为完善的程度，其史料价值是很可贵的。同时，有些过去不知的作者，也由编者的认真查找，使我们知道了他的里籍，如编者在"编纂说明"中所举的王初，"《直斋书录解题》卷二十曾著录其诗一卷，但云'未详何人'，今据嘉靖《建宁府志》卷十五考知其为福建建瓯人，仁宗天圣二年进士"。这种小传，不因远离宋代的今人撰写而降低其价值，反而转精。

《全宋诗》由北京大学出版社于1991年起陆续出版。

《全宋文》，四川大学古籍整理研究所编，由曾枣庄、刘琳任主编。本书"旨在将所有流传至今的宋代单篇散文、骈文和诗词以外的韵文汇为一集，为文史研究工作者提供一部较为完整而又易于检索的大型文献"（《前言》）。全书按作者生年或大约生年先后排列。对每位作者，"皆撰小传，简要介绍其姓名、字、号、谥、生卒年、籍贯、仕履、主要活动及著述等，并注明所据之史料。有别集存世之作者，小传后附别集所用底本、校本及其简称之说明"（《凡例》）。今举释延寿为例：

延寿（904—975），字冲玄，余杭（今杭州市）王氏子。年二十八，为华亭镇将，礼龙册寺万翠岩参禅师为师。寻往天台谒诏国禅师，一见而深器之。吴越王钱俶请开山灵隐新寺，明年迁永明寺，赐号智觉禅师，众盈二千。延寿在永明寺十五年，度弟子一千七百人。著《宗镜录》一百卷，诗偈赋咏凡千万言，播于海外，高丽国王与叙弟子之礼。开宝八年十二月寂灭，年七十二。事见《五灯会元》卷一〇，《佛祖通纪》卷二六、《佛祖通载》卷二六、《释氏稽古略》卷三。

由于小传旁征博引，且宋文作者"将逾万人"，这么众多的作者中，许多人是没有史传等资料可引用的。所以《全宋文》的小传，就为我们研究宋代文学的作者提供了许多可贵的史料及其线索。

《全宋文》由巴蜀书社于1988年起陆续出版。

金代总集中最有价值的小传，当推《中州集》。清人编的《全金诗》《金文雅》，也各有小传。

《中州集》 十卷，金·元好问编。本书编成于金亡之后，收录了金代除金主显宗、章宗外的二百四十九人的诗作。另附《中州乐府》一卷。

本书不录当时在世者的诗作，故金末有相当多的作者的作品没有入收。在入录的每一作者名下列有详略不等的小传，详者不亚于一般正史传记。小传大体上包括了作者生平事迹，并不严格按作者小传的方法编写。如第二卷张子羽小传，约八百字，而有关张子羽的，仅有："子羽，字叔翔，东阿人。马定国《莘堂集》载其师友六人……叔翔亦其一也。定国谓叔翔于文章无所不能，尝仕国朝，官洛阳云。"其他文字，就是介绍其师友五人，即香严可道上人、鲜于可、高鲲化、王景徽、吴缜的事迹及摘录他们的诗句。其意也在于"借诗以存史"。

《中州集》的小传写于《金史》以前，有些传记为《金史》基本采纳或部分采纳，如我们前举《辛愿传》可见。其余没有被正史采用的，也为我们提供了许多可贵的史外资料。

《中州集》的编写小传，为后代不少总集所效仿，不过也逐渐走向规范化。

《中州集》的版本甚多，今通行的有中华书局1959年排印本。

《全金诗》七十四卷，清康熙间郭元釪奉敕编辑。书成于康熙五十年（1711）。本书是在元好问的《中州集》的基础上增补而成，故又名《御订全金诗增补中州集》。

本书旨在保存金代的诗歌，基本上反映了现存金诗的全貌，凡金人入元而未仕者均收入。全书共收作者三百五十八人，诗五千五百四十四首。作者名下保存了《中州集》中的小传，并加以增补。其取自刘祁《归潜志》和《金史》传记者标明为"补"，其取自诸家文集及说部者，别题为"附"。郭元釪自己有所论说，也加按作为附见。这种集诸书传记史料于一书的编排方式，颇便读者。

本书有内府刊本、扬州诗局本、《四库全书》本等。

《金文雅》十六卷，清·庄仲方编选。本书分类选录了金代作家八十人的诗文。书前有《金文雅作者考》，收录了入选作家自完颜勖至陈时可八十人的小传，其中申良佐、徒单公履无传。所写传记颇为简要。

有光绪十七年（1891）江苏书局重印本等。

有元一代总集，编于元代而有作者小传的有《玉山草堂雅集》《大雅集》等，明代则有《元音》，清代有《元诗选》等。

《玉山草堂雅集》十三卷，元·顾瑛编。顾瑛早年即擅长文章，又喜欢结交四方宾客，因筑玉山草堂，延致四方名士唱和，并编成此诗集。但所录不仅是唱和之作，也收录了作者们的其他作品。所收自陈基至释自恢，凡七十人，又仿元好问《中州集》例，各为小传。小传详略不一，有的仅载字号里居，有的较为详细。《四库全书总目》称其"各据其实，不虚标榜，犹前辈笃实之遗也"。顾瑛生当元代，所录又是与他有结交的人，故其小传当为可信。

今有《四库全书》本、1918年贵池刘氏玉海堂影刻元本。

《大雅集》八卷，元·赖亮编。本书选录元末诗人的作品，分古体四卷，近体四卷。杨维桢序说："所采皆吴越人之隐而不传者。"在作者名下，略注字号里贯，虽失之简略，但"元末诗人无集行世者，亦颇赖以考见"（《四库全书总目》）。

今有《四库全书》本等。

《元音》十二卷，明·孙原理编。所录自刘因至龙云从，凡一百七十六人。各人名下略注字号爵里。大抵详于元末而略于元初。

今有《四库全书》本。

《元诗选》初、二、三集及癸集，清·顾嗣立编选。前三集收作家三百四十家，各有专集，并撰有小传。在有关作家下附及的作家也撰有简传。癸集所收，为"诸家选本上存四五首者，与夫山经地志、稗官野史所传"的作品。但顾氏生前未及完工，后由席世臣与顾氏曾孙顾果庭共同整理补订而成，于嘉庆三年（1798）付梓，但又失于战乱，今存者为席世臣曾孙席威重新整理刊印。

《元诗选》的作者小传，包括了传记和品评。《元史》有传的，加以删改编写；《元史》无传的，根据其他资料编写，但例不标明根据。如尹廷高小传说：

> 廷高，字仲明，别号六峰，遂昌人。其父竹坡，当宋季以能诗称。仲明遭乱转徙，宋亡二十年，始归故乡。尝掌教于永嘉，秩满至京，谢病归。所著有《玉井樵唱正续稿》。自题其卷首云："先君登癸丑奉常第，宦游湖海，作诗凡千余首。丙子，家毁于寇，遗编散落，无一存者。仅忆《秋日寄僧》一联曰：'白蘋影蘸无痕水，黄菊香催未了诗。'先业无传，雅道几废，不肖孤之罪也。"观此，则仲明诗学，有自来矣。

这种小传，也为后人重视，如《四库全书总目》的《玉井樵唱》提要说："廷高行履不概见，惟《遂昌志》称其大德间任处州路儒学教授。顾嗣立《元诗选》小传又谓其'尝掌教永嘉，秩满至京，谢病归'。与志不同。永嘉志乘亦不载其名。今案集中有《永嘉书所见》一首云：'此邦幸小稔，窃禄似有缘。'又有《永嘉任满代者未至》诗，又有《告病致仕谢掌尚书》诗，则廷高仕瓯及谢病实非无据，疑《遂昌志》失考也。"

又如卢挚小传，写得比较详细，虽有误，也常为诸家所引。再如今人隋树森所编《全元散曲》中的作家小传，也把《元诗选》中的小传作为主要根据之一。由此可见本书的史料价值。

《元诗选》有康熙中长洲顾氏秀野草堂刊本，中华书局1987年始陆续出版。

《全元散曲》，隋树森编。本书收集了编者搜集到的全部元人散曲，包括小令三千八百五十三首，套数四百五十七套（残曲在外），除无名氏外，作者有二百一十三人。据《凡例》说："作家小传主要根据《录鬼簿》《录鬼簿续编》《元史》及《元诗选》，兼采近人可信之考证。生平不详者则阙如。"亦可供参考。

《全元散曲》有中华书局1964年版。

明代总集有作者小传的而又编于明代的，有《皇明诗选》（《明诗选》）等，而更多的是编成于清代，主要有下列几种。

《明诗选》十三卷，原名《皇明诗选》，明·李雯、陈子龙、宋征舆评选，成书于崇祯十六年（1643）。本书是从明代文集四百一十六部和各家诗选三十七部中选出，收录了明初至万历、天启年间各家诗，按体分类。对每一作者，都撰有小传，小传放在首见的文体中；在其后文体中则表明"再见"字样。小传比较简略，但它写在《明史》以前，是明代人为本朝写小传，时间近，可参用。

今有崇祯十六年（1643）吴门蒋复贞刊本。

《列朝诗集》八十一卷，清·钱谦益编。本书始编于明天启初年，后中断，至清顺治三年（1646）始续编，六年成书。

全书仿元好问《中州集》例，"以诗歌系人，以人系传"，收录了明人一千六百多家的诗作，并系以作家小传。这些小传，为其族孙钱陆灿集成《列朝诗集小传》单独刊行。

《列朝诗集小传》中的传主，有些人在当时也已"身名俱沉"，很少有人知道了。钱氏多方稽考，一一写成小传，保存了不少珍贵的史料。即使那些《明史》有传记的人物，因本书编成于《明史》以前，其史料也颇珍贵，可与《明史》中的传记参读。再者，本书涉及了一千六百多家诗作,所及人物极多,为研究明代文学史提供了众多的作家史料。还有,在小传中往往对作品加以品评,"且钱氏本人也是著名诗家,所以在这些诗人小传中也时常表露出他对诗作的深刻理解。在评述各个诗家流派时,也能比较保持客观公正的态度,不杂门户之见与私人意气之言"(上海古籍出版社版《出版说明》)。凡此种种,就引起了研究者对小传的珍视。

《列朝诗集》曾于康熙初年由钱氏绛云楼刊刻,遭禁毁。宣统二年(1910)据原版重刊。《列朝诗集小传》今通行的有古典文学出版社1957年校点排印本,1959年中华书局上海编辑所再版,1983年上海古籍出版社又加订正挖改重印。

《天启崇祯两朝遗诗》 十卷,清·陈济生辑。本书为补钱谦益《列朝诗集》之未备,故专辑明末天启、崇祯两朝遗诗,成书于顺治十二年(1655)。《凡例》中说,所选"以人为重,人以节义为主",反映了明末正义之士反对阉党、反对清军的斗争,书因而遭到清廷禁毁。

全书按人编录,收录了天启、崇祯期间三百零七人的作品,并在书末集中附有作者小传,但也有有传无诗、有诗无传的情况,所收小传凡一百八十余人。这些小传,"或取之奏疏语录,或取之丰碑行状",可与《明史》相参证。陈乃乾《启祯两朝遗诗考》称这些小传"皆记其及身所见,与往还交谊之情,与后人得之传闻掇拾而成者不同"。所写小传,也较一般总集为详,近于人物传记,保存了不少这一时期作者的可贵史料。当然,编者在《凡例》中也说:"所采录者止生平大节,其行谊细微,生卒年月,不无阙略,尚图搜辑,续所未备。"这也是实事求是的客观态度。

今有中华书局上海编辑所1958年影印本。

《明诗综》 一百卷,清·朱彝尊编选。本书选录了明初洪武至明末崇祯间诗人的诗作一万零六百余首,涉及的作者有三千四百多人,明诗的作者大致收录在内了。这些作者在姓名下附有小传,小传简注了作者的字、里籍、科第、历仕及著作等,小传后并收录了诸家评论及朱彝尊自己的评述，其评论较为持平，为人所重，流传较广。

《明诗综》有清康熙间刻本，通行本。

《明遗民诗》十六卷，原名《遗民诗》，或称《明末四百家遗民诗》。清·卓尔堪辑。它专收明末遗民的诗歌。其《凡例》称："人与诗并重，然人更重于诗。"目的在以诗存人。对所收诗歌的作者，也从史传及"诸诗序传志中采其一二"，编成简略的小传，放在每卷之前的作者目录名下。这些作者，其中不少人本来没有集子，或有而已散佚的，幸赖本书保存其梗概。其中的作者小传，也为读者提供了一些他们的简略历史，具有一定的史料价值。

本书有康熙间近青堂原刊本，有正书局影印本，中华书局上海编辑所1961年排印本。

《全明诗》，全明诗编纂委员会编，章培恒等主编。本书搜辑汇录全部明代诗歌，先收录现存全部明人别集（包括《盛明百家诗》之类丛书中的别集）和绝大部分总集中的明诗，而那些方志、笔记等各类书籍、碑刻以及《全明诗》未收总集中的明诗，另辑为《全明诗续编》出版。

从已出版的《全明诗》来看，不仅收录作品全，而且注明作品来源，作者小传也较详细，考订也较精细，并注明根据。如第一册所收朱元璋等十二人中，出注考订生卒年及籍贯的就有王冕、吴志淳、詹同、魏观、妙声五人。可见《全明诗》的作者小传虽出于今人之手，离明代作者已远，但它不盲目抄录史传等书，而是经过考辨，提出新的结论或疑问，可供研究者参考。

《全明诗》由上海古籍出版社1990年始陆续出版。

此外，明代总集中有作者小传的还有清·王企靖的《明诗百卅名家集钞》、沈德潜等的《明诗别裁集》等，均可参考。至于明代词总集中有作者小传可参用的，有王昶的《明词综》十二卷，收明词三百八十家，各家选词一二首到十多首不等。每家之前有作者小传，并辑有品评，明代不少词人作品得赖以保存。而明代的词作者，也可从中见其大概。

清代总集中有作者介绍的，有不少就编成于清代，为我们介绍了许多清代作者的事迹；编成于清代以后的，也为我们提供了不少资料，今略作介绍。

　　《清诗别裁集》三十二卷，原名《国朝诗别裁集》，清·沈德潜编选。始编于乾隆十九年（1754），至二十三年（1758）成书，次年由蒋重光刻印后经沈德潜补正增删，于乾隆二十五年教忠堂刻印，两本所收互有出入。以后又有乾隆钦定本，有所删增。其中较好的为教忠堂刻本。

　　教忠堂本收录了清初至乾隆时作者九百九十六人的诗作三千九百五十二首，并对作者撰有小传。其《凡例》称："诗人名下，未详生平者，只载其表字省分郡邑，与夫科目官位之有无。若传志可考，轶事可传，诗话可引，或详或略，辄缀评论，使读者得其诗品，并如遇其为人。"对于那些没有名位的作者，"予与同人远近征求，志其生平"。这些诗人的生平大略，幸赖本书收录而得以传世。再加沈德潜是乾隆时人，离所选作者的时代较近，有更多的资料可以利用，这就为后代读者保存了不少作者的史料及研究线索。

　　今通行的有中华书局1975年影印教忠堂本，上海古籍出版社1979年版校点本。

　　《湖海诗传》四十六卷，清·王昶辑。它收录了康熙五十一年至嘉庆八年（1712—1803）间的诗作者六百二十家的作品，作者皆附有小传。小传虽简略，仅记字、里贯、科第、终仕及著作，但也为我们提供了一些无传记可查的作者的简历。不仅如此，许多小传后还以"蒲褐山房诗话"的名目，评介其人其作，间及交游和轶事，为我们提供了作者更多的生平事迹及性格特征、个性爱好等。如在本节"一　总集的作家介绍及其史料价值"中所引的有关朱孝纯的文字已可见其大概，今还举齐召南的一例：

　　　　侍郎（即齐召南）赋才敏慧，博学多闻，自词林以大考前列，即登卿贰，入上书房，退直归澄怀园，上马，守门兵举赤棒驱之，马惊坠地，伤于额，脑髓尽流。皇子闻之，亟遣蒙古医生往视。杀牛取其胃，丝绳包裹，舁回馆舍，至半夜乃得苏。又傅以秘药，阅六七月始痊。然于平生所读，已不能记忆矣。……

因为书中的作者是与王昶有交游的同时人（无交游者不收），故其史料价值更为可贵，而清代中叶后一些不易考见的诗人及其作品，亦赖本书得以保存。

今有嘉庆间刻本、同治四年（1863）绿荫堂刊本、商务印书馆校印本等。

《两浙輶轩录》四十卷，补遗十卷，清·阮元编。阮元于督学浙江时，广搜两浙诗人遗篇，自清初至嘉庆间，辑得三千一百三十三人的诗作九千二百四十一首，成书于嘉庆三年（1798），六年重加编定。

本书在作者名下各附小传，在姓名下注有字号、爵里、诗文集名，还采录了志乘、传状、序跋、诗话中"有足表见行谊，传为韵事者节录之"（《凡例》）。如彭孙遹除了小传外，还节录了《渔洋诗话》、《居易录》、邓汉仪、陶元藻、《定香亭笔谈》等的有关记载。

同治间，潘衍桐又续录五十四卷，补遗六卷。两书专录两浙诗人作品，保存了丰富的诗作和传记资料。

阮书有嘉庆本，光绪十六年（1890）浙江书局重刊本。潘书有光绪十七年浙江书局刻本。

《清诗铎》二十六卷，原名《国朝诗铎》，清·张应昌编。本书选录清初（包括明末遗民）至同治年间的清人诗作。编者着眼于"吏治民风"，故突破了名家的圈子，收录作者极广。全书按诗的题材内容分为岁时、舆地、总论政术、善政、财赋等一百五十多类，保存了许多反映现实的诗作。

书前冠有"诗人名氏爵里著作目"，集中介绍了《清诗铎》中所收的九百十一人的里贯、字号、科第、任职及著作目等。虽介绍较简略，但因收录广，故也为读者提供了不少研究清诗的线索。

本书有同治八年（1869）应氏秀芝堂刊本，今通行的有中华书局1960年排印本。

《国朝全蜀诗钞》 六十四卷，清·孙侗生编。本书专选清代蜀中诗人。乾隆三十年（1765）以前的诗，据李调元《蜀雅》录入，三十年以后的诗，为孙氏搜求所得。全书收录蜀中诗人三百六十二家，入选诗五千九百余首。诗前有诗人小传，小传下并有夹注，简要评价其人其诗及收录遗闻轶事，颇便读者参考。

本书有光绪五年（1879）刊本，巴蜀书社1986年影印本。

《晚晴簃诗汇》 二百卷，清·徐世昌辑，成书于1929年。本书是一部清诗的大型选集，凡收清诗六千一百五十九家，诗二万七千四百二十首，另有清帝御制诗九家二百四十九首冠于书前。所选诗自各大家外，也兼顾因诗存人和因人存诗，因而"蒐逸阐幽，尤所加意"，故称为现存清诗中收录最多的一部选集。

全书以人系诗，人名下附有小传，并选录一些评语，"皆择其最著者，意取矜慎，宁阙无滥"（《凡例》）。其小传极简略，只著录人名、字号、籍贯、功名、作品集。如：

> 顾贞观，字华峰，一字梁汾，无锡人。康熙壬子举人，官内阁中书。有《纑塘集》《积书岩集》。

此外，所引评论中也有一些轶事可参看。因它搜罗广博，有许多不知名的作者小传，也为清诗研究者提供了一些资料线索。

本书有徐氏退耕堂刊本，中国书店1989年缩印本，中华书局1990年排印本。

《全清词钞》 四十卷，叶恭绰编。本书专门选抄清词，从编者所搜得的清代四千余人中，选录了三千一百九十六人的词，共选词八千二百六十多首。在每家词人下，各系简略小传。小传大致包括了姓名、籍贯、字号、仕履及词集等。小传虽较简略，但因所收词人众多，为查检一些不经见的词作者提供了一些资料及线索。

本书初印于 1975 年香港中华书局，北京中华书局于 1982 年再印。

《全清散曲》，凌景埏、谢伯阳编。本书编者花了四十二年的搜集功夫，汇辑了有清一代三百四十二家散曲作品，计小令三千二百一十四首，套数一千一百六十六篇。所收清代散曲甚为丰富，可见到清代三百年来散曲的全貌。

全书按作者的时代先后排列，作者名下附有小传。据《凡例》称："作者小传主要根据《清史稿》《国朝名家诗钞小传》《国朝耆献类征初编》《清代闺阁诗人征略》《两浙輶轩录》《疑年录汇编》《碑传集》，以及各地方志等等……此外，又从其他诗、文、词集，笔记，曲目中钩稽有关材料，兼采近人可信之考证；生平无考者则阙如。"可见本书对作者的小传，也像搜录作品一样用了许多稽考的功夫，为研究清代散曲作者提供了一些珍贵的传记资料。

本书有齐鲁书社 1985 年排印本。

第二节　别集中的作家史料

在古代的图书分类中，把作家个人的诗文集称为别集，它是相对于总集而言的。

作家个人的诗文集，一般是按文体来分，大致诗歌在前，文在后，当然也有赋在前的，不过没有定规。文中也包括了各体文字，有论辩、序跋、奏议、书说、赠序、诏令、传状、碑志、杂记、箴铭、颂赞、辞赋、哀祭等。这些文体若细分起来，还有种种不同的名称，如明代徐师曾的《文体明辨》，就把包括诗歌在内的文体分成一百二十一类（不包括附类）。我们这里不作详细介绍，只从所涉及的作家史料着眼，因各类文体都有它自己独特的功用，所以因文体不同而出现了人物传记史料的差异。应该说，纯粹是传记性质的如传状、碑志，所记作家事迹最详，是研究作家生平首要考察的基本史料。其次是哀祭、序跋、赠序等，也有不少作家事迹可供利用。至于诏令、奏议、书牍、杂记、颂赞、诗歌等，也有不少传记史料可供参考，是不可忽视的人物史料的矿藏。下面我们将分体略作介绍。至于作者自己在别集中的传记资料，将在下面第三节专门介绍。

一　传状史料

"传状"，包括了"传"和"状"。传是传记，状即行状，它们都是记载人物生平事迹的记叙文，但它们的写法和功用不同，故所记事迹也有详略的差异，今分别介绍于下。

（一）传

历史上以"传"为名的传记体文字，大致有六类。一为史传，如《史记》《汉书》等"正史"中的人物传记即是。二为类传，也就是总传中的一部分。指那些按人物品德、职业、性别或里居等编写的人物传记等，如《高士传》《高僧传》《唐才子传》《列女传》《汝南先贤传》等（以上两类我们已作了专章介绍）。三为专传，即专为某一名人写的篇幅较长的专书传记，如《大唐大慈恩寺三藏法师传》等。四为散传，即分散在各家文集中的以传为名的人物传记，这部分正是我们在这里所要介绍的；至于那些以碑志命名的文体，实际也是人物的散传，我们也将在后面专门介绍。五为传记小说，它虽然也以传命名，实际上是虚构的小说，如唐传奇《柳毅传》《南柯太守传》等。六为托物寓言，它名为传，实际写的是物，如韩愈的《毛颖传》，柳宗元的《蝜蝂传》，马中锡的《中山狼传》，侯方域的《塞千里传》等。后两种属于文学作品，与我们这里所介绍的作家传记史料关系不大，不在我们介绍范围之内。

我们这里专说文集中的有关作家的散篇传记。唐代以前以"传"命名的散篇传记较少，这大概是因为与正史有所分工。李元度说："方望溪曰：'文士不得私为达官立传，韩退之传陆贽阳城，载《顺宗实录》，不入私集也。必厄穷隐约，国史所不列，文章家乃私录而传之。'刘海峰曰：'达官名人之传，史氏职之；文士作传，《圬者》《种树》之流而已。其人既稍显，即不当为之传，为之行状，上史官而已。'"(《天岳山馆文钞目录五》)这可说反映了当时的历史实况。为名人写传,是史官的专职,私修国史,是有罪的,试观班固早先在家整理其父班彪的史稿,被人告发"私作国史"下狱治罪,就可知其大概,故一般文人不再为名人写传。不过在正史中,名人的传记只能写个大概,许多事迹容纳不了,所以有不少人为达官名人或不入传的人物另写传记,称作"别传",以别以正史的传记,故唐前的别传特多,这当然也与魏晋南北朝品评人物的风气等密切相关。我们只要试看马念祖编的《水经注等八种古籍引用书目汇编》中,就可见到以别传为名的比比皆是,今以王姓为例,就有《王濛别传》《王湛别传》《王澄别传》《王邃别传》《王敦别传》《王廙别传》《王蒙别传》《王祥别传》《王珉别传》《王长史别传》《王彬别传》《王胡之别传》《王述别传》《王雅别传》《王荟别传》《王蕴别传》《王献之别传》《王彪之别传》《王处仲别传》《王威别传》《王瑕别传》《王乂别传》《王含别传》《王弼别传》《王丞相(导)别传》《王劭别传》《王允别传》二十七种。这种别传,绵绵延延,历代都有,属于文学家的如《左思别传》《陈子昂别传》,直至清末的曾国藩等的别传。因为别传多记载一人的遗闻轶事,可补正史传记的不足,所以为后来注正史传记者乐于采用。如陈寿的《三国志》记载简略,裴松之注就广泛引用了许多别传的材料加以补足。

当然,许多别传往往写在正史以前,它不可能完全知道哪些事迹该入传记中,哪些该由他的别传来写,所以,这里也没有一个严格的界线,只是根据大致情况来说的。或者可以说,称作别传,也仅是一种谦虚的表示,不敢自居史官之林而已,实际上并不太去计较将来正史入录的情形。所以,别传中的作家史料,仍然是非常可贵的,不因题作"别"而有损它的史料价值,而且比起正史传记来,它还可能是第一手材料呢!如唐代卢藏用写的《陈子昂别传》,卢是陈的挚友,与陈交游最久,故非常了解陈子昂。别传先写陈的里居家世,写到陈子昂的青少年时期由"未知书"到为人"属目"时说:

> 子昂奇杰过人，姿状岳立。始以豪家子，驰侠使气，至年十七八未知书。尝从博徒入乡学，慨然立志，因谢绝门客，专精《坟》《典》，数年之间，经史百家，罔不该览。尤善属文，雅有相如、子云之风骨。初为诗，幽人王适见而惊曰："此子必为文宗矣！"年二十一，始东入咸京，游太学，历抵群公，都邑靡然属目矣。

这时陈子昂是踔厉风发。别传又写到陈子昂的从政经历和有志不用，因而"子昂知不合，因箝默下列，但兼掌书记而已。因登蓟北楼，感昔乐生燕昭之事，赋诗数首，乃泫然流涕而歌曰：'前不见古人，后不见来者，念天地之悠悠，独怆然而涕下。'时人莫之知也"。这为我们了解陈子昂的名作《登幽州台歌》提供了写作背景，从而更清楚地理解这首诗的内涵。陈子昂的晚年，"遂于射洪西山构茅宇数十间，种树采药以为养"，"子昂素羸疾，又衰毁，杖不能起"，又被贪暴残忍的县令段简所迫，终于只活了四十二年就去世了。这就是诗人悲剧的一生！若把这别传题作《陈子昂传》，也是一篇出色的传记。所以说，别传与传，实际上是没有严格的界限的。不仅如此，新旧《唐书》的《陈子昂传》记载却极简略，《别传》中的许多生动描写是没有了，如上引陈子昂从未知书到发愤读书的一段文字，《旧唐书》仅说："家世富豪，子昂独苦节读书，尤善属文。"把陈子昂的尚侠及苦节读书的转变过程删去了。《新唐书》即据《别传》作了增补："子昂十八未知书，以富家子，尚气决，弋博自如。它日入乡校，感悔，即痛修饬。"也没有《别传》写得具体生动。所以，《陈子昂别传》是了解陈子昂一生的最为生动、具体的一篇传记。又是友人所写，更具史料价值。

话再说回来，虽然许多传记以"别传"命名，但也不是没有人直接写"传"。不过在两汉时期，据今存文献，还没有用"传"来命名的。到了三国时代，才开始出现今天我们还能见到片段的，吴人为曹操写的《曹瞒传》（散见《三国志·武帝纪》注引等），魏·钟会为其母写有传记（见《三国志·钟会传》注引）等。到两晋南北朝，以"传"的名目出现的还不很多，今能知道的如嵇喜为其弟康写的《嵇康传》，萧统的《陶渊明传》等，都是为文学家作的传。直至唐宋，用"传"标目的为人物写的传记仍然不很多，明清时期才有改观，尤其是清代，各类人物传记纷纷出现，达到了繁荣的地步，甚至一人有几篇以传为名的传记，如为明代李梦阳写传的，就有李开先的《李崆峒传》，袁袠的《李空同先生传》，毛奇龄的《李梦阳传》。当然，这里还不算墓志铭之类的传记文章。

这种散篇的以"传"为题的人物事迹传记，一般也记载人物的一生事迹。因为它深受史传的巨大影响，作者在写作时有意无意地受到史传框架的约束，一般与史传没有多大出入，故有些就被稍加改动后直接入史。

但这种散篇传记，一般也不像史传那样整饰。在写作上，作者有较多自由驰骋的天地，可以发挥作者的写作才能，使人物更具形象性，有更多的可读性，如明代袁中道的《李温陵传》中写的李贽，比起清代所修的《明史》中的李贽的事迹来，差异何异天壤。《明史》李贽仅附于《耿定向传》中，字数寥寥，更不要说人物形象了；而袁中道所写的《李温陵传》，却洋洋洒洒二千七百字，把李贽的蔑视功名、名教，具有异端思想的傲岸个性，形象地描写了出来。如写他的性格特点："公为人中燠外冷，丰骨棱棱。性甚卞急，好面折人过。""其忻赏者镇日言笑，意所不契，寂无一语。""公气既激昂，行复诡异。斥异端者，日益侧目。"被捕后，大金吾审讯他说："若何以妄著书？"他坦然回答说："罪人著书甚多，具在于圣教有益无损。""大金吾笑其崛强"。又如文中特别写他性洁，说："又癖洁恶近妇人，故虽无子，不置妾婢。""性爱扫地，数人缚帚不给。衿裙浣洗，极其鲜洁，拭面拂身，有同水淫。不喜俗客，客不获辞而至，但一交手，即令之远坐，嫌其臭味。"这些独特的性格特点，比起一般史传的概括介绍，更具有文学性。但从史传的角度说，李贽的生平经历，却写的并不具体，开头只简略地介绍说："李温陵者，名载贽，少举孝廉,以道远不再上公车,为校官,徘徊郎署,间后为姚安太守。"这里许多事都没有交待,如李贽的姓氏(载贽是他的原名,号卓吾),他的籍贯(泉州),他的历宦,都简略极了,不像史传的介绍法。另外,传的后半部分对李贽的思想和学说进行了评论,这也不是史传所能容纳的。所以我们说他比史传有较多的自由,也因此为我们提供了史传以外的许多史料,而且不少是作者目见耳闻的第一手资料,是极为珍贵的。这是我们重视这种散传的根本原因。

这种传记,有时成为"传略"。一般来说,传略较传为简略,有时也仅选取生平中几个事件,不作全面介绍,故也有节略的意思。如清·鲁曾煜《秋塍文钞》卷三收有《周栎园(亮工)先生传略》,文后说:"世之学者,诵先生文,悦之,鲜知两活命事,余特扬之,其他不具述。"这就是节略。一般来讲,"传略"的文字较短,但也不尽然,如袁中道所写的《赵大司马传略》,长达二千一百余字,文虽长,但它仅是节取赵可怀的片段事迹,故仍为"传略"。

传有时也标作"小传",表示该传只是简短地介绍作者生平事迹,如唐·李商隐有《李贺小传》,宋·曾巩有《苏舜卿小传》,明·陈龙正有《高子(攀龙)小传》,等等。小传虽简略,但有些却具有重要的文献价值,如李商隐的《李贺小传》,它是李贺最早的一篇传记,并且形象地描绘了李贺的外形和他的苦吟:

> 长吉细瘦,通眉,长指爪。能苦吟疾书,最先为昌黎韩愈所知。所与游者,王参元、杨敬之、权璩、崔植为密。每旦日出与诸公游,未尝得题然后为诗,如他人思量牵合以及程限为意。恒从小奚奴,骑距驴,背一古破锦囊,遇有所得,即书投囊中。及暮归,太夫人使婢受囊出之,见所书多,辄曰:"是儿要当呕出心始已尔!"上灯,与食,长吉从婢取书,研墨叠纸足成之,投他囊中。非大醉及吊丧日率如此,过亦不复省。

小传中的这一事迹,后来为《新唐书》所采用,成为了解李贺的著名故事。

小传的特点在简短,故那些总集中简略的作者介绍,不管标明与否,我们都统称为小传。如钱谦益有《列朝诗集》,后人把其中的作者介绍汇录在一起,就题作《列朝诗集小传》。关于总集中的小传,我们已在上节介绍了,这里不备说。

单篇人物传记中也有合传,即把有关的两人或两人以上的人物合成一传,与文学家有关的合传如李开先《闲居集》的《康王王唐四子补传》,是因为作者原已为康海、王九思、王慎中、唐顺之四人作过传,这是合四人的补充传记。又如李兆洛《养一斋文集》有《桐城姚氏薑坞惜抱两先生传》,是姚范与姚鼐的合传。

此外,还有称为"家传"的,是一种私家著述的记述其家族中长辈事迹的传记。家传主要是表彰家族中先辈的功业德行,以提高他家族的名望,也用作后辈效法的典范。故谢灵运《山居赋》说:"国史以载前纪,家传以申世模。""家传"随着封建家族的形成而逐步诞生,《后汉书·列女传序》说:"梁媪、李姬,各附家传。"可见家传在东汉时代已很通行,到曹魏创设九品中正制,选拔官吏只重门第,门阀之家为夸耀门第而纷纷为本家先辈树碑立传,家传就更兴盛起来,试看《隋书·经籍志》中著录成书的就有《李氏家传》《桓氏家传》《王朗王肃家传》等近三十种。在绵延几千年的封建社会中,这种家传一直没有绝迹,它"可以垂训子孙……载诸谱乘"(周凯《陈恭甫先生家传》)。

这种家传也有请他姓名人写的,如许宗彦《学士梁公同书家传》说:"公之卒也,遗命不作行述,嗣子属宗彦为家传,因次夙所见闻于公者,著之篇。"这种请他姓名人写的家传比比皆是,如谭献的《复堂文续》有为章学诚写的《章先生家传》,为许楗写的《许府君家传》等。

还有"内传"、"外传"之称。"内传"一般多为传记小说,如《隋书·经籍志》著录的《汉武内传》《太元真人东乡司命茅君内传》等,它与道教神仙家有关,故鲁迅在《阿Q正传》中说到《阿Q正传》的起名时说："倘用'内传',阿Q又决不是神仙。""外传"多记遗闻轶事,如清代蒋景祁为陈维崧所作的《迦陵先生外传》中说:

> 迦陵先生为吾乡名宿,景祁获侍先生于里中十有余载,及客燕台,往还尤密。文酒过从之暇,先生辄从容为道平生,谨次轶事数条,别为外传。深恐失传,都忘固陋云尔。

唯其所记多轶事,故有些外传也只是一些传记小说,如《赵飞燕外传》等,不能当成信史。

至于传记中有一部分称"自传",是作者为自己写的传记,是了解作者极为重要的珍贵史料,我们将在下一节中另作介绍。

(二) 状

"状"就是"行状",记述死者生平事迹的文章。《文心雕龙·书记》篇说:"状者,貌也,体貌本原,取其事实,先贤表谥,并有行状,状之大者也。"这里提出了行状的功用是"先贤表谥"。以后行状的用处扩大了,宋·吴曾在《能改斋漫录》卷二"行状"条说:"自唐以来,未为墓志铭,必先有行状。"可见唐宋时,行状也是写墓志铭的根据。明·徐师曾《文体明辨·行状》中更进一步总结了它的功用:"或牒考功太常使议谥,或牒史馆请编录,或上作者乞墓志碑表之类皆用之。"确如徐师曾所说,行状的基本作用有三:一为根据行状所写奏议定谥号;二为根据行状由史馆来写史传;三为提请作者写墓志铭表。这种作用,一般在行状中往往说明了的,如《文选》所收任昉《齐竟陵文宣王行状》末说:"易名之典,请遵前烈,谨状。"这里的"易名之典"就是指赐谥。又如唐·柳宗元《柳河东集》收录了三篇行状,刚好是三种用处:《段太尉逸事状》是为了供史馆立传参考的,状说:"柳宗元谨上史馆。""备得太尉遗事,覆校无疑。或恐尚逸坠。未集太史氏,敢以状私于执事。"《故银青光禄大夫右散骑常侍轻车都尉宜城县开国伯柳公行状》是为了议谥:"若乃扬孔氏褒贬之文,举周公惩劝之法,征于诔谥,则有司存,谨状。"

《唐故秘书少监陈公行状》则供写碑志用："宗元故集贤吏也，得公之遗事于其家，书而授公之友，以志公之墓，谨状。"当然也有一文兼有几用的，如韩愈的《故金紫光禄大夫检校尚书左仆射同中书门下平章事兼汴州刺史充宣武军节度副大使知节度事管内支度管田汴宋亳颍等州观察处置等使上柱国陇西郡开国公赠太傅董公行状》的文末说："谨具历官行事状，伏请牒考功，并牒太常议所谥，牒史馆请垂编录，谨状。"据《通典·职官·吏部尚书》载，唐时考功郎中"掌考察内外百官及功臣家传碑颂诔谥等事"。则韩愈此文兼作考功、议谥、立传之用。

行状的作用如上述外，后代有些行状性质的文字，因状主的身份、处境等原因，还有一些别的用处，如有的仅作为国史传记的补遗，有的记以志景仰，有的以示乡邦后进作为效仿的对象，有的备史家采录等，这些都是在行状中说明的。

由于行状的特殊用途，故它具有下列特点。

第一，行状的作者一般都是亲属、友朋、门生或知情者。明·徐师曾《文体明辨·行状》说："其文多出于门生故吏亲旧之手，以谓非此辈不能知也。"这正如苏轼为司马光写行状，自言"轼从公游二十年，知公平生为详，故录其大者为行状"。

第二，所记事迹要真实，这就是刘勰在《文心雕龙·书记》篇中说的"体貌本原，取其事实"。也正如唐·李翱《百官行状奏》中要求："臣今请作行状者，不要虚说仁义礼智、忠肃惠和、盛德大业、正言直道，芜秽简册，不可取信。但指事说实，直载其词，则善恶功迹，皆据事足以自见矣。"所以，严肃的作者，对所写内容要一一核实，也往往写出材料来源，并"覆校无疑"，始可上呈。当然，这只是要求，但因这些行状"皆出于门生故吏之手，往往文过其实"（宋·赵彦卫《云麓漫钞》卷八），这就背离了真实的要求，故李翱也在《百官行状奏》中批评当时的行状是："今之作行状者，非其门生，即其故吏，莫不虚加仁义礼智，妄言忠肃惠和。"

这种矫饰之风，使有些正直之士遗命子孙，在他死后不要请名流学者作行状之类，以免遭到有识之士的讥笑。不过，对行状也应作分析对待，正如宋·朱弁在《曲洧旧闻》中说："臣僚行状，于士大夫行事为详，而人多以其出于门生子弟也，类以为虚辞溢美，不足取信。虽然，其所泛称德行功业，不以为信可也；所载事迹，以同时之人考之，自不可诬，亦何可废！"这是我们利用行状时也要注意的。

第三，要详记状主生平事迹，这也是行状的特殊功用决定了的。正如徐师曾《文体明辨》中说的，"盖具死者世系、名字、爵里、行治、寿年之详"，这些内容是必不可少的，这与一般散传的写作较为自由不同，所以一般来说，行状的内容比传记为详，如苏轼的《司马温公行状》，洋洋近万字。至于那种"逸事状"，"则但录其逸者，其所已载不必详焉，乃状之变体也"（《文体明辨》）。

第四，对状主只褒不贬。像碑志一样，对死者多说好话，这也是这一特殊文体所决定的，也是与行状的作者多为门生故旧有关。当然，传统儒家的宽容，为尊者讳等，也是起着作用的。

行状这一文体，在两汉已开始出现，魏晋六朝已很兴盛，据《南史·吴均传》载："均将著史以自名，欲撰《齐书》，求借齐起居注及群臣行状。"可见在南朝齐时，政府已收藏有群臣行状，为数当不在少数。今保存下来的（包括残文）也较多，如沈约有《齐临川王行状》《齐司空柳世隆行状》《齐禅林寺尼净秀行状》；任昉有《齐竟陵文宣王行状》《齐司空曲江公行状》等。行状这一文体，直到清代，还流传不衰。

为文学家写的行状，历代也不在少数，如李翱为韩愈写的《韩文公行状》，苏轼为司马光写的《司马温公行状》。袁中道为袁宏道写的《中郎先生行状》，雷铉为方苞写的《方望溪先生苞行状》，等等。今举李翱的《韩文公行状》，全称为《故正议大夫行尚书吏部侍郎上柱国赐紫金鱼袋赠礼部尚书韩公行状》如下：

  曾祖泰，皇任曹州司马。祖濬素，皇任桂州长史。父仲卿，皇任秘书郎，赠尚书左仆射。

公讳愈，字退之，昌黎人。生三岁，父殁，养于兄会舍，及长，读书能记他生之所习，年二十五，上进士第。

汴州乱，诏以旧相东都留守董晋为平章事宣武军节度使，以平汴州。晋辟公以行，遂入汴州，得试秘书省校书郎，为观察推官。晋卒，公从晋丧以出，四日，而汴州乱，凡从事之居者皆杀死。

武宁军节度张建封奏为节度推官，得试太常寺协律郎。选授四门博士，迁监察御史。为幸臣所恶，出守连州阳山令，政有惠于下，及公去，百姓多以公之姓以命其子。改江陵府法曹参军。入为权知国子博士。宰相有爱公文者，将以文学职处公。有争先者，构公语以非之。公恐及难，遂求分司东都。权知三年，改真博士。入省为分司都官员外郎，改河南县令，日以职分辨于留守及尹，故军士莫敢犯禁。入为职方员外郎，华州刺史奏华阴县令柳涧有罪，遂将贬之。公上疏请发御史辩曲直，方可处以罪，则下不受屈。既，柳涧有犯，公由是复为国子博士，改比部郎中，史馆修撰，转考功郎中，修撰如故。数月，以考功知制诰。

上将平蔡州，先命御史中丞裴公度使诸军以视兵，及还，奏兵可用，贼势可以灭。颇与宰相意忤。既数月，盗杀宰相，又害中丞不克，中丞微伤马，逸以免，遂为宰相以主东兵。

自安禄山起范阳，陷两京，河南北七镇节度使身死，则立其子，作军士表以请，朝廷因而与之。及贞元季年，虽顺地节将死，多即军中取行军副使将校以授之节，习以成故矣。朝廷之贤，恬然于所安，以苟不用兵为贵，议多与裴丞相异。唯公以为盗杀宰相，而遂息兵，其为懦甚大，兵不可以息。以天下力取三州，尚何不可。与裴丞相议合，故兵遂用。而宰相有不便之者，月满，迁中书舍人，赐绯鱼袋。后竟以他事改太子右庶子。

元和十三年秋，以兵老久屯，贼未灭，上命裴丞相为淮西节度使，以招讨之。丞相请公以行。于是以公因本官兼御史中丞，赐三品服及鱼，为行军司马，从丞相居于郾城。公知蔡州精卒悉聚界上，以拒官军，守城者率老弱，且不过千人。丞白丞相，请以兵三千人，间道以入，必擒吴元济。丞相未及行，而李愬自唐州文城垒提其卒，以夜入蔡州，果得元济。

蔡州既平，布衣柏耆以计谒公，公与语，奇之。遂白丞相曰："淮西灭，王承宗胆破，可不劳用众，宜使辩士奉相公书，明祸福以招之，彼必服。"丞相然之。公令柏耆口占，为丞相书明祸福。使柏耆袖之，以至镇州。承宗果大恐，上表请割德棣二州以献，丞相归京师，公迁刑部侍郎。

岁余，佛骨自凤翔至，传京师诸寺。时百姓有烧指与顶以祈福者，公奏疏言：自伏羲至周文武时，皆未有佛，而年多至百岁，有过之者。自佛法入中国，帝王事之，寿不能长。梁武帝事之最谨，而国大乱。请烧弃佛骨。疏入，贬潮州刺史，移袁州刺史。百姓以男女为人隶者，公皆计佣以偿其直而出归之。

入迁国子祭酒，有直讲能说《礼》而陋于容，学官多豪族子，摈之不得共食。公命吏曰："召直讲来，与祭酒共食。"学官由此不敢贱直讲。奏儒生为学官，日使会讲，生徒奔走听闻，皆相喜曰："韩公来为祭酒，国子监不寂寞矣！"

改兵部侍郎。镇州乱，杀其帅田弘正，征之不克，遂以王庭凑为节度使，诏公往宣抚。既行，众皆危之。元稹奏曰："韩愈可惜！"穆宗亦悔，有诏令至境观事势，无必于入。公曰："安有受君命而滞留自顾。"遂疾驱入。庭凑严兵拔刃，弦弓矢以逆。及馆，甲士罗于庭，公与庭凑、监军使三人就位。既坐，庭凑言曰："所以纷纷者，乃此士卒所为，本非庭凑心。"公大声曰："天子以为尚书有将帅材，故赐之以节。实不知公共健儿语，未尝及大错。"甲士前奋言曰："先太史为国打朱滔，滔遂败走，血衣皆在，此军何负朝廷，乃以为贼乎？"公告曰："儿郎等且勿语，听愈言。愈将为儿郎已不记先太史之功与忠矣，若犹记得，乃大好。且为逆与顺，利与病，不能远引古事，但以天宝来祸福为儿郎等明之。安禄山、史思明、李希烈、梁崇义、朱滔、朱泚、吴元济、李师道，复有若子若孙在乎？亦有居官者乎？"众皆曰："无。"又曰："令公以魏博六州归朝廷为节度使，后至中书令。父子皆授旌节，子与孙虽在幼童者，亦为好官，穷富极贵，宠荣耀天下。刘悟、李祐，皆居大镇。王承元年始十七，亦仗节，此皆三军耳所闻也。"众乃曰："田弘正刻此军，故军不安。"公曰："然汝三军亦害田令公身，又残其家矣，复何道？"众乃譁曰："侍郎语是。"庭凑恐众心动，遽麾众散出，因泣谓公曰："侍郎来，欲令庭凑何所为？"公曰："神策六军之将，如牛元翼比者不少，但朝廷顾大体，不可以弃之耳，而尚书久围之，何也？"庭凑曰："即出之。"公曰："若真耳，则无事矣。"因与之宴而归，而元翼果出。乃还，于上前尽奏与庭凑言及三军语。上大悦曰："卿直向伊如此道。"由是有意欲大用之。

王武俊赠太师，呼太史者，燕、赵人语也。转吏部侍郎，凡令史皆不锁厅出入，或问公，公曰："人所以畏鬼者，以其不能见也。鬼如可见，则人不畏矣。选人不得见令史，故令史势重，听其出入，则势轻。"改京兆尹兼御史大夫，特诏不就御史台谒，后不得引为例。六军将士皆不敢犯，私相告曰："是尚欲烧佛骨者，安可忤！"故贼盗止。遇旱，米价不敢上。李绅为御史中丞，械囚送府，使以尹杖杖之。公曰："安有此？"使归其囚。是时绅方幸，宰相欲去之，故以台与府不协为请，出绅为江西观察使，以公为兵部侍郎。绅既复留，公入谢，上曰："卿与李绅争何事？"公因自辩。数日，复为吏部侍郎。

长庆四年得病，满百日假，既罢，以十二月二日卒于靖安里第。

公气厚性通，论议多大体，与人交，始终不易。凡嫁内外及交友之女无主者十人。幼养于嫂郑氏，及嫂殁，为之服期以报之。深于文章，每以为自扬雄之后，作者不出。其为文，未尝效前人之言而固与之并。自贞元末以至于兹，后进之士，其有志于古文者，莫不视公以为法。有集四十卷，小集十卷。及病，遂请告以罢。每与交友言,既终以处妻子之语,且曰:"某伯兄德行高,晓方药,食必视《本草》,年止于四十二。某疏愚,食不择禁忌,位为侍郎,年出伯兄十五岁矣,如又不足,于何而足?且获终于牖下,幸不至失大节,以下见先人,可谓荣矣!"享年五十七,赠礼部尚书。

　　谨具任官事迹如前,请牒考功,下太常定谥,并牒史馆,谨状。

综观此文,对韩愈一生的介绍颇为详细,从家世、籍贯、生平、历仕到卒日,都作了叙述。特别是这篇行状也没有像流水账似的平铺直叙,而是介绍得有详有略,一般历官只作简介,而代表韩愈政治上成就的跟随裴度讨吴元济叛乱,谏迎佛骨,只身宣抚王庭凑叛乱等,则作了详写,且写得有声有色。后来《新唐书·韩愈传》,就是以本文为骨架写成的,可见其史料价值。

"行状"的名称很多,不过以"行状"命名最为普遍,许多作家为人写过"行状",还有不少保存在文集中,如《韩昌黎集》中有"行状"二篇,《柳河东集》中有"行状"三篇,《欧阳永叔集》有"行状"三篇,等等。

"行状"也单称"状",或称"事状"。清·彭绍升《熊文瑞公事状》中说:"为之状,竢史官采录焉。"明·李东阳《储处士传》中说:"自述事状以告于太史氏,请为传以传。"这都说明"状"或"事状",就是供史官采录写史传的"行状"。以"事状"为名的,如上述彭绍升的《熊文瑞公事状》,又如张符骧有《吕晚村(留良)先生事状》。

"行状"也称"行述"、"行略"。如清·刘大櫆《渔溪巴君墓志铭》中书:"我死,慎勿丐名流作传及妄为行述,以贻有识之非笑。"这里用的是"行述"。袁枚《鄂文瑞公(鄂尔泰)行略》云:"乃得粗举梗概,以备国史之遗。"这里用的是"行略"。《儿女英雄传》第三十二回中说:"他的子孙,往往的求那班名公老先生们,把他平日的好处，怎长怎短的，给他写那么一大篇子，也有说行述的，行略的，行状的，我也不知他准叫作什么。"这里兼用，"行述"、"行略"、"行状"是一个东西。称"行述"的，如清·李兆洛有《江苏学政辛公从益行述》；称"行略"的，如文嘉撰有《先君（文徵明）行略》。也可简称"述"，徐师曾《文体明辨》说："按字书云：'述，撰也，纂撰其人之言行，以俟考也。'其文与行'状'同，不曰'状'，而曰'述'，亦别名也。"如蒋彤有《养一子（李兆洛）述》，吴德旋有《张皋文（慧言）先生述》等。

"行状"也可称"行实"。如彭启丰《左都御史裴君事略》中说："公之卒，遗言诫其子勿作行实，故志状之文缺然。"用"行实"为篇名的，如《徂徕石先生（介）行实》等。

"行状"还有叫"事略"的。"事略"一般比"行状"为简短，也不必像"行状"那样记述一生事迹。彭启丰《左都御史裴君事略》中说："会天子诏修国史，令子具公行事，属子书其大略，上诸史馆。"这"事略"就是"书其大略"。用"事略"为文学家写传的，如黄宗羲有《张玄著（煌言）先生事略》等。或称"事略状"，如戴震有《江慎修先生（永）事略状》等。

至于被徐师曾《文体明辨》称为"行状"的变体为"逸事状"，自柳宗元的《段太尉逸事状》后，也有不少人效法的，如龚自珍有《杭大宗（世骏）逸事状》。因张漪、王廛征先后写有杭世骏的行状，龚写的已是第三篇了，所以只是补充了一些逸事。这种有别于全面介绍作者事迹的"行状"，往往也只称"逸事"、"轶事"、"佚事"、"遗事"、"遗事述"，等等。如李光地《施将军遗事》中说："史臣当有传，故纪其逸事云尔。"法坤宏《王少司空纮佚事》中说："柳柳州撰《段太尉佚事》，只条列关国是者一二，修《唐书》者据之编入列传。兹为检公佚事数条，留家乘中以俟异日史馆之求。"刘逢禄《记董文恭公诰遗事》中说："国史及神道碑，书之至，枢机密勿，又非小臣所得闻，谨缀其遗事，俟采择焉。"虽然这些文中所记较为零碎、片段，但它仍然是可贵的传记史料。当然，也不能轻信其歌功颂德的褒扬。

二　碑志史料

碑志是刻在石碑上的文字。碑就是石碑，志就是记载、记述的意思。刻在石碑上的文字，也有种种不同。徐师曾《文体明辨·碑文》中说，"有山川之碑，有城池之碑，有宫室之碑，有桥道之碑，有坛井之碑，有神庙之碑，有家庙之碑，有古迹之碑，有风土之碑，有灾祥之碑，有功德之碑，有墓道之碑，有寺观之碑，有托物之碑。"这些碑文，就其大别来说，有记功的，有载宫室庙宇兴建情况的，有为私人树碑立传的等。今就按与作家事迹较为密切的记功碑文、宫室庙宇碑文和墓碑文三类中所收的作家史料作介绍。

（一）记功碑文

这种碑文是专用来记述某人或某一重大历史事件的功业的碑文。它的出现较早，刘勰在《文心雕龙·诔碑》中说："碑者，埤也。上古帝皇，纪号封禅，树石埤岳，故曰碑也。周穆纪迹于弇山之石，亦古碑之意也。"从今存的刻石看，有秦始皇时的刻石文，歌颂秦始皇的功业。这时的刻石碑文，用的是韵语。到汉代以后，前面加了散体的"序"，以后这"序"成了碑文的主要部分，后面的韵语称"铭"，其史料就主要在"序"中。

历史上也有不少优秀的记功碑文，如东汉班固的《封燕然山铭》，唐代韩愈的《平淮西碑》等，都有名于世。《文苑英华》中收记功碑文二卷。

记功碑文中有一种叫"德政碑"，或称"功德碑"、"遗爱碑"、"政绩碑"、"去思碑"、"教思碑"等，是专门记载某人在政治上的功业和德行的。唐·封演《封氏闻见记》"颂德"条说："在官有异政，考秩已终，吏人立碑颂德者，皆须审详事实，州司以状闻奏，恩敕听许，然后得建之，故谓之'颂德碑'，亦曰'遗爱碑'。"如唐·王维撰有《京兆尹张公德政碑》《裴仆射济州遗爱碑》等即是。《文苑英华》收"德政碑"二卷，"遗爱碑"一卷。

若所记颂的是文学家，也可为文学研究提供一些史料，如明代后七子之一的徐中行,一生到处为官做宦,汪道昆就撰有《徐汀州(中行)政绩碑》。不过这种文字,都极尽歌功颂德之能事,只可作为参考。

(二)宫室庙宇碑文

为宫室庙宇所作的碑文,若该碑文为作家所写,可以从中了解作家本人的生活思想;若该碑所写的是某一作家,也可提供一些该作家的传记资料。

在我国古代,专有祭祀祖宗或先贤的庙堂,据司马光《文潞公家庙碑》说:"先王之制,自天子至于官师皆有庙……(秦)尊君卑臣,于是天子之外,无敢营宗庙者。汉世公卿贵人多建祠堂于墓所。"以后封建宗族亦建有宗祠。这些宗庙、宗祠,立有碑文。《文苑英华》收"祠堂"碑一卷,"祠庙"碑二卷,"家庙"碑三卷,都属于这方面的碑文。

这些碑文,或称"庙碑",如隋代人写的《陈思王(曹植)庙碑》,苏轼《潮州韩文公(韩愈)庙碑》;或称"祠碑",如王世贞《故福建按察司副使宗君子相(宗臣)祠碑》,李元度《敕建曾文正公(曾国藩)祠碑》;或称"祠堂碑",如杨万里《六一先生(欧阳修)祠堂碑》,薛立斾《浦江宋先生(濂)祠堂碑》;或称"祠堂记",如陆九渊《荆国王文公(安石)祠堂记》,王质《东坡先生(苏轼)祠堂记》;或称"家庙碑",如刘禹锡《东都留守令狐楚家庙碑》等。

这种碑文,主要是歌颂功业,如韩愈的《柳州罗池庙碑》,是为柳宗元庙写的碑文,文中热情地歌颂了柳宗元任柳州刺史的政绩,特别与老百姓的关系:

> 柳侯为州,不鄙夷其民,动以礼法,三年,民各自矜奋,曰:"兹土虽远京师,吾等亦天氓。今天幸惠仁侯,若不化服,我则非人。"于是老幼相教语:"莫违侯令。"凡有所为于其乡闾及于其家,皆曰:"吾侯闻之,得无不可于意否?"莫不忖度而后

从事。凡令之期，民劝趋之，无有后先，必以其时。于是民业有经，公无负租，流逋四归，乐生兴事；宅有新屋，步有新船，池园洁修，猪牛鸭鸡，肥大蕃息。……先时，民贫以男女相质，久不得赎，尽没为隶。我侯之至，按国之故，以佣除本，悉夺归之。

这里对柳宗元政绩的描写，让我们看到了他关心民瘼的一个侧面。又如苏轼的《潮州韩文公庙碑》，热情地称颂了韩愈的功业。文章一开始，就高标"匹夫而为百世师，一言而为天下法"，隐然说明韩愈就是这样的人。文章接下来说："自东汉以来，道丧文弊，异端并起，历唐贞观、开元之盛，辅以房、杜、姚、宋而不能救。独韩文公起布衣，谈笑而麾之，天下靡然从公，复归于正，盖三百年于此矣。文起八代之衰，而道济天下之溺。忠犯人主之怒，而勇夺三军之帅。岂非参天地，关盛衰，浩然而独存者乎！"这种对韩愈的热情歌颂，当然是经过作者主观夸大了的。苏轼写韩愈，以宋人来写唐代名人，就没有必要介绍韩愈的生平事迹了，虽然在文中也涉及了些韩愈的遭遇。但这是为潮州韩愈庙所写的碑文，就把重点放在潮州民众对韩愈的拥戴上了：

始潮人未知学，公命进士赵德为之师。自是潮之士，皆笃于文行，延及齐民。至于今，号称易治。……潮人之事公也，饮食必祭，水旱疾疫，凡有求必祷焉。

这自然也包含了潮州民众对韩愈拥戴的珍贵史料在内。

这种祠庙碑，有的也记载了碑主的不少生平史料，如王世贞《故福建按察司副使宗君子相祠碑》中写宗臣拒"岛夷"的情况很生动：

往嘉靖戊午，岛夷起闽海，蹒福清，遂以其劲捣省，其大帅恐甚，部分诸监司乘城守。而故广陵宗君子相以参议得西门。西门最为省要害，郭外之氓叟妇稚跳贼而求入者，踵相啮也。大帅念贼或得以间乘之，下令毋内民，内者坐军令。宗君谓："奈何遂拒吾赤子而倭之贼，且贼远未遽乘也，乘吾力能办之。"大帅益恐，欲设难难宗君，则谓：省无百日粮，而骤益人以耗吾食，非计。更令入而挟刍粟者入之，其非挟刍粟者弗听。宗君又谓："吾赤子奚择，奈何逆拒其饥者而委之贼，贼又必不能为百日攻也。"于是大帅之难穷，而宗君遂大开门，纵其人。诸见阻它门者，亦转徙而入，凡数万计。宗君度入且尽，徐徐治守具，而数出奇以创贼，竟逡巡遁走。于是宗君之声称冠诸道，迁其省按察副使督学政。

这种碑文因主在颂扬，对碑主生平事迹的记述也不尽可信，特别是不同时的人的作品更是不可轻信。如作于隋开皇十三年的《陈思王庙碑》，对曹植的封爵年颇为草率多误，如它说：

　　黄初二年，奸臣谤奏，遂贬爵为安乡侯。三年进立为王。□京师，面陈滥谤之罪，诏令复国。自以怀正信如见疑，抱利器而无用，每怀怨慨，频启频奏。四年改封东阿王，五年以陈前四县封，复封为陈王。

从行文上看，是在魏文帝曹丕黄初四年改封东阿王。其实，曹植的封东阿王，是在魏明帝曹叡太和三年十二月。据《三国志·魏书》本传："太和元年，徙封浚仪。二年，复还雍丘……三年，徙封东阿。"《资治通鉴》：明帝太和三年，"十二月，雍丘王徙封东阿"。又封陈王之年，当为太和元年二月。据《三国志》本传："（太和）五年，复上疏求存问亲戚……其年冬，诏诸王朝六年正月。其二月，以陈四县封植为陈王，邑三千五百户。"从叙次看，曹植封陈王当在太和六年二月。而从《陈思王庙碑》的序次看，成了黄初五年了。这是我们在使用这种庙碑时要注意核实的。

(三) 墓碑文

在碑志这类文章中，以墓碑文居多数，特别是在记载人物事迹这方面，记功碑文、祠庙碑文更不能与之并肩比拟的。

墓碑文，是为私人树碑立传的一种文字。在我国古代，那些有地位、有身份的人，死后都要立墓碑，用来记述死者的生平事迹。这种墓碑，有立在地上的，有埋在地下的。立在地上的有墓碑文、墓碣文和墓表文，埋在地下的为墓志铭。同时，它们还有许多不同的名称，今分别略作介绍。

先说立在地上的墓碑文。墓碑，在秦代以前是木制的，用作吊棺入墓穴之用。汉以后改用石制，并在碑上刻上文字。徐师曾《文体明辨·墓碑文》说："按古者葬有丰碑，以木为之，树于椁之前后，穿其中为鹿卢而贯绋以窆者也。……汉以来始刻死者功业于其上，稍改用石，则刘勰所谓'自庙而徂坟'者也。"

这种墓碑，有一定的形制（说见下"墓碣文"）。其上所刻文字，前有文，后有铭。墓碑文有许多不同的名称，原来只称"碑"，如东汉蔡邕有《郭有道碑》。为文学家写的"碑"，如崔瑗有《河间相张平子（衡）碑》，孙楚有《故太傅羊祜碑》，潘尼有《给事黄门侍郎潘君（岳）碑》。或称"碑文"，如韩愈有《清边郡王杨燕奇碑文》。或称"墓碑"，如韩愈有《唐故相权公（德舆）墓碑》，范传正有《唐左拾遗翰林学士李公（白）新墓碑》。或称"神道碑"，因那些看风水先生（堪舆家）把墓的东南称神道，意谓神行的道路，这碑就立在神道上，因称"神道碑"。后代以"神道碑"命名的碑文很多，如欧阳修有《晏元献公（殊）神道碑》，苏轼有《司马温公（光）神道碑》。或称"神道碑文"，如韩愈有《唐故河东节度观察使荥阳郑公（儋）神道碑文》。或称"神道碑铭"，如韩愈有《司徒兼侍中中书令赠太尉许国公（韩弘）神道碑铭》，全祖望有《明故权兵尚书兼翰林院学士鄞张公（煌言）神道碑铭》。或称"墓神道碑"，如韩愈有《唐故中散大夫少府监胡良公（珦）墓神道碑》等。在这么众多的名称中，一般都称"神道碑"，或只称"碑"，其他名称出现较少。

今举袁枚为沈德潜写的《太子太师礼部尚书沈文悫公神道碑》为例,以见这类作品的大致面貌:

乾隆三十四年九月七日,礼部尚书、太子太傅沈文悫公薨于家。余三科同年也,故其子种松来乞铭。

余按其状,而不觉呜咽流涕曰:诗人遭际,至于如此,盛矣哉,古未尝有也!在昔《卿云》赓歌,则有八伯;喜起赓歌,则有皋陶;《卷阿》矢音,则有召公。其人皆公侯世卿,非藉诗进者。唐人或以单词短句受知,而目色偶及,恩眷已终。即晚遇如伏生、桓荣,亦不过蒲轮一徵,几杖一设,而其他无闻焉。惟公以白发一诸生,受圣人知三十年。位极公孤,家餐度支,远封荣祖,近荫贵孙。薨后皇情纡眷,赐谥赐祭,赐葬赐诔,赠太子太师,崇祀乡贤。呜呼,如公者,古何人哉,古何人哉!然而皆天也,非人也。

公讳德潜,字确士,自号归愚,吴郡长洲人。弱冠补博士弟子,丙辰荐博学鸿词,廷试报罢。戊午举于乡,己未登进士,入翰林。壬戌春,与枚同试殿上。日未昳,两黄门卷帘,上出,赐诸臣坐,问谁是沈德潜。公跪奏:"臣是也。""文成乎?"曰:"未也。"上笑曰:"汝江南老名士,而亦迟迟耶?"其时在廷诸臣,俱知公之简在帝心矣。越翼日,授编修。屡和上诗,称旨,迁左中允、少詹事,典试湖北。归,召入上书房,再迁礼部侍郎,校戊辰天下贡士。公自知年衰,荐齐召南自代,而己请老。上许之,命校御制诗毕,乃行。上赋诗以赐,曰:"朕与德潜,可谓以诗始,以诗终矣。"

归后,眷益隆,三至京师,祝皇太后、皇上万寿,入九老会,图形内府。而皇上亦四巡江南,望见公,天颜先喜。每一昼接,必加一官、赐一诗。嗟乎!海内儒臣耆士,穷年兀兀,得朝廷片语存问,觉隆天重地,而公受圣主赐诗至四十余首,其他酬和往来者,中使肩项相望,不可数纪。常进诗集求序,上欣然许之,于小除夕坤宁宫手书以赐,比以李、杜、高、王。海外日本、琉球诸国,走驿券索《沈尚书诗集》。盛矣哉,古未尝有也!然公逡巡恬淡,不矜骄,不干进,不趋风旨。下直萧然,绳菲皂绨,如训蒙叟。或奏民间疾苦,流涕言之;或荐人才某某,展意无所依回;或借诗箴规,吁尧咈舜,务达其诚乃已。诸大臣皆色然骇,而上以此愈重公。公既老,所选诗或不能手定,庚辰进《本朝诗选》,体例舛午,上不悦,命廷臣改正付刊,而待公如初。此虽皇上优老臣,赦小过,使人感泣,而亦见公之朴忠,有以格天之深也。

公尝训其孙惟熙曰:"汝未冠,蒙皇上钦赐举人,亦知而翁十七次乡试不第乎?"公乡举时已六十有六,其时虽觭梦幻想,必不自意日后恩荣至此。而从来人主之权,能与人爵,未必能与人寿。倘皇上虽有况施,而公不能引其年以待之,则亦帝力于公何有矣!观公之九十七岁方薨,然后知苍苍者有意钟美于公,以昌万古诗人之局。而皇上与天合德,先天而天不违;公之年与恩俱,亦有莫之为而为者。呜呼,此岂人力也哉?

公醇古淡泊,清臞矗立,居恒恂恂如不能言,而微词隽永,无贤不肖,皆和颜接之。有讥其门墙不峻者,夷然不以为意。诗专主唐音,以温柔为教,如弦匏笙簧,皆正声也。所著古文、诗各三十卷,诗馀一卷。

先娶俞氏,后朱氏,均赠夫人。以庚寅二月二日葬元和之姜村里。

铭曰:古松得天,让万木先。虽槁暴于前,而偿以后泽之绵绵。则较夫早达者,转觉嬴焉。皤皤沈公,杖朝而走,帝曰懋哉,朕知卿久。朕有文章,待卿可否。殿上君臣,诗中僚友。公拜稽首,老泪浪浪。从古传人,半仗君王,蒙陛下将臣,置日月旁。以星云色,为名姓光。生论定矣,死何勿彰。吁嗟乎,宫为君,商为臣,宫商应声,先生之诗之神。

在这篇碑文中，不仅概括了沈德潜的一生事迹及其性格特点，而且突出地写了作为诗人的沈德潜受到乾隆帝"以诗始，以诗终"的恩宠；也寄托了袁枚对这事件的无限感慨；还使我们看到了沈德潜所以在诗歌创作中多歌功颂德、封建说教内容的原因，大有知人论世之助。

再说"墓碣文"。徐师曾《文体明辨·墓碣文》说："古者碑之与碣，本相通用，后世乃以官阶之故，而别其名，其实无大异也。"唐代墓道五品以上官用碑，龟趺螭首（底座为龟形，碑首作蛟龙形）；五品以下用碣，方趺圆首。不过后代往往混用。碑碣形制不同，碑行长方，碣为圆顶。

比起墓碑文来，墓碣文流传较少，但它也有不同的称呼。或只称"碣"，如潘尼有《潘岳碣》。或称"碣记"，如刘全白有《唐故翰林学士李君（白）碣记》。或称"墓碣"，如王昶有《汪容甫（中）墓碣》。或称"墓碣铭"，如颜真卿有《殷君（践猷）墓碣铭》。或称"碣颂"，如陈子昂有《昭夷子赵氏（元亮）碣颂》等。今举《汪容甫墓碣》为例以见体例：

> 汪子容甫殁之明年十一月，予过镇江，其执友刘君瑞临具事实，请予为墓碣之文。
>
> 容甫名中，扬州江都人。曾祖讳镐京，祖讳良泽，父讳一元，三代皆不仕。容甫少聪敏，读书数十行下，而确然隐然不形于词色。少长，遂通五经正义及群经注疏，贯串勃窣，其积穰穰，有叩者则应对不穷，是以有司及学政率惊异而爱重之。年二十，试第一，为学生，乾隆四十二年拔贡生。容甫壮年气益盛，志益专，由经暨史，于天文地理六书九章，与高邮王君念孙及刘君声望相上下。从予游，间以质予，予仿顾宁人先生《广师》一篇道三子之学，容甫大喜，谓予真知己也。
>
> 是时朝廷方修四库馆书，书成，颁于扬州、杭州，俾各建阁以储之。而书帙浩繁，装潢编排，盐政全君难其人，予以容甫

答,遂使主阁事。明年,全君调杭州,重容甫才,又兼掌文澜阁,因至杭州馆梁孝廉玉绳家。浙中名士,闻其来,率具酒饮之,容甫益大喜。而江都御史江君德量为生平至好,适闻其讣,且属为之状。容甫恸纍竟日,笔欲下复上,遂得急病,以乾隆五十九年九月二十日终于杭,距生于九年十二月二十日,年五十一。

妻朱氏,子一名嘉孙,十一岁。女二,一适宝应刘书高,次适仪征诸生毕贵生。全君归其丧,葬于甘泉县禅智寺北,叶家桥西。

容甫著有《述学内外篇》四卷,皆考解精密,能阐圣贤意旨于千载之上,而惜以中道徂逝,未竟其业,故刘君深以为痛焉,求予为文,亦犹容甫之志也夫。

三说"墓表文"。墓表,也是立在墓前,载有死者生平事迹,并表扬其功德的碑文。立墓碑与墓碣,虽有官品大小之别,但都是当官的,墓表则不同,当官的和不当官的都可用,不像碑碣有等级限制。

墓表的文体,大致与墓碣相同,故大体也有铭。这一文体,一般就称"墓表",如欧阳修有《石曼卿(延年)墓表》,徐缙有《李公(梦阳)墓表》,陈文烛有《归震川先生(有光)墓表》,吴德旋有《姚惜抱先生(鼐)墓表》,等等。

因墓表立在神道,所以也称"神道表",如全祖望有《亭林先生(顾炎武)神道表》。另外,还有"阡表"、"殡表"、"灵表"的名称。徐师曾《文体明辨·墓表》说:"盖阡,墓道也;殡者,未葬之称;灵者,始死之称。自灵而殡,自殡而墓,自墓而阡也。"如欧阳修葬父母于永丰泷冈,作有著名的《泷冈阡表》。房武为施州刺史,其夫人卒,殡于江陵,时韩愈为江陵法曹,为作《施州房使君郑夫人殡表》。汪中之子王喜孙为其父写有《先君灵表》等。今举欧阳修《石曼卿墓表》以见一斑:

曼卿，讳延年，姓石氏。其上世为幽州人。幽州入于契丹，其祖自成始以其族间走南归。天子嘉其来，将禄之，不可，乃家于宋州之宋城。父讳补之，官至太常博士。

幽燕俗劲武，而曼卿少亦以气自豪。读书不治章句，独慕古人奇节伟行非常之功，视世俗屑屑，无足动其意者。自顾不合于时，乃一混以酒。然好剧饮，大醉，颓然自放。由是益与时不合。而人之从其游者，皆知爱曼卿落落可奇，而不知其才之有以用也。年四十八，康定二年二月四日以太子中允秘阁校理卒于京师。

曼卿少举进士，不中，真宗推恩，三举进士，皆补奉职。曼卿初不肯就，张文节公素奇之，谓曰："母老，乃择禄耶？"曼卿矍然起就之。迁殿直，久之，改太常寺太祝，知济州金乡县。叹曰："此亦可以为政也。"县有治声。通判乾宁军，丁母永安县君李氏忧，服除，通判永静军，皆有能名。充馆阁校勘，累迁大理寺丞，通判海州。还为校理。庄献明肃太后临朝，曼卿上书，请还政天子。其后太后崩，范讽以言见幸，引尝言太后事者，遽得显官。欲引曼卿，曼卿固止之，乃已。

自契丹通中国，德明尽有河南，而臣属遂务休兵，养息天下，然内外弛武三十余年。曼卿上书言十事，不报。已而元昊反，西方用兵，始思其言，召见，稍用其说，籍河北、河东、陕西之民，得乡兵数十万。曼卿奉使籍兵河东，还，称旨，赐绯衣银鱼。天子方思尽其才，而且病矣。既而闻边将有欲以乡兵扞贼者，笑曰："此得吾粗也。夫不教之兵，勇怯相杂，若怯者见敌而动，则勇者亦牵而溃矣。今或不暇教，不若募其敢行者，则人人皆胜兵也。"

其视世事蔑若不足为，及听其施设之方，虽精思深虑，不能过也。状貌伟然，喜酒自豪，若不可绳以法度，退而质其平生，趣舍大节，无一悖于理者。遇人无贤愚，皆尽忻欢，及间而可不天下是非善恶，当其意者无几人。其为文章，劲健称其意气。有子济滋。天子闻其丧，官其一子，使禄其家。既卒之三十七日，葬于太清之先茔，其友欧阳修表于其墓曰：

呜呼曼卿，宁自混以为高，不少屈以合世，可谓自重之士矣。士之所负者愈大，则其自顾也愈重；自顾愈重，则其合愈难。然欲与共大事，立奇功，非得难合自重之士，不可为也。古之魁雄之人，未始不负高世之志，故宁或毁身污迹，卒困于无闻；或老且死而幸一遇，犹克少施于世。若曼卿者，非徒与世难合，而不克所施，亦其不幸。不得至乎中寿，其命也夫！其可哀也夫！

石曼卿是北宋诗人石延年的字。这篇墓表介绍了他的姓氏里籍、历官、重要政治活动及其个性人格、卒年月日及葬处，对了解石延年是一篇重要的传记资料。

现在再说埋在地下的墓志铭。它其实与墓碑文的记述内容没有多大区别。不过它是埋在地下的，比起墓碑文来，文字要简括些。但也有较长的。姚毕《论文后编》说："（墓志铭）要皆纳诸土中，故文章要简括，以至于唐，字不盈千。唐宋之际，则有千字以外者。而宋苏氏兄弟，所写则多至四五千字。"所以埋在墓中，是为了怕地上的因山陵变迁而湮没，埋在地下的可以保存下来，供后代识别。墓志铭一般由两块方石构成，上面为盖，盖上刻标题、底刻志铭。埋在圹前三尺处。

墓志铭一般包括了志和铭两部分，志是记述墓主的生平事迹，用散体，是主要部分；铭用韵语称颂墓主，放在志之后。墓志所记墓主的生平事迹，包括了"世系、名字、爵里、行治、寿年、卒葬年月，与其子孙之大略"（《文体明辨·墓志铭》）。我们所以说墓志铭一般包括志和铭两部分，还因为其间有别体，它不一定按这规矩。所以徐师曾在《文体明辨·墓志铭》中说："然云志铭而或有志无铭，或有铭无志者，则别体也。曰墓志，则有志而无铭；曰墓铭，则有铭而无志。然亦有单云志而却有铭，单云铭而却有志者；有题云志而却是铭，题云铭而却是志者，皆别体也。"

一般的墓志铭，主要是叙述墓主的生平事迹，但也有加议论的，这在于作者如何写了。

标题用"墓志铭"的，占这类文体的绝大多数，如韩愈集中有《贞曜先生（孟郊）墓志铭》《柳子厚（宗元）墓志铭》《南阳樊绍述（宗师）墓志铭》等。但也有只称"墓志"或"墓铭"的，如李华有《故翰林学士李君（白）墓志》，韩愈有《李元宾（观）墓铭》等。这二文虽称"墓志"或"墓铭"，但它们仍然有志有铭。

埋于墓圹的，还有一些异称，如"圹志"、"圹铭"、"埋铭"、"葬志"等。虽然名称不同，也是墓志铭的别题。

还有因安葬情况不同而出现的一些不同名称，如死者未葬，姑浅埋以待改葬，或停柩待葬的，称"权厝志"；死于外地而后归葬的，称"归祔志"；葬于外地而后迁归的，称"迁祔志"。

还有因所刻墓志铭的用料不用而产生的不同名称，如刻于砖的称"墓砖记"或"墓砖铭"，刻于木版的称"坟版文"或"墓版文"，等等。它们的名目虽然繁多，但记叙死者生平事迹的性质则相同，都是了解墓主生平事迹的重要资料。

这些名目中题作"墓志铭"的居绝大多数，而且历代也出现了一些著名的"墓志铭"，许多作家都有记载他们生平事迹的"墓志铭"传世。今举韩愈的《柳子厚墓志铭》为例，可以看到这类文字的记叙特点。

> 子厚讳宗元，七世祖庆，为拓跋魏侍中，封济阴公。曾伯祖奭，为唐宰相，与褚遂良、韩瑗俱得罪武后，死高宗朝。皇考讳镇，以事母弃太常博士，求为县令江南。其后以不能媚权贵，失御史，权贵人死，乃复拜侍御史，号为刚直。所与游，皆当世名人。
>
> 子厚少精敏，无不通达。逮其父时，虽少年，已自成人，能取进士第，崭然见头角，众谓柳氏有子矣。其后以博学宏词授集

贤殿正字，俊杰廉悍，议论证据今古，出入经史百子，踔厉风发，率常屈其座人。名声大振，一时皆慕与之交。诸公要人，争欲令出我门下，交口荐誉之。

贞元十九年，由蓝田尉拜监察御史。顺宗即位，拜礼部员外郎。遇用事者得罪，例出为刺史。未至，又例贬州司马。居闲益自刻苦，务记览，为词章，泛滥停蓄，为深博无涯涘。而自肆于山水间。元和中，尝例召至京师，又偕出为刺史，而子厚得柳州。既至，叹曰："是岂不足为政邪？"因其土俗，为设教禁，州人顺赖。其俗，以男女质钱，约不时赎，子本相侔，则没为奴婢。子厚与设方计，悉令赎归。其尤贫力不能者，令书其佣，足相当，则使归其质。观察使下其法于他州，比一岁，免而归者且千人。衡湘以南为进士者，皆以子厚为师，其经承子厚口讲指画为文词者，悉有法度可观。

其召至京师而复为刺史也，中山刘梦得禹锡亦在遣中，当诣播州。子厚泣曰："播州非人所居，而梦得亲在堂，吾不忍梦得之穷，无辞以白其大人，且万无母子俱往理。"请于朝，将拜疏愿以柳易播，虽重得罪死不恨。遇有以梦得事白上者，梦得于是改刺连州。呜呼，士穷乃见节义。今夫平居里巷相慕悦，酒食游戏相征逐，诩诩强笑语以相取下，握手出肺肝相示，指天日涕泣，誓生死不相背负，真若可信；一旦临小利害，仅如毛发比，反眼若不相识，落陷阱，不一引手救，反挤之又下石焉者，皆是也。此宜禽兽夷狄所不忍为，而其人自视以为得计，闻子厚之风，亦可以少愧矣。

子厚前时少年，勇于为人，不自贵重顾藉，谓功业可立就，故坐废退，既退，又无相知有气力得位者推挽，故卒死于穷裔，材不为世用，道不行于时也。使子厚在台省时，自持其身，已能如司马刺史时，亦自不斥，斥时，有人力能举之，且必复用不穷；然子厚斥不久，穷不极，虽有出于人，其文学辞章，必不能自力，以致必传于后如今无疑也。虽使子厚得所愿，为将相于一时，以彼易此，孰得孰失，必有能辨之者。

子厚以元和十四年十一月八日卒，年四十七。以十五年七月十日，归葬万年先人墓侧。子厚有子男二人，长曰周六，始四岁；季曰周七，子厚卒乃生。女子二人，皆幼。其得归葬也，费皆出观察使河东裴君行立。行立有节概，重然诺，与子厚结交，子厚亦为之尽，竟赖其力。葬子厚于万年之墓者，舅弟卢遵。遵，涿人。性谨慎，学问不厌。自子厚之斥，遵从而家焉，逮其死不去。既往葬子厚，又将经纪其家，庶几有始终者。

铭曰："是惟子厚之室，既固既安，以利其嗣人。"

这篇墓志铭，出自柳宗元友人韩愈之手，是研究柳宗元生平事迹的极为重要的史料，《新唐书·柳宗元传》从中吸取了不少基本内容，同时，也有些内容为《新唐书》不载，如柳宗元的卒年月日，归葬年月日及其子女等的情况等。在墓志铭中，也透露出韩柳的密切关系和韩愈对柳宗元的高度评价，也为我们提供了重要的史料。当然，此文出自古文大手笔韩愈之手，也有跳出一般墓志铭套式的地方，使人物形象生动传神，且杂以议论，非一般墓志铭的平铺直叙可比。

综上所说，墓碑文有它自己的特点和史料价值，从大的方面说，具有记载事迹的真实性和评价的"谀墓"性。

先说记载事迹的真实性，碑传文之作，往往出自门生故旧戚属之手，或请当时名人来写。埋在地下的墓志铭之类，当写在墓主的葬前，如司马光为他的兄长周卿及昭远写墓志铭时说："以葬日近，不暇请于他人，而自为铭。"又如欧阳修在《与杜䜣论祁公墓志书》中一再提及葬期："如葬期逼，乞且令韩舍人将《行状》添改作志文"，"但因葬期速，恐仓卒不及"等。则墓志铭的写作，一般就在墓主刚死的当时，所记事迹当然较为可信。那些立在墓前的墓碑、墓碣、墓表文，虽然不一定在死者安葬时同时所立，但若在葬后立，一般也不会时间拖得很久，故墓碑文所记事迹，不像后代有些传记那样具有一定的传闻性，应是货真价实的出自当时人的第一手资料。宋代赵明诚在《金石录序》中曾把史传与金石刻辞（墓碑文）作了比较，他说："若夫（史传中）岁月、地里、官爵、世次，以金石刻考之，其抵牾十常三四，盖史牒出于后人之手，不能无失，而刻辞当时所立，可信不疑。"清代叶昌炽在《语石》中也说："撰书题额结衔，可以考官爵。碑阴姓氏，亦往往书官于上；斗筲之禄，史或不言，则更可以之补阙。郡邑省并，陵谷迁改，参互考求，瞭于目验。关中碑志，凡书生卒，必云终于某县某坊某里之私第，或云葬于某县某坊某里之原，以证《雍录》《长安志》，无不吻合。推之他处，其有资于邑乘者多矣。"由此看来，墓碑文中对墓主的世次、生卒年月日、官爵、地里等，这些硬件没法作伪，都是比较可信的，而且它有许多内容为史书及其他传记所不载，可以互为补足，史料是可信的。如唐代诗人王之涣，在新旧《唐书》中无传，有关他的事迹知之甚少，自从靳能所作《唐故文安郡文安县太原王府君墓志铭并序》的发现，才较为详细地知道了他的生平事迹。而所记事迹，也可纠正他书记载之误，如傅璇琮在《靳能所作王之涣墓志铭跋》中就指出：

> 过去的有关记载也多有错误，如《唐诗纪事》卷二十六说他是"天宝间人"，而据靳能所作墓志，他于天宝元年二月即已去世；又如《唐才子传》卷三王之涣小传说他"是蓟门人"，而据墓志，应当是郡望为太原，从其五代祖王隆之为北魏绛州刺史起，就占籍绛州。又譬如闻一多先生《唐诗大系》，曾以王之涣生卒年为695—?，闻先生没有看到墓志，对王之涣的卒年只好付之阙如，而其所定生年也并无依据，现在据墓志所载，卒于天宝元年，年五十五，则其生卒年即可确定，即688（武后垂拱四年）—742（天宝元年）。

当然，墓碑文所记，有时也不可尽信，如明代郑晓《今言》说：

> 于肃愍公神道碑，倪文毅公作。倪公弟阜，于公孙婿也。碑

文以虏入寇京城为景泰元年，以上皇还京为辛未年，辛未景泰二年也。虏至德胜门实正统十四年十月事。上皇入南宫实景泰元年八月事。此名臣大功业，儒臣大制作，尚尔舛误，金石之刻，岂足尽信！

也有人只是信笔写来，用碑志之名来作文章，故记事多有失实。如王昶《湖海诗传》说袁枚："孙君渊如又谓其神道碑、墓志铭诸文，纪事多失实。予谓岂惟失实，并有与诸人家状多不合者，即如朱文端公轼、岳将军钟琪、李阁学绂、裘文达公曰修，其文皆有声有色。然予与岳、裘二家之后，俱属同年，而穆堂先生为予房师，李少司空友棠之祖。且予两至江西，见文端后裔询之，皆云未尝请乞，亦未尝读其所作。盖子才游屐所至，偶闻名公卿可喜可愕之事，著为志传，以惊爆时人耳目，初不计信今传后也。"我们在利用这种墓碑文时是要注意考察的。

墓碑文史料的真实性，还在于一些作者写作时态度的严肃性，如欧阳修是写碑传的大家，也是一位著名的史学家，他就用了写史的严肃态度来写碑传。他曾为好友尹洙写了篇《尹师鲁墓志铭》，又写了篇《论尹师鲁墓志》，回答了那些主张在尹的墓志中写上"古文自师鲁始"等主张的人，他说："若作古文自师鲁始，则前有穆修、郑条辈，及有大宋先达甚多，不敢断自师鲁始也。"这种实事求是的求实精神，写出的墓志自然真实可信。又如大文豪苏轼，对碑传文也不肯轻易措手，他在《答李方叔》中说："然某从来不独不作不书铭志，但缘子孙欲追述祖考而作者，皆未尝措手也。近日与温公作《行状》书墓志者，独以公尝为先妣墓铭，不可不报耳，其它决不为，所辞者众矣。"洪迈《容斋四笔》卷六"东坡作碑铭"条也曾说"东坡《祭张文定文》云：'轼于天下，未尝铭墓，独铭五人，皆盛德故。'以文集考之，凡七篇。若富韩公、司马温公、赵清献公、范蜀公并张公，坡所自作。此外赵康靖、滕元发二志，乃代张公者，故不列于五人之数。"就这五人来说，其中司马光、富弼等墓碑，亦为奉诏所作。

可见其写墓碑文的严肃不苟。

墓碑文史料的真实性，也反映在许多碑传文为后来的正史所采用，如韩愈有碑传文七十多篇，其中不少为新旧《唐书》所采用，就可见其价值。

再说墓碑文在人物评价上的"谀墓"性。人们提起墓碑文，常多讥刺。魏正始中，桓范在《世要论·铭诔篇》中尖锐地指出：

夫渝世富贵，乘时要世，爵以赂至，官以贿成。视常侍黄门，宾客假其气势，以致公卿牧守，所在宰茬，无清惠之政，而有饕餮之害。为臣无忠诚之行，而有奸欺之罪。背正向邪，附下罔下。此乃绳墨之所加，流放之所弃。而门生故吏，合集财货，刊石纪功，称述勋德，高邈伊周，下陵管晏，远追豹产，近逾黄邵。势重者称美，财富者文丽，后人相踵，称以为义。外若赞善，内为己发。上下相效，竞以为荣。其流之弊，乃至于此。欺曜当时，疑误后世，罪莫大焉。

杨衒之在《洛阳伽蓝记》中也记下了隐士赵逸的话说："生时中庸之人耳，及其死也，碑文墓志，莫不穷天地之大德，尽生民之能事，为君共尧舜连衡，为臣与伊皋等迹。牧民之官，浮虎慕其清尘；执法之吏，埋轮谢其梗直。所谓生为盗跖，死为夷齐，妄言伤正，华辞损实。"不仅论者如此说，而作者也常感到心中有愧。汉末蔡邕是一位写碑铭的能手，刘勰在《文心雕龙·诔碑》中说："才锋所断，莫高蔡邕。观杨赐之碑，骨鲠训典，陈郭二文，词无择言。周乎众碑，莫非清允。其叙事也该而要，其缀采也雅而泽；清词转而不穷，巧义出而卓立。"刘勰从文字上肯定了蔡邕的碑铭，但从人物的评价上说，只有作者最为明白，所以《后汉书·郭泰传》记载，郭泰死后，蔡邕为他写了碑文，并对卢植说："吾为碑铭多矣，皆有惭德，唯郭有道（郭泰），无愧色耳。"

这种"谀墓"之作，也曾遭到禁止，如《宋书·礼志》载：建安十年，曹操曾下令不得厚葬，又禁立碑。晋武帝咸宁四年，也下诏说："此石墓碑表，既私褒美，兴长虚伪，伤财害人，莫大于此，一禁断之。"曹植也曾毁过"谀墓"碑，据《北堂书钞》艺文部碑类引《会稽典录》说："虞歆字文肃，历郡守，节操高厉。魏曹植为东阿王，东阿先有三十碑铭，多非实，植皆毁除之。以歆碑无虚，独全焉。"当然，禁是禁不断的，后来干脆不禁了。

墓碑所以"谀墓"，是与墓碑的性质密切相关的。立墓碑的目的就在记功颂德，明·吴讷《文章辨体》说："大抵碑铭所以论列德善功烈。"这是确实的。再加上子孙出重金请托名士来撰写，或文人的主动争取，如李肇《唐国史补》载："长安中，争为碑志，若市贾然，大官薨卒，造其门如市，至有喧竞构致，不由丧家。"这样写成的墓碑文，不"谀墓"才怪呢！这种评价上的过甚其辞，就无史料价值可言了。文学家欧阳修对此选择甚严，他的话可以作为我们利用碑传文的借鉴。他说："铭志所称，有褒有讳，疑其不实。至于世系、子孙、官封、名字，无情增损，故每据碑以正史。"（《集古录跋尾·唐孔府君神道碑》）又说："右《白敏中碑》，毕诚撰。其事与《唐书》列传多同。而《传》载敏中由李德裕荐进以获用，及德裕贬，抵之甚力，以此为甚恶。而《碑》云：会昌中德裕起刑狱，陷五宰相，窜之岭外。公承是之后一年，冤者皆复其位，以此为能。其为毁誉难信盖如此。故余于碑志，惟取其世次、官、寿、乡里为正，至于功过善恶未尝为据者，以此也。"（同上《唐白敏中碑》跋尾）在后一段文字中，我们可以看到碑传文中连某些事实都可以伪造，确实为我们后代使用者造成了许多困难，非审慎对待不可。

三 哀祭史料

哀祭文，是哀悼祭奠死者的文字，也包括了祭祀天地或山川神祇的文章。后者不涉及人物传记资料，这里不谈。哀悼祭奠死者的文字，大概近似今天的悼词。古代有关这方面的文字，名称不一，举其要者，大致有哀辞、祭文、吊文、诔等。今分别略作说明。

（一）哀辞

哀辞，原是对未成年而夭折的人的祭悼文字。晋·挚虞《文章流别论》说："率以施于童殇夭折、不以寿终者。"（《太平御览》卷五百九十六引）如曹植有《金瓠哀辞》，哀其"生十九旬而夭折"的长女；《行女哀辞》，哀其"生于季秋，而终于首夏"的次女；《仲雍哀辞》，哀其兄曹丕的"三月而生，五月而亡"的次子曹喈。

其实，哀辞的范围较广，也包括了遭遇不幸而死的人，如班固有《马仲都哀辞》，是哀悼马惊溺洛水而死的明帝母舅马仲都。故徐师曾《文体明辨》说："或以有才而伤其不用，或以有德而痛其不寿。幼未成德，则誉止于察惠；弱不胜务，则悼加乎肤色。"如韩愈有《欧阳生哀辞》，哀欧阳詹"不得位而死"；有《独孤申叔哀辞》，哀独孤申叔年刚二十七八岁，"行道之日未久"（柳宗元《独孤君墓碣》语）而死。哀辞以后也有涉及老人的，如方苞的《张彝叹（自超）哀辞》中说张自超"逾六十无子，而前卒之三月，妾杨氏有身"，则张自超当为年逾花甲的老人了。为文学家写的哀辞，唐宋以来也时能见到。

与墓碑文比，哀辞着重在致哀，不看重生平事迹的介绍。一般来说，哀辞前的序文，用散文记述死者生前简况，后面的哀辞，用韵文抒发对死者的哀惋。开始时，前面序文较短，或干脆没有序文，唐宋以后序文转长，记述死者的事迹也较多，但仍然不能与墓碑文所记事迹相比。如前述韩愈的《独孤申叔哀辞》，全文仅是哀叹，没有涉及事迹。而另一篇《欧阳生哀辞》，则述及了欧阳詹的一些事迹。今再举清代袁枚为文学家胡天游写的《胡稚威哀词》中所记的事迹：

> 雍正十三年，诏举博学鸿词。礼部尚书任公兰枝以君荐。首相西林鄂公欲见之，不可；强聘焉，则黑而津，痘瘢著其颊，目眴转双斗，长不胜外府之袤。入，雅跽相对，问两戒形胬、九乾躔度、八十一家文墨，口汩汩如倾海。相公惊，扬于朝曰："必用胡某，以荣馆阁。"未几试殿上，诸人捧黄纸加墨，而稚威鼻

觚觯不止，血涔涔下，污其卷几满。相公叹息，延为三礼馆纂修。

　　相公薨，稚威益困，赁长安半椽自居，四方求文者辇金币踵门。而稚威性豪，歌呼宴客，所获立尽。诸公卿争欲致门下，每试为梯媒者麕至，稚威无言，入场则尽弃之。策文至二千言，论或数十字。与常式格格不合。登甲科，屡改乙科。稚威凡三中乙科。乾隆十六年，再荐经学。有一品官忌之，为蜚语闻，上御正殿，问："今年经学中胡天游何如？"众未对。大学士史公贻直奏："胡天游宿学有名。"上曰：得毋奔竞否？"史免冠摇首曰："以臣所闻，太刚太自爱。"上默然。自后荐举无敢复言稚威者。

　　吾与稚威同荐鸿词。初见谓曰："美才多，奇才少，子奇才也。年少修业而息之，他日为唐之文章者，吾子也。"呼车行，称余于前辈齐次风、商宝意、杭堇浦、王次山诸先生，而劝之来交。是时余生二十一年矣。余外出为令，离稚威十五年，而稚威死。临死，修志太原。病，太守周西鲸来视稚威，稚威已撤帐，盛服淹殜，拱手曰："公来甚佳，别矣。"即瞑，气缕缕若腾烟。须臾，张目曰："不能不再生人间，为南人乎？为北人乎？公为筹之。"周泣下曰："南人归南。"曰："然。"遂气绝。呜呼，稚威果不死也！

　　稚威名天游，一字云持，山阴人。

在这篇哀辞中，对胡天游的外貌、字号、里籍、性格、交游、爱才、遭遇等都作了介绍，对我们了解胡天游其人很有帮助，故也具有难得的史料价值。虽然限于文体，它不像碑传文那样对胡天游作系统的生平介绍，不过在哀辞中能如此，使读者已很满足了。

　　（二）祭文

　　祭文，是古代为祭奠死者的哀悼文章，那些为祭祀天地山川的祝祷性文字，虽也称祭文，或称祝文，不在我们这里介绍。

　　祭文一般在祭奠时宣读，故有一定的格式，开头往往是"维年月日,某某某谨以清酌庶羞之奠,祭于某某某之灵",结尾一般是"呜呼哀哉,尚飨"。如韩愈《祭柳子厚文》开头:"维年月日,韩愈谨以清酌庶羞之奠,祭于亡友柳子厚之灵。"其尾是"呜呼哀哉,尚飨"。从文字上说,祭文一般用骈俪的韵语,但后代也有用散语的。祭文的作者,与死者往往是亲友关系,这与墓志一般请人代笔不同。祭文主要在对死者哀悼,故重主观感情色彩,多抒情。所以并不像墓碑文那样详叙生平事迹,或者根本不涉及,这在祭文中也不在少数。这种祭文,只为我们提供了祭者和被祭者的交谊,以及对死者的评价等内容,其他的史料信息就很少了,如韩愈的《祭柳子厚文》,欧阳修的《祭石曼卿文》等,虽然都是祭文中的名篇,但生平的具体史料信息都不多,可作为文学读,却不是史传。

但也有许多祭文,涉及了一些被祭者的生平事迹。这些事迹在文中的出现,也大致是祭者所亲历,与寄托作者的哀思紧密相联,不是为介绍而介绍的,这完全与碑传异趣,故其事迹也是片段的。但因为作者所亲历,虽是片段,却是极珍贵的信史,具有可贵的史料价值,如欧阳修《祭梅圣俞(尧臣)文》:

> 昔始见子,伊川之上。余仕方初,子年亦壮。读书饮酒,握手相欢。谈辩锋出,贤豪满前。谓言仕宦,所至皆然。但当行乐,何有忧患。子去河南,余贬山峡。三十年间,乖离会合。晚被选擢,滥官朝廷。荐子学舍,吟哦六经。……

这里有了不同于碑传的具体介绍,这种介绍法是文体分工所致。如韩愈有《柳子厚墓志铭》,又有《祭柳子厚文》,都为柳宗元而写;袁枚有《女弟素文传》,又有《祭妹文》,都为其三妹袁机字素文而作,所以它们的内容自然有了不同的分工。故一般来说,祭文中有关人物的生平史料较少,这也是很自然的了。

历代为文学家写的祭文不在少数,甚至一人有数人为他写祭文。虽然它的传记史料价值不如碑传,但也为我们从不同的侧面提供了一些不同的史料，而且是较为可信的史料。

当然，还有些祭文是祭古人的，如颜延之的《祭屈原文》等。这种文章，因不是当时人所写，人物事迹的新史料就更少了。

（三）吊文

祭奠古人的文章，在古代文体中特称为吊文。实际上，它和祭文没有什么大的区别。不过祭文是祭奠当代人，吊文则偏重在凭吊，就出现了吊文这一名称。徐师曾《文体明辨》说："或骄贵而殒身，或狷忿以乖道，或有志而无时，或美才而兼累，后人追而慰之，并名为吊。"

吊文创始于汉代贾谊的《吊屈原赋》，后人效仿而为吊文。凭吊文学家的，如祢衡的《吊张衡文》，陆机的《吊魏武帝文》，等等。因为它写在后代，一般没有多少史料价值可利用。但个别吊文因写得较早，也透露了一些今天已失传的资料，仍然是我们所当采用的。如陆机的《吊魏武帝文》的序中摘引了今已失传的曹操的《遗令》中的一些话，也为研究者提供了些可贵的资料，如："持姬女而指季豹，以示四子曰：'以累汝。'因泣下。""又曰：'吾婕好妓人，皆著铜爵台，于台上施八尺床穗帐，朝晡上脯糒之属。月朝十五，辄向帐作妓。汝等时时登铜爵台，望吾西陵墓田。'又云：'馀香可分与诸夫人。诸舍中无所为，学作履组卖也。吾历官所得绶，皆著藏中；吾馀衣裘，可别为一藏。不能者，兄弟可共分之。'"这些史料，我们也是不可忽视的。

（四）诔

诔也是哀祭文的一种，在哀祭文中出现最早。诔的最初作用，是为了为死者定谥，"读之以作谥"（《礼记·曾子问》注）。至于为什么称诔，古人都用"累"来解释。郑玄说："诔谓积累生时德行以赐之命，主为其辞也。"（《周礼·春官·大祝》注）刘勰《文心雕龙·诔碑》说："大夫之材，临丧能诔。诔者，累也。累其德行，旌之不朽也。"现存最早的诔文，当推鲁哀公的《孔子诔》，文见《左传》哀公十六年："旻天不吊，不慭遗一老，俾屏余一人以在位，茕茕余在疚！呜呼哀哉！尼父，无自律。"

古代有"贱不诔贵，幼不诔长"（《礼记·曾子问》）的规定。不过后代已打破了这一规定，不仅可用于同级之间，而且还可以下诔上，如扬雄有《元后诔》，曹植有《武帝诔》等即是明证。同时，后代的诔文，也不一定为了定谥，因为定谥又有了"谥议"、"谥册"等文体。所以徐师曾《文体明辨》说："盖古之诔本为定谥，而今之诔以寓哀，则不必问其谥之有无，二皆可为之。至于贵贱长幼之节，亦不复论矣。"

诔文大致由序和诔辞两部分构成。刘勰在《文心雕龙·诔碑》篇论述诔的体制时说："详夫诔之为制，盖选言录行，传体而颂文，荣始而哀终。论其人也，暧乎若可觌；道其哀也，凄焉如可伤。"徐师曾在《文体明辨》中也说："其体先述世系行业，而末寓哀伤之意。"由此看来，诔文中对被诔者的世系、生平事迹及德行等叙述，是其重要内容之一，这就有了传记史料价值。同时，写诔文的人，与被诔者相当熟悉，故所述事迹亦较为可靠，这就是我们重视诔文中人物事迹史料的原因。

后代为文学家写的诔文，几千年来绵延不绝，如卓文君有《司马相如诔》，曹植有《武帝（曹操）诔》《王仲宣（粲）诔》《文帝（曹丕）诔》，潘岳有《夏侯常侍（湛）诔》，颜延之有《陶征士（渊明）诔》，柳宗元有《衡州刺史东平吕君（温）诔》，等等。今举颜延之《陶征士诔》的序文中有关陶渊明生平及其品格的一段文字以见一斑：

> 有晋征士寻阳陶渊明，南岳之幽居者也。弱不好弄，长实素心，学非称师，文取指达；在众不失其寡，处言愈见其默。少而贫病，居无仆妾。井臼弗任，藜菽不给；母老子幼，就养勤匮。远惟田生致亲之议，追悟毛子捧檄之怀。初辞州府三命，后为彭泽令。道不偶物，弃官从好。遂乃解体世纷，结志区外。定迹深栖，于是乎远。灌畦鬻蔬，为供鱼菽之祭；织絇纬萧，以充粮粒

之费。心好异书，性乐酒德。简弃烦促，就成省旷。殆所谓国爵屏贵，家人忘贫者欤？有诏征为著作郎，称疾不到。春秋若干，元嘉四年月日，卒于寻阳县之某里。

这段序文是用骈体文写的，诔辞则用韵语。颜延之为陶渊明的好友，所写诔文真实地反映了陶渊明的生活与思想。

四　序跋史料

"序跋"包括"序"和"跋"，是对书籍或文章所写的介绍性文字，现从传记史料的角度略作说明。

（一）序

梁·任昉《文章缘起》说："序者，所以序作者之意，谓其言次第有序，故曰序也。"所谓"序作者之意"，包括了介绍作者生平事迹，说明写作意图，写作经过，以及对其内容、体例的介绍或评价等等，范围相当广泛。

序，有为一书而作的，如《史记·太史公自序》，是《史记》全书的序。李阳冰《草堂集序》，是为李白文集而作的。全书的序，最早是放在书后的，如上述的《史记·太史公自序》及班固《汉书·叙传》等，以后的序文放在书前。

序，也有为单篇诗文而作的。诗如《古诗为焦仲卿妻作》的序，曹植的《赠白马王彪》的序，白居易的《琵琶行》序等；赋如曹植的《洛神赋序》，皇甫谧为左思《三都赋》所写的《序》，庾信的《哀江南赋序》；文如司马迁《十二诸侯年表序》，欧阳修的《五代史·伶官传序》，等等。单篇诗文的序，一般都放在诗文的前面。但在书写时，也有放在后面的，如欧阳修《集古录跋尾·唐法华寺诗》说："右法华寺诗，唐越州刺史李绅撰。其后自序，题云'太和甲寅岁游寺，刻诗于壁'。"说其后，就是指诗后。

从"序"的作者来说，包括了作者的自序和他人所作的序两种，有时一种书有好几篇序文。

从文体说,"序"包括了议论和记叙两类,这正如徐师曾在《文体明辨》中说的:"其为体有二:一曰议论,二曰叙事。"议论主要在评述,如皇甫谧《三都赋序》,欧阳修《五代史·伶官传序》等就是。以叙事为主的主要在记叙,如韩愈的《张中丞传后序》,李清照的《金石录后序》等就是。作为人物传记史料,主要见于以记叙为主的序文中。但在实际上,一般的序文也不会很单一地记事或议论,往往有叙有议,或兼为抒情,写序者绝不拘泥于一个模式。我们要从序中找到作者的生平史料,除了极为重要的自序外,别人的序文中也经常会出现一些有关作者的事迹。关于作者自序的史料价值,我们将在"文集中的作者史料"一节中再作介绍,这里只说他人序文中的作者史料。

从一部书来说,除了作者自序外,还可能有不同时代不同人物在编刻翻印中写了不少序文。这种序文,有出自友人的,如元稹的《白氏长庆集序》,欧阳修的《苏学士文集序》;有出自门人的,如李汉的《昌黎先生集序》,郑师尹的《剑南诗稿序》;有出自亲属的,如张孝伯为其兄张孝祥写的《张于湖先生集序》,裴延翰为其舅杜牧编次文集并写《樊川文集序》;有出自编刻者的,如李阳冰的《草堂集序》,乐史的《李翰林别集序》;有出自翻印者的,如宋荦的《苏子美文集序》,胡克家的《重刻宋淳熙本文选序》;有出自加注者的,如仇兆鳌《杜少陵集详注自序》,冯集梧的《樊川诗注自序》,等等。倘若这种序文中涉及作者史料,当然与作者越接近越有价值。因为这些史料或来自直接接触,或来自调查,或来自耳闻,传到今天,它已成为第一手的资料了。如李白在病中曾托李阳冰为他的集子写序,其序今存,《序》中记下了李白的世系及事迹:

> 李白,字太白,陇西成纪人,凉武昭王暠九世孙。蝉联珪组,世为显著。中叶非罪,谪居条支,易姓与名。然自穷蝉至舜,五世为庶,累世不大曜,亦可叹焉。神龙之始,逃归于蜀,复指李树,而生伯阳。惊姜之夕,长庚入梦,故生而名白,以太白字之。世称太白之精,得之矣。

…………

　　天宝中，皇祖下诏，征就金马，降辇步迎，如见绮、皓。以七宝床赐食，御手调羹以饭之，谓曰："卿是布衣，名为朕知，非素蓄道义，何以及此？"置于金銮殿，出入翰林中，问以国政，潜草诏诰，人无知者。丑正同列，害能成谤，格言不入，帝用疏之。公乃浪迹纵酒，以自昏秽。咏歌之际，屡称东山。又与贺知章、崔宗之等自为八仙之游，谓公谪仙人，朝列赋谪仙之歌凡数百首，多言公之不得意。天子知其不可留，乃赐金归之。遂就从祖陈留采访大使彦允，请北海高天师授道箓于齐州紫极宫，将东归蓬莱，仍羽人，驾丹丘耳。

　　…………

这篇序文，作于代宗宝应元年十一月初十（762），也就是李白去世的那一年，是李白最早的传记史料了。

　　出自相知者之手的序文，有时也会出现一些颇能体现人物特色的细节，这在传记中是不易见到的。如宋代张孝祥的门人谢尧仁写的《张于湖先生集序》中，写出了他们师徒的一场相当精彩的对话：

　　先生气吞百代而中犹未慊，盖尚有凌轹坡仙之意。其帅长沙也，一日，有送至《水车诗》石本，挂在书室，特携尧仁就观，因问曰："此诗可及何人？不得佞我。"尧仁时窘于急，卒不容有不尽，因直告曰："此活脱是东坡诗，力亦真与相辀。但苏家父子更有《画佛入灭》《次韵水官》《赠眼医》《韩幹画马》等数篇，此诗相去却尚有一二分之劣尔。"先生大然尧仁之言。是时，先生诗文与东坡相先后者已十之六七，而乐府之作，虽但得于一时燕笑咳唾之顷，而先生之胸次笔力皆在焉，今人皆以为胜东坡，但先生当时意尚未能自肯，因又问尧仁曰："使某更读书十年何如？"尧仁对曰："他人虽更读百世书，尚未必梦见东坡，但以先生来势如此之可畏，度亦不消十年，吞此老有余矣。"

这些出自相知者之手的序文，当然是了解人物非常珍贵的资料。而有时即使是后代人写的序，也可能为我们留下一些作者事迹的史料。如宋代的乐史，就三馆中所藏李白的赋、序、表、赞、书、颂等，编了本《李翰林别集》，并写了篇《序》。《序》中着重写了乐史自己写的《李白传》中所未收的三件事，第一件事是李白赋《清平调》，第二件事是李白识郭子仪于行伍间，第三件事是李白从弟问李白何以能开口成文。这三件事虽然都有所本，第一件事来自唐代李濬的《松窗杂录》，第二件来自裴敬的《翰林学士李公墓碑》，第三件事来自李白的《送从弟京兆参军令问之淮南覲省序》。但从中也可见到这篇《序》注意遗事的收录。又如人所共知的唐代诗人韦应物，在新旧《唐书》中都没有传，而在《新唐书·文艺传》序中说："若韦应物、沈亚之……等，其类尚多，皆班班有文在人间。史家逸其行事，故弗得而述云。"可到了北宋仁宗年间，王钦臣曾校订韦应物诗集，并作了篇《宋嘉祐校订韦苏州集序》，文中约有三百几十字的韦应物事迹记载，可说是现在所知第一篇的韦应物简传（参见傅璇琮《唐代诗人丛考·韦应物系年考证》），可见不能因出自后人之手而轻视它。

有些作家正史中缺少传记，其事迹最早见于序文中，这种序文的史料价值更为可贵，上举韦应物就是一个例子。又如唐代诗僧寒山、拾得，他们的事迹最早见于贞观时的台州刺史闾丘胤所写的《寒山子诗集序》中。

有的序看来与文学的关系不很大，却也能从中发掘出一些作家的珍贵史料，如梁元帝萧绎的《法宝联璧序》，文末记下了编纂者三十八人的爵位、姓名、籍贯、年龄及字，今选录常提及的文学家如下：

> 使持节平西将军荆州刺史湘东王绎，年二十七，字世诚。
> 侍中国子祭酒南兰陵萧子显，年四十八，字景畅。
> 中庶子彭城刘遵，年四十七，字孝陵。
> 中散大夫琅琊王籍，年五十五，字文海。

> 新安太守前家令东海徐摛，年六十四，字士缋。
> 轻车长史南兰陵萧子范，年四十九，字景则。
> 洗马权兼太府卿彭城刘孝仪，年四十九，字孝仪。
> 平西中录事参军典书通事舍人南郡庾肩吾，年四十八，字子慎。
> 北中记室参军颖川庾仲容，年五十七，字仲容。
> 安北外兵参军彭城刘孝威，年三十九，字孝威。

以上这些人，在《梁书》《南史》中均有传，但其中的刘遵、王籍、庾肩吾、刘孝威都没有年岁的记载，萧子范在《梁书》中也只说他活了六十四岁。我们可从这《序》中推知他们的确切生年。梁元帝萧绎生于梁武帝天监七年（508），在他二十七岁写《法宝联璧序》时，是武帝中大通六年（534）。其时刘遵四十七岁，则遵应生于齐武帝永明六年（488）；其时王籍五十五岁，则籍应生于齐高帝建元二年（480）；其时庾肩吾四十八岁，则庾肩吾应生于齐武帝永明五年（487）；其时刘孝威三十九岁，则孝威应生于齐明帝建武三年（496）；其时萧子范四十九岁，则子范应生于齐武帝永明四年（486），他活了六十四岁，则应卒于武帝太清三年（549）。萧绎所记的年岁，应当是他们自己所说，故是可信的。

至于单篇诗文的序，除少数外，一般都是作者自己所写，这对了解作者的生平事迹很有用，我们将在下节中论及，这里不赘述。

"序"也作"叙"，如韩愈的《张中丞传后叙》，杜牧的《李长吉歌诗叙》。而在苏轼的《东坡集》、苏辙的《栾城集》中，"序"都写作"叙"，如《南行前集叙》《居士集叙》《范文正公文集叙》等，这是因为他们避祖父苏序的讳而采用"叙"。

"序"也作"引"，引也就是导引。《古今文综》说："'叙'、'引'同体，由来已久，刘梦得序文多名为'引'。眉山父子避其家讳，以'引'为'序'，又其后矣。"大概称"引"始于唐代，如刘禹锡有《彭阳唱和集引》《吴蜀集引》《汝洛集引》。从刘禹锡集中有"序"有

"引"看，大致较长的称"序"，较简短的称"引"。"引"大概仅是个小引，引子的意思，仅是个简短的说明。所以徐师曾《文体明辨》说："大略如序而稍为短简，盖序之滥觞也。""引"也和"序"一样，也可放在单篇诗文前，如柳宗元有《霹雳琴赞引》，刘禹锡有《泰娘歌引》《武夫词引》等。特别是柳的《霹雳琴赞引》，标题为"引"，而文中又称"序"，所谓"又益以序"，可见"引"即"序"。

"序"有时称为"题辞"。徐师曾《文体明辨·题跋》说："又有题辞，所以题号其书之本末指义文辞之表也。若汉赵岐作《孟子题辞》，其文稍烦；而宋朱子仿之作《小学题辞》，更为韵语。……然题跋书于后，题辞冠于前，此又其辩也。"用"题辞"命名的，如明·张溥的《汉魏六朝百三名家集》中，每家（间或两家）之前都有"题辞"，它都偏重在议论其人其文，很少涉及作者的事迹，故传记资料的价值不大。

（二）跋

跋是放在书籍或文章后面的说明性或议论性文字。徐师曾《文体明辨》有"题跋"一类，他说："按题跋者，简编之后语也。凡经传子史诗文图书之类，前有序引，后有后序，可谓尽矣。其后览者，或因人之请求，或因感有得，则复撰词以缀于末简，而总谓之题跋。"

跋文出现较晚，唐代往往称"题某"或"读某"，到了宋代才有"跋"的出现。"跋"一般只是说明性或议论性文字，不涉及作者事迹，如苏轼《跋退之送李愿序》说：

> 欧阳文忠公尝谓晋无文章，唯陶渊明《归去来》一篇而已。余亦以谓唐无文章，惟韩退之《送李愿归盘谷序》一篇而已。平生愿效此作一篇，每执笔辄罢。因自笑曰："不若且放，教退之独步。"

正因为如此，跋在提供人物的传记史料上不如序。徐师曾对跋的特点作了概括："其词考古证今，释疑订谬，褒善贬恶，立法垂戒，各有所为，而专以简劲为主，故与序引不同。"（《文体明辨》）其大致情形就是如此。但有些跋，也有记叙性，如欧阳修《跋观文王尚书举正书》说：

> 右观文学士尚书王公，字伯中，清德之老也。余晚接公游，爱其为人。未几，公以病卒，因录其遗迹而藏之，实思其人，不独玩其笔也。
>
> 天圣中，公与谢绛希深、黄鉴唐卿修国史，余为进士，初至京师，因希深始识公，而未接其游。后三十年，余为翰林学士，公以书殿兼职经筵，始得窃从公后，故得公手笔不多。
>
> 呜呼！天圣之间，三人者皆一时之选，今皆亡矣！其遗迹尤可惜，矧公素以书名当世也。治平元年清明前一日书。

又如陆游的《跋蔡肩吾所作蓬府君墓志铭》：

> 蔡迨肩吾，与予同官犍为郡，文辞字画皆过人。自蜀入吴，持予书，见友人许昌韩无咎。无咎时为吏部侍郎，荐之甚力。且有除命矣。蜀士有排之者，肩吾遂从铨部得桂阳令。行至吴门，暴死舟中。……

但限于文体，跋文所提供的人物史料信息并不很多。至于那些和跋性质相近的"书后"、"题后"、"后录"、"读"等，一般来说，作者的史料也是很少的。

五　赠序史料

在过去的文体中，有两类都称"序"，一为前面所说的序跋的"序"，另一类即为"赠序"。"赠序"也就是临别赠言。"赠序"虽与序跋的"序"有所区别，但它的来源却与赋诗作序有关。在过去送别亲朋好友时，往往设宴并赋诗送别，并由一人作序，这就是诗序。发展到后来，虽不设宴或不赋诗送别，也有写一篇表示惜别、劝勉之类的告别词，这就有了赠序，这序也就不再与序跋的序有关了。它单独成为赠序一类。

较早出现的赠序，如晋代傅玄有《赠扶风马钧序》，潘尼有《赠二李郎诗序》等。但直到唐宋时，这一问题才发展起来，逐渐成为单纯的赠别之作。

赠序的内容，一般是叙友谊、道别情、抒怀抱、勉德行。正因为如此，赠序中也为我们提供了些作家的史料。但这种史料也有它的特点：一是它的片段性，或仅仅是一鳞半爪。它不像碑传那样系统。如韩愈《送杨少尹序》，即为送诗人杨巨源而作。杨巨源，新旧《唐书》均无传，而在本《序》中记下了他的片段事迹，如说："国子司业杨君巨源，方以能诗训后进，一旦以年满七十，亦白丞相去归其乡。……吾闻杨侯之去，相有爱而惜之者，白以为其都少尹，不绝其禄，又为歌诗以劝之，京师之长于诗者，亦属而和之。……杨侯始冠，举于其乡，歌《鹿鸣》而来也；今之归，指其树曰：'某树，吾先人之所种也；某水、某丘，吾童子时所钓游也。'乡人莫不加敬，诫子孙以杨侯不去其乡为法。"

二是序中所及事迹，与作者紧密相联。如欧阳修《送梅圣俞（尧臣）归河阳序》中说："（圣俞）初为河南主簿，以亲嫌移佐河阳，常喜与洛之士游，故因吏事而至于此。余尝与之徜徉于嵩洛之下，每得绝崖倒壑、深林古宇，则必相与吟哦其间，始而欢然以相得，终则畅然觉乎薰蒸浸渍之为益也，故久而不厌。"则欧阳修与梅尧臣的相得如见。有时在叙述中，甚至追述到前辈，如刘大櫆《送姚姬传（鼐）南归序》中说："姚君姬传，甫弱冠，而学已无所不窥，余甚畏之。姬传，余友季和之子，其世父则南青也。忆少时与南青游，南青年才二十。姬传之尊府，方垂髫未娶。太夫人仁恭有礼，余至其家，则太夫人必命酒饮，至夜分乃罢。其后余漂流在外，倏忽三十年，归与姬传相见，则姬传之齿，已过其尊府与余游之岁矣。明年，余以经学应举，复至京师，无何，则闻姬传已举于乡而来，犹未娶也。读其所为诗赋古文,殆欲压余辈而上之。姬传之显名当世,固可前知。独余之穷如曩时,而学殖将落,对姬传不能不慨然而叹也。"从中可以见到桐城派二大家的世交关系。

"赠序"所涉及的事实较为可靠,因为所述一般为作者所亲历。

还有一种寿序,专为生日祝寿而作。寿序文出现较晚,清·方苞说:"以文为寿,明之人始有之。"(《张母吴孺人七十寿序》)

寿序与赠序不同,往往是受人请托而写,因为人祝寿,就较多虚美应酬的话,但也有写得较为充实,具有史料价值的,故也不能一概而论。

为文学家写的寿序,明清时代也时常能见到,如吕柟有《寿对先生康子(海)七旬序》,李维桢有《吴明卿先生(国伦)寿序》,潘耒有《顾亭林先生(炎武)六十寿序》,姚鼐有《刘海峰先生(大櫆)八十寿序》等。后者追述了桐城派三大台柱方苞、刘大櫆、姚鼐的相知和承传关系,今略节录如下:

> 鼐又闻诸长者曰:康熙间,方侍郎名闻海外,刘先生一日以布衣走京师,上其文侍郎。侍郎告人曰:"如方某,何足算耶!邑子刘生,乃国士尔。"闻者始骇不信,久乃渐知先生。
>
> 今侍郎没,而先生之文果益贵。然先生穷居江上,无侍郎之名位,交游不足掖起世之英少,独闭户伏首几案,年八十矣,聪明犹强,著述不辍,有卫武懿诗之志,斯世之异人也已。鼐之幼也,尝侍先生,奇其状貌言笑,退辄仿效以为戏。及长,受经学于伯父编修君,学文于先生,游宦三十年而归。伯父前卒,不得复见,往日父执往来者皆尽,而犹得数见先生于枞杨。先生亦喜其来,足疾未平,扶曳出,与论文,每穷半夜。今五月望,邑人以先生生日为之寿,鼐适在扬州,思念先生,书是以寄先生,又使乡之后进者,闻而劝也。

寿序也称"寿辞",如邵宝有《涯翁先生(李东阳)七十寿辞》;

也称"寿言",如谭献有《薛尉农师六十寿言》;也称"寿颂",如王闿运有《严通政庶母寿颂》;等等。

六 诏令奏议史料

诏令奏议是一种公牍文,其中也有许多文学家的史料可供利用,今分别略说如下。

(一)诏令

诏令是古代帝王所发布的命令、文告的总称。历代诏令文的名目繁多,包括了诏、令、诰、制、敕、册、谕、教等。

"诏",又称诏书、诏旨,即昭示臣民的意思。秦始皇时把皇帝的令改称诏,历代沿用,但因内容和作用的不同,就有即位诏、遗诏、哀诏、密诏、手诏、罪己诏等不同的名目。诏书中涉及文学家史料的,主要在那些任免文学家为官及其他与文学家有关的诏书中。如唐太宗有关魏徵的几通诏书,可见到他们君臣的相得,《问魏徵病手诏》说:

> 不见数日,忧愤甚深。自颇遇已多矣,言已失矣,行已亏矣,古人云,"无镜无以鉴须眉",可谓实也。比欲自往,恐劳卿,所以使人来去。若有闻知,此后可以信来具报。

又如《答魏徵辞太子太师诏》说:"汉之太子,四皓为助,我之赖公,即其义也。知公疾病,可卧护之。"在这些诏书中,唐太宗李世民的求贤若渴,魏徵的忠谏直言,就很清楚地表露了出来。

"令",就是命令。徐师曾《文体明辨》说:"按刘良云:'令即命也。七国之时并称曰令,秦法,皇后太子称令。'至汉王有《赦天下令》,淮南王有《谢群公令》,则诸侯王皆得称令矣。"这说明秦汉时为了与皇帝的诏相区别,就把皇后、太子、王侯的文告称令。以后,天子和臣子都可使用令,但臣下不能用诏。令中最为著名的,当推曹操的《让县自明本志令》了,它是曹操带有自传性的一篇文告,史料价值极高。

"诰"，意思是告，用来晓谕众人。周代作为布政和勉励的文告。据徐师曾《文体明辨》说："秦废古法，止称制诏。汉武帝元狩六年，始复作之，然亦不以命官。唐世王言，亦不称诰。至宋，始以命庶官，而追赠大臣，贬谪有罪，赠封其祖父妻室，凡不宣于庭者，皆用之。"与作家生平事迹有关的诰文如唐玄宗李隆基《赠张九龄司徒诰》等。

"制"，秦时把"命"改为"制"，也就是皇帝的诏命。汉时，天子的制书，用来发布制度。《后汉书·光武帝纪》引《汉制度》说："制书者，帝者制度之命，其文曰'制诏三公'，皆玺封，尚书令印重封，露布州郡也。"又徐师曾《文体明辨》说："唐世，大赏罚、赦宥、虑囚及大除授，则用制书，其褒嘉赞劳，别有慰劳制书，余皆用敕，中书省掌之。宋承唐制，用以拜三公、三省等官，而罢免大臣亦用之。其词宣读于庭，皆用俪语……其余庶职，则但用诰而已。是知以制命官，盖唐宋之制也。"不少古代作家的任免等事，可从制中看到。如苏颋所拟的《授卢藏用检校吏部侍郎制》《授沈佺期太子少詹事等制》，唐穆宗《授元稹平章事制》，唐文宗《授贾岛长江主簿制》等。

"敕"，指皇帝戒约或赠封臣下的命令。汉代主要用于戒敕，官长告谕僚属，尊长告谕子孙都可称敕。南北朝以下，始专用为君主的诏令。与文学家有关的敕如唐玄宗《赐张九龄敕》，裴坦代拟的《贬温庭筠敕》等。前者是唐玄宗让张九龄代作裴光庭碑文的，敕曰："赠太师光庭，尝为重任，能徇忠节，忽随化往，空存遗事。其子屡陈诚到，请朕作碑，机务之繁，是则未暇。朝廷词伯，故以属卿，彼之行能，卿之述作，宛其鸿裁，因兹不朽耳。"张九龄代作的碑文今存。后者为贬温庭筠为隋县尉的敕命，为研究者所重视。

其他"册"、"谕"、"教"等，与文学家关系不很密切，这里就不再说了。

据上所述，诏令文作为研究文学家的史料看，自有其一定的价值,对确证文学家的历官、遭遇等,有它特殊的用途,如研究南唐主李煜,就可在宋太祖的诏令中见到李煜与宋的关系,这些诏令如《答江南李煜手表》《赐江南李煜嗣位礼物诏》《谕江南李煜横海等军士骨肉津遣过江诏》《赐江南李煜诏》《谕江南李煜延纳泉州陈洪进诏》《答江南李煜请寝陈洪进恩命表诏》《答江南李煜乞呼名表诏》《赐江南李煜诏》《谕江南李煜不令客旅过江于江北置务折博诏》《谕李煜朝觐诏》《谕江南管内敕榜》《答李煜奏峡口有舟船诏》《答钱俶进李煜书诏》《诏谕李煜诏》《平江南曲敕》《李煜封违命侯诏》等。这些可以作信史。但一般来说,这些诏令文中,有关作家的生平事迹很少,评价也较空洞,内容也语焉不详,这是它作为史料的缺陷。同时,能入帝王诏令的人物,绝不是没有政治地位的人,一般都有传记可利用,这些传记都比诏令中的详细具体。所以诏令中的作家史料,一般也就是研究中的论证资料了,因为它在具体的历官等方面是信史,是第一手的证明资料。

(二) 奏议

奏议是古代臣属进呈皇帝的奏章的统称。它的名目繁多,体制也大同小异,它有上书、章、奏、表、议、疏、对、状、启、札子、封事、弹事等名称。

"上书",自战国始,臣下给帝王的言事都可称为"上书",以别于一般的书信,如李斯《上秦始皇书》,邹阳《狱中上书自明》。也可只称"书",如路温舒《尚德缓刑书》,是上汉宣帝的书。

"章",《文心雕龙·章表》说:"汉定礼仪,则有四品:一曰章,二曰奏,三曰表,四曰议。章以谢恩,奏以按劾,表以陈情,议以执异。"可见最初所说的章、奏、表、议是有分工的,但以后往往突破了这一规定。"章"用作谢恩,如曹植有《封二子为公谢恩章》《改封陈王谢恩章》。以后"论谏庆贺,间亦称章","自唐而后,此制遂亡"(徐师曾《文体明辨》)。也就是说,后代不再单独用"章"这一名目了。

"奏"是进的意思,即臣下向皇上进言。刘勰说的"奏以按劾",

即用来向皇帝揭发别人的文字。后来奏不局限于"按劾",成了奏章的总名。也可在其他异名上冠以"奏"字,如奏章、奏表、奏议、奏疏、奏启、奏状等,则更不仅是"按劾"了。专门"按劾"的文体,就有了"弹事"的出现。

"表",就是"标明其事",明告于皇帝的文字。刘勰所说的"表以陈情",以后就不限于此了,故徐师曾《文体明辨》说:"后世因之,其用寖广。于是有论谏,有请劝(劝进),有陈乞(待罪同),有进(进书)献(献物),有推荐,有庆贺,有慰安,有辞(辞官)解(解官),有陈谢(谢官、谢上、谢赐),有讼理,有弹劾。"这些都可称"表"。

"议",是议论政事等是否适宜的文章。刘勰《文心雕龙·议对》说:"周爰咨谋,是谓为议。议之言宜,审事宜也。"又说:"议以执异。"徐师曾《文体明辨》说:"盖古者国有大事,必集群臣而廷议之,交口往复,务尽其情,若罢盐铁、击匈奴之类是也。厥后下公卿议,乃始撰词之简牍以进,而学士偶有所见,又复私议于家,或商今,或订古,由是议寖盛焉。"还有一类谥议,是专为死者定谥的议论文字,它涉及了对人物的评价。

"疏",是分条陈述的意思,汉代称上疏,出现了贾谊《陈政事疏》、晁错《论贵粟疏》等名文。

"对",是臣下对答皇帝的提问,又称"对状"。又有"对策",性质和"对"相同。后代科举考试回答策问也称"策问"。

"状",就是陈述,向上级陈述事实的文书,而向皇帝陈述的,特称"奏状";推荐人才的,则称"荐状"。

"札子",始于宋代,也就是奏章。其他还有"启"(奏启)、"封事"、"弹事"等,不备述。

在奏议文中,也涉及了一些文学家的传记史料。从大的方面说,一是文学家在奏议中反映的本人的生平事迹,如李密的《陈情事表》等,这在下节再说;二是介绍别的文学家的一些情况,这主要表现在向皇帝推荐人物的章表中。它们或称"表",如萧遥光《表荐王暕王僧孺》，武平一的《请追赠杜审言官表》；或称"疏"，如孔融《荐祢衡疏》（此《疏》，《文选》中作《荐祢衡表》），韦述《请优恤苏颋疏》；或称"状"或"荐状"，如韩愈《荐樊宗师状》《举荐张籍状》，令狐绹《荐处士李群玉状》，欧阳修《荐布衣苏洵状》《举苏轼应制科状》《举梅尧臣直讲状》，苏轼《举黄庭坚自代状》《荐宗室令畤状》《荐布衣陈师道状》等；或称"札子"，如欧阳修《荐司马光札子》《荐王安石、吕公著札子》，苏轼《再荐宗室令畤札子》；等等。

这种奏议中述及的人物，并不像行状、传记那样详述人物生平事迹。这在唐前的荐表中，往往写明被荐者的籍贯、年龄、字等。宋·洪迈《容斋三笔》卷三"荐士称字著年"条说："汉魏以来诸公上表荐士，必首及本郡名，次著其年，又称其字。如汉孔融《荐祢衡表》云：'处士平原祢衡，年二十四，字正平。'齐任昉为萧扬州作荐士表云：'秘书丞琅邪王暕，年二十一，字思晦。''前侯官令东海王僧孺，年三十五，字僧孺'是也。唐以来乃无此式。"虽然如此，但后代的荐表中也仍有涉及被荐人的里贯、年龄或简略经历的，但其重点都放在被荐人的才能与道德品质的介绍上，所以史料信息量也不是很大，不过仍可供我们研究时参考，今举令狐绹《荐处士李群玉状》以见一斑。

> 右苦心歌篇，屏迹林壑，佳句流传于众口，芳声籍甚于一时。守道安贫，远绝名利，当文明之圣代，宜备搜罗；俾典校于瀛洲，伫光志业。臣绹等今日延英已面陈奏状，伏奉圣旨，令与一文学官者。臣等商量，望授弘文馆校书郎，未审可否？谨具奏闻，伏听敕旨。

李群玉新旧《唐书》均无传，唯在《新唐书·艺文志》"李群玉诗三卷"下注曰："字文山，澧州人，裴休观察湖南，厚延致之。及为相，以诗论荐，授校书郎。"《唐诗纪事》同。《唐才子传》则说，裴休"适入相,复论荐,上悦之,敕授弘文馆校书郎"。则荐者都说是裴休。但从上引荐状看,推荐李群玉的主要当是令狐绹,这是有状为证的,这也自然地显示了奏议的史料价值。

七 其他文体史料

除了上述几类文体中的作家传记资料外,其他如书牍、杂记、颂赞、诗歌等文体中也有不少作家史料,今分别略作说明。

(一) 书牍

"书牍"就是书信,在古代也称书、笺、书札、书简等。书信有臣下向君主上言的,就是上书,我们已在奏议文中作了介绍,这里只说其他故旧、亲属、同僚等之间的来往书信。

书信的内容极为广泛,大到对国家大事的议论,小到个人琐事的叙说,作者想写什么,就可写什么,没有多少拘束。其中当然也会涉及一些作家的事迹。

从涉及的作家事迹来说,最普遍的是对自己情况的叙说,如司马迁的《报任安书》,杨恽的《报孙会宗书》等,这方面将在下节再说。

其次是涉及收信人的情况。若说作者在书信中将自己的事情、心境详细地告诉对方,这是书信的应有之义,但对收信人的事迹就毋烦多言了,这也是不言自明的。但有时也会涉及两人之间的交谊,这就有了史料价值。如宋·王庭珪《答杨廷秀(万里)》书说:

> 某去岁获见清矩,慰十年怀想之诚。少年登科,未足为左右贺,一日相见,词学骤长,语有惊人,兹可贺也。去冬之官,再经弊里,失于侦伺,辱留手墨,追见不及,家仆回,又辱惠字,何其勤也。尊丈过此,忽忽论及文字,适除夕忙迫,寻稿未见。上元后有客子之永,□专驰纳,政远晤言,更宜调音,以副瞻祷。不宣。某再拜。

信中王庭珪叙述了与杨万里的交往经过。又如韩愈《与孟东野（郊）书》中说：

> 足下才高气清，行古道，处今世，无田而衣食，事亲左右无违，足下之用心勤矣，足下之处身劳且苦矣。混混与世相浊，独其心追古人而从之，足下之道，其使吾悲也。

信里涉及孟郊的艰苦生活及其才能品德，对了解孟郊其人是很有帮助的。

书信中除了涉及写信人和收信人的情况外，还可以介绍第三者，有的信还是专为介绍第三者的，那就是一些荐书了，如孔融《论盛孝章书》，是专为向曹操推荐盛孝章，并建议曹操派使者去孙吴那儿把他"解救"出来。又如曹丕《与吴质书》中，提及了他和建安诸子和乐相处，以及他们的亡故：

> 昔年疾疫，亲故多离其灾，徐、陈、应、刘，一时俱逝，痛可言邪！昔日游处，行则连舆，止则接席，何曾须臾相失。每至觞酌流行，丝竹并奏，酒酣耳热，仰而赋诗。当此之时，忽然不自知乐也。谓百年已分，可长共相保，何图数年之间，零落略尽，言之伤心。

这封信是对建安七子中的徐幹、陈琳、应场、刘桢同死于疫的最早记载，他们的游处也常为后人所称引。又如韩愈在《与孟东野书》中，也介绍李翱（习之）和张籍的情况："李习之娶吾亡兄之女，期在后月，朝夕当来此。张籍在和州居丧，家甚贫。恐足下不知，故具此白。"这里就顺带介绍了文学家李翱和张籍的情况。书牍中的作家史料大致如此。

（二）杂记

古人把"记"体文中除"传状"、"碑志"以外的一切记叙文称为"杂记"。清·吴增祺《文体刍言》说:"杂记者,所以叙见闻所及,或谓之杂志,或谓之杂识,其义一也。凡遗闻轶事,下至一名一物之细,靡所不有,而宫室之修造、山水之游历,其篇目为最多,其用与碑刻相似。然碑刻无不入石,记则或不入石。"杂记中也涉及作者以外的一些文学家的史料,也在这里略作介绍。

杂记中有记人事的。那些专记人物遗闻轶事的杂记文,我们已在"传状"中作了介绍,这里只说其他杂记中记人事的文字。记人事的名文如张溥的《五人墓碑记》、方苞的《狱中杂记》等都不涉及其他作家,不在我们论说之内。但也有涉及其他作家的,如谢翱的《登西台恸哭记》,恸哭的就是文天祥。谢翱曾经是文天祥的部下,文天祥被俘就义后,谢翱隐匿民间,文章就是谢翱记叙他登西台恸哭文天祥的经过。全文极沉痛,可见文天祥事迹感人之深。文中追述了谢翱追随文天祥的始末。

> 始,故人唐宰相鲁公,开府南服,余以布衣从戎。明年,别公漳水湄。后明年,公以事过张睢阳及颜杲卿所尝往来处,悲歌慷慨,卒不负其言而从之游,今其诗具在,可考也。余恨死无以藉手见公,而独记别时语,每一动念,即于梦中寻之,或山水池榭、云岚草木,与所别之处及其时适相类,则徘徊顾眄,悲不敢泣。

谢翱这篇文章写于元代,不便明言,故以唐代颜鲁公代文天祥,而文天祥别时赠语,也不敢直接记下来,这是很可惜的。

又如全祖望的《梅花岭记》,记载了史可法慷慨捐躯的生动事迹,也非常感人。

杂记中也有记亭台楼阁的。不少亭台楼阁与文人学士有关,自然也留下了他们的一部分事迹。如曾巩的《醒心亭记》,文章开头记欧阳修的修建醒心亭,及与宾客醉登醒心亭醒酒事很生动,可见当时欧阳修的情趣:

> 滁州之西南，泉水之涯，欧阳公作州之二年，构亭"丰乐"，自为记以见其名之意。既又直"丰乐"之东几百步，得山之高，构亭曰"醒心"，使巩记之。
>
> 凡公与州之宾客者游焉，则必即"丰乐"以饮。或醉且劳矣，则必即"醒心"而望。以见夫群山之相环，云烟之相滋，旷野之无穷，草树众而泉石嘉，使目新乎其所睹，耳新乎其所闻，则其心洒然而醒，更欲久而忘归也。故即其所以然而为名，取韩子退之《北湖》之诗云。

又如苏辙的《武昌九曲亭记》，记苏轼在黄冈时游武昌诸山：

> 每风止日出，江水伏息，子瞻杖策载酒，乘渔舟乱流而南。山中有二三子，好客而喜游，闻子瞻至，幅巾迎笑，相携徜徉而上。穷山之深，力极而息，扫叶席草，酌酒相劳。意适忘反，往往留宿于山上。以此居齐安三年，不知其久也。

苏辙又追述他少年时随苏轼之游："昔余少年从子瞻游，有山可登，有水可浮，子瞻未始不褰裳先之。有不得至，为之怅然移日。至其翩然独往，逍遥泉石之上，撷林卉，拾涧实，酌水而饮之，见者以为仙也。"这些记载，也不是一般传记所能详述的。他如陆游《筹边楼记》记范成大，袁中道《砚北楼记》《卷雪楼记》之记袁宏道等，都具史料价值。

杂记中还有很多是记述山水的，也就是山水游记。这种游记，一般不大具有作者以外的文学家的史料价值，但也间有同游文学家的名字出现，从中也略可见到他们的一些交游情况，这里就不再详说了。

（三）颂赞

"颂"是歌颂，"赞"是称美，这种文体，一般是对人或事物的歌颂和赞扬。

"颂"这文体，据《文心雕龙·颂赞》说："颂者，容也，所以美盛德而述形容也。"又说："颂主告神，义必纯美。"后代虽有变体，但它的本质是"褒德显容，典章一也"。由于这样，所颂的对象，往往是圣贤、君主、大功臣，或某个重要事件等。因此，历代为文学家作颂的少见。有些颂及的文学家，也着重在颂政治。如明·周献臣有《少保于肃愍公颂》，颂于谦。于谦虽喜诗文，但他在历史上主要以功臣面貌出现的，所颂还是从政治上着眼。虽然是杰出的文学家，一般也不大会为他作颂。

"赞"，就是赞美的意思。所赞的对象，有人，也有物等。但有些赞有评述，则兼有褒贬意义了。徐师曾《文体明辨》把"赞"分为三体，他说："一曰杂赞，意专褒美，若诸集所载人物、文章、书画诸赞是也。二曰哀赞，哀人之没而述德以赞之者是也。三曰史赞，词兼褒贬，若《史记索隐》《东汉》《晋书》诸赞是也。"

历代赞文不在少数，有些是涉及文学家的，如宋代陆游有《东坡像赞》，赞苏轼；明代孙燧有《文丞相像赞》，赞文天祥；清代翁方纲有《华泉尚书像赞》，赞边贡等。这些颂赞，一般用四言韵语，对所赞的人物事迹，只能选取重大事件，且语焉不详，如曹植的《汉高祖赞》：

屯云斩蛇，灵母告祥。朱旗既抗，九野披攘。禽婴克羽，扫灭英雄。承机帝世，功著武汤。

"屯云"谓刘邦所居处，上常有云气。"斩蛇"谓刘邦夜行泽中斩蛇事。"灵母告祥"谓有老妪哭于斩蛇处，说赤帝子刘邦斩白帝子。"禽婴"指擒秦王子婴。"克羽"指打败项羽。"扫灭英雄"指消灭当时的地方割据势力。这无疑是概括了刘邦的一生事迹。若没有《史记·高祖本纪》等来对照，有些事是很难清楚的。当然，有时也只是截取人物的某件事来写"赞"，如庾信有《汉高祖置酒沛宫赞》："游子思归，来归沛宫。还迎故老，更召歌童。虽欣入沛，方念移丰。酒酣自舞，先歌《大风》。"由此可见，这些人物赞，往往根据人物传记资料来写，它本身的史料价值不是很高。特别是一些史赞，就附在人物传记的后面，要知人物的事迹，读传记就可以了，"赞"只是作者对该人的赞扬或评价而已。同时，"赞"大多是对历史人物的称颂或评论，不像同时代人记载中有第一手的史料，所以，"赞"能为我们提供的新鲜史料就非常稀少，或甚至一点也没有。更有甚者，为了文章的表述，有时也可能不顾事实真相如何，只是信笔称赞而已。如洪迈《容斋随笔》卷四"二疏赞"条说："东坡先生作《二疏图赞》云：'孝宣中兴，以法驭人。杀盖、韩、杨，盖三良臣。先生怜之，振袂脱屣。使知区区，不足骄士。'其立意超卓如此。然以其时考之，元康三年二疏去位，后二年盖宽饶诛，又三年韩延寿诛，又三年杨恽诛。方二疏去时，三人皆亡恙。"这就提供了错误的史料了。不过，对历史人物的论赞，它也为我们提供了评论史料的价值，这是属于另一方面的问题了。当然，还有少数赞出自当时人之手，这就比史赞等后人写的有较多的史料价值，但限于文体，这种史料价值也是有限的。

（四）诗歌

诗歌中作者以外的文学家传记史料，因限于文体，一般比较零散，构不成人物的完整史料。如杜甫写李白的诗，有《赠李白》二首、《与李十二白同寻范十隐居》、《送孔巢父谢病归游江东兼呈李白》、《饮中八仙歌》、《冬日有怀李白》、《春日忆李白》、《梦李白二首》、《天末怀李白》、《寄李十二白二十韵》、《不见》等十多首，还有《苏端薛复筵简薛华醉歌》《昔游》《遣怀》三章中也涉及了李白，但它们构不成李白的完整事迹。如《与李十二白同寻范十隐居》，只记述了杜甫与李白"醉眠秋共被，携手日同行"的友谊等。这种片段的赠答，对史料较多的作者来说，好像无关大局，但对传记史料缺乏的作者来说，却显出了它的珍贵。如《全唐诗》收了王迥诗一首，其小传说："王迥，家鹿门，号白云先生，与孟浩然善，诗一首。"王迥其人，史无传，唐代笔记中也都没有提到过他，但在孟浩然集中确有多首赠他的诗。我们从《白云先生王迥见访》中，可知他号白云先生，别号巢居子，家居鹿门山，曾辞征诏。从《上巳洛中寄王九迥》等诗中，知他曾游长江以南等。至于他的生活情趣及与孟浩然的友情，在诗中也都可以见到。再举一例，《红楼梦》作者曹雪芹的史料甚罕见，及敦诚的《四松堂集》、敦敏的《懋斋诗抄》等书中有关曹雪芹的赠挽诗的发现，就为我们研究曹雪芹提供了极为珍贵的史料，为研究者所重视。这就不因史料的零星而被忽视。

同时，在文体上，诗歌要求讲究字数、韵律，以及表达上的比喻、用典、语言的跳跃性等，它不能像散文那样自由畅达，作较为详尽的交待，显出了它的概括和隐晦，今就以杜甫《寄李十二白二十韵》为例，并略作事迹的诠释。诗说：

> 昔年有狂客，号尔谪仙人。笔落惊风雨，诗成泣鬼神。声名从此大，汩没一朝伸。文彩承殊渥，流传必绝伦。龙舟移棹晚，兽锦夺袍新。白日来深殿，青云满后尘。乞归优诏许，遇我宿心亲。未负幽栖志，兼全宠辱身。剧谈怜野逸，嗜酒见天真。醉舞梁园夜，行歌泗水春。才高心不展，道屈善无邻。处士祢衡俊，诸生原宪贫。稻粱求未足，薏苡谤何频。五岭炎蒸地，三危放逐臣。几年遭鵩鸟，独泣向麒麟。苏武先还汉，黄公岂事秦。楚筵辞醴日，梁狱上书辰。已用当时法，谁将此义陈。老吟秋月下，病起暮江滨。莫怪恩波隔，乘槎与问津。

"昔年"两句，谓四明狂客贺知章呼李白为谪仙人（见李白《忆贺监诗》序）。"泣鬼神"指贺知章吟李白《乌栖曲》说："此诗可以哭鬼神矣！"（参见范传正《李公新墓碑》）。"一朝伸"，指李白被玄宗召为翰林供奉。"文彩承殊渥"，指玄宗召李白于金銮殿，白奏颂一篇，帝赐食，亲为调羹，诏供奉翰林（参见《新唐书》本传）。"龙舟"句，指玄宗泛白莲池，召李白作序，"时公已被酒于翰林中，仍命高将军扶以登舟"（参见范传正《李公新墓碑》）。"乞归优诏许"，谓李白为高力士所谮，自知不为亲近所容，恳求还山，帝赐金放还（参见《新唐书》本传）。"醉舞"二句，指李白东游，与杜甫在梁、齐间游乐。"才高心不展"以下，用典说明李白受谤被放夜郎，遇赦得归事。这首诗，王嗣奭认为："此诗分明为李白作传，其生平履历备矣。"（清·仇兆鳌《杜诗详注》卷八）的确，在杜甫为李白所写的诗中，这首诗所写的事迹最为详尽，但比起后起的一些碑传，还是简略的，其表达方式也是诗所特有的，还得对照碑传等才能明白它的内容。虽然如此，因本诗写得早，故具有史料价值。

诗歌中的文学家史料，主要集中在赠答一类诗中，如上举王迥的史料，见于孟浩然的赠答诗中就是。又如杜甫就有与当时名文学家王维、高适、岑参、李白、崔国辅等人的赠答诗。李白的已见上述，今再以赠高适以及涉及高适的诗为例，有《送高三十五书记十五韵》《追酬故高蜀州人日见寄》《送蔡希鲁都尉还陇右寄高三十五书记》《寄高三十五书记》《寄高三十五詹事适》《寄高适》《寄彭州高三十五使君适虢州岑二十七长史参三十韵》《因崔五侍郎寄高彭州》《酬高使君相赠》《王十七侍御抡许携酒至草堂奉寄此诗便请邀高三十五使君同到》《王竟携酒高亦同过用寒字》《奉寄高常侍》《李司马桥了承高使君自成都回》。这些诗中，除最后一首未标明外，都是赠答、倡和诗。

除了赠答诗外，那些怀念、吊祭诗中也有一些史料。怀念诗如杜甫的《梦李白》《天末怀李白》怀念李白，《怀旧》怀念苏源明等。哭吊诗如杜甫的《闻高常侍（适）亡》《哭严仆射（武）归榇》《哭台州郑司户（虔）苏少监（源明）》，张籍的《哭于鹄》《祭退之》等等，特别是《祭退之》一诗，凡一百六十六句八百三十字，详述了二人的交谊与史实，是很难得的祭诗。

从我们上面所举的诗来看，叙事诗与抒情诗都有，但从史料的容量来看，那些篇幅长的叙事诗更具史料价值。

至于其他一些文体，也间有史料价值，但比重较少，我们这里就不再一一介绍了。

第三节　别集中的作者史料

别集中作者自己的史料，比起他人写的传记史料，一般来说，更为生动、具体，更为丰富多彩。文学家的作品更是如此，今略作介绍如下。

一　别集中作者史料的特点

别集中作者的自我史料，其特点大致可从下列五个方面来说：

（一）无往而不在的自我

文学，是通过语言形象反映社会生活，表达作者思想感情的艺术，无论是诗歌、散文、小说、戏剧，都融有作者的思想，特别是抒情作品更为直接。白居易在《醉吟先生墓志铭》中说得好，"凡平生所慕、所感、所得、所丧、所经、所逼（或作遇）、所通，一事一物，已上布在文集中，开卷而尽可知也，故不备书。"《醉吟先生墓志铭》是白居易为自己写的墓志铭，在这篇墓志铭中，白氏对自己的事迹写得很少，是因为他的集子具在，只要阅读他的作品，不仅可知他的生平，且对他的爱憎、得失、穷通，甚至一事一物，只要开卷阅读就都可知道了。所以我们说，在白居易的各类作品中，无往而不有他的自我在，我们观其全部作品，也就知道了他的全人。

另外，要了解一位作家，倘若只看他的部分作品，就可能得出片面的结论，因为一篇作品只能是某个特定时期的为某个特定事物而发，它只能体现作者思想的某一方面，而不是全人。这正如鲁迅在《题未定草（六）》中所说的："又如被选家录取了《归去来辞》和《桃花源记》，被论客赞赏着'采菊东篱下，悠然见南山'的陶潜先生，在后人的心目中，实在飘逸得太久了，但在全集里，他却有时很摩登，'愿在丝而为履，附素足以周旋，悲行止之有节，空委弃于床前'，竟想摇身一变，化为'阿呀呀，我的爱人呀'的鞋子，虽然后来自说因为'止于礼义'，未能进攻到底，但那些胡思乱想的自白，究竟是大胆的。就是诗，除论客所佩服的'悠然见南山'之外，也还有'精卫衔微木，将以填沧海，形天舞干戚，猛志固常在'之类的'金刚怒目'式。在证明着他并非整天整夜的飘飘然。这'猛志固常在'和'悠然见南山'的是一个人，倘有取舍，即非全人，再加抑扬，更离真实。"所以我们说作者的思想在作品中无往而不在，要阅读代表他全部思想的全部作品。

同时，作者的事迹也广泛地存在于他的作品中，仍以陶渊明来说，他不仅有自传式的《五柳先生传》《自祭文》，有追述祖先功业的《命子》诗，有为他外祖父写的《晋故征西大将军长史孟府君传》，有写他儿子的《责子》《与子俨等疏》，有具体写他行踪的《庚子岁五月中从都还阻风于规林二首》《辛丑岁七月赴假还江陵夜行涂口》《始作镇军参军经曲阿作》《乙巳岁三月为建威参军使都经钱溪》，有写他家遭火灾的《戊申岁六月中遇火》，有写他辞官归里的《归园田居》《归去来兮辞》，有写他躬耕的《归园田居》《庚戌岁九月中于西田获早稻》《杂诗》《丙辰岁八月中于下潠田舍获诗》，有写他饮酒的《连雨独饮》《止酒》《饮酒》，有写他困苦生活的《乞食》，有写他与友朋赠答的《和郭主簿》《与殷晋安别》《示周续之祖企谢景夷三郎》《赠羊长史》，等等，不能备引。仅从上面就可以见到，在各类作品中，作者自己的生活、遭际、思想、爱好、交游等等，无往而不在。

（二）自我行踪的勾勒

作者在他的作品中，往往记载了他一生的行踪。这种记述，或综述，或片段，或一鳞半爪，或一颦一笑，都为我们研究作者生平提供了丰富的史料。提供史料的多少，也取决于作者的志趣，作品的多寡等。现存作品多的作家，为我们提供的史料就多；相反，若所存作品不多，提供的史料一般就较少了。

这些作品史料，有自传、自撰墓志等，都综述作者自己的一生；有游记、日记等，记载了某一时段的具体行程。当然，有更多的作品反映了作者的片段事迹，如杜甫的《北征》，就写杜甫在肃宗（李亨）至德二载（757）由凤翔回鄜州探家的情况；《羌村三首》则写杜甫初到鄜州羌村家中的情况。更有的记些一鳞半爪，如杜甫《春水生二绝》，是杜甫在成都草堂的二月六日春水发生时所写；《茅屋为秋风所破歌》，是杜甫写他在成都草堂八月时茅屋被秋风所卷的遭遇等等。无疑的，我们可以依照杜甫诗中记述的事，勾勒出杜甫一生的行踪。这行踪既具体生动，又可信无疑。

（三）心灵的窗口

作品不仅可反映作者的行踪，更是反映作者心灵的窗口。我们研究作者的思想，无不从作品入手，舍此没有第二条道路可走。不仅论说文中可以条分缕析地表述作者自己的意见，记叙文中可以夹叙夹议或让形象自身来表达自己的爱憎，而以言志为根本的诗歌更能表露作者的心灵。我们试以陆游的爱国思想为例，前人说他的诗篇"言恢复者十之五六"，抗敌御侮的思想贯穿了他诗歌的主题。我们看他早年的《夜读兵书》中就说："战死士所有，耻复守妻孥。"直到临死还在《示儿》中说："王师北定中原日，家祭无忘告乃翁。"在他的诗篇中，无论什么事都能触发他的爱国激情，那些送别、行旅、登临、吊古、饮酒、书怀等诗中更是处处皆是，就是日常季节、气候的变化，也常勾起他抗敌御侮之心。如《新春》中说："忧国孤臣泪，平胡壮士心。"《暮春》中说："自笑灭胡心尚在，凭高慷慨欲忘身。"《悲秋》中说："逢秋未免悲，直以忧国故。"《冬暖》中说："老夫壮气横九州，坐想提兵西海头。"《寒夜歌》中说："君看煌煌艺祖业，志士岂得空酸辛。"《十一月四日风雨大作》中说："僵卧孤村不自哀，尚思为国戍轮台。"等等。再看他在夜深人静时的心境。在夜读时提笔写道："群胡自鱼肉，明主方北顾。诵公天山篇，流涕思一遇。"（《夜读岑嘉州诗集》）"孤臣白首困西南，有志不伸空自悼。"（《夜读东京记》）伏在枕上，仍然耿耿不寐，思潮起伏，"报国计安出，灭胡心未休"（《枕上》）；"自恨不如云际雁，南来犹得过中原"（《枕上偶成》）。有时终夜失眠，想着"捶楚民方急，烟尘虏未平"（《三月二十五夜达旦不能寐》）。有时入睡了，白天不能实现的抗敌胜利却在梦中传来:"杀气昏昏横塞上,东并黄河开玉帐。昼飞羽檄下列城,夜脱貂裘抚降将。"(《九月十六日夜梦驻军河外,遣使招降诸城,觉而有作》)。有时早上醒来,仍然发着忧国之叹,"灭贼无期泪横臆"(《晓叹》);"遗民泪尽胡尘里,南望王师又一年"(《秋夜将晓,出篱门迎凉有感》)。不仅诗,陆游的有些词,也充满着报国热忱,如《谢池春》:"壮岁从戎,曾是气吞残虏。阵云高,狼烽夜举。朱颜青鬓,拥雕戈西戍。笑儒冠、自来多误。"同时,他的一些散文,也充满着爱国热情,这里就不详引了。我们仅举这一例子,足可见到作品是作家心灵的窗口。

(四)作品中史料的丰富

作者在作品中所蕴藏的丰富史料,绝不是碑传史料所能囊括的。首先,它所写生活面的宽广,如我们上举"自我行踪的勾勒"中所举陶渊明自我勾勒,就大大丰富了有关他的传记资料的记述。其次,作品中所写的行踪,具体、生动、形象,具有可视性,不像碑传那样干巴巴地叙述,如杜甫回到鄜州羌村的情景,在《羌村三首》中写得非常具体生动,写他回到羌村的时间是傍晚:"峥嵘赤云西,日脚下平地。柴门鸟雀噪,归客千里至。"他的妻子儿女见到他第一个反应是"妻孥怪我在,惊定还拭泪"。邻居们的反应是"邻人满墙头,感叹亦欷歔"。入夜,夫妻之间的心境是"相对如梦寐"。这是三首中的第一首,对回家的最早情形,写得多么丰富逼真。最后,史料的丰富还表现在作者内在思想的外露,也就是作者丰富的内心世界,他对人生的看法,他对社会的看法,他的爱,他的憎,等等,都通过作品反映了出来,可说是作者现身说法,须眉毕现,为我们提供了研究作者思想的第一手丰富的资料。

(五)史料的真实性

作品中作者史料的真实性,可从两方面来看,一方面是作者的事迹,具有无可怀疑的真实可靠性,如陆游有诗题作《十月十七日,予生日也。孤村风雨萧然,偶得二绝句》,诗中有云:"少傅奉诏朝京师,檥船生我淮之湄。宣和七年冬十月,犹是中原无事时。"则陆游生于宋徽宗宣和七年十月十七日。又如从陶渊明的《责子》诗和《与子俨等疏》中，知道陶渊明有五个儿子，他们分别叫俨、俟、份、佚、佟，他们的小名分别叫舒、宣、雍、端、通。又如苏轼《石钟山记》说："元丰七年六月丁丑，余自齐安舟行适临汝。"这些具体事实是不会错的。另一方面，作者在作品中所反映的思想感情是真实的，如我们在上面说到作品是作者心灵的窗口就是这个意思。当然，其间也可能说得隐晦一些，如阮籍的《咏怀诗》，被称为"难于情测"，虽然他因生在"名士少有全者"的魏晋易代之际，对具体事情难以明言，但在他的《咏怀诗》中，爱憎还是非常分明的。同时，他的临深履薄的思想，也正是代表了这一特定时代的阮籍的思想，其反映的也是极为真实的。

此外，其间也有些应酬性的和弄虚作假自我吹嘘的东西，如江总自叙其略说："官陈以来，未尝逢迎一物，干预一事。悠悠风尘，流俗之士，颇致怨憎，荣枯宠辱，不以介意。太建之世，权移群小，谄嫉作威，屡被摧黜，奈何命也。"（见《陈书·江总传》）从自叙看来，江总是一位受害者，但这违背了基本的史实。王鸣盛在《十七史商榷》卷六十一中说："《江总传》云：'为宫端，与太子为长夜饮，养良娣陈氏为女，太子亟微行游总家，宣帝怒免之。'太子即陈后主也。宣帝怒免总，是矣！宣帝建元太建，而总《自序》乃云：'太建时，权移群小，屡被摧黜。'小人欲变乱是非如此！"江总的为人，"后主之世，总当权宰，不持政务，但日与后主游宴后庭，共陈喧、孔范、王瑳等十余人，当时谓之狎客。由是国政日颓，纲纪不立，有言之者，辄以罪斥之，君臣昏乱，以至于灭"（本传）。这与自叙又大相径庭。当然，这种情况，在作品中并不是主体，在研究中注意剔除这些内容就行了。

二 各类文体中的作者史料

我们说作品中具有无往而不在的自我，也就是说，各类文体中都有作者的思想在。当然，因文体不同，其所体现的有关作者的生平事迹、思想、爱憎等的方面有所不同，今分别略作介绍。

　　传状体中，最明显地体现作者生平事迹的是自传，它记下了作者自己的生平事迹，如梁·江淹有《自序传》，唐·陆羽有《陆文学自传》、刘禹锡有《子刘子自传》，宋·苏辙有《颍滨遗老传》等。这种自传，大致详述世系生平，与为别人写的传记相差无几。不过它不可能记下自己的卒年，如刘禹锡的自传写在他七十一岁时。

　　文人写自己的传记，往往有不同自传名称而实为自传性的，如司马迁的《太史公自序》，曹操的《让县自明本志令》，文天祥的《指南录后序》等，我们将在有关文体中介绍。不过还有一种看似为别人写的传记，实为自传性的，这种文体创自陶渊明的《五柳先生传》，后代有不少人效仿，如唐·王绩有《五斗先生传》，白居易有《醉吟先生传》、陆龟蒙有《甫里先生传》、宋·柳开有《东郊野夫传》《补亡先生传》、欧阳修有《六一居士传》、郑思肖有《一是居士传》，等等。这种自传，重在表白自己的性格志趣，不全面叙述自己的生平事迹，或只是记述一些代表本人某种性格的事件。今举欧阳修的《六一居士传》为例以见一斑。

　　　　六一居士初谪滁山，自号醉翁，既老而衰且病，将退休于颍水之上，则又更号六一居士。客有问曰："六一何谓也？"居士曰："吾家藏书一万卷，集录三代以来金石遗文一千卷，有琴一张，有棋一局，而常置酒一壶。"客曰："是为五一尔，奈何？"居士曰："以吾一翁，老于此五物之间，是岂不为六一乎？"

　　　　客笑曰："子欲逃名者乎？而屡易其号。此庄生所谓畏影而走乎日中者也。余将见子疾走大喘渴死，而名不得逃也。"居士曰："吾固知名之不可逃，然亦知夫不必逃也。吾为此名，聊以志吾之乐尔。"客曰："其乐如何？"居士曰："吾之乐可胜道哉！方其得意于五物也，泰山在前而不见，疾雷破柱而不惊，虽响九奏于洞庭之野，阅大战于涿鹿之原，未足喻其乐且适也。然常患不得极吾乐于其间者，世事之为吾累者众也。其大者有二焉，轩裳珪组，劳吾形于外；忧患思虑，劳吾心于内。使吾形不病而已悴，心未老而先衰，尚何暇于五物哉！虽然，吾自乞其身于朝者三年矣，一日，天子恻然哀之，赐其骸骨，使得与此五物偕返于田庐，庶几偿其夙愿焉。此吾之所以志也。"客复笑曰："子知轩裳珪组之累其形，而不知五物之累其心乎？"居士曰："不然，累于彼者已劳矣，又多忧；累于此者既佚矣，幸无患。吾其何择哉？"

于是与客俱起，握手大笑曰："置之，区区不足较也。"已而叹曰："夫士少而仕，老而休，盖有不待七十者矣。吾素慕之，宜去一也。吾尝用于时矣，而讫无称焉，宜去二也。壮犹如此，今既老且病矣，乃以难强之筋骸，贪过分之荣禄，是将违其素志而自食其言，宜去三也。吾负三宜去，虽无五物，其去宜矣，复何道哉！"

熙宁三年九月七日，六一居士自传。

碑志体中，除了那些记功碑文、宫室庙宇碑文及墓碑文中所表露的作者自己的有关事迹及思想外，最为集中的史料当推自撰墓志铭了。比起为别人撰的墓碑文来，为自己撰写墓碑文的人当然居于少数，但也不是仅见的，我们这里仅举文学家为例，如唐·王绩有《自撰墓志铭》、白居易有《醉吟先生墓志铭》、杜牧有《自撰墓铭》，明·徐渭有《自为墓志铭》、张岱有《自为墓志铭》，清·王夫之有《自撰墓铭》、毛奇龄有《自为墓志铭》，等等。这些墓志铭，有详有略，如王绩《自撰墓志铭》写得极简，抒发了他抑郁不平的牢骚："才高位下，免责而已。天子不知，公卿不识，四十五十而无闻焉。"而白居易的《醉吟先生墓志铭》，在序中一一介绍了他的祖先和家人，而对自己的生平事迹只作了概括的介绍："乐天幼好学，长工文，累进士拔萃制策三科，始自校书郎，终以少傅致仕。前后历官二十任，食禄四十年。外以儒行修其身，中以释教治其心，旁以山水、风月、歌诗、琴酒乐其志。"再后又介绍了他自己的作品等。当然也有写得详细的,如毛奇龄的《自为墓志铭》等。

由此看来,为自己写的墓志铭,和为别人写的墓志铭不完全相同,为别人写墓志铭主要在说好话,为自己写就自由多了,它可以借此发牢骚,也可说些自责的话,也可以说些如遗言之类的话,后者如《醉吟先生墓志铭》在序的末尾说:"有名于世,无益于人。褒优之礼,宜自贬损。我殁,当殓以衣一袭,以车一乘,无用卤簿葬,无以血食祭,无请太常谥,无建神道碑,但于墓前立一石,刻吾《醉吟先生传》一本可矣。"又如毛奇龄《自为墓志铭》说:"予死,不冠不履,不沐浴,不易衣服,不接受吊客。"

这种自撰墓志铭,有时写在临终前,如《醉吟先生墓志铭》,但也有不是临终前的,如徐渭的《自为墓志铭》,写于嘉靖乙丑年,即嘉靖四十四年(1565),时徐渭四十五岁。实际上,徐渭到明神宗万历二十一年(1593)才去世,活了七十三岁。当然,其中所记的生平是可靠的。

哀祭体中,从哀祭文中所写作者与被祭者关系中,可以了解作者的一部分事迹,如前哀祭类中所举袁枚《胡稚威(天游)哀辞》、欧阳修《祭梅圣俞(尧臣)文》等文中所记就是。这种祭文,有时所祭者为亲属,所叙事迹更为具体感人,如韩愈的《祭十二郎文》,袁枚的《祭妹文》,等等。今录《祭十二郎文》中的一段以见其史料价值:

> 呜呼!吾少孤,及长,不省所怙,惟兄嫂是依。中年,兄殁南方,吾与汝俱幼,从嫂归葬河阳;既又与汝就食江南,零丁孤苦,未尝一日相离也。吾上有三兄,皆不幸早世,承先人后者,在孙惟汝,在子惟吾。两世一身,形单影只。嫂尝抚汝指吾而言曰:"韩氏两世,惟此而已!"汝时尤小,当不复记忆;吾时虽能记忆,亦未知其言之悲也。
>
> 吾年十九,始来京城。其后四年,而归视汝。又四年,吾往河阳省坟墓,遇汝从嫂丧来葬。又二年,吾佐董丞相于汴州,汝

来省吾，止一岁，请归取其孥。明年，丞相薨。吾去汴州，汝不果来。是年，吾佐戎徐州，使取汝者始行，吾又罢去，汝又不果来。吾念汝从于东，东亦客也，不可以久；图久远者，莫如西归，将成家而致汝。呜呼！孰谓汝遽去吾而殁乎！吾与汝俱少年，以为虽暂相别，终当久相与处，故舍汝而旅食京师，以求斗斛之禄；诚知其如此，虽万乘之公相，吾不以一日辍汝而就也！

这里，韩愈自己记述的行踪非常具体。

除此外，还有一种自祭文，是作者写来自祭的。祭文本来重在哀祭，不把笔墨放在生平事迹上，自祭文更是如此。如陶渊明的《自祭文》，概括地追忆了他艰难勤劳而又旷达的一生，文中说："自余为人，逢运之贫，箪瓢屡罄，缔绤冬陈。含欢谷汲，行歌负薪，翳翳柴门，事我宵晨。春秋代谢，有务中园，载耘载籽，迺育迺繁。欣以素牍，和以七弦。冬曝其日，夏濯其泉。勤靡余劳，心有常闲。乐天委分，以至百年。"至于具体的行踪，则在祭文中没有必要再叙述了。

序跋文中，所记述的作者事迹有时很多。在书序中，有的追述自己的一生经历，相当于一篇自序传，如司马迁的《史记·太史公自序》，班固的《汉书·叙传》，王充的《论衡·自纪》等，无不从家世说起，并述说自己的生平经历。更多的书序，往往说明创作的因由、经过，其中涉及作者自己的事迹，只是局部的，但有时却更为具体、生动，如文天祥《指南录后序》中，记述了作者出使元军到逃出敌营的艰苦遭遇。我们看他写历次遭遇死难的一段文字：

> 呜呼！予之及于死者，不知其几矣！诋大酋，当死；骂逆贼，当死；与贵酋处二十日，争曲直，屡当死；去京口，挟匕首以备不测，几自刭死；经北舰十余里，为巡船所物色，几从鱼腹死；真州逐之城门外，几彷徨死；如扬州，过瓜洲扬子桥，竟使遇哨，无不死；扬州城下，进退不由，殆例送死；坐桂公塘土围中，骑数千过其门，几落贼手死；贾家庄几为巡徼所陵迫死；夜

趋高邮，迷失道，几陷死；质明，避哨竹林中，逻者数十骑，几无所逃死；至高邮，制府檄下，几以捕系死；行城子河，出入乱尸中，舟与哨相后先，几邂逅死；至海陵，如高沙，常恐无辜死；道海安、如皋，凡三百里，北与寇往来其间，无日而非可死；至通州，几以不纳死；以小舟涉鲸波，出无可奈何，而死固付之度外矣！呜呼！死生昼夜事也。死而死矣，而境界危恶，层见错出，非人世所堪。痛定思痛，痛何如哉！

这段简略的叙述，包含了多少危难，包含了多少血泪！

有时序中所记，仅寥寥数笔，却也极富生活情趣，如归有光《尚书别解序》说："嘉靖辛卯，余自南都下第归，闭门扫轨，朋旧少过，家无闲室，昼居于内，日抱小女儿以嬉。儿欲睡，或乳于母，即读《尚书》。儿亦爱弄书，见书，辄以指循行，口作声，若甚解者。故余读常不废。"这段文字不仅交待了归有光于嘉靖十年（1531）科举落第的时间，而且也生动地写出了他这段时间在家中的生活情趣。

不仅书籍的自序具有作者的生平事迹，就是篇序也记下了作者的事迹，如曹植的《赠白马王彪序》说：

> 黄初四年五月，白马王、任城王与余俱朝京师，会节气。到洛阳，任城王薨。至七月与白马王还国。后有司以二王归藩，道路宜异宿止。意毒恨之。盖以大别在数日，是用自剖，与王辞焉。愤而成篇。

又如《迁都赋序》说：

> 余初封平原，转出临淄，中命鄄城，遂徙雍丘，改邑浚仪，而末将适于东阿。号则六易，居实三迁。连遇瘠土，衣食不继。

这篇序则概括了曹植一生被不断迁徙的苦况。而像庾信的《哀江南赋序》，不仅自叙了遭遇，而且成了传世名文。所以自序对研究作者的事迹是非常重要的史料宝库。

赠序体中，情况有所不同，因赠序是赠人之作，作者不可能自赠，所以赠序中作者的史料，主要是在追叙友情之中，如前"赠序史料"中所举欧阳修《送梅圣俞归河阳序》、刘大櫆《送姚姬传南归序》等文中就约略可见到这种情况。

书牍体中，作者更有驰骋自己的自由天地，因为书信是写给友朋、亲属等看的，朋友、亲属之间的交往，较少拘束，可以更为自由地抒发自己的真实感情。所以这类书信，在了解作者的生平、思想等的史料价值方面更为真实，故鲁迅在《孔令境编〈当代文人尺牍钞〉序》中说："从作家的日记或尺牍上，往往能得到比看他的作品更具明晰的意见，也就是他自己的简洁的注释。"当然，那些应酬性的官样书信除外。

历代书牍文中，出现了一批著名的书信，有些对了解作家的生平思想非常有用，可以说是直接的第一手史料，如司马迁的《报任安书》，嵇康的《与山巨源绝交书》，白居易的《与元九书》，夏完淳的《狱中上母书》，等等，不详举。也有的书信虽涉及作者事迹不多，但也真实地吐露了作者的种种思想感情，或对政局的分析，或对文艺的见解，等等，都是研究作者的重要史料。

诏令文中，倘若帝王是文学家，又是他亲自撰写的诏令文，自然也给我们提供了他自己的思想，如我们在上面所举的唐太宗李世民给魏徵的几通诏书，就充分显示了李世民的求贤若渴。诏令文中的代表作，当推曹操的《让县自明本志令》了。在这篇文告中，作者结合自己的生平志向和当时形势，表明自己没有废汉自立的野心。文章写得相当坦率，他说："今孤言此，若为自大，欲人言尽，故无讳耳。设使国家无有孤，不知当几人称帝，几人称王。或者人见孤强盛，又性不信天命之事，恐私心相评，言有不逊之志，妄相忖度，每用耿耿。"它是研究曹操生平思想的重要史料。

奏议文中，那些结合自己情况而上的奏书，更具史料价值，如诸

葛亮的《出师表》,其中提到刘备对他的知遇之恩一节:

> 臣本布衣,躬耕于南阳,苟全性命于乱世,不求闻达于诸侯。先帝不以臣卑鄙,猥自枉屈,三顾臣于草庐之中,咨臣以当世之事,由是感激,遂许先帝以驱驰。后值倾覆,受任于败军之际,奉命于危难之间,尔来二十有一年矣。先帝知臣谨慎,故临崩寄臣以大事也。受命以来,夙夜忧叹,恐托付不效,以伤先帝之明,故五月渡泸,深入不毛。今南方已定,兵甲已足,当奖率三军,北定中原,庶竭驽钝,攘除奸凶,兴复汉室,还于旧都。此臣所以报先帝,而忠陛下之职分也。

这里反映的诸葛亮的思想相当鲜明。又如曹植的《求通亲亲表》,针对魏帝排斥、迫害宗室,提出了自己的意见,并反映了自己"每四节之会,块然独处,左右唯仆隶,所对唯妻子,高谈无所与陈,发义无所与展,未尝不闻乐而拊心,临觞而叹息也"。这是曹植在后期的真实生活处境。但这里因为是对皇上说的,还比较节制,若与曹植的后期诗文对照,这种情况就更明显了。又如李密的《陈情事表》,描述了祖母抚养自己长大成人,相依为命,如今祖母年老,因而暂不能应诏。表中也结合李密自己的事迹来陈述,写得委婉动听,情词并茂,成为传诵后世的名作。

杂记文中,涉及作家自己事迹的,前节已举写人事的谢翱《登西台恸哭记》,记亭台楼阁的曾巩的《醒心亭记》,苏辙的《武昌九曲亭记》等作品中都可看到。在这类文体中,涉及作者自己时,内容更为具体,思想更为鲜明,如方苞的《狱中杂记》,是记他在康熙五十年(1711),因《南山集》案牵连入狱,次年,在刑部狱写成的一篇狱中见闻,揭发了狱中的种种黑暗,这对了解方苞的生活与思想自然是重要的史料。又如欧阳修的《醉翁亭记》,虽然作者被贬滁州,但文中可看到他仍然悠然自得地行乐,反映了欧阳修思想的一个侧面。同时,文中写到"负者歌于途,行者休于树,前者呼,后者应,伛偻提携，往来而不绝者，滁人游也"，也从侧面反映了他治理滁州的政绩。

至于这类文体中的游记，更可知作者的行踪以及他的志趣爱好和思想见解。如从苏轼的《石钟山记》中，可以知道他于元丰七年六月丁丑（公元1084年7月14日），自齐安（今湖北黄冈县）舟行去临汝（今属河南），而他的长子苏迈将赴饶州德兴县（今属江西）做县尉，苏轼就从水路绕道送他，到了湖州（今江西省湖口县），与苏迈同游石钟。继写夜游石钟山，终于侦破石钟发声之谜，表达了苏轼的探求精神。这类游记很多，这里不详为举例。还有一类游记，详记日期及历程，对了解作者的活动更为详细了，如唐·李翱的《来南录》今截取部分如下：

> 元和三年十月，翱既受岭南尚书公之命，四年正月己丑，自旌善第以妻子上船于漕。乙未，去东都，韩退之、石濬川假舟送予。明日，及故洛东，吊孟东野，遂以东野行。濬川以妻疾，自漕口先归。黄昏到景云山居。诘朝，登上方，南望嵩山，题姓名记别。既食，韩、孟别予西归。戊戌，予病寒，饮葱酒以解表，暮宿于巩。庚子，出洛下河，止汴梁口，遂泛汴流，通河于淮。辛丑及河阴，乙巳次汴州，疾又加，召医察脉，使人入卢。

这种游记，有的很长，如陆游的《入蜀记》，徐宏祖的《徐霞客游记》等，是具有日记性的游记了。这里不备述。

在辞赋中，作者事迹较为集中的是在那些纪行、游览、居邑等类中，而表达作者思想较为明显的是那些抒情小赋，包括志、哀伤等类。纪行如班彪的《北征赋》、班昭（曹大家）的《东征赋》、潘岳的《历征赋》，游览如王粲的《登楼赋》、苏轼的《赤壁赋》，居邑如谢灵运的《山居赋》，志如张衡的《归田赋》、冯衍的《显志赋》、潘岳的《闲居赋》，哀伤如向秀的《思旧赋》、陆机的《叹逝赋》、潘岳的《怀旧赋》、庾信的《哀江南赋》，等等。当然，除了上述各类外，其他类的赋中也有一些作者的事迹及其感慨，这里就不再举例了。

在诗歌中，更是抒发作者思想感情的自由天地，无论叙事、抒情、长篇、短制，都有作者的自我在。作者自述生平的大都是叙事，如陶渊明的《命子》诗详细介绍了他的世系；杜甫的《北征》叙述了他在肃宗至德二载从凤翔回到鄜州探亲的情况等。

至于作者生平事迹散见于各诗中的，我们可用来汇集并勾勒出作者的详细的生平，这是年谱、传记作者善用的办法，也是人所共知的。如洪迈在《容斋五笔》卷八"白苏诗纪年岁"条说："白乐天为人诚实洞达，故作诗述怀，好纪年岁，因阅其集，辄抒录之：'此生知负少年心，不展愁眉欲三十。''莫言三十是少年，百岁三分已一分。''何况才中年，又过三十二。''不觉明镜中，忽年三十四。''我年三十六，冉冉昏复旦。'……玩味庄诵，便如阅年谱也。"

还有如词、散曲等文体中表露的作者事迹和思想，大致和诗差不多，这里也不再叙及了。

第六章

作家传记史料的考订

第一节 姓名考订

一 繁复的古人姓名

中国古人的姓名极为复杂，称呼极为繁多，而其中尤以文艺家为甚。为了有助于作家的姓名考订，有必要先就古人姓名的繁杂情况作一些介绍，下面将分为姓、名、多名和同姓名三个部分来谈。

（一）姓

古人的姓，有单姓和复姓。单姓一个字，复姓两个字。前者如赵、钱、孙、李，后者如欧阳、诸葛、东门、西门等。本来，每个人只有一个姓，这是常规，但其间也有赐姓、改姓的。

赐姓比较简单，一般来说，是帝王对有功之臣或其宠幸之臣赐一个姓。其中最为荣耀的是赐与帝王同姓，如隋代杨义臣原姓尉迟，文帝因其父力战而死，就赐义臣姓杨，"编之属籍，为皇从孙"（《隋书·杨义臣传》）。唐代功臣如罗艺、徐世勣等，都赐姓李。还有少数民族人因功赐国姓的，如唐末李克用，本西域突厥沙陀部人，其父归唐有功，因赐姓李。

也有赐大姓或名人姓的，如鞑靼族人丑驴，在元时曾任工部尚书，明洪武时归顺，明太祖赐姓李，名贤（见《明史》卷一百五十六）。又如西羌于龙呵归宋，至阙下引见，对押伴使说："平生闻包中丞拯,朝廷重臣,某既归汉,乞赐姓包。"宋神宗从其所请,赐姓包,名顺(见《甲申杂记》)。

改姓的原因很多,有因避讳而改的,这种例子很多。如项羽名籍,姓籍的因犯讳而改姓席。汉明帝名刘庄,姓庄的因避讳而改姓严。这是因避帝王名而改姓的。也有因避历史上割据政权君主的名字而改姓的,据宋·钱易《南部新书》说:"陶穀,小名铁牛……唐彦谦之孙也,以石晋讳,改姓焉。"又朱彧《萍洲可谈》说:"钱镠据吴越,改刘为金。"有时改后恢复原姓,其后又改的,如邵博《闻见后录》说:"文潞公(彦博)本姓敬,其曾大父避石晋高祖讳,改姓文。至汉,复姓敬。入本朝,其大父避翼祖讳,又更姓文。"

有时一姓因避讳改为好几个姓,如《挥麈前录》卷三说:"太上皇帝(宋高宗赵构)中兴之初,蜀中有大族犯御名之嫌者,而游宦参差不齐,仓卒之间,各易其姓。仍其字而更其音者,勾涛是也。加金字者,钩光祖是也;加糸字者,绚纺是也;加草头者,苟谌是也;改为句者,句思是也;增而为句龙者,如渊是也。由是析为数家,累世之后,昏姻将不复别。"

有因避祸而改姓的,如春秋时,"羊舌"氏被其他晋卿攻灭,子孙逃避外地,把复姓"羊舌"改成单姓"羊"。王莽末,疏广孙孟达避难,去"疎"(疏字)的"足"而成"束"。方孝孺为明成祖朱棣所杀,其幼子及族中幸存者改姓"施"或"六"。"施"字拆开来就是"方人也";"六"字则与"方"字形近。

有因罪而被改恶姓的,如隋杨玄感被杀,其后被改姓"枭"(《隋书·杨玄感传》)。以后,唐武后改萧良娣也姓"枭"(《唐书》)。又如唐窦怀贞与太平公主谋逆,惧而投水死,追戮其尸,并改姓"毒"(《唐书》)。清代赵翼《廿二史札记》卷十九有"改恶人姓名"条,可参阅。不过这种改恶姓,是暂时的现象,后世没有流传开来。

有因其他原因而改姓的,如汉末是仪本姓"氏",少仕郡,郡相孔融说"氏"字是"民"无上,可改为"是",因而改之(《建康实录》)。又如宋代张俊以妾荣国夫人张氏为继室,嫌她和自己同姓,就为她改姓"章"(《三朝北盟会编》)。又如宋赵邦永本姓李,是李全的部下,其后赵葵破李全,爱邦永勇,纳之,就改姓"赵"(《齐东野语》)。又如魏忠贤时,有姓魏的因恨与魏忠贤同姓,就去"鬼"而成"委"姓(《冷庐杂识》),等等。

文学家中,也有改姓的,有自己改的,也有后人因避讳而改的。自己改的如文天祥逃亡时,变姓名为刘洙(或作洙);顾炎武因避祸改称蒋山佣。因避讳而被后人改姓的,如荀子(荀卿)因避汉宣帝刘询的讳而被改成孙卿(《史记》本传"索隐")。《史记》中的辞赋家庄忌、庄助,在《汉书》中因避汉明帝刘庄讳,改成了严忌、严助。《汉书》有《严助传》,实即《庄助传》。遇到这种改姓的作家,我们要注意,不要把他们当成两人。

(二) 名

古人的名,包括异称在内,比姓复杂得多了。简单地说,除了正式的名以外,小时候有小名,也叫乳名,如曹操小名阿瞒,故吴人写有《曹瞒传》,多为《三国志》裴注所引用,保存了不少曹操的史料。又如司马相如小名犬子。不过成人以后,古人仍用小名称呼的较少。

字,也称表字。《礼记·曲礼》说:"男子二十冠而字……女子许嫁笄而字。"为什么要有字呢?《礼记·檀弓》"幼名,冠字"疏说:"始生三月而加名,故云幼名","年二十有为人父之道,朋友等类不可复呼其名,故冠而加字"。原来字是供别人称呼的,所以古人除了长辈和上级直呼其名之外,一般都用字来称呼,表示亲近、敬重之意。

古人的名与字,一般是有关联的,故《白虎通》说:"闻名即知其字,闻字即知其名。"如诸葛亮字孔明,"亮"即"明"。岳飞字鹏举,"鹏举"即"飞",用《庄子·逍遥游》典。这些是取其同义,也有取意义相反的,如韩愈字退之,赵孟𫖯字子昂,"愈"与"退"、"𫖯"(即俯)与"昂",都是相反。这种名与字的相互关系,王引之在《春秋名字解诂》中分为五体，萧遥天在《中国人名的研究》中扩而成十一体，可参看。不过，我们不能拘于名与字的关联，也有名与字全不相关的，萧遥天说："如果命字纯以伯仲，或纯以美辞，或纯记居室，或纯志仰慕，便闻名不知其字，闻字也不知其名了。"这是确实的。

字一般用两个汉字，但也有例外，有用一个汉字的，洪迈在《容斋五笔》卷一中有"古人字只一言"条，举出了一言字的古人。不过后人的一言字，因叫起来不顺口，就加了一个字，陆游《老学庵笔记》卷十说："钱勰字穆，范祖禹字淳，皆一字。交友以其难呼，故增'父'字，非其本也。"但也确有字中用"父"字为双字的，如刘敞字原父，刘攽字贡父，洪刍字驹父，郭祥正字功父，就不能都当成一言字加"父"了。字也有用三个汉字的，但比较少见，王士禛《池北偶谈》、梁章钜《浪迹三谈》等书中都有举例，可参看。

一个人也有好几个字的，梁章钜在《浪迹三谈》卷三中说："近人之多字，无如毛西河先生。按先生名奇龄，又名甡。字两生，又字大可，又字齐於，又字于，又字初晴，又字晚晴，又字老晴，又字秋晴，又字春迟，又字春庄，又字僧弥，又字僧开，皆杂见集中。"但也有名与字相同的，见于作家的如殷仲文字仲文，刘孝绰字孝绰，庾仲容字仲容，王僧孺字僧孺，孟浩然字浩然等。

号是人的名、字以外另起的称号，也称别号、别字，如陶渊明自称"五柳先生"（《五柳先生传》："宅边有五柳树，因以为号焉。"）欧阳修自号"六一居士"（《六一居士传》："吾家藏书一万卷，集录三代以来金石遗文一千卷，有琴一张，有棋一局，而常置酒一壶……以吾一翁，老于此五物之间，是岂不为六一乎？"）

号的字数有长有短，自由抒发，不过一般常见的是二至四字，如王维桢号槐野，王慎中号南江，李商隐号玉谿生，李梦阳号空同子，李白号青莲居士，李清照号易安居士，等等。也有五言以上的，如王夫之号"南岳卖姜翁"，朱彝尊号"小长芦钓鱼师"，唐寅号"江南第一风流才子"，等等。

号所以也称别号，因为一个人除一个号以外，还可以随时再加，所以一个人可以有许多号，如朱熹，除了他的字元晦，一字仲晦外，居崇安时，就以堂名"紫阳"为号，因在建阳云谷建草堂，就自称"云谷老人"，堂匾名"晦庵"，亦兼号"晦翁"，晚年居建阳之考亭，作沧洲精舍，遂自号"沧洲病叟"，又号"遯翁"。又如清代书画家、文学家傅山，《中国历代书画篆刻家字号索引》中竟收了他四十四个字号，除了他的字青竹、青主、仁仲、啬庐外，其他都是他的号。

还有一种是室名号，就是以自己的书斋名为号，实际也是自号的一种。它末字常用斋、楼、堂、房、馆、轩、园、室、屋等称呼，也以二至四字居多，如尤侗称艮斋，汤显祖称玉茗堂，阮元称石墨书楼，等等。而其中长者竟有达二十多字的，如潘仕成称"周敦商彝秦镜汉剑唐琴宋元明书画墨迹长物之楼"。

官称。用职官来称呼，古书中也比比皆是，如高适官终散骑常侍，被称为"高常侍"；王维官至尚书右丞，故世称"王右丞"；杜甫曾官检校工部员外郎，后世就称他为"杜工部"；韩愈晚年任吏部侍郎，故被称为"韩吏部"等。也有用封爵称呼的，如司马光封温国公，被称为"温国公"、"温公"、"司马温公"；王安石封荆国公，常被称为"荆公"、"王荆公"，也曾封舒国公，故也称"舒公"。

地称。一般地称用籍贯来称呼，对那些有地位的名人常用。文学家中如柳宗元是河东解县人，被称为"柳河东"或"河东先生"；王安石是抚州临川人，就被称为"王临川"、"临川先生"。也有以郡望称，如韩愈为河南河阳（今孟县）人，因郡望昌黎，故被称"韩昌黎"或"昌黎先生"。也有用所居地来称呼的，如李贺居福昌昌谷，被称"李昌谷"；杜牧居长安城南樊川别墅，后因称为"杜樊川"。宋·钱易《南部新书》说："近俗以权臣所居坊呼之：安邑，李吉甫也；靖安，李宗闵也；驿坊，韦澳也；乐和，李景让也；靖恭、修行，二杨也。皆放此。"

谥称。古代有地位的人死后还有谥号，是根据生前事迹评定的带有褒贬意义的称号。这种谥号，皇帝的由礼官议上，臣下的谥，由朝廷赐予。还有的不经朝廷，称为私谥。谥号所用的每一个字，有固定的褒贬意义，如"经纬天地曰文"、"威强睿德曰武"、"致戮无辜曰厉"、"去礼远众曰炀"等，这就是历史上帝王称为文帝、武帝、厉王、炀帝等名目的由来。臣下也是这样，有地位的文学家也常用谥称，如欧阳文忠（欧阳修）、司马文正（司马光）、苏文忠公（苏轼）、岳武穆（岳飞）、宋文宪公（宋濂），等等。文学家中也有私谥的，如陶渊明私谥靖节征士，故被称为"陶靖节"。

庙号。皇帝死后还有庙号，即在太庙立室奉祀，特为立一专号，称某祖、某宗的就是，如唐高祖、唐太宗、唐高宗、唐中宗、唐玄宗等就是。

排行。用排行称呼，唐代最为突出，我们看唐诗，许多标题就用排行，如孟浩然诗中，就有张八、张五、阎九、万七、辛大、陈七、包二、薛八、丁大、郑五、郑十三、朱二、王九、王七、张二、李十四、刘大、王大、告八、王五、袁十、薛八、崔二十一、曹三、陈大、张十一、房六、杨九、张七、朱大、储十二、杜十四等人的排行称呼。这些排行，有的连有名字，就可知道是谁；有的只有排行，要知是谁，煞费考索。岑仲勉有《唐人行第录》，专门考证唐人的排行，可查检。

这种一人称谓的多变，是古书中常常遇到的，随着时间、地点、称呼者、被称呼者的地位不同而不同。如司马光，字君实，自号迂叟、齐物子。王安石有《答司马谏议书》，"司马谏议"是官称，因司马光当时官谏议大夫。信中呼司马光为"君实"，用字称。后司马光任尚书左仆射兼门下侍郎，实为当时首相，故也称"司马丞相"。政和中，改尚书左仆射为太宰，太宰在晋时即太师，故也有称他为"司马太师"的。丞相可称相公，故也有称司马相公的。又因司马光是陕州夏县涑水乡人，后世也用地称为"涑水先生"。司马光赠温国公，故后代称他为"温国公"、"司马温公"，或只称"温公"。谥文正，又可称他为"司马文正"、"文正公"等。更有把他称为"司马公"、"司马老先生"的，等等，这在古书中都有使用。

在同一篇文章中，对不同人也有用种种不同的称谓，如黄宗羲在《明文案序下》中论及明文的一段时说：

> 有明文章正宗盖未尝一日而亡也。自宋（宋濂）、方（方孝孺）以后，东里（杨士奇）、春雨（解缙）继之，一时庙堂之上，皆质有其文。景泰、天顺稍衰，成、弘之际，西涯（李东阳）雄长于北，匏庵（吴宽）、震泽（王鏊）发明于南，从之者多有师承。正德间，余姚（王守仁）之醇正，南城（罗玘）之精炼，掩绝前作。至嘉靖，而昆山（归有光）、毗陵（唐顺之）、晋江（王慎中）者起，讲究不遗余力。大洲（赵贞吉）、浚谷（赵时春）相与犄角，号为极盛。万历以后又稍衰，然江夏（郭正域）、福清（叶向高）、秣陵（焦竑）、荆石（王锡爵）未尝失先民之矩矱也。崇祯时，昆山（归有光）之遗泽未泯，娄子柔（坚）、唐叔达（时升）、钱牧斋（谦益）、顾仲恭（大韶）、张元长（大复）皆能拾其坠绪。江右艾千子（南英）、徐巨源（世溥），闽中曾弗人（异撰）、李元仲（世熊），亦卓荦一方。石斋（黄道周）以理数润泽其间。计一代之制作，有所至不至，要以学力为浅深，其大旨罔有不同，顾无俟于更弦易辙也。自空同（李梦阳）出，突如以起衰救弊为己任。汝南大复（何景明）友而应之，其说大行。

这段文字中，对提到的一些人名或用字称，如娄子柔、唐叔达、顾仲恭、张元长、艾千子、徐巨源、曾弗人、李元仲；或用号称，如东里、春雨、西涯、匏庵、震泽、大洲、浚谷、荆石、牧斋、石斋、空同、大复；或用地称，如余姚、南城、昆山、毗陵、晋江、江夏、福清、秣陵，而其中毗陵、秣陵还分别用了武进、江宁的古地名。这种复杂的称谓，在一般古文中是不加人名的，对读者就有了更大的困难。

（三）多名和同姓名

（1）多名，是指一个人又多个不同的名字，这种情况，主要表现在各类异称中，我们在上面已经谈过了。这里只谈一名两写，因讳改名、因故改名、割裂人名、译名和汉名五种情况。

一名两写。指同一个名字，有两种不同的写法，这主要是指一些通用字问题。如秦始皇时入海求不死药的徐福，在《史记·秦始皇本纪》中作徐市，在同书《淮南衡山列传》中作徐福，因为"市"与"福"同音，后人就直接写成"福"了。又如诗人温庭筠，《旧唐书》作"庭筠"，《新唐书》作"廷筠"，"庭"、"廷"有时可通用。又如诗人刘眘虚，"眘"即古代"慎"字，故也有人直接写成了"刘慎虚"。这事到了目前简化字通行后，许多古人名都写成简化字，如徐幹写成"徐干"，魏徵写成"魏征"，也成了一名两字了。

因讳改名。因讳改名已在上面说过，这里再介绍一下因为避讳而改名的。古人在书写时，因避讳而改名的办法大致有换字、去字、以字代名、合写、缺笔、空格等。

换字，就是换一个意义相通或声音相同的字。陈垣在《史讳举例》的《因避讳一人数名例》中说："《晋书·罗尚传》：'乃使兵曹从事任锐伪降。'《李特载记》作任明，《华阳国志》八作任叡。叡为本名，晋人避元帝讳易之。锐取同音，明取同义也。"又如《南齐书》中的薛渊，在《南史》中因避唐讳改名薛深；《魏书》中的李叔虎、侯渊、张渊，《北齐书》中的李稚廉等人，在《北史》中因避唐讳分别改作李叔彪、侯深、张深、李幼廉。又如著名作家陶渊明、鲍照，因避唐讳而改作陶泉明、鲍昭。清代作家王士禛，因避清世宗胤禛讳，死后被改作士正或士祯。也有因避家讳而改的，如司马迁父名谈，《史记》中提到的张孟谈、赵谈改为张孟同、赵同。范晔父名泰，故《后汉书》中为郭泰立的传改作《郭太传》。书面避家讳，口头同样要避，据宋·王明清《挥麈后录》载："温公在相位，韩持国为门下侍郎。二公旧交相厚，温公避父讳，每呼持国为秉国。"

去字，就是在双名中去掉那个避讳字，如唐太宗名世民，王世充就写成了王充，徐世勣就写成了徐勣，把避讳字"世"字去掉。又如《南齐书》中的《孔稚珪传》，在《南史》中因避唐讳改成《孔珪传》。若是单名，就不能用这个办法，因去掉一个字就只剩姓了。

以字代名，就是不写他犯讳的本名，而写他的字。历史上有不少"以字行"的人物，不少是出于避讳。这种情况见于史书的也很多，如《晋书·宣帝纪》把公孙渊写作公孙文懿，《载记》中的刘渊传称为刘元海传，石虎传称石季龙传，都因为避唐讳而改用字称。又如《南史·文学传》中有《贾希镜传》，即《南齐书》中的《贾渊传》，渊字希镜，因避唐高祖李渊讳改用字称。

合写，就是把人的双名合写成一个字，如《北史》《隋书》中都有《张瀰传》，《北史》说"本名犯庙讳"，钱氏《考异》卷四十说："盖本名大渊，避讳，连为一字。"这种情况较为少见。

至于缺笔、空格，一般不至造成多名，这里就不说了。

因故改名。因故改名的原因很多，如上文改姓中提到的文天祥、顾炎武因避祸改成刘洙、蒋山佣就是。也有表现民族气节而改名的，如宋末爱国志士郑思肖，原有名，入元后，因思故宋而改名"思肖"，"思肖"就是"思赵"，因繁体字赵作"趙"。也有冒名而成己名的，如清代的金圣叹，据说他原姓张，名采，因顶了金人瑞名就试，得第一，遂更名人瑞，字圣叹。

割裂人名。所谓割裂人名，就是在崇尚骈俪文及讲究诗文声韵的时代，诗文中为了字数、音韵、对偶等关系，生生把人的姓名加以割裂，表现在把复姓割取成单字，如梁·萧统《锦带书》："三冬勤学，慕方朔之雄才。""方朔"谓东方朔。李商隐《梓潼》诗："梓潼不见马相如。""马相如"谓司马相如。《晋书·王浚传》载桓温上表有云："世祖旌贤，建葛亮之胤。""葛亮"即诸葛亮。也有双名中割取其中一字的，如《晋书·孙惠传》："窃慕墨翟、申包之诚。""申包"即"申包胥"。潘岳《关中诗》："纷纭齐万，亦孔之丑。""齐万"谓齐万年。杜甫《奉送二十三舅录事之摄郴州》："徐庶高交友，刘牢出外甥。""刘牢"即刘牢之。这种任意割裂人的姓名，在古诗文中常见。

译名和汉名。这主要出现在少数民族的人名中。清·赵翼《廿二史札记》卷二十八有"金一人二名"条；钱大昕《十驾斋养新录》卷八也有"金人多二名"条，都是说金人除有本国语名外，还有汉名。如《养新录》说："金人多二名，一从本国名，一取汉语，史家不能悉载。如《元史·按竺迩传》所载，金会州守将郭斌，即《金史·忠义传》之郭虾蟆也。《交聘表》所载使宋贺正旦生辰诸臣，以《宋史》本纪证之，往往姓同名异。《金表》多国语，《宋纪》则其汉名也。"

不仅少数民族人名有用汉名的，而且汉人也有用少数民族名的，这主要是在少数民族入主中原以后的元代有这现象，清代也不乏其人。《廿二史札记》卷三十专有"元汉人多作蒙古名"条说："元初本有赐名之例，张荣以造舟济师，太祖赐名兀速赤；刘敏，太祖赐名玉出干，其子世亨，宪宗赐名塔塔儿；次子世济，又赐名散祝台。"除了赐名，还有一些人效仿，为自己起了少数民族名。

文学家中具有本民族姓名和汉姓名的，主要在那些少数民族作家中，如元代作家迺贤，字易之，本突厥葛逻禄氏，"葛逻禄"意为马，故他又名马易之。散曲家薛昂夫，回鹘人，汉姓为马，故也名马昂夫。

此外，在那些译名中，所译汉音的用字也有不同，也就是一名有了多种译法，这也是常见的，因涉及的作家不多，这里就不说了。

（2）同姓名。这也是一个较为复杂的问题，倘若同姓名的人时代相差较远，还易于区分，但若在同时代或同时的同姓名人，则易于把两人看作一人。因此，分辨同姓名的不同人，就引起了历代研究者的注意。早在梁代的元帝萧绎，就有《古今同姓名录》的编著，后代各家续有所编，集其大成的，当推彭作桢的《古今同姓名大辞典》。

除了专书分辨同姓名外，笔记中也累见记载，特别是那些同时同姓名的人更引起注意，如唐·孟棨《本事诗》载：知制诰缺人，德宗批与韩翃，当时江淮刺史也叫韩翃，再请德宗批示，德宗先写了"春城无处不飞花"诗后再批："与此韩翃。"又赵璘《因话录》载："李尚书益，有宗人庶子同名，俱出于姑臧公。时人谓尚书为文章李益,庶子为门户李益。"宋代还有两个张先,同时人,据宋·王明清《玉照新志》载:"本朝有两张先,皆字子野。一则枢密副使逊之孙,与欧阳文忠同在洛阳幕府,其后文忠为作墓志铭,称其'志守端方,临事敢决'者。一乃与东坡先生游,东坡推为前辈,诗中所谓'诗人老去莺莺在,公子归来燕燕忙',能为乐府,号'张三影'者。"周密《齐东野语》中也说到这两个张先,一为博州人,天圣三年进士,欧阳公为作墓志;一为天圣八年进士,吴兴人。

上面所举的同时同姓名的人都有作家在内,见到记载他们的史料必须分别清楚,不能张冠李戴,更不能合二为一。

二 常见的姓名错误

在古书中,姓名错误是常见的,这是因为在校订时,一般文字的错误据上下文的内容比较容易发现,而人的姓名,对不熟悉的人来说,易错而又不易发现。造成错误的原因是多方面的,下面分形近而误、音近而误、其他致误、一人误作二人、二人或多人误作一人、字号之误六个方面来说一下。

(一)形近而误

这是大量的,对粗心大意的人来说,也是容易造成的。《红楼梦》二十六回中写薛蟠把"唐寅"误认作"庚黄",就是最明显的一例。书中写到薛蟠对宝玉说看见一副落款为"庚黄"的好画时,"宝玉听说,心下猜疑道:'古今字画也都见过些,那里有个"庚黄"?'想了半天,不觉笑将起来,命人取过笔来,在手心里写了两个字,又问薛蟠道:'你看真了是"庚黄"?'薛蟠道:'怎么看不真!'宝玉将手一撒,与他看道:'别是这两字罢?其实与"庚黄"相去不远。'众人都看时,原来是'唐寅'两个字,都笑道:'想必是这两字,大爷一时眼花了也未可知。'薛蟠只觉没意思,笑道:'谁知他"糖银"、"果银"的。'"作为呆霸王的薛蟠,看错了字是没有什么奇怪的,有时连有学问的名人也偶有所误。据《鹤林玉露》卷十三载:"杨诚斋在馆中与同舍谈及晋于宝,一吏进曰:'乃干宝非于也。'问:'何以知之？'吏取韵书以呈。干字下注云：'晋有干宝。'诚斋大喜曰：'汝乃吾一字之师。'"这或许是杨万里看的是误本的《晋书》，否则他怎么连干宝都不知道，还要等人从韵书中去找证明呢？

这种形似而误，作家中也不乏其人，如王绩误作王勣，韦楚老误作常楚老，冯延巳误作冯延已，张祜误作张祐，等等。

（二）音近而误

有时写错人名，是因为音近而误书，因而传误的。如《全唐诗》李逸名下，收了《洛阳河亭奉酬留守郡公追送》一首，此诗在李益名下亦入收，则"李逸"当为"李益"之音讹。又《全唐诗外编》上册所收远公诗一首，题名《伤悼前蜀废国》，也就是下册所收的远国的题作《伤废国》的一首。后者在所引本事中明云"时有远公伤废国诗云"，则作者当为远公，"公"因音近而误作"国"。

（三）其他致误

除形误、音误外，还有许多传写中的错误，今略举一些例子。

有名字中误去一字的，如《旧唐书》中的卢鸿一，在《新唐书》中作卢鸿。胡震亨《唐音癸签》指出《新唐书》误去一字。又王希羽，《全唐诗》谓"一作王羽"，当夺一"希"字，《唐摭言》卷八及《太平广记》卷一百七十八所引该书，《南部新书》辛卷均作王希羽可证。又如卢汝弼，《才调集》作"卢弼"，按卢汝弼见新旧《唐书》、新旧《五代史》，及《北梦琐言》卷四和《太平广记》卷一百八十三均作卢汝弼，则《才调集》当误夺一"汝"字。

有名字中误增一字的。如《全唐诗》收冯少吉《山寺见杨少卿书壁因题其尾》云："少卿真迹满僧居，祇恐钟王也不如。为报远公须爱惜，此书书后更无书。"冯少吉事迹无考。按此作者当为冯道的儿子冯吉，冯吉《宋史》有传。

有名字互倒的，如薛用弱的《集异记》中，把诗人王之涣互倒为王涣之。又岑仲勉《读全唐诗札记》中指出：鲍溶《范真传（一作传真）侍御累有寄因奉酬十首》中的"真传"应互倒从一作说。韩偓《效崔国辅（一作辅国）体四首》中"一作辅国"的"辅国"是误倒，应为崔国辅等。

有误立人名的，如中华书局版《全上古三代秦汉三国六朝文》的"出版说明"中指出，《全陈文》采录杨辇著《奏流拘那罗陀》和《全周文》所载释宗猷著《遗琼法师书》中，杨辇和宗猷都是误读了原文因而误立的人名，实际上这两人并不存在。又如《全唐诗》"凡例"说："唐并无其人，而误认题中字为撰人姓氏者，如上官仪集中《高密公主挽词》作高密诗。"又如《史姓韵编》把刘义庆误立为王义庆，是因刘义庆曾封临川王，题作"临川王义庆"，因误读而致误。

有误改名的。如《唐诗纪事》收僧隐丘的《石桥琪树》诗，明·胡震亨《唐音癸签》卷三十一说："僧隐丘《琪树》诗之为《丹阳集》中蔡隐丘诗，误去蔡字作僧。"按：唐·殷璠所编的《丹阳集》中，称蔡隐丘为缑氏主簿，收了他的《石桥琪树》诗，则作僧隐丘应是误改了。稍后洪迈的《万首唐人绝句》也作僧隐丘，大概也是和计氏一样采用了误题的本子而致误。

此外，还有各种各样的错误，如刘言史误作王言史等，这里就不再列举了。

（四）一人误作二人

同是一人，有时会误成二人。致误的原因，是失于考索或史料不足。错误的现象大致有因形误而误作二人，有因异称而误作二人，有因避讳而误作二人，有因汉译不同而误作二人等。

因形误而误作二人的，如《十国春秋》中，卷五十二有欧阳迥，卷五十六有欧阳炯，这二人实为一人，炯也作迥，误作迥，《十国春秋》就把他误作二人了。又如《唐诗纪事》中，卷四有王绩，卷五有王勣，其实他们是一人。胡震亨《唐音癸签》卷二十九说："唐诗人名误者，王绩《艺文志》误作勣，《纪事》又误以为有此两人，皆非是。"按：《唐诗纪事》中所收王勣的《咏妓》诗，也见于王绩集中。

因异称而误作二人的，如《太平御览》卷一百一十九立了"前赵刘元海"为目，下面又立了"刘渊"一目，实则元海为刘渊的字，一人误分为二人，因误立二目。又《四库全书总目》中《宋诗纪事》提要说："三十三卷载陈师道，而三十四卷又出一颍州教授陈復常，竟未一检《后山集》及《东坡集》，订'復'字为'履'字之讹，四十七卷载郑伯熊，三十一卷已先出一郑景望，竟未一检《止斋集》，证景望即伯熊之字。"又如《明人传记资料索引》的"编辑例言"说："或有一人而分列二目者：如黄观、许观，实一人而二姓；杨名、杨实卿，一用名，一用字，衍为二人；叶希贤、雪庵和尚，一俗名，一法号，实即一人。"

因避讳而误作两人的，如陈垣《史讳举例》说："《柳河东集》九《陆文通墓表》注：'陆淳字元冲，避唐宪宗讳，赐名质。'今《通志·艺文略》于淳著《集传春秋微旨》《集传春秋辨疑》，题陆淳撰；于淳著《集传春秋纂例》，则题陆质撰，一若淳与质为二人者，应著明之。"又如清·陆其元《庸闲斋笔记》卷八说："鲍昭本名照，以避武后讳，唐人书之，去下火字，只用昭字。后世但知鲍昭，不复知有鲍照，甚至有以鲍昭、鲍照为两人者。"

因汉译不同而误作二人的，如《元史》卷一百二十一有《速不台传》，卷一百二十二有《雪不台传》，实即一人。又如卷一百五十的石抹也光，和卷一百五十二的石抹阿辛；卷一百三十一的完者都，和卷一百三十三的完者拔都等，都是因汉译不同而误作二人，并分别为之立传。

（五）二人或多人误作一人

这与上面所谈的情况刚好相反，把二人或二人以上的不同人物误以为一人。其中包括了因同姓名而误合，因误认字号而误合，名虽不同而误认为一人等不同情况。

因同姓名而误合，在误合中占多数，因为一看到姓名相同，不加仔细考索，或者由于史料的缺乏，就断定为一个人，这是常犯的错误，特别是那些同时代的同姓名人，更不易分辨。如上面提到过的宋代同时的两个张先，都字子野，"《道山清话》误合吴兴、博州二子野为一人,《居易录》已辨之。《少室山房笔丛》误谓博州子野亦号'三影',沈雄《古今词话》上亦已辨之"(夏承焘《张子野年谱》)。其他同姓名误合的,也不在少数,正如《明人传记资料索引》"编辑例言"中指出《八十九种明代传记综合引得》中属于这方面的错误:"往往将若干名同而字号籍贯异者误作一人:如侯一元,一字舜举,禾清人,嘉靖十七年进士;一字应乾,泰安人,正德九年进士。如朱瑄,一字廷璧,官右都御史;一字钝庵,官山西副使,该引得皆混为一人。他若袁恺、张昺、张铨、张信、唐子清、刘昭……等等,则各系同名之三人,并而为一。若此之类,实更仆难数。"这种情况,在人物传记索引中是易犯的错误。

有时写小传,也可能出现这种错误,如岑仲勉《读全唐文札记》中说:"李融小传,'融官直学士,贞元中为义成节度使'。按学士李融与节度李融判然两人,已于拙著《新唐书突厥传拟注》六一——六三页(《辅仁学志》六卷)辨之,《全文》所收《对庐树判》一首同书四五九柳润之下,亦有此题,润之是代宗朝书判拔萃,则此文应属节度李融,'官直学士'四字应删却。"

因误认字号而误合,这是指不同人的名与字号误认为一人,因而错误地合成一个人。如唐代诗人有喻凫、喻坦之,本来是两个人,但《唐诗品汇》"诗人爵里详节"中,以为"坦之"就是喻凫的字,他说:"喻凫,字坦之,毘陵人,开成进士,为乌程令。"就把他俩合为一人。胡震亨《唐音癸签》卷二十九指出他们为不同的二个人。他说:"今考宋陈《直斋书录》,各有其集。《文苑英华》,两人诗亦分载,调各不同。而谢皋羽《睦州诗派》载新定之以诗鸣于唐者二人,实并列焉,尤文献在本乡足据者也。"又如王士禛《渔洋诗话》把刘挺卿误作刘昚虚,他说:"刘昚虚字挺卿。其诗超远幽复,在王、孟、王昌龄、常建、祖咏伯仲之间。考其人,盖深于经术,不但词华也。李华《三贤论》曰:'刘名儒史官之家,兄弟以学著称。述《易》《诗》《书》《春秋》《礼乐》为五说,条贯源流,备古今之变。尚书刘公每有胜理,必诣与谈,终日忘返;殷(寅)直清有识,尚恨言理少对，未与刘面，常想见其人。高适达夫落落有奇节，皆重刘者也。'按《唐书·儒学》《文苑》皆不为眘虚立传，而《全唐诗话》《唐诗纪事》亦略之，故详于此。"对这一说法，马茂元在《唐诗札丛》（载《中华文史论丛》1979年第4辑）中驳正说："《全唐文》卷三百十七李华《三贤论》云：'余兄事元鲁山，而友刘、萧二功曹。此三贤者，可谓之达矣。'文中所言刘功曹字挺卿者，乃刘迅，刘知幾之第五子也。《新唐书》卷一百三十二附《刘子玄（知幾）传》，所叙皆本之《三贤论》。又《唐国史补》卷上云：'刘迅著《六说》，唯说《易》未成，行于代者，五篇而已。识者伏其精峻。'此刘迅即《三贤论》之刘功曹挺卿也。挺卿与眘虚别为一人，了不相涉。王氏未检史籍，徒以二人同姓，又皆开、天时人，遂移彼作此，且责《唐书》未为之传，实属荒谬可笑。近人岑仲勉专治唐史，其《唐人行第录》'刘大眘虚'条亦云：'字挺卿，李华《三贤论》之一人。'沿王氏之失而不改，尤可怪也。"这早在清代钱大昕《十驾斋养新录》卷十二中，就指出了他们的三不同，他说："孟浩然有《九日于龙沙寄刘大眘虚诗》，而新旧书叙知幾六子，讯次在五，是行第不同也。王昌龄有《送刘眘虚归取宏词解》诗，而唐史不言登宏词科，是出身不同也。一工于诗，一善著书，是趣向不同也。两刘生虽同时，并有才不遇，而一名一号，似同实异，恐难溷而一之。"

　　名虽不同而误认为一人而误合。本来是二个人，名字也不同，但因种种原因误认为一个人。如唐代诗人来鹄、来鹏，《唐诗纪事》分作两人，《全唐诗》合作一人，并在来鹄名下注云："一作鹏。"王仲镛《唐诗纪事校笺》说："《北梦琐言》卷七云：'唐进士来鹏，诗思清丽，福建韦尚书岫爱其才，曾欲以子妻之，而后不果。尔后游蜀……卒于通议郎。'而《摭言》卷十云：'来鹄，豫章人也。师韩柳为文。大中末、咸通中，声价益籍甚。广明庚子之乱，鹄避地游荆襄，南返，中和客死于维扬。'又《诗话总龟》前集卷三五引《诗史》云：'来鹄，洪州人，咸平（当作"通"）中，名振都下，然喜以诗讥讪当路，为人所恶，卒不第。……'是二来出处，各有不同。……二人固判然可分也。自陈振孙《直斋书录解题》卷一九著录《来鹏集》一卷，云：'唐豫章来鹏撰。咸通中，举进士，不第。'始误合二来为一人，不审《琐言》称来鹏为'唐进士'也。其后，《唐才子传》遂糅合诸书所记为《来鹏传》，而二人为不可分矣。《全唐诗》并二来之诗为来鹄卷，亦非。"其考订颇精细。

（六）字号之误

一个人的名、字、号，记载颇有不同的，即使当时人或稍后的人所记，也有出入。对这些，我们今天倘若没有确切的证据证明哪个对哪个错，当以并存为宜。如晋代诗人陶渊明，在刘宋时代沈约的《宋书·隐逸传》中说："陶潜，字渊明。或云渊明字元亮。"在梁代萧统的《陶渊明传》中则说："陶渊明，字元亮。或云潜字渊明。"把次序倒了一个过。到唐修《晋书·隐逸传》则有说："陶潜，字元亮。"则取了《宋书》中的头尾，中间的"渊明"去掉了。在李延寿的《南史·隐逸传》中则又说："陶潜，字渊明，或云字深明，名元亮。"这里真让人有些无所适从。不过《南史》中的"深明"即为"渊明"，因避唐高祖李渊讳改，而前一"字渊明"的"渊"又不改，可见史臣所据的史料就是写作"深明"的。其"名元亮"之说也并不可靠，因前无此说。最早为陶渊明写传记性文字的是他的好友颜延之，颜延之写了一篇《陶征士诔》，不过其中只说到"有晋征士寻阳陶渊明"，没有说到是名或是字。诔的文体有传记性质，颜延之写的另一篇诔文是《阳给事诔》，诔中直用阳给事的名字"瓒"，所谓"瓒少禀志节"，则我们颇疑所称"陶渊明"也用的是名而非字。但这不能作为确证，故只好疑以传疑，两者并存了。

还举一位名人，唐代的房玄龄，对他的名字记载却各有不同，引起了后人的兴趣。洪迈在《容斋四笔》卷十三"房玄龄名字"条中说："《旧唐书》目录书房元龄，而本传云房乔字玄龄，《新唐书》列传房玄龄字乔，而《宰相世系表》玄龄字乔松，三者不同。赵明诚《金石录》得其神道碑，褚遂良书，名字与新史传同。予记先公自燕还，有房碑一册，于志宁撰，乃玄龄字乔松，本钦宗在东宫时所藏，其后犹有一印，曰'伯志西斋'。今亦不存矣。"稍后张淏在《云谷杂记》卷二"唐初人名字"条中也说："《旧唐书》房乔字玄龄。《新书》玄龄字乔。欧阳公《集古录》中有玄龄墓碑，亦云字乔。按隋人多以字为名，玄龄实本名乔，后来即以字行，却以名为字也。窦苹《唐书音训》云：唐十八学士图赞，皆当时墨迹，云房玄龄字乔年。苹即尝见图赞，必不妄也。岂以单称不类表德，遂添一年字。《宰相世系表》又以玄龄字乔松，未知何据。玄龄，一代之显人，而名字纷错如此，殊可怪。而唐史表传，自相抵牾，尤可怪也。"对这种情形，在没有确切证据以前，也只好存疑了。

但前人对有些人的字号的考订也是很有意思的，如苏老泉，我们都知道是苏洵的号，但明代焦竑在《焦氏笔乘续集》卷六"老泉"条却认为"老泉"是苏洵儿子苏轼的号，他说："世传老苏号老泉，长公号东坡，而叶少蕴《燕语》云：'苏子瞻谪黄州，因其所居之地，号东坡居士，晚又号老泉山人，以眉山先茔有老翁泉，故云。又梅圣俞有《老人泉》，东坡自注："家有老人泉，公作此诗。"坡尝有"东坡居士老泉山人"八字共一印，见于卷册间，其所画竹，或用"老泉居士"朱文印章，则老泉又是子瞻号矣。欧阳公作老苏墓志，但言人号"老苏"，而不言其所自号，亦可疑者。'岂此号涉一老字，而后人遂加其父耶？叶、苏同时，当不谬也。"对此，清代阮葵生在《茶余客话》卷十二"老泉非苏洵号"条也作了补充，他说："东坡得钟山泉公书，寄诗云：'宝公骨冷唤不闻，却有老泉来唤人。'果老苏号老泉，敢作尔语乎？惜不令焦文端闻之也。"他们的说法都很有理，即使这样，"苏老泉"指苏洵，一时也很难改变过来了。

至于我们看到的人物介绍中，字与号有时常常不同，同一称号甲说是字，乙说是号，往往莫衷一是，对有些记载的不同，确实很难分辨，无怪陈乃乾在《室名别号索引》的"编辑小记"中说："别号则限收三字以上，因两字之别号，与通用之字、号不易区别故也。"对确实不易区别的，我们可以存疑，但对那些然有据的，也应该确定下来。

三 姓名考订

在古代作家中，若姓名有异说，就得考订。如何考订？从哪方面去考订？这得因人而异，因史料记载而异。大致说来，前人或今人用以考订姓名正误的办法，有下列几点。

（一）据可靠史料正误

根据可靠的史料来证明传写之误，是考订人名正误的基本方法。所谓可靠史料，大致有下列几类：

（1）人物自己的文章、署名等。应该说，这最为可信。所谓自己的文章，包括自传、自叙、字说、书信等。如明末清初戏曲家徐士俊，著有戏曲《洛冰丝》《春波影》。对他的姓名字号记载却不一，如黄文旸《曲海目》、支丰宜《曲目新编》均称"许翙"。管庭芬《重订曲海总目》谓"许翙代徐野君作"。王国维《曲录》则署作徐士俊，并说："士俊原名翙，字三有，号野君，仁和人。"他以"野君"为号。傅惜华《明代杂剧全目》、庄一拂《古典戏曲存目汇考》沿用其说。姚燮《今乐考证》说："翙字野君，其里居不详。"陈欣据其《雁楼集》卷二十三《字说》一文的记载，断定徐士俊原名翙，字野君，又字三有、无双。其《字说》说："徐子，初名翙，字野君。考诸《瑯环记》曰：'南方有比翼凤，雄者曰野君，雌者曰观讳。'而《卷阿》之诗有云：'凤凰于飞，翙翙其羽。'此名与字之所由合也。既而改名士俊。或曰：'子之字不类是，取而更之可乎？'余曰：'是固与我相类者。余闻草野之士，见于君公，则执雉以贽，礼也。吾以凤代雉，其犹行古之道乎？况士当未遇时，则为雌伏，伏之未几，而继之以雄飞。余不为雄，将为其雌者耶？且士之周旋中规，折旋中矩，与凤之雄鸣中律、雌鸣中吕者，又适相类焉。加之以文章，丰之以毛羽，凡鸟累百不及一凤，此固千人之俊也。'客曰：'子言亦是。然而，萧相国之品题韩信曰："国士无双。"子既为野君，假令复有所谓观讳者，不綦有双乎？'余笑曰：'惟其有双，是以无双。《书》称"三有俊"，虽双，奚以病为？'于是，或字之以无双，或字之以三有。而所谓野君者，终身不之易，志初也。"（见《徐士俊的名号与生卒年月》，载《文献》1992年第1期）。那么，所谓"许翙"者，乃是"徐翙"的音近致误。这根据作者自我介绍得出的结论，是可信的。自我介绍也包括自己的署名等，如《分类尺牍新语》序末署名为"西湖散人徐士俊野君题"，也进一步证明徐士俊字野君，号西湖散人。

（2）最早的可靠记载。所谓最早，包括亲属、友朋、僚属等的记载以及碑刻、题名等。亲属、友朋，应该是最接近的人物，亲属中或是长辈，或是同辈，或是下一代，所记名字当不会出错。友朋、僚属虽有亲疏之别，即使疏者，写名字恐怕也不致出错。碑刻、题名一般较为严肃慎重，可作为依据。岑仲勉在《读全唐诗札记》中，基本上用的是这个方法，今举几条。

【五函七册】"罗珦（一作炯），会稽人，家于庐州，贞元中刺本郡，以治行闻，再迁京兆尹。"按《全文》五〇六权德舆《罗珦志》，其先会稽人，卒太子宾客，归祔于会稽之兆域，作炯误。

【同册】卢士政（一作玫），按石刻武侯祠堂碑阴及郎官柱吏中、吏外均作玫，作政误。

【七函十册】孙革一作华……按革，精舍碑有题名，作华非。

这里，罗珦用了权德舆写的《唐故太中大夫守太子宾客上柱国襄阳县开国男赐紫金鱼袋罗公墓志铭》来证明，而"德舆与公，同服大僚……公之率履，固为周知"，则其所云"公讳珦"，当然不可能出错。后两人用碑刻、题名来证明，也是可靠的。

这种可靠的史料，有时来自地下发掘的实物文献，如晋代女诗人，左思的妹妹左棻，过去包括《晋书》在内，都写作"左芬"。据出土墓志，其名作左棻，字兰芝，故现在有的书中就改用左棻了。

此外，官修史书、乡邦文献中的记载，一般也较可靠。因为官修的史书,是根据碑传行状等史料中的姓名,而这些碑传行状的作者,一般来说,都是与传主有较为密切的关系。至于那些乡邦文献,如地方志之类,大都是本乡本土的人所修撰,其人名等的记载也大致可信。如上面提到的徐士俊,在光绪《唐栖志》中有较详细的传记,开头就说,徐士俊"原名翙,字野君,仁和落瓜里人……补杭州弟子籍,更名士俊。"

(二)以字号等考名

上面我们已经说到,古人的名与字一般是有关联的,虽说"闻名即知其字,闻字即知其名"说得有些夸大,但有些人名有无错误,是可以用字来考订的。如唐代诗人张祜,一作张祐,哪一个是正确的呢?明·胡震亨《唐音癸签》卷二十九说:"张祜之祜,人多作祐字者。小说,张子小名冬瓜,或以讥之,答云:'冬瓜合出瓠子。'则张之名祜不名祐,可知矣。"这是因为"瓠"、"祜"同音,可知他叫"祜"。

又如焦竑《焦氏笔乘续集》卷四"古名字"条说:"一日,余与(吴敬甫)论古人名有传讹者,即其字可是正之。如焦隐君名,书传一为'先',一为'光',即字'孝然',知其为'光'。范冉一作'丹',即字'史云',知其为'冉'无疑。敬甫深然之。因略举数人,如蔡雍少为顾雍所爱,顾以其名与之,《诗》'雍雍喈喈',因字伯喈,今作'邕'者,非。"为什么知道焦光是对的呢?是因为他字孝然,'然'即'燃'的本字,燃有光,故知名光。范冉字史云,云冉冉而生,故知作"丹"者误。

反之,也可以名考字号,如唐代诗人韩偓,其字古书记载不一,《新唐书》本传作"字致光",《唐诗纪事》作"字致尧",《苕溪渔隐丛话》作"字致元"。哪个对呢?《四库全书总目》说:"刘向《列仙传》称:偓佺,尧时仙人,尧从而问道。则偓字致尧,于义为合。致光、致元,皆以字形相近误也。"《唐诗纪事》也说:"偓,字致尧,今曰致光,误矣。"计有功所说,或别有所据。《四库全书总目》以名与字的关系来考订,是一条途径。但与韩偓同时的诗人吴融有《和韩致光侍郎无题三首》，若文字无误，则应作"致光"为是，这也只能存疑，待史料的进一步发掘了。

（三）以兄弟名考名

古代兄弟之间的名字，是有关联的，单名基本上取相同的偏旁，如应玚、应璩、苏轼、苏辙，陶渊明的五个儿子，分别叫俨、俟、份、佚、佟。双名基本上取其中一个相同的字，作家中如明代有青州冯氏三兄弟，名冯惟健、冯惟敏、冯惟讷；公安三袁，名袁宗道、袁宏道、袁中道。这种相同的字，大家族中往往取以排行辈，且在族谱中规定下来，如曲阜孔氏自元朝的孔氏五十四代衍圣公孔思晦始用辈字，并定五十五代为"克"字辈，以后第五十六代至八十代的三十个字辈为："希言公彦承，宏闻贞尚衍，兴毓传继广，昭宪庆繁祥，令德维垂佑，钦绍念显扬。"这两种命名法是基本的，我们试看宋代诗人陆游的世系排名，就用这两种方法：陆游高祖陆轸生子陆琪、陆珪，取玉旁。陆珪为陆游曾祖，生子陆佃、陆佖取立人旁。陆佃为陆游祖父，生子陆宲、陆寘、陆宇、陆宦、陆宰、陆寀、陆宁，取宝盖头。陆宰为陆游父，生子陆淞、陆濬、陆游、陆浚，取三点水。陆游有子名子虡、子龙、子修、子坦、子约、子布、子遹（也作子聿），取同一字"子"。

除上述基本方法外，若单名不取相同偏旁的字，则其表字中有一字相同，如东汉陈纪，字元方，弟谌，字季方；袁绍三个儿子，长子袁谭字显思，中子袁熙字显奕，三子袁尚字显甫。作家如晋代陆机字士衡，陆云字士龙。张载字孟阳，张协字景阳，张亢字季阳。也有单名取相同的合文字，如宋代的洪朋、洪刍、洪炎、洪羽，不过这种取名不常见。也有取意义相连贯的字，如鲁迅在《阿Q正传》中说阿Quei该写成哪一个字，"倘若他有一位老兄或令弟叫阿富，那一定是阿贵了；而他又只是一个人：写作阿贵，也没有佐证的"。也就是指取名用意义相连贯的字。还有用排行的，如古代的伯、仲、叔、季，《水浒传》中的阮小二、阮小五、阮小七等就是。

从兄弟名字中考见错误的，如谢朓，有写作谢脁的，焦竑在《焦氏笔乘续集》卷四中说："谢朓字玄晖，知从月不从目。其兄名朏，可以类推。"这是兼从字和兄的名中考知作谢脁者误。又如岑仲勉《读全唐诗札记》《读全唐文札记》中多有以兄弟名考知错误的，见于《全唐诗》的，如：

【四函二册】杜甫《观公孙大娘弟子舞剑器行序》，"大历二年十月十九日，夔府别驾元持（一作特）宅"。按今郎官柱吏外题名作元特，封外作元持，以其兄弟名扐观之，则从扌者为是。

【五函二册】"周徹，大历进士。"按《全文》五〇六权德舆《周渭志》及《姓纂》均作澈，兄弟名同从水旁也。澈官邓州刺史，亦见《姓纂》。

见于《全唐文》的，如：

【卷三百九十七】皇甫璟小传，"璟，开元中，官阳翟尉，上疏谏置劝农判官，贬盈川尉"。按璟，《会要》八五作憬，《姓纂》及《新表》七五不同，其昆仲连名均从忄，此误。

（四）追索致误的原因以求得真名

我们在上面"常见的姓名错误"中，分为形近而误、音近而误、其他致误、一人误作二人、二人或多人误作一人、字号之误六个方面叙述了人的姓名致误的原因，我们只要知道了所以错误，就不难找到正确的姓名了。《红楼梦》中贾宝玉知道薛蟠知识不多，且又粗心，故从形误推想"庚黄"是"唐寅"。有关这方面的情况，我们已作了不少介绍，这里不再重复。不过其中因不知避讳而误的，不在少数，这也包括了一些名家，有时也会偶有所误，如马国翰《玉函山房辑佚书》的《郭子》序说："郭澄之，《晋书·文苑》有传。《隋》《唐志》小说家并载《郭子》三卷，今佚。……其注《唐志》题贾泉，未知何人也。"若马国翰想到唐代避李渊讳，把"渊"改为"泉"或

"深",是古书中常见的,就会想到"贾泉"是否即"贾渊"的问题,查《南齐书·文学传》中的贾渊,传中写到贾渊曾奉宋孝武帝令注《郭子》,则可知《唐志》中说注《郭子》的贾泉,就是贾渊无疑了,像马氏这样失考的错误也就不会发生了。

(五)广求善本以求其真

有不少错误是因为书写、印刷错误造成的,我们就要广求善本,以求得正确的姓名。如我们上面所举的杨万里把"干宝"当作"于宝",我们估计就是他读了《晋书》的误本,因为杨万里不可能连《晋书》都看不到。这只要找到较好的本子,就可知干宝姓"干"不姓"于"了。

又如两《唐书》都有《谢方集》十卷。这谢方何许人也?商务印书馆版《唐书经籍艺文合志》注说:"宋本方作万。考《隋志》:晋散骑常侍谢萬集十六卷,梁十卷。案两志萬均作方,盖因萬简作万而误。"则"万"误作"方",在宋本中就可以看到不误的字了,今商务百衲本二十四史《新唐书》就是影印北宋嘉祐刊本,书中赫然写作《谢万集》就是明证。

(六)根据命名的时代特色来判断

所谓命名的时代特色,一是指当时起名的一些习惯,对这个问题,萧遥天的《中国人名的研究》上篇作了专门的研究,如"汉代王莽的二名之禁"、"晋代以降,命字的以名加辞"、"魏晋六朝称名喜加阿字"、"唐人称呼喜标榜排行"、"宋代名字的老态"等,可参阅。另一个是指当时的一些特殊避讳字。

用这办法来判断的,前者如丁国钧《晋书校证》卷四说,《谢玄传》之"晋宁侯张元之,即《谢安传》之张玄,亦即《谢道韫传》之张玄,晋人单名多加'之'字。钱竹汀《养新录》疑非一人,失之"。徐震堮在《世说新语校笺》中同意这一说法,并指出,司马恢亦作司马恢之,顾悦亦作顾悦之,袁悦亦作袁悦之等,晋人如此者非一。

后者如钱大昕《十驾斋养新录》卷十二"张徹"条说:"《说文》

引张徹说一条，按汉人不当以武帝讳为名，疑是张敞。"

考订姓名正误的主要办法大致如上述，当然也可综合运用，这要根据具体情况来应用了。

第二节　籍贯考订

我国历史悠久，幅员辽阔，给历代作家的籍贯考订带来了不少困难。要了解作家的籍贯，知道今地，就首先要知道记载籍贯的不同方式，再次要知道记载籍贯的多种变化，复次谈一下古地注今名的一些错误，最后说一下如何考订作家的籍贯。下面，就分别作一些介绍。

一　历代政区沿革略说

我国古代政区的划分，最早有夏禹的九州说，据《尚书·禹贡》等书的记载，夏禹把全国分为冀、兖、青、徐、扬、荆、豫、梁、雍九州，但这并不可靠，而且古籍中对九州的记载也不一，不过它对后代行政区域的划分影响很大。

春秋末期，在地方行政单位县、邑的基础上，各国开始在边地设郡，面积比县大。到战国时，郡下又分若干县，于是逐渐形成了郡县两级行政区划。

秦统一全国，始全面实行郡县制，把全国分为三十六郡，后来又增加四郡，共四十郡（一说四十二郡），郡下辖县，县下有乡，乡下有亭。

汉代，由于疆域逐渐扩大，郡的数目也逐步增加了。除了郡外，与之同级的有诸侯王国，其领地大者数郡。七国之乱后，用削藩的办法逐渐缩小诸侯王的领地，大的相当于郡，小的相当于县，所以汉时称郡国制，据《汉书·地理志》说：高祖时增加二十六，文帝、景帝各增加六，武帝二十八，昭帝一，至孝平时，凡郡国一百有三，县邑一千三百一十四。

汉代还分全国为十三刺史部，各置刺史一人，掌监察。成帝以后，刺史权力逐渐扩大，至东汉时，刺史部事实上已成为郡以上的行政区，郡则成为二级政区，县成三级政区。

三国时，正式形成州、郡、县三级体制，直至南北朝。不过在南北朝中，有二个特殊的情况值得注意。一是由于北方大族大批南迁，就在南方一些地区设立侨州、郡、县，并相应地设立各级文武官员，造成了州中有州，郡中有郡，行政系统和地理区划严重紊乱。这正如沈约在《宋书·州郡志》中所指出的：

> 自夷狄乱华，司、冀、雍、凉、青、并、兖、豫、幽、平诸州一时沦没，遗民南渡，并侨置牧司，非旧土也。江左又分荆为湘，或离或合，凡有扬、荆、湘、江、梁、益、交、广，其徐州则有过半，豫州唯得谯城而已。及至宋世，分扬州为南徐，徐州为南兖，扬州之江西悉属豫州，分荆为雍，分荆、湘为郢，分荆为司，分广为越，分青为冀，分梁为南北秦。太宗初，索虏南侵，青、冀、徐、兖及豫州淮西，并皆不守，自淮以北，化成虏庭。于是于钟离置徐州，淮阴为北兖，而青、冀二州治赣榆之县。……
>
> 地里参差，其详难举，实由名号骤易，境土屡分，或一郡一县，割成四五，四五之中，亟有离合，千回百改，巧历不算，寻校推求，未易精悉。

二是为了笼络南北各士族，让他们能有官做，就大量增设州郡，甚至产生了有名无实的虚州。梁武帝天监十年（511），有州二十三，郡三百五十，至大同五年（539），析为一百零七州，有些州徒有州名而无土地，"或因荒徼之民所居村落置州及郡县"，"又有二十余州不知处所"（《资治通鉴》）。北朝也大量析置，北周大象二年（580），北方有州二百一十一，郡五百零八（《隋书·地理志》）。

隋代结束南北分裂，鉴于原来的州、郡、县三级政区机构重叠，过于分散，不利于中央的统一管理，隋开皇三年（583），取消郡一级建制。炀帝即位，又把州改为郡，恢复了郡县二级制。另设司隶和刺史十五人，分部巡察，职在监察。

唐代又改郡为州，州的数目很多，至贞观十三年（639），全国有州（府）三百五十八。中央直接管辖这么多州，不甚方便，故唐太宗根据山川形势分全国为十道，即关内道、河南道、河东道、河北道、山南道、陇右道、淮南道、江南道、剑南道、岭南道。玄宗时，又析为十五道。道置采访使，类似两汉的刺史。乾元元年（758）改称观察使，兼理民政。安史之乱后，形成了掌兵权的节度使，兼作地方行政区长官。一个节度使管二三州至十余州不等，其辖区也称道，逐步形成了道、州、县三级管理的行政体制。

另外，唐代在边境设有都护府，在重要地区设都督府，开元以后把一些重要的州升为府，全国有十府。

五代的行政区划承袭唐制，没有大的变化。

宋初仍按唐制分道，宋太宗于至道三年（997）把道改为路，最初分为十五路，神宗年间又分为二十三路，徽宗时分为二十六路，南宋时仅有十七路。最初的路，是为征赋税转运漕粮而划分的财政区，后来逐渐具有行政区性质。

路以下设州、府、军。北宋有州二百五十四，府三十。军是由唐代的军事区演变而来的地方行政区，它有两类，一类的军与州、府同级，隶属于路；另一类为县级军，隶属于州、府。州、府及与之同级的军辖县。

辽的行政区接近于唐，大致是道、州（府）、县三级。金承袭辽、宋，大致分路、州（府）、县三级。

元代实行的是省、路、府（州）、县四级制。它以中书省为中央政府，在各地设十一个行中书省，它们是岭北、辽阳、河南、陕西、四川、甘肃、云南、江浙、江西、湖广、征东。而山东、山西、河北则直属中书省，为一级行政区。二级政区为路，元代全国有一百八十五路。三级政区为府、州，元代有府三十三，州三百五十九。四级政区为县和不领县的州。也有些地方实行省、路、府、州、县五级的。

明代实行省、府（州）、县三级制。明初撤销中书省，改各地行中书省为布政使司。全国有两京（京师、南京）和十三布政使司，十三布政使司简称十三司，俗称十三省，加上两京为十五省，为一级行政区。省下辖府，大多的府由元代的路改称，全国有府一百四十。与府同级的州为直隶州，它直属省而又下辖县。也有少数州上属府而下辖县，地位在府县之间。三级政区为县，那些不辖县的散州与县同级。

清代亦实行省、府（州）、县三级制，共有省二十三。省以下是府和直隶州，府以下是县和散州。

古代政区的建制和沿革略如上述，它对我们了解作家的籍贯是一个基本的知识，下面我们再分别介绍有关作家的籍贯问题。

二 记载籍贯的方式

古籍中记载籍贯的方式多种多样，大致说来，有下列几种。

（一）标县及其上级政区

这是一般史书中常用来记载人物籍贯的方式。在汉魏六朝，一般用郡（国）县。如"司马相如者，蜀郡成都人也"（《史记》）；"梁鸿，字伯鸾，扶风平陵人也"（《后汉书》）；"嵇康，字叔夜，谯国铚人也"（《晋书》）。在唐宋，一般用州（府、军）县，如"杜甫，字子美，本襄阳人，后徙河南巩县"（《旧唐书》），河南唐时为府；"杨万里，字廷秀，吉州吉水人"，"石介，字守道，兖州奉符人"（《宋史》）。在明清，有用府县的，如"袁凯，字景文，松江华亭人"，"宗臣，字子相，扬州兴化人"（《明史》）。还盛行用省县来记籍贯，如《清史稿》就是，如"林则徐，字少穆，福建侯官人"，"黄爵滋，字树斋，江西宜黄人"。《明史》一般只标县，但也兼有用省县的，如"孙蕡，字仲衍，广东顺德人"。在那些题名碑录中，为了防止误会，则省、府、县兼载，如乾隆元年丙辰科第二甲"郑燮，江南扬州府兴化县人"。

这种标记籍贯的办法，在散传、碑志中也常用，如萧统《陶渊明传》:"陶渊明,字元亮……浔阳柴桑人也。"欧阳修《徂徕石先生墓志铭》:"徂徕先生姓石氏,名介,字守道,兖州奉符人也。"又《端明殿学士蔡公墓志铭》:"公讳襄,字君谟,兴化军仙游人也。"余廷灿《王先生夫之传》:"先生姓王氏,名夫之,字而农,号薑斋,先世本扬州高邮人,明永乐初,有官衡州卫者,遂为衡州衡阳人。"扬州、衡州,明清均为府。吕履恒《毛先生际可志铭》:"先生讳际可,字会侯,号鹤舫,浙江遂安人。"遂安在清时属浙江严州府,这里用省县。

地方志中若所记非本地人,有时也用这办法来记载籍贯,如《同治续天津县志》记朱彝尊,"字彝尊(按当作'字锡鬯'),号竹垞,浙江秀水人。……尝寓天津查氏水西庄中"。又如《乾隆固始县志》:"杨潮观,号笠湖,江苏金匮人……乾隆癸酉,调任固始。"秀水县清属嘉兴府,金匮县清属常州府,这里用省县标籍贯。

(二) 兼标县以下地名

这种标明籍贯的办法,常见于地方志的县志中。如元代刘因,字梦吉,保定容城(今属河北)人,在《容城县志》中就这样记载:"字梦吉,沟市村人。"又如清代戏曲家李渔,祖籍浙江兰溪人,《光绪兰溪县志》中就这样记载:"字谪凡,邑之下李人。"再如清代戏曲家尤侗,长洲(今江苏苏州)人,《乾隆长洲县志》是这么记载的:"字展成,号悔庵。先世家无锡,始祖衮,以文学、政事著。南渡后,徙居长洲之斜塘。"上引例子中,都只记县以下地名,因录在县志中,属本县人,例不记县名,大家也都知道县名了。但若记在省、州、府等志中,县名就不可省了,否则就不清楚他是属于哪一个县的人了。

记县以下地名,一般正史中不用,因为没有那么详细记载的必要了。但也有个别例外,如《史记》记老子:"老子者,楚苦县厉乡曲仁里人也。"又如《元史·刘敏传》:"刘敏,字有功,宣德青鲁人。"据《遗山集》的《刘氏先茔碑》:"刘氏世居宣德县北乡之青鲁里。"则又青鲁为里名,这越出了史书的记载范围,故钱大昕《十驾斋养新录》卷九认为:"青鲁非县名,当删。"

记县以下地名,也见于碑志传状中,不过它得标明县及县以上政区,否则不知哪县的人了。如韩愈《董公行状》说:"公讳晋,字混成,河中虞乡万里人。"即标明了籍贯为河中府虞乡县。又如全祖望《顾先生炎武神道表》说:"顾氏世为江东四姓之一。五代时由吴郡徙徐州,南宋时迁海门,已而复归于吴,遂为昆山县之花浦村人。"又如姚鼐《刘海峰先生传》说:"刘海峰先生名大櫆,字才甫,海峰其自号也。桐城东乡滨江,地曰陈家洲,刘氏数百户居之。"

(三)只标县名

这在人物传记中也不在少数。这是因为,虽然我国历代同名地很多,但在习惯上,同一朝代同一级的同名地名是要尽量避免的,即使有,也要设法加以改变,以免产生混淆。宋·洪迈在《容斋五笔》卷三"州县同名"条中说:"国朝之制,州名或同,则增一字以别之。若河北有雄州、恩州,故广东者增南字,蜀有剑州,故福建者亦增南字,以至西和、西安州亦然。其声音颇同,患于舛误,则俗间称呼,自加上、下、东、西为别,故称岳为上岳,鄂为下鄂……若县邑则不问。"其实,县邑也在尽量避免,如三国时有两个丰县,一为汉置县,在今江苏,一为三国吴置,在今江西,后不久把江西的丰县改称南丰县(见《读史方舆纪要》卷八十六)。但有时也并不那么严格,如钱大昕在《十驾斋养新录》卷十一中专门挑出正史《地理志》中相同的地名,写成"汉地理志县名相同"、"后汉县名相同"、"唐县名相同"、"宋县名相同"、"元州县名相同"和"明县名相同"等条,一一指出相同的名称。这些相同的县名,比较起来总是少量的,所以只用县来标籍贯,一般也是行得通的,若遇上有重名的,再分别加郡、州、府也就可以了。

用县来标籍贯,最突出的是那些地方志的省、州、府等志中,因为所及的是本省、本州、本府的人,只标明是哪一县的也就可以了。如《雍正山西通志》载:王九思,"字敬夫,鄠人"。又如《康熙青州府志》载:丁耀亢,"字野鹤,诸城人"。有些传记,为了节省篇幅等原因，也就只标明县名，如钱谦益的《列朝诗集小传》，一般诗人就只标县名。

史传中也有只标县名的。早期的如《史记》："庄子者，蒙人也。"蒙是邑名。不过那时郡县制尚未形成，故只能说是特殊情况。郡县制形成后，史书中也有只标县名的，如《后汉书》："上成公，密县人。"但这究属少数。直到《明史》，一般就只标县名了，如"归有光，字熙甫，昆山人"，"徐渭，字文长，山阴人"。《清史稿》不少类传中也只标县名，如"钱谦益，字受之，常熟人"，"吴伟业，字骏公，太仓人"。

有些碑志传状中也有只提县名的。如顾湄《吴先生伟业行状》说："先生讳伟业，字骏公，姓吴氏，吴为昆山名族。""昆山"，清时属江苏苏州府，这里只标县名。又如徐釚《孝康吴君兆骞墓志铭》说："汉槎姓吴氏，讳兆骞，字汉槎，世为吴江人。""吴江"，清时亦属江苏苏州府。又如恽敬《张编修惠言墓志铭》说："张皋文，名惠言，先世自宋初由滁州迁武进，遂世为武进人。""武进"，县名，清时为江苏常州府治。

还有古代作者在书中署名时，往往也只标县名，如《广雅疏证》署"高邮王念孙疏证"，《六书转注录》署"阳湖洪亮吉著"等。在序文中，作者也往往如此，如王琦集注《李太白集》齐召南《序》署作"天台齐召南"等。

（四）只标县级以上行政区

所以这样标注籍贯，有的是因为具体的哪一县不清楚，只知他是某郡、某府人。如《后汉书》："王乔者，河东人也"；"赵彦者，琅邪人也"；"费长房者，汝南人也"；"刘根者，颍川人也"。他们的籍贯用的都是汉代的郡名，这些人都见于《方术列传》中，《方术列传》中大部分人也都标明了郡、县，这些没有标明的，大致就是不清楚属于哪县的了。有些作家的记载也是这样，如唐代诗人戎昱，新旧《唐书》都没有为他立传，辛文房《唐才子传》说："昱，荆南人。"但在荆南的何地，也就不知道了。

有些不标县名，只标郡名，是因为就是该郡治、该府治的人，如《宋史·范成大传》："范成大，字致能，吴郡人。"吴郡治吴县，即今苏州，范成大为苏州人，故即以吴郡称。不过这吴县在宋时为平江府，这里用的是古称。

有时不标县，只是行文的习惯，不一定不知道籍贯的县名，这在一些叙述文字中往往如此。如曹丕《典论·论文》："今之文人，鲁国孔融文举，广陵陈琳孔璋，山阳王粲仲宣，北海徐干伟长，陈留阮瑀元瑜，汝南应玚德琏，东平刘桢公幹，斯七子者，于学无所遗，于辞无所假，咸自以骋骥騄于千里，仰齐足而并驰。以此相服，亦良难矣。"这是记载建安七子的最早一段文字。曹丕和他们"行则连舆，止则接席"，当然知道他们的籍贯，但在行文中都用了郡国名。到《三国志·王粲传》中提到他们时，也就用了郡国名："始文帝为五官将，及平原侯植皆好文学。粲与北海徐干字伟长、广陵陈琳字孔璋、陈留阮瑀字元瑜、汝南应玚字德琏、东平刘桢字公幹并见友善。"这就除了孔融、王粲有传可知道他们的籍贯外，其他人就要给后代的读者去费一番功夫考察了。

（五）不标籍贯

在史书中，知道籍贯而不标的人物，也不在少数，如那些宗室人物不记籍贯，又如那些祖孙、父子、叔侄等都有传或附传的，后出的也就不记。这种不记，实际也已记了，因为前面已有，后面没有必要再写了。这样正如地方志的县志中，凡本县人的籍贯照例不记，也是没有必要再作叠床架屋的记载了。但史传中有时的不记籍贯，除了不知者外，恐怕也有疏忽而未记的，如《晋书·郭象传》，没有提到他的籍贯，但在《裴秀传》所附的《裴𬱟传》中，提到"𬱟子遐，善言玄理……尝与河南郭象谈论"。则郭象为河南人，却不在本传中标明。

有时不记，是因为不知他的籍贯，如《后汉书·方术列传》中说："蓟子训者，不知所由来也"；"计子勋者，不知何郡县人"；"解奴辜、张貂者，亦不知是何郡国人也"。又如《列朝诗集小传》："（孙）一元，字太初，不知何许人。"他们都说明了籍贯不详。在不少小传中，对籍贯和生平不清楚的，往往注明"爵里未详"。钱大昕在《廿二史考异》卷五十三"刘知幾传"条下说："案：列传，名字之下，例书某州县人，其无可考者，亦于传首言之，如卫伯玉、宋申锡、高钤传云'史失其何所人。'郑薰传云'亡乡里世系'是也。"这是约定俗成的史法。

三 记载籍贯的多变

古籍中记载籍贯，其地名颇多变化，即使是同一个人，也有种种不同的记载。除了用当时的地名外。有时用古地名，有时用郡望，有时用祖籍，有时用所居地，有时用曾居地，有时用习惯性的地域名称等，这就造成了很大的混乱。今分别略作介绍。

（一）用当时地名

就是该人是什么朝代人，就用该朝代的行政区划来记载籍贯，这是一般传记普遍使用的办法，也是最为合理的办法。如上面介绍的记载籍贯的方法中大多是用当时地名所记，这里再举几例：如《汉书·扬雄传》："扬雄，字子云，蜀郡成都人也。"《隋书·薛道衡传》："薛道衡，字玄卿，河东汾阴人也。"《宋史·陆游传》："陆游，字务观，越州山阴人。"

（二）用古地名

就是用该人籍贯的古代称谓，如刘全白《唐故翰林学士李君碣记》说："君名白，广汉人。"按：李白绵州人，绵州在唐为巴西郡，在汉属广汉郡，北周废广汉郡，故说李白广汉人，用的是古地名。这种用法，到明清时，蔚成风气，以示典雅，如把南京称金陵，把扬州称广陵等就是。钱谦益《列朝诗集小传》中记夏煜，"字允中，金陵人"；记杨翮"字文举，金陵人"。而南京古称不仅金陵一名，还有一些别的称呼，故同书记金銮，"字在衡，陇西人。随父宦侨居建康，遂家焉"。记方登，"字啸门，建业人"。建康、建业都是江苏南京市的古称。又如同书的李克正，"初名颐，后以字行，字宗颐，豫章人"。豫章为南昌的古称。又如在明清时许多苏州人被称为"吴郡"

人，吴郡为古郡，治苏州，明清时实际上早已改名。

（三）用郡望

郡望是指世居某郡为当地所仰望的世族，也就是该郡的显贵世族。以后子孙分居外郡，或根本与该郡无关的人，也声称自己是某某郡人，事实上已不是该郡的人了，用这来标榜的，我们称为用郡望，如姓崔的称清河人，姓王的称太原人，姓李的称陇西成纪人，等等，显然他们并不居留在该地。所以说，郡望与籍贯是不一定相同的。钱大昕《十驾斋养新录》"郡望"条说："自魏晋以门第取士，单寒之家，屏弃不齿，而士大夫始以郡望自矜。"隋代以后，虽取消了九品中正制，但仍然以郡望自矜。唐代为人写传，也仍用郡望。唐·刘知幾在《史通·邑里》中说："州郡则废置无恒，名目则古今各异。而作者为人立传，每云'某所人也'，其地皆取旧号施之于今，欲求实录，不亦难乎！"他并且以亲身经历举例说："时修国史，予被配纂《李义琰传》，琰家于魏州昌乐，已经三代，因云：'义琰，魏州昌乐人也。'监修者大笑，以为深乖史体，遂依李氏旧望改为'陇西成纪人'。"他又说："爰及近古，其为多伪。至于碑颂所勒，茅土定名，虚引他邦，冒为己邑。若乃称袁则饰之陈郡，言杜则系之京邑，姓卯金者咸曰彭城，氏禾女者皆云钜鹿。在诸史传，多与同风，此乃寻流俗之常谈，志著书之旧体矣。"这种标郡望，在《旧唐书》中常见，这是因为编《旧唐书》传记时，采录了很多唐代史官用郡望的原称，如说高适为"渤海蓚人"，韩愈为"昌黎人"等。在《新唐书》中，高适为"沧州渤海人"，韩愈是"邓州南阳人"。自宋以来，一般的记载，就改用籍贯，但仍流传着标郡望的余风，如宋代刘敞是临川新喻（今江西新余）人，但其文集称《彭城集》，其诗话题作《中山诗话》。彭城、中山都是刘姓的郡望。直到明清，许多文人也喜欢标识郡望，鲁迅在《阿Q正传》中说到阿Q的籍贯时还揶揄地说："倘他姓赵，则据现在好称郡望的老例，可以照《郡名百家姓》上的注解，说是'陇西天水人也'。"这种标称郡望，对我们了解人物的籍贯造成了不少困难。

（四）用祖籍

祖籍有时就是郡望，倘若他祖籍就是该地人；但有时不是郡望，倘若他的祖籍与郡望并不是同一地。祖籍，就是指原籍，如南北朝时，北方士族纷纷南徙，他们的籍贯在史书上往往用北方的原籍，其实他们早就不在那儿居住了。如《宋书·谢灵运传》："谢灵运，陈郡阳夏人也。"陈郡阳夏是今天的河南太康，但谢家早就南迁，其祖谢玄，为晋车骑将军，父瑍，为秘书郎，早亡，"并葬始宁县，并有故宅及墅"，谢灵运也就"移籍会稽，修营别业"。其实，谢玄的叔父谢安，已"寓居会稽"，会稽始宁，在今天浙江上虞县西南，则谢家早就定居在会稽始宁县了。由此可知，谢灵运的陈郡阳夏人，用的乃是祖籍。又如元代作家刘秉忠，在《隆庆云南通志》《顺治云中郡志》中，都说他是瑞州人；而在《康熙畿辅通志》等书中，又说他是邢台人。据《元史·刘秉忠传》说："其先瑞州人也，世仕辽，为官族。曾大父仕金，为邢州节度副使，因家焉，故自大父泽而下，遂为邢人。"由此可知说刘秉忠是瑞州人，用的是祖籍。

（五）用所居地

人物所居之地，在古代一般就可能是他的本籍，但也可能是移居地。就本籍说，就是籍贯；就移居地说，就不是他的籍贯了，但有时载籍记载籍贯时，就用了他的移居地当作籍贯。如米芾，《宋史·米芾传》说他是"吴人也"。钱大昕《廿二史考异》卷八十一说："蔡肇撰芾墓志云：'世居太原，后徙襄阳，尝过润州，爱其江山，遂定居焉。卒葬丹徒长山下。'传云'吴人'者，盖据《宝章待访录》，有'予居苏，与葛藻近居'之语。然芾书画每自题襄阳米芾，其居苏州不过偶然游历，讵可竟目为'吴人'乎！"又如李渔，在民国新修《张掖县志》的"流寓"中说："字笠翁，浙江杭州人。"但在《光绪兰溪县志》中则说："邑之下李人。"又据《民国杭州府志》说："字笠翁，兰溪人。少游四方，自白门移家杭州。"可知李渔的籍贯是浙江兰溪，杭州是他的移居之地，《张掖县志》就把李渔的移居地当成籍贯了。

（六）用曾居地

曾经居住的地方，当然不能说是籍贯，但有的古籍在记载人物的籍贯时，把曾居地当成了籍贯。如《旧唐书·文苑传》中说："李白，字太白，山东人。"然而李阳冰、魏颢等人都以太白为蜀人，说他是山东人，大概依据杜甫诗："近来海内为长句，汝与山东李白好。"及元稹《杜工部墓系铭》："是时山东人李白亦以奇文取胜。"杜甫、元稹都说李白是山东人，大致因为李白曾居山东日久，故以山东人称之。山东，实非李白籍贯，乃是曾居地。又如《全唐诗》说崔曙"宋州人"，而曙有《送薛据之宋州》诗说："我生早孤贱，沦落居此州。"则宋州是崔曙的流寓所，亦非籍贯。

（七）用习惯性地域名代替行政区划名

在古籍中，有时会用习惯性的地域名称来标识某人的籍贯。所谓习惯性的地域名称，是指一般人的习惯称谓，而其名称又非当时的行政区划名，如以山右代指山西，因它位于太行山之右；以山左代指山东，因它位于太行山之左。又如把长江下游以东地区即今江苏省一带称江左，把长江下游以西地区即今江西省一带称为江右等。见于古籍记载的不在少数，如《世说新语·言语》中记温峤过江见王导，叹为"江左管夷吾"，这"江左"非指王导籍贯，因王导为琅邪临沂（今属山东）人，他当时在江左辅助东晋政权，故这样说。但有时也用作籍贯，如《全唐诗》《全唐文》称刘眘虚为"江东人"，用这办法来标识籍贯，大概是因为不能确指何地，采用了这一含混的办法。

这种记载籍贯的多变，若集中在一个人身上，就给读者造成了不少困难，就得让人费一番考索的功夫了。如何考索，我们将在后面介绍。

四 古地注今地之误

在作家籍贯注今地中，往往会出现一些错误，这大致是研究文学的人，把主要精力放在作家作品的思想艺术研究上，而对他们的籍贯，往往只根据传记史料所说的查检一下今地就匆忙下笔了。由于疏于考订，就可能出现这样那样的错误，今略为分类并作说明。

（一）误以郡、府治所为生地而误注今名

这种失误，往往出现在传记史料中的籍贯只标郡、府名而产生的。上文已经说到，传记史料中所标的郡、府，有的就是生地，有的具体县名失考，或仅为行文方便而用郡、府名。所以我们在注今地时，不能一见到郡、府名，就笼统地查出当时的郡治、府治的今地就算完成任务了，但在事实上，确实有不少书中就用这办法来标籍贯的，这就造成了一些不该有的失误。如前举建安七子的籍贯，史书中用了郡国名，有的书就根据这郡国名来注籍贯的今地，而不去考索他究竟是哪一县的人了。如陈琳是广陵射阳（今江苏宝应县东）人，而注者不知射阳，仅据广陵注成今江苏扬州人；应玚是汝南南顿（今河南项城县北）人，而注者不知南顿，仅据汝南注成今河南汝南；刘桢是东平宁阳（今山东宁阳）人，而注者不知宁阳，仅据东平注成今属山东，则以今东平当之；徐幹是北海剧县（今山东昌乐县西）人，而注者不知剧县，仅据北海注成今山东昌乐附近，好在东汉时的北海郡治由营陵移至剧县，这算蒙对了。

除了上述能考知县名的人以外，有的人实在考不出具体县名来，那也不要简单地直注郡、府治的今地，现在有的书中加上"郡治"二字，即成"郡治在今某某省某某县"，表示具体何县不清，那也是一个比较可取的变通办法。

（二）因一名多地而误注今名

古代同名地很多，对某一作家的籍贯，遇上有同名的地名，若不仔细考订，就有可能注错今地。如 1979 年版《辞海》和《中国大百科全书·中国文学》卷介绍《中兴间气集》的编者高仲武时说，"渤海（今山东滨县）人"。这是按"渤海县"来注的。周勋初在《唐诗文献综述》中说："《中兴间气集》的作者，署渤海高仲武，有人就以为他是今天的山东滨县人。殊不知唐人无仅标县邑之习，这里指的是前时的渤海郡，而汉代的渤海郡治又迁徙过几次，有时当今河北沧州，有时当今南皮县，唐人泛称，很难确指。不了解唐人风气而靠查检地理志去落实，就不免张冠李戴。"四川人民出版社版《中国文学家辞典》谓高仲武为"今河北南皮县人"，则以郡治所在地为高仲武的籍贯，也未免失之无据。又唐人喜标郡望，则《中兴间气集》自署之渤海，当指郡望，则高仲武的籍贯，更难确知了。

又如元代作家马祖常，1979年版《辞海》介绍说："字伯庸，世为雍古部，居靖州天山（在今新疆）。"不错，今新疆有天山，唐时也曾置有天山县，但在元代时，它不属于靖州。据《金史·地理志》，西京路有净州，大定十八年（1178）以天山县升，领县一，即天山。元因之，其地即今内蒙古四子王旗西北。在《元史》中，靖、净、静混用，故净州也就是靖州。再证之于《元史》中马祖常曾祖《月合乃传》："月合乃字正卿，其先属雍古部，徙居临洮之狄道（今甘肃临洮），金略地，尽室迁辽东（今辽宁省辽河以东）。曾祖帖木儿越哥，仕金为马步军指挥使，官名有马，因以马为氏。祖把扫马野礼属，徙静州之天山，以才雄边。"按：金的西部边界在今河套、陕西横山、甘肃东部一线，新疆不在其疆域之内，则靖州天山的天山，不在新疆是显然的了。

（三）因古今县邑之移置而误注今地

古今县邑，由于自然环境的变迁等原因，可能会有移置。若不知移置的情况，以之注今地，就可能出错。如臧洪，为汉末广陵射阳人，在《中国历史人物生卒年表》中注"今属江苏"，意即今江苏射阳县。其实不然，汉代的射阳县，在射水之阳，即今之江苏省宝应县东，而今之射阳县，为1942年由盐城、阜宁两县析置，地处江苏东部的射阳河下游，两地相距较远，不在同一县了。

（四）因不明古今县邑之分割而误注今地

县与县之间，犬牙交错，某地本属甲县，因某种原因而改属乙县，或另立新县，这是常见的现象。如欧阳修在《江宁府句容县令赠尚书兵部员外郎王公墓志铭》中说："王氏世家开封陈留之通许镇，咸平中，分通许为咸平县，故王氏今为开封咸平人。"又如《列朝诗集小传》介绍吕诚说："诚，字敬夫，昆山之东沧人，今隶太仓。"

可知原来昆山的东沧划归太仓县管辖,吕诚也就成了太仓人了。这种乡里的变化,一般是容易忽略的。同时,又限于史料的缺乏,不知这种变化的可能会误注,这在注今地时也是要注意的。

(五) 误以旧地名当今地以注古地名

为古地名注今地,当然应以最新的区划为准,这是自不待言的。但因为今地名也在不断变化,有增有减,有分有合,而一般的综合性辞书、地名词典及地图等类工具书,往往出版周期较长,赶不上快速的变化,所以本来是今地的,出版时已成了旧地名。加上研究文学的人,一般也不太关心地名的随时变化,故出现了以旧地名注古地名的现象。比如浙江吴兴,原本秦时设置的乌程县,宋代析其东南部另外设归安县,民国时合并为吴兴县,1949年以吴兴县城区设置吴兴市,1950年5月撤销,划归吴兴县。同年12月改设湖州市,1962年撤销,1979年复设市。1981年吴兴县撤销并入湖州市。则那些原属乌程、归安、吴兴的作家,其籍贯的今地应为浙江湖州市。但在1981年撤销吴兴县以后的有些书籍中,仍把吴兴当作今地,如《中国大百科全书·戏曲》卷、《中国目录学家辞典》《中国古典文学辞典》(吉林教育出版社版)等书中,把乌程的陈忱、董说、凌濛初、严可均、归安的茅坤、陆心源等,还都说成"今浙江吴兴",这就不对了。

古地误注今地的情况,大致如此。由此可知,在对古地标注今地时,还需慎重对待。

五 籍贯的考察

对古代作家籍贯的考察,有难有易,易者一看就知,难者或记载含糊,或记载不一,要确知何地颇费周章;或根本没有史料可据,只好付之阙如,所以直到今天,有不少作家还只好注上"爵里未详"。今就有关作家籍贯的考索作些粗略的介绍。

(一) 多籍贯记载的辨析

对某一作家的籍贯,在古书中往往有很多种记载。这种载籍,包括了作家自己的诗文、自署,史传、碑志传状,方志,亲朋述说,以及其他古籍中的记载，等等。记载中所以出现不同，是因为除了用当时地名外，还有用古地名，用郡望，用祖籍，用所居地，用曾居地，用习惯性地域名称代替行政区划名称等的不同造成的。遇到这种情况，只要分清楚这些记载不同的来由，剔除那些非籍贯的地名，剩下的就是他真正的籍贯了。如傅璇琮在《唐代诗人丛考·王昌龄事迹考略》中对王昌龄籍贯的考索：

> 王昌龄的籍贯，据现有材料，大致有三说，即太原、江宁、京兆。太原说最早见于《河岳英灵集》的评语，中有"顷有太原王昌龄、鲁国储光羲"云云……元人辛文房《唐才子传》也说是太原人。《新唐书》卷二〇三《文艺传》下，记王昌龄为江宁人，《唐诗纪事》卷二十四同。宋代的两部目录书，晁公武《郡斋读书志》与陈振孙《直斋书录解题》也都作江宁人。又《旧唐书》卷一九〇下《文苑传》下，曾提到："开元、天宝间，文士知名者，汴州崔颢、京兆王昌龄高适、襄阳孟浩然。"这是最早以王昌龄为京兆人的材料，《全唐诗》卷一四〇王昌龄小传同此说。

傅氏进一步考订，说"江宁"是因王昌龄当过江宁丞，称"王江宁"是官称，非籍贯。说"太原"指郡望（实当为琅琊），说"京兆"，有王昌龄自己的诗等为证，故王昌龄当为京兆人。说详见该文，文长不录。

又如方南生编的《段成式年谱》中对段成式籍贯的辨析。

> 他的籍贯有五说：一、临淄。《酉阳杂俎》各本均署临淄段成式。……二、西河，见姜亮夫先生《历代人物年里碑传综表》。三、南郡。《旧唐书·李商隐传》有"与太原温庭筠、南郡段成式齐名，时号'三十六'之称"。四、河南，见《全唐诗》段成式小传。……五、东牟。《酉阳杂俎》续集之"寺塔记"小序作"东牟人段成式柯古"。
>
> 临淄说，段成式六世祖段志玄，新旧《唐书》均作齐州临淄

人。但《关中金石记》及《金石录》所录《段志玄墓志铭》,却作齐州邹平人。段成式之父段文昌《新唐书》本传,称"进封邹平郡公"。《元和姓纂》也曾说段氏祖上曾迁齐郡邹平县。邹平县唐属淄州,何以又称齐州邹平?按《新唐书·地理志》:"齐州济南郡,上,本齐郡,天宝元年更名临淄。"注称"又领临济、邹平"。故齐州临淄之称,临淄应指郡望,邹平曾属临淄。是文昌原为邹平人,亦可据郡望称为临淄。《酉阳杂俎》各本均署临淄,当指郡望。

西河说,盖从《旧唐书·段文昌传》作西河人。《新唐书·段志玄传》,记志玄助唐高祖举义师"下霍邑、绛郡,攻永丰仓",《段志玄碑》亦记有"从上破西河"。与志玄同征西河者,尚有长兄段志合,以军功封西河曲沃县开国男。因有西河之称。

南郡说,《新唐书·段文昌传》记文昌"世客荆州"。《旧唐书·段文昌传》亦谓文昌"先人坟墓在荆州",并"别营居第以置祖祢影堂"。《命定录》亦记文昌父谔,曾在枝江、江陵一带为地方官,故谓段文昌"长自渚宫"。《玉泉子》则记:"丞相邹平公段文昌,负才傲俗,落泊荆楚间。"故有南郡之说。

河南说,《新唐书·宰相世系表》五下,记段氏世居武威,至偃师,徙居河南道。《金石萃编》卷四五,"以齐州、青州皆属河南道"。故谓段氏为河南人。此说所指地望过泛。

东牟说,本于成式自署,又段公路《北户录》,称请其知友右拾遗内供奉陆希声作序,有"东牟段君公路"之说。按《旧唐书·地理志》:"天宝元年,以登州为东牟郡。乾元元年,复为登州。"按段氏祖上,无居东牟郡的。此说有待进一步查考。

以上五说,或举祖上郡望,或取侨居籍贯,或略取大范围区域之称,或取祖宗坟茔所在地。或远或近,或早或晚,各有所偏。要以原籍临淄之说,最为人们所接受。

所以,《年谱》中就定段成式为"临淄邹平人"。以上两例,都是广搜古籍中的不同记载，分辨出不同记载的来由，最后确定较为可信的籍贯。

（二）不记籍贯或无传记人物籍贯的考索

对传记中没有籍贯记载，或者没有传记的人物的籍贯考索较为困难，一则因在当时就因缺乏史料而没能记载下来，如今再要去找，就更为困难了；二则因古籍浩如烟海，要找到这些人的籍贯十分不易。虽然如此，有不少人本来不知籍贯或不甚具体的籍贯，经过后人的努力，被考订出来了。仍以建安七子为例，七人中只有孔融和王粲有传，《后汉书·孔融传》说："孔融字文举，鲁国人，孔子二十世孙也。"可知他是山东曲阜人。《三国志·王粲传》说："王粲字仲宣，山阳高平人。"可知他是今山东邹县人。其他五人均附见《王粲传》，直说北海徐幹、广陵陈琳、陈留阮瑀、汝南应玚、东平刘桢，具体在何县都没有标出。对此，卢弼在《三国志集解》中作了钩索，注明了徐幹为北海剧人，阮瑀为陈留尉氏人，应玚为汝南南顿人，刘桢为东平宁阳人。补出了四人的县籍，但没有注明根据。据我们的考察，这些注解都是有史料依据的。徐幹，据缺名《中论序》说："世有雅达君子者，姓徐名幹，字伟长，北海剧人也。"是说徐幹为剧人所本，根据的是了解徐幹的人为徐幹《中论》写的《序》中考知的。另外，阮瑀有子阮籍，《晋书》有传，说是："陈留尉氏人。"应玚据《三国志》注引华峤《汉书》："玚祖奉，字世叔。"可知他是汉代应奉之孙，《后汉书》有《应奉传》，说是"汝南南顿人"；又应玚弟应璩之子应贞，《晋书》亦有传，也说他是"汝南南顿人"。刘桢据《三国志》注引《文士传》："桢父名梁，字曼山。"《后汉书·文苑列传》中有《刘梁传》，说是"东平宁阳人"。不过在传末说到刘桢是他的孙子，与《文士传》记载有出入，但"东平宁阳人"则是肯定的了。以上三人是根据他们的前后辈在史书中有传记考知的，其籍贯也是没有疑问的。

七人中还有一位陈琳，卢弼没有注出他的县籍，大概是没有找到根据。其实，陈琳的县籍，在《三国志》中也有间接记载，见于

《魏书·臧洪传》："（袁）绍兴兵围之（指臧洪），历年不下。绍令洪邑人陈琳书与洪，喻以祸福，责以恩义。"这里提到的臧洪的同县人陈琳，在臧洪回他信时称他为孔璋，自然就是建安七子之一的陈琳陈孔璋了，而陈琳那时也正好在袁绍部下"典文章"，更说明是他无疑了，由此可知陈琳与臧洪是同县人。不但《三国志》这样说，而且也见袁宏的《后汉纪》卷二十八，范晔的《后汉书·臧洪传》等都这么记载。至于臧洪的籍贯，据《三国志·魏书·臧洪传》和《后汉书·臧洪传》，都说他是"广陵射阳人"，则陈琳也自然是广陵射阳人了。故那些把陈琳说成今江都人或扬州人的说法，都是不对的。陈琳的籍贯，是根据史传的行文中考知的。不过汉代的射阳县，亦非今之射阳县，已移置于射阳河下游。说见前。

再举一例，唐人潘炎，不知其籍贯，岑仲勉在《读全唐文札记》中考得其为信都人。

【卷四四二】潘炎小传，"炎，史亡何所人"，此沿《新书》一六〇炎子《孟阳传》之词也。按《姓纂》，"唐监察御史潘玠，世居信都，称相乐之后，玠生炎，礼部侍郎"（据库本），则炎信都人也。

这是根据姓氏书考知的。

由此可知，对有些人的籍贯，只要我们有心考查，还会有所得的。

（三）籍贯的古今地考索

知道了古代作家的籍贯后，还有一个今在何地的问题需要查检。查检古今地，有时并不那么单纯，我们在上面"古地注今地之误"中已作了举例性分析说明，这几种错误都应该注意避免，就不再说了。这里仅介绍一下从哪儿去查检。

查检古今地，一般可用综合性辞书，如《辞海》《辞源》等，这是人所共知的，不烦赘言。更可用地名辞典，如清代李兆洛的《历代地理志韵编今释》，它把历代正史地理志中的地名沿革汇编成一书，对历代地名沿革的记载比较详细，又把古地名标明清代道光年间的所在地。但它的地名局限于正史《地理志》，今地又是指道光年间的名称，使用时要注意。刘钧仁有《中国地名大辞典》，收录范围较广，兼收城镇、堡塞、关隘等。臧励和的《中国古今地名大辞典》，内容更为广泛，收录了古今各类地名四万余条，上起远古，下至现代，凡有查检需要的都收录。古代地名注明沿革，现代地名注明概况。包括了省、府、郡、县、镇、堡、山川、名城、要塞、铁路、矿山、商港、名胜、古迹、奇观、园亭等名城，是目前仍然最称详备的一部地名辞典。当然它也不是应有尽有，而且今地还得用最新资料核实。比较新的有复旦大学历史系地理研究所《中国历史地名辞典》编委会编的《中国历史地名辞典》，江西教育出版社1986年出版，收录历史地名约二万一千条。更为详细的有魏嵩山主编，1995年广东教育出版社出版的《中国历史地名大辞典》，它收录了历史地名九万余条。

　　查实古今地，有时还要利用正史《地理志》，全国性的地理总志和地方志。

　　正史中有《地理志》的有《汉书·地理志》《后汉书·郡国志》《晋书·地理志》《宋书·州郡志》《南齐书·州郡志》《魏书·地形志》《隋书·地理志》《旧唐书·地理志》《新唐书·地理志》《新五代史·职方考》《宋史·地理志》《辽史·地理志》《金史·地理志》《元史·地理志》《明史·地理志》十五种。还有对正史地理志缺讹的辨析、考订，以及对没有地理志的正史的补撰，这些著作，大都收录在《二十五史补编》中，需要时可查阅。

　　全国性的地理总志，保存到今天而又常被人引用的有唐代李吉甫的《元和郡县图志》，为唐代地理总志。宋代乐史的《太平寰宇记》，是宋代的地理总志。清代有《嘉庆重修一统志》，内容丰富，考订精详。顾祖禹辑著的《读史方舆记要》，亦为一部地志名著。

　　至于地方志，数量繁多，又散见于各地，编成目录的，以《中国地方志联合目录》最为详尽，说见第三章第二节中"方志的编目"

部分。

　　查实地理离不开地图，查古地名最为详细的当推中国历史地图集编辑组编辑的《中国历史地图集》，全集八册，反映了1840年以前我国各历史时期的政区设置和部族分布的基本概貌，不仅内容丰富，绘制精细，而且采用古今地名套印，对照今地，分外清楚。至于查今地，更离不开最新出版的中国地图，看它的名称有无变更。

　　查实今地，还要参考新编的专收今地的地名辞典，如商务印书馆的《中华人民共和国地名辞典》，上海辞书出版社1990年版的《中国地名词典》，李汉杰主编、中国旅游出版社1990年出版的《中国分省市县大辞典》，崔乃夫主编、商务印书馆1998—2002年出版的《中华人民共和国地名大词典》等。但这些辞典，因出版周期长，而地名又不断在变更，故有时所谓今地名，有可能因变更而成旧地名了。因此，查实今地，更离不开《中华人民共和国行政区划简册》了。这书每年一本，由国家有关单位根据上一年年底以前的行政区划资料汇编成册，先后由人民、法律、地图等出版社出版。主要按省市、地区排列所辖市区县的名称，注明各级行政机构的驻在地。若区划有变化的，也加注说明，因为它一年一册，能比较及时地反映最新变化情况，比起新编地名词典、地图来，更为及时。当然，能随时注意报纸上的变动报道，那就更好了。

第三节　生卒年考订

　　对作家生卒年的考订，有时看来比较细微，所谓早生或早死一年无关研究的大局，但作为著作，即使相差一年，也影响到它科学的严谨性。而对那些处于时代变革的关键时期，或在重要史实的前后期的作家，若能考订清楚他的生卒年，就可以确定他的时代，从而能进一步认识他作品的价值，则更不能说是无关紧要的小事了。今按古籍记载生卒年的一般情况、生卒年的考订和生卒年的推算三个方面来略作介绍。

一　古籍记载生卒年的一般情况

古籍中的人物传记，集中在史传，我们就先以史传为代表，看它是如何记载生卒年的。

史传不记生年，只记卒年和年岁，我们一般就从卒年及年岁来推算出他的生年，这是常规。但也偶有记生年的，被称为不合史例，如《南史·陶弘景传》："以宋孝建三年景申岁夏至日生。"又记其卒年："大同二年卒，时年八十五。"对这一记载，钱大昕在《廿二史考异》卷三十七中不仅指出了年岁的"前后自相矛盾"，且指出"诸臣传亦无书其生年者"的"史例"。

史传中记卒年，也因人而异，因史料而异，大致说来，有下列几种办法。

一是实记，也就是明记。文确切地记载某人于某某年卒，年岁若干。如《后汉书》记张衡"年六十二，永和四年卒"；记马融"年八十八，延熹九年卒于家"。又如《三国志》记曹植："其年（太和五年）冬，诏诸王朝六年正月。其二月，以陈四县封植为陈王，邑三千五百户。植每欲求别见独谈，论及时政，幸冀试用，终不能得。既还，怅然绝望。……遂发疾薨，时年四十一。"又如《晋书》记阮籍："景元四年冬卒，时年五十四。"这种记载，对人物的卒年及年岁都很明确，我们就可上推而知生年。

二是约记。就是对作家的卒年及年岁，虽有记载，但不很明确。其记卒年，往往用"某某（年号）初"、"某某中"、"某某末"卒来记载。如新旧《唐书》记沈佺期"开元初卒"；《新唐书》记李益"大和初，以礼部尚书致仕，卒"，用的是"初"。又如《旧唐书》记宋之问"先天中，赐死于徙所"；《宋史》记穆修"明道中卒"，用的是"中"。再如《旧唐书》记李商隐"大中末，仲郢坐专杀左迁，商隐废罢，还郑州，未几病卒"；《新唐书》记孟浩然："开元末，病疽背卒"，用的是"末"。

史传中所用的"初"，大致是某某年号的初年，我们现在一般定为元年，如上述沈佺期定为开元元年（713）卒，李益定为太和元年（827）卒。但"初"除了"初年"外，还是个约数，表示开头几年，这或许为了行文的方便，或许指大概是，在某年并不确知，所以有时也不等于初年。如王维，《旧唐书》本传则说他"开元初，擢进士"。开元凡二十九年，九年也被称作"初"。这里虽说的是擢进士之年，但史传中用"初"的道理是一样的。

史传中所说的"末"，一般也指某一年号的最后一年或最后几年。如上述孟浩然，一般定为开元二十八年（740）卒（开元凡二十九年）。李商隐，一般定为宣宗大中十二年（858）卒（大中凡十三年）。至于史传中说的"中"，更是一个约数，也就是指某某年中。如上述宋之问，人们把他的卒年定为712年或713年，就是唐玄宗先天元年或二年，因先天就有二年。穆修的卒年为1032年，即宋仁宗明道元年，明道也只有一年。又如杜甫，《新唐书》说他卒于大历中，大历凡十四年，一般考证认为杜甫卒于大历五年（770）。也有取中间的年份，如颜之推，《北齐书》说他在"隋开皇中，太子召为学士，甚见礼重。寻以疾终"。《北史》所记略同。开皇凡二十年，一般说他约卒于开皇十年或十一年（590或591）。

史传所记年岁，有时也只是个约数，如杜审言，《旧唐书》说他"年六十余卒"；陈子昂，同书说段简把他"收系狱中，忧愤而卒，时年四十余"；李白，《新唐书》说"代宗立，以左拾遗召，而白已卒，年六十余"。这个"余"，也就是多一点儿的意思，究竟多多少，也只是个约数，有的刚过一点儿，有的可能过了几年。如陈子昂的生卒年，有说659—700年，或说661—702年，则活了四十二岁。姜亮夫《历代人物年里碑传综表》作656—695年，则活了四十岁。李白，生卒年考订为701—762年，则李白活了六十二岁，或说李白活了六十四岁，则其生卒年应为699—762。这个"余"就过了二年或四年了。

三是暗记。就是把卒年连在叙述某件事情中，而某事是可以考知年份的，则其卒年也就不言而喻了。如《汉书·枚乘传》："武帝自为太子，闻乘名，及即位，乘年老，乃以安车蒲轮征乘，道死。"可知枚乘卒于武帝即位之年，而武帝即位一查即知为公元前140年，也就是枚乘的卒年。又如《后汉书·蔡邕传》记董卓被诛，"邕在司徒王允坐，殊不意言之而叹，有动于色。允勃然叱之……即收付廷尉治罪。……邕遂死狱中，允悔，欲止而不及"。董卓被诛于192年，也就是蔡邕的卒年。又如《宋史·梅尧臣传》："预修《唐书》成，未奏而卒。"《新唐书》修成于嘉祐五年（1060），可知梅尧臣亦死于此年。

四是不记卒年。不记卒年的，也有两种情况，有的有年岁记载，有的无年岁记载。有年岁而无卒年的，如《旧唐书·杜审言传》："神龙初，坐与张易之兄弟交往，配流岭外。寻召国子监主簿，加修文馆直学士，年六十余，卒。"又如《新唐书·萧颖士传》："崔圆闻之，即授扬州功曹参军。至官，信宿去。后客死汝南逆旅，年五十二。"

无年岁记载的，如《后汉书·梁鸿传》："遂至吴，依大家皋伯通……疾且困，告主人曰：'昔延陵季子葬子于嬴博之间，不归乡里，慎勿令我子持丧归去。'及卒，伯通等为求葬地于吴要离冢傍。"又如《晋书·左思传》："秘书监贾谧请讲《汉书》，谧诛，退居宜春里，专意典籍。齐王冏命为记室督，辞疾，不就。及张方纵暴都邑，举家适冀州。数岁，以疾终。"他们都没有记卒年。不过，左思的传记中还可约略考知，因为"张方纵暴都邑"，是指张方奉河间王颙之命，于太安二年（303）八九月间逼洛阳事。但这年后"数岁"，到底过了几年，史就没有明文记载了，我们也只能从"数岁"上作一个大概的推算。这种不记，多半是没有史料依据，只能含糊其词了。

这里还要说一点，史传记卒年，只记年，不记月日，即使知道月日也不记。我们倘若要知道作家的生卒年月日，就只有利用墓碑文、行状、年谱等来查检了。

墓碑文、行状等记传主，一般很具体，连卒年月日都记，又是并连及生年月日。如我们在第五章第二节碑志史料的墓碑文中所举的例子中，袁枚为沈德潜写的神道碑中说沈于乾隆三十四年九月七日薨于家。王昶为汪中写的墓碣铭中说汪中的生卒年月日为"乾隆五十九年九月二十日终于杭，距生于九年十二月二十日，年五十一"。欧阳修《石曼卿墓表》记石延年"年四十八，康定二年二月四日，以太子中允秘阁校理卒于京师"。韩愈《柳子厚墓志铭》记柳宗元"以元和十四年十一月八日卒，年四十七"。就是明证。

再说行状，如李翱的《韩公行状》记韩愈："长庆四年得病，满百日假，既罢，以十二月二日卒于靖安里第……享年五十七。"又如苏轼的《司马温公行状》记司马光："以九月丙辰朔薨于西府，享年六十八。""九月丙辰朔"即宋哲宗元祐元年九月初一。又如顾湄的《吴先生伟业行状》记吴伟业："先生生于明万历己酉五月二十日，卒于今康熙辛亥十二月二十四日，享年六十有三。""万历己酉"为万历三十七年，"康熙辛亥"为康熙十年。

从上引的墓碑文、行状看，一般记卒年月日，而生年月日则有记有不记，这除了生年月日不知的以外，也因为这种文体没有要求一定要记生年月日。而与记卒年月日相反的，那些盛行于清代的同年录、同年齿录等则只记生年月日。因为同科考中的人编同年录、同年齿录时，一般还多在世，所以只记生年月日。如《光绪六年庚辰科会试同年齿录》记李慈铭为"道光己丑年十二月二十七日辰时生"，记沈曾植为"咸丰壬子年二月二十九日吉时生"，记梁鼎芬为"咸丰十一年六月初六日吉时生"。

对作家的生卒年月日只要知道就记的，就要算年谱了。年谱记载人物的事迹最为详尽，知道生年月日的谱主，就要在谱中反映出来。如于兆山《陆游年谱》在宋徽宗赵佶宣和七年（1125），陆游一岁时载："本年十月十七日，宰（陆游父）由寿春赴京师（开封）途中，泊舟淮河岸。平旦，大风雨，务观生。"这一生日是根据陆游自己在诗中所说的。《剑南诗稿》卷三十三诗题《十月十七日，予生日也。孤村风雨萧然，偶得二绝句。——予生淮上，是日平旦，大风雨骇人，及予堕地，雨乃止》。又在嘉定二年（1209），陆游八十五岁生日载:"十二月二十九逝世。"其时日据《山阴陆氏族谱》。又如邓广铭《辛稼轩年谱》于宋高宗赵构绍兴十年（1140），即金熙宗完颜亶天眷三年，辛弃疾一岁时载："五月十一日（公历5月28日）卯时，稼轩生于山东历城之四风闸。"又于开禧三年丁卯（1207），辛弃疾六十八岁时载："八月得疾"，"九月初十日卒"。由此可见，年谱中所记生卒年月日最为详细，凡能考知的，都根据史料意义加以考订。

除了上述的史传、墓碑文、行状、年谱等可考知作家的生卒年或生卒年月日外，其他还有不少文体的记载可用来考订生卒年，如诗文中的自记，上引《陆游年谱》中陆游的生年月日就根据陆游自己的诗。又如李渔，在他的《一家言》中有《庚子举一男时予年五十初度》。据李渔时代，"庚子"为明永历十四年，也就是清顺治十七年（1660），则李渔生年当为明万历三十九年辛亥（1611）。

序文中，也有生卒年的记载。如第五章第二节"序跋史料"中，我们引用梁元帝的《法宝联璧序》中，竟记下了三十八人的爵位、姓名、籍贯、年龄及字，从中我们可以推知一些文学家的生年，请参阅。又如徐幹的生年，史无记载，而缺名的《中论序》说："年四十八，建安二十三年春二月遭厉疾，大命陨颓。"这里的建安二十三年当为二十二年的传写之误。据《魏志·王粲传》，徐幹、陈琳、应玚、刘桢都死于建安二十二年；曹丕《与元城令吴质书》也说"徐、陈、应、刘一时俱逝"；曹植《说疫气》中也说这次疾疫发生在建安二十二年，所以徐幹也应卒于建安二十二年，上推生年，应为汉灵帝建宁三年（170）。再如陈师道《后山集》附有魏衍撰的《后山陈先生集记》，说陈师道"殁于建中靖国元年十二月之二十九日，年四十九"。魏衍为陈师道门人，曾从学七年，其说当可比后出的《宋史》所云卒绍圣初为可信。

其他如族谱、编年史等各种古籍中，都有作家生卒年的记载，这也有待于我们去发掘。不过《实录》中的生卒年，有时与史传不合，这正如夏燮在《明通鉴》"义例"中说的："皇子、皇孙之生，有诞生之月日，有诏告之月日，《实录》中分书之，而见之本纪者，大都据颁诏日月，故往往与本帝纪中月日不合。……宰辅七卿，有莅任之月日，有起召之月日；其卒也，有在朝赴告之月日，有里居奏报之月日，故往往与《传》《状》中不合。"这在使用时要注意的。

二 生卒年的考订

对作家的生卒年，各书记载明确，且无出入的，就无烦考订。除了这种理想的记载外，还有不少作家的生卒年各书记载不一，或记载有误，或记载不确定，或仅是暗记，甚至缺如的，我们就要考订了。今分别略作介绍。

（一）各书记载有出入的

各书记载有出入的，也不在少数，这些记载中，只有一个是正确的，若能考知哪个正确，其他的就是错误的了；或反之，排斥了错误的，正确的自然显露出来了。如唐代诗人王维，《旧唐书》说他"乾元二年七月卒"，《新唐书》又说他"上元初卒，年六十一"。"乾元二年"是公元759年；"上元初"假定为上元元年，也就是乾元三年（闰四月改元），则为公元760年。若是上元二年，则为公元761年。清·赵殿成《右丞年谱》说："集中有《谢弟缙新授左散骑常侍状》，其系尾年月，乃上元二年五月四日；又集中有《送邢桂州》诗，而邢济为桂州都督，亦上元二年中事，则《新史》之说为优也。"赵殿成用王维自己的作品来证明上元二年王维还在世，则其卒年以上元二年说为是。

又如刘大杰、钱仲联在《关于一些古典作家的生卒年问题》中考订徐大椿的生卒年，据《兰台轨范自序》及其子跋，知徐大椿的生卒年为1693—1772年。但据袁枚所撰《徐灵胎先生传》推算，则应为1702—1780年。姜亮夫《历代人物年里碑传综表》等即据之系年。刘、钱二位考订说："姜表作（1702—1780），盖据袁枚所撰《徐灵胎先生传》推算。袁传见于《小仓山房续文集》卷三十四，其文云：'乾隆二十五年……大司寇秦公首荐吴江徐灵胎，天子召入都……后二十年，上以中贵人有疾，再召入都，先生已七十九岁……至都三日而卒.'1780是乾隆二十五年以后的二十年,以此逆数七十九年,得出生于1702年的结论。其实,袁传的'后二十年',乃是'后十二年'之误。其误当是出于镂版时误刻。乾隆二十五年后的十二年,正是乾隆三十六年辛卯(连二十五年的一年一起计算在内)。"大椿死于乾隆三十六年十二月初四,公元是1772年1月8日。这一考证是可从的。

倘若一时考订不出记载中哪个正确哪个错误,也不妨暂时并存,待有新的史料依据再作确定。如清代王昙,龚自珍《王仲瞿墓表铭》说他在十八岁时见王昙,订忘年交,"越八年,走访龚自珍东海上,留海上一月,明年遂死,则为丁丑岁","卒年五十有八"。由此可知,王昙生于乾隆二十五年(1760),卒于嘉庆二十二年(1817)。又陈文述《王仲瞿墓志》则说他"以嘉庆丙子秋,卒于钱塘西马塍之红柏山庄"。嘉庆丙子是公元1816年,则又早了一年。又姜亮夫《历代人物年里碑传综表》据钱泳序《烟霞万古楼集》考订,谓王昙生于乾隆二十七年壬午,卒于嘉庆二十四年己卯,则其生卒年为1762—1819年,时间又往后移了。姜《表》说:"道光十八年钱梅溪序《烟霞万古楼集》,称仲瞿既殁二十年,始集其文而传之,则卒于嘉庆己卯也。龚墓表言年五十八,则生乾隆壬午。"这样,王昙的生卒年有三说,其中钱泳序所说的二十年,大概是个约数,不是以系年,可以存而不论。龚、陈只说,在没有确证以前,只能并存,如《辞海》等就是这么处理的。用并存的处理方法,各家辞书等也不完全相同,有用并存,有选其一,见仁见智,一时也很难统一。

(二)记载有误的

记载有误的,加以考订改正。如蔡邕,《后汉书·蔡邕传》载,董卓被诛,蔡邕被收付廷尉治罪,"邕遂死狱中……时年六十一"。对蔡邕活了多少岁,钱大昭等作了辨说,钱的《后汉书辨疑》卷九说:"按邕徙朔方时自言'臣年四十有六',至董卓服诛,邕年六十岁也。此云'六十一',误。"侯康《后汉书补注续》说:"王少司寇昶曰:光和元年尚书诘状,邕自陈书有'臣年四十有六'之语,计至死年止六十岁,本传误矣。"陆侃如《中古文学系年》说:"卓诛于四月二十三日,邕死当在四五月间。年岁当依钱、侯两说更正,生年亦改后一年。"这是依据作者自己的作品说改正的。

又如曹叡,据《三国志·魏书·明帝纪》:"(景初)三年春正月丁亥……帝崩于嘉福殿,时年三十六。"裴注:"臣松之按:魏武以建安九年八月定邺,文帝始纳甄后,明帝应以十年生,计至此年正月,整三十四年耳。时改正朔,以故年十二月为今年正月,可强名三十五年,不得三十六也。"按:裴说颇有理,若曹叡卒时年三十六,则当生于建安九年,该为甄后前夫袁熙之子,曹丕绝不会传位于袁氏子的。据《明帝纪》,叡年十五时封武德侯。又据《文帝纪》,曹叡于延康元年五月受封为武德侯。则延康元年曹叡当为十五岁,曹叡应生于建安十一年,其卒时应年三十四。刘大杰、钱仲联《关于一些古典作家的生卒年问题》中推断曹叡生于建安十年(205),若依此说,则曹叡于延康元年五月受封为武德侯时,时年已十六岁,与史载不合。所以曹叡当生于建安十一年(206),卒于景初三年(239),活了三十四岁。这是依据史载及曹丕不立袁熙子的情理等理由改正的。

再如王安石的年龄,《宋史》谓"六十八",钱大昕《十驾斋养新录》卷七"王安石传误"条考订说:"《王安石传》,元祐元年卒,年六十八。王明清《挥麈录》言,国朝名公多厄于六十六,介甫亦其一也。吴曾《漫录》谓介甫以辛酉十一月十二日生;李壁亦言介甫生于天禧五年辛酉。自天禧辛酉至元祐元年丙寅,实六十六年,非六十八也。《长编》载安石移书吕惠卿曰:'毋使齐年知。'冯京与安石俱生辛酉,故称为'齐年',此其明证。"这是广征诸书改正的。

(三)记载不确定的

记载不确定的,有些可以考知确切年份。如杜甫,《新唐书》本传说:"大历中,出瞿唐,下江陵,溯沅湘以登衡山,因客耒阳,游岳祠,大水遽至,涉旬不得食,县令具舟迎之,乃得还。令尝馈牛炙白酒,大醉,一昔卒,年五十九。"它只说"大历中",大历凡十四年,究竟是哪一年呢?《旧唐书》则说"永泰二年……卒于耒阳,时年五十九"。但杜甫有《追酬故高蜀州人日见寄》一诗，其序谓在"大历五年正月二十一日"，追酬高适而作，可知"永泰二年"说并不可靠。自宋·吕大防编杜甫年谱考订为大历五年（770）卒以来，一般都从其说。

又如李华，《新唐书》说"大历初年"，故《中国文学家大辞典》谓李华约卒于公元766年左右，也就是"大历初"。其实，《新唐书》说的"大历初"，当是根据梁肃《为常州独孤使君祭李员外文》中所说："维大历元年五月日，朝散大夫守常州刺史赐紫金鱼袋独孤某谨以清酌之奠，祭于故尚书吏部郎赵郡李遐叔三兄之灵。"祭文中已明确地说"大历元年"，则不必再加"左右"了，故有的书就直接说李华卒于公元766年。但李华都有大历元年（766）以后的作品存世，如《故相国兵部尚书梁国公李岘传》中说："以大历二年某月日窆于某原。"又《太子少师崔公墓志铭》中又提到"大历四年，龟筮从吉"。而《与外孙崔氏二孩书》中更说："吾出身入仕，行四十年。"李华为开元二十三年进士，将近四十年则当指大历九年（774）为此信的写作时间，故《辞海》说李华约卒于774年。那么，是否梁肃的记载错了呢？而独孤及在李华生前曾为他的文集写过序，过从甚密，写祭文的年月当不致出错。究竟错在哪里呢？其中最大的可能是讹字。梁肃原文当为"维大历九年五月日"，"九"字极易看成"元"，因而误成元年，《新唐书》又据之成为"大历初"，故与李华的作品产生了矛盾。若原文是"大历九年"，也就是李华说的入仕近四十年的大历九年，两者就统一起来了。故李华卒年当为大历九年，公元774年。

（四）暗记卒年的

暗记卒年的，只要有事件可考知年代，则其卒年也就知道了，如前引枚乘、蔡邕、梅尧臣的卒年就是这么考知的。再举潘尼为例，《晋书·潘尼传》："永嘉中，迁太常卿。洛阳将没，携家属东出成皋，欲还乡里。道遇贼，不得前，病卒于坞壁，年六十余。"据同书《孝怀帝纪》，永嘉五年，"六月癸未，刘曜、王弥、石勒同寇洛川，王师频为贼所败，死者甚众。庚寅，司空荀藩、光禄大夫荀组奔辕辕，太子左率温畿夜开广莫门奔小平津。丁酉，刘曜、王弥入京师。"此即"洛阳将没"的年份，可知潘尼卒于永嘉五年（311）。

（五）史传不记卒年的

史传不记卒年的，也有一些作家可发掘其他史料考知。如晋代干宝，在《晋书》中没有记载卒年，孙绰，也仅说"年五十八，卒"。因此，谭正璧在《中国文学家大辞典》中，说干宝生卒年未详，约公元317年前后在世。说孙绰，生卒年不详，约公元301—380年间在世。直到1979年版《辞海》，干宝名下也未注生卒年，到1989年版才注明卒年为336年。其实，他们两人的卒年，都在《建康实录》中有记载：干宝卒于咸康二年（336），孙绰卒于太和六年（371）。

又如杨炯，《旧唐书》说："如意元年七月望日……炯献《盂兰盆赋》……无何卒。"《新唐书》说他卒于盈川令。《中国文学家大辞典》谓生年不详，卒于唐武后如意元年（692）。傅璇琮《唐代诗人丛考·杨炯考》中，据杨炯作品考订了他的生年，他说："杨炯有《浑天赋》一文，其自序中说：'显庆五年，炯时年十一，待制弘文馆。……'从这里可以考见：……显庆五年（660），杨炯十一岁，则其生年应为唐高宗永徽元年（650）。"傅氏又从作品考知他应卒于693年二月以后，他说："杨炯有《后周明威将军梁公神道碑》，文中谓'粤以大周长寿二年岁次癸巳二月辛酉朔二十四日甲申，迁窆于雍州蓝田县骊山原旧茔'。这是杨炯诗文有年可系之最后的一篇，长寿二年为公元693年，也就是杨炯授盈川令的第二年，也就是说，杨炯在693年二月尚在人世，在此之后就不得而知了，或即卒于此后几年之内。"

再如吕本中，过去对他的生卒年多作不详，据刘大杰、钱仲联《关于一些古典作家的生卒年问题》中说："曾几《东莱先生诗集序》：'窃自伏念，与居仁皆生于元丰甲子（1084）。'《建炎以来系年要录》绍兴十五年（1145）七月下载：'甲寅，左朝奉郎提举江州太平观吕本中卒。'据此，本中生卒年应为（1084—1145）。"

当然，许多作家我们至今还不知道他们的生卒年，一时也查考不出来，不过随着史料的发掘与考订，其中有些人是能够知道他们的生卒年的。

三　生卒年的换算

根据史料的记载来换算生卒年，也就是把那些年号纪年或干支纪年、干支纪日等来换算成公元纪年、纪月、纪日，常用的工具书是历表；倘若只是年的换算，不涉及月日，除了仍可利用历表外，一般利用年表也就可以了。

目前常用的历表，有通代的和断代的两种。通代的有陈垣的《中西回史日历》《二十史朔闰表》，薛仲三、欧阳颐合编的《两千年中西历对照表》，方诗铭、方小芬编著的《中国史历日和中西历日对照表》等。

《中西回史日历》于1926年北京大学研究所国学门出版，1956年北京古籍出版社影印，1962年北京中华书局印修订增补本。这是一部中、西、回三历对照的日历，用表格形式，包括了从公元元年（汉平帝元始元年）至公元二千年的中历、西历、回历对照表。使用较方便。

《二十史朔闰表》，1926年北京大学研究所国学门出版，1956年北京古籍出版社影印，1962年北京中华书局印增补本。本书是前一书的简本，上起汉高祖元年（前206），下至民国二十九年（1940），修订本增至2000年。它用表格形式，排列了每年的十二个月、每月朔（初一）日的干支及闰年，并与西历对照以供换算，还附有回历每年的岁首。本书主要用作从中历的年、月、朔求得西历的年、月、日及星期。不过本书对西汉武帝太初改历以前的朔闰是根据"殷历"推算的，但近来出土文物证明这期间实际使用的是"颛顼历"，就出现了误差，使用时要注意。

《两千年中西历对照表》，1956年生活·读书·新知三联书店据1940年商务印书馆版修订重印。它从西汉平帝元始元年（公元元年）

起至公元 2000 年，编排了二千年的中西历对照，可从已知的中历日期直接查检出和它相当的阳历日期，也可由已知的阳历日期直接查检出和它相当的中历日期，并可推得某月某日的星期和干支。

《中国史历日和中西历日对照表》，1987 年由上海辞书出版社出版。本书分为上编、下编和附编。上编收公元前的历日对照，即西周共和元年至西汉哀帝元寿二年；下编收公元后的历日对照，即西汉平帝元始元年至中华民国三十八年；附编收共和元年以前的《殷历日表》和《共和元年前西周历日表》，以及《1949—2000 年历日表》等。本书对公元前的历日表，标有年、月、日、干支；公元后的，增加了阳历月、日，也就是中西历日对照。本书在时间跨度上，比前三书为长。

除了上面说的通代的历表外，还有一些断代的历表，如清·王韬撰、曾次亮校的《春秋历学三种》，中华书局 1959 年出版；张培瑜的《中国先秦史历表》，齐鲁书社 1987 年出版；郑鹤声的《近世中西史日对照表》，商务印书馆 1936 年出版，1981 年转中华书局再版；荣孟源的《中国近代史历表》，生活·读书·新知三联书店 1953 年出版；中国科学院紫金山天文台编的《二百年历表（1821—2020 年）》，科学出版社 1959 年出版；罗尔纲的《天历考及天历与阴阳历日对照表》，生活·读书·新知三联书店 1955 年出版。这些历表，因时间跨度短，一般比通代历表为详。

至于只记年的年表，有万国鼎编，万斯年、陈梦家补订的《中国历史纪年表》，商务印书馆 1956 年出版；荣孟源的《中国历史纪年》，生活·读书·新知三联书店 1956 年出版；汤有恩的《公元干支推算表》，文物出版社 1961 年出版；《中国历史年代简表》，文物出版社 1973 年出版；方诗铭的《中国历史纪年表》，上海辞书出版社 1980 年出版等，都可供选用。

对古人生卒年的换算中，还有几个问题需要注意，今略说如下。

一是古人都用虚岁，与今天习惯用的实足年龄不同。虚岁把生下的那年就算一岁，不管是正月初一或十二月除夕生的，都算一岁。如宋代张端义在《贵耳集》卷上自传说："余生于淳熙之己亥，书于淳祐之辛丑，年六十有三。"淳熙己亥为淳熙六年，公元1179年；淳祐辛丑为淳祐元年，公元1241年，所用六十三岁就是虚岁。清代梁绍壬在《两般秋雨盦随笔》卷八"孪生次序"条谈到了一个很有趣的例子，他说："双生男女，或以后生者为长，谓受胎在前也；或以先生者为长，谓先后有序也。愚谓当以先生者为兄。夫纪年者，纪生者将来所得之年。假令二人一生于除夕亥时，一生于元旦子时，则先生者不但长一时一日，而且长一岁矣。即使将来同年月日时死，而纪寿总高一岁，乌得不为兄耶？"它的计算方法就是用的虚岁。知道了古人以虚岁记年，在依据古人卒年及年岁推算生年时，才不至造成错误。

二是中历与阳历在记年上的交叉问题。中历的每年十二月，一般是阳历次年的一月，甚至有十一月的某一天，即为阳历次年中的一月的。至于具体从哪一天开始，查历表也就知道了。所以生卒在中历十一、十二月的作家，就有可能是阳历的下一年了。但因许多作家的具体生卒年月日没有记载，我们也就用对应的年代换算就可以了。若知道作家生卒年月日在十一月、十二月，就有一个年代交叉的问题了。历史上这样的作家也有不少，今略举几例：

苏舜钦：据欧阳修作《湖州长史苏君墓志铭》，苏于"庆历八年十二月某日，以疾卒于苏州"，庆历八年十二月初一已是公元1049年1月7日，则苏应卒于1049年，而非1048年。

陈师道：据魏衍所作《彭城陈先生集记》，陈卒于建中靖国元年十二月二十九日，年四十九。则其卒于1102年1月19日，而非1101年。

陈与义：卒于绍兴八年十一月二十九日，则其卒于1139年元旦，而非1138年。

岳飞：被害于绍兴十一年十二月二十九日，则其卒于1142年1月27日，而非1141年。

文天祥：被害于至元十九年十二月初九，则其卒于 1283 年 1 月 9 日，而非 1282 年。

归有光：据孙岱《震川先生年谱》，归有光生于正德元年十二月二十四日，则其生于 1507 年 1 月 6 日，而非 1506 年。

刘大杰、钱仲联的《关于一些古典作家的生卒年问题》一文中，列了这样的作家二十人。上举六例中除苏舜钦、岳飞外，都取自该文，其他还有李梦阳、阎尔梅、吴伟业、侯方域、魏禧、徐大椿、卢文弨、王昶、姚鼐、汪中、沈钦韩、姚莹、俞樾、王闿运、章炳麟、刘师培等人。但该文也是举例性质，没有详列有关人物。

三是要细心推算，不要简单照抄，以误传误。学文学的人，往往对数字不感兴趣，若草率推算，就可能出错。也可能依据某一本书，照抄一下年代，不再审核是否有误，可在排版上，数字是极易出错的，校对也不易发现，故还是核实一下为宜。如宋代吕大防作的杜甫年谱，对考订杜甫生卒年是有功绩的，但在该谱说杜甫生年为"先天元年癸丑"，卒年为"大历五年庚戌"，其中所用干支纪年均误，《唐诗纪事》因之未改，故钱大昕《十驾斋养新录》卷十六"少陵生卒年月"条指出："《唐诗纪事》谓先天元年癸丑生，大历五年辛亥卒，似矣，而干支却差一岁：盖先天改元，实壬午，大历五年实庚戌也。"

对作家的生卒年，有时找到了资料，但因推算不仔细，因而造成了不必要的错误，这是一件很遗憾的事。如明代的张瀚，工诗文，但在《明史·张瀚传》中，没有生卒年的记载，所以谭正璧在《中国文学家大辞典》中，只说"约公元 1550 年前后在世"。嗣后中华书局 1985 年点校排印了张瀚的《松窗梦语》，在"点校说明"中说："万历二十三年卒，年八十三。"万历二十三年为公元 1595 年，上推其生年，当为正德八年，即公元 1513 年。但从《松窗梦语》所收的冯梦祯的《张太宰恭懿公传》记载说："年二十四举于乡，为嘉靖甲午，明年成进士。"则从嘉靖甲午（嘉靖十三年，1534）上推，张瀚应生于明武宗正德六年（1511）。传又说张瀚终年"八十有三"，则应卒于万历二十一年,即公元1593年。再证之张瀚自己写的《松窗梦语引》,末署"时万历癸巳,虎林山人八十三翁张瀚识",可知在万历二十一年癸巳时,张瀚已八十三岁,则张瀚的生卒年显然是1511—1593年。《松窗梦语》"点校说明"因一时误算而错了,这是很可惜的。

第四节 作家事迹考订

对作家的生平事迹,不管传记史料的详略,都有一个考订问题,自然也包括了前三节所述的姓名、籍贯、生卒年的考订。不过因为有关问题在前三节中已经作了介绍,这里只集中谈谈生平事迹的考订。

一 考订的重要性

恩格斯曾经说过:"唯物主义的认识的发展,哪怕是单单对于一个历史实例,都是一种科学工作,需要多年的冷静钻研。因为这是很明白的,单靠几句空话是做不出什么来的,只有大量的、批判地审查过的、透彻地掌握住了的历史资料,才能解决这样的任务。"(《政治经济学批判》,人民出版社1955年版)对于一个历史实例,恩格斯尚且如此重视,那么,对作家本身的史料的掌握与研究的重要性,也就不言而喻了。

研究古代作家作品,"知人论世"是人们公认的。孟子在《万章下》篇中说:"以友天下之善士为未足,又尚论古之人。颂其诗,读其书,不知其人,可乎?是以论其世也,是尚友也。"孟子的知人论世说,和评价作品密切相关,所以历来人们就把"知人论世"作为评论文学作品的重要方法。我们知道,文学作品是作家通过自己的思想观点艺术地来反映现实生活的,因此,要真正了解作品,就必须要"知其人"、"论其世"。也就是要了解作者的生平事迹、思想感情及其人品,同时要了解作者所处的时代环境。所以章学诚在《文史通义·文德》中说:"不知古人之世,不可妄论古人文辞也;知其世矣，不知古人之身处，亦不可以遽论其文也。"

怎样才是"知人论世"呢？鲁迅在《"题未定"草》六中说："被选家录取了《归去来辞》和《桃花源记》，被论客赞赏着'采菊东篱下，悠然见南山'的陶潜先生，在后人的心目中，实在飘逸得太久了，但在全集里，他却有时很摩登，'愿在丝而为履，附素足以周旋，悲行止之有节，空委弃于床前'，竟想摇身一变，化为'阿呀呀，我的爱人呀'的鞋子，虽然后来自说因为'止于礼义'，未能进攻到底，但那些胡思乱想的自白，究竟是大胆的。就是诗，除论客所佩服的'悠然见南山'之外，也还有'精卫衔微木，将以填沧海，刑天舞干戚，猛志固常在'之类的'金刚怒目'式，在证明着他并非整天整夜的飘飘然。这'猛志固常在'和'悠然见南山'的是一个人，倘有取舍，即非全人，再加抑扬，更离真实。"《"题未定"草》七说："我总以为倘要论文，最好是顾及全篇，并且顾及作者的全人，以及他所处的社会状态，这才较为确凿。要不然，是很容易近乎说梦的。"这就是说，要知人，就要知其"全人"。作家的作品，是有为而发的，这正如白居易所说："文章合为时而著，歌诗合为事而作。"（《与元九书》）当然，也有许多是吟风弄月、无病呻吟的作品，但它仍然是作者思想感情的反映。所以，要研究作家的作品，就必须熟知作家的生平，熟知作家的个性，熟知作家的爱憎，熟知作家的言行，熟知作家的颦笑，不是一般的知道生平思想就可以了，要能深入作家的内心，这是没有止境的，也绝不是靠一般的传记资料就可达到的。故作为研究者，必须尽量去发掘、去占有作家的史料。

对作品来说，作家的每篇作品，都有一个具体的写作背景，写作本事，不是一般知道作家所处的时代就可以了的。如陈子昂的《登幽州台歌》："前不见古人，后不见来者。念天地之悠悠，独怆然而涕下。"饱含了作者无限慷慨悲凉的心境，我们若不了解作者写这首诗时的背景，就不能真正了解这首诗。等我们知道了这诗是诗人在武攸宜幕府担任参谋，随同征讨契丹李尽忠、孙万荣等的入侵，武攸宜"轻率少谋略"，不听陈子昂忠言，反把他降为军曹，在接连受挫，报国无门的心境下，登上蓟北楼，也就是幽州台，写下了这首千古名诗，这才能领会到陈子昂写诗的心境，是了解陈子昂写此诗心情的钥匙。如果不了解写作背景，在分析中，不管你有怎样的生花妙笔，也可能只是隔靴搔痒，甚至背离了事实，这种情况不是仅见的。

从这看来，了解作家生平事迹是何等重要。但从我国古代作家传记史料的现实看，存在着两方面的问题：一是大量作家缺乏必要的传记史料；二是已有的传记史料中有着不少舛错，有待我们去考订。

现在先说大量作家缺乏必要的传记史料。就目前所能见到的作家传记史料来说，大致有下列几种情况：最好的有传记史料，比较详细的有传状、碑志等。这种传记，也只能记录作家的主要行踪，远非详尽的传记。即使最称详细的年谱，所记大都出自考索，有的还处于疑似之间，有的也极简略，远不能满足研究工作的需要。虽然如此，这究竟已是最好的了，因为他们究竟为我们提供了不少珍贵史料。

次一等的，虽有传记史料，但极为简略，且不一定可靠，还有待于进一步考订，发掘出更多的史料。如众多的唐代诗人中，许多人属于这种情况。

再次一等的，没有传记可言，在古籍中只有一些零星的记载，完全得待后人去发掘，去研究。这种情况，也不始自今天，连《新唐书·文艺传》序中就发为感叹："若韦应物、沈亚之、阎防、祖咏、薛能、郑谷等，其类尚多，皆班班有文在人间，史家逸其行事，故弗得述云。"又如元、明、清的一些戏曲家也是这样，甚至连古典小说名著《三国演义》《水浒传》《红楼梦》等的作者事迹，我们又能知道多少？我们要研究这些皇皇巨著，能不对它的作者作些必要的考订吗？

最次一等的，我们连书的作者是谁都不知道，如《金瓶梅》，只知它署名为"兰陵笑笑生"，这"兰陵笑笑生"是谁，虽众说纷纭，但仍然是莫衷一是，有待于史料的进一步发掘与考订。

作家传记史料不仅缺乏，而且史料中还有不少错误，互相矛盾的，也比比皆是，这就涉及第二个问题，即传记史料的舛错，有待于研究工作者去考订。

历代文献记载中出现的错误，大致有几方面的原因。一是记忆之误，特别是年代最容易记错。即使是自己的事，由于时间长，也容易记错，更不要说别人的事了。二是传闻之误。写传记、笔记等，都可能记下别人讲起的事，就可能在传闻中出了错。三是编写时采录史料之误。许多传记是后人根据前人所写的碑传、行状等编写的，是属于第二手资料，在编写中，也会出现一些错误。四是书写之误。所谓书三写，鲁成鱼，帝成虎是也，在人物传记中传写错误的也不乏其例。五是讳饰。就是在传记里为尊者讳，为亲者讳，隐去了不光彩的事实，而又夸大或虚构其功绩，最可作为代表的是那些谀墓碑文。凡此等等，都得实事求是地去考订。

为此，古今许多学者，着力于此项工作，对不少作家的生平事迹作了详细的考证。有传记的，作了增补、考订；没有传记的，也旁征博引作了勾勒。在这方面成就突出的，要算清代的乾嘉学派了。近人和今人，在这方面所做的工作也很突出，如岑仲勉对唐代作者的考索，写成《唐人行第录》《读全唐诗札记》《读全唐文札记》《唐集质疑》等。又如傅璇琮对唐代诗人的考索，结集成书的有《唐代诗人丛考》，并主编了《唐才子传校笺》。又如孙楷第对元曲作家的考订，著有《元曲家考略》等。这里就不详为举例了。

但也有的研究工作者不很重视史料的考订，而把精力集中在"论"上。从个人研究的角度说，原是无可厚非的，但史料的考订也绝不容忽视，否则可能出现一些不应有的错误。如某一本专论魏晋玄学的书，其中有一段对曹魏政权逐渐衰替的历史过程的说明，有这样三行文字：

公元二五一年，司马懿杀王凌及白马王彪；
公元二五四年，司马师杀夏侯玄、李丰，废齐王曹芳；
公元二五八年，司马昭杀毋丘俭、诸葛诞。

这短短三行文字中，与史实出入的就有三处，还有一处是人名错误，即把"毌丘俭"印成"毋丘俭"。三处与史实有误的：一是曹彪虽曾封为白马王，但那是黄初七年至太和六年（226—232）的事，到他被杀时，早是楚王彪了，故应为"楚王彪"。二是毌丘俭、诸葛诞非同年被杀，诸葛诞于258年为司马昭杀是对的，但毌丘俭早在255年（正元二年）起兵时被杀；三是杀毌丘俭者为司马师，非司马昭。这些都是有明文记载的，而作者在不经意中就搞错了。

又如一篇文章分析王粲《七哀诗》"西京乱无象"、"亲戚对我悲"中的"我"，说是"指诗人全家"，"写诗人为了躲避祸乱，不得不带着家小去依附刘表，当离开中原时，亲戚、朋友，一个个争相赶来，攀着车辕，拉着他一家大小悲痛已极，久久不忍离去"。照行文看来，"诗人全家"、"一家大小"和"家小"应是同一个内容，就是指王粲带着妻子儿女去荆州避难。其实，根据《三国志·王粲传》，王粲避难荆州那年，才只有十七岁，根本还没结婚呢！说没有结婚，是因为他到了荆州，刘表就曾想招他为女婿。据《三国志·钟会传》注引《博物记》说："王粲与族兄凯俱避地荆州，刘表欲以女妻粲，而嫌其形陋而用率，以凯有风貌，乃以妻凯。"所以说王粲十七岁时已携带家小去荆州之说是不符合事实的，是没有注意考证的结果。

由此看来，对作家事迹的考订，是写理论分析文章的基础，并不是小道。陆侃如在《中古文学系年》的"序例"中曾说，文学史工作应包含三个步骤。第一是朴学的工作，即对作家的生平，作品年月的考订，字句的校勘训诂等。第二是史学的工作，即对作者的环境，作品的背景，尤其是当时社会经济的情形，必须完全弄清楚。第三是美学的工作，即对于作品的内容和形式加以分析，并说明作者的写作技巧及其影响。"三者具备，方能写成一部完美的文学史。"而他的《中古文学系年》，就是为编中古文学史所作的朴学方面的准备，可见他是极为重视作者事迹的考订的。

二 考订的方法

考订人物传记史料的方法，是多种多样的。怎样考订，也得因人而异,因史料而异,今分别归纳说明。

(一) 占有史料

这是考订的基础,没有史料,就谈不上考订。所以,要对人物传记作考订,首要的就是占有史料,而且要尽量详细地占有史料。这种史料,包括了人物传记史料,作品史料,其他载集史料和实物史料等。

人物传记史料,包括了我们在前面各章中介绍的史传、总传、宗谱、年谱、方志、目录等书中的传记性资料,也包括文集中的散篇传状、碑志、哀祭、序跋、赠序、诏令奏议等文体中的史料。这些文献史料,是基础性的,要研究作家,就首先要搜集这方面的史料。这些史料,虽分散在各书中,但目前已有不少索引可以利用(说见下章),故一般的寻找还不是十分困难的。有的传记没有索引,如众多的地方志,就可按人物的籍贯及曾经作过官的地方志中去查找,大致也能找到一些。

作品史料。这里是指传记性文体以外的作品,如诗、词、杂体文等。那些传记性的作品,已包括在传记史料中了。在作品史料中,有非常丰富的作家事迹资料,包括了作者本人的作品和别人涉及的有关作品。用作者本人的作品来考订作者生平事迹,是最可宝贵的第一手资料,如钱大昕《廿二史考异》卷八十对《宋史·陆游传》的二条考订,就用了陆游自己的作品,今举其中的一条。《陆游传》说:"绍熙元年,迁礼部郎中,兼实录院检讨官。"钱氏考订说:

> 案陆游《渭南集·跋松陵集》云:"淳熙十六年四月二十六日,予以礼部郎兼膳部。"又考《剑南诗稿》,有《南省宿直》诗,在己酉元日之后,行在春晓之前,则其除礼部郎,必在春熙十六年之春,正光宗即位之初也。集中又有《跋金奁集》一篇,题云:"淳熙己酉立秋,观于国史院直庐。"则其兼史局检讨,亦在是年立秋以前也。其冬,即被劾还里,故《斋中杂感》诗,有"去国己酉冬"之句。明年改元绍熙,游已奉祠去官矣。

在这条中，钱氏纠正了《宋史》把"迁礼部郎中，兼实录院检讨官"事系于绍熙元年（1190）之误，其事当在淳熙十六年己酉（1189）也。

用友人作品来考订，也是利用史料的常用方法。如吴企明为《唐诗大辞典》写的"王迥"条说："生卒年不详。排行九，号白云先生，别号巢（居）子，襄州襄阳（今湖北襄阳）人。隐于鹿门山，与孟浩然往还甚密，浩然有九首诗记及王迥。迥曾游江南，浩然作《鹦鹉洲送王九之江左》送之。事迹散见孟浩然诸诗。《全唐诗》存诗一首。"

其他载籍史料。包括了编年体史书、会要、类书、笔记等古籍。这也是常用来考订作家事迹的方法。如撰写过《唐诗纪事》的计有功的生平，在上海古籍出版社 1987 年新一版《唐诗纪事》的"出版说明"中，就引了《建炎以来系年要录》等书来考订。"说明"中说：

> 他是南宋抗金名将张浚的从舅，曾长期参与张浚幕府。绍兴五年七月，以右丞议郎知简州提举两浙西路常平茶盐公事（见朱熹《朱文公文集》卷九十五下《张浚行状》及李心传《建炎以来系年要录》卷九十一）。七年五月，张浚遣他赴临安奏对，他向宋高宗献所著《晋鉴》，升直徽猷阁，提举潼川府路刑狱公事。张浚以亲戚关系避嫌，乞就秘阁，所以仅任直秘阁都督府书写机宜文字（见《要录》卷一百十一及《张浚行状》）。二十八年二月，知眉州。三十年六月，任利州路转运判官。三十一年十月，移知嘉州（见《要录》卷一百七十九、一百八十五、一百九十三）。

计有功《宋史》无传，"出版说明"就是从编年体史书之一的"实录"中勾录出他的事迹。

又如傅璇琮在《唐代诗人丛考·杜审言考》中就利用《唐会要》考知杜审言为修文馆直学士之年。他说：

> 新旧《唐书》本传都说杜审言的最后官职是修文馆直学士，但未言时间。按《唐会要》卷六十四"宏文馆"条："武德四年正月，于门下省置修文馆，至九年三月改为宏文馆。……神龙元年十月十九日改为昭文馆，避孝敬讳故也。二年，又改为修文馆。至景龙二年四月二十二日，修文馆增置大学士四员，学士八员，直学士十二员，征攻文之士以充之。二十三日，敕中书令李峤、兵部尚书宗楚客并为大学士。二十五日，敕秘书监刘宪、中书侍郎崔湜、吏部侍郎岑羲、太常卿郑愔、给事中李适、中书舍人卢藏用、李乂、太子中舍刘子玄并为学士。五月五日，敕吏部侍郎薛稷、考功员外郎马怀素、户部员外郎宋之问、起居舍人武平一、国子主簿杜审言并为直学士。"由此可见，杜审言之为修文馆直学士，是在中宗景龙二年（708）五月。

实物史料。有实物史料来考订人物传记，也为研究者所乐用。如钱大昕《廿二史考异》卷八十一考证《宋史》中记载郭祥正"知瑞州"时说：

> 瑞当为端。今肇庆府七星岩有石刻云："元祐戊辰二月廿有八日。当涂郭祥正子功来治州事，明年上书乞骸骨。"此其证也。南渡后避理宗嫌名，改筠州为瑞州。元祐之际，尚无瑞州也。

按：宋端州即肇庆府地，从这条实物材料中，也可知郭祥正于元祐三年（1088）知端州等事。

从上述看来，尽量占有详尽的史料，是考订人物事迹的前提条件。我们这里说"尽量"，是因为古代载籍浩如烟海，实物史料又不断发现，故详尽地占有具有相对性。这还因为个人阅读有一定限制，不可能遍读有关书籍；即使读过的书，也不可能把内容都记下来。更何况有不少史料是新发现的，过去人都没有见过。这种新史料，可以补充史实，也可能修正已已有的结论，因此说，详尽地占有史料具有相对性。这里举一个例子。

其一，陈伯君《阮籍集校注》注《与晋王荐卢播书》曰："卢播或卢景其人无考。从此文中可知其为陈留郡人，当时为某州别驾。"按："或卢景"三字，是陈伯君注据《艺文类聚》误夺"宣"字，原文是"卢景宣"，而不是"卢景"。卢播实为兖州别驾，因书中说："伏见鄜州别驾，同郡卢播，年三十二，字景宣。"陈留属兖州，故可知时为兖州别驾。又卢播事迹，《晋书》中凡三见。一见《惠帝纪》，永宁元年四月，"罔将何勖、卢播击张泓于阳翟，大破之，斩孙辅等"。二见《宣五王传》：梁王肜"领西戎校尉，屯好畤，督建威将军周处、振威将军卢播等伐氐贼齐万年于六陌"。三见《周处传》："肜复命处进讨，乃与振威将军卢播、雍州刺史解系攻万年于六陌。"另外，《隋书·经籍志》著录有"晋尚书《卢播集》一卷，梁二卷，录一卷"。今存者有《阮籍铭》。故严可均《全晋文》据之作小传说："播字景宣，陈留人。为本州别驾。元康中迁梁王肜（肜），征西长史，进振威将军，后为尚书。有集二卷。"陈氏谓卢播"其人无考"，是占有史料不多的缘故。

其二，唐代诗人王之涣，过去对他的生平事迹知之甚少。他在新旧《唐书》中无传，其《经籍志》《艺文志》也没有著录他的著作。自从发现了靳能为他写的墓志铭，由岑仲勉在《续贞石证史》中公布后，我们才知道了他更多的事迹，这是新史料的作用，所以我们应当非常重视新史料的发掘与探索。

以上所谈，都说明了详尽地占有史料对研究作家生平事迹的重要性，所以对史料的搜集，是不可等闲视之的。

（二）发现问题

详尽地占有史料，除了能够丰富作家的生平事迹外，还得善于发现问题，找出文献记载中的谬误矛盾处，才能去伪存真，还作家一个本来面目。发现人物传记史料的谬误与矛盾,有易有难,今略举几例。

容易的是传记中有显明的谬误或矛盾处。显明的谬误,如传记中的那些封建迷信、因果报应,宣扬封建道德,诬蔑农民起义等,用今人唯物史观的眼光来判断,是一眼就能看到的,这里也无须举例。至于传记中史实的错误,要一眼就能发现,就得有一定的修养,甚至得有广博的知识积累了。我们可以这样说:知识越广博,越能发现谬误矛盾;反之,则很难发现问题。不过,有些问题实在太显明了,只要细心些的读者都能发现。如《十驾斋养新录》卷六说:"《德宗纪》贞元十七年嘉王运薨。而《文宗纪》开成三年八月,又书嘉王运薨。《宪宗纪》元和十年丹王逾薨。而《穆宗纪》元和十五年二月,又书丹王逾薨。此两王之薨年,必有一误。"这种一人死了二次的记载,错误是很明显的,但因不在一个传记中,所以也一直没有人指出来,说明它还有一定的隐蔽性。

又如《旧唐书·严武传》载:肃宗收长安,以武为京兆少尹。因史思明阻兵,不之官,优游京师。这里的长安,就是京兆,既然已经收复长安,为什么不能赴京兆之任呢?史思明也没有占领长安,为什么说他阻兵,就不能赴京兆任呢?这里必有错误。赵翼发现了这个错误,把它写在《廿二史札记》中,并作了考订。

有的矛盾,只要细心推算,也能发现,特别是那些年代问题。如钱大昕《廿二史考异》卷七十七"欧阳修传"条说《宋史》载欧"时在外十二年矣",钱氏加按说:"修以庆历四年甲申,自谏院出为河北转运使,至至和元年甲午服除赴阙。实十有一年,史云十二年者误。"

有的问题,发现疑问后,需要查实才能决定其误。如《旧唐书·李商隐传》:大中末,仲郢坐专杀左迁,商隐废罢还郑州。钱大昕《廿二史考异》卷六十四:"按:柳仲郢节度东川时,商隐在其幕府。以《仲郢传》考之,则云大中年,转剑南东川节度矣,在镇五年,美绩流闻,征为吏部侍郎。非坐事左迁也。其坐决赃吏过当左迁,则在镇山南西道时，其纪年为咸通，非大中末，商隐亦不在幕矣。"这种人物的具体活动年代，一般是记不住的，需要查实才行，故钱氏也说"以《仲郢传》考之"，表明是查对了的。

有时需要排比史料，才能发现传记中的问题。这种排比发现问题的方法是大量的，基本的，我们将在下面"排比史料"中举例说明。

这种发现问题，需要具有广博的、多方面的知识，如史学知识、年代学知识、地理学知识、典制知识、校勘学知识、目录版本学知识等。如《宋史·苏轼传》说："欧阳修以才识兼茂荐之。"钱大昕在《廿二史考异》中指出："宋制科之目，贤良方正，能直言极谏为一科，才识兼茂，明于体用为一科。二苏当日，同举直言极谏科，颍滨志其兄墓亦云'文忠以直言荐之'。传云'才识兼茂'者，误也。"这里首先从宋代科举制度上分清两科的不同，再证之于苏辙（颍滨）为苏轼写的墓志铭，也说是直言极谏科，故才肯定说《宋史·苏轼传》记载是错误的。

能善于发现问题，重要的还在于仔细研读，勤于用脑，那些一目十行，不动脑子的人，是发现不了问题的，更不要说有些同志连传记本身也懒得翻查，自然就可能得出一些错误的结论了。今举曹丕、曹植兄弟的排行为例，对曹丕，有谓曹操的长子、次子二说；对曹植，有谓曹操的次子、三子、四子诸说。说曹丕为长子、曹植为三子的，显然忽略了史有明文记载的曹操有长子曹昂这一点；说曹植是次子的，连史有明文记载的曹植有同母兄曹丕、曹彰也不管了。说曹丕为次子、曹植为四子的，仔细查考起来，恐怕也有问题，因为《三国志·武文世王公传》中的排列顺序，是以曹操妻妾的地位为序的。我们试把曹操的二十五个儿子排一下队，大概可以推定比曹丕、曹植年长的有下列几人：

曹昂，他是曹操长子。据《武帝纪》载：建安二年，曹操征张绣，绣降而复反，操长子昂死。我们又从《武文世王公传》中知道，曹昂"弱冠举孝廉。随太祖（曹操）南征，为张绣所害"。从史的行文看，他死时大概就是二十岁，就应该生于公元178年，时曹操二十四岁。

曹均，他是周姬所生，大概是曹操的次子。建安四年，张绣又降曹操。据《张绣传》记载，"绣至，太祖执其手，与欢宴。为子均取绣女"。曹均能娶绣女，恐怕也是二十岁上下的人了。这年曹丕仅十三岁。所以曹均大概生于公元180年前后。

曹铄，他大概是曹操的三子。曹铄是曹昂的同母弟，都是刘夫人所生。刘夫人生曹昂、清河长公主和曹铄三人。从《卞后传》注引《魏略》谓"刘夫人生子修（曹昂字）及清河长公主"的叙次及未提到曹铄看，恐怕三人中曹铄为最小。又据《魏略》说：刘夫人早死，丁夫人抚养曹昂。及曹昂于建安二年死，丁夫人"哭泣无节"，曹操"忿之遣归家"。这事应在建安二、三年间。丁夫人对曹昂那么有感情，当为从小抚养其成长。则刘夫人应在曹昂年少时就去世。那么，曹铄的年龄，当不至与曹昂相差太大。倘若他们相差六岁，则曹铄大生于公元184年前后。

曹丕，他生于公元187年，排起来应该是曹操的四子了。曹丕是卞夫人生的长子。《卞后传》载曹丕应为太子时，卞后说"以丕年大，故用为嗣"。曹丕立为太子在建安二十二年，这时曹昂、曹铄已死，曹均是庶出，又已过继给了他的叔父曹彬，所以就算曹丕"年大"了。

再下是曹彰、曹植，这里就不再论述了。因此，说曹丕是曹操的次子，曹植是四子，也是不确切的。

由此可见，在研究中不仅要详尽地占有史料，还得细心地勤于利用史料，才能发现问题，得出尽量正确的结论。在这一问题上，是没有偷懒的余地的。

（三）排比史料

详尽地占有史料后，就要研究史料，把史料加以排比，从中发现问题，或可互相补充，或可发现矛盾，从而把人物生平事迹了解得更为详尽些，正确些。

怎样排比史料呢？一是人物自己的纵向排比，二是与有关人物间的横向排比。

先说人物自己的纵向排比。这就是把所要研究的人物的大量史料,按人物活动的时间来排比,像编年谱似的,某年某月在什么地方,有什么史事。这样一排比,不仅可以勾勒出人物的一生行踪,而且丰富了人物生平活动的内容,同时,那些矛盾的记载,也就须眉毕现,那些错误的传闻,也无可遁形。如唐代诗人高适,新旧《唐书》都有传记,但在记到他后期入川任职时,都说先任蜀州刺史,后任彭州刺史,后来的《唐才子传》等都这样说。但把高适自己的作品排比来看,《谢上彭州刺史表》明言"始拜宫尹,今列藩条",即由太子少詹事出为彭州刺史。又如《同河南李少尹毕员外宅夜饮时洛阳告捷遂作春酒歌》《酬裴员外以诗代书》中都提到由詹府入蜀为彭门守,而且在《谢上剑南节度使表》中更说:"臣往在淮阳,已无展效,出临彭、蜀,又乏循良。"明显地按先彭后蜀排列,由此可知新旧《唐书》等记载之误。周勋初又据黄鹤等人注释杜诗,援用了柳芳《唐历》和房琯《蜀州先主庙碑》等文献,确证高适入川实为自彭迁蜀。柳芳《唐历》为盛唐时期的编年史,柳芳、房琯均与高适同时,二人之文,今已不传,但为宋人的注文所征引,也可以据以订正两《唐书》的错误(见《唐诗文献综述》)。

再举一例,宋代词人张先登第年代有二说:《嘉泰吴兴志》及《齐东野语》"张氏十咏图"条作"天圣八年"(1030);《嘉靖湖州府志》《浙江通志·选举志》,俱作"康定元年"(1040),两者相差了十年。对这一方面,夏承焘在《唐宋词人年谱·张子野年谱》中,对张先的为官时间作了考察,他说:"《能改斋漫录》十七子野明道中(1032—1033)为宿州掾,又据《中吴纪闻》三及《吴江县志》,子野康定元年已以秘书丞知吴江。"则张先的登第年,应从《齐东野语》作天圣八年。

有时在人物史料的排比中,出现了显著的时间矛盾,这里除了文字有误外,还有把两个人的事误合在一起了。如《唐才子传》卷二《高适传》说高适"永泰初卒",永泰仅二年,元年为公元765年。

可接下来又说:"今有诗文等二十卷,及所选至德迄大历述作者二十六人诗为《中兴间气集》二卷,并传。"大历是公元766—779年,其时高适已卒,何能选入《中兴间气集》?传中又说:"适字达夫,一字仲武,沧州人。"原来辛文房误把选《中兴间气集》的高仲武的事迹混入了高适的传记中,把两人误合为一了。

再说与有关人物的横向排比。人物之间是有错综复杂的联系的,许多事实,就产生在他们的交往、联系中。这里说的横向排比,就是利用这一现象来考察人物传记记载的正确与否。倘若有关的两人在排比所发生的事件中发现时间上不相及,那就说明必定有误,如《宋史·洪咨夔传》载:"史嵩之入相,召赴阙下,进刑部尚书。"钱大昕《廿二史考异》卷八十四:"案《理宗纪》,咨夔卒于端平三年六月,其时嵩之尚未入相。且咨夔方在朝任用,何以又有召赴阙之语。《传》殆误也。"

倘若有关的两人,在排比他们的史料中发现他们在某件事的记载中与实际年龄、身份、地位不同,就必定有误。如《旧唐书·杜审言传》说:"乾封中,苏味道为天官侍郎,审言预选,试判讫,谓人曰:'苏味道必死。'人问其故,审言曰:'见吾判,即自当羞死矣!'"这里牵涉杜审言与苏味道关系,主要可从苏味道的传记史料来排比考察。傅璇琮《杜审言考》就考出了这一记载的不可信,他说:

> 实际是乾封二年(667),苏味道才举进士第后调为咸阳尉(参据新旧《唐书·苏味道传》),怎么可能他在乾封中就已为天官侍郎呢?《新唐书》本传可能看到了这一矛盾,因此没有"乾封中"三字,只说"苏味道为天官侍郎,审言集判"云云。但这仍有问题。苏味道于天册万岁元年(695)正月贬集州刺史,旋即召为天官侍郎(按天官侍郎即吏部侍郎),圣历元年(698)九月又由天官侍郎迁为凤阁侍郎、同平章事(参见新旧《唐书·则天后纪》及苏味道本传,又《通鉴》卷二〇六)。这正是杜审

言任洛阳丞的时期，都在洛阳，地点是相合的。但以一个县丞的职位，是不能参预吏部铨试的试判的。因此《新唐书》所载也不能成立。关于此事，最早见于《太平广记》卷二六五所引《谭宾录》，《谭宾录》为五代人所作小说，是不足为据的。

倘若有关的两人，在排比他们的史料中，发现他们在所载的交接时间中发生的事件，竟分处在两地，那么，这件他们共处时发生的事是不可能产生的。如《三国志·魏书·陈思王植传》载："二十四年，曹仁为关羽所围，太祖以植为南中郎将，行征虏将军，欲遣救仁。呼有所敕戒。植醉不能受命，于是悔而罢之。"裴松之注引《魏氏春秋》："植将行，太子饮焉，逼而醉之。王召植，植不能受王命，故王怒也。"这件事涉及曹丕陷害曹植，考之史实，是不可能发生的。因为曹仁被围始于建安二十四年八月，而曹操当时在汉中，至十月，曹操至洛阳，自洛阳南救曹仁。曹植被遣救曹仁，当在曹操亲自南救曹仁前，其时曹植一直在曹操身边，而曹丕则远在邺都留守。据《三国志·魏书·任城王彰传》："（建安）二十三年，代郡乌丸反，以彰为北中郎将，行骁骑将军。……鲜卑大人轲比能……请服，北方悉平，时太祖在长安，召彰诣行在所。彰自代过邺，太子（曹丕）谓彰曰"云云，可知曹丕居邺留守。而曹操与曹植自建安二十三年七月出征刘备后，至建安二十五年正月曹操死，也一直在外，没有回过邺都。所以曹丕、曹植兄弟分处两地，曹丕何能逼醉曹植？可见这事是子虚乌有，好事者编造出来的。

（四）细心求证

充分掌握了史料，发现了问题，进一步就要细心求证，以求得到问题的解决。所谓求证，就是找寻解决问题的证据。在考证人物传记事迹时，有实物的证据、文献的证据和推理所得的可信结论。文献的证据我们姑且把它分为本证、外证和旁证，推理所得的可信结论为理证。这样，我们下面就按实证、本证、外证、旁证、理证来分别说明。

实证。是指有实物作证。作为人物传记史料的实证，主要是指考古发掘出来的一些实物证据，以及散失已久而重新出现的作品，如我们前面"占有史料"中所举钱大昕《廿二史考异》考订郭祥正"知瑞州"时所引用的肇庆府七星岩石刻，就是一件实物证据。又如韦庄《秦妇吟》的写作年代，《北梦琐言》六谓"蜀相韦庄应举时，黄巢犯阙，著《秦妇吟》一篇"。《唐诗纪事》《唐才子传》都这么说。黄巢入长安，是在唐僖宗广明元年庚子（880）十二月，则《秦妇吟》应作于此时。诸家都引了《秦妇吟》中的一联："内库烧为锦绣灰，天街踏尽公卿骨。"全诗失传，也无从证实。直到近时才在敦煌石室中发现了《秦妇吟》一诗，诗开头就交待了时间："中和癸卯春三月，洛阳城外花如雪。"这年就是中和三年，即公元883年。诗中还说"三年陷贼留秦地"，"一从陷贼经三载"，从广明元年至中和三年，刚好三载。故由于敦煌《秦妇吟》的发现，证明了《北梦琐言》等书中所说的年代是不确切的。

本证。我们说的本证，是指本人作品的证据，这也是最可靠的证据。许多人考索作家的生平事迹，都从作家本人的作品中去勾勒，去求证，这样得的结论，证据是充分的，如前面"考订方法"中所举钱大昕用陆游作品考订《宋史·陆游传》所云"绍熙元年，迁礼部郎中，兼实录院检讨官"之误，以及排比高适作品，证明新旧《唐书》中记载高适入川先蜀后彭之误等都是。这里再举一例，马茂元在《唐诗札丛》（载《中华文史论丛》1979年第4期）中勾勒储光羲的仕履，就是用他的作品。他说：

> 光羲仕履，诸书但云历监察御史。今以其诗考之，可略知梗概。盖光羲释褐后，仕宦不得意，其别业在终南山，曾一度归隐。《田家杂兴》所谓"山泽时晦暝，归家暂闲居"是也。后出山官太祝，诗中有《终南幽居献苏侍郎时拜太祝未上》可证。天宝之末，光羲曾使至范阳，诗中有《效古》二首及《观范阳递俘》。……诗中自称"翰林客卿"，则其时尚未官御史也。

用作者自己的作品来勾勒、考索作者的生平事迹，也是后人为作家编年谱常用的方法，这就不再举例了。不过，这里还要说明两个问题：一是某些碑传的撰年和树立之年并不一致，如岑仲勉在《唐集质疑》中说："《金石录》九，《唐丘公夫人虞氏石表碑》，梁肃撰……贞元十年十月"，撰碑之后，非必即立，此不足以疑肃之卒年。这是说，梁肃卒于贞元九年十一月，有碑志、祭文等可证。《虞氏石表碑》所署之年，是立碑之年，不能因而延长梁肃的卒年。二是由于有些古籍中掺有后代的内容，也不能据后代掺入的东西来任意延长作者的寿命。同时，由于版刻的错误，有可能刻错年份，这就要先校勘文字后再来下结论。这种错误的、误入的东西，绝不能作为考索作者事迹的本证。

外证。是指文献中除作者自己作品以外的其他证据，包括了与作者有关人员的作品和其他古籍中有关作者的事迹记载。这种证据，都在本人作品以外，我们称之为外证。在外证的材料中，可靠的程度极不一样，如有关人员与作者的赠答、倡和等，在时间及史事等方面是确切可信的。亲属、朋友、同僚、门生等写的碑状等传记史料，虽在评价上未免过甚其词，但在生平仕履上还是可信的。至于那些笔记，有可信也有极不可信，在使用时需要斟酌。凡此等等，我们已在前面有关部分作了分析介绍，作为他证使用，就要注意记载的可信程度，务必选取那些可信的，排除那些荒诞的、不可信的。因为作为证据，关键在于它的可信性。

外证和本证一样，都是考订作家事迹常用的方法，用得好，也是使人信服的方法，如前面"考订方法"中所举吴企明用孟浩然作品勾勒王迥事迹；《唐诗纪事》"出版说明"中从《建炎以来系年要录》来勾勒计有功生平；傅璇琮在《杜审言考》中用《唐会要》来考知杜审言为修文馆直学士之年等，都是用其他文献记载来考订的，我们统称为外证。这里也就不再举例了。

旁证。旁证是指不是直接证据，而是侧面的证据。它虽然不能直接证明某件史实发生的时间、地点、内容等，但对本证、他证能起到辅助、参考作用。如季镇淮在《司马迁》一书中说到司马迁赎罪需要的钱数问题时说："司马迁这时得了死罪究竟需要多少钱就可以不死，史无明文，不能确实知道；但从此后三年内的减死诏令看来，可以推想，大概需要钱五十万左右。"这钱数用的就是旁证材料："《汉书·武帝纪》天汉四年：'秋九月，令死罪人赎钱五十万，减死一等。'又太始二年：'九月，募死罪人赎钱五十万，减死一等。'这是司马迁得死罪后三年内的事。因此推想司马迁当时要赎死罪大概也需要五十万钱。犯死罪者可以入钱赎死，是汉代封建王朝的一条法律。入钱多少，前后不等。"

又如《南史·鲍照传》说："文帝以为中书舍人。上好文章，自谓人莫能及。照悟其旨，为文章多鄙言累句，咸谓照才尽，实不然也。临海王子顼为荆州，照为前军参军，掌书记之任。"这里的"文帝"，《宋史·鲍照传》作"世祖"。"世祖"是孝武帝刘骏，公元453—464年在位；文帝是刘义隆，公元424—453年在位。这里究竟是指谁呢？王鸣盛在《十七史商榷》卷五十九中说："'好为文章，自谓人莫能及'，非文帝也。子顼出为荆州，正是孝武时事。孝武好文章，见《王俭传》；好书，王僧虔不敢显迹，见《僧虔传》。"这里用了好文章、好书，而又好胜过别人的是孝武帝而非文帝作为旁证，证明《南史》所记"文章"之误，是可信的。

理证。这就是按常理推断而得的证据，不是直接的物证和文献记载的证据。理证用得在理，也是不容置疑的。如我们前面在"生卒年考订"节中提到曹叡的生卒年时说的，曹叡若真似《三国志·魏书·明帝纪》所说的卒时年三十六，则当生于建安九年，其时他的母亲甄氏还是袁熙之妻，则曹叡当为袁熙的儿子了，曹丕怎肯把帝位传给他的政敌袁熙的儿子呢？这一理证，完全是站得住脚的，况且再配于史证，完全可证明曹叡卒时年三十四，生于建安十一年（206）。这才是曹丕的儿子，曹丕才会传位给他。

又如钱大昕《十驾斋养新录》卷十六根据孔融对郑玄的推崇态度等来推断所谓孔融《与诸卿书》为伪作，其说曰：

> 孔融为北海相，告高密县为郑康成特立一乡，名郑公乡，其推许甚至。而《太平御览》载融与诸卿书云："郑康成多臆说，人见其名学，为有所出也。证案大较，要在五经四部书，如非此文，近在妄矣。若子所执，以为郊天之鼓，必当麒麟之皮也，写《孝经》本当曾子家策乎？"（见《御览》卷六百八）予谓此必非孔文举之言，殆魏晋以后习王肃学者伪托耳。晋荀勖《中经簿》始有四部之分，文举汉人，安得称"四部书"？且郑君注《三礼》，初无麒麟皮冒鼓之说也。范蔚宗书及章怀注皆无此语，不可执无稽之谈以诬盛德。

这也是根据理证并结合史实来考证的，其说因言之在理，且能结合史实，也让人感到可备一说。

理证推断的"理"，必须是至理，是人们的共识，才能让人信服，如上举曹丕不会让袁熙子继承魏统，这是无可怀疑的。否则，在疑似之间，就没有那么强的说服力了；若有反证，那理证也就不能成立了。如孔融的《六言诗》三首，因颂扬曹操的功业，后人颇疑其伪。《古文苑》章樵注说："文举平时讥嘲慢侮曹操如待小儿，天子在许，无异羁囚。操弑伏后，鸩二皇子，人神共愤。此诗称美不暇，又率直略无含蓄，必非其真。本传称魏文帝深好融文，每叹曰：'扬班俦也。'人有上融文章者，赏以金帛。岂好事者假此以说丕耶？"《四库全书总目》在提要中沿袭此说。他们用的就是理证。但这一理证忘了人们的行动是有发展的，对人的看法也会有变化的。《六言诗》三首应作于汉献帝迁都许昌，征融为将作大匠之后，即建安元年或略后。章樵所说的弑伏后，乃建安十九年事，融已被杀，安得知之？孔融在建安初期的颂扬曹操，还有其他言论可证，如《三国志·魏书·王朗传》及注：曹操表征王朗，朗未至，融与朗书，中有"主上宽仁，贵德宥过；曹公辅政，思贤并立"之语。据《汉楚春秋》这是建安三年事。又建安九年孔融《与曹公论盛孝章书》，中有"惟公匡复汉室，宗社将绝，又能正之"之语。两书都写在《六言诗》之后，所以孔融在建安初期颂扬曹操扶汉之功，似亦不必质疑，不能用他后期因时局发展而产生了变化的思想来推断他较早的颂扬曹操为不可能，并用来作为理证，是站不住脚的。所以理证要用得使人信服，且最好有史实的配合，才能产生效果。

我们上面说的实证、本证、外证、旁证、理证等，在实际考订中，往往是兼而用之。只要是论证事件有力，不管是实证也好、本证也好、外证也好、旁证也好、理证也好，可以十八般武艺一齐上，以求达到证据充足，说理透彻，更能让人信服，成为历史的铁案。

三 考订需具备的精神

清人崔述在《考信录提要》中说："大抵文人学士，多好议论古人得失，而不考其事之虚实。余独谓虚实明，而后得失或可不爽，故今为《考信录》，专以辨其虚实为先务。"这是有见地的。考订作者生平事迹，和考订其他事物一样，是一种纠谬正误的求实工作。从事这种工作的人，是需要具备一些精神的，概括起来说，大致需要有疑古、探索、求实、决断、存疑等精神，今分别略述如下。

（一）疑古精神

对于古籍，因为种种原因，一般都存在这样那样或大或小的错误，其间也包括史实的错误。孟子早就说过："尽信《书》，则不如无《书》。吾于《武成》，取二三策而已矣。"（《孟子·尽心下》）孟子这里说的《书》，是特指《尚书》，《尚书》中的《武成》，有说武王伐纣，杀人血流漂杵的话，孟子以为不足信。因为孟子指出了不能盲目迷信古书，所以后人对一般古籍中的记载，也抱有"尽信书不如无书"的疑古精神。这种精神，和那些株守师承儒者相反，是要有一定的勇气和斗争精神的。如后汉的王充，在《论衡》中举起了"疾虚妄"的大旗，写出了一篇篇批判虚妄的文章，矛头所向，从孔孟及其经典到一般虚妄之言，都在批判之列。继王充之后，又不断出现了一批疑古考信的人物及其著作，包括了对人物事迹的考订研究，这以清代乾嘉学派为最盛,被称为朴学。对正史作考订的,除了专史外,还有综合成书的。其中著名的有王鸣盛的《十七史商榷》、赵翼的《廿二史札记》,钱大昕的《廿二史考异》和《十驾斋养新录》等。稍后的崔述,以考证先秦古史闻名于世,他的著作即以《考信录》为名,反映了乾嘉学派的疑古考信精神。

现代著名史学家陈垣也精于考据,他说:"考证贵能疑,疑而后能致其思,思而后能得其理。"(《通鉴胡注表微》)极为精辟地指出了善于致疑在考证过程中的重要性。这种不轻信古籍中的记载,提出疑问,才能引起研究的兴趣,是考证的前提。若读古人传记史料时一点没有疑问,那又怎么会去考证呢?

(二) 探索精神

有了疑问,就产生了探索的要求,这正如崔述在《考信录提要》中讲述自己的心得:

> 余年三十,始知究心六经,觉传记所载与注疏所释,往往与经互异,然犹未敢决其是非,乃取经传之文,类而辑之,比而察之,久之而后晓然知传记注疏之失。

崔述在这里说的是六经传记注疏,而对人物传记中的史实,也当如是观。对人物传记史料中的不同记载,也要"类而辑之,比而察之",这就是探索,以求其正确的真实记载,摒弃其传闻异辞。这也是陈垣先生所说的"疑而后能致其思"。

这种探索求实,是不断深化的,因为问题在不断发现,经过不断的研究,一步步解决问题,最后达到完满的答案。这一过程,也正如王国维《人间词话》中所说的:

> 古今之成大事业大学问者,必经过三种之境界:"昨夜西风凋碧树,独上高楼,望尽天涯路。"此第一境也。"衣带渐宽终不悔,为伊消得人憔悴。"此第二境也。"众里寻他千百度,蓦然回

首，那人却在，灯火阑珊处。"此第三境也。

"衣带渐宽互终不悔，为伊消得人憔悴"，这恰到好处地比喻出了探索中的甘苦。

人物史实的探索，它不像有关国计民生、社会发展的理论问题那样，解决得好，能推动社会前进，产生轰动效应。它只是对某一个人物的行作写考索，订正一些错误的记载，补充一些史实，为研究文学家、文学史打下基础。唯其如此，它考订的问题更为琐碎，更需要细心，更需要探索的精神。在探索中，也需要甘于坐冷板凳的决心。在探索中解决一些具体问题，也自有其学术价值，自有其乐趣。

（三）求实精神

考订的目的在于解决问题，就在于求实求真。在这方面，绝不能主观武断，主观武断背离了求实精神。同时也不轻信前人的结论，因为前人的结论，包括那些大学者的结论，由于种种原因，也可能是错的，所以应该唯是是从。如徐松的《登科记考》，是很有价值的一部著作，但它的疏漏、错误也不少，如卷十四贞元十四年知贡举：尚书左丞顾少连下注："吕温《祭座主故兵部尚书顾公文》：'维贞元十年，门生侍御史王播，监察御史刘禹锡、陈讽、柳宗元，左拾遗吕温、李逢吉，右拾遗卢元辅，剑南西川观察支使李正叔，万年县主簿谈元茂，集贤殿校书郎王起，秘书省校书郎李建，京兆府文学李逢，渭南县尉席夔，鄠县尉张隶初，奉礼郎独孤郁，协律郎萧节，奉礼郎时元佐，荥阳主簿李宗衡，前乡贡进士郑素。'……按'贞元十年'为'元和十年'之讹。"贞元十年为公元794年，元和十年为公元815年。对这一结论，岑仲勉在《唐集质疑》中指出，"徐松氏此节考证，可谓疏极，良以顾少连门生十九人中，不乏知名士，其仕履多彰彰在载籍也"。岑氏列举王播、刘禹锡、柳宗元、吕温、王起、独孤郁六人的历官，从祭文的所署官职来看，"知少连之卒，应在贞元末年；就中吕温于元和六年（811）卒衡州任内，《河东集》班班可据，徐竟谓其元和十年尚生，且官犹左拾遗，无乃不考之甚耶"。岑氏又据杜黄裳《顾少连碑》，知顾卒于贞元癸未

（十九）年十月四日，而据《全唐文》所载吕温《祭座主故兵部尚书顾公文》作"维贞元十年岁次甲申"，甲申年为贞元二十年，则"十"上误夺一"二"字。这就是说，顾于贞元十九年十月卒，吕温他们于二十年作祭。这更说明徐氏在这一问题上考订的疏误。这"疏极"，"不考之甚"就是主观武断。

有时虽然相当用心地作了考证，但所得结论也有不可信的，这主要在于没有充分掌握史料。如梁启超在《中国历史研究法》第五章《史料之搜集与鉴别》中，考订玄奘出游之年为贞观元年，否定史书中记载三年之说，其最重要的理由是玄奘出行次年，路经西突厥，见过其国王叶护可汗。而《新唐书·薛延陀传》说突厥叶护可汗被杀于贞观二年，则玄奘若贞观三年出游，见不到叶护可汗了。故以为玄奘西行于贞观元年，"殆成铁案"。陈垣在《书内学院〈新校慈恩传〉后》中对梁说一一作了批驳，并据《通典》和《册府元龟》所引，考订出贞观元年（非二年）被杀的叶护可汗是统叶护，而玄奘西行所见的是统叶护之子肆叶护，证明了玄奘西行仍当是贞观三年，梁启超的新说不能成立。从这一考订也可说明，梁启超虽自称其为玄奘编年谱，"吾所凭借之资料甚富，合计殆不下二十余种"，但他却连《通典》《册府元龟》这些常见的书也没有查检，因而造成了判断的失误，他的新说，也显得武断了。

（四）决断精神

在人物传记的考据中，经过大量的史料排比，发现矛盾，再加细心考订，可以下结论的，就需要大胆地下断语。这是考订的结果，是研究的成果，虽然断语要避免武断，但自问结论是正确的，就需要勇于下结论。这结论要似老吏断狱，无懈可击。如上述陈垣《书内学院〈新校慈恩传〉后》的"叶护可汗系元年被杀，元年出游不能见叶护"节说：

> 将谓三年出游，即不能见叶护可汗，据《通鉴》叶护之被杀，系在二年耶？《通鉴》之语，本诸《通典》。《通典》一九

九，明谓贞观元年叶护为其伯父所杀；《旧唐书·西突厥传》因之（卷一九四下），《太平寰宇记》（卷一九七）亦因之，无二年被杀说也。自《通鉴》据《通典》所载，割裂原文，分隶于元、二、四年之末，而叶护之被杀，遂如在二年，其实《通典》《旧唐书》之文，完全俱在，可复按也。倘犹以《通典》所载为未足，则有《册府元龟》在。《册府元龟》九七四，大书"贞观元年西突厥统叶护为伯父所杀"也。《册府元龟》书唐事，多据《实录》按事按年排纂，与《新唐书》等之调弄笔墨者不同，其史料最为忠实。若《新唐书·西突厥传》则削去叶护被杀之年矣。《新唐书纠谬》所谓"当书而反缺"者此也。叶护既系元年被杀，则不独三年出游不能见叶护，即元年出游亦何能见叶护？然则元年说果不能成立也。

言之凿凿，使人读之不容置疑。

这种果决的精神，是考据之作者所需要的。对考据的人来说，他的断语应该是言之有据。但因史料掌握的不够全面，所作结论，也可能有误，如上述梁启超说的玄奘西游之年，在梁启超说来，以为"殆成铁案"，但经陈垣进一步考订，把这"殆成铁案"又翻了过来，把它看成是误判。这种误判，我们当然应该尽量避免，它对梁启超来说，是一个错误，但由此而引出陈垣的进一步研究，判定它为错判，这对整个学术工作来说，是一个进步，没有梁启超文，也就引不出陈垣的文章。所以，我们主张，发表考据的结论，应似老吏断狱，论述要慎重、周到，但也不能畏首畏尾，不敢果断地下结论。所得结论可能有错，但倘若能得到别人纠正，这就是整个学术上的进步。人非圣贤，孰能无过，特别是学术问题，更应作如是观。我们可以借崔述在《考信录提要》中对朱熹学术上出现些误差说的一番话作为参考，他说：

> 朱子仕为朝官，又教授诸弟子，固已罕有暇日。而所著书，又不下数百余卷。则其沿前人之误而未及正者，势也；一时偶未

详考而致误者，亦势也。所谓智者千虑，必有一失。惟其不执一成之见，乃朱子所以过人之处；学者不得因一二说之未当，而轻议朱子；亦不必为朱子讳其误也。

对别人的学术差错当如是观，但对自己，就不能用这来作借口，借来作不负责任的主观武断或藏身窟。

（五）存疑精神

在考订作家生平事迹中，我们会遇到许多问题不能解决，这是必然的现象，只要我们确实经过了辛勤的考索，一时解决不了的，就可存疑，绝不能将不知以为知，这正如孔子所说的："知之为知之，不知为不知，是知也。"严肃的学者，都是抱着这种态度的。如欧阳修在《集古录跋尾·唐孔府君神道碑》条说：

> 右孔岑父碑，郑绸撰，柳知微书。其碑云："有子五人：载、戣、戡、戟、戳。"按：《新唐书·宰相世系表》：岑父六子，戳之下又有戚。《表》据《孔氏谱》。《谱》，其家所藏。碑文郑绸撰，绸自言与孔氏有世旧，作碑文时，戣等尚在。然则《谱》与碑文皆不应有失，而不同者何也？余所集录，与史传不同者多，其功过难以碑碣为正者，铭志所称，有褒有讳，疑其不然，至于世系、子孙、官封、名字，无情增损，故每据碑以正史。惟岑父碑文及其家谱，二者皆为可据，故并存之以俟来者。

碑文中少了一个儿子，当然可以作种种解释，但在没有确证以前，欧阳修还是"并存之以俟来者"。这种存疑精神，也是贯穿在中国考据工作者心中的重实证的求实态度。

以上所说，都是考订工作者必须具备的基本精神。

第七章

人物传记史料索引

记载人物传记的古籍，已如前述，但在这众多的古籍中，查检起来仍然比较费时，甚至可说非常费时。不过也有快速的办法，就是利用各类人物传记史料的索引。这一章就专门介绍各类人物传记的索引。

其实，本书所收索引，还有一个重要价值，就是它大大补充了我们前面介绍的各类书籍所未提及的人物史料，特别是一些综合性的人物传记索引，如下面我们就要介绍的《四库全书传记资料索引》《唐五代人物传记资料综合索引》《清代碑传文通检》，等等。它们综合汇聚了几十种、几百种甚至上千种各类书中的传记史料编成索引，所及内容绝不是本书"述要"所能范围的。此外，人物的许多散见史料也有被编成索引的，如我们常用的"二十四史"或"二十五史"，它不仅有综录诸史的通代人物传记索引，专收有纪传、附传的人名。也有各史被编成详细的人名索引，兼收了人物散见史料，并一一注明了卷页数（详见本章第二节"史传人名索引"的介绍）。这种散见索引补充了人物事迹，充实了人物的传记。如我们前一章籍贯考订中对建安七子县籍的考索，考出了《三国志·臧洪传》中记载的陈琳是"洪邑人"，就知他们都是射阳人，就补足了卢弼《三国志集解》所未及。这考索颇费周折。若能利用《三国志人名索引》，在陈琳名下就可见到（第七卷第233页）臧洪传中有此记载，就方便多了。所以我们认为，人名索引，是本书不可或缺的有机整体。

第一节　综合性人物传记索引

人物传记史料，有纪传体史书，有传记体史书，有地方志，有目录书，有各类笔记，有散见在文集中的碑传行状等传记资料等。所谓综合性的人物传记索引，就是指各类书中的人物传记兼收，或选收某几类的人物传记。这种索引，选收面大，史料丰富，查一书而可知有关人物在各类书中传记的出处，故人们乐于使用。不过因涉及的历史时代过长，故往往依断代编录，如《唐五代人物传记资料综合索引》《宋人传记资料索引》等。但也有兼收各代的，这就是《四库全书传记资料索引》。今分别略作介绍。

《四库全书传记资料索引》，中华文化复兴运动推行委员会四库全书索引编纂小组主编，台湾商务印书馆1991年出版。

本索引依据台湾商务印书馆影印的文渊阁四库全书编纂。所收传记以史部为主，其他各部类有传记事迹的也都摘取编录，如文集中传记文的传主，也都收录。

索引以传主姓名笔画为序，同一姓氏中，先单名后复名，各依其名的笔画多少排列。姓名后列出朝代名及收录在台湾版《四库全书》的册数、页数、卷数。如杜审言，本索引著录如下：

杜审言（唐）
271—566—190 上　（《旧唐书》）
276—59—201　　（《新唐书》）
384—189—10　　（《古今纪要》）
400—590—554　（《钦定续通志》）
451—413—1　　（《唐才子传》）
470—376—145　（《太平寰宇记》）
471—732—20　　（《方舆胜览》）
472—273—11　　（《明一统志》）

473 —143 —56　　（《明一统志》）
473 —250 —60　　（同上）
480 —295 —271　（《大清一统志》）
533 —314 —57　　（《湖广通志》）
545 —236 —92　　（《山西通志》）
563 —899 —43　　（《广东通志》）
674 —248 —4 上　（《郡斋读书志》）
674 —855 —19　　（《直斋书录解题》）
814 —271 —9　　　（《书小史》）
820 —148 —26　　（《御定佩文斋书画谱》）
933 —572 —37　　（《名贤氏族言行类编》）
1065 —605 —7　　（《陈拾遗集》）
1371 —50 —附　　（《唐诗品汇》）
1387 —311 —23　　（《石仓历代诗选》）
1394 —669 —10　　（《四六法海》）

我们可根据数字，直接查检《四库全书》的册数、页数即得。或查本索引前所附的《四库全书文集篇目分类索引》，就可知书名。如上引杜审言所著录的书名，不过它在原索引中是没有的，我们为了清楚，就加括号附注在数字旁边了。

本索引附有"字号索引"，单独成册，可从字号查知本名。

《四库全书》是清代乾隆年间纂修的一部大丛书，它从征集到的二万多种古书中选取了三千四百多种重要古籍，包括了经史子集四大部类，差不多把我国乾隆以前的重要古籍都收录了。为这部大丛书编的人物索引，包括了乾隆以前的人名，不仅涉及的时间长，而且史料也非常丰富，它还配合新版《四库全书》，使用更为方便。当然，它虽称丰富，但也不能包罗万象，不能替代其他的一些人物索引。它们可互为补充。

按断代编录的综合性人名传记索引就更多了，今略按时代先后作一介绍。

《唐五代人物传记资料综合索引》,傅璇琮、张忱石、许逸民编撰,中华书局1982年出版。

这是一部查检唐和五代人物传记资料的大型工具书,共收唐代人物约三万个,采用了有关书籍八十六种。它扩大了哈佛燕京学社引得编纂处所编的宋、辽金元、明、清各代引得的收录范围(该四种书介绍见下),大量采用了与传记资料有关的各种体裁的文献。这八十六种书的编号、书名、纂辑者如下,简称、版本从略。

1. 旧唐书〔纪传之部〕　　　(后晋)刘昫等
2. 新唐书〔纪传之部〕　　　(宋)欧阳修等
3. 旧五代史〔纪传之部〕　　(宋)薛居正
4. 新五代史〔纪传之部〕　　(宋)欧阳修
5. 新唐书〔宰相世系表〕　　(宋)欧阳修等
6. 旧唐书〔经籍志〕　　　　(后晋)刘昫等
7. 新唐书〔艺文志〕　　　　(宋)欧阳修等
8. 全唐文
9. 唐文拾遗　　　　　　　　(清)陆心源
10. 唐文续拾　　　　　　　(清)陆心源
11. 全唐诗
12. 全唐诗逸　　　　　　　(日)河世宁
13. 河岳英灵集　　　　　　(唐)殷璠
14. 国秀集　　　　　　　　(唐)芮挺章
15. 中兴间气集　　　　　　(唐)高仲武
16. 极玄集　　　　　　　　(唐)姚合
17. 唐诗纪事　　　　　　　(宋)计有功
18. 唐才子传　　　　　　　(元)辛文房
19. 元和姓纂　　　　　　　(唐)林宝
20. 唐郎官石柱题名考　　　(清)赵钺、劳格

21.	唐御史台精舍题名考	（清）赵钺、劳格
22.	翰林承旨学士院记	（唐）元稹
23.	翰林院故事	（唐）韦执宜
24.	重修承旨学士壁记	（唐）丁居诲
25.	唐登科记考	（清）徐松
26.	唐方镇年表	吴廷燮
27.	郡斋读书志	（宋）晁公武
28.	直斋书录解题	（宋）陈振孙
29.	书断	（唐）张怀瓘
30.	历代名画记	（唐）张彦远
31.	唐朝名画录	（宋）朱景玄
32.	益州名画录	（宋）黄休复
33.	五代名画补遗	（宋）刘道醇
34.	宣和书谱	（宋）阙名
35.	宣和画谱	（宋）阙名
36.	图画见闻志	（宋）郭若虚
37.	书小史	（宋）陈思
38.	图绘宝鉴	（元）夏文彦
39.	书史会要	（元）陶宗仪
40.	十国春秋	（清）吴任臣
41.	九国志	（宋）路振
42.	五代史补	（宋）陶岳
43.	南唐书	（宋）马令
44.	南唐书	（宋）陆游
45.	江南野史	（宋）尤袤
46.	玉峰志	（宋）凌万顷
47.	乾道四明图经	（宋）张津等
48.	宝庆四明志	（宋）胡矩等
49.	延祐四明志	（元）袁桷

50. 至正四明续志　　　　　（元）王元恭
51. 大德昌国州图志　　　　（元）郭荐等
52. 仙溪志　　　　　　　　（宋）赵与泌等
53. 嘉定赤城志　　　　　　（宋）黄䇓等
54. 吴郡图经续志　　　　　（宋）朱长文
55. 吴郡志　　　　　　　　（宋）范成大
56. 长安志　　　　　　　　（宋）宋敏求
57. 景定建康志　　　　　　（宋）马光祖等
58. 至正金陵新志　　　　　（元）张铉
59. 咸淳毗陵志　　　　　　（宋）史能之
60. 剡录　　　　　　　　　（宋）史安之
61. 宝祐琴川志　　　　　　（宋）孙应时等
62. 云间志　　　　　　　　（宋）杨潜
63. 新安志　　　　　　　　（宋）赵不悔
64. 会稽掇英总集　　　　　（宋）孔延之
65. 嘉泰会稽志　　　　　　（宋）施宿
66. 宝庆会稽续志　　　　　（宋）张淏等
67. 乾道临安志　　　　　　（宋）周淙
68. 咸淳临安志　　　　　　（宋）潜说友
69. 嘉定镇江志　　　　　　（宋）卢宪
70. 至顺镇江志　　　　　　（元）脱因等
71. 严州图经　　　　　　　（宋）陈公亮等
72. 淳熙三山志　　　　　　（宋）梁克家
73. 嘉泰吴兴志　　　　　　（宋）谈钥
74. 临汀志　　　　　　　　（宋）胡太初等
75. 昆山郡志　　　　　　　（元）杨谦
76. 齐乘　　　　　　　　　（元）于钦
77. 嘉禾旧志　　　　　　　（元）单庆等
78. 茅山志　　　　　　　　（元）刘大彬

79. 续高僧传　　　　　　　（唐）释道宣

80. 宋高僧传　　　　　　　（宋）赞宁

81. 景德传灯录　　　　　　（宋）释道原

82. 大唐内典录　　　　　　（唐）道宣

83. 开元释教录　　　　　　（唐）智升

84. 大唐贞元续开元释教录　（唐）圆照

85. 贞元新定释教目录　　　（唐）圆照

86. 续贞元释教录　　　　　（南唐）恒安

从上列书目中，可见它收了正史、诗文总集中的作者，《唐诗纪事》等书中的作者事迹，以及题名录、登科记、目录书、书画书、五代十国史书、宋元方志和释氏书等。这些书中对人物事迹的记载虽然详略悬殊，但有些极为简略的著录，也可能对考索人物事迹是有用的资料。

全书分为"字号考索"和"姓名索引"两部分。"字号索引"收入了八十六种传记著作中唐五代人物的字、号、别号、绰号、谥号等称谓，并于其后括注姓名，可用它来查检本名。

"姓名索引"以姓名或常用称谓立目，其他称谓如别名、字、号、小字、别号、绰号、谥号等附列于传后。姓名后注明所见传记资料的书名简称，再列有关数码。数码有三层的，第一层是册数，第二层是卷数，第三层是页数；有二层的，前者为卷数，后者为页数。

因线装书每一书页有上下两面，分别用 A、B 表示。如：

李白（太白）

1 旧唐　15/190 下/5053

2 新唐　18/202/5762

7 新志　5/60/1603

8 全文　347/1A

11 全诗　3/161/1670

　　　　　12/882/9972
　　　　　12/890/10050
　　12 诗逸　上/10178
　　13 河岳　上/53
　　17 纪事　上/18/266
　　18 才子　2/31
　　27 郡斋　4 上/17A
　　28 直斋　16/11A
　　34 书谱　9/1B
　　39 书史　5/12B
　　57 景定建康　31/15A

这里著录的书名简称及前面的编号数字，和书名后的册、卷、页所用版本，都可以从书前所附的"唐五代人物传记资料综合索引用书表"中查得。

倘若是同名的不同人，都注明其字号、籍贯、职官、时代及从属关系等，分别立目。如：

　　李璋　（重礼）绛子
　　李璋　虎子，封毕王
　　李璋　听子，太常寺太祝
　　李璋　唐末神策兵马使

这样著录，人物就不致混淆。同时，对一些同人异名、同名异人及过去史籍中的一些错误记载，就编者所见加以考订校正，用小注加以说明。如索引中收了两个王绩，前一个王绩在《唐诗纪事》卷五下加注说：

　　《纪事》"绩"作"勋"。王绩已见《唐诗纪事》卷四，为隋末唐初诗人，而同书卷五又重出王勋，云"武德、贞观间人"，实即王绩。此误前人校《唐诗纪事》者已有驳正。《全诗》11/769/8728 原亦作王勋，即承袭《纪事》之误，今皆改正。

对后一王绩加注说：

> 按，前之王绩（东皋子）为隋末唐初诗人。此之王绩，据《登科记考》云白居易有《前进士王绩授校书郎江西巡官制》，即为中唐时人。

这两条小说注，既驳正了把王绩误作王勋，因而误作二人，又分辨了唐代有两个不同时期的王绩，使这部索引具备了学术价值。

两种索引都按四角号码排列，末附"笔画与四角号码对照表"，供不熟悉四角号码的人查检。

这是一部资料较全，编抄较细，且有一定学术性的人物传记索引。但限于收书范围，它也不是收录了全部唐五代人物的传记，如大量的碑传墓志等见于文集中的传记史料未收，这在使用时要知道的。

《四十七种宋代传记综合引得》，引得编纂处校订，哈佛燕京学社 1939 年出版，中华书局 1959 年新印，上海古籍出版社 1986 年版与《辽金元传记三十种综合引得》等合印。

本书辑录了四十七种有关宋人传记、年表、题名录、轶事汇编等的人物史料编成索引，从中可查知宋代某一人物的有关传记资料，这四十七种书的书名编号、书名、编著者如下，版本从略。

1. 宋史〔列传之部〕　　　　　脱脱等
2. 宋史新编〔列传之部〕　　　柯维骐
3. 东都事略〔列传之部〕　　　王偁
4. 南宋书〔列传之部〕　　　　钱士升
5. 隆平集〔列传之部〕　　　　曾巩

6.	名臣碑传琬琰录	杜大珪
7.	琬琰集删存	
8.	宋史翼	陆心源
9.	戊辰修史传	黄震
10.	宋朝南渡十将传	章颖等
11.	五朝名臣言行录	朱熹
12.	三朝名臣言行录	朱熹
13.	皇朝名臣言行续录	李幼武
14.	四朝名臣言行录	李幼武
15.	皇朝道学名臣言行外录	李幼武
16.	伊洛渊源录	朱熹
17.	昭忠录	
18.	宋遗民录	程敏政
19.	东莞遗民录	九龙真逸
20.	宋季忠义录	万斯同
21.	文丞相督府忠义传	邓光荐
22.	元祐党人传	陆心源
23.	庆元党禁	
24.	京口耆旧传	
25.	桐阴话旧	韩元吉
26.	万柳溪边旧话	尤玘
27.	南宋院画录	厉鹗
28.	圣朝名画评	刘道醇
29.	皇宋书录	董史
30.	苏祠从祀议	吴骞
31.	淳熙荐士录	杨万里
32.	宋诗钞	吴之振等
33.	宋诗钞补	管廷芬
34.	宋大臣年表	万斯同

35. 宋中兴三公年表
36. 学士年表
37. 宋中兴学士院题名录　　　何异
38. 南宋馆阁录　　　　　　　陈骙
39. 南宋馆阁续录
40. 宋中兴行在杂买务杂卖场提辖官题名　何异
41. 宋中兴东宫官僚题名　　　何异
42. 北宋经抚年表　　　　　　吴廷燮
43. 南宋制抚年表　　　　　　吴廷燮
44. 修唐书史臣表　　　　　　钱大昕
45. 绍兴十八年同年小录
46. 宝祐四年登科录
47. 宋人轶事汇编　　　　　　丁传靖

这四十七种书中，《宋人轶事汇编》是从笔记、诗话、文集、方志、杂史等五百余种书中辑录的人物传记史料，故实际收录面较广。但《宋人轶事汇编》引录时有删削，故不完全是原始资料，说见笔记部与该书介绍。

本引得分"字号引得"和"姓名引得"两部分。"字号引得"供查检姓名用，凡是字、号、别字、别号、绰号、谥号等分别立为条目，下注姓名。如果我们要查宋人"元晦"，不知"元晦"的本名，就可从"字号索引"中查"元晦"，就可知是朱熹。再查姓名引得，就知朱熹有哪些传记资料了。

"姓名引得"以姓名为主，下列别姓、别名、字、号、别号、绰号、小名、小字等，再分列人物传记资料出处的书名编号、卷数和页数。如：

辛弃疾，幼安，忠敏
1/401/1a；

2/149/10a；

4/39/1a；

43/10，18，19（2），31，39（2），44（2）；

47/834

据书前"四十七种宋代传记表"，可查知斜线前的"1"指《宋史》，"2"指《宋史新编》；"4"指《南宋书》；"43"为《南宋制抚年表》；"47"为《宋人轶事汇编》。前三种两条斜线中间的数字是卷数，斜线后最后一个数字是页数，"a"代表正面，"b"代表背面。后两种书无卷数，直接记下页码。括号内的数字是指同一页中出现的条数。

本书的编排是采用引得编纂处自编的一套"中国字庋撷法"编排，不会使用时可先查它的笔画检字。

《宋人传记索引》，日本东洋文库宋史提要编纂协力委员会编，东京东洋文库1968年出版。

本书可说是《四十七种宋代传记综合引得》的续编。除了宋代以及与之有关的五代、金代的文集、总集、金石文外，还包括了宋元的方志、类书（主要是《永乐大典》）中的传记资料，以及神道碑、墓志铭、墓表、墓碣、行状、埋铭、塔铭、传、年谱、哀辞、家传、家谱等三百七十余种资料，以表格形式辑录了八千多人的传记史料，按姓名、字、籍贯、生卒年（年龄）、三代（曾祖、祖、父）、题名、出典等著录，按人名汉字笔画顺序排列。这书可补《四十七种宋代传记综合引得》的不足。

《宋人传记资料索引》（增订版），昌彼得、王德毅、程元敏、侯俊德编，台湾鼎文书局1977—1980年出版，中华书局1988年再印于北京。

本书从宋人文集三百四十七种，元人文集二十种，总集十二种，史传典籍九十种，宋元地方志二十八种，金石文八种，总数达五百零五种（单行的年谱、事状、言行录、别录，以及期刊中的传记性论文不计在内）书籍中，搜集了宋人达二万二千人的传记资料。它包含了哈佛燕京学社的《四十七种宋代传记综合引得》和日人的《宋人传记索引》的内容，并校正了它们中的一些错误，因此，收录内容更为丰富。

本书所引传记史料，还包括诏制诰檄，赠序、寿序、书序、字序、荐状、题跋、事物记、颂说、哀辞、谏铭、祭文、祝词、谥议、家传、行述、行状、墓志、碣铭、墓表、神道碑、年谱等，故极为丰富，为目前宋人传记索引中最为丰富的一种。

本书人名下先列小传，注明生卒年、字号、籍贯、亲属、科第、仕履、事功、封赠、特长和著作等。次录有关传记资料的出处。如林逋条说：

  林逋（957—1028），字君复，杭州钱塘人。少孤力学，恬淡好古，结庐西湖之孤山，二十年足不及城市，自为墓于庐侧。天圣六年卒，年七十二，仁宗赐谥和靖先生。逋善行书，喜为诗，多奇句，不娶无子，所居植梅蓄鹤，人因谓梅妻鹤子，有和靖诗集。
  林和靖先生诗集序　（宛陵先生集　60/2 下）
  书林和靖诗　（豫章集 26/12）
  书林和靖诗集后　（云谿稿/16）
  跋林和靖荐士书后　（鸡肋集 33/16）
  书林逋处士诗后　（姑溪集 42/6）
  跋孤山梅鹤卷　（新安文粹 4/4）
  跋林和靖诗集　（渭南文集 30/2 下）
  跋林和靖帖　（渭南文集 30/4 下）
  林和靖像赞　（南宋文范 36/32）
  跋林和靖遗墨　（后村大全集 111/6 下）
  跋林和靖帖　（后村大全集 111/8 下）
  宋史 457/16

宋史新编 177/9 下

史质 75/酉 83 下

东都事略 118/3 下

隆平集 15/14 下

名臣碑传琬琰集中集 38/6

五朝名臣言行录 10/1

钱塘先贤传赞/16 下

栖真志 4/21

皇宋书录　中/14 下

书史会要 6/16 下

画史会要 3/6

宋诗钞上和靖诗钞/1

宋人轶事汇编/290

宋元学案补遗 9/42 下

全宋词 1/7

宋诗纪事 10/14

古今纪要 17/46 下

咸淳临安志 65/16，91/4

书名后所注的数字是该书的卷数和页数，"下"是指后半页，前半页不标注。所用书的编撰者和版本见书前的"引用书目"。另有"字号索引"，可从字号查知本名。

本索引按姓氏笔画为序，笔画相同的，按丶、一、丨、丿次序排列。同一姓氏中，先单名，再复名，各就其名的笔画顺序排列。

《辽金元传记三十种综合引得》，引得编纂处校订，哈佛燕京学社1940年出版，中华书局1959年新印，上海古籍出版社1986年版与《四十七种宋代传记综合引得》等合印。

本书体例基本上与《四十七种宋代传记综合引得》相同，不同的是把姓名和字号两目混合编排。在正目（本来的姓名）下注明书名编号及卷、页数，在附目（字号）下仅注明本来姓名，再从正目中去查检书名编号及卷、页数。所收三十种传记编号、书名、作者如下：

1. 辽史［列传之部］　　　　　脱脱等
2. 契丹国志［列传之部］　　　叶隆礼
3. 辽诗话　　　　　　　　　　周春
4. 辽诗纪事　　　　　　　　　陈衍
5. 辽代文学考　　　　　　　　黄任恒
6. 辽大臣年表　　　　　　　　万斯同
7. 辽方镇年表　　　　　　　　吴廷燮
11. 金史［列传之部］　　　　　脱脱等
12. 大金国志［列传之部］　　　宇文懋昭
13. 金诗纪事　　　　　　　　　陈衍
14. 金宰辅年表　　　　　　　　黄大华
15. 金将相大臣年表　　　　　　万斯同
16. 金方镇年表　　　　　　　　吴廷燮
17. 衍庆宫功臣表　　　　　　　万斯同
21. 元史［列传之部］　　　　　宋濂等
22. 新元史［列传之部］　　　　柯劭忞
23. 元史类编［列传之部］　　　邵远平
24. 元史新编［列传之部］　　　魏源
25. 元书［列传之部］　　　　　曾廉
26. 蒙兀儿史记［列传之部］　　屠寄
27. 元朝名臣事略　　　　　　　苏天爵
28. 元儒考略　　　　　　　　　冯从吾
29. 元诗选　　　　　　　　　　顾嗣立
30. 元诗选癸集　　　　　　　　席世臣
31. 元统元年进士录

32. 元行省丞相平章政事年表　　吴廷燮

33. 元分藩诸王世表　　　　　　黄大华

34. 元西域三藩年表　　　　　　黄大华

35. 元史氏族表　　　　　　　　钱大昕

36. 元史译文证补　　　　　　　洪钧

其编号 1—7 为辽代传记；11—17 为金代传记；21—36 为元代传记。为使三代有区别，故其号不相衔接。

另有日人梅原郁、衣川强编的《辽金元人传记索引》是补《辽金元传记三十种综合引得》等书而作，因所收是文集，故放在"文集中的作家史料索引"一节中介绍。

《元人传记资料索引》，王德毅、李荣树、潘柏澄编，台湾新文丰出版公司 1979—1982 年发行，北京中华书局 1987 年又版。

本书编辑体例略同于《宋人传记资料索引》，但收书的范围更为广泛，其引用书目包括了：（1）元人别集类；（2）宋、金人别集类；（3）明、清人别集类；（4）总集类；（5）正史、史补与史表类；（6）石刻史料类；（7）杂志、传记类；（8）笔记类；（9）目录、题跋类；（10）地方志类。总数达七百多种。此外，还收了单行的年谱、事状、言行录、别录、专书和期刊、论丛中属传记性的论文。这些不包括在七百多种书籍之内。其中收录元代笔记类书达二十四种，是前此没有的。地方志中收录了总志及元代方志九种，明人修撰的各省府县志三百十四种，也是前此无有的。

全书收录了元代人物一万七千余人（据第五册索引叙例），并撰有小传，注明他们的阳历生卒年、字号、籍贯、亲属、出身、仕履、事功、言行、封谥、著作等，也可作为元代人物辞典用。

本书收录诗文集、总集中的人物资料，包括了诏制诰檄、赠诗、寿诗、贺诗、赠序、书序、字说、荐状、题跋、事物记、颂说、哀辞、诗铭、祭文、祝词、谥议、家传、行述、行状、墓志、碣铭、墓表、神道碑、年谱等。全书共五册，第五册为"元人别名字号封谥索引"，收了元代约一万二千人的字、号、别名、谥号、绰号、封爵等称谓，并在这些异名后注明本名及在前四册中该异称出现的册数和页码。

《八十九种明代传记综合引得》，田继宗编，引得编纂处校订，哈佛燕京学社 1935 年出版，中华书局 1959 年新印，上海古籍出版社 1986 年与《四十七种宋代传记综合引得》合印。

本书体例与《四十七种宋代传记综合引得》完全一致，所收录的八十九种明代传记的编号、书名、编著者如下：

1. 明史［列传之部］　　　　张廷玉等
2. 明史［列传之部］　　　　万斯同
3. 明史稿　　　　　　　　　王鸿绪
4. 皇明通纪直解　　　　　　张嘉和
5. 国朝献征录　　　　　　　焦竑
6. 国朝名世类苑　　　　　　凌迪知
7. 今献备遗　　　　　　　　项笃寿
8. 明名臣言行录　　　　　　徐开江
9. 皇明名臣琬琰录　　　　　徐纮
10. 皇明名臣言行录　　　　　王宗沐
11. 国朝名臣言行略　　　　　刘廷元
12. 皇明名臣言行录　　　　　沈应魁
13. 昭代明良录　　　　　　　童时明
14. 皇明人物考　　　　　　　焦竑
15. 皇明应谥名臣备考录　　　林之盛
16. 国朝列卿记　　　　　　　雷礼
17. 嘉靖以来首辅传　　　　　王世贞
18. 国朝内阁名臣事略　　　　吴伯与
19. 内阁行实　　　　　　　　雷礼
20. 皇明开国功臣录　　　　　黄金

21.	兰台法鉴录	何出光等
22.	皇明词林人物考	王兆云
23.	明名人传	未详
24.	明人小传	曹溶
25.	明儒言行录续编	沈佳
26.	崇祯阁臣行略	陈盟
27.	崇祯五十宰相传	曹溶
28.	掾曹名臣录	王凝斋
29.	明末忠烈纪实	徐秉义
30.	续表忠记	赵吉士
31.	东林同难录	缪敬持
32.	本朝分省人物考	过廷训
33.	皇朝中州人物志	朱睦㮮
34.	续吴先贤赞	刘凤
35.	南疆绎史	温睿临
36.	南疆绎史摭遗	李瑶
37.	续名贤小纪	徐晟
38.	梅花草堂集	张大复
39.	东林列传	陈鼎
40.	明诗综	朱彝尊
41.	小腆纪年	徐鼒
42.	明史窃	尹守衡
43.	明词综	朱彝尊等
44.	皇朝名臣言行录	杨廉、徐咸
45.	明良录略	沈士谦
46.	皇明将略	李同芳
47.	造邦贤勋录略	王祎
48.	靖难功臣录	朱当㴐
49.	胜朝粤东遗民录	陈伯陶

第七章 人物传记史料索引

50. 甲申后亡臣表　　　　　彭孙贻
51. 建文忠节录　　　　　　张芹
52. 熹朝忠节死臣列传　　　吴应箕
53. 前明忠义别传　　　　　汪有典
54. 崇祯忠节录　　　　　　高承埏
55. 胜朝殉节诸臣传　　　　舒赫德等
56. 南都死难纪略　　　　　顾苓
57. 明季南都殉难记　　　　屈大均
58. 天问阁集　　　　　　　李长祥
59. 小腆纪传　　　　　　　徐鼒
60. 小腆纪传补遗　　　　　徐鼒
61. 明书　　　　　　　　　傅维鳞
62. 明史分稿残编　　　　　方象瑛
63. 续藏书　　　　　　　　李贽
64. 明诗纪事　　　　　　　陈田
65. 明画录　　　　　　　　徐沁
66. 逊国记　　　　　　　　（未详）
67. 沧江野史　　　　　　　（未详）
68. 海上纪闻　　　　　　　（未详）
69. 沂阳日记　　　　　　　（未详）
70. 泽山杂记　　　　　　　（未详）
71. 溶溪杂记　　　　　　　（未详）
72. 郊外农谈　　　　　　　（未详）
73. 金石契　　　　　　　　祝肇
74. 畜德录　　　　　　　　陈沂
75. 新倩籍　　　　　　　　徐祯卿
76. 国宝新编　　　　　　　顾璘
77. 启祯野乘二集　　　　　邹漪
78. 江人事　　　　　　　　章于今

79. 备遗录	张芹
80. 藩献记	朱谋㙔
81. 彤史拾遗记	毛奇龄
82. 恩恤诸公志略	孙慎行
83. 明儒学案	黄宗羲
84. 列朝诗集小传	钱谦益
85. 盛明百家诗	俞宪
86. 静志居诗话	朱彝尊
87. 烟艇永怀	龚立本
88. 开国臣传	朱国桢
89. 逊国诸臣传	朱国桢

从上引书目看，本书采录比较丰富，包括了一些罕见的抄本。同时，所收书籍，也不完全是传记性质的书。

《明人传记资料索引》，台湾"中央"图书馆编印，1965年初版，1978年再版，中华书局1987年据再版本影印。

本索引采用了明清人文集五百二十八种，史传及笔记类典籍六十五种，并且还采用了单行的年谱、事状、别传和期刊中的论文等人物资料。其中又以文集中的资料为主，包括了文集中的小传、行状、墓志铭、墓表、神道碑、诰敕等重要史料，同时也编取了赠序、寿序、书序题跋、记说、祠碑、哀诔铭祭等文，以裨考证，以补史传之不足。其他如诗歌、奏议、书启函牍等，都没有收录。至于哈佛燕京学社的《八十九种明代传记综合引得》中所收的书，除《明史》《明儒学案》《皇朝名臣琬琰录》《国朝征献录》《藩献记》《国宝新编》等外，均未收录，使用时可与该书参用。

本书所收人物，一般都据史传、方志、墓铭、行状等资料撰述小传，内容包括公历生卒年、字号、籍贯、登举年、重要职官、言行事迹及著作等。小传后再一一注明资料出处。如高启条：

高启（1336—1374）字季迪，号槎轩，长洲人。博学工诗，家北郭，与王行辈十人，号北郭十友，又以能诗，号十才子。张士诚据吴，名士响集，启独依外家，居吴淞江之青丘，自号青丘子。洪武初为编修，与修元史，累官户部侍郎，自陈年少不敢当重任，归授书自给。知府魏观为移其家入郡，观以改修府治获谴，帝见启所作上梁文，因发怒，腰斩于市，年三十九。启警敏有文武才，书无不读，尤邃于群史，诗雄健浑涵，自成一家。有大全集、凫藻集、缶鸣集。

  高启传（曝书亭集62/6）
  水东日记10/4
  吴中人物志7/26
  国琛集　上/12
  殿阁词林记8/9
  圣朝名世考10/6
  国朝献征录21/80 李志光撰传，又115/22 无名氏撰传
  姑苏名贤小传　上/1
  名山藏95/3 下
  明史285/20 下
  高季迪先生年谱、清金檀撰，雍正间刊青邱诗集注附录本

书名后所记的数字是卷数和页数，所用书的编撰者及版本见书前的"引用书目"。书末附有"字号索引"，可从字号查知本名。

  本书是目前已经出版的几种明人传记资料索引中较为完备的一种，虽然它还不及《宋人传记资料索引》《元人传记资料索引》那样收录详备。

  《明遗民传记索引》，谢正光编，上海古籍出版社1992年出版。

  本书引专为明代遗民传记所编的索引，所谓明遗民，是指"生于明而拒仕于清"的人物。但本索引也收录了明代亡国之初，"或死于南明党锢之祸，或殉节于清兵南下之际"的人物。入录的遗民，以

《明遗民诗》（卓尔堪）、《明遗民录》（黄容）、《皇明遗民传》（阙名朝鲜人）、《明遗民所知传》（邵廷寀）、《明遗民录》（孙静菴）、《胜朝粤东遗民录》（陈伯陶）、《明遗民录》（陈去病）、《明季滇南遗民录》（秦光玉）、《清诗纪事初编》（邓之诚）九种著述为主要依据，复参以其他四十二种著作中的传记资料。也采取了《八十九种明代传记综合引得》《三十三种清代传记综合引得》及《清代碑传文通检》（陈乃乾）、《清代文集篇目分类索引》（王重民）四种索引中的有关部分，总集收录了明遗民传记资料凡二百零八种。

索引首列姓名，姓名下列字号、谥号、籍贯，然后是引用传记的书名及卷页数，如：

屈大均
初名绍隆　翁山　介子　华夫　僧名今种　一灵　骚馀
广东番禺
明遗民录（孙静菴）13/4a
清诗纪事初编 2/291
胜朝粤东遗民录 1/25b
感旧集 13/12b
箧衍集 1/10b
感旧集小传拾遗 4/5b
结邻集 4/67
明诗综 82/12b
小腆纪传 55/11a
明诗纪事　辛 11/1a
清史稿［列传之部］　44 册/13332
国朝耆献类征（初编）429/14a
国朝先正事略 38/6a
文献征存录 10/51a
岭南画征略 2/11b

清代学者象赞 1/xx
清人文集别录 3/68
雪桥诗话续集 1/47a
雪桥诗话三集 1/25b
明代千遗民诗咏（初编）1/15a
生圹自志（翁山文外八）

由此可知明代遗民诗人屈大均的二十一种传记资料的所在，查检非常方便。

书前有《明遗民传记书目》，列出了二百零八种书的撰辑者、书名、版本；书末有"明遗民字号笔画索引"和"明遗民传记四角号码索引"可供检索。

《三十三种清代传记综合引得》，杜联喆、房兆楹编，哈佛燕京学社1932年出版，中华书局1959年重印，上海古籍出版社1986年出版与《四十七种宋代传记综合引得》等合印。

本书只有姓名引得而无字号引得。若只知清人的异名而不知其本名，得先通过别的工具书查知本名后，才可通过本书查知传记。三十三种清代传记的书名编号、书名及撰辑者如下：

1. 清史稿［列传之部］　　　　　　赵尔巽等
2. 清史列传　　　　　　　　　　　中华书局
3. 国朝耆献类征（初编）　　　　　李桓
4. 碑传集　　　　　　　　　　　　钱仪吉
5. 续碑传集　　　　　　　　　　　缪荃孙
6. 碑传集补　　　　　　　　　　　闵尔昌
7. 国朝先正事略　　　　　　　　　李元度
8. 中兴将帅列传　　　　　　　　　朱孔彰
9. 从政观法录　　　　　　　　　　朱方增
10. 大清畿辅先哲传（附列女传）　　徐世昌

11. 满洲名臣传（依国史抄录）
12. 汉名臣传（依国史抄录）
13. 国朝汉学师承记　　　　江藩
14. 宋学渊源记　　　　　　江藩
15. 颜李师承记　　　　　　徐世昌
16. 清儒学案小识　　　　　唐鉴
17. 文献征存录　　　　　　王藻等
18. 国朝名臣言行录　　　　王炳
19. 清画家诗史　　　　　　李濬之
20. 清代学者像传　　　　　叶恭绰
21. 清代闺阁诗人征略　　　施淑仪
22. 国朝名家诗钞小传　　　郑方坤
23. 国朝诗人征略（初编）　张维屏
24. 国朝诗人征略（二编）　张维屏
25. 飞鸿堂印人传　　　　　汪启淑
26. 国朝书画家笔录　　　　窦镇
27. 国朝画识　　　　　　　冯金伯等
28. 墨香居画识　　　　　　冯金伯
29. 国朝书人辑略　　　　　震均
30. 鹤征录　　　　　　　　李集等
31. 鹤征后录　　　　　　　李富孙
32. 己未词科录　　　　　　秦瀛
33. 国史列传（又名满汉大臣列传）（依国史抄录）

　　从《四十七种宋代传记综合引得》《辽金元传记三十种综合引得》《八十九种明代传记综合引得》到《三十三种清代传记综合引得》，是自成一体系的人物传记索引，它们都用"中国字庋撷法"排列，不会使用时可用笔画检字查知庋撷号即可。

第二节 史传人名索引

查纪传体史书中的人物传记，除了前述那些综合性人名索引可以利用外，还有专收史传的人名索引。这种索引，因为专收史传，故收录的人名比综合性人名索引为宽广。有些综合性人名索引中查不到的人物，也可在这些专门索引中查到。又因为收录的对象较为单纯，使用起来就比综合性的人名索引为方便，故人们也都乐于利用。

目前史传人名索引，限于二十四史或二十五史，一般来说，凡比较有名的历史人物，二十五史中都有传记。这二十五种纪传体史书，我们已在第一章中作了介绍。为这二十五中史书编的人名索引，有综录诸史人物传记编成的通代的索引和专就一史或某几史的人物编成的断代的索引。今分别介绍如下。

一 综合诸史的通代人物传记索引

这种索引，综合收录了二十四史或二十五史中有纪、传和附传的人名编成索引。这些人绝大多数都是历史上的一些著名人物，包括著名的作家在内。我们遇到较有地位、较有名望的作家，可利用这类索引来查检。

《史姓韵编》，清·汪辉祖编，有清乾隆年间萧山汪氏刊本，光绪年间石印本。

本书把二十四史中有列传和附传的人名按韵目编排而成，人名下注明见于何史何卷，附见的人名注明"目无名"。《辽》《金》《元》三史及《明史》中的少数民族或外族人物的译名，另为一卷。佚姓、释氏、公主、列女亦分别汇编。但因它按韵编目，不熟悉韵目的人查阅不便。同时，也因为有同类的工具书可替代，一般人就不太利用它了。

《廿四史传目引得》，梁启雄编，上海中华书局1936年出版。

本书是二十四史的列传和附传的人名索引，分正编和类编二部分。正编收以人名为主的列传，按笔画排列。类编分列女、后妃、宗室诸王、公主、释氏、外纪、杂目、丛传八类。"外纪"类列译名，如《大宛传》《匈奴传》；"杂目"类列《太史公自序》《汉书叙传》以及如《孟尝君》《魏其武安侯》等一类传名；"丛传"类列《文苑》《方技》《逸民》《循吏》等传。其中后妃、宗室诸王、公主依年代先后为序，其余按原标名的笔画为序。查阅亦不甚方便。

《二十五史人名索引》，二十五史刊行委员会编，上海开明书店1935年出版，中华书局1956年重印。

开明书店于1935年印行了一套《二十五史》（《二十四史》加上柯劭忞的《新元史》），本索引即以此书为依据编印。它汇集了《二十五史》中的本纪、世家、列传、载记中的人物，没有专传而只有附见的，也大都收入。人名按四角号码排列（不知四角号码可从书中所附"笔画索引"中查得）。人名后标明书名、卷数和开明书店版《二十五史》的页码和栏数。如：

　　杜甫　唐　190 下 3586·2
　　　　新唐　201　4099·4

前一行指《唐书》（即《旧唐书》）卷一百九十下，开明版的3586页第二栏。后一行指《新唐书》卷二百零一4099页第四栏。

若是同姓名的人物，本索引不加区分，把有关各史都著录在同一人名条下，如：

　　陈亮　宋史　436　5601·2
　　　　明　286　7793·1

这就得根据该人所著录的史书的时代来区分；同一史书的同名人物也

只列一条，在著录中加以区分，如：

陈文　明　145　7433·4
　　　　明　168　7478·3
　　　　明　134　7413·2

这也是个简便的办法。

此书配合开明版《二十五史》用，使用很方便。因为它除了卷数，还有页码和栏数。若用别的版本，就可根据本书标明的书名和卷数去查检。

《二十四史纪传人名索引》，张忱石、吴树平编，中华书局1980年出版。

本索引是根据中华书局版的《二十四史》点校本编制的。每条注有卷数，故其他版本也可使用。

本书收录《二十四史》中有纪传（包括附传及有完整事迹的附见人物）的人名。对诸史中的《四夷传》《吐蕃传》《外国传》等，则收录其首领及主要臣属的人名。

全书按四角号码排列，每一人名下注明中华书局版单行本的书名简称、册数、卷数和页数。如：

杜甫
　　旧唐　15/190下/5054
　　新唐　18/201/5736

若是同姓名而为二人或二人以上的，则分别立目。如：

陈亮
　　宋史　37/436/12929

陈亮
　　　　明史　24/286/7337

在同一史中，同姓名的也分别立目标明，不致混淆。如：

陈文
　　　　明史　13/134/3904
陈文
　　　　明史　13/145/4096
陈文
　　　　明史　15/168/4520

它不像《二十五史人名索引》那样只立一目，这样处理比较清楚些。书后附有笔画索引，注明四角号码数和该人名中第一字的页码。

《二十五史纪传人名索引》，上海古籍出版社、上海书店1990年编印。

本索引据上海古籍出版社和上海书店联合出版的《二十五史》，以及中华书局出版的标点本《二十四史》《清史稿》编制。索引收录了《二十五史》《二十四史》《清史稿》中有纪传（包括列传中传首追述父祖和传末附传，以及目录未标出的附见人物）的人名。但仅提名而无完整事迹的不予收录。《史记》中的"世家"，仅收录有专载的人名。《三国志》裴注中有事迹始末的人名亦入录。对少数民族传和外国传，则收录其首领及主要臣属的人名。

人名下分别注明了上海版《二十五史》的册数、卷数、总页数、栏数和中华书局版《二十四史》与《清史稿》的册数、卷数、分史页数。如：

杜甫
　　　　旧唐　上　5·190下·4083·4

```
            中  15·190 下·5054
    新唐  上  6·201·4738·3
            中  18·201·5736
```

其中数字前的"上"指上海版的《二十五史》;"中"指中华书局版的《二十四史》和《清史稿》。

凡诸史中同姓名的人物,按《二十五史》顺序分别立目。一人分见于两部或两部以上史书的,亦按《二十五史》顺序收在一条下。若一人在一史中两处有传,则按原书先后收在一条下。

全书按四角号码编排。因本索引标有卷数,其他版本也可按卷查检。

二 专录一史或相关几史的断代人名索引

这里讲的是二十五史中的专史索引,如《汉书》专记西汉,《后汉书》专记东汉,《三国志》专记三国,等等。有时几种史书因时代相关,或者是同一时代,如《旧唐书》《新唐书》都记唐代,就合编成一个索引;如《宋书》《南齐书》《梁书》《陈书》《南史》都记南朝,故也把它们合编在一起。而《史记》虽是通史,但它是二十四史的头一部,即在汉武帝以前的历史,也是专史之一,就一并放在这里介绍。

1949年前,为某断代史编制的人名索引有《两汉不列传人名韵编》,至1956年又有《三国志人名录》的出版。

《两汉不列传人名韵编》,庄鼎彝编著,上海商务印书馆1935年出版。

本书专辑两汉书中没有专传的人物。前汉、后汉各自按韵编排,前汉六卷,后汉四卷。首列皇祖(包括宗室、公主、列女),次列按韵编排的其他人物。"四夷"等附在各韵后。人名下注明出处。如:

朱鸡石,项梁别将,见陈胜传,又项籍传。

书后附有四角号码索引，供不熟悉韵目的人使用。

《三国志人名录》，王祖彝著，商务印书馆1956年出版。

本书将《三国志》和裴松之注中所有人物全部立目编成索引，计有四千零六十五人，按首字笔画排列，末附四角号码索引以供查检。

除以上二书外，中华书局于解放后陆续点校了一套二十四史，配合这套二十四史，编印了一套各史或相关几史的人名索引，分别由中华书局和上海古籍出版社出版。它们是：

《史记人名索引》，钟华编（1982年第二次印刷改署吴树平），中华书局1977年出版。

《汉书人名索引》，魏连科编，中华书局1979年出版。

《后汉书人名索引》，李裕民编，中华书局1979年出版。

《三国志人名索引》，高秀芳、杨济安编，中华书局1980年出版。

《晋书人名索引》，张忱石编，中华书局1977年出版。

《南朝五史人名索引》，张忱石编，包括了《宋书》《南齐书》《梁书》《陈书》《南史》五种史书中的人名。中华书局1985年出版。

《北朝四史人名索引》，陈仲安、谭两宜、赵小鸣编，包括了《魏书》《北齐书》《周书》《北史》四种史书中的人名。中华书局1988年出版。

《隋书人名索引》，邓经元编，中华书局1979年出版。

《新旧唐书人名索引》，张万起编，上海古籍出版社1986年出版。

《新旧五代史人名索引》，张万起编，上海古籍出版社1980年出版。

《宋史人名索引》，俞如云编，上海古籍出版社1992年出版。

《辽史人名索引》，曾贻芬、崔文印编，中华书局1982年出版。

《金史人名索引》，崔文印编，中华书局1980年出版。

《元史人名索引》，姚景安编，中华书局1982年出版。

《明史人名索引》，李裕民编，中华书局1985年出版。

这套索引，基本上有统一的体例。各史所收人名，以该朝代的人物为主，并兼收该代前后朝提及的人物。如曹操本收入《三国志》中，但《后汉书》《晋书》都记有曹操的事迹，故《后汉书人名索引》和《晋书人名索引》都收有曹操。《后汉书》中记有曹操的地方达一百一十四处，《晋书》有四十二处，这二种索引都列了出来。但后来出版的在收录上也有些变化，如《明史人名索引》，除了收元明清人名外，元以前的名人，凡属记传追述世系，或有重要价值的，也都收录立目。

这套索引以姓名或常用的称谓作主目，其他称谓如字、号、小名、绰号、官名、爵名、谥号等均附注于后。如：

司马相如（司马长卿、犬子）

而这些附列的异称，亦另立参见条目，如：

司马长卿　见司马相如
犬子　见司马相如

这套索引所收人物，不仅将有专传、附传的人物都收，而且连没有专传、附传的人物也都收录。如羿，无专传附传，而《史记人名索引》中也为他立目，注明《史记》卷六十七2209页、卷一百一十七3009页、卷一百二十八3237页中都提到过羿。又如马王堆出土文物中提到的"軑侯利仓"，查《史记人名索引》就可知道他是谁。这就不是综合性的《二十五史人名索引》《二十四史纪传人名索引》《二十五史纪传人名索引》所能解决的问题了。

这套索引人名下所列的卷次、页码，除有"＊"号表明是专传、附传外，其他都是散见的卷、页数。如《史记人名索引》中的屈原：

屈原（屈平）
84/2481＊

40/1725
70/2292
84/2492
84/2493
84/2503
130/3300
130/3309

这里斜线前的数字是《史记》的卷数，斜线后的数字是中华书局《史记》点校本的页码。加"＊"号的是屈原的本传，其他卷、页数是旁人传记中提及屈原的地方。这就非但查知了屈原的本传，而且连《史记》中所有提及屈原的地方都标明了。它为我们全面了解人物提供了丰富的史料。

这套索引都用四角号码编排，先以人名首字的四角号码顺序排列，首字相同的，再按第二字的上两角号码编次。第二字相同的，再暗取（不再标明）第三字的上两角号码编次。每种索引后都附有"笔画部首索引"。

这套索引也有它不足之处，如张如元在《〈汉书人名索引〉错误举例》（载《西南师范学院学报》1984年第3期）中批评该索引有误合、误分、漏收等问题。在标录上，人名下只标出卷次和页码，不标册数，在查检上不如标出为方便。其中《明史人名索引》就有了改进，它标明了册数，就方便多了。如：

高明（则诚）
24/285/7327＊
24/285/7326

查检起来就可毫不犹豫地拿起《明史》第二十四册，而不要去估计7327页在哪一册中了。

《清史稿纪表传人名索引》（上下），何英芳编，1996年中华书局出版。

本书专收《清史稿》中的人名，据1977年中华书局版编制而成。收录了本纪中十二皇帝之名，十种表中的人名，列传传主（包括附传、附见、传主先世）人名。对《藩部传》《属国传》则收录其首领人名。

索引以姓名或常用称谓作主目，按四角号码检字法编排。人名下列出了该人在中华书局版《清史稿》中的册数、卷数、页数。

第三节　传记人名索引

在"传记中的作家史料"一章中，我们介绍了总传、年谱、族谱、题名录等书籍，在这些书籍中，有些类书籍有人名索引，有些尚没有人编著，今把可以利用的人名索引略作介绍。

一　总传中的人名索引

要查总传中的人物传记，除了《宋元学案人名索引》外，一般很少有人单独编写。因为一则这些传记篇幅不很大，没有单独编写成书的必要；二则重要总传都收录在综合性的人名索引中了。因此，我们可以查综合性的人名索引。这些综合性的人名索引，如上面提到的《四库全书传记资料索引》中，就收录了《四库全书》入收的许多总传中的人名。而《唐五代人物传记资料综合索引》《四十七种宋代传记综合引得》《辽金元传记三十种综合引得》《八十九种明代传记综合引得》《三十三种清代传记综合引得》等书中，也都收录了各该代的有关总传，所收录总传书名都在本章节第一节的有关书中已详为列目，可参看。不过《宋元学案》一书未被收录，恰好有人名索引可以利用。

《宋元学案人名索引》，邓元鼎、王默君编，上海商务印书馆1936年出版。

本书把《宋元学案》中的人名，按四角号码编排。人名下注明字号及原书卷数，并附异名索引。因《宋元学案》分量较大，用这索引查检较为方便。

另外，近来出版的分量较大的传记类专书后，也附有"人名索引"可以利用，这些书的介绍见本书第二章第一节的"总传"中的"二　总传中的作家传记"，它们的书名如下：

《唐才子传校笺》，傅璇琮主编。
《唐代墓志汇编》，周绍良、赵超主编。
《唐代墓志汇编续集》，周绍良、赵超主编。
《国朝献征录》，（明）焦竑撰，上海书店1987年版题作《献征录》附有人名索引。
《清代碑传全集》，上海师范大学图书馆汇编整理。
《国朝耆献类征初稿》，（清）李桓撰，光绪李氏刊本附有按姓名末字的韵部编排的"通检"。
《宋元明清传记资料丛刊系列》，它新加了四角号码"人名索引"。
《中国古代地方人物传记汇编》，国家图书馆古籍馆编，全书正文177册，人名索引一专册。

此外，另有《明实录类纂·人物传记卷》附有"人名索引"（见第三章第一节三）也可利用。

二　年谱索引

我们要了解某人的详细生平事迹，就有必要翻阅他的年谱。但年谱不仅数量繁多，据不完全统计，现有年谱有六千多种，而且也极为分散。它有单行本，有附刻在各家集子前后的，有发表在报章杂志上的，有收入作者集子中的，有汇编成年谱系的，有保存在作者手中的等等。这就非得有工具书来查检不可。

从事年谱编目工作，较早的有梁廷灿的《年谱考略》(《北平图书馆月刊》第3卷第1—5号，1929年)，汪闿的《江苏省立国学图书馆藏历代名人年谱集目》(《江苏省立国学图书馆》第2—4年刊，1929—1931年)，陈乃乾的《共读楼所藏年谱目》(《人文月刊》6卷7期至7卷2期)，齐鲁大学图书馆的《齐鲁大学图书馆馆藏年谱目录》(《齐大月刊》1935年12月号)，李士涛的《年谱目录》(上海中华书局1936年版)。1949年后，上海图书馆编有《上海图书馆馆藏书目——年谱类》，上海图书馆1957年刊行。它收录单行的年谱及丛书中所收或诗文集中所附的年谱，作为书目，期刊中的不收。此后，从事这一编录工作的还有下列几家。

《中国历代人物年谱集目》，杭州大学图书馆资料组编，1962年编者自印。

本书辑录了先秦周公至近代陈去病的年谱目录。不管单刻本、附刻本及丛书杂志中所载的年谱都收录。若是稿本、传抄本，注明出处或收藏者。凡书名不叫年谱而体例与年谱相同的也加以收录。共收年谱一千八百四十种。

本书按谱主的生年先后排列，生年相同的再以卒年早迟为序，生年不详的按卒年排列。书末附有笔画排列的"谱主姓名索引"和"编者姓名索引"以供查检。

《中国历代年谱总录》，杨殿珣编，书目文献出版社1980年出版，1994年出版增订本。

这是目前收录年谱较多的一种工具书。它收录的范围，除用年谱这一名称者外，凡按年谱体例编著的，如题为编年、年记、述略、系年等名目，都收录在内。至于著述编年，虽与年谱有别，但可供研究者参考，故一并录入。收录的年谱除单行本、丛书本、文集附列本、报章杂志本以外，那些未经刊印的稿本和抄本，凡知道的，都一一收录。

本书收年谱三千零十五种，谱主一千八百二十九人，附录参考书或文章二百七十七条。

编排以谱主的生年先后为序。起自姚重华（舜），终于现代诗人李季。一人的年谱，若有多人编写，以编写人的时代先后为次。对于谱主的生卒年，各家考订不一，本书对考订生卒年的专书或专文，摘要附录在本人年谱之后。今举一例如下：

  杨万里 宋建炎元年生 开禧二年卒（1127—1206）
    杨文节公年谱一卷
      清·邹树荣编 南昌邹氏一粟园丛书本
    杨万里年谱简编草稿
      崔骥编 江西教育月刊第十九号（1936年5月出版）
    杨诚斋年谱一卷
      夏敬观编 杨诚斋诗附本（1940年商务印书馆出版）
    杨万里的生卒年月
      储皖峰 国学季刊第五卷第三号（1936年7月出版）

由此可见，本书在人名下首录生卒年，再列各家年谱。这里杨万里列了三家，末一篇是考订杨万里生卒年的文章。

本书所收年谱，都是编者目见的或请人查对过的。那些仅见著录的年谱，另编有《待访年谱简目》，著录了谱名、谱主、编者和出处，附于书后。书末附有"谱主姓名别名索引"，别名以见于年谱书名上的为限。索引以笔画为序，查检甚便。

《中国历代年谱总录》出版后，杨殿珣又把续辑的年谱目编成《〈中国历代年谱总录〉续录》，刊载在《文献》第十三辑（书目文献出版社1982年版）上。它收录了续得年谱二百二十余种，参考文章五十余篇。反映谱主一百七十余人，另有附见的二十人的资料。体例一仍《总录》。

嗣后，作者又编成《三录》（未印），合印成1994年版《中国历代年谱总录》（增订本）。

《近三百年人物年谱知见录》，来新夏著，上海人民出版社1983年出版。

本书收生于明而卒于清到生于清而卒于辛亥革命以后的人物年谱，共八百余种。年谱按谱主生卒年的时代顺序排列。著录内容包括谱名、撰者、刊本、著录情况、谱主事略、史料、编谱情况、藏者等。如曾祁编的《归玄恭先生年谱》中对归庄的简介说：

> 谱主归庄，明亡更名祚明，字尔礼，一字铁虎，号玄恭，别号恒轩，又称归妹、归藏、归乎来、悬弓、元功、园公，又号普明头陀、鏖鳌巨山人。江南昆山人。明万历四十一年（一六一三年）生，清康熙十二年（一六七三年）卒，年六十一岁。明诸生，曾参加复社活动。入清以后以遗民自居，曾一度参加江苏地区之抗清斗争。

对编谱的情况介绍说："是谱系谱主后裔于光绪三十三年编辑《文钞》时所纂，其后中辍。民国七年复据谱主诗文，吴氏、张氏所撰《寺林年谱》及有关谱主之传记等增辑成书。是谱记谱主家事、交游及著述等事，并记有谱主在昆山组织抗清斗争之始末。谱后附谱主《著述目》一篇。"

本书著录详细，间附按语，颇多纠正前人的误说。书后附有"知而未见录"和按首字笔画为序的两种索引，即"谱主索引"和"谱名索引"可供查检。

《中国历代人物年谱考录》，谢巍编撰，中华书局1992年出版。

本书收录了1983年以前全国各主要图书馆及文物保管单位所收藏的中国历代人物年谱，并兼收海外及私人所藏的年谱。又辑录历代文献所著录的年谱作为存目。所收除名年谱者外，兼收与年谱体例相同的年表、年略、岁略、时事略、编年、纪年、系年等。年谱的别体如诗谱、图谱也收录。对各家所撰年谱的评论，或考证谱主生卒、事迹的文章，收入备考项内以供参考。所收年谱包括单行本、合刊本、合编本，或类书及丛书中所收，诗文集中所附，方志、家谱、笔记等杂著中所辑，报刊上所载，以及稿本、抄本、油印本、缩影本等。

全书收录年谱六千二百五十九种，谱主四千零一十人。分为正编和附编二部分。正编按时代排列，至近现代，凡十卷，第十一卷为待考。附编分为合编、合刊、通谱、齿谱、疑年录及人物生卒年表、学术年表、大事年表凡七卷。末附谱主姓名索引和年谱收藏单位简称表。

本书不仅著录的年谱详备，而且设有"备考"一项，"凡例"说："凡本书笔者过目之年谱，读有一得，或感谱主之经历、著作可介绍而有助于了解年谱内容者，或觉谱中有他书不载，语焉不详，而可供采撷参考之资料，或谱中有裨于考订他书谬误之材料，或原谱记载谱主行事有不实、虚美之处，或原谱不载谱主姓名、字号、籍贯、生卒，或谱主字号、里籍、生卒年月日有别说，或年谱体例有特点，或系伪书，均在备考项内加以叙述，或加考证。"这就扩大了年谱目的使用范围。今仍以杨万里年谱为例，以见其体例和收录面之广。

杨文节公年谱一卷

【谱主】杨万里，字廷秀，号诚斋，学者称诚斋先生，谥文节，吉州吉水人，建炎元年丁未九月二十二日（公元1127年）生，开禧二年丙寅五月八日（公元1206年）卒，年八十。

【编者】南昌（清）邹树荣

【版本】民国十一年（1922）南昌邹氏排印本《南昌邹氏一粟园丛书》内〈见存〉（武大）

以下还录了崔骥的《杨万里年谱简编草稿》；近人叶渭清的《杨诚斋先生年谱》（稿本）；近人夏敬观的《杨诚斋年谱》一卷；今人王咨臣的《杨诚斋先生年谱》四卷（稿本）；今人刘桂鸿的《杨万里年谱及其诗》，台湾大学中文研究所油印本；今人胡明珽的《杨万里先生年谱》，台北版。其【备考】则说：

> 万里，绍兴二十四年进士，曾任漳州、常州等地方官，入为左司郎中，历秘书监登官，开禧中官至宝瑛阁学士。喜诗词，工书法。著有《诚斋易传》《诚斋录》《千虑策》《诚斋诗话》《诚斋乐府》《诚斋诗集》等书。其生卒有异说，《宋史》卷四百三十三本传，云："卒，年八十三。"推之，则生于宣和六年。储皖峰《杨万里的生卒年月》（载《国学季刊》第五卷第三期）一文有考订。

由此可见本书著录内容的丰富。

三 题名录索引

目前题名录的专门索引限于明清，明清以前的《唐登科记考》《绍兴十八年同年小录》《宝祐四年登科录》和《元统元年进士录》，分别收入《唐五代人物传记资料综合索引》《四十七种宋代传记综合引得》和《辽金元传记三十种综合引得》中。中华书局 1984 年版《唐登科记考》并单独附有人名索引，并可利用。今介绍两种明清的索引。

《增校清朝进士题名碑录附引得》，房兆楹、杜联喆编，哈佛燕京学社 1941 年出版。

清代科举自顺治三年至光绪三十年（1646—1904），正科、恩科共举行了一百十二次，得进士二万六千七百四十七人。但碑与录都不完全。本书据登科录、官报等各种资料补全，按科举年份分三甲列出名次、姓名、籍贯。

所附引得，以中国字庋撷法排列，说明其录取年份和甲第名次。如：

龚自珍　道 9/3/19

即龚自珍中进士是道光九年三甲十九名。

《明清进士题名碑录索引》，朱保炯、谢沛霖编，上海古籍出版社1980年出版。

本书收录了明清两朝各科（共二百一十科）考中的进士五万一千六百二十四人。它以明清两朝进士题名录为主要依据，并加以校订补充而成。

人物按姓氏四角号码次序排列，每一进士为一条，注明籍贯、科年、甲第、名次。如：

刘谐　湖广麻城⑩明隆庆5/3/305

即刘谐是湖广麻城人。⑩代表户籍中的"民籍"。明隆庆五年考中三甲三百零五名。由此书可从籍贯查各地地方志传记，刘谐就可从麻城县志中找到他的传记。考中的科年可知其人参与上层社会活动的年代，再由此可去查找是否有同时代人的记载，这就缩小了查找史料的范围。

本书前有"姓氏笔画检字"、"姓氏拼音检字"，供不熟悉四角号码的人查四角号码数用。书的后一部分有"历科进士题名录"，按科年名次排列。历科会元则于姓名后加"＊"号。

第四节　方志、目录中的人物传记索引

一　地方志中的人物传记索引

从地方志中查检人物传记史料，除了可以通过籍贯及有关仕历的地方志中找到资料外，还可通过索引查检。索引中有综合性的人名索引可以利用，如前面介绍过的《唐五代人物传记资料综合索引》中，就收录了自宋代凌万顷编的《玉峰志》，到元代刘大彬编的《茅山志》等凡三十三种。《宋人传记资料索引》中，收录了宋、元人编的地方志二十八种，包括了张津的《乾道四明图经》，罗濬的《宝庆四

明志》,袁桷的《延祐四明志》等。而《元人传记资料索引》中收录的元、明人修的地方志就更多了,它包括了总志与元代方志九种(均为元人修),北直隶三十三种,南直隶(江苏、安徽)六十九种,山东二十六种,山西二十二种,河南三十一种,陕西二十八种,四川五种,江西十四种,湖广二十种,浙江十五种,福建十九种,两广六种,云贵十六种(以上均为明人修)。以上三种综合性人名索引中,就可查知唐、宋、元人在宋、元、明人所修的地方志中的传记资料。除此外,更方便的是查找专门为地方志的人物传记编的索引。不过目前这方面的传记索引还不是很普遍,已有的有以下几种。

《宋元方志传记索引》,朱士嘉编,中华书局 1963 年出版,上海古籍出版社 1986 年新一版。

方志的编写到了宋代,才专从写地理扩充到人文历史方面,人物、艺文也就在宋代方志中占有重要地位。现存的宋代方志有三十三种,元代方志十三种,本书即从这四十六种方志中挑选了有传记资料的三十三种编成传记索引。全书收录了三千九百四十九人。所收人物除方志中的"人物"一门外,其他"职官"、"选举"、"杂录"、"拾遗"诸门也间附传记,本书一并收录。

全书按姓名笔画排列,条目包括姓名、别姓、别名、字、号、别号、引用方志简称、卷数、页数等。当然,也不是每一项都全备。如:

张志和(道),子同,玄真子 吴兴 17:25;18:16 下 会稽 14:51

即唐代诗人张志和,道人,字子同,号玄真子。其事迹见《嘉泰吴兴志》卷十七,二十五页;卷十八,十六页背面。又见《嘉泰会稽志》卷十四,五十一页。其中所著录的书名简称,可查索引前的"引用宋元方志书名简称表"。

本书可查这三十三种宋元方志中所收的人物传记,包括了作家传记。

《中国地方志宋代人物资料索引》，沈治宏、王蓉贵编撰，四川辞书出版社1997年出版，全书凡四册。

本索引从四种地方志丛书，即《宋元方志丛刊》（包括了现存所有宋元地方志41种）、《天一阁藏明代地方志选刊》（收地方志107种）、《天一阁藏明代地方志选刊续编》（收地方志109种）、《日本藏中国罕见地方志丛刊》（收地方志45种），凡收地方志302种，收录了其中的宋代人物资料共10.4万条。

所收人物资料，除了地方志中有小传的"人物"类外，还兼收职官、官制、选举、科第、流寓、仙释、郡守题名、县令厅壁题记、人事、人文、杂录、杂事、杂著、杂考、佚事、附录、拾遗等类中的宋代人物资料。对宋元方志，还从宽收录，如冢墓、宅第、道碑等类中的宋人资料也酌情入录。

索引按人名四角号码编排，以姓名或常用称谓作主目，别名、小名、字、小字、号、别号、绰号等别称附注于后，别称也另立有参见条目以供查检。

条目包括姓名、别称、地方志名、卷、页、丛书名代码、丛书册数、丛书页码等项。如：

  辛弃疾（幼安、辛幼安、稼轩、辛稼轩、稼轩居士）
  宝庆会稽续志/2/1　　　SY/7/710/下
  成化重修毗陵志/11/23　M2/21/846
  淳熙三山志/22/26　　　SY/8/7985上
  嘉定镇江志/15/13　　　SY/3/2462上
  ……

辛弃疾的传记史料凡收19处。著录中的SY、M2等是丛书名的代码，上、下则指该书的上下栏。

本索引收录人物众多，对查检不收入《宋史》的三四流人物及一般人物特别有用。即使见于《宋史》的人物，还可提供许多详于《宋史》的人物资料信息。

《中国地方志宋代人物资料索引续编》，王蓉贵、沈治宏编撰，2002年四川辞书出版社出版，凡四册。

《中国地方志宋代人物资料索引》收录虽广，但从地域上看则不全，已收人物资料也不全，故续有此编。

续编收录了台湾华文书局影印出版的《中国省志汇编》（收录其中《江南通志》《浙江通志》《安徽通志》《江西通志》《湖北通志》《湖南通志》《四川通志》《贵州通志》《福建通志》《广东通志》《畿辅通志》《山东通志》《山西通志》《河南通志续通志》《陕西通志续通志》《绥远全志附归绥县志》16种）、台湾文海出版社影印出版的《中国边疆丛书》（收录其中的《广西通志》《甘肃通志》2种）及吉林文史出版社出版的《长白山丛书初集》（收录其中《吉林通志》1种），凡收录了其中的宋代人物10.4万条。

收录体例同正编。

《北京天津地方志人物传记索引》，高秀芳等编，北京大学出版社1987年出版。

本索引专收现属北京市、天津市各县的地方志，按北京市和天津市分别编制。所收方志限于县级以上，县级以下的方志，如人物资料确有价值的，也酌量收录。凡收地方志七十三种。所收人物，自上古至清末，凡志中有传记（包括附传）的人物，除"人物"、"官师"中的收录外，兼收"选举"、"杂记"、"学派"、"遗闻"、"金石"、"艺文"等志中，有专传、别传、小传及碑传者均收录。而那些"列女"类中无具体事迹，列表人物及其他无事迹人物的不收录。

索引条目包括姓名、别名、字、号及其他异称，所处时代和里籍，以及引书代号及卷页数和所引书的门类。如：

　　卢挚（处道、莘老、疏斋）　元　涿州人
　　2/5/87　乡贤

3/7/150　儒林
4/96/42　先贤

从这著录中，可知元代卢挚是涿州（今河北涿州）人。下面的数字斜线前的为方志代号，中间为卷数，末为页数。一查书前的"引书目录及其代号表"，知"2"为沈应文、张元芳纂修的，万历二十一年刻本及中国书店影印本的《顺天府志》，卢挚的传记就在这书的第五卷八十七页"乡贤"一类中。以下数字类推，可一一查知卢挚在地方志中的传记史料。

全书分别按两市的四角号码编排。我们可从中查检现属北京、天津两市的古代作家传记资料在方志中的出处；也可用来查检曾在这两个地区当过官的或居留过的作家。

《日本现存明代地方志传记索引编》，山根幸夫主编，小川尚、松山康子协编，东京东洋文库明代史研究室1964年油印。

据冯蒸《近三十年国外"中国学"工具书简介》介绍，此书根据日本现存的二百九十九种中国明代地方志，把人物传记编为索引。这些方志包括北直隶十八种，南直隶六十九种，山东十六种，山西十五种，河南十一种，陕西二十三种，四川五种，江西十六种，湖广二十种，浙江四十八种，福建三十三种，广东十四种，广西七种，云南二种，贵州二种。

人物传记按威妥玛－翟理斯式拼音的音序排列。索引分五栏：人名拼音、人名汉字、科举、籍贯、出处。其性质与我国出版的《宋元方志传记索引》相似。

本书流传不广，且收录明代方志约占现存的三分之一，大量的明代方志没有收录进去。

除了上述索引外，大量的明清方志没有索引可以利用，我们就只有从作家的籍贯、历仕等中去查有关方志了。

个别少量方志，也曾单独编过索引，如1939年编的《吴县志列传人名索引》，是我国第一部方志人名索引。还有像1934年商务印书馆在影印河北、山东、浙江、湖北、湖南、广东各省通志的时候，也编有包括人名在内的四角号码索引，也可参用。

原来北京大学古文献研究所拟主持编一部《中国地方志人物传记索引》，上面介绍过的《北京天津地方志人物传记索引》就是其中的一个分册。后因中国地方史志协会也有同样的考虑与规划，这一工作就由中国地方史志协会承担了。我们期待新的地方志人物传记索引的面世。

二 目录书中的人物史料检索

有人物传记史料的目录书，我们已在本书第三章中作了专门介绍。其中有些目录书中的人物传记史料，已为有关的综合性人名索引所吸收。如《唐五代人物传记资料综合索引》中采用了《旧唐书·经籍志》《新唐书·艺文志》《郡斋读书志》《直斋书录解题》等。除此之外，我们还未见有专门的传记史料索引。不过因为这些书有些附有书名索引或人名索引，我们也可利用它来查检有关传记史料。如商务印书馆版的《汉书·艺文志》《隋书·经籍志》《唐书经籍艺文合志》等，都附有书名、人名索引，我们也可利用。倘若我们想知道《新唐书·艺文志》中有无崔国辅的小传，就可以从书后所附的书名人名综合索引中查崔国辅，查到了《崔国辅集》，其下注为：

> 卷亡。应县令，举授许昌令，集贤直学士，礼部员外郎。坐王𫓯近亲，贬竟陵郡司马。

从中可知《崔国辅集》在宋代已散失。"卷亡"以后就是崔国辅的小传了。

他如中华书局新印本《四库全书总目》也附有四角号码编排的书名和著者索引，也可利用它来查检《四库全书总目提要》中所涉及的著者事迹。

倘若没有索引，也可按这些书目的经史子集四部分类法来查检有关书名，在书名下就可能见到需要查找的小传。

第五节　笔记的人名索引

笔记中的人物传记史料比较零散，要从笔记中找作家的史料也比较困难，好在目前已有一些索引可以利用。

有些综合性人名索引中，收了些笔记，编成了索引，就可供我们利用。如《元人传记资料索引》中采用的笔记有《癸辛杂识》（周密）、《志雅堂杂钞》（周密）、《隐居通议》（刘埙）、《山房随笔》（蒋子正）、《三朝野史》（佚名）、《困学斋杂录》（鲜于枢）、《云山日记》（郭畀）、《湛渊静语》（白珽）、《庶斋老学丛谈》（盛如梓）、《遂昌杂录》（郑元祐）、《日损斋笔记》（黄溍）、《砚北杂志》（陆友）、《山居新语》（杨瑀）、《至正直记》（孔克齐）、《辍耕录》（陶宗仪）、《乐郊私语》（姚桐寿）、《日闻录》（李翀）、《解酲语》（李材）、《东园友闻》（孙道易）、《草木子》（叶子奇）、《霁雪录》（刘绩）、《两山墨谈》（陈霆）、《蟫精隽》（徐伯龄）、《六研斋笔记》（李日华）等，甚为丰富。《明人传记资料索引》中也入录了《四友斋丛谈》（何良俊）、《皇明世说新语》（李绍文）、《启祯野乘》（邹漪）等。而《四库全书传记资料索引》中就收录得更多了。我们若要查检这些笔记，就可利用上述索引。

但因笔记中的人物传记资料比较零散，一般综合性人名索引不把它们当作入录的对象，所以又有了专收笔记人名索引的出现。这种索引，有综录多种笔记的，也有专为某种笔记而编的。综录多种笔记，已出版的有：

《唐五代五十二种笔记小说人名索引》，方积六、吴冬秀编撰，中华书局1992年出版。

本书收录了唐五代笔记小说四十七部，宋人记载唐五代事迹的笔记二种，总集三种中所见的唐五代人物的事迹的索引。这五十二种笔记的编号、书名、纂辑者如下，简称和版本从略。

1. 太平广记　　　　（宋）李昉
2. 类说　　　　　　（宋）曾慥
3. 说郛　　　　　　（元）陶宗仪
4. 朝野佥载　　　　（唐）张鹭
5. 隋唐嘉话　　　　（唐）刘𫗧
6. 安禄山事迹　　　（唐）姚汝能
7. 封氏闻见记　　　（唐）封演
8. 大唐新语　　　　（唐）刘肃
9. 唐国史补　　　　（唐）李肇
10. 前定录　　　　　（唐）钟辂
11. 续前定录　　　　（唐）钟辂
12. 次柳氏旧闻　　　（唐）李德裕
13. 松窗杂录　　　　（唐）李濬
14. 尚书故实　　　　（唐）李绰
15. 卓异记　　　　　（唐）李翱
16. 明皇杂录　　　　（唐）郑处诲
17. 刘宾客嘉话录　　（唐）韦绚
18. 酉阳杂俎　　　　（唐）段成式
19. 因话录　　　　　（唐）赵璘
20. 苏氏演义　　　　（唐）苏鹗
21. 杜阳杂编　　　　（唐）苏鹗
22. 大唐传载　　　　（唐）佚名
23. 北里志　　　　　（唐）孙棨
24. 本事诗　　　　　（唐）孟棨
25. 云溪友议　　　　（唐）范摅
26. 幽闲鼓吹　　　　（唐）张固
27. 玉泉子　　　　　（唐）佚名
28. 桂苑丛谈　　　　（唐）冯翊子
29. 唐阙史　　　　　（唐）高彦休

30. 资暇集　　　　　（唐）李匡义
31. 刊误　　　　　　（唐）李涪
32. 东观奏记　　　　（唐）裴庭裕
33. 开天传信记　　　（唐）郑棨
34. 云仙杂记　　　　（唐）冯贽
35. 中华古今注　　　（后唐）马缟
36. 北梦琐言　　　　（南平）孙光宪
37. 钓矶立谈　　　　（南唐）史虚白
38. 金华子杂编　　　（南唐）刘崇远
39. 中朝故事　　　　（南唐）尉迟偓
40. 鉴戒录　　　　　（后蜀）何光远
41. 开元天宝遗事　　（后周）王仁裕
42. 唐摭言　　　　　（后周）王定保
43. 南部新书　　　　（宋）钱易
44. 唐语林　　　　　（宋）王谠
45. 玄怪录　　　　　（唐）牛僧孺
46. 续玄怪录　　　　（唐）李复言
47. 集异记　　　　　（唐）薛用弱
48. 博异志　　　　　（唐）谷神子
49. 宣室志　　　　　（唐）张读
50. 独异志　　　　　（唐）李冗
51. 剧谈录　　　　　（唐）康骈
52. 三水小牍　　　　（唐）皇甫枚

　　本索引以姓名或常用称谓作主目，其他称谓如字、号、绰号、小名、行第、封号、谥号、简称等均附于后，并把各异称分别立目作为参见条目。姓名条目后列出所见书名简称、册数、卷数、页数。如：

李群玉（文山、李四）
1　广记　6/265/2076，10/461/3778，10/498/4088
2　类说　4/41/23A，4/45/9A
25　友议　中/41，下/71
36　琐言　6/47
40　鉴戒录　8/9B
42　摭言　10/117，13/149
43　新书　丙/27

即李群玉的事迹分别见于《太平广记》《类说》《云溪友议》《北梦琐言》《鉴戒录》《唐摭言》《南部新书》的各该卷页数。书后数字三层的，分别代表册、卷、页；二层的代表卷、页；若只有一层的，即是页码。A、B代表线装书一页的前后两面。至于书名、纂辑者，版本等项，可查书前的"唐五代五十二种笔记小说人名索引引用书目表"。

本索引的引书书目，涉及面较广，包括了传奇小说等。我们查找文学家史料，当有所选择，因这些书不都具有作家的传记史料价值。

专为某种笔记编的人名索引，虽没有综录多种笔记所收录的史料面宽广，但就查检某种笔记中的人物史料而言，使用也较方便。同时，这种索引也往往附在整理过的笔记的书后，使用更显方便。目前已见的有：

《世说新语人名索引》，徐震堮编，见中华书局1984年版徐震堮著《世说新语校笺》附录。它只收《世说新语》本文中出现的汉至晋代的人物，刘孝标注中的人名不收。它以姓名或常见称谓为主目，其字、号、小名、官名、爵号、谥号等附注在主目后括号中。如：

阮籍（嗣宗、阮公、阮步兵）
德行 15
文学 67
赏誉 29

伤逝 2
栖逸 1
贤媛 11
任诞 1、2、5、7、8、9、11、13、15
简傲 1、2
排调 4

它注明的是篇名及所在篇的条目编号，这编号在正文中都标明了，翻检《世说新语校笺》本文即得。至于人物的异名，也别立参见条目，并注明本名或常用称谓。使用甚为方便。不过在编排中也有遗漏，如魏武帝曹操条，只标了"识鉴"第1、2条及"惑溺"第1条，其实，他还见于"假谲"中的第1、2、3、4、5条。又如"杨德祖"条说"见杨修"，可"杨修"却漏列了。

本索引以四角号码编排。

《唐语林人名索引》，周勋初编，见中华书局1987年版《唐语林校证》附录。

本索引收录了《唐语林》一书中的人名，凡正文、原注和案语中的都收。条目以人名或常用称谓为主目，并在括号中注明书中所用的异称，再标明正文条目的序号。如：

元稹（元、元相、元相国）
229，282，415，490，520，771，850，851

括号中的异称，也另立参见条目，下面注明本名或常用称谓。

《唐语林》辑录的唐代作家史料甚丰，可用来查检唐代作家的轶事琐闻（也包括了《唐语林》中涉及的唐前作家）。索引按笔画排列。

《〈后山谈丛〉人名书名索引》《〈萍洲可谈〉人名书名索引》，两者均为李伟国编，见上海古籍出版社1989年李伟国校点本陈师道

《后山谈丛》和朱彧《萍洲可谈》合印本附录。这两种索引都为查检两书中的人名（不包括代表时间的人名如"太祖时"及代表国别的人名如指吴越国的"钱氏"等）和引用著作名而编著。

索引以人名或帝王庙号为主目，异称为参见条目。姓名条目下注明了该人名出现的卷数和文条序号，如《萍洲可谈》中黄庭坚的著录是：

黄庭坚（鲁直、山谷）
2/97；2/117；3/167

其中斜线前的为卷数，斜线后的为文条序号，回检正文即得。

两索引均以四角号码编排。

第六节　文集中的人物传记史料索引

文集中的传记史料编成索引的，有不同的情况。其中总集类的小传，为不少综合性的人名索引所采录，如《唐五代人物传记资料综合索引》中，收录了《全唐文》《全唐诗》《河岳英灵集》《国秀集》《中兴间气集》《极玄集》等。《四十七种宋代传记综合引得》收录了《宋诗钞》《宋诗钞补》等。《辽金元传记三十种综合引得》中收录了《元诗选》《元诗选癸集》等。《八十九种明代传记综合引得》中收录了《明诗综》《明词综》《列朝诗集小传》等，可各见该书的介绍。

别集中的碑传文等传记资料，又为综合性的索引如《宋人传记资料索引》《元人传记资料索引》《明人传记资料索引》等书收录，详见本章第一节的有关介绍。

除此外，还有一些文集篇目分类索引中收有传记文之部，目前已出版的有下列几种。

《全唐文篇目分类索引》，冯秉文主编，中华书局2001年出版。

本书据1984年中华书局版《全唐文》《唐文拾遗》《唐文续拾》三书的文献凡二万三千零三十四篇，按内容分为人物传记、史事典制和艺文杂撰三大部分编排。其中"人物传记"专供查人物，它收录了唐及五代的人物传记、碑志及传记性文字如祭文、送序、人物赞、个人陈情表等，按传主分为男子、妇女、释道三大类编排。至于涉及上古迄隋的人物，则归入"艺文杂撰"的史部。

《元人文集篇目分类索引》，陆峻岭编，中华书局1979年出版。

本书收录元人文集一百七十种（其中包括明初人别集十六种）。除去这些书中的诗词和文集中附载的专书不收外，把文集内作者自撰的各体文章统一分类编排，凡分三大部分：一为人物传记，二为史事典制，三为艺文杂撰。各部分再按小类编排。

其中人物传记部分分为男子、妇女、释道和有姓无名者四类，各按姓氏笔画排列。人名下注明传记史料篇名、作者及出处。如：

耶律楚材（字晋卿　号湛然居士）
中书令耶律公神道碑（宋子贞撰）　国朝文类57/9下
耶律文正王楚材（国朝名臣序颂之一）　宋文宪公集39/10下
上耶律中书书（元好问撰）　国朝文类37/1上
自赞（二首）　湛然居士集8/28上
哭尊大人领省　双溪醉隐集2/31下
拜书尊大人领省甕山原茔城寝园之壁并序　双溪醉隐集6/20上

书名后数字指该书的卷数和页码，"上"、"下"指该页的正面和背面。

书前有"文集目录"（列出文集名称、撰者、版本等内容）、"文集作者索引"可供查索。本书的人物传记部分可与《辽金元传记三十种引得》互为补充。

《清代文集篇目分类索引》，王重民等编，北平图书馆1935年出版，中华书局1965年重印。

本书收清代学者别集四百二十八种,总集十二种,共计四百四十种。它把这些书中的文章分为学术文、传记文和杂文三大部分著录。学术文按四库全书分类法,分经、史、子、集四大类编排。传记文分为碑传、赠序、寿序、哀祭、赞颂、杂类,各小类再按传主姓名笔画排列。杂文部分又分书启、碑记、赋、杂文四类。今举传记文中沈德潜为例,"碑传甲"收了:

礼部尚书沈文悫公神道碑(字确士自号归愚长洲人) 袁枚小仓山房文集 3/23a

大宗伯沈文悫公神道碑 钱陈群香树斋文集续钞 3/24a

"寿序"中有:

沈归愚先生八十寿序 王昶春融堂集 42/1a

"哀祭"中有:

祭沈归愚宗伯文 王昶春融堂集 50/15b

这样,我们就可知道沈德潜在这些文集中的传记资料所在了。

书前附有"所收文集目录"(列出文集名称、卷数、版本。本索引中著录的卷页,即用此版本)、"文集提要"及"文集著者索引"以供查检。

《四库全书文集篇目分类索引——传记文之部》,中华文化复兴运动推行委员会四库全书索引编纂小组主编,台湾商务印书馆 1989 年出版。

本索引依据王重民《清代文集篇目分类索引》例,把《四库全书》文集中的文章分为学术文、传记文和杂文三大部分,本册即为传记文之部。它依据1986年台湾商务印书馆影印的文渊阁《四库全书》

本编纂。所收以《四库全书》中的集部文集的篇目为主，并兼及史部诏令类的篇目以及地理类的艺文。所收篇目分为碑传男、碑传女、赠序、寿序、祭告、赞颂、杂类七类，其下再各分子目若干。

各类人物依传主的姓氏为纲，同姓者再以其名笔画为序，首列篇题名称，次列撰写者朝代姓名，再标明该篇见于影印本《四库全书》的册数、页数、卷数。如"碑传男"中收谢翱的碑传篇目有：

  谢皋父传　宋邓牧　1189—511—附
  谢君皋羽行状　宋方凤　1189—547—3
  谢翱传　元任士林 1196—540—4
  谢君翱羽圹志　元吴谦 1410—515—733
  杂传九首并序——谢翱传　明宋濂 1223—534—10
          1408—525—534
  谢翱传　明胡翰 1229—108—9
      1374—354—57
  书宋潜溪谢皋羽传后　清姜宸英 1323—812—7

据著录数字，查《四库全书》，可知邓牧之作见《伯牙琴》附，方凤之作见《存雅堂遗稿》，任士林之作见《松乡集》，吴谦之作见《文章辨体汇选》，宋濂之作见《文宪集》《文章辨体汇选》。胡翰之作见《胡仲子集》《明文衡》，姜宸英之作见《湛园集》，据页码一检即得。若无台湾本《四库全书》，也可从本索引前的《引用全书册次、页码、书名对照表》中查知书名和卷数，以便查检别的版本。只是卷数因各版会有不同，故可能有出入，好在已知书名和篇名，也就好找了。倘若进一步要从赠序、寿序、祭告、赞颂等文体中查有关史料，也用同样的办法去查找。

本索引前有"四库全书文集篇目分类索引"，可根据人名首字的笔画数查知该首字在各类中的页码，按页码一检即得。

专为文集中的传记文编索引的，也可介绍以下两种：

《辽金元人传记索引》，日本梅原郁、衣川强编，京都大学人文科学研究所 1972 年出版。

本书是继《辽金元传记三十种综合引得》而编，根据同时代的文集一百三十种，辑录了其中的行状、墓志、神道碑、传，以及部分哀辞、序、记等三千二百余人的传记资料。全书按汉字笔画排列，可补《辽金元传记三十种综合引得》所收传记的不足。

《清代碑传文通检》，陈乃乾编，中华书局 1959 年出版。

本书从一千零二十五种清人文集中辑录出一万余人的碑传文资料。所收以碑传文为主，那些哀辞、祭文、记、序等可供参考者，也一并收入。所收人物，明人死在崇祯十七年（1644）以后，现代人生于宣统三年（1911）以前的，只要见到有碑传材料，就一概收录。

本书以碑传主的姓氏笔画多少排列。每条分列姓名、字号、籍贯、生卒、出处五项。如：

姓名	字号	籍贯	生卒	出　处
方苞	灵皋　望溪	江南桐城	康七—乾一四 (1668—1749)	行状（雷𬭎：经笥堂文钞下） 神道碑（全祖望：鲒埼亭集一七） 记事（李塨：恕谷后集三） 书事（李塨：恕谷后集九）

书末有附录三种：（1）异名表，收一人两名或更改姓名的；（2）生卒考异，生卒记载不同的；（3）清代文集经眼目录，这部分又分"本书采用之书"和"本书未采用之书"两类。

第七节　从异名查本名

在古代，称人的字、号、官爵等是表示尊敬，所以古籍记载中往往不直呼其名。我们见到异名，若不知他的本名，就要查检。查检本名的工具书，除了利用那些人名辞典、传记索引中附有异名索引的以外，还有些人名辞典、传记索引把异名和本名综合编排，异名立为参见条目，均可用来查检。前者如《中国人名大辞典》《唐五代人物传记资料综合索引》《四十七种宋代传记综合引得》等；后者如《中国音乐舞蹈戏曲人名辞典》，新编的各史人名索引，《辽金元传记三十种综合引得》等。今举《中国人名大辞典》为例。

《中国人名大辞典·异名表》。《中国人名大辞典》为臧励和等编，上海商务印书馆1921年初版，1949年九版，1958年再印，1981年上海书店翻印。《异名表》为其附录之一。

入录的异名，是《中国人名大辞典》收录的人名中较习用的字号，也择录官称、地称和封谥称号。同时，也录入一些常常称名不称姓的著名人物等。全表约收异名五千个。

这个《异名表》因与《中国人名大辞典》排在一起，使用方便，收录的异名又是习见的，所以一般常用来查检异名。但因它收录有限，故常需用其他专书来查检。

从异名查本名的专门工具书，常用的有以下几种：

《古今人物别名索引》，陈德芸编，广州岭南大学图书馆1937年出版，上海书店和长春古籍书店分别于1982年重印。

本书辑录古今人物的别名、原名、字号、谥号、爵里称谓、斋舍自署、帝王庙号，以及现代人的笔名等共七万零二百条。凡职官及封爵，选录通用的称呼，不通用的不备录。凡辞章家割裂姓字，如司马迁称马迁，东方朔称方朔等也入收。所收别名至少以二字为限，遇有单名，就兼载其姓，如章绛，即章炳麟，以"章绛"立目。这些异名的来源，书前列有参考书目，包括了《二十四史》《清史稿》，及一些名人录、名人传、人物志、人名辞典、笔名录、别号索引、室名索引等，还有被报章杂志、私家著述等，内容比较丰富。

本书在每条别名后面，注明了人物的本名和时代。如：

岁寒堂＝林璐（清）

岁寒堂＝范辇云（清）

岁寒堂＝吴复古（清）

岁寒堂＝张戒（宋）
岁寒居＝孙奇逢（清）

如系同名而又同时代的，则加注里邑。如后汉有两个蔡邕，都字伯喈，则注为：

伯喈＝蔡邕（后汉）圉人善琴
伯喈＝蔡邕（后汉）上虞人

全书按汉字笔形横、直、点、撇、曲、捺、趯次序排列。书后有笔画检字，同一笔数的又按部首排列，于字后注明书中页码和左、中、右栏。

本书也有缺漏、错误，但收录丰富，使用范围较广。

《室名别号索引》（增订本），陈乃乾编，丁宁、何文广、雷梦水补编，中华书局1982年第2版。

陈乃乾原编有《室名索引》（1933年版）和《别号索引》（1936年版）二书。1957年由中华书局出版增补修订合辑本，名《室名别号索引》。它比旧本增补了四分之一，约收一万七千多条。所收室名和别号包括先秦到现代。室名有两个字到二十余字的；别号因两个字的与通用的字号不易区别，所以只收三个字以上的。每一室名、别号后注明时代、籍贯和姓名。如：

东里野氏　宋新郑杨璞
东里学人　清仁和汪家禧
东亚病夫　清常熟曾朴
东坡居士　宋眉山苏轼

1982年增订本中丁宁等的补编独立编排，增补的数字约近于陈乃乾的原编，体例也相同。原编和补编各自按笔画排列，书前有字头检字，书后有四角号码检字。

本书不收所有的异名，只有室名和别号，别号又只收三个字以上的，而古今二个字的别号也很多，故在收录上有它的局限。

《明人室名别称字号索引》，杨廷福、杨同甫编，2002年上海古籍出版社出版。

本书收录明代二万三千余人的字号、室名别称共五万余条。全书分甲、乙两编。甲编只列字、号、别号、室名或别称，指出其姓名；乙编较详尽地记载姓名、籍贯、字、号、室名、笔名、别称及出处。

本书比下列《清人室名别称字号索引》较后出，体例相同，时间上亦相连接。所收条目也极丰富。

《清人室名别称字号索引》，杨廷福、杨同甫编，上海古籍出版社1988年出版。2001年出版增补本。

本书收清代人的室名别称字号等异称。凡在政治、经济、军事、科学技术、医药卫生、文学、美术、音乐、戏剧、收藏等各方面，有一著作或一技之长的人物的室名、别号、别称等，均为收录，凡收三万六千多人，十万三千余条。较之陈乃乾《室名别号索引》和陈德芸《古今人物别名索引》所收清代人物，除订正其错误外，约增加四倍多。

全书分甲、乙两编。甲编从异名查检本名；乙编从本名查籍贯、字、号、室名、笔名或别称。全书所收以别号、室名、笔名为主，世称、学者私谥等也酌收，但封建谥法不列入，仅有表字的也一律不收。

所收人物，包括1644—1911年在世的人。1644年以后去世的明朝遗老和1912年以后在世的清朝遗老均入收。

甲、乙两编均以笔画为序，并另附有笔画与四角号码字头检字表。书末附有"异名录"和"参考书籍举略"。

《中国历代书画篆刻家字号索引》，商承祚、黄华编，人民美术出版社1960年出版。

本书以《中国画家人名大辞典》为基础，补充了大量资料，收录了秦汉至民国的一万六千余人的字号，不收室名。全书分上下二卷。上卷以书画篆刻家的字号为目，下列姓名、籍贯、年代（在世时代）、技能（擅长、兼长）、备注（生卒年或出身、或父子关系、或师友渊源、或曾任官职等）。下卷以姓名为目，下列本书所收该人字号，字号下的数字是上卷的页码。

查唐宋人行第的有：

《唐人行第录》，岑仲勉著，中华书局 1962 年出版，上海古籍出版社 1978 年新 1 版。

唐人诗文中爱用行第（排行）称呼，本书就是为查找唐人诗文中行第的开创之作。

本书以姓的笔画为序，同一姓的以排行次序为先后。能考订出来的注上名，不知的注未详，然后再列出资料来源。如：

> 李十二白　字太白，旧一九〇下、新二〇二有传。少陵集一《与李十二白同寻范十隐居》。此外以李十二白者有全诗二函王昌龄《巴陵送李十二》，四函贾至《初至巴陵与李十二白裴九迪同泛洞庭湖》，又《洞庭送李十二赴零陵》。

这里的"旧"、"新"分别指《旧唐书》《新唐书》。"全诗"指《全唐诗》。

本书也有失收，如谢枋得《初到建宁赋诗一首》有句"南八男儿终不屈，皇天上帝眼分明"。"南八"是南霁云，见韩愈《张中丞传后序》，本书就未收。

书末附有行第及姓名的四角号码综合索引。不熟悉四角号码的可先查笔画顺序检字，从中查得四角号码数，再查综合索引即可。

《宋人行第考录》，邓于勉编著，中华书局 2001 年出版。

本书专收宋人行第，从宋人著述中辑录，包括了别集、总集、词集、诗评词话、笔记小说、艺术金石、史籍、方志及其他，收录极广泛。

全书以姓氏为纲，依笔画多少排列。每纲中又据行第由小到大排列。每项先列行第，次列姓名、字、号，再录出处。书末附有"引用书目"和"人名索引"。查宋人行第甚便。

以避讳而更改人的姓名的，可查：

《史讳举例》，陈垣撰，中华书局1962年出版。

研究避讳的专书，其中搜罗较详备的有近人张惟骧的《历代讳字谱二卷附家讳考一卷》，而《史讳举例》则是带有总结性的著作。

本书所论，以史为主，体裁略仿俞樾《古书疑义举例》，故名《史讳举例》。全书分为八卷。卷一为避讳所用之方法；卷二避讳之种类；卷三避讳改史实；卷四因避讳而生之讹异；卷五避讳学应注意之事项；卷六不讲避讳学之贻误；卷七避讳学之利用；卷八历朝避讳。凡举了八十二例，也就是八十二种情况。今举第三十七"因避讳一人数名例"中的一条：

《晋书·罗尚传》："乃使兵曹从事任锐伪降。"李特载记作任明，华阳国志八作任叡。叡为本名，晋人避元帝讳易之。锐取同音，明取同义也。

从这一条，我们知道任锐、任明，都是任叡因避讳而改，实为一人。

本书不仅举了许多实例，而更重要的是对历代避讳作了总结，是历史科学研究和古典文献研究的重要工具。人名避讳，只是其中的一个组成部分。

《历代避讳字汇典》，王彦坤著，中州古籍出版社1997年出版。

另外还有专查谥号的工具书。

《历代名臣谥法汇考》，清·刘长华编，清刊本。

本书有《汉晋迄明谥汇考》十卷，《皇明谥汇考》五卷。辑录了汉至清的名臣谥号，以及载入史书传记的历代私谥。

全书首列谥解，解释谥号的意义；次按谥号注明历代名臣及宗室、外戚、外藩等用这个谥号的姓名。同一谥号的人物按朝代排列，同一朝代的再依宗室、功臣、外戚等类别排行。

《清谥法考》，雷延寿编，1924年铅印本。

本书据清人鲍康《皇朝谥法考》、徐士銮《皇朝谥法考续补编》等书，加以汇编增补而成，可作《历代名臣谥法汇考》的补充。

《历代人物谥号封爵索引》，杨震方等编著，上海古籍出版社1996年出版。本书收录了周至清末人物。上编通过谥号查年代、姓名、封爵；下编由姓名查年代、谥号、封爵。

后　记

　　这是一部探讨我国古代作家传记史料的专书，可作为有志于学习和研究中国古典文学的青年学子和有关读者参考之用。全书凡七章，前五章大体按图书分类编排，包括了纪传体、传记体、编年体、地方志、目录书、笔记、文集等内容。文集中又分别介绍了集部中的总集和别集。别集中作家传记史料又按传状、碑志、哀祭、序跋、诏令奏议及其他文体分类叙述。这样分类的原因，是为了便于按类介绍各体史料的概况、史料的特点及其价值，也便于选介一些具有代表性的重要典籍。考订一章，是专为上述史料中对有关作家姓名、籍贯、生卒年、事迹的一般情况和不同记录的考订知识，以便引起学习和研究中的注意。索引一章，是为了方便上述史料书中提及的作家事迹的查检，为了方便上述史料中提及的作家事迹的查检，也大大地提供、扩充了作家传记史料的查找面，是不可或缺的一章。这里要特别说明的是，笔者有《中文工具书及其使用》一书，有北京出版社和中华书局增订版，里面也有这方面的内容，但为了本书体系的完整性，而又考虑到读者手中未必有该书，故不嫌重复地写了这一章。

　　本书初创于笔者退休前，集中写作于退休后的1992—1995年。在酝酿和写作期间，曾广泛阅读了历代先辈和时贤的有关论著，获益匪浅。可以说，没有他们的论著，这本书是极难完成的。这是我首先要说明并致以谢意的。

书成之后，书稿一直在我手里休眠。今我所在单位——北京师范大学文学院，拟资助出版一套"京师中文学术文库"，本书有幸入选。但我已步入耄耋，无力作增补修订。好在这只是一部古代作家传记的史料书，基本史料不会有大的变化。今又得到文学院领导的大力资助，院长助理兼办公室主任马然老师具体负责这项工作，代替了我已不胜任的奔波之劳。院领导又约请了专攻古典文献学的崔庆会、叶昕昀两位研究生，帮我把手稿录入电子文档，并加以仔细校对。中国社会科学出版社又大力支持本书的出版，我在此一并表示衷心的感谢。

祝鼎民

2018年1月4日写于北京师范大学